高等学校法学专业学习辅导与习题集系列

商法学
学习辅导与习题集

主　编　范　健

副主编　赵旭东　顾功耘

参编人员　冯　果　韩长印　任尔昕　王　涌

　　　　　王建文　丁凤玲　徐璟航　李　欢

　　　　　孙　悦　黄海燕　杨　硕

中国教育出版传媒集团

高等教育出版社·北京

内容简介

　　本书在体例上与马工程重点教材《商法学》的章节结构一致，通过明晰学习目标、解析重点难点和习题自测，帮助学生加深对马工程重点教材的理解、检验学习效果。各章包含以下内容：一是学习目标，分理解、熟悉、掌握三个层次解析知识点。二是知识结构图，直观展现章节知识结构。三是重点难点解析，归纳章节重难点，延伸阅读拓宽学生视野。四是习题自测，通过选择题、简答题、论述题和案例分析题考查学生知识点掌握情况。考虑到学生法律职业资格考试和研究生入学考试的需要，特别录入部分国家统一法律职业资格考试和研究生入学考试真题，并配有参考答案。

图书在版编目（CIP）数据

　　商法学学习辅导与习题集 / 范健主编 . -- 北京：高等教育出版社,2023.12
　　ISBN 978-7-04-060057-5

　　Ⅰ.① 商…　Ⅱ.① 范…　Ⅲ.① 商法 – 法的理论 – 中国 – 高等学校 – 教学参考资料　Ⅳ.① D923.991

　　中国国家版本馆 CIP 数据核字(2023)第 035149 号

Shangfaxue Xuexi Fudao Yu Xitiji

| 策划编辑 | 姜　洁 | 责任编辑 | 周轶男 | 封面设计 | 杨立新 | 版式设计 | 童　丹 |
| 责任绘图 | 邓　超 | 责任校对 | 张慧玉　刁丽丽 | 责任印制 | 存　怡 | | |

出版发行	高等教育出版社	网　　址	http://www.hep.edu.cn
社　　址	北京市西城区德外大街 4 号		http://www.hep.com.cn
邮政编码	100120	网上订购	http://www.hepmall.com.cn
印　　刷	三河市潮河印业有限公司		http://www.hepmall.com
开　　本	787mm×1092mm　1/16		http://www.hepmall.cn
印　　张	27.25		
字　　数	650千字	版　　次	2023 年 12 月第 1 版
购书热线	010-58581118	印　　次	2023 年 12 月第 1 次印刷
咨询电话	400-810-0598	定　　价	63.00元

序　言

　　商法学是以商法的一般理论与制度及商事部门法理论与制度为研究对象的部门法理论与学科，是法学理论体系与学科体系的重要组成部分。中国商法学是中国特色社会主义法学体系的重要组成部分，主要研究商法的起源与历史、商法的价值、商法理念与商法思维、商法原则、商法规范与商法体系、商事主体、商事行为、商事纠纷解决程序以及公司法、证券法、票据法、保险法、信托法、基金法、海商法、电子商务法、运输与物流法、破产法等。

　　在过去的40余年里，中国突破了传统西方国家以私权为核心的商法制度，构建了适应中国国情的新型商法制度，并在确立中国特色社会主义市场经济体制的同时，形成了独具特色的中国特色社会主义商法。马克思主义理论为商法学认识商人阶层和商事行为的特殊性提供理论指导，中国特色社会主义商法学理论研究在马克思主义的指导下，始终立足于中国特色社会主义市场经济的基本国情，在保持国际性的同时坚持自身的国内性，注意商法与民法的内在联系与相互作用，在关注商事交易实践的基础上以商事活动的营利性为核心构筑商法理论体系。马克思主义经典作家关于商法的阐述为商法学的理论研究提供了本体论、认识论和方法论的指导，掌握这些理论有助于从根本上保障商法学研究的科学性。

　　本教材在体例上共设十一章，每一章分为学习目标、知识结构图、重点难点解析、习题自测四个部分，并附录详细的参考答案解析。第一章商法的一般原理介绍了与商法基础概念、原则、渊源、体系有关的重点难点内容；第二章商事主体概述了与商事主体有关的商号、商事登记等重点难点内容；第三章商事行为阐释了营业、连锁经营、特许经营、电子商务等重点难点内容。本教材的后八章是具体的商事部门法内容，包括公司法、非公司企业法、商业银行法与支付法、保险法、证券法、期货交易法、商事信托与投资基金法、破产法，归纳总结了各商事部门法理论的重点难点内容。这样的编写体例配合马工程商法学教材使用，有利于学生系统把握商法学理论知识的重点难点内容，有利于构筑商法理论体系。

范　健

2023 年 5 月

目 录

第二部分　参　考　答　案

第一部分

各章重点难点解析及习题自测

绪　　论

一、学习目标

(一) 理解

1. 商法学的研究对象。
2. 商法基础理论是商法学的基石。

(二) 熟悉

1. 马克思主义理论与独具特色的中国特色社会主义商法学。
2. 唯物史观与中国特色社会主义理论体系指导下的商法学学习方法。

(三) 掌握

1. 商法学的功能。
2. 西方商法学与我国商法学的发展历史。

二、知识结构图

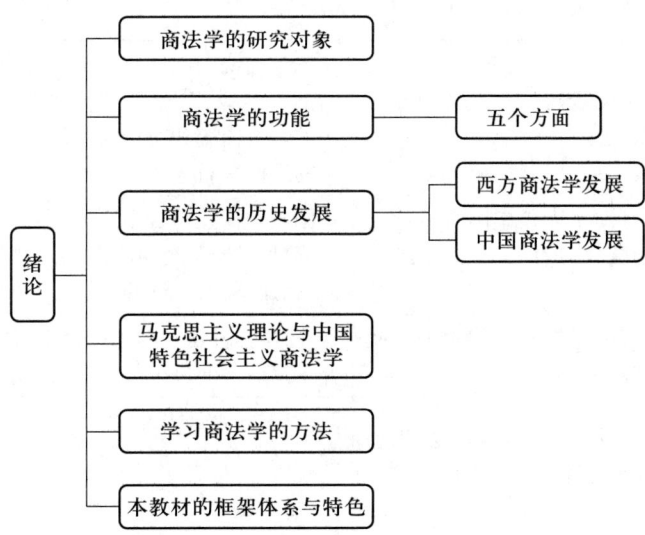

三、重点难点解析

（一）重点内容

1. 商法学的研究对象

商法学	研究对象	商法的一般理论与制度	商法基础理论是商法学的基石,商事部门法的研究有赖于商法基础理论的完善,商事部门法之间的冲突与矛盾需要商法基础理论的协调,商事立法与司法审判需要以商法基础理论为指导形成商法理念和商法思维。 由此,商法学的研究首先应以商法基础理论为研究对象,通过对基础理论的研究回答商法实践中的一般理论问题
		商事部门法理论与制度	以商事部门法为研究对象,回答商法实践中具体的部门法理论问题,对商事部门法的研究始终是商法学关注的重点
	重要地位		是法学理论体系与学科体系的重要组成部分。
中国商法学	研究对象		主要研究商法的起源与历史、商法的价值、商法理念与商法思维、商法原则、商法规范与商法体系、商事主体、商事行为、商事纠纷解决程序以及公司法、证券法、票据法、保险法、信托法、基金法、海商法、电子商务法、运输与物流法、破产法等
	重要地位		中国商法学是中国特色社会主义法学体系的重要组成部分

2. 商法学的功能

商法学的功能具体反映在五个方面：

商法学的功能	（1）商法学有助于建构和发展中国特色社会主义商法	商法学围绕中国社会主义市场经济实践,结合世界各国的商事经验,以凝练、总结和发展中国特色社会主义商法的基本内容和特点为己任,构建中国特色社会主义商法的理论基石
	（2）商法学有助于完善中国特色社会主义商事制度,维护社会主义市场经济秩序	我国亟须构建符合本国国情的商法制度,而商法学正是以商法一般理论和商事部门法为研究对象的学科,所以,构建系统完备的商法制度离不开商法学
	（3）商法学有助于推动当代中国法制文化观念的变革	首先,学习商法学要求培育商法思维；其次,商法学的研究承接商法的过去与现在
	（4）商法学是树立社会商业道德,推动社会主义精神文明建设的助力	改变中国现阶段社会生活不规范的突破口之一是通过商法学的理论发展,形成社会正确的商法思维和伦理观念,树立社会商业道德
	（5）商法学是我国实现国际经济战略的重要法制理论依托	随着经济全球化的深入发展,一国的国际经济战略将成为国家强盛的关键。国际经济战略以经贸合作为核心连接世界经济,经贸合作的开展不但需要国家政策支持,更需要一国商事法律制度的完备及其与国际商事法律制度的协调

(二) 难点内容

中国商法的变迁

(1) 近现代中国商法体系

中国古代社会长期奉行诸法合体,各个部门法完全被纳入一个法典之中,因此,不存在独立的商法部门或集中的商法制度;同时,由于中国古代是一个重农抑商的社会,商品经济极不发达,调整这一经济关系的商法亦难以发达,即使有不少散见于律令中的关于买卖、钱庄、银票、手工作坊、店铺牌匾等的规定,很大程度上也带有行政法和刑法的属性。

近现代意义上的商法在我国始于清朝末期。清光绪皇帝在推行新政时,把制定商法典看成是振兴工商业的治国大策之一,1903 年派载振、伍廷芳等人起草商法,于 1904 年公布了《公司律》《商人通律》,1906 年公布了《破产律》,与此同时还起草了《公司注册试办章程》《商标注册暂行办法》等,随后又聘请了日本法学博士志田钾太郎起草了《大清商律(草案)》,该草案共 1008 条,其中有公司法六编、海船法六编、票据法三编。这些后来制定的商事法律法规,未及颁行,清王朝覆灭。

辛亥革命以后,新建立的民国政府在大清商事法律的基础之上,重新制定并颁布了一批商事法律,主要有《中华民国商律》《公司条例》《商人通例》等。在此期间,北洋政府于 1923 年起草了一部《商法》,但未正式出台。国民政府迁都南京后,采用民商合一的立法体例,在 1929 年制定的《民法典》中规定了商法的基本内容。原有商法中有关总则、商人、经理人、代办商、商行为、交互计算、行纪、仓库、运输等规则均并入民法债篇。在民法之外另制定有一批商事单行法规,主要有《公司法》《票据法》《保险法》《海商法》《船舶法》《商业登记法》《船舶登记法》《商业会计法》《银行法》《证券交易法》《动产担保交易法》等。

新中国成立后,在很长一段时期内,由于实行计划经济,国家的立法重心在于强化国家调控经济活动的能力和国家干预经济行为的行政手段,因此,商法极不发达。1993 年之前,我国除颁布了《海商法》等少数商事法律外,其他商事立法几乎空白。1993 年之后,全国人大常委会陆续制定了《公司法》[①]《票据法》《合伙企业法》《保险法》《商业银行法》《证券法》《信托法》《企业破产法》等商事部门法。商法作为一个独立的法律部门已经形成。

(2) 大陆法系商法对中国商法的历史影响

从历史的考证中我们发现,近代西方国家法律向中国传播,可以说是从商法的传播开始的。19 世纪 40 年代之后,伴随着西方资本主义的进入,了解西方国家的法律,尤其是商法成为经济贸易之必需。1870 年之后,英国商法中的许多规则,尤其是有限赔偿责任规则普遍适用于在华企业。当时,对于中国的清政府来说,商法是一个十分陌生的事物,没有传统可以因循,只能求助于外国的帮助。清政府在设立商部制定商法的同时,在商部下设律学馆,翻译各国商法。由于最初聘请的立法顾问是美国人,因此所翻译的法律法规及法学著作主要是英美商法,如美国破产法、美国公司法、英国公司法等。后来聘请日本人担任立法顾问,在此期间翻译了日本商法、德国商法、德国破产法等。1904 年,清政府颁布的一系列商事法律,其主要内容基本上都继受于德国商法。中华民国建立之后,虽然在立法体例上奉行民商合一,实质上只是将旧商法中的主要内容,如商法总则、商人、经理人、代办商、商行为、交互计算、行纪、仓储、运送等

---

① 本书引用现行法律时,除特别注明外,一律使用全称,但省略"中华人民共和国"。

从德国商法中引进的内容,合并到民法典之中。从历史的角度来看,德国商法作为大陆商法的代表对中国商法的影响最大。大陆法系商法对中国商法的影响主要表现在以下几个方面:

第一,立法体例上的影响。中国古代社会奉行诸法合体,在立法体例上没有法律部门的划分,更不存在商法部门。19世纪末20世纪初,受以德国商法为代表的大陆法系国家商法的影响,中国制定了自成体系的商法典。其后,虽然商法典没有得到施行,但大量的商事法规,如公司法、票据法、破产法、海商法等仍然以相对独立的法律法规形式被制定颁行,这种商法的法典化和商事法规的专门化,从根本上改变了中国传统立法格局,使中国商法在立法体例上更接近于德国等大陆法系国家的商法。这种由大陆法系继受的立法格局,一直延续至今。

第二,立法技术上的影响。中国古代社会由于商法不发达,商品贸易中的许多概念在法律上也是不清晰的,现代商法中的许多概念在中国古代社会几乎是空白。伴随着现代西方商法向中国的传播,西方国家,尤其是大陆法系国家商法中的许多概念被逐渐引入中国。对中国来说,这些概念和术语,有的是一种新的创造,有的则是对中国原有概念予以改造的结果。如商法中的行纪制度,交互计算制,公司法中的公司、股票、债券、股东、董事、经理等,这些现代商法中的基本概念都是从大陆法系国家商法中最先引进而来;而商号、票据、银行等概念,则是大陆法系国家商法中的概念,通过对中国传统法律中相似概念如牌匾、银票、钱庄等进行改造,使其成为现代商法上的概念。

第三,立法理念上的影响。中国传统法律由于奉行诸法合体,商业法不成体系。但现代大陆法系国家商法,尤其是德国商法注重法的内在逻辑性、体系的完整性、规范结构的严密性、概念的抽象概括性。这些特点在很大程度上影响了中国商事立法的内在风格,20世纪初中国商法典的制定以及20世纪以来大量商事单行法规的制定,都体现了这些特点。

第四,商法制度及规则上的影响。在中国古代社会,由于商业的不发达,导致了商法的不发达。现代商法中的许多商事制度和规则,在中国古代均不存在。随着现代西方商法的传播,许多重要的商事制度和规则被引进到中国。如保险制度中,保险人与被保险人相互之间的权利义务关系,公司制度中股东出资责任和公司独立的财产责任等,这些制度和规则都以全新的姿态被中国商法所继受。

以德国商法为代表的大陆法系国家商法之所以能够对中国商法产生重要影响,其中一个很重要的原因是中国也是成文法国家。中国古代社会的法典编纂在立法技术上已经达到相当水平,它为大陆法系国家商法被中国接受创造了很好的条件。

中国在继受大陆法系国家商法方面,曾经作出了颇为矛盾的选择:一方面,我们大量接受了德国商法中的新概念、新术语、新制度;另一方面,从20年代末开始,我们否定了德国采用民商法典分立的立法体例。从这种状况上说,我们仅继受了德国商法的精神,没有继受德国商法的形式。这是我们没有真正理解德国商法立法体例的价值,还是德国商法立法体例价值本身应受到怀疑?数十年来,这一直是困扰中国法学界的悬而未决的难题。也正是这个原因,德国商法对当代中国的影响一直受到人们的怀疑。

（三）延伸阅读

1. 中国特色社会主义商法的理论渊源

当代中国商法与传统商法在制度设计上存在着根本性的差异。传统商法以私人产权为核心,以商人自治为基本原则;而当代中国商法,则以混合产权为主导,以维护社会公共利益为首要原则。这些展现在制度层面的差异,反映了理论渊源的不同。独具特色的中国特色社会主义商法理论源于马克思主义,更源于马克思主义中国化的理论成果,即中国特色的社会主义理论。

(1) 决定中国特色社会主义商法的物质生活生产方式在马克思主义理论的指导下发生变革

马克思指出,"法的关系正像国家的形式一样,既不能从它们本身来理解,也不能从所谓人类精神的一般发展来理解,相反,它们根源于物质的生活关系","物质生活的生产方式制约着整个社会生活、政治生活和精神生活的过程"[1]。所以,理解中国特色社会主义商法需要回到物质生活的生产方式上。

当代中国生产方式发生的根本性变革经历了两大阶段。第一个阶段是新民主主义革命时期。在该时期,中国共产党运用马克思在《关于费尔巴哈的提纲》中所提出的"以实践为基础"的新世界观,以马克思历史观上的"阶级斗争理论"为指导,引导无产阶级进行革命,为中国生产方式的变革奠定了基础。第二个阶段是新中国成立以后的社会主义革命和建设时期。在该时期,中国对所有权和资产阶级生产关系实行强制性干涉,开始全面变革生产方式,实行由恩格斯所提出的生产方式变革措施,即"最先进的国家几乎都可以采取下面的措施:① 剥夺地产,把地租用于国家支出。② 征收高额累进税。……⑤ 通过拥有国家资本和独享垄断权的国家银行,把信贷集中在国家手里。⑥ 把运输业集中在国家手里。⑦ 按照共同的计划增加国家工厂和生产工具,开垦荒地和改良土壤。……⑨ 把农业和工业结合起来,促使城乡对立逐步消灭……"[2],由此成功地建立了社会主义制度。在社会主义改造完成后,中国借鉴了苏联模式,突破了恩格斯所提出的"只有创造了所必需的大量生产资料之后,才能废除私有制"[3]观点,直接在经济落后的情况下消灭私有制,压抑私权、禁止商品交换,[4]完全否定了商事交易、否定了商事主体、否定了商法制度,建立了全民和集体所有的单一所有制经济,使中国经济发展陷入停滞和倒退。1978 年 12 月,十一届三中全会的召开扭转了上述格局。在邓小平的带领下,中国在坚持马克思主义实践观的基础上,结合本国国情,采取了包括实施改革开放,允许个体经济发展,进行国有、集体企业改革等在内的诸多措施,形成了以公有制为主体、多种所有制经济并存的经济基础。商事交易、商人身份开始获得社会认同。商法也在经济基础的变革中,从新中国成立之初的空白,走向了改革开放后的逐步创制。

应当认为,当代中国商法根植于中国特色的社会主义生产方式,该生产方式是在将马克思主义一般原理运用于中国实践且经过变革与创新的基础上产生的,如果没有将马克思主义一般原理与中国实践相结合产生的马克思主义中国化理论成果,当代中国商法就不可能诞生。

① 《马克思恩格斯文集》第二卷,人民出版社 2009 年版,第 591 页。

② 《马克思恩格斯文集》第二卷,人民出版社 2009 年版,第 52、53 页。

③ 《马克思恩格斯文集》第一卷,人民出版社 2009 年版,第 685 页。

④ 参见刘道远:《再论商法在市场经济建设中的地位——基于中国特色社会主义法律体系形成后商法地位之思考》,载《政法论丛》2011 年第 4 期。

(2) 中国特色社会主义商法具体制度的建构根植于马克思主义中国化的理论成果

马克思主义中国化的理论成果在具体商法制度层面,主要从两个方面对中国特色社会主义商法产生指导作用:一是在法律移植的过程中指导商法制度的改造,二是在法律创制的过程中指导中国特色商法制度的形成。

① 对移植的商法制度进行改造

不论是在最早以法律形式确立有限责任公司的德国还是其他国家,公司制都是服务于私有制的,破产制度也是私有主体的专属产品。然而,中国是在针对国有企业进行现代企业改革的背景下引入公司制度和破产制度的,其目的就是将服务于私有主体的商事主体制度运用于公有主体之上。在 1993 年《公司法》中,中国独创性地规定了国有股份,并将国有控股和国有独资作为国家出资形式。其结果就是,中国以经营权和所有权两权分离的模式开创了国有公司制度,使国有公司成为独立的市场竞争主体。该商法制度的成功改造,得益于马克思主义中国化过程中的重大理论创新和突破。

在马克思主义理论中,共产主义社会制度将消灭竞争。恩格斯认为,"竞争不过是单个私有者经营工业的一种方式"[①]。根据该理论,作为公有主体的国有企业不会进入竞争领域,无产阶级要把社会的全部资本,包括全部农业、工业、运输业都集中到国家手里,由整个社会共同地和有计划地来经营工业。[②] 然而,仅将国有企业设定为产品供给部门,中国所面临的是国有企业效率低下的现实。于是,党的十一届三中全会提出,"让地方和工农业企业在国家统一计划的指导下有更多的经营管理自主权",从而拉开了国有企业从产品供给部门向商事经营主体转变的帷幕。在这一思想指导下,国务院围绕"放权让利"目标,颁布了一系列针对国有企业改革的文件,[③] 并以服务于国有企业改革为目标,对移植于域外的商事私有主体制度进行了改造,制定了只适用于国有企业的《企业破产法(试行)》,出台了规定国有股份的《公司法》。

中国以马克思主义中国化的理论成果为指导,对所移植的商法制度进行了本土化改造。除了改革开放之初商法制度的创立时期外,在其后整个商法制度的不断发展时期,中国始终坚持从实际出发,借鉴、吸收、改造传统商法,突破传统社会主义理论的框框,破除教条,从实践中探索适合中国国情和未来社会发展趋势的商法制度。

② 创建适合中国国情的商法制度

当代中国商法最具特色的制度是公有主体和私有主体并存的商事主体制度,以及个体工商户制度等。公有、私有混合所有主导下的商事主体制度将在下文详细论证,这里主要讨论个体工商户制度。个体工商户是在马克思主义中国化理论成果——邓小平理论的指导下产生的,这是中国独有的制度设计。1978 年,中国东南沿海一带出现了许多小作坊。为了缓解城市的就业压力,中共中央在《关于全国工商行政管理局长会议的报告》中指出,应"批准一些有正式户口的闲散劳动力从事修理、服务和手工业者个体劳动",并在 1981 年十一届六中全会通过

---

① 《马克思恩格斯文集》第一卷,人民出版社 2009 年版,第 683 页。

② 参见《马克思恩格斯文集》第一卷,人民出版社 2009 年版,第 688—689 页。

③ 这一系列文件包括《关于国营企业实行利润留成的规定》《关于提高国营工业企业固定资产折旧率和改进折旧率使用办法的暂行规定》《关于国营工业企业实行流动资金全额信贷的暂行规定》《关于扩大国营工业企业经营管理自主权的若干规定》等。

的《关于建国以来党的若干历史问题的决议》中表明,"一定范围内的劳动者个体经济是公有制经济的必要补充"。党中央作出的上述报告和决议,突破了马克思消灭私有制的一贯主张,但又没有移植域外国家的小商人制度,而是开创性地设立了个体工商户制度,这是马克思主义中国化理论成果的实践,其在解决城市就业压力的同时,还开创了社会主义国家利用私营经济建设社会主义的先河。

总之,当代中国商法从诞生到具体制度的构建,再到具有特色的商法制度体系形成,都是马克思主义中国化理论指导的结果,是当代中国社会主义实践的产物。

2. 中国商法发展的历史阶段及其特点

尽管中国古代已经存在与商业有关的法律实践和制度[1],在近代尤其是经过清末修律,制定过系列商事法律法规[2],到民国时期,商事立法、商法学研究也取得了一些成就[3]。但是,现代商事法律制度直到改革开放才真正在中国起步。中华人民共和国成立后,中共中央全面废除国民政府的"六法全书",当时的目标是建立以生产资料公有制为基础、高度集中的计划经济体制,要求全盘否定商品经济和市场,否定商人的地位和价值,从理论上认定"商事",即"营利性行为"是造成资本主义剥削的根源。虽然最初几年里,私营工商业在政策上被允许继续存在和发展[4],但1956年以后就被彻底否定了。所以在中华人民共和国成立后的前30年,特别是1956年年底"三大改造"完成后,商法以及商法学在中国基本消失。[5] 不过,中华人民共和国成立之前,中国共产党在根据地建设中曾经存在过一些有关商业发展的政策。

土地革命战争时期,由于党内路线斗争反复不定,常常"左"倾盛行,根据地的私营工商业处于不稳定阶段,政策上"打压"与"保护"反复无常。瓦窑堡会议后[6],中共中央明确提出了允许和鼓励私营工商业,特别是民族资产阶级工商业存在和发展的政策。[7] 抗日战争时期,陕甘宁边区政府面对极其贫困的生存环境,为了提高经济来源,维持生存和发展,明确提出"保护私人工商业的自由经营"[8],不仅将私营资本主义工商业与国营经济、合作社经济、半自足经济等共同作为边区的四种经济成分之一,吸引外地资本家到根据地开办实业,奖励民营企业,[9]

---

① 参见李功国主编:《中国古代商法史稿》,中国社会科学出版社2013年版,第1页。
② 清末政府设"商部",由载振、伍廷芳等负责修订商律,其间制定了《钦定大清商律》《破产律》《大清商律(草案)》《改订大清商律草案》等一系列商事法律法规。
③ 参见何勤华:《中国近代民商法学的诞生与成长》,载《法商研究》2004年第1期。
④ 参见《毛泽东选集》第四卷,人民出版社1991年版,第1431页。
⑤ 参见帅天龙:《二十世纪中国商法学之大势》,载《中外法学》1997年第4期。
⑥ 瓦窑堡会议明确指出:苏维埃人民共和国用比较过去宽大的政策对待民族工商业资本家。……欢迎他们到苏维埃人民共和国领土内投资,开设工厂与商店,保护他们生命财产之安全,尽可能减低租税条件。在红军占领的地方,保护一切对反日反卖国贼运动有利益的工商业。并欢迎华侨资本家到苏区发展工商业。参见中央档案馆编:《中共中央文件选集》(第十册),中共中央党校出版社1991年版,第610、612页。
⑦ 参见杨青:《土地革命战争时期党的私营工商业政策与革命根据地的私营工商业》,载《中共党史研究》2005年第5期。
⑧ 中央档案馆编:《中共中央文件选集》(第十一册),中共中央党校出版社1991年版,第615页。
⑨ 参见《毛泽东选集》第二卷,人民出版社1991年版,第768页。

还建立了边区金融制度,利用货币、商税等金融政策发展根据地经济。[①] 然而,在革命根据地建设时期,尽管中国共产党知道工商业发展对维护政权、保障战争供给的重要性,也采取了一些促进工商业发展的临时性政策,但当时这些政策只是在利用商人。在政治思想上,商人因其资本家属性是被无产阶级政权从本质上彻底否定的。这种理论指导一直被延续到改革开放之前。

(1) 探索与徘徊期(1978—1992 年):实践先行、政策护航、立法巩固

1978 年是中国历史上的重要拐点,在这一年,以营利性为本质特征的商事活动重回中国历史舞台,拉开了中国特色社会主义商法实践的时代帷幕。1978 年到 1992 年是中国商法的探索徘徊期,受《光明日报》1978 年 5 月 11 日登载《实践是检验真理的唯一标准》一文的影响,实践先行,政策后发补位,立法再次加强是该时期商事制度创立的重要方式。

1978—1992 年年间,中国商法在六个方面取得了重大历史性飞跃:农村承包经营户的出现;个体工商户的发展;国有、集体企业的改革;合资经营的产生;经济特区的建立;商事审判制度的显现。

(2) 争议与创制期(1992—2001 年):商法逐渐获得独立性地位

经历了 1978—1992 年的探索与徘徊后,随着 1992 年中共十四大提出建立社会主义市场经济体制,中国商法走进了争议与创制期。在这个时期,大量商事部门法颁布,商法在与民法、经济法的争论中获得独立地位,全国性商法研究会正式成立。

(3) 兴起与发展期(2001 年至今):强化立法技术、深化司法改革

为落实党的十六大提出"建成完善的社会主义市场经济体制"的战略部署,2003 年 10 月,党的十六届三中全会通过了《中共中央关于完善社会主义市场经济体制若干问题的决定》,提出了全面推进经济法制建设,加强经济立法,完善经济法律制度,深化国有企业改革的总体规划。这一时期,"全面深化改革""全面依法治国"成为新的国家战略,中国商法进入了发展完善的新时期。

随着经济体制改革不断向纵深发展,改革开放初期制定的商事立法与市场经济的不协调之处日益暴露出来,这些法律法规已无法适应新形势的发展。而且中国刚刚加入世界贸易组织(WTO),WTO 规则对我国商事法律的质量也提出了挑战。于是,修订、完善已有的商法成为这一时期商事立法的主要任务。1993 年颁布的《公司法》分别于 1999 年、2004 年、2005 年、2013 年、2018 年进行了修改,其中 2005 年、2013 年的两次修改最为广泛深入;同样,1998 年颁布的《证券法》分别于 2004 年、2005 年、2013 年、2014 年、2019 年修改完善;1995 年颁布的《保险法》分别于 2002 年、2009 年、2014 年、2015 年进行了修改;1995 年颁布的《票据法》也于 2004 年被修正;《企业破产法(试行)》于 2006 年废止,2006 年制定的《企业破产法》确立了适用于所有企业法人的破产程序;1997 年颁布的《合伙企业法》于 2006 年进行了修订,增加了有限合伙制度,明确法人可以参与合伙。最高人民法院也注重总结审判经验,弥补法律漏洞,2006 年至 2016 年的十年间,共颁布 3 部《公司法》司法解释以及两部《企业破产法》司法解

[①] 1941 年 1 月 30 日,陕甘宁边区政府发布《关于停止法币行使的布告》,同年 2 月 22 日,颁布《废止法币实行边币的训令》,见《毛泽东选集》第四卷,人民出版社 1991 年版,第 1173、1254—1255 页;中共绥德县委史志办公室编:《抗战时期的绥德分区》,三秦出版社 2019 年版,第 102—103 页。

释。该时期通过总结商事立法实践经验、借鉴国外优秀成果,提高我国商事立法质量,使商事法律制度体系日臻完善。完善的商事法制不仅对维护市场经济秩序发挥了重大作用,进一步改善了我国的营商环境。

商事司法方面,从 2013 年至 2017 年的 5 年间,我国各级法院审结一审商事案件共计1 643.8 万件,同比增长 53.9%。^① 商事审判机构的专业性和重要性得到重视。2009 年 4 月,"人民法院应对金融危机商事审判工作座谈会"在福建召开,这是最高人民法院首次正式在会议中使用"商事审判"称谓;2010 年 8 月,全国法院商事审判工作会议在山东济南召开,"商事审判"正式成为人民法院审判工作的重要组成部分,担负着保障市场主体权益、维护市场经济秩序的重要职责。2016 年 6 月,最高人民法院印发《关于在中级人民法院设立清算与破产审判庭的工作方案》,在 4 个直辖市、11 个省的省会城市和副省级市中级人民法院设立清算与破产审判庭。截至 2017 年底,全国法院的清算与破产审判庭从 2015 年年初仅 5 家迅速增至 97家^②。2017 年 8 月,最高人民法院发布《关于进一步加强金融审判工作的若干意见》,拟在金融案件相对集中的地区选择部分法院设立金融审判庭,探索实行金融案件的集中管辖;在其他金融案件较多的中级人民法院,根据案件情况设立专业化的金融审判庭或者金融审判合议庭。另外,2018 年 1 月 23 日,中央全面深化改革领导小组审议通过了《关于建立"一带一路"国际商事争端解决机制和机构的意见》,该意见指出,最高人民法院在北京市、西安市、深圳市设立国际商事法庭,涉外商事审判开启我国商事审判的新时代。这一时期,商法学研究大步前进,名家新秀辈出,各研究领域全面开花(既有对商法基础理论上的深度拓展,也有对部门法具体问题的精深阐释),商事法律法规的修订完善与商法学研究的贡献紧密相关,商法学教育发展更加繁荣。

3. 中国特色社会主义商法的问题及前景展望

几千年来,商事关系的法律调整一直是社会稳定与发展的核心制度。过去 40 余年中,中国突破了传统西方国家以私权为核心的商法制度,构建了适合中国国情的新型商法制度,进而构建了具有中国特色的社会主义市场经济体制。始终结合我国基本国情而形成的中国特色社会主义商法,以及其在商事领域创建的新型制度,帮助中国在经济转型时期度过了许多经济风险,实现了经济的腾飞。但是,因商法的碎片化与易变性,伴生了经济体制创立中的诸多问题,诸如商主体资格混乱、商人道德日益低下、国有垄断商主体效率低下、大量的新型商事行为游离于法律灰色地带等,严重影响了市场经济的健康发展。因此,我们亟须总结改革开放以来中国商法存在的问题,以应对商事活动实践中出现的新问题,厘清中国商法发展的方向,通过完善商法制度以维持中国特色市场经济体制的良性循环。

(1) 当下我国商法存在的问题

第一,商事一般法缺位,导致商事法律存在空白。我国没有制定商法典,虽然法典只是立

---

① 数据来源于 2018 年 3 月 9 日周强在第十三届全国人民代表大会第一次会议上作的《最高人民法院工作报告》。从2012 年开始,《最高人民法院工作报告》中均将商事案件的审判数据单独统计,这也体现出商事审判的重要性和独立性在增强。

② 参见《最高法召开发布会　介绍法院破产审判工作情况》,载于中华人民共和国最高人民法院官网,http://www.court.gov.cn。

法模式的选择之一,但我国在抛弃法典化模式的同时,也忽视了商事一般法的立法,该做法产生了诸多问题。首先是导致我国缺失商法理念与基本原则,进而使得民商区分的标准迟迟无法确立。其次是使商事部门法衔接困难。由于缺乏商事一般法对商事主体的标准作出规定,因而商事部门法对商事主体的界定存在差异。例如,《公司法》只确定了有限责任公司和股份有限公司两种类型,但是,2012 年,中国证券监督管理委员会(以下简称中国证监会)参考英美法的界定方式,审议通过了《非上市公众公司监督管理办法》,提出了《公司法》规定之外的与上市公司概念相对应的公众公司的概念。最后,商事一般法的缺位还使商法缺失诸多基本规则,如商事主体和商事行为的基本规则,以及营业转让规则、商事代理、商事居间、商事行纪等均无法通过商事单行立法确立相关基本规则。

第二,商事法律缺乏可预见性。尽管中国特色社会主义商法以现实需求为导向进行立法,但商事交易日新月异,商法难免存在滞后性,更何况我国作为商法的后起国家,一直缺乏商法传统,该情形导致我国商事立法往往难以满足所有商事活动的调整需求,具体的例子不胜枚举。例如,阿里巴巴等新兴科技企业设计的双重股权结构,由于突破了《公司法》“一股一权”的规定而导致其无法在我国上市。再比如,为了避免资产价值的不确定性,《公司法》禁止以劳务等出资,而司法实践却已经接受了劳务出资。[1] 上述例子表面上都是商事活动违反了法律规定,实际上却是商事法律缺乏可预见性的表现,其规定无法满足商事活动发展的需要,最终被实践所突破。

第三,商事法律存在碎片化现象。受商事一般法缺位的影响,再加上我国商事法律以国家经济政策为引导、以现实需求为导向,我国的商事法律缺乏系统化与体系化,从而呈现出碎片化的状态。最为典型的是关于商事物流的规定。商事物流集仓储、运输、包装、流通加工、回收等法律关系于一体,通常以一个合同或合同束的形式出现,合同条款联系紧密。然而,我国并没有对商事物流专门立法,有关商事物流的规则散见于《民法典》总则编、合同编与《邮政法》《铁路法》等法律法规之中。法律的碎片化导致的内容重叠、规则冲突在商事物流规则中十分突出。关于第三方物流的工商、税务、海关等相关单证彼此不相配套,甚至出现重复计税的现象。[2]

(2) 中国特色社会主义商法的前景展望

为了巩固中国特色社会主义商法的制度创新成果,当代中国需要在总结过去经验和教训的基础上,走向中国特色社会主义商法的成熟化。为此,针对中国商法当前存在的问题,需对其加以完善。

首先,需要增强商事法律的可预见性,保持商事法律的灵活性和弹性。商事活动作为社会经济发展的源泉,创新性是其前进的动力,缺乏灵活性的商事法律非但无法推动社会发展,还会抑制商事活动的正常开展。

其次,需要推动商法走向系统化、体系化。以《商事通则》的形式制定并出台商事一般法,同时利用法律汇编手段对现行商事单行法进行汇编,整合重复的法律规则并消除矛盾的法律规范,从而形成以商事一般法统领商事特别法的中国特色社会主义商法体系,以解决商事统一立法原则和指导思想缺位、规范重复设置等问题。

---

① 参见朱锦清:《公司法学》(上),清华大学出版社 2017 年版,第 85 页。

② 参见彭建安:《第三方物流法律体系构建刍议》,载《中共中央党校学报》2013 年第 2 期。

再次,我国商法要逐渐用法律规则取代行政决策。虽然行政监管和法律监管是我国商法的特色,但行政监管并不等同于行政决策。行政决策是行政机关根据一定情况和条件针对某一具体问题作出的决定,其具有易变性和较强的实时性;而行政监管则要求行政机关根据能够被行政相对人预见的行政法规、规章以及规范性文件等进行监管,要求稳定性,所以两者存在本质区别。在商事活动领域,以缺乏可预见性和稳定性的规则规范交易活动,容易滋生权力腐败,阻碍交易活动的健康发展,因此,我国必须以法律规则为基础来调整商事活动。

最后,我国商法要推动全社会形成尊重商人、保护商人的正确风气,创造良好的营商环境。尽管商人因以营利为目的而给人唯利是图的印象,但是,就商人的创新而言,无论是团体人格的创立,还是商业伦理观的建立,以及责任能力和组织形式的创新,都给世界带来了无法磨灭的贡献。① 现阶段,我国要改变商事活动中粗制滥造、违背信用等亚健康发展的生态,引导商人树立正确的商业伦理观,提高商人素质;与此同时,还需要加大宣传,提高全社会对"商"的客观认识。但是,该客观认识并非要推动全民经商,而是通过社会对商人职业的重新认识推动尊重商人、保护商人风气的形成。

总之,为了增强商事法律的可预见性、系统化、体系化,形成全社会尊重商人的局面,推动商业的良性发展,我国除了需要提高立法水平,提高商事司法水平,以完善的商人制度和司法救济手段实现中国特色社会主义商法的完善外,还需要在思维习惯、社会伦理等方面全方位地建设商法,以推动具有中国特色的社会主义商法走向成熟。

4. 中国商法典的制定

中国需要编纂一部《商法典》,这不仅仅是当下中国社会政治经济与法制进步的需要,更是我国倡导"一带一路"的中国走向世界的需要。

商可兴邦,亦可毁国;商可提升人类的创新动力,亦可激发人们的贪婪欲望;商是社会繁荣的基石,亦是社会动荡的本源。可以说,人类社会的历史,无论政治、经济、科技,甚至战争,很大程度上都反映在商的盛兴与衰落的跌宕起伏之中。

商可带来繁荣,自从有了远古贸易,人们就充分认识到了商的这种独特功能,无论古希腊、中国春秋战国,还是古伊斯兰沙漠商队城、古印度孔雀王朝,奴隶社会的繁荣都是建立在商业繁荣基础之上的。商同样可以导致道德堕落和社会动荡,由此,整个封建社会,无论东方和西方,大一统的封建帝国,都依赖禁商抑商维持其政治统治,同时也导致社会陷入长达千年的停滞不前。近现代资本主义的成功,很大程度上归功于合理地运用了商的特殊社会发展功能,这就是:弘扬商的社会积极功能,抑制商的社会消极功能;将商纳入法制轨道,运用商事法制培育现代商人精神,规范商人行为。正如法制是人类文明的阶梯,现代商法是现代商事文明的阶梯。当下的中国,需要制定规范和引导商人和商行为的商事基本法典。

世界历史所展示的共同智慧和当下中国经济强劲发展及社会变革的现实需求,使法典化的呼声自中国商法研究起步时就不绝于耳。然而与之相伴,去法典化的呼声也在法学界此起彼伏,并且就中国商法立法历程来看,后者更占主流,其理由基本就是民国时期《民商划一提案审查报告书》所列的八大理由。鉴于日本著名学者我妻荣已经对该八大理由逐一展开了批驳

---

① 参见范健、丁凤玲:《中国商人制度与民事主体立法——写在〈民法总则〉创立时的思考》,载《南京大学学报(哲学·人文科学·社会科学)》2017 年第 3 期。

论证，[①] 且本书持赞同意见，故不再赘述。

本书认为，面对中国经济进入结构性转型和世界经济进入深度竞争与冲突的格局，商法典的编纂是维护国内经济秩序与社会秩序稳定有序发展、保持我国的国际竞争力和提升国际地位的创新工程，势在必行。

（1）编纂《中国商法典》的价值和意义

① 商法典是世界列强兴起的制度基础

在世界历史上，商法典不仅早于民法典创制，是推动民法典制定的重要因素，更为世界主要大国的崛起奠定了坚实的制度基础。

以法国为例，法国的崛起很大程度上是商法典的助力。法国于1673年颁布的《陆上商事敕令》实际上是最早的《商法典》，该法典作为当时立法的杰作，促进了法国民族市场的形成，进而推动了民族经济的迅猛发展，社会由农业本位走向工商本位，发展工商业成为社会的主旋律。[②] 此后，法国实现政治统一，1807年颁布了近代意义上独立、完整的统一商法典——《法国商法典》，该法典的出台使法国的经济发展远超邻国，一跃成为欧洲大陆经济大国，此后，各国纷纷效仿甚至直接移植法国商法典制定本国商法典，进而形成了法国商法法系，更是让法国成为"法律大国"，国际地位赫然耸立。

德国在统一之前，邦国林立、政治分化，为了改变该格局，普鲁士首先统一商事法律制度，出台了1727年《普鲁士海商法》、1751年《普鲁士票据法》、1776年《普鲁士保险法》等商事法律，极大地扫清了阻碍城邦间商事贸易的法律障碍。1794年出台的《普鲁士普通邦法》更是几乎包含了所有商事领域的基本规则，1847年的《德意志统一汇票和本票》使德意志各邦国商事法律的统一取得实质性进展，各邦国商人在此中间因为贸易联系的不断增强而迅速团结，出现了在德国政治统一之前各邦国率先在经济上实现了统一的局面。1861年《德意志普通商法典》的出台则真正使各邦国之间逐渐凝聚，为德国政治统一大业奠定了坚实的社会基础。俾斯麦采取商事法律制度先行的做法，不但加快了德国政治统一的步伐，更使统一后的德国经济迅猛发展，位居世界前列。

因此，商法典的积极作用不仅在于调整商事法律关系、发展一国商业，更在于提升一国的国际地位，促使一国走向世界经济强国乃至政治大国。

② 商法典是防止商业无休止扩张的标尺

虽然商业发展可以带动社会进步、增强国家竞争力、提升一国的国际地位，但是，以利益为导向的商业具有无休止扩张的内在倾向，所以我们需要能够引导和促进商业健康发展的商法典。

没有良知的商业一定是野蛮的，从古代社会至欧洲中世纪的历史以及15、16世纪后的所有战争已经说明了该事实。作为欧洲中世纪社会行为准则的宗教伦理没能发挥禁商的作用，反而使商业冲破禁锢迅猛发展，宗教伦理对商业的排斥使商业伦理一度失去束缚，犹如脱缰的野马。15、16世纪的商人一味地追求利益、追逐财富，唯利是图的商人本性弥漫整个欧洲，商业开始无休止的竞争，资本主义的掠夺使社会贫富快速拉开差距，任何能够创造财富的方式，商

---

① 参见［日］我妻荣：《中国民法债编总则论》，洪锡恒译，中国政法大学出版社2003年版，"序论"。

② 参见任先行：《商法原论》，知识产权出版社2015年版，第573—577、638页。

人都企图尝试，一时之间，人体器官买卖等冲击世俗伦理的行为也开始出现，开拓市场获取资源更是成为商人的利益诉求。于是乎本国的商业开始超越国界，商业贸易扩张带来了 15 世纪新航线的开通，此后，西班牙和葡萄牙等早期商业大国，率先成为殖民掠夺的领跑者，世界列强的殖民统治无一不是商业无限度扩张的结果，乃至发生于 20 世纪上半叶的第二次世界大战，同样因列强为重新瓜分世界市场分配资源而掀起。因此，商业的无限度扩张，小至危害一国社会稳定，大到引起世界格局动荡。

而扭转欧洲各国境内 15、16 世纪商业无限扩张局面的便是古罗马法复兴所带来的市民伦理构建以及商法典制定所更新的商业伦理观，系统、独立、完整并且带有强制性的商法典通过特权与限权规则的制定取代了纯粹利益追求的商人自治规则，民法典和商法典的共同作用便是将商业的发展限制在合理的范围内。

所以，一国增强实力需要发展商业，但商业又有内在的无序性，此时要保证商业的健康发展，既需要维护市民伦理的民法典，更需要保障和规范商业活力的商法典。

③ 商法典是我国实现"一带一路"倡议目标的重要保障

商法典的制定是我国推行国际经济合作战略的制度基础。我国"一带一路"倡议致力于推动国际经贸合作，该倡议横跨亚、非、欧 65 个国家，各个国家之间的经济政治发展水平大相径庭，法律制度又各有差异，要保证该倡议的顺利推行，我们离不开法律制度的保驾护航，这是近现代大国崛起公开的秘密。不论是殖民时代的西班牙、葡萄牙、英国、法国，还是第二次世界大战后成为超级大国的美国，他们在对外开展经贸合作时，都以法律制度的输出作为保障。不过，上述国家依赖于卓越的经济实力或军事实力，实行的都是法律的强制输出，而现阶段我国只能通过商事法律的国际趋同，以国内商事法律制度的健全与完善获取域外国家的认同，进而激发外国对我国法律的自主趋同，最终实现法律制度的输出，这是和平与发展时代我国构建国际经贸合作保障体系的必然选择。

要使我国的商事法律制度获得域外认同，我国所提出的规则必须在洞悉市场法律、了解国际贸易现实的基础上契合国际背景，符合当代商事法律特征。当代主要发达国家都以商法典作为调整商事关系的重要法律，而采取民商合一立法体例的国家则数量有限并主要是地域小、人口少的国家，因此，若我国以民商合一的法典作为调整商事法律的基本法规并以此推向世界，不但不符合我国地广人多的国情，还可能无法获得"一带一路"沿线国家，尤其是市场经济发达强国的认可，最终阻碍我国"一带一路"经贸合作倡议保障制度的构建。所以，制定具有时代特征的商法典并以此作为中国走向世界的法律桥梁，是保障我国实现"一带一路"倡议目标的核心工程。

（2）编纂《中国商法典》的路径

当代中国，就商主体与商行为已经颁布了大量单行法规，这些单行法规缺乏统一的商事立法原则和指导思想。从宏观上而言，对社会关系和经济活动的调整缺乏清晰的方向性指引，相反很大程度上造成了社会关系的混乱。从微观而言，规范重复设置、彼此冲突，不严谨、不协调，造成商事交易与商事司法的困境，因此，编纂商法典首先要构建中国的商法体系。

构建中国商法体系的路径，至少应当包含三个重要的步骤，即制定总括商法原则及一般规则的《商事通则》，完成现有商事法律制度的整理汇编，进而在条件成熟时编纂一部与《民法典》相呼应的《商法典》。

① 制定《商事通则》是编纂中国商法典的基础工作

法典化是形式商法的一种选择,制定成体系的商事单行法,以及制定总纲性商法加单行法都可以是形式商法的实现路径。中国当下商事立法的最佳路径选择是以总纲性的商法通则加商事单行法的方式逐步过渡到商法典。

首先,历史经验表明对于中国现阶段爆发的社会矛盾,走向商法典是一条可行的出路,但是与历史特定条件不同的是,不论法国、德国还是后来的美国,其商法典制定时期,各主要商事单行法都未体系化。① 而中国当下《公司法》《证券法》《保险法》《海商法》《企业破产法》《反不正当竞争法》《反垄断法》等商事单行法都已有多年历史,并且上述法律由不同的部门制定,法理念、法目的乃至法原则都或多或少存在差异。因此,在当下中国制定一部包罗主要商事单行法的商法典,面临立法技术上的统合难度。解决该难题障碍重重,需要一定程度的经验积累,会导致商法典编纂的时间延迟。

其次,当人们从立法与实践的互动上观察问题时会发现,仅完善现有以不同商事领域为规范对象的法律还不能达到完善商法的目的。商事实践还需要一些对分别以不同商事领域为规范对象的法律有统率意义,或虽无明显统率意义但具有个别领域特征的单行商事法律所不能包括的规范,而这正是我国商事立法中的重大空白。填补这一空白的可行路径便是制定中国的《商事通则》。

最后,从立法的紧迫性来看,中国商事活动和司法实践急需《商事通则》。从法律体系来看,中国商事部门法较为完备,但是诸如贯彻商主体法定原则的商事登记、保护商事人格的商事字号、彰显商事信用的商事会计账簿、体现商事客体性的营业资产等立法规则都付之阙如。尽管可以单行法化,但是在立法尚属空白,法体系性又较强的情况下,将之凝结于商法一般性规定中,凝结于总纲性商事法律中,既能避免出现单行法因部门立法而相互冲突的情形,又能在商事一般法的框架下健全中国商法体系,是较优的立法选择。

因此,《商事通则》是当下中国商法回望过去、镜鉴当下、连接未来的有效选择。

② 完成《商事法律汇编》

《商事法律汇编》是在遵循一般法律汇编原则的基础上,对商事法律的体系和规范进行有条理的整合与汇总,形成我国独有的以《商事通则》为核心的商事法律体系。以《商事通则》加商事单行法的方式完成商事法律汇编是走向商法典的必要工程,汇编的主体为立法机关,由全国人大常委会成立专门的商事法律汇编委员会。汇编的主要工作由解释商事单行法之间的矛盾与冲突开始,以构建体系化的商事法律为目标。除了传统意义上的商事法律,商事监管法和商事竞争法也都应纳入商事法律汇编体系中,构建以商事通则—商事单行法—商事监管法—商事争议解决法为框架的商事法律体系。

③ 编纂《商法典》

法典化的系统编纂是商法最高层次的形式理性,商事法律汇编仅是将我国的商事单行法模式过渡到商法典模式的中间路径,一旦我国通过商事法律汇编形成较为系统的商事法律框架体系,社会商业伦理秩序趋于稳定,我国仍然应当制定《商法典》。通过保障基本权利的《民法典》和规范商业秩序的《商法典》共同作用,实现社会关系和经济活动的长远发展。

---

① 参见王建文:《中国商法立法体系批判与建构》,法律出版社 2009 年版,第 85 页。

不过,值得注意的是,为体现时代的特色,扭转我国现阶段营利与非营利模糊不清的格局以及应对当下商业发展的新要求,较之于早前德国和法国的商法典,我国的《商法典》必须在构建新时代背景下商主体和商行为理论的基础上展开具体规则设计,从而使该法典反映 21 世纪时代特征的同时,为世界多数国家所认可并自发趋同。

5. 商事思维及其在商事立法中的价值

(1) 商事思维的概念

① 商事思维与商事理念的异同

根据汉语大辞典和《辞海》的解释,思维是指客观存在反映在人的意识中经过主观活动而产生的结果。理念是指看法、思想、思维活动的成果。某种程度上来说,思维和理念意义相近,区别细微。思维是一种认识的结果,也是一种过程[1],而理念相较于思维,更注重结果。由于外在世界是不断变化的,因此理念也无法一成不变,但是理念受限于注重“结果绝对化”,其完善的速度往往跟不上物质环境的变化,而此时具备更加灵活特性的思维的优势就显示出来,其在面对创新事物时,更能与时俱进,作出相应的调整,从而发挥更大的功能价值。

商事思维是一种商事思想以及运用商事思想处理商事活动的方法的统称。因此,商事思维较商事理念而言,对于商事主体在商事活动中的规范调整作用更加灵活,更能适应不断出现的新型商事活动。

② 商事思维与其他相关概念的区别

第一,商事思维与商法价值。商法的价值是指商事法律规范对于社会和个人及其群体的积极意义,它体现商法精神,统领商事立法、执法和司法的全过程。有学者认为,贸易本位是商法价值的基础。商法价值包括正义、自由、平等、公正、效率、安全和秩序等,但是交易效率价值、交易安全价值和交易公平价值构成了当代商法的三大基本价值[2]。因此,商法价值指的是商法为社会和人们的需求提供的一种满足关系,在体现商法精神以及商法特征方面与商事思维是相通的。二者的区别在于,商事思维属于主观意识领域,是人们在商事活动中形成的主观思想结果,会随着商事活动的发展而不断产生;商法价值则更多的是一种不以人的意志为转移的客观存在,从商法产生和发展的历史长河来看,商法价值的最终实现依靠的是商事思维的积累和沉淀。

第二,商事思维与商事原则。商事原则指的是商事主体在商事活动中应当遵循的根本准则,是商事思维和商法价值的具体体现。换言之,商事思维与商事原则的关系是,商事原则是商事思维的概括、归纳和总结,处在商法具体规则与抽象商法价值的交汇点,而商事思维是商事原则的思维出发点和归宿,在抽象思维领域践行着商事原则。二者在具体和抽象两个领域之间相互影响,相辅相成。

(2) 商事思维的外延边界

王保树提出,商事思维应当包括“关注商人和商事交易特殊性”“尊重商人的自治”“促进交易和方便交易”“注意外观主义的适用”和“企业的促成与企业的维持”几个方面。[3]很多学者虽然没有明确区分商事思维与商事理念,但是从他们对商事理念的一些梳理可以在很大

---

① ③　参见王保树:《尊重商法的特殊思维》,载《扬州大学学报(人文社会科学版)》2011 年第 2 期。

②　参见胡鸿高:《商法价值论》,载《复旦学报(社会科学版)》2002 年第 5 期。

程度上反映出商事思维的外延边界。如顾肖荣认为商法的基本理念包括"确保交易公平""鼓励交易迅捷""倡导交易确定"和"维护交易安全"四个方面。[①] 王建文认为,商法理念可以类型化概括为"强化司法自治""经营自由""保护营利"和"加重责任"。[②] 凤建军认为现代商法应当确立"营利理念""法治理念""诚信理念""国际化理念"和"社会责任理念"五个方面的基本理念。[③] 陈淑华认为,我国商法的基本理念应包括"崇尚营利""权利互惠""契约自由""诚实信用""效率优先"和"开放统一"六个方面。[④]

要准确把握商事思维的特殊性,首先必须深入研究商法的特殊性。商法较之其他法律,特别是民法,有着特殊的地方,主要表现在商事行为与民事行为有着不同的特征。民事行为的对象具有直接性、单一性以及明确性,而商事行为的对象则具有间接性、复杂性和模糊性;民事行为一般是满足自身的消费需求,因而大多只是一对一的简单、偶发性交易,而商事行为以营利为目的,通常会表现出批量交易、系列交易和集团交易的特点;民事行为一般表现为现货交易,而商事行为既有现货交易,又有期货、期权以及金融衍生品等多种交易方式;此外,民事行为强调的是个人的权利和自由,通过对弱者的保护和保守和谐的理念,实现一种社会公平,而商事行为则因主体是经济人而更加关注行为的营利性要求,强调行为的竞争性、风险性和理性[⑤],更偏重交易的安全、迅捷和可靠。因此,可以从"效益"和"安全"角度诠释现代商事思维,在"效益"这一商事思维的指引下,商法遵循商事自由和商事便捷的原则,运用大量的任意性规范来激发商事主体的创造力;在"安全"这一商事思维的指引下,商法遵循法定强制和公示外观的原则,并运用适当的强制性规范以维护商事交易和社会经济的安全。

(3) 商事思维在商事立法中的价值

商事思维作为调整商事关系的出发点和落脚点,是构建和实现商事法律制度的重要理论基础。在我国商事立法领域,需要明确商事思维在商事法律制度构建中的功能定位和价值目标,通过在立法中引入商事思维,进而整体上完善我国商事法律制度。

我国从提出建立市场经济体制至今,在商事领域已经制定了《公司法》《证券法》《保险法》《企业破产法》《票据法》《海商法》等一大批单行商事法,但是如此众多的商法规范缺少一种体系化的联系,导致彼此之间孤立、界限明显,甚至出现矛盾之处。虽然这种困境需要通过制定一部类似《商事通则》的统领性法律来化解,但是法律的制定和出台毕竟需要一定的期限,而随着社会经济不断发展和创新,单行商事法的修订和完善也迫在眉睫,此时就需要将商事思维运用到商事单行法领域,用以指引我国商事单行法的修订和完善。正如前文所述,商事思维践行商事原则,体现了商法价值,因此将商事思维作为一种指导性立法思维,在当前《商事通则》空缺的情况下,对修订和完善我国单行商事法,构建商事法律制度有积极的促进作用。

商事思维的引入,有利于在立法领域明确设立商人特殊的权利和义务,如商事主体平等,

① 参见顾肖荣等:《商法的理念与运作》,上海人民出版社2005年版,第4—10页。

② 参见王建文:《论商法理念的内涵及其适用价值》,载《南京大学学报(哲学·人文科学·社会科学)》2009年第1期。

③ 参见凤建军:《中西方商人观念形成之诸视角考察——现代商法理念的价值来源》,载《法学杂志》2010年第8期。

④ 参见陈淑华:《论我国商法的基本理念》,载王保树主编:《中国商法年刊》(第2卷),吉林大学出版社2002年版,第80页。

⑤ 参见余冬爱:《民商区分原则下的商事审判理念探析》,载《人民司法》2011年第3期。

商人加重责任制度。特别是商人义务和责任方面,各个国家和地区都有特殊的规定,我国台湾地区"侵权责任法"第 37 条规定,宾馆、商场、银行、车站、娱乐场所等公共场所的管理人或者群众性活动的组织者,未尽到安全保障义务,造成他人损害的,应当承担侵权责任。我国《民法典》侵权责任编第 1198 条第 2 款规定,"因第三人的行为造成他人损害的,由第三人承担侵权责任;经营者、管理者或者组织者未尽到安全保障义务的,承担相应的补充责任"。从商事思维的角度分析,正因为商人作为营业主体,应当受"对在其营业范围内的人和事起到监管和保护作用"这一商事思维指导,法律才对商人科以前文述及的安全保障义务。

四、习 题 自 测

(一) 简答题

1. 简述中国商法学的研究对象。
2. 简述商法学的功能。
3. 简述中国商法学的发展历史。

(二) 论述题

1. 试论述中国特色社会主义商法。
2. 试论述中国商法学应当如何坚持马克思主义理论的指导。

(三) 案例分析题

小明是一名法学院的学生,今年刚上大三。小明虽然是第一次接触商法学,但是并没有因为未知而感到恐慌,他继续保持自己入学以来的学习习惯,上课认真听讲,课后复习记忆新名词。为了保证必修课程的高分,小明几乎不选任何选修课程,虽然法学院开设了《商法实战大讲堂》的课程,但小明并没有选修。《商法学》课程过半后,小明逐渐感到学习困难,他一直引以为豪的记忆力并不能帮助他构建起商法学框架体系,相反,商法学的诸多概念对他来说十分晦涩难解。

请根据商法学的特色,为小明制定科学的商法学学习计划。

第一章 商法的一般原理

一、学 习 目 标

(一) 理解

1. 了解商法的基础概念与调整对象。
2. 理解商法的原则以及商法的历史变迁。
3. 领会商法的时代精神与伦理导向。
4. 了解当代商法的体系。
5. 把握商法的理论框架与价值内涵。
6. 理解商法与其他法律部门之间的关系。
7. 了解商事纠纷解决的分类标准和基本模式。
8. 了解商事法院的含义。
9. 把握商事审判的改革历程。

(二) 熟悉

1. 熟悉商法基础概念的含义。
2. 熟悉商法原则的含义。
3. 把握商法的起源、变迁与发展。
4. 熟悉商法渊源的分类标准和类型、商法渊源的适用和效力以及商法体系的构成。
5. 深入熟悉商法与民法、商法与经济法的区别。
6. 熟悉商事仲裁的程序特征。
7. 熟悉商事调解的法律特征。

(三) 掌握

1. 熟练掌握商法的特点、重要概念与原则,以及商事关系与民事关系的区别与联系。
2. 深入思考商法原则与民法基本原则的关系。
3. 熟练掌握我国商法正式渊源、非正式渊源和国际法渊源的内容。
4. 深入把握商法的特征。
5. 深刻领会商法与其他法律部门的区别和关联。
6. 熟练掌握商事审判的程序特征和审判理念,重点把握商事审判与普通民事审判的联系和差异。

二、知识结构图

第一节　商法概述—知识结构图

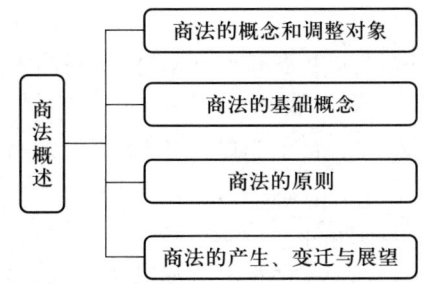

第二节　商法的渊源—知识结构图

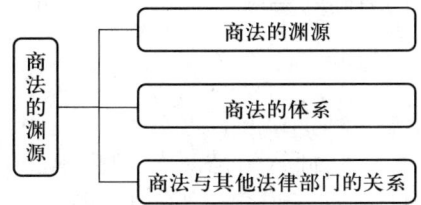

第三节　商事纠纷及其解决机制—知识结构图

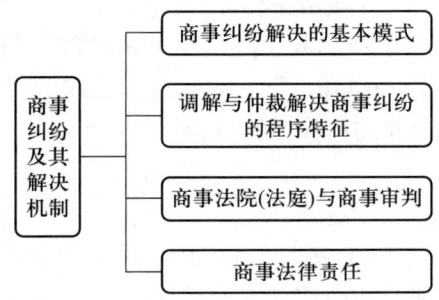

三、重点难点解析

（一）重点内容

1. 商法的特点

（1）商法是商人法

传统商法是从商人习惯和交易惯例中产生的，现代商法侧重于规范企业、企业经营者的法律地位、组织形态和营业行为等事项。

（2）商法是私法

商法在调整商事主体之间的商事关系时，既要遵循民事主体地位平等、意思自治、公平、诚实信用等基本原则,又要秉承保障商事交易自由、平等交换、便捷安全等原则。

(3) 商法是特别私法

民法是普通法,商法是特别法。商法可再分为商事普通法和商事特别法。为了兼顾商事关系中的多种价值和利益,商事特别法往往包含若干公法特征。

2. 商法的基础概念

(1) 商和商事

在我国商法学上,"商"在限定法律关系的主体时,是指商人或企业等商事主体;在限定事业或行为时,是指营利事业或商行为。"商事"是指商人从事的、以营利为目的的各种活动或事务。"商事"具有"民事"的一般属性,属于"民事"的下位概念,但具有自身特性。

(2) 商人

在商法产生初期,商人限于以从事买卖等活动为职业的自然人。在这一时期,商人既是法律概念,也是社会学概念。及至近现代,商人含义发生了巨大变化。首先,商人最初是自然人,现在则既包含自然人,也包含法律拟制之人。其次,商人最初是"买卖商"或"商贩",现在已发展从事各种营业活动的商人。最后,商人最初与"士""农"和"工"相对应,既是一种职业,也是一种社会阶层。

(3) 商行为

商行为是指商人经营或从事营利事业的各种营利行为。相对于法律行为而言,商行为在主体、范围和性质上有所不同。首先,商行为是商人实施的行为。其次,商行为限于营利事业范围内的行为。最后,商行为包括法律行为及其他行为。

(4) 营利事业

事业指人们从事的、具有特定目标的经常性活动。事业,依照其性质和目的,分为营利事业和非营利事业。营利的认定,有目的和手段两个分析角度。行为人以营利为目的而从事某种持续性的活动的,可认定为营利事业,反之,可以认定为非营利事业。如果行为人的营利目的虽不明显,但采用了经营或营业的形式,应当推定为营利事业。

3. 商法的原则

(1) 经营自由原则

经营自由,也称经商自由、交易自由或营业自由,是指除非依照法律规定或整体利益不得从事经营活动者外,行为人有权自主决定从事经营活动,即享有是否从事经营活动的自由及从事何种经营活动的自由。

商法在确立经营自由原则时,要妥善处理经营自由与政府审批之间的关系。一方面,各国商业登记法都有营业登记或注册的规定。民事主体从事经营或营业的,除非法律予以豁免者外,均须向登记机构办理营业登记,未经登记或注册而从事营业的,可能受到相应处罚。另一方面,企业从事国家管制行业的营业的,应当在获得许可后从事经营活动。有权机关未授予许可的,企业仅有权从事一般经营。

(2) 平等交换原则

平等交换,是指商事主体在从事营业或财产交易中,应当基于等价交换而确定商事主体之间的权利义务。我国原《民法通则》第 4 条规定了"等价有偿"原则,《民法典》总则编删除了"等价有偿"的规定。在商事关系中,"等价"的认定标准带有不确定性,是否"有偿"取决于商事主体的约定,但商事主体仍应当遵循"平等交换"的原则。任何人不得非法剥夺商事主体的财产和权利。

（3）企业维持原则

企业组织包括独资、合伙、公司及其他企业形式。个体工商户与个人独资企业在本质上是相同的,均可以纳入企业之列。通常而言,个人独资企业和个体工商户规模较小,组织程度较低,公司和合伙是最重要的企业组织形式。

（4）交易便捷原则

传统商法源于商人习惯法,强调商业活动的效率价值。近代和现代商法主要采用制定法的形式,但仍然强调交易的效率价值。交易便捷原则的核心是减少繁琐的交易手续、降低交易成本。具体包括形式自由、权利外观、短期时效。

（5）交易安全原则

在秉持交易便捷原则的同时,为了增强交易的确定性,商法应当贯彻交易安全的原则。在商法上,交易安全主要体现为公示主义,强制主义和加重责任。

（6）守法经营原则

企业守法经营,指企业应当遵守商法有关经营的规定并履行其他特殊义务。企业守法经营是围绕商人或企业而展开的,既包括承担私法义务,也包括承担公法义务。具体包括有关商业登记的义务、有关会计账簿的义务、有关经营活动的特殊义务。

4. 我国商法的渊源

（1）我国商法的正式渊源

正式渊源,是指国家立法机关依照法定立法程序制定的法律文件,也包括立法机关认可的有权机关依照法定程序制定的规范。各国商法均承认商法正式渊源的地位。但正式渊源的形态,在民商分立和民商合一体系下有所不同。在民商分立体系下,商法典、商事特别法是最重要的商法正式渊源,民法典也是商法的正式渊源。在民商合一体系下,有民法典而无商法典,且事实上存在商事特别法,因而,民法典和商事特别法是最重要的商法正式渊源。我国商法的正式渊源包括:宪法;民商事法律;行政法规;地方性法规;自治条例和单行条例;国务院部门规章;地方政府规章;最高人民法院具体应用法律的解释(司法解释)。

（2）我国商法的非正式渊源

非正式渊源,是指立法机关及其认定的有权机关以外的其他组织制定的、不违反法律规定并发生实质约束效力的规范。对于非正式渊源,有些国家明确承认其法律渊源的地位,有些国家未排除其法律渊源的地位。在民商分立国家,非正式渊源的地位也有不同。其中,《德国商法典》和《法国商法典》未明文接受习惯或习惯法作为法律渊源,其学术界认为,非正式渊源缺少一般性和抽象性,不具有反复适用的性质,因而不能成为商法的渊源。《日本商法典》第1条明文规定了非正式渊源的地位,即"关于商事,本法无规定者,适用商习惯法,无商习惯法者,适用民法典"。在民商合一体系下,民法典也可能提到非正式渊源问题。例如瑞士和意大利的民法典都明确规定了习惯法的地位。

（3）我国商法的国际法渊源

我国商法的国际法渊源,主要分为国际商事条约、行政协定和国际商事惯例。

（4）商法渊源的适用和效力

商法源于习惯法，国家制定法重视习惯或习惯法的地位。商法是为适应营利事业特点而存在的特别法律，包括商事习惯在内的商法，在立法上具有补充、修改民事一般法的意义。在商法规范的适用上，各国都遵循首先适用商事特别法，再适用商事习惯法，最后适用民事一般法的原则。即商法规范作出特别规定的事项，优先适用该商法规范的特别规定；商法规范无特别规定的，适用习惯或习惯法；无习惯或习惯法时，适用民法的一般规范。在我国，习惯和习惯法在商法渊源中的地位有待明确，通常遵循先适用商事特别法、后适用民事普通法的原则。

5. 商事调解的程序特征

法院外的商事调解作为一种商事纠纷的解决程序，具有如下特征：

（1）调解程序的自愿性。"程序的自愿性"贯穿调解程序之始终，综合体现在程序的启动自愿、调解员的选任自愿、调解程序进行自愿、终止自愿以及调解协议的履行自愿等方面。

（2）调解员的中立性。调解员必须中立，才能取得当事人信任并促使其自愿履行，达到解决纠纷的效果。

（3）调解程序的保密性。调解员必须对当事人在调解过程中的言论及知晓的信息予以保密。商事调解的保密性义务要求似乎比一般民事调解更高。

（4）调解协议的"软司法拘束力"。法律在赋予法院外调解协议效力方面兼顾了两种情况，一方面赋予其法律效力[①]，另一方面调解协议需经法院确认才能取得完整的强制执行力。就此而言，调解协议体现出软司法拘束力的一面。

6. 商事仲裁的程序特征

作为商事纠纷解决方式之商事仲裁，具有如下特征：

（1）仲裁程序的自愿性。当事人的自愿参与是商事仲裁最为突出的特点。商事仲裁是一种"合意解决纠纷"的形式，以双方当事人自愿为前提。商事仲裁可以理解为"当事人自己的裁判"。

（2）仲裁员的专业性。现代商事交易早已超越简单的"易物交易"阶段，呈现出极大的复杂性，进而对纠纷解决主体产生了专业化需求。因此，商事仲裁对仲裁员的专业性要求很高。

（3）仲裁程序的便捷性。由于商事仲裁充分尊重当事人意愿，程序贯彻当事人自主决定原则，并实行一裁终局制，与法院诉讼比较，具有极大的灵活性与便捷性。

（4）仲裁程序的保密性。一是各国仲裁法均强调仲裁以不公开审理为原则，以公开审理为例外。二是有关仲裁法律及规则通常规定，商事仲裁员及秘书负有保密义务。

（5）仲裁裁决的强司法效力性。一是仲裁裁决具有稳定的法律拘束力，不能随意被法院撤销。二是仲裁裁决具有强制执行力。与调解协议相比，仲裁裁决具有更强的法律拘束力。

7. 商事审判的理念

商事审判的理念与商事交易追求效率、安全的品性密切相关，是商事审判不同于民事审判的区分点，这些理念主要有：

（1）维持团体交易关系的理念。商事组织法和交易行为法都呈现出持续交易的团体性特

---

① 如《人民调解法》第31条规定："经人民调解委员会调解达成的调解协议，具有法律约束力，当事人应当按照约定履行。人民调解委员会应当对调解协议的履行情况进行监督，督促当事人履行约定的义务。"

点。团体法理念要求商事审判应体现以下原则：一是尊重商事主体的商事判断原则；二是尽力维持团体交易关系的有效存在；三是推进有约必守规则。

（2）增进交易效率的理念。商事审判要有助于提升交易效率，这要求商事审判应注意以下问题：其一，应提升审判效率，避免案件长期不判。其二，提升交易效率要在商事审判过程中处理好创新与规制的关系。其三，强化商事案件的执行，要适当扩张法院执行权，淡化审执分离，允许强制执行过程中能部分行使裁判权。

（3）增进交易安全的理念。商事审判与普通民事审判不同，要尊重外观主义规则，不要轻易以当事人内在意思否定外观行为之效力，确保交易行为之安全性及交易效果的可预测性。

8. 商事法律责任的特征

商事法律责任具有如下特征：

（1）商事交易以自由为原则，多以契约方式展开。因此，商事法律责任有较强的契约性——商事主体在创设商事责任之类型、内容等方面，有较大自治空间。

（2）法定责任的严格性。商事法律责任除有其契约性、自治性的一面外，还有法定性、强制性的一面。尤其是对可能有害于交易基本秩序的行为，多以法定责任形式出现，而且这种强制性责任的设定，通常比普通民事责任更为严格。

（3）追责时效的特殊性。以效率为导向的商事诉讼追责时效主要体现在两方面：一是短期性。即与普通民事诉讼相比，商事诉讼多表现为短期时效。二是可约定性。商事诉讼应允许当事人约定比法定时效更短的时效。

（二）难点内容

1. 商法特征的解析

商法特征的辨识应当建立在对商法调整对象即商事关系的要素有明确认识的基础上。基于对各种商法特征的辨析，可以认为商法具有以下基本特征：

（1）商法兼具公法性。商法在以私法规范为中心的同时，为保障其私法规范之实现，设置了大量属于公法性质的条款，使之与行政法、刑法等公法具有不可分离的关系，从而形成"商法之公法化"。例如关于商业登记、商业账簿、商号等规定都具有明显的公法色彩，但这并不能从根本上改变商法的私法属性。

（2）商行为的营利性。民法侧重于保护民事主体的一般利益，商法则侧重于保护个人与企业的利益。具体表现为商主体与商行为都强调以营利为目的，将其作为制度设计的基点。营利性是指经济主体通过经营活动而获取经济利益的特性，是商事活动的主要特性，既包括商主体的营利性也包括商行为的营利性。但商主体的营利性必然还是要通过其商行为的营利性反映出来的，因此直接以商行为的营利性表示即可。

（3）商法规范具有较强的技术性。由于商法以经济效用为主要目的，为维护交易的便捷、公平与安全，其规定更加明显地具有技术性，与作为一般私法的民法偏重于伦理规范有着明显不同。商法的技术性主要体现在商行为法部分，商法对商行为中的行为方式、行为环节、行为规则都作了具体、翔实的规定，具有很强的可操作性和技术性。正因为商法具有较强的技术性，才使其在各国存在技术上的共通性，各国的商事立法可以互相借鉴，从而更多地表现出国际趋同性。

（4）商法的发展性。商法从无到有，从初步形成到日趋完善并形成统一的体系，即是其发展性的体现。商法最初表现为商人习惯法，后来商事习惯法的编纂推进了商法的制度化、规范化，使商法的发展有了一个形成成文法的基础。商事习惯法逐渐发展成为国内法性质的制定法，大量商事制度的创立进一步推动了商法的发展。进入现代社会以后，社会市场经济实践发生了实质性变化，使商法在新的基础上获得了全新的发展。对商法来说，法律的稳定性应让位于法律的适应性，但社会经济形势发生变化，作为商法存在基础与目的的市场交易实践相应发生实质性变化时，商法就应作适时修订，否则商法将严重滞后于经济生活实践。

2. 商法独立性的阐释

在一个国家的法律体系中，如何确立商法的地位，如何把握商法与民法、商法与经济法之间的关系，是 20 世纪以来商法理论中最为重要和基础的问题，这一问题集中表明了商法的价值，决定着商法的前途和命运。

在 20 世纪上半叶，在第二次世界大战结束前，商法的独立性问题主要表现在商法与民法的关系上。首先，竭力推行民商合一的国家一般是地域小、人口少、经济关系并不十分复杂、法律体系比较单一的国家。其次，即使在奉行民商合一的国家中，民法与商法也仅仅是形式上的合一，即将商法典的内容附加到民法典之中。再次，民商合一仅仅消除了形式意义上的商法典，在法律理论和法律体系上，它并不能消除商法作为一个独立的法律部门的存在，未能否定商法在理论上的整体性，从而在一定程度上导致商法理论与商法立法的冲突与矛盾。因此，无论实行民商分立、还是民商合一，商法都是一个实体的法律部门，它与民法在基本原则、调整对象和方法、社会功用及价值等方面都存在不容忽视的巨大差异。

到了 20 世纪下半叶，困扰商法独立发展的重要难题是商法与经济法之间的关系。在新思潮的冲击下，以保护个人经济活动的绝对自由与权利为准则，以营利目的为基本精神的传统商法，又一次面临挑战。有人开始怀疑商法的实际社会意义和价值，极力宣扬商法在新时期经济活动中的局限性和弱点，提出要用经济法来取代商法。苏联等社会主义国家的前车之鉴已经表明，没有经济上的自由，就不可能形成刺激经济不断增长的市场，进而也就不能实现现代社会所普遍推崇的自由和民主。如果社会在经济政策上不能彻底消除市场，不能完全推行计划经济，那么，商法作为商品经济秩序的基础，就不会失去其应有的地位，就不可能为其他法律所取代。因此，用经济法来取代商法，不仅不现实，也不会被市场经济社会的基本制度所接受。商法与经济法之争反映了一个国家制度抉择的价值基点，即法律应以保护经济主体的平等、自由为第一前提，还是应以国家对经济的控制为首要任务，即社会整体利益的实现，是应建立在市场经济秩序之上，还是应建立在计划经济基础之上。直言之，在以市场经济体制为基础的社会，商法独立存在的价值是不容忽视和无法替代的。

3. 商事审判独立性的理论阐释

当商行为已经成为我国市场经济体制下社会经济活动的主要存在方式时，各级法院在处理商事纠纷时，仍然采取传统的民法思维或行政法思维，便会导致中国商事案件的审理陷入困境。化解商事裁判中的困境，迫切需要中国法院建立商事审判独立性制度。

（1）从商事裁判的起源看商事审判的独立性。商事案件的审理，从一开始就充满着专业色彩，形成了自己独立的风格。起源于欧洲中世纪的商业法庭是商人们根据商事交易的行业特点和自身的行业专长及业内信誉而建立起来的自我调节机构。

（2）从商事法院的历史看商事审判的独立性。起初,法国商事法院的法官都由商人团体自己选举产生。随着商事案件的复杂化与专业化,商事法院需要设立专门的职业法官解决企业破产重整和司法清算的诉讼案件。再后来,此类案件交由地位比较重要、审判人员配备较强的商事法院管辖。

（3）从商事仲裁的历史看商事审判独立性。"灰脚法庭"更带有现代商事仲裁的性质,而非严格意义上的法院。古希腊法中就存在商事仲裁庭。相比商事法院,商事仲裁的发展与繁荣与商事交易的国际化特点联系更为密切,也即纠纷解决不考虑当事人双方的国籍。[①] 商事仲裁的国际化也表明了商事案件审判的专业性与独立性之需。

（三）延伸阅读

商法的核心价值理念

商法价值理念的核心是维护商道,以人为本,确立商人、商业在社会中担任的角色和所处的地位,这些都应该有一个正确的价值判断。商事活动价值观念的主体是商人,商人在从事经营活动时总有其内在动机,并要通过自身行为去实现。

（1）商法的应然理念

商法的应然理念实际就是追求商法的自然理性,即把人的本性和自然规律作为逻辑思维的起点。从这点出发,商人、商业和商法都是人类商品经济和商品流通发展的必然产物,是人类分工的自然结果,是人类文明进步的硕果,是人与人、民族与民族、国家与国家和谐相处的优秀制度。总之,商人、商业和商法是人类求生存、图幸福不可缺少的自然制度。我国传统观念对商人总是带着一种先验性的人性"恶"的错误假设,一直认为商与德、仁、义这些价值理念是对立的。当代商法研究的应然理念要超越传统陈旧观念,要超越时空人际层面,大力转变观念,从传统误区中走出来,要确立起新的义利观、贫富观和财德观。虽然我国改革开放以来,从观念到实践已发生了巨大变化,但对商业、商法、商人的真正理性认识还未完全到位,一些人观念上还是厌商、排商。商法的应然理念,可以概括为让商人、商业"按自然而生活"。依此理念,现把商和商法的应然核心理念归结为维护商道。在西方国家,商道往往被称为"商人精神"。

商道的本质是人道,不是邪道。人,是有生命的动物,为了求生存、图发展,任何人总是离不开衣、食、住、行等物质和精神文化方面的消费需求。这种消费需求满足得越充分,人们生活的幸福指数就越高,社会也就越文明越进步。人们的需求是多方面的,但究竟如何才能得到充分的满足? 由于人的智力、体力和爱好兴趣等各不同,加之受客观自然禀赋条件的限制,每个人、每个民族、每个国家都不可能事事自给自足,万事不求人,于是人类社会自然形成分工。在分工日益发达的情况下,为了互通有无,满足相互消费的需求,人类共同创造了文明的交换制度。消费需求直接引起交换,同时也直接引领生产。

那么谁来承担这个交换的媒介职能,也就是如何使商品从生产领域尽快进入消费领域?这一职能在人类第三次社会大分工后就专门由商人来承担。因此,交换就成了商业最原始、最本质、最主要的职能。尤其在商品经济社会里,商品就是为交换生产。如果没有交换,商品生

---

① 　参见陈彬:《从"灰脚法庭"到现代常设仲裁机构——追寻商事仲裁机构发展的足迹》,载《仲裁研究》2007 年第 1 期。

产也就失去了意义。商人所进行的买卖不是为其自身消费需求所为，完全是为满足社会广大公众的消费需求所为，所以称商道为人道，这是对商最客观的评价和定位。商业是一项正义的事业，商法就是维护人道和正道而设立的专门法律。商道价值观的内容主要包括：

① 营利观。这是商道中的"钱道"，与商道中的人道并不矛盾。商事活动以利为本，无利非商，这是商事活动的核心价值理念。营利是商品交换和流通的本质和规律，又是商事主体的权利和动力。这一理念在人类社会既具普遍性，又具特殊性。它的普遍性是指社会中一切人的活动都与一定的物质利益密不可分。尤其是各项经济活动，是以追求经济利益为目的的，商事活动更是以资本增值为目的。现代商业的营利观，不仅要求企业利润最大化，还要求股东权益最大化，并以最终实现企业整体价值最大化为目标。因为只有实现企业利润最大化，才有利于投资者、经营者、劳动者和国家；只有实现股东权益最大化，才有利于资本积累和资本扩张以及企业的巩固；只有实现企业整体价值最大化，才有利于企业创新品牌，增强竞争力，实现持续发展。总之，反利、反商是反历史反现实的乌托邦空想，正确的做法应该是：趋利不忘义，兴商不违道。

② 兴国观。这是商道中的政道。商事活动不单是经营活动，它与国家致富致强紧密相连。历史和现实的经验，尤其是国际经验充分证明"无商不富""无商不强"。兴商能使民富国强，只有民富才能国强。许多事实表明，商贸竞争将逐渐代替政治纷争，国际经济政治交往主要是商贸交往。

③ 兴德观。这是商道中的德道。传统观念往往把商与德对立起来，其实，商业的兴起暗含着道德的假设。因为商业是人类文明的开端，"商业能够治疗破坏性的偏见。因此，哪里有善良的风俗，哪里就有商业。哪里有商业，哪里就有善良的风俗。这几乎是一条普遍的规律。""反之，完全没有贸易就产生抢劫。"① 市场经济条件下，每个商业企业都需要依靠商业信用和银行信用体系及其他各种信用制度生存和发展，因此，现代商业是建立在高度信用基础上的事业。

④ 兴市观。这是商道中的市道。兴市包含两方面的内容：首先是兴市场经济，此为兴市之根本，随之要建立起各类市场。其次是兴城市，促使社会由农耕主导向工商主导的社会发展。城市的兴起不论古代和现代都是随商业的发展而逐渐发展起来的，而城市兴起后又进一步促进了商业的发展，两者互为因果。

⑤ 公平正义观。这是商道中的公道。商道最讲公道，商店交易货物（包括提供服务）并无高低贵贱之分，货物的价格和收费标准对任何人都一视同仁。商业交易始终坚持公平、公开、公正的原则。交易中设置的这一价值命题，绝不是礼仪要求，其根源在于商品交换本身内在的必然要求。因为交换的商品本质上都是劳动产品，其价值都由社会的必要劳动时间决定。交换在表面上是钱货交换，而实质却是劳动与劳动的交换。而人的劳动都是脑力和体力的付出，并无高低贵贱之分，所以劳动面前人人平等。交换坚持等价交换原则、竞争机会均等、权利义务对等，这些都是重要的商事法律原则。正义，不仅体现为交易的公平性，还体现为交易的自由性。任何社会制度下的契约自由既有绝对性，又有相对性。对买卖双方当事人而言，买者向谁买、何时买、在何处买、以何价格买、何种方式买；卖者向谁卖、以何价格卖、何种方式卖、甚至何时卖，皆为当事人的自由权。

---

① ［法］孟德斯鸠：《论法的精神》，张雁深译，商务印书馆 1995 年版，第 14—15 页。

⑥ 阶层观。这是商道中的群道，从社会分层角度讲，其体现的是商人阶层之道。商人阶层自人类进入文明社会，尤其是商品经济社会以来，就是服务于生产者和消费者的不可或缺的独立阶层。商人阶层的最大特点是他们都是有产者。新兴的发展中国家，理应大力发展商人阶层，特别是应大力鼓励发展中产阶层，适当制约富翁阶层，多方辅助贫困阶层，这应是商法维护商道的重要内容。

⑦ 双赢观。即互惠观，这是商道中的友道。商业交往本来就是互惠互利的友好活动，尤其在当今贸易全球化的情况下，商战虽激烈，但也强调"双赢"或"多赢"。即便在国际贸易中，"顺差主义"也不是任何国家唯一的选择。即使一方在商战中获胜，也不能去消灭对手，相反要与对手合作，甚至帮助对手。

⑧ 现代商业理念。这是商道中的新道。商业是人类生存、发展不可缺少的社会事业。人类从农业社会发展到工业社会，再从工业社会发展到商业社会，这是历史的必然。许多事实表明，商贸竞争将逐渐取代政治纷争，国际经济政治交往主要是商贸交往。在这样一个日益发达的商业社会里，还要进一步解放思想、转变观念，确立起新的商业理念是一个新的课题。

（2）商事活动的实然理念

商事活动除应然理念外，还存在实然理念。现实商事活动中，商人的实然理念多种多样，现列举如下。① 狩猎式理念，又称掠夺式理念，即"一锤子买卖"。这主要是一些暴发户信奉的理念，尤其是一些短期行为，如初次下海经商者和早期殖民地贸易。② 田耕式理念，又称回报式理念，即欲有好收成，首先需要"好耕耘"，本着先利己后利他、既利己又利他的经营理念，这是多数商人的经营理念。③ 体育式理念，即依托市场，开展全面公开的竞争，以追求规模效应为主。这主要是一些大型商业集团、连锁经营超市以及购物中心、大型物流公司等的理念。④ 社会式经营理念，强调直接的经营效应和社会效应。一些直销商和零售商多信奉此理念。⑤ 蚁马式经营理念。蚁马是南美洲一种专吃蚂蚁的动物，很容易发现蚁穴，但发现后不把洞穴中的蚂蚁吃完，只吃一半就走，再找其他洞穴中的蚂蚁吃。这种不竭泽而渔的天性说明蚁马对寻求食物具有可贵的理性，这也是坚持可持续发展的现代商人应具有的理念。尤其是经营原生形态产品的采掘商、采伐商、捕捞商以及农牧业经营商都应具有该理念。总之，商事活动纷繁复杂，商人应根据社会市场的变化，确立起"轻重相权斯能获利，方圆相济自尔通神"的哲理。以上各种理念全在博释商道，而商法的核心理念就是为商人确立商道。[①]

四、习题自测

（一）单项选择题

1. 商法的概念可以表述为（　　　）。

A. 调整商行为的法律规范的总称

B. 调整商事主体参加的商事关系的法律规范的总称

C. 调整企业日常商业活动的法律规范的总称

D. 调整一切微观经济活动的法律规范的总称

[①]　参见任先行：《商法原论》，知识产权出版社 2015 年版，第 51—61 页。

2. 商法属于（　　　）。

A. 公法　　　　　　　　　　　　　　B. 私法

C. 公法，但兼具私法性　　　　　　　D. 私法，但兼具公法性

3. 下列有关民法与商法的说法正确的是（　　　）。

A. 民法是普通法，商法是基本法　　　B. 民法是基本法，商法是普通法

C. 民法是普通法，商法是特别法　　　D. 民法是特别法，商法是基本法

4. 以下不属于我国商法正式渊源的是（　　　）。

A. 行政法规　　　B. 自治条例　　　C. 司法解释　　　D. 指导性案例

5. 以下立法不可以归入商法范畴的是（　　　）。

A. 公司法　　　　B. 劳动法　　　　C. 证券法　　　　D. 破产法

6. 以下国家中采用民商合一立法体例的国家是（　　　）。

A. 德国　　　　　B. 瑞士　　　　　C. 法国　　　　　D. 日本

7. 以下主体中不属于商人的是（　　　）。

A. 某合伙企业　　B. 某合资企业　　C. 某公司总裁　　D. 某个体商贩

8. 商法的调整对象是（　　　）。

A. 商事主体　　　B. 商事行为　　　C. 商事登记　　　D. 商事关系

9. 以下不属于三大国际商事争议解决执行框架文件的是（　　　）。

A.《联合国关于调解所产生的国际和解协议公约》

B.《承认及执行外国仲裁裁决公约》

C.《关于解决国家与他国国民之间投资争议公约》

D. 海牙《选择法院协议公约》

10. 关于国际仲裁案件的受理，说法错误的是（　　　）。

A. 国内仲裁机构可以受理国际仲裁案件

B. 只有法定的涉外仲裁机构才可以受理国际仲裁

C. 中国海事仲裁委员会可以受理国际仲裁

D. 中国国际商会仲裁院可以受理国际仲裁

11. 增进交易效率是商事审判所秉持的理念之一，以下制度安排无法达到通过审判方式来提升交易效率这一目的的是（　　　）。

A. 短期时效制度　　　　　　　　　　B. 扩张法院执行权

C. 适度扩大商事法官自由裁量权　　　D. 深化审执分离制度

12. 以下属于商事纠纷解决“法院模式”的是（　　　）。

A. 商事法院解决商事纠纷　　　　　　B. 调解解决纠纷

C. 仲裁解决纠纷　　　　　　　　　　D. 商事纠纷和解

13. 关于仲裁裁决与调解协议的司法效力（　　　）。

A. 仲裁裁决的司法效力弱　　　　　　B. 调解协议的司法效力弱

C. 二者效力等同　　　　　　　　　　D. 无法比较，视具体情况而定

14. 商法属于（　　　）。

A. 技术性的法　　B. 伦理性的法　　C. 判例法　　　　D. 习惯法

15. 下列关于商法基本原则的说法,错误的是(　　　)。

A. 商法基本原则统领商法,具有基本指导意义

B. 商法基本原则具有指导意义,因为优先于商法规则适用

C. 强化商事组织原则是为了保障交易安全

D. 交易形态便捷化是促进交易迅捷化的要求

16. 下列哪些不是我国商法的渊源?(　　　)

A.《中华人民共和国海商法》

B.《国际海上避碰规则公约》

C.《最高人民法院关于适用〈中华人民共和国公司法〉若干问题的规定(二)》

D. 南京市市场监督管理局《全市市场监管广告服务工作站建设指导意见》

17. 从历史上看,商法的主要渊源是(　　　)。

A. 判例法　　　　　B. 法理学说　　　　　C. 商事惯例　　　　　D. 制定法

18. 商主体法定原则是指(　　　)。

A. 对于商主体在法律上的资格,不以强行性法规加以规定

B. 商主体的类型在法律上有严格规定

C. 商事交易主体的地位平等

D. 商主体的类型法定、内容法定、公示法定

19. 下列关于商法起源的说法正确的是(　　　)。

A. 近代商法起源于中世纪之前

B. 近代商法起源于中世纪波罗的海沿岸的商业城市和海上贸易

C. 商人同行业自治规则是商人习惯法的主要内容,它们的特点之一是奉行属人主义原则

D. 古代社会,在罗马法高度发达的时代,已经形成了现代意义上的商法

20. 下列哪个国家的商法受英美法系影响较小?(　　　)

A. 澳大利亚　　　　　B. 加拿大　　　　　C. 新加坡　　　　　D. 日本

(二) 多项选择题

1. 以下有关商法原则的说法,正确的有(　　　)。

A. 商法原则统领商法,贯彻于商事活动的始终

B. 商法原则具有抽象性,裁判者不能援引作出裁判

C. 为了增强交易的确定性,应当贯彻交易安全的原则

D. 形式自由是促进交易便捷原则的要求

2. 以下关于商法与民法关系的说法,正确的有(　　　)。

A. 民法与商法都属于私法范畴,具有共同的法理基础

B. 民法和商法规范的价值观念不同

C. 民法相对于商法而言,具有较强的道德性和伦理性

D. 在法律适用上,民法优先于商法,商法在民法没有规定的条件下补充适用

3. 我国未来的商法体系应当包括(　　　)。

A. 商法典或商法通则　　　　　　　　B. 商主体制度

C. 商行为　　　　　　　　　　　　　　D. 特别商法

4. 以下属于商事主体的是( )。

A. 合伙企业   B. 个人独资企业

C. 个体工商户   D. 农村承包经营户

5. 以下有关商行为的论述正确的是( )。

A. 商行为是指商人经营或从事营利事业的各种营利行为

B. 商行为是商人实施的行为

C. 商行为限于营利事业范围内的行为

D. 商行为仅指法律行为

6. 下面有关商法特点的表述,正确的是( )。

A. 商法是商人法   B. 商法是私法

C. 商法是特别法   D. 商法具有公法性

7. 下列选项属于商法的特殊原则的是( )。

A. 经营自由   B. 平等交换

C. 企业维持   D. 交易便捷和企业守法

8. 经营自由的内涵应包括( )。

A. 是否从事经营活动的自由   B. 从事何种经营活动的自由

C. 违法经营的自由   D. 违背公序良俗经营的自由

9. 下列属于经营自由的法定限制的是( )。

A. 公务员不得从事经营

B. 未成年人不得从事营业

C. 未取得会计师资格的不得成立合伙制会计师事务所

D. 未取得会计师资格的不得加入会计师事务所的行业组织

10. 下列属于经营自由的行业限制的是( )。

A. 公务员不得从事经营

B. 未成年人不得从事营业

C. 未取得会计师资格的不得成立合伙制会计师事务所

D. 未取得会计师资格的不得加入会计师事务所的行业组织

11. 体现交易便捷原则的是( )。

A. 认可口头合同的存在

B. 接受证人证明的合同形式

C. 有限度地承认沉默的积极法律效果

D. 可以约定较短的质量检验期限

12. 商法的交易安全原则主要体现为( )。

A. 公示主义   B. 强制主义   C. 加重责任   D. 形式自由

13. 我国商法的正式渊源包括( )。

A. 宪法   B. 民商事法律   C. 行政法规   D. 司法解释

14. 我国商法的国际法渊源包括( )。

A. 国际商事条约   B. 行政协定   C. 国际商事惯例   D. 交易习惯

（三）不定项选择题

1. 商法中的企业维持原则具体体现在（　　　）方面。
   A. 企业主体地位的维持
   B. 资本充实规则
   C. 盈利分配规则
   D. 企业重整规则

2. 以下关于商法产生的说法不正确的是（　　　）。
   A. 自春秋战国至明清时期，我国古代律法均有涉及商的内容
   B. 近代商法起源于中世纪波罗的海沿岸的商业城市和海上贸易
   C. 商人同业行会自治规则是商人习惯法的主要内容
   D. 在古希腊、古罗马时代已形成调整商人和商人活动的习惯法

3. 商法与经济法的主要区别是（　　　）。
   A. 商法主要调整平等主体间的交易活动，经济法主要调整国家干预的经济活动
   B. 意思自治是商法的基本调整方法，经济法则主要依靠国家强制
   C. 商法注重商主体的营利性，经济法则注重国家经济的稳定发展
   D. 商法以任意性规范为主，经济法以强制性规范为主

4. 交易便捷原则体现在以下哪几个方面？（　　　）。
   A. 形式自由　　　　B. 权利外观　　　　C. 短期时效　　　　D. 经营自由

5. 商法上的加重责任包括（　　　）。
   A. 严格责任　　　　B. 连带责任　　　　C. 社会责任　　　　D. 普通民事责任

6. 英国某公司与中国某公司就某一商事合同履行问题产生纠纷，按合同中的仲裁条款，该英国公司向中国某仲裁委提交了仲裁申请，请问该仲裁庭的组成可以有哪几种模式？（　　　）
   A. 三名仲裁员都由当事人共同选定
   B. 三名仲裁员都由当事人委托仲裁委员会主任指定
   C. 双方各自选定一名仲裁员，第三名仲裁员由当事人共同选定
   D. 双方各自选定一名仲裁员，第三名仲裁员由当事人共同委托仲裁委员会主任指定

7. 下列哪些属于国际商事法庭（院）？（　　　）
   A. 英格兰及威尔士商事与财产法院
   B. 迪拜国际金融中心法院
   C. 卡塔尔国际法院和争端解决中心
   D. 布鲁塞尔国际商事法庭

8. 以下哪些属于商事法律责任的特征或属性？（　　　）
   A. 责任产生的契约性　　　　　　　　B. 法定责任的严格性
   C. 追责时效的长期性　　　　　　　　D. 诉讼时效的可约定性

9. 商事仲裁裁决具有稳定的法律拘束力，不能随意被法院撤销，这也是商事仲裁裁决强司法效力性的体现。因此，《联合国国际贸易法委员会国际商事调解示范法》也规定，原则上商事仲裁裁决不能被撤销，只有在少数特殊情形下，才能被法院撤销。请问以下哪些属于《联合国国际贸易法委员会国际商事调解示范法》规定的商事仲裁可撤销的情形？（　　　）

A. 提出申请的当事一方未接获有关委任仲裁员或仲裁程序之适当通知,或因他故致其不能陈述案件

B. 裁决所处理之争议非为提交仲裁之标的或不在其条款之列

C. 法院认为根据本国的法律,争议事项不能通过仲裁解决;或该裁决与本国的公共政策相抵触

D. 仲裁庭的组成或仲裁程序与当事各方的协议不一致

10. 以下属于《联合国国际贸易法委员会国际商事调解示范法》规定的"商事"范畴的是?（　　　）

A. 保理　　　　　　　　　　　B. 许可证交易
C. 开发协议或特许权　　　　　D. 商标与商誉

11. 法院外的商事调解作为一种商事纠纷的解决程序具有哪些特征?（　　　）

A. 调解程序的自愿性　　　　　B. 调解员的中立性
C. 调解程序的保密性　　　　　D. 调解协议的"软司法拘束力"

12. 商事仲裁的特征包括（　　　）。

A. 仲裁程序的自愿性　　　　　B. 仲裁员的专业性
C. 仲裁程序的公开性　　　　　D. 仲裁裁决的强司法效力性

13. 与其他法律责任及普通民事责任相比,商事法律责任具有以下特点:（　　　）。

A. 商事交易以自由为原则　　　B. 商事交易多以契约方式展开
C. 法定责任的严格性　　　　　D. 追责时效的特殊性

14. 下列体现商法技术性特征的规定有（　　　）。

A. 保险法中关于保险费用、保险金额、保险标的、损害赔偿的估定

B. 票据法中关于票据之文义性、独立性、无因性的规定

C. 公司法中关于公司机关、公司股份、公司债券的规定

D. 海商法中关于共同海损、理算规则的规定

15. 商人的权利能力和行为能力受到法律和自治规章的限制,这些限制表现在（　　　）。

A. 商法人不得擅自以其财产从事非经营性活动

B. 商法人原则上不得在授权的经营范围之外从事营利行为

C. 商法人对自己的财产不享有完全的处分权

D. 商法人不得违反资金专用条件或其他禁止性义务从事经营

（四）简答题

1. 简述营业的含义。
2. 简述民法与商法的区别。
3. 简述商法的渊源。
4. 简述商法的原则。

（五）论述题

1. 试论民商合一与民商分立。
2. 试论商事自治规则的效力。

（六）案例分析题

C公司和W公司分别于2002年、2007年在深圳证券交易所、上海证券交易所上市。C公司与W公司实际控制人围绕C公司法人治理结构、经营发展规划和重大项目投资等问题引发控制权之争,引起各方广泛关注。在深圳证监局的积极推动下,深圳证券期货业纠纷调解中心(以下简称"调解中心")2017年12月正式受理"C公司控制权之争案"。针对该案涉及问题复杂、利益巨大、舆情关注度高,若处理不当会影响资本市场和社会稳定的特点,调解中心受案之初专门制定了《公司控制权纠纷调解程序特别指引》。经双方当事人选定和调解中心指定,由3名资本市场资深法律专家、行业专家组成调解工作小组。调解工作小组成员充分发挥专业敬业精神,认真核实、反复论证上市公司股权转让涉及的财务、法律等专业问题,本着当事人自愿的原则,从防范化解资本市场风险和上市公司、股东、投资者权益保护的角度,晓之以理,动之以情,导之以利,前后召开4次面对面调解会议,组织数场"背对背"会谈,推进控制权之争化解的具体方案不断细化。2018年1月,经由双方董事会决议,C公司和W公司在深圳证监局、调解中心等的见证下,正式签署和解协议。据上市公司公告披露,C公司同意向W公司转让其旗下某子公司75%的股权,W公司同意以协议转让的方式向第三方公司溢价转让其持有的C公司无限售流通股7 400万股。2018年3月,深圳国际仲裁院根据双方申请,组成独任仲裁庭,依照和解协议内容快速作出仲裁裁决。[①]

问题:结合材料,分析本案适用商事调解作为纠纷解决手段的典型意义。

---

① 中国证券监督管理委员会2018年12月1日发布的"证券期货纠纷多元化解十大典型案例"之二"上市公司控制权之争纠纷案例",载于中国证券监督管理委员会:http://www.csrc.gov.cn。

第二章　商　事　主　体

（一）理解

1. 理解商事主体的产生背景，理解我国商事主体相关法律规范。

2. 理解商业名称作为一种特殊的权利和市场资源的意义。

3. 理解我国商业名称相关法律规范。

4. 理解商事账簿与商事审计的法律意义，理解我国商事账簿与商事审计相关法律规范。

5. 理解商事登记的意义以及商事登记制度改革与企业信息公示制度，理解我国商事登记相关法律规范。

（二）熟悉

1. 熟悉商事主体的概念、特征和种类。

2. 熟悉商业名称的概念、特征、构成、选定、取得。

3. 熟悉商事账簿的概念、设置原则、种类和保管，熟悉商事审计的职能、目标和商事审计报告。

4. 熟悉商事登记的概念、特征、种类和程序，熟悉商事登记管理机关与登记原则。

（三）掌握

1. 掌握商事主体的商事能力与民事能力的区别以及法律对商事能力的通常限制。

2. 掌握商业名称与商号、商标的关系，掌握商业名称权及其保护。

3. 掌握商事登记的法律效力。

二、知 识 结 构 图

第二章　商事主体—知识结构图

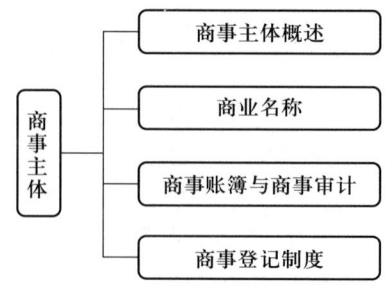

第一节　商事主体概述—知识结构图

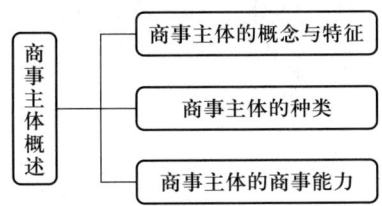

第二节　商业名称—知识结构图

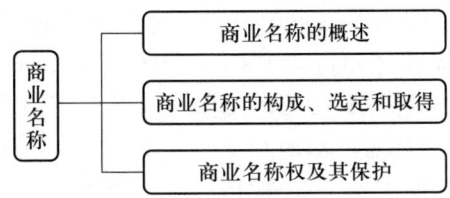

第三节　商事账簿与商事审计—知识结构图

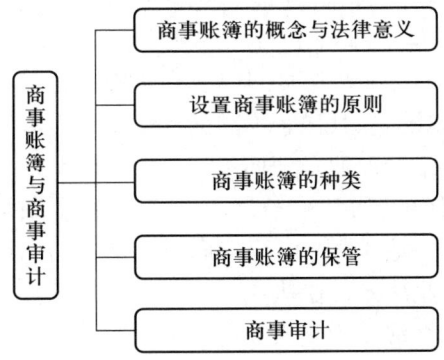

第四节　商事登记制度—知识结构图

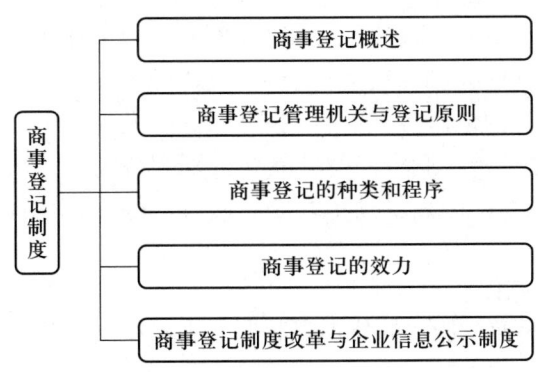

三、重点难点解析

（一）重点内容

1. 商事主体的特征

商事主体具有以下基本法律特征：

（1）商事主体由商法法定

商事主体是不同于一般民事主体的特殊主体，具有特殊的权利能力和行为能力，何种组织和个人能够作为商事主体参加商事活动，并在其中享受权利、承担义务，是由商事法律、法规直接确认和赋予的。早期商事主体主要以行业习惯法为行为依据，有很大的行业自律性；现代商事主体已成为市场经济的主要主体，各国均以商法典或单行法的方式对商事主体资格的取得与丧失、权利与义务、主体名称及类别、行为的范围及效果等作出详细而严格的规定。

（2）商事主体依法具有商事能力

商事主体的商事能力包括商事权利能力和商事行为能力。商事能力是商事主体人格的具体内容，而商业名称或商号则是商事主体人格的表现形式，商事主体以自己的名义从事商事行为就是以其商业名称或商号从事商事行为。

商事主体的商事能力不同于一般民事能力：其一，商事能力是特指从事商事行为的能力；其二，商事能力是在一般民事能力基础上附加的能力，具有商事能力应以具有民事能力为前提，但具有民事能力，不一定具有商事能力；其三，商事能力的范围具有特定性和限定性，取决于商法规范的限定和商事主体设立的目的，不同的商事主体具有不同的商事能力。

（3）商事主体的身份或资格经商业登记而取得

商事主体本是由法律拟制的，通常须经过商事登记取得主体身份或资格。商事登记最主要的内容便是商事主体登记。按照我国现行工商登记法规，任何个人或组织要从事营利性经营活动，都必须经登记取得企业法人营业执照。

（4）商事主体以从事营利性活动为其常业

商事主体的商事行为通常以营业的方式进行，即以获取利益为目的，连续、稳定地从事范围确定的经营活动，区别于偶尔从事商事行为者。商事主体从事商事活动，但从事商事活动的不一定都是商事主体，只有以商事活动为业者才是商事主体。商事主体与普通民事主体相互区别。以营利为目的而设立和从事经营活动的民事主体就是商法上的商事主体，包括自然人中的商个人、法人中的营利法人和非法人组织中的商合伙。商事主体与其他普通民事主体在主体资格的取得、权利能力的范围等方面存在差异，自然人自出生即当然取得民事主体资格，非营利法人取得法人资格的条件和程序因其具体类别和特别法律法规的规定而有所不同，营利法人的设立则需要通过专门的商事登记程序。同时，普通民事主体都不具有从事营利性经营活动的权利能力。

2. 商事能力的特别限制

根据我国相关规定，对商事能力的特别限制尤其表现在以下几个方面：

（1）未成年人商事能力的限制

未成年人包括无行为能力人和限制行为能力人。商事主体的商事能力以民事能力为基础,未成年人因其民事行为能力的缺陷,其商事能力必然也受到限制。其目的一方面在于保护未成年人的身心健康及合法权益,另一方面在于维护交易的安全和有效。

(2) 公务人员商事能力的限制

各国公务员法大都规定,凡公务人员不得直接或间接经营商业或其他投机事业。[1] 我国对党政机关及其干部从事商事经营活动进行了严格的限制。由于国家公务人员具有特殊的权力和地位,如果允许其从事商事经营,就可能导致其滥用权力、官商不分、以权谋私、滋生腐败,从而妨碍公平竞争。因而,各国法律基本都对这类主体的商事能力予以限制。

(3) 外国人商事能力的限制

按照我国法律规定,外国自然人、法人以及其他组织,在我国从事商事活动,须经我国有关部门批准,并办理登记手续。具体来说,其商事活动主要采取以下四种形式:一是按照我国法律设立的具有我国商事主体资格的外商投资企业;二是外国企业依法设立分支机构从事经营活动;三是外国企业依法设立常驻代表机构;四是外国企业经批准直接从事生产经营活动。

3. 商业名称与字号、商标

(1) 商业名称与字号

商业名称是商事主体的全称,而字号则是商业名称的构成部分或核心部分。习惯上,对公司等商事主体多用商业名称,对商自然人和商合伙多用字号。

(2) 商业名称与商标

商业名称与商标都是一定对象的标识,都具有一定的区别功能,有时商业名称中的字号本身就是商标,公众对商标的识别也经常与商业名称联系在一起。

虽然商业名称与商标具有上述方面的联系,但二者亦有明显的区别:第一,商业名称用于区分不同的商事主体,而商标则用来区分不同的商品;第二,一个商事主体只能有一个商业名称,但可以有多个商标;第三,商业名称只能以文字形态存在,而商标可以以文字、图形、数字、字母、颜色及其组合的形态来表示;第四,一个商事主体可以没有商标,但是必须有自己商业名称;第五,商业名称的空间效力范围以被核准机关辖区为限,而商标的专用权在全国范围内有效。

4. 商业名称权及其保护

(1) 商业名称权的特征

商业名称权兼具人格权和财产权的双重属性。商业名称权是知识产权的一种,具有工业产权的一般特征,同时也与工业产权存在差别。商业名称权的特征包括地域性、公开性、可转让性、时间上的无限性。

(2) 商业名称权的权能

商业名称权的权能包括专有使用权、许可使用权、商业名称变更权、商业名称转让权。

(3) 商业名称权的保护

侵犯商业名称权的主要方式是擅自使用他人商业名称,或者使用与该商业名称相近似的商业名称,从而使公众误认为就是该商业名称。因此,法律对于商业名称权的保护主要体现在两个方面:一是同一商业名称登记的排除;二是同一商业名称或类似商业名称使用的排除。

---

[1] 参见张正钊、韩大元主编:《比较行政法》,中国人民大学出版社 1998 年版,第 456 页。

5. 商事账簿和商事审计的法律意义和法律功能

(1) 商事账簿的法律意义和法律功能

商事主体必须编制商事账簿,以对内显示、对外披露其经营状况及财务状况,进而维护商事主体的自身利益、公共利益以及社会交易安全。商事账簿的法律功能主要表现在:

第一,对商事主体自身而言,制作商事账簿可以了解其自身的营业状况和财务状况,以此作为计算盈利、分配利润的依据,也可以通过对商事账簿的分析,设计企业的发展战略、发展规划,及时调整经营决策。

第二,对交易相对人而言,可以通过商事账簿了解某一商事主体的营业状况、资信能力,并据此对该商事主体的经营能力和发展前景作出判断,进而作出是否与之交易、是否对其投资的决策,以便更好地维护自身的利益。

第三,对股东而言,商事账簿不仅是其掌握企业的财产、营业和盈利状况的依据,还是投资者分取股息、红利以及确定其股权价格和企业剩余财产的依据。同时,在强制信息披露制度之下,商事账簿的相关信息也是公司信息披露的重要内容。

第四,对有关国家主管机关而言,商事主体制作的商事账簿是政府主管部门了解商事主体经营状况,并对其进行财务、物价检查、经营效益考核和审计的主要依据,进而实现对其营业活动的监管(如年度检验),以确保社会公众的交易安全。国家税务部门也以商事账簿作为征纳税款的依据。

第五,在民事诉讼中,商事账簿具有重要的证据效力。英国、美国、法国长期以来不承认商业账簿的效力,现在虽然承认其可以具有法律效力,但必须具备三个条件:由专门负有此项义务的人记载;须按企业通常的方式记载;是及时记载的。法国、德国、日本等国法律都规定商业账簿必须保存 10 年,在这 10 年内具有法律规定的证据效力。根据我国民事诉讼法,企业账簿如果内容属实,应当是具备证据效力的一种书证,而且比其他证据具有更强的证明力。

(2) 商事审计的法律意义和法律功能

商事审计的重要意义是由商事账簿本身的意义和法律效力决定的,缺少了审计的保障,就不能对商事账簿的真实性、公允性和合法性作出核查和评价,商事账簿本身就失去了其应有的法律意义,无法发挥其应有的功能和作用。商事实践中,商事账簿的审计普遍适用于以下场合:① 投资者意欲向被审计的商事主体进行投资或受让商事主体的投资权益,需要了解其投资价值和风险时。② 商事主体的成员为行使和实现其投资权益,需要了解商事主体的经营状况和经营结果时,如股东主张股利分配权。③ 商事主体发生合并、分立、变更、重组和解散、清算时,需要确定商事主体的经营情况、资产价值、债权债务、股东权益。④ 股份有限公司公开发行股份、债券或股票、债券上市时。⑤ 商事主体对外融资或进行某些特别交易时,金融机构或对方当事人需要确定商事主体的经营状况和债务清偿能力时。⑥ 核查商事主体的管理人员履行职责的情况,追究其经营管理的责任时。⑦ 税务机关核查商事主体的实际经营结果,以合理确定其纳税义务和责任时。

与一般审计相同,商事审计主要有以下三个方面的职能:

第一,经济监督。审计的经济监督职能的具体内容主要是通过审计来监察和督促被审计单位的经济活动在规定的范围内、在正常的轨道上进行;监察和督促有关经济责任者忠实地履行经济责任,同时借以揭露违法违纪、稽查损失浪费,查明错误弊端,判断管理缺陷和追究经济责任等。

第二，经济鉴证。审计的经济鉴证职能，包括鉴定和证明两个方面。社会各方关系人如股东、投资者、债权人、客户等，都需要了解被审计单位财务报表的公允性和真实性，以便作出正确决策。

第三，经济评价。审计的经济评价职能，包括评定和建议两个方面。例如，通过审核检查，评定被审计单位的经营决策、计划、方案是否切实可行、是否科学先进、是否贯彻执行，评定被审计单位各项会计资料及其他经济资料是否真实、可靠，等等，并根据评定的结果，提出改善经营管理的建议。

6. 商事登记的特征和意义

商事登记主要是指商事主体登记。

(1) 商事登记的特征

商事登记具有以下特征：

第一，创设性。商事登记是一种创设、变更或终止商事主体资格的法律行为，其基本目的在于为商事活动的参加人设立、变更或者终止商事主体谋求法律确认，其效力在于使商事主体取得、变更或终止其商事权利能力和商事行为能力。

第二，要式性。商事登记是要式法律行为，主要体现在以下方面：一是商事登记必须依照法定的程序；二是商事登记必须向法定主管机关申请；三是商事登记的内容和事项由商事登记法律以强行性条款规定，申请登记的内容必须符合法律要求；四是商事登记必须采取法定的格式；五是登记行为的生效必须符合法定的条件。

第三，公法性。商事登记是商法的公法性最为集中的体现。虽然商事登记本身属于商法所规范的私法上的行为，但它更多地体现了国家意志，是国家公权介入商事活动的一种方式。

(2) 商事登记的意义

商事登记对于保障商事主体的合法权益、维护商事交易的安全具有重要意义。具体表现在：

第一，确认商事主体的商事活动资格，保护商事主体的合法营业活动。通过商事登记，商事主体取得合法的商事主体资格，并在法律规定和确认的范围内独立从事商事活动，享有商法上的权利，承担商法上的义务，维护自己的合法权益。

第二，公示。通过商事登记公示商事主体的经营身份、经营状况、经营能力，确立经营信誉，可以为商事活动的参加人提供交易相对人的准确信息，使其明智地选择和决定自己的交易行为，进而保护交易相对人和社会公众的利益。

第三，有利于国家的监督管理，维护良好的社会经济秩序。商事登记可以使国家取得各项必要的统计资料，有利于国家及时了解商事主体的经营状态，有利于对各种不同企业的设立和经营进行必要的国家监督。

7. 商事登记的效力

商事登记的效力在法律理论和司法实践中主要涉及两个方面的内容：一是对商事主体的效力；二是对第三人的效力，其中包括未履行商事登记的事项在法律上对第三人的效力及已履行商事登记之事项在法律上对第三人的效力。

（1）对商事主体的效力

其一，商事登记是商法人获得法律人格的必要条件，未经登记及公告，商法人不能成立，其行为不能被视为商行为。但是，对于商个人和商合伙而言，商事登记仅具有宣告性，是其商人身份的法律认可。

其二，商事登记不是商事主体资格取得的必要条件，行为人未经登记实施了商行为，同样可以享有商人的权利并履行商人的义务。

其三，商事登记是各类商事主体成立的必要要件，未经商事登记程序，行为人即使实施了商事经营活动，也不得享有商人的权利，同时也不必履行商人的义务，该行为可被认定为无效行为。

在我国，根据工商登记法规的规定，商事登记不仅是商法人取得法人资格的前提条件，也是非法人的商事主体取得商事经营资格的前提条件。我国法律严禁未经登记的无照经营行为。

（2）对第三人的效力

登记与公示对第三人的法律效力主要包括以下几个方面：

第一，必须登记的事项在未履行登记或已履行登记但尚未公告的情况下对第三人的效力。目前多数国家法律规定，在商事交易中，必须在商事登记簿上登记的事项未履行登记或未予以公告的，任何该必须登记事项的参与人都不得以该事项来对抗第三人，除非第三人已经了解了该事项的真实情况。这一规则的前提是，第三人必须是真正的不知情人，第三人由于不知情而产生的对原有事实的信任是导致其法律行为的直接原因。

第二，应登记事项在得到正确登记和公告之后对行为人和第三人的效力。一些国家法律规定，如果登记事项已经登记并已经公布，该事项对第三人生效。但是，如果在登记事项公布之后一定时间以内，第三人既不知道，也无责任知道该登记事项，那么，该登记事项对其法律行为不生效力。商事登记公告完成后，第三人享有登记簿及附属文件抄阅请求权。第三人得以正当理由，向登记主管机关请求查阅、抄录、复印登记簿及附属文件。

第三，已登记事项在公告发生差错的情况下对第三人的效力。一些国家法律规定，如果登记事项公告有误，第三人可以针对负有登记义务的登记人，根据已公告之事实为法律行为，除非第三人已经知道公告事实有误。在此，第三人必须是善意第三人，必须是该事项的局外人，不能是该事项的直接参与人。同时，第三人对公告内容之信任必须是导致其法律行为的直接原因。

（二）难点内容

1. 商事主体的登记要件和营利性

（1）商事主体的登记要件

商事登记是否为商事主体成立之必要条件，各国立法不一，主要有成立要件主义和非成立要件主义两种。成立要件主义是指商事登记为商事主体成立之必要条件，未经登记不得成立商事主体。当今世界，多数国家奉行成立要件主义，商事登记是商事主体的形式判断。国家要求商事主体进行强制登记的目的在于通过公示商事主体的重要信息，保障交易安全，提高交易效率，降低交易成本，为市场交易提供一个良好的交易环境和秩序。

在理论上，以下几个专题性问题需要特别予以关注：

①"无证无照经营"与商事能力

商事主体的商事能力由商法赋予,具体表现为商业登记所核定的经营范围。不同的商事主体因其登记的营业性质和范围不同而具有不同的商事能力,因此,商事能力根据商业登记而确定。

无须办理营业执照的经营行为包括两大类,其一是销售行为,其销售的商品或物品限于农副产品和日常生活用品。由此,销售非日常生活所用工业产品的行为不属此类。其二是服务行为,其特点是个人利用自己的技能从事便民劳务,同时此种劳务服务依照相关法律法规规定,无须取得特别许可。

②个体摊点与流动商贩的商事主体资格问题

个体工商户为个人从事营利活动,其行为特征均符合商事主体的认定标准,自然应当属于商事主体,为商个人。但实践中,有的个体经营者没有独立的字号,没有固定的经营场所,也没有经过工商登记注册,那么这些小商贩是否应被视为商事主体加以规范呢?

从私法角度来描述这些无固定经营场所的个体摊点、流动商贩的生存状态,即为"无照营业",总能看到城管、工商执法等部门在进行城市治理之时与小商贩的冲突。但究其原因,在于私法没有正面肯定小商贩的营业权,致使其遭到各种肆意侵害乃至非法取缔,这是城市治理思路与社会现实之间的失衡。立法必须要顺应社会生活,将游走于法律边缘的小商贩合法化,肯定其商事主体地位。

③农村承包经营户的商事主体资格问题

农村承包经营户签订承包合同从事商品经营,并以商事交易为业,以营利为目的时,这种行为就不再是单纯意义上的民事行为,而是一种商业行为,在此种场合下,农村承包经营户的身份就从民法上的自然人转变为商事活动中的商事主体,具有了区别于民事能力的商事能力,而对于农村承包经营户来说,由于其所处的农村社会关系相对简单,彼此之间较为熟悉,发生交易风险的可能性也不大,登记发挥的作用并不突出,可以考虑豁免其登记。

(2)商事主体的营利性

营利性的价值追求是商法基本精神之所在,商法以保障营利作为其基本价值理念。营利性是商事主体内在的决定性,对外表现为商事主体的主观营利性。商事主体存在的主要目的是获取利润。

营利性是商事法律关系的本质属性。营利是一切商事关系形成的基本动机和目的,是商事经营活动的出发点和归属点。当然,这种营利系指商事行为的主观目的是取得商业利益,至于客观上是否取得实际的盈利在所不问。商事关系只能发生在以营利为目的而进行的商事活动过程中,这是商事关系区别于其他社会关系,尤其是区别于普通民事关系的最重要的特点。商法作为调整具有营利性质的商事关系的法律,不仅在法律上确认商事主体的营利目的,也保护商事主体的营利行为和营利结果。任何组织和个人不得侵犯商事主体依法经营取得的收益,也是私法精神中所有权神圣不可侵犯原则在商法中的特殊体现。

2. 商事登记的法律性质

商事登记兼具公法与私法性质,商事登记一方面体现为登记申请人基于自由意志而实施的向登记机关申请登记的法律行为;另一方面体现为登记机关依法行使公共管理职能对登记申请依法进行审查、登记的行政行为。

(1) 商事登记性质的理论争议

学界关于商事登记的法律性质,主要存在三种观点:

第一,公法性质说。该说认为商事登记是公法行为,是国家利用公权力干预商事活动的行为,商事登记法律关系是登记申请人与登记主管机关之间的关系。在该说内部,商事登记作为一种行政法律关系属于行政许可还是行政确认存在分歧,但主流意见逐渐倾向于后者。

第二,私法性质说。该说认为商事登记属私法行为,理由是商事登记法属于商法,而商法属于私法,因此,商事登记是一种私法行为。私人从商的权利源起于天赋行商权,故而法律只是通过登记制度确认了商人的这种营业自由。[1]

第三,双重性质说。该说认为商事登记兼具公法与私法性质,其内容上主要为上述前两种观点的折中。[2] 该说认为,商事登记一方面是登记申请人自由意志的体现,另一方面还是行政机关行使公共管理职能的体现,具有私法与公法双重性质。

(2) 商事登记性质的探讨

公法性质说和私法性质说都不当放大了商事登记在某一方面的特征,忽略了其另外一种特质,都不能全面地反映商事登记的客观性质。从登记申请人的角度看,商事登记行为是登记申请人依据自主意思,向登记机关申请商事主体登记并获取相关资格和信息公示的法律行为;从登记机关的角度看,商事登记是登记机关基于法律法规赋予的公共管理职能,对登记申请人的申请事项依法进行审查并予以许可或确认的具体行政行为。因此,商事登记在性质上自然兼具公法与私法的双重属性。以不动产登记错误损害赔偿为例,民事主体虚假登记,造成第三人损失的,在司法实践中属于民事诉讼管辖,虚假登记人承担民事责任;登记机关错误登记造成第三人损失的,则属行政赔偿诉讼范畴,登记机关承担国家赔偿责任。综上,商事登记兼具公法与私法性质,具有双重属性。

(3) 商事登记公法性质的争议:行政许可抑或是行政确认

对于商事登记双重属性的认识,在私法属性部分,学界并无太大争议,即认为商事登记是申请人的法律行为。但是,对于其公法性质的认识仍存在一定分歧。一种观点认为商事登记是行政机关的行政许可行为,另一种观点认为商事登记是行政机关的行政确认行为。

前一种观点的主要依据是 2004 年实施的《行政许可法》第 12 条第 5 项规定:"企业或者其他组织的设立等,需要确定主体资格的事项。"从条文内容可以看出,立法者似乎将商事登记中企业和其他组织的登记纳入了行政许可的范畴。

3. 商事登记的效力

根据商事登记效力承受主体的不同,可将商事登记效力分为对商事主体的效力和对第三人的效力。在学理上,可以根据商事登记是否是相关法律事实生效的要件,将商事登记的效力分为生效效力与公示效力。商事登记的生效效力是指商事登记具有使相关法律事实生效的效力,可以分为创设效力与其他生效效力。

---

[1]   参见樊涛、王延川:《商法总论》,知识产权出版社 2006 年版,第 234—235 页。

[2]   参见寇志兴主编:《商法学》,法律出版社 1996 年版,第 64 页;覃有土主编:《商法学》,中国政法大学出版社 1999 年版,第 24 页。

（1）商事登记的生效效力

世界各国有关商事登记是否具有生效效力主要有两种立法模式，即登记生效主义与登记对抗主义。在登记生效主义的模式下，登记是相关法律事实生效的必要条件。在登记对抗主义的模式下，登记仅作为相关法律事实得以对抗第三人的要件。我国现行法律明确规定了设立登记和注销登记构成商事主体成立和终止的必要条件。[①] 狭义的商事登记生效效力是指除创设效力之外的登记产生何种法律效力，我国现行法律对除设立登记和注销登记以外的其他商事登记是否具有生效效力未作明确规定。

（2）商事登记的公示效力

商事登记的公示效力指相关事项经登记后产生的"谁得以登记事实对抗另一方"的效力，可以分为公信效力与对抗效力。前者体现为第三人得以登记事实对抗登记义务人，即指经过公示的登记事项有被推定为真实、合法、有效并为社会一般公众所信赖的效力，善意第三人得以登记事实对抗登记义务人。后者体现为登记义务人得以登记事实对抗第三人，即指经过公示的登记事项，可以推定为一般社会公众所知，登记义务人得以登记事实对抗第三人。二者是一对相对的效力，起着平衡登记义务人与第三人之间法律风险和利益的作用。

4. 个人独资企业与个体工商户的区别

虽然从形式上看，个体工商户和个人独资企业没有雇员人数、经营范围和方式上的区别，但是从实质上判断，二者是有明显差异的：

（1）二者在是否具有独立人格上存在区别。个体工商户作为一个依附于户主的商事主体，不能脱离户主而存在，因此不能变更经营者，不可转让经营权。个体工商户是赋予一个劳动者为商行为的资格，类似于一种不可转让的主体身份，因此，若户主不想再继续经营，只能选择注销该个体工商户，不能转让给他人。而个人独资企业作为一种企业组织形式，脱离了经营者而相对独立存在，具有相对独立的人格。个人独资企业的经营者若想退出经营，可以转让个人独资企业，转让资产、变更经营者或者转让经营权，而不必注销个人独资企业。

（2）二者在是否可以设立分支机构上存在区别。个人独资企业可以设立分支机构，而个体工商户不能设立分支机构。个体工商户没有独立的地位，它不能滋生自己的分支机构，而个人独资企业作为企业形式，类似于合伙企业的运作方式，可以设立分支机构。

（3）二者在税收制度上有所区别。对于个体工商户，存在两种征税方式，第一种是征收定额税，大部分个体工商户都按此征税，《个体工商户税收定期定额征收管理办法》第3条规定："本办法适用于经主管税务机关认定和县以上税务机关（含县级，下同）批准的生产、经营规模小，达不到《个体工商户建账管理暂行办法》规定设置账簿标准的个体工商户（以下简称定期定额户）的税收征收管理。"第6条规定，"税务机关应当根据定期定额户的经营规模、经营区域、经营内容、行业特点、管理水平等因素核定定额"，在核定定额后按期向税务部门缴纳定额税。第二种是查账征收个人所得税，《个体工商户个人所得税计税办法》第2条规定："实行查账征收的个体工商户应当按照本办法的规定，计算并申报缴纳个人所得税。"第7条规定："个体工商户的生产、经营所得，以每一纳税年度的收入总额，减除成本、费用、税金、损失、其他支

---

① 如《民法典》第54条、第58条、第77条，《公司法》第7条，《市场主体登记管理条例》第3条，《合伙企业法》第11条，《个人独资企业法》第13条。

出以及允许弥补的以前年度亏损后的余额,为应纳税所得额。"其计算公式为:应纳税所得额＝收入总额－成本、费用及损失;应纳个人所得税额＝应纳税所得额×适用税率。对于个人独资企业,《国务院关于个人独资企业和合伙企业征收所得税问题的通知》规定:"为公平税负,支持和鼓励个人投资兴办企业,促进国民经济持续、快速、健康发展,国务院决定,自2000年1月1日起,对个人独资企业和合伙企业停止征收企业所得税,其投资者的生产经营所得,比照个体工商户的生产、经营所得征收个人所得税。具体税收政策和征税办法由国家财税主管部门另行制定。"因此,个人独资企业一律征收个人所得税,不存在定额征税的问题。根据调查显示,由于税收区别,经营者在登记时,一般不会主动选择个人独资企业,而选择个体工商户,二者的经营范围无本质区别,但个体工商户的税赋可能更小,这是经营者一种趋利避害的选择。只有当某些经营范围存在前置程序许可要求时,经营者才必须选择个人独资企业。

(三)延伸阅读

1. 何为商事主体?

现行立法由行政规章界定商事主体的概念,根据《市场主体登记管理条例》第2条,市场主体为经登记机关依法登记,以营利为目的从事经营活动的自然人、法人及非法人组织。这是国家立法首次界定商事主体的内涵。该定义强调商事主体"依法登记"成立,将商事登记作为商事主体的构成要素,若仅强调"以营利为目的",则不能准确反映商事主体的"营利性"的本质特征。由于商事基本法缺失,商事主体的内涵界定在学术探讨层面产生巨大分歧,看似在承认商事主体的本质要素"营利性"上达成共识,但是对营利性的理解仍存争议。目前较为严谨的"营利性"内涵剖析是三层次说,该说认为营利性包含"旨在营利"[1]"利润分配"[2]以及"营业活动的持续性"[3]。通说认为"营业"有主、客观之分,主观意义上的营业主要是指经营者的经营性活动[4],界定商事主体内涵中的"营业"应从主观意义上来应用[5]。按照商事主体营利性三层次说,自给型农村承包经营户、非营利法人、偶发性交易行为主体不属于商事主体概念范畴。因此,商事主体须以营利为目的、持续性开展营业活动并以此为业。

2. 商事主体类型划定

传统上,按照组织经营模式和责任承担方式二重标准划分商事主体类型,形成了商法人、商合伙、商个人"三元论"分类体系。[6]随着经济社会的发展,"三元论"分类体系面临越来越多的挑战:一是商事主体分类固化。经济主体类型多样化发展,不断涌现的新型商事主体难以匹配固化的"三元论"分类体系,出现诸如集体企业、农村经济合作社的定性难题,甚至衍生出个人独资企业、个体工商户等主体类型的存废之争。此外,相对固化的分类体系,阻碍了商事

---

① 李建伟:《民法典编纂背景下商个人制度结构的立法表达》,载《政法论坛》2018年第6期。

② 梁慧星:《中国民法典草案建议稿附理由·总则编》,法律出版社2004年版,第151页。

③ 谢怀栻:《外国民商法精要》,法律出版社2002年版,第234页。

④ 参见肖海军:《营业权论》,法律出版社2007年版,第22—23页。

⑤ 参见李政辉:《商人主体性的法律建构》,法律出版社2013年版,第99页。

⑥ 参见施天涛:《商法学》(第五版),法律出版社2018年版,第40—67页。

主体类型的创新,不利于经济社会的发展进步。二是《民法典》采用形式上的"民商合一"立法体例,意图将商事主体全盘纳入民事主体统一划分,将民事主体划分为三足并列的"自然人、法人、非法人组织"。《民法典》民事主体三分法与商事主体"三元论"分类体系难以有效对应。《民法典》将合伙企业和个人独资企业均划归于非法人组织,合伙企业与"商合伙"相对应,个人独资企业与"商个人"相对应,进而导致"三元论"分类体系与《民法典》产生激烈冲突。虑及"三元论"分类体系的种种弊端,可以以组织形式为唯一标准划分商事主体,形成商个人和商事组织的"二元论"分类体系。[①] 商事主体的二元体系划分可以囊括所有商事主体类型,可以与《民法典》的主体分类有机衔接,也为容纳新型商事主体类型提供可能,契合商事主体从个人到组织的历史发展进程[②]。

四、习 题 自 测

(一) 单项选择题

1. 关于商事登记的法律性质,以下选项中最恰当的是(　　)。

A. 商事登记是一种法律行为　　　　B. 商事登记是一种行政行为

C. 商事登记是一种复合行为　　　　D. 商事登记是一种法律制度

2. 关于商事主体资格与营业资格的关系,下列说法正确的是(　　)。

A. 只要有商事主体资格就一定有营业资格

B. 只要有营业资格就一定有商事主体资格

C. 先有营业资格后有商事主体资格

D. 先有商事主体资格后有营业资格

3. 如张某拟设立一家一人有限责任公司(以下简称一人公司),下列表述正确的是(　　)。

A. 注册资本不能低于 10 万元

B. 可以再参股其他有限公司

C. 只能由张某本人担任法定代表人

D. 可以再投资设立一家一人公司

4. 根据我国法律规定,关于法人,下列哪一表述是正确的? (　　)

A. 成立社团法人均须登记　　　　B. 银行均是企业法人

C. 分公司不具有法人资格　　　　D. 一人公司均不是法人

5. 张某为避免合作矛盾与问题,不想与人合伙或合股办企业,欲自己单干。朋友对此提出以下建议,其中哪一建议是正确的? (　　)

A. 可选择开办个人独资企业,也可选择开办一人公司

B. 如选择开办一人公司,那么注册资本不能少于 10 万元

C. 如选择开办个人独资企业,则必须自己进行经营管理

D. 可同时设立一家一人公司和一家个人独资企业

---

① 参见肖海军:《民法典编纂中商事主体立法定位的路径选择》,载《中国法学》2016 年第 4 期。

② 参见李政辉:《商人主体性的法律建构》,法律出版社 2013 年版,第 78 页。

6. 张平以个人独资企业形式设立"金地"肉制品加工厂。2011年5月,受瘦肉精事件影响,张平为减少风险,打算将加工厂改换成一人公司形式。对此,下列哪一表述是错误的?（   ）

A. 因原投资人和现股东均为张平一人,故加工厂不必进行清算即可变更登记为一人公司

B. 新成立的一人公司仍可继续使用原商号"金地"

C. 张平为设立一人公司,不须一次足额缴纳其全部出资额

D. 如张平未将一人公司的财产独立于自己的财产,则应对公司债务承担连带责任

7. 甲、乙、丙、丁打算设立一家普通合伙企业。对此,下列哪一表述是正确的?（   ）

A. 各合伙人不得以劳务作为出资

B. 如乙仅以其房屋使用权作为出资,则不必办理房屋产权过户登记

C. 该合伙企业名称中不得以任何一个合伙人的名字作为商号或字号

D. 合伙协议经全体合伙人签名、盖章并经登记后生效

8. 关于合伙企业与个人独资企业的表述,下列哪一选项是正确的?（   ）

A. 二者的投资人都只能是自然人

B. 二者的投资人都承担无限责任

C. 个人独资企业可申请变更登记为普通合伙企业

D. 合伙企业不能申请变更登记为个人独资企业

9. "李老汉私房菜"是李甲投资开设的个人独资企业。关于该企业遇到的法律问题,下列哪一选项是正确的?（   ）

A. 如李甲在申请企业设立登记时,明确表示以其家庭共有财产作为出资,则该企业是以家庭成员为全体合伙人的普通合伙企业

B. 如李甲一直让其子李乙负责企业的事务管理,则应认定为以家庭共有财产作为企业的出资

C. 如李甲决定解散企业,则在解散后5年内,李甲对企业存续期间的债务,仍应承担偿还责任

D. 如李甲死后该企业由其子李乙与其女李丙共同继承,则该企业必须分立为两家个人独资企业

10. 关于股东或合伙人知情权的表述,下列哪一选项是正确的?（   ）

A. 有限责任公司股东有权查阅并复制公司会计账簿

B. 股份公司股东有权查阅并复制董事会会议记录

C. 有限责任公司股东可以以知情权受到侵害为由提起解散公司之诉

D. 普通合伙人有权查阅合伙企业会计账簿等财务资料

11. 为大力发展交通,某市出资设立了某高速公路投资公司,该市审计局欲对其实施年度审计监督。关于审计事宜,下列哪一说法是正确的?（   ）

A. 该公司既非政府机关也非事业单位,审计局无权审计

B. 审计局应在实施审计3日前,向该公司送达审计通知书

C. 审计局欲查询该公司在金融机构的账户,应经局长批准并委托该市法院查询

D. 审计局欲检查该公司与财政收支有关的资料和资产,应委托该市税务局检查

12. 以商主体的组织结构或形态特征为标准,可将商主体分为(　　　)。

A. 固定商人和拟制商人

B. 商个人、商合伙和商法人

C. 法定商人和注册商人

D. 大商人和小商人

13. 我国商事登记的主管机关是(　　　)。

A. 法院

B. 法院和行政机关

C. 行政机关

D. 市场监督管理局

14. 商事主体的商事登记活动是(　　　)。

A. 合意的法律行为

B. 企业和经营组织取得法人资格或从事营利活动资格的必要条件

C. 企业和经营组织在设立时登记

D. 公法上的行为不产生私法上的效果

15. 以下可以作为企业名称的是(　　　)。

A. WTO　　　　　B. 总统　　　　　C. 民主　　　　　D. 梅花

16. 下列选项中,不是商事中间人的是(　　　)。

A. 代理商　　　　B. 居间商　　　　C. 经销商　　　　D. 行纪商

17. 下列各项中,不属于我国《企业法人登记管理条例》中规定的登记种类的是(　　　)。

A. 设立登记　　　B. 变更登记　　　C. 注销登记　　　D. 分公司设立登记

18. 商号具有(　　　)。

A. 地域性　　　　B. 时间性　　　　C. 不可转让性　　　D. 不可继承性

19. 以下商事主体哪个不具备企业法人资格? (　　　)

A. 个人独资企业

B. 有限责任公司

C. 股份有限公司

D. 集体所有制企业

(二) 多项选择题

1. 关于公司的财务行为,下列哪些选项是正确的? (　　　)

A. 在会计年度终了时,公司须编制财务会计报告,并自行审计

B. 公司的法定公积金不足以弥补以前年度亏损的,则在提取本年度法定公积金之前,应先用当年利润弥补亏损

C. 公司可用其资本公积金来弥补公司的亏损

D. 公司可将法定公积金转为公司资本,但所留存的该项公积金不得少于转增前公司注册资本的 25%

2. 关于有限责任公司股东名册制度,下列哪些表述是正确的? (　　　)

A. 公司负有置备股东名册的法定义务

B. 股东名册须提交于公司登记机关

C. 股东可依据股东名册的记载,向公司主张行使股东权利

D. 就股东事项,股东名册记载与公司登记之间不一致时,以公司登记为准

3. 关于商事登记,下列哪些说法是正确的? (　　　)

A. 公司的分支机构应办理营业登记

B. 被吊销营业执照的企业即丧失商事主体资格

C. 企业改变经营范围应办理变更登记

D. 企业未经清算不能办理注销登记

4. 华昌有限公司有 8 个股东,麻某为董事长。2022 年 5 月,公司经股东会决议,决定变更为股份公司,由公司全体股东作为发起人,发起设立华昌股份公司。下列哪些选项是正确的?(   )

A. 该股东会决议应由全体股东一致同意

B. 发起人以设立中公司名义对外签订合同,公司成立后合同相对人请求公司承担合同责任的,法院应予支持

C. 变更后股份公司的董事长,当然由麻某担任

D. 变更后的股份公司在其企业名称中,可继续使用"华昌"字号

5. 关于独资子公司设立问题,下列说法正确的是(   )。

A. 子公司的名称中应当体现母公司的名称字样

B. 子公司的营业地可不同于母公司的营业地

C. 母公司对子公司的注册资本必须在子公司成立时足额缴清

D. 子公司的组织形式只能是有限责任公司

6. 雀凰投资是有限合伙企业,从事私募股权投资活动。2022 年 3 月,三江有限公司决定入伙雀凰投资,成为其有限合伙人。对此,下列哪些选项是错误的? (   )

A. 如合伙协议无特别约定,则须经全体普通合伙人一致同意,三江公司才可成为新的有限合伙人

B. 对入伙前雀凰投资的对外负债,三江公司仅以实缴出资额为限承担责任

C. 三江公司入伙后,有权查阅雀凰投资的财务会计账簿

D. 如合伙协议无特别约定,则三江公司入伙后,原则上不得自营与雀凰投资相竞争的业务

7. 下列属于商主体的是(   )。

A. 国家机关   B. 有限责任公司

C. 个人独资企业   D. 合伙企业

8. 下列属于商事主体与民事主体的区别的是(   )。

A. 商事主体只能是法人,民事主体可以是法人,也可以是自然人

B. 商事主体必须同时具有权利能力和行为能力,民事主体不一定

C. 商事主体一般需要登记,民事主体一般不需要登记

D. 商事主体可以从事的活动范围比民事主体广

9. 下列各项中,商事登记不可能采用准则制的是(   )。

A. 零售业   B. 餐饮业   C. 证券业   D. 烟草业

10. 下列属于商号权特点的是(   )。

A. 商号权具有区域性   B. 商号权具有可转让性

C. 商号权具有公开性   D. 商号权具有保密性

11. 不具备法人资格的民事主体为(   )。

A. 证券登记清算机构   B. 企业集团

C. 分公司　　　　　　　　　　　　　　D. 股份有限公司

12. 下列说法正确的是（　　　）。

A. 商主体原则上只允许使用一个商号

B. 商号内容和文字不得涉及法律规定不得使用的事项

C. 商号一般应使用汉字

D. 联营企业的名称可以使用联营成员的商号

13. 依照经营者的法律状态和事实状态，商主体可以分为（　　　）。

A. 固定商人　　　　　　　　　　　　　B. 拟制商人

C. 表见商人　　　　　　　　　　　　　D. 必然商人

14. 下列哪些情况下，商事账簿制作义务履行的强制性才能充分表现出来，并可能导致明显的法律后果？（　　　）

A. 企业破产　　　　　　　　　　　　　B. 商主体负债过重

C. 妨碍税收或妨碍司法诉讼　　　　　　D. 企业业绩下滑

（三）不定项选择题

1. 甲、乙、丙、丁、戊五人是昌盛有限公司股东，其中甲持有的公司股权比例为 1%；乙持有的公司股权比例为 2%；丙持有的公司股权比例为 17%，但丙与好友赵某签订了股权代持协议，约定由好友赵某实际出资，享受投资收益；丁持有的公司股权比例为 30%；戊持有的公司股权比例为 50%，且担任公司董事长。公司章程规定，持股比例低于 5% 的股东不得查阅公司会计账簿。对此，下列说法正确的是（　　　）。

A. 甲无权查阅公司会计账簿

B. 丙无权查阅公司会计账簿

C. 赵某无权查阅公司会计账簿

D. 丁有权查阅并复制公司会计账簿

高崎、田一、丁福三人共同出资 200 万元，于 2021 年 4 月设立"高田丁科技投资中心（普通合伙）"，从事软件科技的开发与投资。其中，高崎出资 160 万元，田、丁分别出资 20 万元，由高崎担任合伙事务执行人。请回答第 2—3 题。

2. 2022 年 6 月，丁福为向钟冉借钱，将自己的合伙财产份额出质给钟冉作为担保方式。下列说法正确的是（　　　）。

A. 就该出质行为，高、田二人均享有一票否决权

B. 该合伙财产份额质权，须经合伙协议记载与工商登记才能生效

C. 在丁福伪称已获高、田二人同意，而钟冉又是善意时，钟冉善意取得该质权

D. 在丁福未履行还款义务，钟冉享有质权并主张以拍卖方式实现时，高、田二人享有优先购买权

3. 2022 年 2 月，高崎为减少自己的风险，向田、丁二人提出转变为有限合伙人的要求。对此，下列说法正确的是（　　　）。

A. 须经田、丁二人的一致同意

B. 未经合伙企业登记机关登记，不得对抗第三人

C. 转变后，高崎可以以出资最多为由，要求继续担任合伙事务执行人

    D. 转变后,对于 2022 年 2 月以前的合伙企业债务,经各合伙人决议,高崎可不承担无限连带责任

4. 2021 年 6 月,李某、张某、汪某、赵某四人共同出资成立了某有限责任公司,公司章程约定李某认缴出资 400 万元,其他三人分别认缴出资 200 万元,出资期限为公司成立后 3 个月内缴足。至 2021 年年末,经公司多次催告,李某仍未缴纳出资。2022 年 1 月,公司召开股东会会议,李某未出席,经张某、汪某、赵某三股东同意,最终通过了对李某除名的决议。对此,下列说法正确的是( )。

    A. 李某系该公司重要股东,其未出席此次股东会会议,该决议无效

    B. 对李某除名的决议,李某有利害关系,没有表决权,该决议有效

    C. 在李某被除名的相关登记事项变更完成之前,若公司有对外债务不能清偿,李某仍需承担补充赔偿责任

    D. 公司对李某除名后应当及时办理相应的减资程序,或安排其他主体缴纳相应出资

5. 张某是红叶有限公司的小股东,持股 5%;同时,张某还在枫林有限公司任董事,而红叶有限公司与枫林有限公司均从事保险经纪业务。红叶有限公司多年没有给张某分红,张某一直对其会计账簿存有疑惑。关于本案,下列哪一选项是正确的? ( )

    A. 张某可以用口头或书面形式提出查账请求

    B. 张某可以提议召开临时股东会表决查账事宜

    C. 红叶有限公司有权要求张某先向监事会提出查账请求

    D. 红叶有限公司有权以张某的查账目的不具正当性为由拒绝其查账请求

6. 如张某拟设立一家个人独资企业,下列表述正确的是( )。

    A. 个人独资企业应依法备案"登记联络员"

    B. 如张某死亡,其继承人可以继承投资人的身份

    C. 如该企业解散,必须由法院指定的清算人进行清算

    D. 该企业应当依法缴纳企业所得税

7. 甲、乙公司决定以各自的全部资产、人员和营业合并成立大雁有限责任公司,大雁有限责任公司的商业登记属于什么性质的登记? ( )

    A. 设立登记   B. 变更登记

    C. 重组登记   D. 注销登记

8. 下列哪些事项变更,公司应办理变更登记? ( )

    A. 法定代表人变更   B. 经营范围变更

    C. 公司名称变更   D. 营业执照记载事项变更

9. 下列有关商个人的说法错误的是( )。

    A. 商个人是具有传统特征的自然人状态与富有现代特征的单个出资组织体相结合的概念

    B. 商个人与自然人的个人属性密切相连,自然人发生变化,商个人也可能发生变化

    C. 商个人并不是法律上的拟制主体,而是实际的自然主体

    D. 商个人的行为超过法律授权的范围无效

10. 下列说法正确的是( )。

A. 商事主体特指商人,他们可以不依照法律法规而仅仅需要依照商事惯例承担义务,享受权利

B. 商事主体是法律上的拟制主体

C. 商事主体不一定特定,其能力的存在与其所实施的经营性活动没有实际联系

D. 商事主体从事的往往是营利性活动

11. 我国法律规定的商合伙类型有( )。

A. 个人合伙   B. 合伙型联营   C. 合伙企业   D. 隐名合伙

12. 经理人所享有经理权的特点有( )。

A. 经理人是典型的直接代理人,以被代理人的名义为法律行为

B. 经理人行使权利时需将签名附加在商号上以便区别代理行为与个人行为

C. 只有完全商人可以授予被代理人经理权

D. 经理人享有的经理权具有单一性和排他性

13. 作为私法的商法,其公法性最为集中地体现为( )。

A. 商事登记   B. 商主体住所的规定

C. 商主体的经济性质   D. 法律法规对商主体注册资金的规定

14. 下列各国中,不属于将商事登记作为商主体成立要件主义的国家是( )。

A. 德国   B. 法国   C. 瑞士   D. 荷兰

(四)简答题

1. 简述商事主体的特征。

2. 举例说明商事能力的特别限制。

3. 简述商业名称与字号、商标的异同。

4. 试述商事主体的登记要件主义。

(五)论述题

1. 分析商事主体的营利性。

2. 分析商事登记的法律性质。

(六)案例分析题

1. 2015 年 5 月,孙先生出资 60 万元,钱女士出资 40 万元共同设立了甲有限责任公司,其中孙先生占股 60%,钱女士占股 40%。2022 年 8 月,因业务扩张的需要,乙公司向孙先生表示其有意收购甲公司。2022 年 8 月 30 日,乙公司与孙先生洽谈了有关收购甲公司的事宜,双方一致同意乙公司以 1 000 万元收购孙先生在甲公司的全部股权。孙先生将上述股权转让事宜告知了钱女士,钱女士不同意孙先生转让其股权,并宣称自己不愿意与乙公司合作经营甲公司。因担心乙公司知悉钱女士的态度后,拒绝继续收购自己的股权,孙先生遂伪造了钱女士同意孙先生将股权转让给乙公司的相关文件,骗取了公司登记,将其股权变更在乙公司名下,完成了与乙公司的交易。经查,孙先生伪造的钱女士的签名与钱女士在公司登记机关留有的真实签名存在肉眼可辨的差异。

现钱女士准备诉至法院维护自己的权益,请为钱女士制定诉讼策略。

2. 恒盈公司系有限责任公司,于 2012 年 5 月 8 日经工商登记注册成立。恒盈公司章程载明:公司股东分别为李丙、吴乙、韩某、孙某某、龚某某。

2022 年 4 月 18 日,李丙因病去世,李丙的第一顺序继承人为李丙父亲李甲、母亲伍某某、妻子吴甲及儿子李乙,其中吴甲系某法院审判员。2022 年 7 月 23 日,李丙的所有继承人达成协议并签订《析产协议书》,明确李丙遗产中所持的恒盈公司 67.5% 股权中李甲继承 17%、伍某某继承 16.3%、吴甲继承 30%、李乙继承 36.7%,即李甲占恒盈公司股权比例为 11.475%、伍某某占 11.002 5%、吴甲占 20.25%、李乙占 24.772 5%。上述四方就所占份额享受权利承担义务,该份协议书自各方签字之日起生效。此《析产协议书》经上海市杨浦公证处公证。

后因李甲、伍某某不予配合致使《析产协议书》无法履行,吴甲、李乙要求李甲、伍某某按照相关法律规定,办理股东变更登记手续未果,吴甲、李乙遂诉至法院,要求李甲、伍某某履行 2022 年 7 月 23 日签订的经公证的《析产协议书》;要求李甲、伍某某、恒盈公司协助吴甲、李乙共同办理股权工商登记变更手续。

请分析法院能否支持吴甲、李乙的诉讼请求。

第三章　商　事　行　为

（一）理解

1. 商事行为的概念与特征。
2. 营业的概念与特点。
3. 连锁经营的概念与我国的相关立法。
4. 电子商务的含义与电子商务相关立法。

（二）熟悉

1. 营业转让的概念、营业转让合同的具体内容以及营业转让合同中的第三人保护。
2. 连锁经营的具体类型。
3. 特许经营合同。
4. 电子商务支付的概念、特征与具体类型，以及第三方支付的概念与具体类型。

（三）掌握

1. 商事行为的相关分类及其分类方式。
2. 部分具体商事行为的内涵，分别从宏观和微观层面了解相关法律制度。
3. 营业权的概念与核心内容、营业权保护的具体类型，以及营业资产的概念、特征与具体分类。
4. 连锁经营的组织机制与法律特征。
5. 特许经营法律关系的具体内容、特许经营权的含义与特征。
6. 电子商务行为主体与行为方式。

二、知识结构图

第三章 商事行为—知识结构图

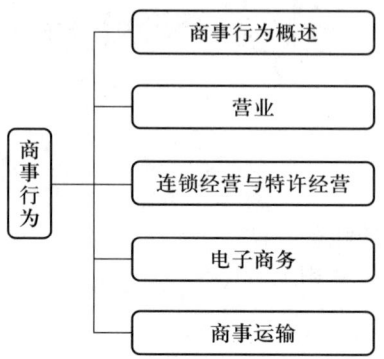

第一节 商事行为概述—知识结构图

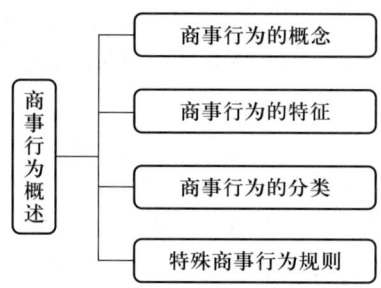

第二节 营业—知识结构图

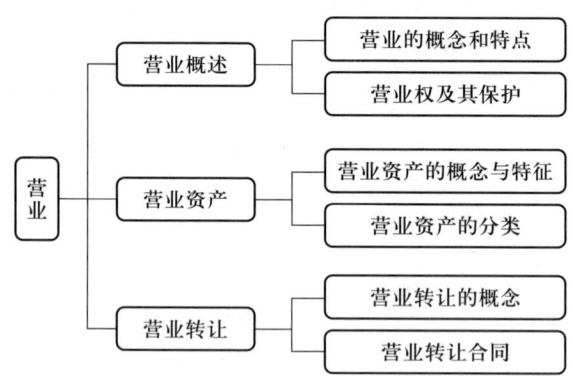

第三节 连锁经营与特许经营—知识结构图

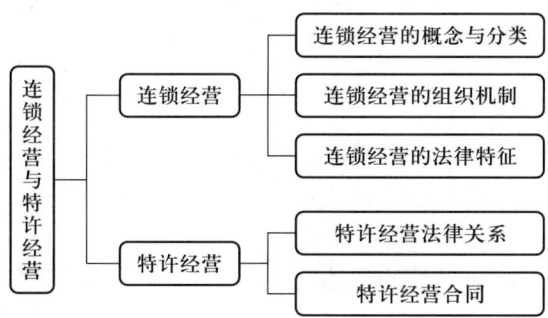

第四节 电子商务—知识结构图

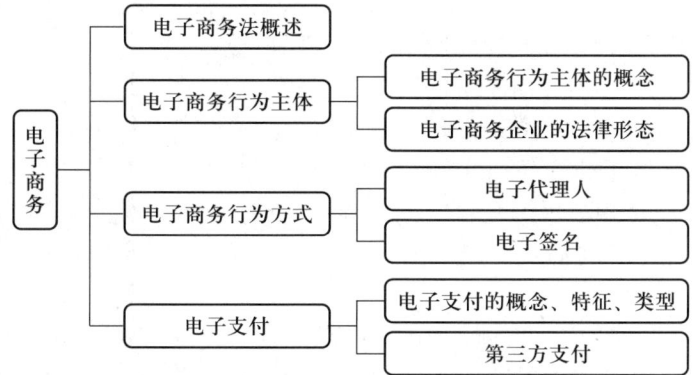

第五节 商事运输—知识结构图

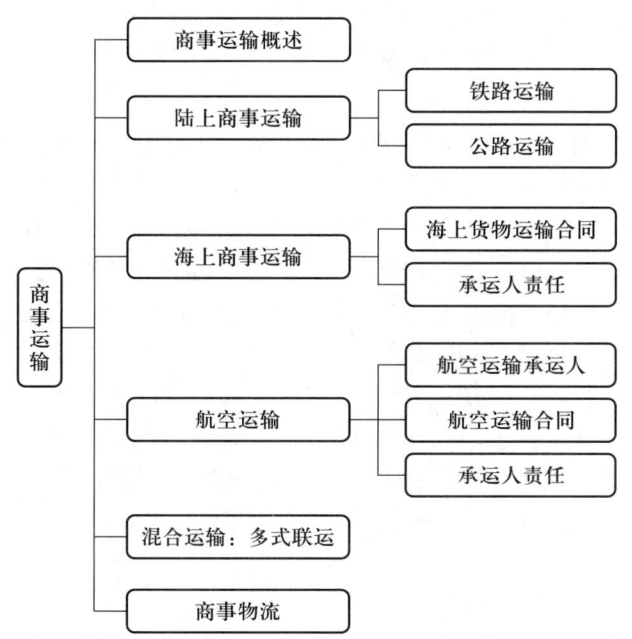

三、重点难点解析

（一）重点内容

1. 商事行为的概念与特征

商事行为，又称商行为、商业行为、营业行为，是指商事主体经营或从事营利事业的各种营利行为。与一般法律行为相比，商事行为的特征主要有：

第一，商事行为是以营利为目的的法律行为。商事行为是一种以营利为目的的经营行为，追求利益最大化。

第二，商事行为是经营性行为。经营性应具备五要素：其一，行为以营利为目的；其二，营利性活动的计划性；其三，营利性活动的反复性，一次或者偶尔为之，即使是营利性活动也不构成商事行为；其四，行为人活动的连续性；其五，职业登记性。

第三，商事行为是商事主体所从事的行为。在我国现行商法模式下，企业作为商事主体可以实施商事行为，一般民事主体亦可以作为商个人实施商事行为。同时，并非商事主体所为的一切行为均为商事行为，商事主体所实施的不以营利为目的之行为不能视为商事行为。

第四，商事行为是体现商事经营特点的行为。商事行为是以商事经营为内容的法律行为，其涵盖了商事经营的重要特征：其一，具有较高的技术性；其二，强调公开性；其三，注重商事效率与外观主义。

第五，商事行为是受法律严格规范和约束的行为。商事行为是法律赋予商人的一种特权行为，即允许行为人为实现营利目的、超越普通社会伦理和社会组织规范而实施法律容忍和法律设定的特权行为。商事行为通常是法律所设定的行为，如果超越了法律赋权与确权，行为人为营利所实施的行为就不能认定为商事行为，相反被视为违法行为。即使是商事经营中的习惯行为，一旦发生争议，只有法律追认其效力，才能成为有效的商事行为。

2. 商事行为的独立性

商法学界按照传统的分类将商法主要内容分成商行为法和商主体法，无疑这是以肯定商行为与商主体的独立性为前提的。然而许多民法学者不仅否认商主体的独立性，也坚决否认商行为的独立性。那么商行为的独立性究竟如何呢？实际上，通过上述商行为特征的分析，我们已经能够清楚地判断出，商行为明显不同于一般民事行为，理应以特殊的规范特殊规制。应当说，在诸如票据、证券、保险、海商等商行为问题上，因其需要以特定的知识、技术以及规范实施，即使是主张民商合一立法例者也认为应当在《民法典》之外单独立法。但是，是否应在一般法律行为之外，这些具体商行为之上再抽象出一个商行为的一般规定来，则有不同认识。我国多数民法学者认为此举纯属多余，而商法学界则公认应当规定一般商行为概念，并对其具体构成、判断标准、特殊适用规则予以明确规定。为解决这一问题，将传统商法中的商行为与法律行为予以比较，看看商行为能否为一般法律行为所包涵，才能作出令人信服的判断。

3. 商事行为的分类

（1）单方商事行为与双方商事行为

根据商事行为的双方是否均为商人，可以将商事行为分为单方商事行为和双方商事行为。

单方商事行为,亦称混合交易行为,是指行为人一方为商事主体而另一方不是商事主体所从事的行为。双方商事行为是指当事人双方都作为商事主体而从事的行为。这类行为必然应适用商法,其法律性质及法律适用,在各国理论与实践中无争议。

（2）一般商事行为与特殊商事行为

根据商法对商事行为进行调整的共性和特性的不同,可以将商事行为分为一般商事行为和特殊商事行为。一般商事行为主要涉及商事物权行为、商事债权行为、商事交易结算行为、商事给付行为、商事交易中的谨慎义务等。特殊商事行为产生的基础在于商事交易具有特殊性以及商法对不同类型商事交易调整的特别需求。

（3）绝对商事行为与相对商事行为

根据行为的客观性质和是否附加条件为标准,可以将商事行为分为绝对商事行为和相对商事行为。绝对商事行为,亦称客观商事行为,指仅根据行为的形式或性质以及法律的规定而必然确定为商事行为的行为。绝对商事行为只能由法律限定列举,不得进行法律上的推定解释。相对商事行为,亦称主观商事行为、营业商事行为,它是指在法律所列举的范围内,仅由商人实施或仅基于营利性目的实施时方可认定为商事行为的行为。相对商事行为被视为主观意义上的商事行为,而主体的商人资格与行为的营利性是主观认定的依据。

（4）基本商事行为与辅助商事行为

依据商事行为在同一经营活动中引起商事关系成立的作用不同,可以将商事行为分为基本商事行为和辅助商事行为。基本商事行为是绝对商事行为和相对商事行为的总称,并且是商事主体与商事行为概念的基础。辅助商事行为是依附于商人身份及其他商事行为的商事行为。

（5）必然商事行为和推定商事行为

依据商事行为的认定由法律直接规定还是需根据行为性质推定的不同,可以将商事行为分为必然商事行为和推定商事行为。必然商事行为又称固有商事行为,是指由商事主体实施的经营行为,或商法典明确列举规定,即便非商事主体实施亦应认定其商事行为性质的行为。推定商事行为又称准商事行为,是指不能依据商法规定直接认定,必须在商法规定或事实的基础上加以推定才能确认其性质的商事行为。

4. 营业与营业权的具体内容

（1）营业的概念

"营业"是指运营中的营利事业,既包括组织和经营活动,也包括财产关系。营业可以分为主观营业和客观营业。在商法理论中,"营业"是重要的概念之一,它与商人概念及商事行为概念几乎具有同等的地位,正是营业概念的桥梁作用使商人概念与商事行为概念有机地结合起来。

（2）营业的特点

第一,营业是与商事主体联系在一起的概念,并且只能是商事主体所从事的组织行为。非商事主体基于特别法律之规定从事营业活动,就活动本身而言,应适用商事主体关于营业的规则。

第二,营业的内容不仅仅应该遵守法律,而且应该为人知悉、不违背善良风俗。

第三,营业可以成为权利的客体,即与营业财产合一,具有财产属性,可以增值和贬值,可以转让、出资、租赁、担保等。

第四,营业是综合性行为,既包含商事主体的具体经营行为,也包含商事主体的组织管理行为。

作为一个法律术语,"营业"之内涵将随着时代变化而不断丰富。

（3）营业权的含义与核心内容

营业权是指商事主体基于平等的主体资格和营业机会,自由选择特定商事领域进行经营,从事以营利为目的的活动而免受国家法律之外的不合理限制和其他主体干预的权利。[①] 它是商事主体因营业而产生的受法律保护的权利,具有概括性、变动性和外向性特点。

营业权的核心内容是营业自由及其保护,具体而言,包括营业机会平等享有的自由、营业资格取得的自由、营业进入与退出的自由、营业领域选择的自由、营业事项自主设定的自由、营业方式自我决定的自由、经营管理独立决策的自由以及营业侵权有效救济方式选择的自由,等等。[②]

（4）营业权的保护

第一,宪法保护。就宪法层面而言,营业权是现代社会的基础性权利,它兼容人权和财产权双重权利特征。营业权保护是宪法的一项重要内容,在大多数国家的宪法中已得到普遍的承认,营业权的法定化已使营业权成为一项不容置疑的基本人权和财产权。

第二,民法保护。营业权的民法保护主要是由《民法典》侵权责任编进行保护的。对于相互间不存在竞争关系的商事主体产生营业权上的损害的,可以依照侵权责任法的规定进行救济。

第三,竞争法保护。营业权的竞争法保护主要是通过反不正当竞争和反垄断法对相互间具有竞争关系的商事主体的不正当竞争和垄断行为而进行的法律调整。对此,我国 1993 年颁布的《反不正当竞争法》与 2007 年颁布的《反垄断法》都有相应的明确规定。

第四,公法保护。营业权的公法保护还可以体现在刑法上,当行为人采取犯罪手段侵犯商事主体的营业权时,权利人可以依据《刑法》规定,通过国家强制手段追究行为人的责任。

（5）商法的理念之一:营业自由与投资自由

"营业"一词在不同语境下有不同含义。在我国,除税法中关于营业税的规定包含了对"营业"概念的使用与界定外,其他法律中基本上未使用该概念。在营业自由与投资自由的内涵上,应注意将营业自由与投资自由理念与商法之私法自治理念区分开来。具体来说,商法之私法自治理念以商人自治为核心,强调的是国家不应对商行为的形式与内容以及商人的日常生产经营活动作不当干预,而应由商人依私法自治理念与原则自行处分;营业自由与投资自由理念强调的则是民事主体有自主决定从事营业行为与投资行为的自由,国家不应对此设置不当障碍。允许公司自主决定其具体投资方向、投资方式等公司经营管理事项,即为贯彻私法自治理念的体现;允许包括非营利组织在内的各种民事主体从事营业行为,即为贯彻营业自由理念的体现;降低公司设立门槛(如降低最低注册资本额标准、减少前置审批程序)即为贯彻投资自由理念的体现。不过,在某些领域,虽可将二者勉强区分,但不仅难以作严格区分,而且理论

---

① 参见肖海军:《营业权的提出与理论意义》,载肖海军主编:《岳麓法学评论》(第 7 卷),湖南大学出版社 2012 年版,第 66 页。

② 参见肖海军:《营业权论》,法律出版社 2007 年版,第 43—46 页。

价值与实践价值都值得怀疑。因此,在某些私法自治理念与营业自由、投资自由理念相交叉的领域,不必强行区分,而应结合两种不同的商法理念进行制度设计与私法裁量。例如,企业作为商主体,其自主决定营业事项的自由权既可纳入私法自治范畴,亦可纳入营业自由与投资自由的范畴。实践中,基于两种不同理念,不仅不会造成立法与司法中的困境,而且有利于维护公司自主经营的合法权益。

5. 营业资产的概念、特征与具体分类

(1) 营业资产的概念

营业资产,又称营业财产(即客观意义上的营业),是指商事主体所拥有的、基于营利目的形成的用于营业活动的全部财产。[①]

(2) 营业资产的特征

营业资产具有特殊法律属性:其一,财产属性,也称资本属性;其二,其价值实现既取决于财产,更依赖于营业;其三,资产具有整体性、确定性、可流通性的特点,可流通性是评价资产优劣的标志。

营业资产的另一法律特性在于其具有独立性,即独立为实现特定营业目的而结合;独立构成特定化资产;独立资产价值大于各项财产累加的价值总和;独立于资产权利人的其他财产。

(3) 营业资产的具体分类

从资产的静态状态考察	有形财产	无形财产
具体内容	具有物理外观的财产,如商品、现金、有价证券、器具、原材料等	商誉、商业名称、商业秘密、客户资源、知识产权和地理位置等

从资产与负债角度考察	积极财产	消极财产
具体内容	物(不动产、动产等)、权利(物权、债权、专利权、商标权、著作权等)、无形资产(商业秘密、商誉、客户资源等)	营业过程中各种负债形成的资产

6. 电子支付的概念、特征与第三方支付

(1) 电子支付的概念与特征

电子支付是电子交易的当事人,包括消费者、厂商和金融机构,使用电子手段进行的货币支付或资金流转。与传统支付方式相比较,电子支付具有以下特征:[②]

---

① 参见邹海林、张辉:《商法基础理论研究的新发展》,中国社会科学出版社 2013 年版,第 179 页。

② 参见白锐主编:《电子商务法》,清华大学出版社、北京交通大学出版社 2013 年版,第 169 页;郭鹏主编:《电子商务法》,北京大学出版社 2013 年版,第 94 页。

	电子支付	传统支付
支付载体	采用先进技术,以数字化方式来完成信息传输,进而实现支付目的的支付行为 依赖数字流转实现货币或者资金流动	通过现金、票据、银行汇兑等物理实体来完成款项支付
支付媒介	在一个开放的系统平台中,使用先进的通信手段完成,如互联网等	多在较为封闭的银行体系内部,通过传统通信媒介完成
所涉主体	所涉法律关系较为复杂,一般涉及多方当事人,如消费者、商品或服务的提供者、金融机构及认证机构等	所涉法律关系及主体相对简单
支付效率	运用先进的电子技术,大大提升了支付效率	通常跨期较长,支付效率相对较低

(2) 第三方支付

第三方支付,系指银行及非银行金融机构之外的"非金融机构"所从事的支付服务。随着网络信息、通信技术的快速发展和支付服务分工的不断细化,越来越多的非金融机构借助互联网、手机等信息技术广泛参与支付业务。非金融机构提供的支付服务与银行业既合作又竞争,已经成为一种重要的支付服务。[①]

第三方电子支付实质上是由非银行机构基于互联网提供的小额电子资金划拨服务,支付平台通过提供银行支付结算系统接口和通道服务或虚拟账户满足客户的收付款需要。从国内外实践来看,第三方电子支付有以下两种模式:[②]

模式	具体内容	典型代表
支付通道模式	即支付平台向消费者提供银行网关的代理服务,消费者直接进入银行账户,由银行完成转账	PayPal
支付平台账户模式	用户在支付平台设立虚拟账户,并可对账户进行充值、收款和付款。支付平台可以参与到交易中,通过虚拟账户来提高支付的安全度	支付宝

7. 商事运输的概念及与民事运输的主要区别

(1) 商事运输的概念

商事运输是指基于营利目的及营业需要而由商事主体实施的货物运送行为。

(2) 商事运输与民事运输的主要区别

商事运输与民事运输的主要区别在于:

	商事运输	民事运输
运送主体	是商事主体(如经过登记的专业运输公司)实施的运送行为,商事主体实施该运送行为是基于营利及营业目的	一般民事运输未必都由商事主体实施(例如,基于友谊,由邻居开车帮助运送电脑回家,通常不属于商事运输),其实施运送也多非营业需求,往往具有偶然性
运送标的	广义的商事运输包括货物及旅客运送,而狭义的商事运输仅指货物运送	一般指旅客的运送,也包括偶然的货物运送

---

① 参见郭鹏主编:《电子商务法》,北京大学出版社 2013 年版,第 105 页。

② 参见李莉莎:《第三方电子支付风险的法律分析》,载《暨南学报(哲学社会科学版)》2012 年第 6 期。

（二）难点内容

1. 特殊商事行为及其内涵

特殊商事行为，又称具体商事行为，是与一般商事行为相对应的概念。特殊商事行为产生的基础是不同类型商事行为内在的特殊性以及商法对不同类型商事行为法律调整的特别需求。

特殊商事行为在发展中形成了具有自身特色的规则和制度。特殊商事行为通常包括商事买卖、商事行纪、商事运输、商事仓储、商事居间、商事期货、商事信托、商事票据、商事保险、海商、商事特许经营等内容。

（1）商事买卖

商事买卖是商法中较为重要、常见的特殊商事行为之一，在民商分立的大陆法系国家，其商法典从保护商事交易的迅速、明确、安全的角度出发，通常都对商事买卖行为进行特别规定，以区别于一般的民事行为，内容主要涉及商事买卖中的迟延责任、商事买卖中给付标的物瑕疵责任等特殊性问题。我国至今没有制定专门的商事买卖法，我国《民法典》合同编第九章"买卖合同"可以视为我国现行法律中关于买卖的专门规定，但没有区别商事买卖和民事买卖，没有对商事买卖作出特殊规定，商事买卖规则在立法上也不完善。[①]

（2）商事代理

商事代理以民事代理关系为其法律关系的构成基础，但在主体、客体和内容上与民事代理存在一定的差异。这种差异在大陆法系的不同国家中又存在区别：以商事主体为立法中心的国家，强调代理商的资格；以商事行为为立法中心的国家，则强调行为的营利性。[②]商事代理的特点和规则主要体现在以下三点：

第一，商事代理可以为非显名代理。民事代理制度一般要求代理人在实施代理行为时应显示被代理人的名义，否则不发生代理的法律效力。而商事代理规则并无此要求，商事行为的代理人在实施代理行为时，即使不显示被代理人的名义，其行为的结果仍对被代理人发生代理的法律效力。

第二，商事代理权的存续基于营业存续。民事委托代理建立在本人与代理人之间的信赖关系基础之上，具有严格的人身属性，其代理权的存续以本人的存在为要件。但是商事行为的代理权与民法上的代理权不同，其实质是营业的代理，甚至是企业组织的一部分，故而只要营业存续，代理权就不随本人的死亡而消灭，代理人在营业主死亡后当然地成为其继承人的代理人，不需要实施新的授权行为。[③]授权行为的基础法律关系不局限于委托，还包括雇用和合伙的情形。商事代理人既可以是商人（代理商为受托人的情形），也可以是非商人（代理商是营业辅助的情形）。[④]但非商人委托商人实施商事行为的情形一般不适用于上述商事行为代理权存续。

第三，商事代理权的权限较大。民事代理人负有善良管理人的注意义务，即按本人所授权

---

① ② 参见范健主编：《商法》（第四版），高等教育出版社、北京大学出版社 2011 年版，第 61 页。

③ 参见［日］田边光政：《商法总则：商行为法》，日本新世社 1999 年版，第 175 页。

④ 参见［日］酒卷俊雄、庄子良男：《商事行为法》，青林书院，第 43—44 页；［日］服部荣三等：《商法通则：商事行为法》（第 4 版），日本评论社 1997 年版，第 93 页。

的意思处理代理事项的义务。我国《民法典》第 162 条规定:"代理人在代理权限内,以被代理人名义实施的民事法律行为,对被代理人发生效力。"换言之,民事行为代理的权限仅在本人授权的范围之内,而对于商事行为代理权的权限、范围,多数国家规定:商事行为的代理,在不违背被代理人授权意思的范围内,可以实施未被委托的行为。据此,本书认为商事行为的代理人可以根据商事交易的变化而采取灵活的措施来行使其代理权。

（3）商事居间

商事居间指商事主体为获取一定的报酬(佣金)而从事的为委托人与第三人订立合同提供缔约机会或进行介绍,以促成合同订立的行为。居间人出现于古罗马时代,但那时的居间行为以官方行为为主。随着资本主义经济的发展,商事居间在 19 世纪兴起,并逐步取代具有官方性质的居间行为。与代理一样,商事居间以民事居间关系为其构成和存在基础,但两者在主体、客体和内容方面都存在着差异,这种差异产生的根本原因在于,作为商事行为,商事居间的营利性导致其行为的构成、行为的有效性以及行为后果等方面有别于民事居间。

（4）商事行纪

商事行纪是指商事主体以自己的名义为委托人购买或销售货物、有价证券等,由此获取报酬,并以此作为职业性经营的行为。从行为角度考察,行纪行为是大陆法系国家商法中的一种典型商事行为。在民商分立的国家,只有商法典才规定行纪商或行纪商事行为,而民法典并无关于行纪的规定。

商事行纪与代理、居间不同,具有自身的特殊规则:其一,商事行纪人以自己的名义从事贸易活动,以自己的名义作为合同当事人,法律后果由行纪人自己承担。而在一般的民事代理行为中,当事人通常是以委托人的名义进行活动的,其法律、经济后果归属于委托人。其二,商事行纪人为委托人从事贸易活动,因交易所产生的经济上的损益全部归属于委托人。

（5）商事留置

商事留置是指在双方商事行为中,债权人为了实现其债权,留置债务人的物或有价证券,并在其不履行义务时,变卖或对标的物折价以受偿其债权的行为。

商事留置权与民事留置权均因债权而产生。但两者之间存在明显的区别:

	商事留置权	民事留置权
主债权与留置权之间的牵连关系	对该牵连关系并没有特别要求,并不要求主债权与留置权必须存在牵连关系	基于衡平原则,即为了平衡债权人和债务人之间的关系,被担保的债权和留置的标的物必须具有牵连关系,也即只有当因物产生债权而不获清偿时,才能行使对该物的留置权

（6）商事保证

商事保证是指在商事经营中,保证人和债权人约定,当债务人不履行债务时,保证人按照约定履行债务或者承担责任的行为。商事保证与普通民事保证不一样,必须是为商事经营活动提供的保证,保证行为中至少有一方必须是商人。与普通民事保证相比,商事保证有其特殊规则:

第一,商事保证的独立性。民事保证通常以存在主债权债务关系为前提,商事保证不以主债权的存在为条件,如公司董事对公司信息披露真实性的担保;或者虽有主债权,却不因为主债权消灭而当然失效,如票据的保证。

第二,商事保证的单独性。在民事保证中,担保权是一种相对权,即保证人必须与债权人签订保证合同而成立保证关系;在商事保证中,保证人不需要与债权人订立合同就可以成立保证关系。[①]

第三,商事保证形式的严格性。商事保证通常在形式上有一定的格式要求,属于要式合同。例如票据的保证,须严格按票据法规定的格式和内容在票据或粘单上进行记载。

第四,商事保证的保证人通常无先诉抗辩权。在一般民事保证中,保证行为通常为一般担保,保证人享有先诉抗辩权。在商事保证中,一些国家商法明确规定商事担保为连带担保,商人作为保证人不享有先诉抗辩权。

(7) 商事债权的时效制度

各国法律一般规定商事债权的时效制度严于民事债权的时效制度。例如我国《民法典》规定,债权人在时效期间内未行使权利,会丧失胜诉权,但其实体权利不因此消灭。我国《票据法》则规定,持票人如果没有在时效期间内行使票据权利,其票据权利将会消灭。[②]

(8) 商事信用

商事信用是英美法系国家商法的概念,指在商品销售、提供服务、提供贷款等商事交易中取得商品、接受服务或贷款的一方,同意在规定的未来某日期支付货款、服务报酬、贷款本息的承诺。这种承诺代表一种保证,是信守诺言的体现。

(9) 融资租赁

融资租赁实质上是将传统民商法中的买卖行为、租赁行为、金融信贷行为三者合为一体而创造出的新的商事行为。它是在传统民商法律行为基础上发展起来的,集融资与融物、贸易与技术更新于一体的新型商事行为,代表着特殊商事行为在当代的发展。

(10) 商事仓储

商事仓储是由商事主体所从事的仓库经营,即保管人对存货人交付的仓储货物进行储存和保管的商事行为。在大陆法系国家商法典中,仓储是一种典型的商事行为,但这一商事行为是以民法寄托行为理论为基础的。

(11) 商事运输

商事运输包括货运和旅客运输。商事货运是典型的商事行为,是商法调整的对象。旅客运输是一种特殊的商事行为。旅客运输由于涉及人身问题,因而在很多国家,它不仅由商法调整,而且更多地涉及民法、旅客运输法、交通法等法律法规。我国《民法典》合同编并未对货运和旅客运输作出严格区分并分别立法,而是将这两方面的问题统一规定在该编第十九章"运输合同"之中。

---

① 参见王保树主编:《中国商法》,人民法院出版社 2010 年版,第 99 页。

② 《票据法》第 17 条第 1 款规定:票据权利在下列期限内不行使而消灭:(1) 持票人对票据的出票人和承兑人的权利,自票据到期日起 2 年。见票即付的汇票、本票,自出票日起 2 年。(2) 持票人对支票出票人的权利,自出票日起 6 个月。(3) 持票人对前手的追索权,自被拒绝承兑或者被拒绝付款之日起 6 个月。(4) 持票人对前手的再追索权,自清偿日或者被提起诉讼之日起 3 个月。

2. 特许经营法律关系

(1) 特许经营关系是一种特殊的商事法律关系

特许经营关系是一种复合契约关系。首先,它是营业合作契约关系;其次,它是特许权授予契约关系;最后,它包含买卖、租赁、培训、开店、货物运输等商业契约关系。但是,在特许经营关系中,特许人与被特许人之间不是母公司与子公司或分支机构之间的关系,也不是代理关系、分销关系、雇佣关系,更不是简单的商标许可关系。

(2) 特许经营关系的类型

特许经营法律关系分为内部法律关系和外部法律关系。内部法律关系是特许人和被特许人之间基于特许经营权许可使用形成的合同关系。特许人和被特许人在产权上没有从属性,各自对外独立享有权利并承担义务。特许内部权利义务的分配,遵循合同自由原则。外部法律关系是特许人、被特许人基于共同利益与第三人,如消费者、竞争者、债权人或债务人、社会公众等之间形成的法律关系。

(3) 特许经营关系的内容

特许经营法律关系由主体、客体和内容构成,涉及特许人与被特许人之间的权利、义务关系,以及各自与第三方发生的法律关系。特许经营法律关系的主体是指参与特许经营法律关系,享受权利、承担义务的商人,在不同类型的特许经营中,主体存在一定的差异,一般包括特许人、被特许人、分区特许经营中的分特许人等。

我国《商业特许经营管理条例》规定,只有企业才能成为特许经营中的特许人,商自然人和企业以外的其他单位不得作为特许人从事特许经营活动。同时法律还规定了特许人必须具备的其他要件。被特许人是指在特许经营活动中,经特许人授权而获得特许权使用资格的商人,又称"特许经营者"。商业实务中,特许人常被称为"总部",被特许人常被称为"加盟商"或"加盟店"。我国《商业特许经营管理条例》规定,被特许人是从事商事经营的经营者,即商人,可以是商法人,也可以是商自然人。

特许经营法律关系的客体——特许经营权,又称"特许权",是指由特许人授权被特许人依照特许人指定的经营模式以自己的名义从事商事交易,特许人可以因此获得财务回报的权利。

(4) 特许经营关系的基本特征

在法律上,特许经营权具有权利内容开放性、权利期限性、权利地域性、权利转让依赖性、权利非绝对排他性等基本特征。

3. 商事运输的类型与特征

基于运输工具及运输方式的不同,商事运输可以区分为陆上商事运输、海上商事运输、航空运输及多式联运。

(1) 陆上商事运输

陆上商事运输主要包括铁路运输与公路运输。铁路运输,是以铁路设施为运送工具的陆上商事运输形式。公路运输,是以公路设施为运送工具的陆上商事运输形式。基于运载工具之不同及法律规制之差异,各国通常对铁路及公路运输予以特别立法调整。

① 铁路运输

第一,铁路运输中铁路的类型。

类型	内容
国家铁路	指由国务院铁路主管部门管理的铁路
地方铁路	指由地方人民政府管理的铁路
专用铁路	指由企业或者其他单位管理,专为本企业或者本单位内部提供运输服务的铁路
铁路专用线	指由企业或者其他单位管理的与国家铁路或者其他铁路线路接轨的岔线

第二,铁路运输承运人。铁路运输承运人,是指铁路运输企业。该类企业具有较大特定性,通常须获得特定资质许可,方能从事铁路运输行为。铁路运输承运人具有"联合运输""相继运输"的特点——通常由多个承运人共同完成一批货物的运输。

第三,铁路运输合同。铁路运输合同是明确铁路运输企业与旅客、托运人之间权利义务关系的协议。货物运单是合同或者合同的组成部分。与一般商事合同具有较强的意思自治特点不同,铁路运输合同属"公共商事行为",合同的法律形式、运送的标的物、价格条款及合同的变更与解除等都受到较多管制,体现了"商法公法化"的特点。

其一,合同法律形式受限。一般民事运输合同,多为私人契约,而铁路运输合同多为格式合同,且受到公共法律的干预,其变造和转让受到限制。例如,《铁路法》第 27 条规定:"国家铁路、地方铁路和专用铁路印制使用的旅客、货物运输票证,禁止伪造和变造。禁止倒卖旅客车票和其他铁路运输票证。"

其二,运送标的物受限。铁路运输因涉及公共安全,运输标的受到法律限制。例如,《铁路法》第 28 条规定:"托运、承运货物、包裹、行李,必须遵守国家关于禁止或者限制运输物品的规定。"

其三,合同价格条款受限。因铁路运输合同属公共商事合同,其价格条款受到法律严格限制,有关货物运输收费标准须予以公示。例如,《铁路法》第 25 条规定,"铁路的……货物、行李的运价率实行政府指导价或者政府定价,竞争性领域实行市场调节价"。

其四,合同变更与解除受限。铁路货物运输合同必须经双方同意,并在规定的变更范围内办理变更。铁路货物运输合同在货物发送前,经双方同意,可以解除。但货物一旦发送,其解除即应受到限制,否则会给承运人造成较大损失。这一规定比《民法典》合同编第 829 条中货运合同的规定更为严格。

第四,承运人责任。铁路运输企业在运输过程中,应当承担优先运输、准点与安全运输、足额运输等责任。

首先,铁路运输企业应承担优先运输责任。铁路运输企业对抢险救灾物资和国家规定需要优先运输的其他物资,应予优先运输。

其次,铁路运输企业应承担准点与安全运输责任。铁路运输企业应当保证货物运输的安全,做到列车正点到达。铁路运输企业应当按照合同约定的期限或者国务院铁路主管部门规定的期限,将货物运到目的站;逾期运到的,铁路运输企业应当支付违约金。铁路运输企业逾期 30 日仍未将货物交付收货人的,托运人、收货人有权按货物灭失向铁路运输企业要求赔偿。

最后,铁路运输企业应承担足额运输责任。铁路运输企业应当区分以下情况,对承运的货物自接受承运时起到交付时止发生的灭失、短少、变质、污染或者损坏,承担赔偿责任:托运人或者旅客自愿申请办理保价运输的,按照实际损失赔偿,但最高不超过保价额;未按保价运输承运的,按照实际损失赔偿,但最高不超过国务院铁路主管部门规定的赔偿限额。如果损失是由于铁路运输企业的故意或重大过失造成的,不适用赔偿限额的规定,按照实际损失赔偿。由于下列原因造成的货物、包裹、行李损失,铁路运输企业不承担赔偿责任:不可抗力;货物或者包裹、行李中的物品本身的自然属性,或者合理损耗;托运人、收货人或者旅客的过错。

② 铁路运输与公路运输的比较

	铁路运输	公路运输
类型	国家铁路、地方铁路、专用铁路和铁路专用线	按其在公路路网中的地位分为国道、省道、县道和乡道,并按技术等级分为高速公路、一级公路、二级公路、三级公路和四级公路
承运人	通常须获得特定资质许可,方能从事铁路运输行为。只能由企业承担运输任务	须是经过国务院交通行政主管部门批准并持有运输经营许可证的单位和个人
运输合同	铁路运输合同属"公共商事行为",合同的法律形式(须采用书面合同形式)、运送的标的物、价格条款及合同的变更与解除等都受到较多管制	以书面形式、口头形式或其他形式订立。分为定期运输合同和一次性运输合同两种
承运人责任	铁路运输企业在运输过程中,应当承担优先运输、准点与安全运输、足额运输等责任	在公路运输中,承运人应当承担合规运送的义务与责任,安全、及时地将货物运送到约定地点,并对运输过程中货物的毁损、灭失承担损害赔偿责任,但承运人证明货物的毁损、灭失是因不可抗力、货物本身的自然性质或者合理损耗以及托运人、收货人的过错造成的,不承担损害赔偿责任

(2) 海上商事运输

海上商事运输,是指在海域上以船舶为工具所进行的货物运送行为,可以分为国际海上货物运输与国内海上货物运输,包括海江之间、江海之间的直达货物运输。但我国《海商法》第四章有关海上货物运输合同的规定,不适用于我国国内港口之间的海上货物运输。本书所谓海上商事运输,主要指国际海上货物运输。

① 海上货物运输合同

海上货物运输合同,是指承运人收取运费,负责将托运人托运的货物经海路由一港运至另一港的合同。承运人或者托运人可以要求书面确认海上货物运输合同的成立。但是,航次租船合同应当书面订立。电报、电传和传真具有书面效力。

在海上货物运输中,提单是极为重要的法律文件。提单,是指用以证明海上货物运输合同和货物已经由承运人接收或者装船,以及承运人保证据以交付货物的单证。提单中载明的向记名人交付货物,或者按照指示人的指示交付货物,或者向提单持有人交付货物的条款,构成承运人据以交付货物的保证。在货物由承运人接收或者装船后,应托运人的要求,承运人应当签发提单。提单可以由承运人授权的人签发,提单由载货船的船长签发的,视为代表承运人签发。

② 承运人责任

第一,承运人的合同责任。承运人应当妥善地、谨慎地装载、搬移、积载、运输、保管、照料和卸载所运货物,按照约定的、习惯的或者地理上的航线将货物运往卸货港。承运人所运载的货物未能在明确约定的时间内,在约定的卸货港交付的,为迟延交付。由于承运人的过失,致使货物因迟延交付而灭失或者损坏的,承运人应当负赔偿责任。由于承运人的过失,致使货物因迟延交付而遭受经济损失的,即使货物没有灭失或者损坏,承运人仍然应当负赔偿责任。

但货物发生的灭失或者损坏是由下列原因之一造成的,承运人不负赔偿责任:船长、船员、引航员或者承运人的其他受雇人在驾驶船舶或者管理船舶中的过失;火灾,但是由于承运人本人的过失所造成的除外;天灾,海上或者其他可航水域的危险或者意外事故;战争或者武装冲突;政府或者主管部门的行为、检疫限制或者司法扣押;罢工、停工或者劳动受到限制;在海上救助或者企图救助人命或者财产;托运人、货物所有人或者他们的代理人的行为;货物的自然特性或者固有缺陷;货物包装不良或者标志欠缺、不清;经谨慎处理仍未发现的船舶潜在缺陷;非由于承运人或者承运人的受雇人、代理人的过失造成的其他原因。

第二,实际承运人的责任。在海上货物运输中,承运人将货物运输或者部分运输委托给实际承运人履行的,承运人仍然应当依法对全部运输负责。对实际承运人承担的运输,承运人应当对实际承运人的行为或者实际承运人的受雇人、代理人在受雇或者受委托的范围内的行为负责。

但是,在海上运输合同中明确约定合同所包括的特定的部分运输由承运人以外的指定的实际承运人履行的,合同可以同时约定,货物在指定的实际承运人掌管期间发生的灭失、损坏或者迟延交付,承运人不负赔偿责任。承运人与实际承运人都负有赔偿责任的,应当在此项责任范围内负连带责任。

(3)航空运输

航空运输分为公共航空运输与通用航空运输。公共航空运输,是指以营利为目的,使用民用航空器运送旅客、行李、邮件或者货物的活动。通用航空运输,是指使用民用航空器从事公共航空运输以外的民用航空活动,包括从事工业、农业、林业、渔业和建筑业的作业飞行以及医疗卫生、抢险救灾等方面的飞行活动。

① 航空运输承运人

我国对航空运输实施比较严格的管制。企业从事公共航空运输,应当向国务院民用航空主管部门申请领取经营许可证。取得公共航空运输经营许可,应当具备下列条件:有符合国家规定的满足保证飞行安全要求的民用航空器;有必需的依法取得执照的航空人员;有不少于国务院规定的最低限额的注册资本;法律、行政法规规定的其他条件。公共航空运输企业不得运输法律、行政法规规定的禁运物品。公共航空运输企业未经国务院民用航空主管部门批准,不得运输作战军火、作战物资。

在我国,从事经营性通用航空运输,仅限于企业法人,而且应当向国务院民用航空主管部门申请领取通用航空经营许可证,并依法办理工商登记。从事非经营性通用航空运输的,应当向国务院民用航空主管部门办理登记,方能取得承运人资格。

② 航空运输合同

航空运输应当订立航空运输合同。客票和航空货运单作为证明航空运输合同存在的依据,也具有重要的意义。

在货物运输过程中,承运人有权要求托运人填写航空货运单,托运人有权要求承运人接受该航空货运单。但托运人未能出示航空货运单,航空货运单不符合规定或者航空货运单遗失的,不影响运输合同的存在或者有效。

③ 承运人责任

因发生在航空运输期间的事件,造成货物毁灭、遗失或者损坏的,承运人应当承担责任;但是,承运人证明货物的毁灭、遗失或者损坏完全是由下列原因之一造成的,不承担责任:货物本身的自然属性、质量或者缺陷;承运人或者其受雇人、代理人以外的人包装货物的,货物包装不良;战争或者武装冲突;政府有关部门实施的与货物入境、出境或者过境有关的行为。所谓航空运输期间,是指在机场内、民用航空器上或者机场外降落的任何地点,托运行李、货物处于承运人掌管之下的全部期间。上述期间,不包括机场外的任何陆路运输、海上运输、内河运输过程,但是,此种陆路运输、海上运输、内河运输是为了履行航空运输合同而装载、交付或者转运,在没有相反证据的情况下,所发生的损失视为在航空运输期间发生的损失。

货物在航空运输中因延误造成的损失,应由承运人承担责任,但是,承运人证明本人或者其受雇人、代理人为了避免损失的发生,已经采取一切必要措施或者不可能采取此种措施的,不承担责任。在货物运输中,经承运人证明,损失是由索赔人或者代行权利人的过错造成或者促成的,应当根据造成或者促成此种损失的过错的程度,相应免除或者减轻承运人的责任。任何旨在免除法律规定的承运人责任或者降低法律规定的赔偿责任限额的条款,均属无效,但是,此种条款的无效,不影响整个航空运输合同的效力。

(4) 混合运输:多式联运

所谓多式联运,是指多式联运经营人以两种及以上的不同运输方式,负责将货物从接收地运至目的地交付收货人,并收取全程运费的行为。以两种及以上的不同运输方式进行运输是多式联运区别于传统运输的最大特征,因此,多式联运又称混合运输。多式联运经营人收到托运人交付的货物时,应当签发多式联运单据。按照托运人的要求,多式联运单据可以是可转让单据,也可以是不可转让单据。

在多式联运合同中,多式联运经营人处于较为特殊的位置。多式联运经营人,是指本人或者委托他人以本人名义与托运人订立多式联运合同的人。多式联运经营人是事主,而非托运人的代理人或代表人,也非参加多式联运的各承运人的代理人或者代表人。多式联运经营人通常可区分为两类:一类是自己拥有运输工具,并且直接参加了运输合同的履行;另一类是自己不拥有或不经营运输工具,也不直接从事运输活动,而是在签订多式联运合同后,组织其他承运人进行运输。无论何种情形,多式联运经营人都要对与之签订合同的托运人或收货人承担全程运输的义务。

在多式联运过程中,货物的毁损、灭失发生于多式联运的某一运输区段的,多式联运经营人的赔偿责任和责任限额,适用调整该区段运输方式的有关法律规定。当然,多式联运经营人可以与参加多式联运的各区段承运人就多式联运合同的各区段运输约定相互之间的责任,但该约定不影响多式联运经营人对全程运输义务的承担。因托运人托运货物时的过错造成多式联运经营人损失的,即使托运人已经转让多式联运单据,托运人仍然应当承担损害赔偿责任。

（5）商事运输各类型的比较

	陆上商事运输	海上商事运输	航空运输	多式联运
分类	铁路运输	国际海上货物运输（海上商事运输）	公共航空运输	\
	公路运输	国内海上货物运输	通用航空运输	
承运人	铁路运输：指铁路运输企业	承运人与实际承运人	从事公共航空运输：应当向国务院民用航空主管部门申请领取经营许可证	多式联运经营人：处于较为特殊的位置，是指本人或者委托他人以本人名义与托运人订立多式联运合同的人。多式联运经营人是事主，而非托运人的代理人或代表人，也非参加多式联运的各承运人的代理人或者代表人
	公路运输：承运人须是经过国务院交通行政主管部门批准并持有运输经营许可证的单位和个人		从事经营性通用航空运输：仅限于企业法人，而且应当向国务院民用航空主管部门申请领取通用航空经营许可证，并依法办理工商登记	
			从事非经营性通用航空：应当向国务院民用航空主管部门办理登记	
运输合同	铁路运输：是明确铁路运输企业与旅客、托运人之间权利义务关系的协议。合同的法律形式、运送的标的物、价格条款及合同的变更与解除等都受到较多管制	海上货物运输合同，是指承运人收取运费，负责将托运人托运的货物经海路由一港至另一港的合同。承运人或者托运人可以要求书面确认海上货物运输合同的成立。但是，航次租船合同应当书面订立。电报、电传和传真具有书面效力	在航空运输过程中，应当订立航空运输合同。客票和航空货运单作为证明航空运输合同存在的依据，也具有重要的意义	\
	公路运输：公路运输应签订运输合同；可以书面形式、口头形式或其他形式订立			
承运人责任	铁路运输：在运输过程中，承运人应当承担优先运输、准点与安全运输、足额运输等责任	承运人的合同责任：承运人应当妥善地、谨慎地装载、搬移、积载、运输、保管、照料和卸载所运货物，按照约定的、习惯的或者地理上的航线将货物运往卸货港	因发生在航空运输期间的事件，造成货物毁灭、遗失或者损坏的，承运人应当承担责任；但是，承运人证明货物的毁灭、遗失或者损坏完全是由下列原因之一造成的，不承担责任：(1)货物本身的自然属性、质量或者缺陷；(2)承运人或者其受雇人、代理人以外的人包装货物的，货物包装不良；(3)战争或者武装冲突；(4)政府有关部门实施的与货物入境、出境或者过境有关的行为	多式联运经营人要对与之签订合同的托运人或收货人承担全程运输的义务。在多式联运过程中，货物的毁损、灭失发生于多式联运的某一运输区段的，多式联运经营人的赔偿责任和责任限额，适用调整该区段运输方式的有关法律规定
	公路运输：在公路运输中，承运人应当安全、及时地将货物运送到约定地点，并对运输过程中货物的毁损、灭失承担损害赔偿责任；承运人应当承担合规运送的义务与责任	实际承运人的责任：在海上货物运输中，承运人将货物运输或者部分运输委托给实际承运人履行的，承运人仍然应当依法对全部运输负责。对实际承运人承担的运输，承运人应当对实际承运人的行为或者实际承运人的受雇人、代理人在受雇或者受委托的范围内的行为负责		

（三）延伸阅读

1. 商行为的概念界定

（1）立法与学理上对商行为的界定

商行为的称谓相对较为统一，除少数国家和地区立法中称之为交易行为或商业行为外，立法与学理上普遍称之为商行为。但是，关于商行为的确切含义，在立法与学理上具有多种界定方法。

采民商合一立法例的我国台湾地区"商业登记法"将商行为称为商业。该"法"第2条规定："本法所称商业，谓以营利为目的，以独资或合伙方式经营之事业。"台湾学者张国键教授认为，在民商分立国家，商事行为系与民事行为对立，须受商法法典及其特别法、习惯法支配；民事行为则受民法法典及其特别法、习惯法的支配，这两种行为虽同属法律行为，但在商事行为上称为"商行为"，在民事行为则称为法律行为，其行为所生之法律效果彼此互异。民商合一的国家将商事观念纳入民事观念统一作为其立法基础，认为商事系民事之一部分，将商事与民事结合立法，除民法法典以外，不另定商法法典，其所称之"商事"，系指以营利为目的，及与其有关之一切行为。[1] 作为采民商合一立法例的《瑞士民法典》组成部分的《瑞士债法典》也曾规定：凡经营商业、工厂或其他依商人之方法为营业，而为商业登记者，其实施的行为为商行为。[2]

通过上述立法例与学理上的考察，我们可以清晰地看到，在大陆法系，无论采民商分立还是民商合一的立法例，基本上都注重对作为法律行为下位概念的商行为予以抽象的概括。以经验主义为原则的英美法系则不重视对商行为作概念上的抽象，如《美国统一商法典》对各种商业交易行为作了详细规定，但并无概括性的描述。不过，有学者认为，可以根据该法规定推定，美国商法中商行为是指商人所实施的商业交易行为。[3]

（2）我国商法之商行为概念界定

在我国，由于没有商法典或类似形式意义上的商法，商行为并非法定概念。长期以来，人们往往用法律行为来代替商行为，未将商行为与一般法律行为予以区分。近年来，随着商法学研究的繁荣，商法学文献中逐渐较多地使用了商行为这一概念。不过，商法学界关于商行为的概念及其界定并不统一。在商行为的概念选择上，我国许多学者都是将商行为、商事行为与商业行为作为可以相互替换的概念加以使用。在商行为的定义上，概括起来，可以将我国学者的观点分为三种类型。其一，将商行为与商主体相联系，认为商行为是指商主体所从事的以营利为目的的经营行为（或称营业行为）。[4] 其二，不将商行为与商主体相联系，非商主体亦可成为商行为的实施主体。如有学者认为，商行为又称商业行为，是大陆民商法中特有的概念，指的

---

[1]　参见张国键：《商事法论》，三民书局1980年版，第6—7页。

[2]　转引自李功国：《商人精神与商法》，载王保树主编：《商事法论集》（第2卷），法律出版社1997年版，第9页。需要说明的是，我们在吴兆祥等译《瑞士债法典》（即《瑞士债务法》）中并未查找到该规定。参见吴兆祥、石佳友、孙淑妍译：《瑞士债法典》，法律出版社2002年版。

[3]　参见任先行、周林彬：《比较商法导论》，北京大学出版社2000年版，第383页。

[4]　参见范健主编：《商法》（第二版），高等教育出版社、北京大学出版社2002年版，第49页；徐学鹿主编：《商法教程》，中国财政经济出版社1997年版，第42页；王作全主编：《商法学》，北京大学出版社2002年版，第37页；赵旭东主编：《商法学教程》，中国政法大学出版社2004年版，第41页；王书江主编：《中国商法》，中国经济出版社1994年版，第35页。

是以营利性营业为目的和内容的行为。它是对现代社会实践活动中至关重要的经营性活动的法律概括,其目的在于对此类行为实施商事特别法的控制。[1] 其三,认为商行为乃直接以交换为目的追求营利的行为,属于近代商法概念,在现代商法中传统的商行为已发展为以资本和智力经营为特征的市场行为。[2]

在商行为的概念选择上,本书认为还是采用商行为这一受到普遍认可的概念为宜。至于商事行为、商业行为的概念,当然也未尝不可;但是,商行为概念已经能够有效地涵括商行为的内涵,并早已成为一个被普遍接受的概念,而商业行为概念在我国则极易被混淆于从事商品流通或服务的行为,商事行为虽可与我国立法上所采用的民事行为相对应,但民事行为概念原本是在对法律行为概念误解的基础上提出的,也不必采用。

在商行为的定义上,本书认为,当站在为我国商法健康发展而作理论探索的特定高度时,真正要思考的不是支持这种观点的人有多少,而是这一处于商法核心地位概念的界定是否科学、可行。此外,基于现代商事交易日益泛化的时代背景,为商行为设定确定的界定标准也完全可能。因此,可对商行为作如下界定:商行为是指以营利为主要目的而实施的行为;企业所实施的行为应视为商行为,但明显不以营利为目的的除外。

2. 我国商法中商行为的类型

(1)我国商法中商行为类型的划分方法

在我国现行法律体系中,由于根本不存在形式意义上的商法,[3] 在立法上也未确立商行为概念,因而原本无所谓商行为的外延,然而,由于存在着实质意义上的商法,实质意义上的商行为也在《证券法》《保险法》《票据法》及《民法典》合同编等法律中大量存在,因此,对这些散存的商行为确有必要进行系统的理论界分,从而明确其法律属性的归属。更为重要的是,不管最终是否会制定形式商法,对包含商行为外延在内的商行为问题进行深入研究,对于我国民商法的立法模式与立法体系都具有重要意义。我国商法学界在商行为外延方面的认识虽不尽一致,但基本上都是综合大陆法系商法典的规定对商行为加以界定,而大多未就我国商行为的外延作理论上的设计并予以论证。因此,本书特从学理上对我国商行为外延予以分析,并基于该分析对我国商法体系之商行为外延提出理论上的构建。

在商行为的概念及其特征的界定中,已经明确商行为的实施主体既包括企业,也包括公民、事业单位、社会团体甚至机关法人等一般民事主体;商行为既包括由企业与一般民事主体实施的营业行为,也包括一般民事主体偶尔实施的投资行为及其他商行为。因此,可以从商行为的主体与行为类型两个角度划分商行为。

(2)以主体为标准的划分

以主体为标准可以将商行为划分为企业实施的商行为、非营利组织实施的商行为、机关法人实施的商行为与自然人实施的商行为。

企业以实施商行为为其常业,企业实施的商行为最为广泛,可以实施法律明确禁止实施的商行为之外的一切商行为。

---

[1] 参见董安生等编著:《中国商法总论》,吉林人民出版社1994年版,第124—125页。

[2] 参见徐学鹿:《商法总论》,人民法院出版社1999年版,第270—272页。

[3] 当然,属于地方法规性质的《深圳经济特区商事条例》除外。

非营利组织不以实施商行为为其常业,并且非营利组织本身不具有营利性,因而其本业不能称为商行为,否则就不能成为非营利组织。非营利组织可以实施以营利为目的的投资行为和其他与其性质不相矛盾的商事交易行为。就非营利组织来说,其非营利性乃就其终极目的而言,可以认为除其本业外,其他一切以营利为目的的行为均可纳入商行为的范畴。依此,在高校、医院等非营利组织实施的行为中,除教育服务、医疗服务等本业之外的一切以营利为目的的行为均属于商行为。之所以作此严格的规制,其原因在于非营利组织作为组织体实际上具备商主体所要求的基本素质。

机关法人的一切经费均依靠国家,无须通过商行为自筹经费,因而原则上机关法人不能实施商行为。但是,特定机关法人可以作为企业投资者,与其他主体共同设立企业。这种投资行为即属于商行为。应当说,这种为我国现行法律法规及有关政策允许的商行为与商行为的性质原本有悖,然而这种现象既然在实践中长期存在且并未被完全禁止,在此姑且认为其是一种特殊的商行为类型。不过,机关法人毕竟不能广泛从事以营利为目的的行为,应将其限定于投资行为,并且属于投资设立企业这种特定的投资行为。

自然人不是商主体,也不是理应比自然人具有更高注意能力与义务的组织体,因而其偶尔从事的以营利为目的的商品交易行为不应纳入商行为范畴。不过,自然人实施的投资行为,包括证券、期货等金融产品的投资行为与投资设立企业的行为,则应当纳入商行为范畴,因为自然人既然能够从事这种具有较高注意能力要求的行为,就可以推定其具有了相应的注意能力,从而使其受到更加严格的法律规制。

这种划分的价值在于在商法上明确不同类型的法律主体所能从事的商行为的范围。

(3) 以行为性质为标准的划分

不同法律主体所能从事的商行为不仅范围不同,其法律属性也有差异。以行为性质为标准,可将商行为划分为营业行为与投资行为。这种划分的价值在于在商法上明确不同类型的法律主体所能从事的商行为的范围。显然,在立法上,这一分类必须与前一分类一并规制。

企业以实施商行为为其常业,其所实施的商行为虽形态各异,但就某一企业而言,则往往以某一种或几种营业为其经营范围,因而这种在经营范围之内被反复实施的商行为具有明显的营业性。

非营利组织虽不以营利为目的,但其既然从事以营利为目的的商行为,则可推定其具有相应的注意能力,并且其行为乃以营利为目的,其本身在实施这种行为时已经成为组织体形态的市场交易主体,也完全可以赋予其更高的注意义务。非营利组织实施的商行为可视为营业性行为。本书将这种具有营业性特征而由商主体与非营利组织实施的商行为称为营业行为。

以营利为目的的行为中,机关法人只能实施投资设立企业的行为,自然人则既可实施投资设立企业与证券、期货等投资行为,也可实施未受法律禁止的一切形式的以营利为目的的行为。本书将机关法人实施的投资设立企业的行为与自然人实施的投资设立企业及证券、期货等投资行为合称为投资行为。

自然人实施的一般性以营利为目的的行为,并不具有法律属性上的特殊性,并且实施这种行为也并不要求特殊的注意能力与注意义务,完全不必将其界定为商行为,这种行为由同样能够调整商品交易关系的民法调整即可。

（4）以商事交易标的为标准的划分

在现代市场交易实践中，以交易标的为标准可将市场交易划分有体物交易、无体物交易、知识产权交易及中介服务交易等类型，同样以交易标的为标准还可将贸易类型划分为货物贸易、服务贸易、知识产权贸易等主要类型。鉴于第二种分类实际上难以完全涵括商事交易的所有类型，显然不及前者周延，因而我们在此仅选取第一种分类。依此，商行为可划分为有体物交易的商行为、无体物交易的商行为、知识产权交易的商行为及中介商行为。具体来说，有体物交易的商行为主要包括商事买卖、商事仓储、商事运输、商事保管、租赁与融资租赁等商行为；无体物交易的商行为主要包括证券投资、期货交易、票据交易、银行交易等商行为；知识产权交易的商行为主要包括专利转让与许可、商标转让与许可、商业秘密转让与许可等商行为；中介商行为主要包括商事行纪、商事居间、商事代理、信托等商行为。应当说，这一分类较之传统商行为分类确实具有一定的创造性，能够较好地界分不同类型的商行为，使传统上难以被商法包含的商行为得以被明确纳入商法调整对象范围之内。不过，这种分类并不完美。如果在立法上作此划分，则须这一分类能够将所有商行为包容无遗，并且各不同类型之间能够严格区分，互不交叉。然而，事实上这是做不到的。例如，商事买卖的标的并非绝对地属于有体物，商号权的转让行为应当属于无体物交易的商行为，但同时又属于商事买卖行为，从而又可纳入有体物交易的商行为范畴。证券交易、期货交易也具有相同的因标的性质的复杂性而产生的法律归属上的困难。因此，这种分类只具有理论上的价值，不能将其作为立法上的分类，并作为商法适用的重要标准。

因此，在商法中，只需就不同类型的法律主体所能实施的商行为范围分别作出相应的明确规定，从而明确商行为的实施主体类型及其所能从事商行为的具体范围，解决商行为的法律适用问题。此外，应当在商法中明确规定单方商行为与双方商行为的具体法律适用问题。在总纲性商法规范中不可能将所有商行为都一一具体规定，而只需将不能或不宜由民法规定的商行为予以规定；对于那些同时也应当规定于民法中的商行为，则只需就商法适用上的特殊性规范予以规定即可；对于那些在体系上应纳入商行为范畴，但在立法上又应当单独立法的商行为，如银行行为、票据行为、证券投资行为、期货交易行为、信托行为等则只需在商法中就其法律属性与商法上的特殊法律适用予以规定即可。商法研究同样也不可能涉及所有商行为，而只能就商行为的基础理论、基本制度及在商法中具有特别重要价值的典型商行为予以研究，对其他商行为就只能就其法律属性与法律适用等一般性问题予以介绍。

3. 传统商法中商行为的立法模式

对大陆法系主要国家和地区的商行为立法模式予以考察，一则借此发现一些规律并权衡其利弊，二则为我国商行为的制度构建提供一些有益的借鉴。

（1）法国立法例

法国商法采客观主义，即以商行为为中心并规定：从事商行为并以其为经常性职业者，为商人。但现行《法国商法典》未对商行为概念作出界定，只是在该法第七编第 109 条（仅此一条）规定："对于商人，商行为得以一切方式予以证明，但法律另有规定的除外。"[1] 因此，关于商行为的判定，就只能在司法实践中由法官根据法理加以确定了。不过，已经失效的《法国商法

---

[1] 金邦贵译：《法国商法典》，中国法制出版社 2000 年版，第 45 页。

典》第 632 条则对商行为作了界定。但商行为不是以其内容来界定,而是以其形式来界定的。法国学者认为该规定是陈旧的,实际上,其对于商事法律关系的确定和调整都没什么意义。[①]并且,由于该规定已经失去法律效力,我们就不必对其学理性的认识加以考察了。

(2) 德国立法例

《德国商法典》以第四编(第 343—475 条)共计 153 条的篇幅对商行为作了详细规定。其中,又在属于通则性质的名为"一般规定"的第一章,以 30 个条款的篇幅对商行为的一般理论作了较为详细的规定。随后,又在第二、三、四、五、六章分别规定了商业买卖、行纪营业、货运营业、运输代理营业以及仓库营业。这样,在商行为法方面,《德国商法典》既有了涵括商法概念、种类、商法上债权行为、商法上物权行为、关于交互计算及其他商行为中特殊规定的商行为法的一般规定,又规定了商业买卖、商事行纪、商事运输代理、商事仓储、商事货运以及商事票据与商事银行等具体商行为制度。这使得商法在行为法范畴的体系得以建立起来。

不过,立法者在制定《德国商法典》时,并未打算在商事领域制定出一部与民法相对立而自成体系的完全独立的法律,只是考虑到商法的特殊性,才在作为私法基础的民法典之外,单独制定了商法典。就《德国商法典》的具体内容来说,其作用就在于提供作为普通私法的替代规范与补充规范或特别形式的规范。[②]由此可见,在德国法律体系中,商法只是一般私法中的一个特殊组成部分,不能仅仅从商法规范本身来理解和适用商法。因此,《德国商法典》中的许多规定,只有根据《德国民法典》所确立的一般性原则才能理解;而《德国商法典》的作用就在于对这些一般性的原则加以变更、补充或排除。[③]

对于商行为来说,当然也只是一般法律行为的一个特殊的组成部分,不能仅仅从商行为规范本身来理解和适用商行为制度。需要强调的是,与民法中关于法律行为的规范并不对法律行为的内涵与外延作出界定不同,《德国商法典》"商行为"编中第 343、344、345 条明确界定了商行为的含义,并对相对商行为的认定、单方商行为的法律适用作出了规定。这在商法中具有非常重要的意义,因为只有对商行为作出了清晰的认定,才能对某一具体法律关系应适用民法还是商法作出准确的判断,从而使同为私法支柱的民法与商法得以界分。

(3) 日本立法例

与《德国商法典》之商行为规范相比,《日本商法典》关于商行为的规定显得更为详尽。应当说,日本商法是历经多次修订才得以不断完备的,但商行为编例外地自 1899 年制定以来未经明显修订而沿用至今,[④]可见商行为规范表现出了较高的立法水平。《日本商法典》制定时,主要借鉴的是《德国商法典》,并且与同样系借鉴《德国民法典》的《日本民法典》几乎同时制定,因此,在立法指导思想上,日本也与德国一样,是将商法作为独立于民法但又以民法为一般法的特别私法。

值得注意的是,在日本私法体系中,首先是在民法中将合伙作为行为法用契约法的形式予

---

① 参见沈达明编著:《法国商法引论》,对外经济贸易大学出版社 2001 年版,第 13 页。

② 参见范健:《德国商法》,中国大百科全书出版社 1993 年版,第 17 页。

③ 参见[德]罗伯特·霍恩、[德]梅因·科茨、[德]汉斯·G. 莱塞:《德国民商法导论》,楚建译,中国大百科全书出版社 1996 年版,第 63、239 页。

④ 参见尹小平:《日本商法及其借鉴意义》,载《现代日本经济》1994 年第 5 期。

以规范,从而使合伙的一般关系得到规制;其次,对于企业组织形态的商事合伙,则在商法中作为主体法用公司法的形式予以规范;最后,对于既不能成为一种独立企业形态,又超越一般合伙契约关系的隐名合伙问题,则通过商行为法这一特殊的行为法的形式予以规制。由于《日本商法典》关于商法与商行为均采折中主义立法例,商行为的具体界定对商法的准确适用格外重要。

(4) 韩国立法例

被世人誉为"汉江的奇迹"的韩国经济的腾飞,固然得益于多种因素,但可以肯定的是,作为市场经济基本法律的商法,为韩国经济的发展提供了制度方面的保障。《韩国商法》制定于 1962 年,加之在此之前长期适用《日本商法典》,而事实上美国商法的影响又客观存在,因而《韩国商法》受日本商法和美国商法影响甚深,最为明显的就是,《韩国商法》将绝对商行为与营业性商行为合而为一,称为"基本的商行为",并且,适应现代社会经济生活发展的要求,大大增加了基本商行为的种类。对此,该法第 46 条对以营业为目的进行的"基本的商行为"作了多达 21 项的详细列举,同时在第 47 条就"辅助性商行为"作了两款规定:"将商人为营业而进行的行为,视为商行为";"将商人的行为,推定为是为了营业而进行的行为。"[1] 这使得《韩国商法》基于辅助性商行为的相对性原理,而使得基本商行为在现实中明显适用不足的矛盾得以大大减缓。

(5) 我国澳门地区立法例

以《葡萄牙商法典》为蓝本而经本地化了的 1999 年《澳门商法典》极具特色,既吸收了属于德国法系的葡萄牙法的体系与制度上的许多优点,又吸收了大陆法系其他国家的一些新的立法思想,还吸收了一些英美法系法律体系的经验。[2] 具体就商行为来说,《澳门商法典》除在第 3 条对商行为的概念作出界定外,另以"企业外部活动"为题,以多达 500 个条款的第三卷对商行为的具体内容作了非常详细的规定。这种规范模式,使得商行为中可能适用的各种规则基本上都得到了明确的规定。不过,尽管如此,《澳门商法典》还是在其第 4 条规定:"本法典未规定之情况,由本法典中适用于类似情况之规定规范;如无该等规范,则由《民法典》中与商法之原则不相抵触之规定规范。"由此可见,《澳门商法典》明显地显示出将民法与商法作为两个平行的基本法的立法指导思想。当然,鉴于民法与商法在私法上的同源性,仍然不妨将商法作为民法的特别法,从而使其适用更加科学。尤其是在商行为的一般规定上,《澳门商法典》基本上不必依赖于《澳门民法典》而能够做到在体系内自足。

(6) 我国台湾地区立法例

仍实行于我国台湾地区的 1929 年"民法典"采民商合一的立法例。但是,虽称民商合一,实际上所谓合一者,只有商人通例之经理人、代办商及属于一般商事行为之买卖、交互计算、行纪、仓库、运送、承揽运送等规定编入债编而已。因此,商业登记法、公司法、票据法、保险法、海商法等皆成为民法之附属法。而这些单行法,都是为适应社会发展需要,补充民法规定的不足而设立的。[3] 应当说,这些单行法中,除公司法更多地具有商主体法的属性外,其他都可归入商

---

① 吴日焕译:《韩国商法》,中国政法大学出版社 1999 年版,第 12—13 页。

② 参见《澳门五大法典:澳门商法典》,中国人民大学出版社 1999 年版,第 1 页。

③ 参见刘清波编著:《商事法》,台湾商务印书馆 1986 年版,第 7 页。

行为法的范畴。从"商业登记法"对"商业"的界定看,商业实际上就是指商行为。根据"商业登记法"第 2 条之规定,大陆法系商法典中规定之商行为均存在于该条列举的 32 种所谓"必须登记之商业"中。这种商业登记的目的在于,使应登记之事项,登记于主管机关,将其营业状态,予以公示,一则便于政府实施保护与监督,维护公众利益;二则使公众知悉商业营业之内容,确保交易安全;三则使已登记之商业得依据登记事项对抗他人,主张权利,使其权益获得法律保障。[①] 很明显,如果说关于商业登记之第一项目的纯系登记的一般功能外,后两项目的则仅依商业登记是难以充分实现的。事实上,如果设立商行为制度,使其适用不同于法律行为的不同规则,无论对于交易安全与交易相对人利益的有效维护,还是对于商主体自身基于其商行为而产生的权益的维护,都会较之于牵强地适用法律行为的有关规定科学而有效得多。

(7) 英美立法例

应当说,在英美法系国家并没有大陆法系意义上的民法与商法之分,也不存在严格意义上的商行为立法模式问题。不过,商法的概念仍然客观存在。从历史上看,商法的概念可以溯及至 1622 年首次出版的马里尼斯所著的《商人习惯法》。这一概念最终由自 1756 年至 1788 年担任首席大法官的曼斯菲尔德并入普通法中,并将商人们普遍接受的惯例系统化,使之成为法律规则。现在,一般认为,商法包括以下各法律分支:代理与合伙,货物买卖与分期付款,垄断与限制性贸易做法,流通票据,商业证券,保险,陆上、海上和航空运输,破产,仲裁等。[②] 因此,尽管没有形式意义上的商法,但商法仍然是一个法律上的概念,除了没有商法的基本法外,商行为法倒是大量存在的。在内容上,英国商事立法过去和现在都以买卖活动为中心。另外,较为特殊的是,英国有独立的商事司法体系,1895 年在伦敦高等法院设立了"商事诉讼目录",并在 1970 年正式设立了"商事法庭",使得商事关系可以得到专门法庭的审理。

美国与英国一样,并无民法典的存在,但有对世界影响较大的《美国统一商法典》。该法制定于 1952 年,后又经过 1958 年、1962 年、1972 年的修订,形成四个文本。尽管这部法律非由联邦立法机关制定,但被绝大多数州所采用,从而成为实际上的统一法典。从内容上来看,《美国统一商法典》基本上可以说就是一部商行为法。该法共 10 编 37 章 418 条。其 10 编的标题分别为:总则,买卖,商业票据,银行存款和收款,信用证,大宗转让,仓单、提单和其他所有权凭证,投资证券,担保交易、账单和动产买卖契约,生效日期和废除效力。很明显,该法是以商业交易为中心进行立法设计的。通过对各种交易活动的具体规范,《美国统一商法典》在市场交易领域基本上能够做到法规的自足,从而使商行为的法律调整较为有效。

4. 我国商法中商行为立法模式的理论构建

由于我国商法研究相对落后,商行为立法模式问题,也明显缺少学界的关注。通过对商行为立法例的考察,可以发现,各国普遍基于商法作为民法特别法的观念,只对商行为中不能为民法包含的内容予以特别规定,并不能做到根据商法典中有关商行为的规定即可解决商事法律关系的法律适用问题。唯有《澳门商法典》与《美国统一商法典》关于商行为的法律规定最为全面,基本上无须借助于民法或其他法律即可自我满足规范的需要。应该说,这种做法具有

---

① 　参见刘清波编著:《商事法》,台湾商务印书馆 1986 年版,第 19—20 页。

② 　参见[英]施米托夫:《国际贸易法文选》,赵秀文译,中国大百科全书出版社 1993 年版,第 27—28 页。

适用法律简便的明显优点,但是,就注重法律体系之间的协调的大陆法系而言,则又明显重复,违背了立法经济原则。我国不能完全依照既有立法例,也不能完全脱离实践证明较为成熟、可行的制度安排,而应基于商法的内在规律,经过体系化思考后,作出选择。

就我国商行为立法模式的具体安排来说,应当使商行为成为体系化的制度,即在《商法通则》中以篇幅较大的一章集中规定商行为,在该章中分别以独立的一节规定经营行为通则、商事买卖、商事代理、商事行纪、商事居间、商事运输、商事保管、商事仓储、融资租赁、商业特许经营、知识产权交易等内容。经营行为通则应分为两大部分:经营行为一般通则与关于企业的经营行为通则。在经营行为一般通则部分,首先应对经营行为作出界定,然后将涉及经营行为特别适用的规则予以集中规定。此外,商事买卖等节的具有共性的内容以及海商、信托、证券与期货投资、银行、保险、票据、广告等不宜在《商法通则》中具体规定的经营行为之法律属性与法律适用的一般性规定,也应在经营行为一般通则中作明确规定。在关于企业的经营行为通则中,具体规定以下内容:对要约是否承诺的通知义务,送样的保管义务,行为的有偿性原则,法定利息请求权,保管人的注意义务,商事留置权等。但在立法体例安排上,不必将经营行为一般规定的两部分强行分割,而统一规定于同一节之中。商事买卖等各节内容乃典型经营行为规范,除保管应在民法中规定外,其余均系纯粹的完全由商法调整的对象,只需在《商法通则》中规定即可,只不过要做到尽可能详尽无遗,因为只能从此处得到规范。

当然,由于上述典型商行为的内容非常繁杂,全部集中规定于《商法通则》可能会导致法律修订上的不便,因而也可以仅在《商法通则》中对此作一般性的规定,明确其法律属性与法律适用问题,其具体规范则交由各商事单行法规定。这样,典型商行为的立法模式就有两种:一为集中立法模式,将相关商行为规范全部规定于《商法通则》中;二为集中与分散相结合的立法模式,一方面在《商法通则》中对商行为作出一般性规定,另一方面分别以商事单行法的模式对各具体商行为予以具体规定。前者乃典型的法典化的立法模式,后者则系介于民商分立立法例与民商合一立法例之间的一种折中的立法模式。①

四、习题自测

(一)单项选择题

1. 下列关于商行为的表述不正确的有(　　　)。

A. 商行为是以营利为目的的经营性行为

B. 商行为具有较高的技术性

C. 商行为特别重视行为人的真实意思表示

D. 商行为强调公开性

2. 下列关于商事行纪的特殊规则不正确的有(　　　)。

---

① 传统的大陆法系商法典所采取的商行为立法模式则既不属于前者又不属于后者,而是在商法典中规定了一系列商行为规范,但又没有将所有商行为规范全部固定于商法典中。这种立法模式其实并无任何的特殊理论基础,只不过各国根据其立法上的取舍作出了不尽相同而又相似的立法安排。

A. 商事行纪人以自己的名义从事贸易活动

B. 法律后果由委托人自己承担

C. 行纪人为委托人从事贸易活动,因交易所产生的经济上的损益全部归属于委托人

D. 商事行纪是职业性经营行为

3. 下列表述正确的有（　　　）。

A. 不必对电子商务进行专门立法

B. 电子商务的交易成本比传统交易高

C. 电子商务中政府部门不参与监管

D. 电子商务在诸多方面打破了传统的交易规则

4. 下列使用电子签名的情况符合《电子签名法》的有（　　　）。

A. 甲在律师草拟的遗嘱上使用

B. 乙在房屋买卖合同上使用

C. 丙在土地承包合同上使用

D. 丁在原材料采购合同上使用

5. 下列有关第三方支付表述正确的有（　　　）。

A. 第三方支付是交易双方之外的金融机构所从事的支付服务

B. 支付机构依法接受国家金融监督管理总局的监督管理

C. 支付机构可以转让《支付业务许可证》

D. 支付机构的风险不仅存在于支付阶段

6. 下列情形属于商事运输的有（　　　）。

A. 甲为自己工作的工厂运输产品

B. 乙偶尔为家附近的饭馆运送原材料并收取费用

C. 丙每天下班开"专车"

D. 丁常年义务接送养老院的老人去医院

7. 下列有关铁路运输表述正确的有（　　　）。

A. 集装箱货物的运输合同于双方在合同上签字时合同成立

B. 铁路运输合同的价格可由托运人和承运人约定

C. 国家限制运输的物品经过保险后可自由运输

D. 铁路运输中货物一旦发送,合同解除应受限制

8. 若按甲国法律,任何主体从事的营利性营业行为均可称为商行为,则甲国对于商行为的立法标准采取的是（　　　）。

A. 主观主义　　　　　B. 客观主义　　　　　C. 折中主义　　　　　D. 无法明确判断

9. 关于商事代理的特征,下列哪一项是正确的？（　　　）

A. 商事代理只能来源于被代理人的委托

B. 商事代理的被代理人只能是商人

C. 商事代理的代理人必须是依法成立的代理商

D. 商事代理权的存续必须基于营业存续

10. 直营连锁又称正规连锁,其特点不包括（　　　）。

A. 组织机制由连锁总部、连锁分店、配送中心组成

B. 所有权和经营权集中统一于总部

C. 特许人与被特许人之间具有纵向合同关系

D. 各直营连锁分支机构的负责人不是机构所有者

11. 特许经营合同的形式可以是（　　）。

A. 口头形式 　　　　　　　　B. 口头或书面形式

C. 书面形式 　　　　　　　　D. 以上都对

12. 下列哪种情形不适用电子签名？（　　）

A. 租赁合同 　　　　　　　　B. 空调买卖合同

C. 涉及婚姻关系 　　　　　　D. 担保合同

13. 铁路运输企业的"有限运输"责任是指什么？（　　）

A. 准点运输的责任

B. 安全运输的责任

C. 足额赔偿的责任

D. 对抢险救灾物资和国家规定需要优先运输的其他物资，予以有限运输

14. 多式联运又被称为（　　）。

A. 铁路运输　　　B. 航空运输　　　C. 混合运输　　　D. 公路运输

15. 商事行纪是以谁的名义进行的行为？（　　）

A. 以委托人的名义 　　　　　B. 以受托人的名义

C. 以委托人或受托人的名义 　D. 以委托人和受托人的名义

16. 商事代理是以谁的名义进行的法律行为？（　　）

A. 代理人 　　　　　　　　　B. 被代理人

C. 代理人和被代理人 　　　　D. 代理人或被代理人

17. 以下哪些人可以称为特许经营中的特许人？（　　）

A. 自然人　　　B. 公益组织　　　C. 企业　　　D. 公民

18. 电子代理人是（　　）。

A. 自然人 　　　　　　　　　B. 企业

C. 非自然人组织 　　　　　　D. 计算机程序或其他自动化装置

19. 第三方支付是由谁从事的服务？（　　）

A. 银行

B. 非银行金融机构

C. 银行及非银行金融机构之外的非金融机构

D. 自然人

20. 在航空运输中，下列哪些货物毁损原因，承运人需要承担责任？（　　）

A. 承运人故意损毁货物

B. 货物本身的自然属性、质量或者缺陷

C. 战争或者武装冲突

D. 政府有关部门实施的与货物入境、出境或者过境有关的行为

（二）多项选择题

1. 下列哪些选项体现了商行为的特殊规则？（　　　）

A. 从事代理时，不显示被代理人的名义，其行为的结果仍对被代理人发生代理的法律效力

B. 持票人没有在时效期间内行使票据权利，票据权利将会消灭

C. 担保的债权和留置的标的物必须具有牵连关系

D. 在一定的时间和区域内，转让人不得经营与所转让的营业相同或类似的活动

2. 基本商行为是指直接从事经营的商行为，它是下列哪两项的总称？（　　　）

A. 绝对商行为

B. 相对商行为

C. 固有商行为

D. 一般商行为

3. 电子签名须同时符合下列哪些条件，方可视为可靠的电子签名？（　　　）

A. 电子签名制作数据用于电子签名时，属于电子签名人专有

B. 签署时，电子签名制作数据仅由电子签名人控制

C. 签署后，对电子签名的任何改动能够被发现

D. 签署后对数据电文内容和形式的任何改动能够被发现

4. 下列有关商事运输表述错误的有（　　　）。

A. 个人无须获取运输经营许可证即可从事公路运输

B. 我国《海商法》第四章有关海上货物运输合同的规定适用于我国国内港口之间的海上货物运输

C.《公司法》修改后对从事公共航空运输业的公司不再设最低注册资本

D. 多式联运经营人是托运人的代理人或代表人

5. 在订立特许经营合同时，特许人的主要义务有（　　　）。

A. 持续提供信息、货物或货物标准、技术指导服务、广告宣传的义务

B. 采用书面形式订立合同

C. 保护商业秘密的义务

D. 保护特许经营体系的义务

6. 下列哪些属于商事行为的特征？（　　　）

A. 商事行为是以营利为目的法律行为

B. 商事行为是经营性行为

C. 商事行为是商事主体所从事的行为

D. 商事行为是受法律严格规范的行为

7. 根据商事行为的双方是否均为商人，可以将商事行为分为哪两类？（　　　）

A. 单方商事行为　　　　　　　　　　B. 双方商事行为

C. 一般商事行为　　　　　　　　　　D. 绝对商事行为

8. 下列各项中属于特殊商事行为的有哪些？（　　　）

A. 商事买卖　　　　B. 商事代理　　　　C. 无因管理　　　　D. 商事居间

9. 营业权的保护包含以下哪些层面？（　　　　）

A. 宪法保护　　　　　B. 民法保护　　　　　C. 竞争法保护　　　　　D. 舆论保护

10. 连锁经营的分类包括以下哪几个选项？（　　　　）

A. 连锁总部　　　　　B. 自由连锁　　　　　C. 直营连锁　　　　　D. 特许连锁

11. 电子商务企业的形态主要包括哪几类？（　　　　）

A. 企业网站　　　　　　　　　　　B. 在线商店

C. 在线交易平台　　　　　　　　　D. 实体店

12. 与传统支付相比,电子支付具有下列哪些特征？（　　　　）

A. 所依托的支付载体不同　　　　　B. 所依托的支付媒介不同

C. 所涉主体不同　　　　　　　　　D. 支付效率不同

13. 公路运输合同可以以哪些形式订立？（　　　　）

A. 书面形式　　　　　B. 口头形式　　　　　C. 其他形式　　　　　D. 以上均不可

14. 航空运输可以分为哪两类？（　　　　）

A. 货物运输　　　　　　　　　　　B. 公共航空运输

C. 通用航空运输　　　　　　　　　D. 旅客运输

15. 商事代理的特点有（　　　　）。

A. 商事代理可以为非显名代理　　　B. 商事代理等同于民事代理

C. 商事代理权的存续基于营业存续　D. 商事代理权的权限较大

（三）不定项选择题

1. 下列关于营业转让说法正确的有（　　　　）。

A. 营业转让人和第三人此前订立的劳动合同与销售合同等,伴随营业转让而同时转让给受让人,无须得到这些合同的对方当事人的同意

B. 营业转让人负有转移构成营业的一切事实关系的义务

C. 营业转让人具有竞业禁止义务,即在一定的时间和区域内,营业转让人不得经营与所转让的营业相同或类似的活动

D. 营业转让人只承担对所转让营业的物的瑕疵担保义务

甲某是个酒水代理商。2000年,乙某与丙某合伙成立了一家婚庆企业,该婚庆企业长期委托甲某代为购买婚宴酒水,丁某是该婚庆企业负责婚宴酒水的经理。黄某已退休在家,平时喜欢收藏酒,其与甲某订立了白酒委托购买合同。2019年,乙某与丙某在一场车祸中去世,同年黄某寿终正寝。请回答2—3题。

2. 对于甲某的代理权,下列说法正确的有（　　　　）。

A. 甲某的代理权随着乙某与丙某的死亡而消灭

B. 甲某的代理权随着黄某的死亡而消灭

C. 甲某在购买酒水的时候必须以婚庆企业的名义

D. 甲某在购买酒水的时候必须以黄某的名义

3. 丁某正在接洽的新人对酒过敏,要求婚宴全部使用鲜榨果汁,丁某为了获得该订单,许诺新人将酒水全部替代为鲜榨果汁,对于丁某的行为下列说法错误的有（　　　　）。

A. 丁某只具有采购酒水的权限,无权许诺将酒水换为鲜榨果汁

B. 丁某作为商事代理人可根据商事交易变化而采取灵活的措施

C. 婚庆企业应当就丁某促成交易的行为额外支付佣金

D. 丁某的代理权随着乙某与丙某的死亡而消灭

4. 商事保证所具有的特殊规则包括(　　　)。

A. 商事保证的从属性

B. 商事保证的单独性

C. 商事保证形式的严格性

D. 商事保证人具有先诉抗辩权

5. 非金融机构支付的主流业务模式包括(　　　)。

A. 互联网支付　　　　　　　　　B. 手机支付

C. 预付卡发行与受理　　　　　　D. POS 收单

6. 下列哪些选项属于经营性的要素？(　　　)

A. 行为以营利为目的　　　　　　B. 营利性活动的计划性

C. 营利性活动的反复性　　　　　D. 职业登记性

7. 商事经营有哪些特点？(　　　)

A. 强调平等　　　　　　　　　　B. 具有较高的技术性

C. 强调公开性　　　　　　　　　D. 注重商事效率和外观主义

8. 营业权具有哪些特点？(　　　)

A. 概括性　　　　B. 公开性　　　　C. 变动性　　　　D. 外向性

9. 下列哪些属于营业资产的分类？(　　　)

A. 内部资产和外部资产　　　　　B. 有形资产和无形资产

C. 积极资产和消极资产　　　　　D. 内生资产和外来资产

10. 连锁经营经营管理的规范性主要体现在哪些方面？(　　　)

A. 经营组织形式的规范性

B. 经营手段的规范性

C. 经营方式的规范性

D. 经营管理程序和内容的规范性

11. 以下哪些选项属于特许人的义务？(　　　)

A. 特许经营权无瑕疵义务　　　　B. 技术指导服务

C. 代为收款义务　　　　　　　　D. 持续提供信息义务

12. 下列哪些选项属于电子认证机构提供电子认证服务应当具备的条件？(　　　)

A. 取得企业法人资格

B. 具有与提供电子认证服务相适应的专业技术人员和管理人员

C. 具有符合国家安全标准的技术和设备

D. 连续盈利 5 年以上

13. 第三方电子支付有哪些类型？(　　　)

A. 代为支付模式　　　　　　　　B. 支付通道模式

C. 支付平台账户模式　　　　　　D. 间接支付模式

14. 铁路运输合同受到了哪些限制？（　　　）

A. 合同法律形式受到限制　　　　　B. 运送标的受限

C. 合同价格条款受限　　　　　　　D. 合同变更与解除受限

（四）简答题

1. 如何理解商事行为的特殊性？

2. 简析营业资产的特征及其分类。

3. 简述商行为的分类。

4. 连锁经营具体包括哪些类型？

（五）论述题

1. 试论述特许经营法律关系。

2. 试论述商事买卖和商事代理规则。

（六）案例分析题

1. 2018 年 9 月，一夕公司与王某订立特许加盟合同，约定：一夕公司向王某授予"鸣喜奶茶"特许经营权，一夕公司提供设备，经营奶茶店所需原材料，提供技术指导，进行广告宣传。加盟合同期限为 6 年，王某应一次性支付加盟费用 20 万元，特许保证金 5 万元，并按月支付特许广告费 2 000 元。合同同时约定了违约金条款，如一方违约另一方可解除合同，违约金为 30 万元。合同签订后，王某缴纳了 20 万元加盟费用和 5 万元特许保证金，但一直拖欠特许广告费，一夕公司多次催讨未果后于 2019 年 3 月提起诉讼，要求解除特许加盟合同，判决王某支付特许广告费 14 000 元，违约金 30 万元。王某反诉称一夕公司一直未履行广告制作等合同义务，要求一夕公司承担违约责任，返还加盟费 20 万元，特许保证金 5 万元。王某同时认为特许加盟合同中的违约金过高，请求法院予以调整。经法院查明，一夕公司已依约定履行了相关义务。

请回答下列问题：

（1）一夕公司是否有权解除合同？

（2）一夕公司是否应当返还加盟费和特许保证金？

（3）法院是否应当对违约金进行调整？

2. 2022 年 9 月 12 日，被告转运站受原告设备制造厂之委托，以自己的名义与衡水火车站签订了 102 件炉门框运输合同四份。同年 9 月 29 日，被告转运站又以自己的名义在中国人民保险公司衡水火车站代理处为原告的货物办理了货物运输保险。上站前被告知损坏一件。同年 10 月 12 日，货物到达黑龙江鸡东县。收货人在收货时，发现损坏 24 件。原告经向被告转运站交涉索赔事宜未果，遂诉至衡水市某区人民法院。

原告设备制造厂诉称：被告收取了原告的运费、上站费等多种服务费用，并给原告出具了发票，原告据此将货物交给被告，这一行为表明，原被告之间法律关系应是代理关系。货物在运输中损坏是被告不履行代理义务造成的，请求判令被告承担代办运输造成的经济损失91 178.86 元。

被告转运站辩称：在代理期间，被告与铁路运输企业签订了运输合同，办理了货物运输保险，并将原告的货物由自己的储存地安全地送至货场站台，同铁路部门进行了验收交接，并按原告规定的时间、地点将货物送至目的地，被告全面完成了委托职责。货物的损坏是在运输中造成的,是铁路部门的责任,应由承运人和保险人按规定赔偿。被告转运站的上级主管机关实业公司答辩内容同转运站。

　　问题:

　　(1) 被告转运站是否应对原告所受损失承担赔偿责任?

　　(2) 被告实业公司应承担什么责任?

第四章 公 司 法

一、学 习 目 标

（一）理解

1. 把握公司法的基础概念与调整对象。
2. 深刻理解公司的资本制度以及公司的组织机构,领会公司法的时代精神与伦理导向。
3. 了解当代公司法的体系,把握公司法的理论框架与价值内涵。
4. 区分公司法与其他法律部门之间的关系。

（二）熟悉

1. 公司法的概念与调整对象。
2. 公司的分类。
3. 公司设立的概念。
4. 出资的概念和分类。
5. 股份的概念和特征。
6. 公司的特征。
7. 公司设立的效力。
8. 公司组织机构以及公司章程和公司人格。

（三）掌握

1. 公司设立的方式。
2. 发起人的责任。
3. 公司资本的构成,公司资本制度的类型,法定资本制与授权资本制的区别。
4. 违反出资义务的民事责任。
5. 有限责任公司以及股份有限公司股东出资的转让。

二、知识结构图

第四章　公司法—知识结构图

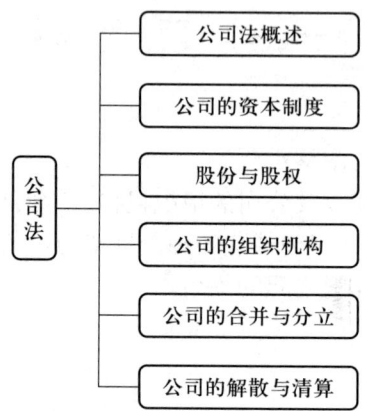

第一节　公司法概述—知识结构图

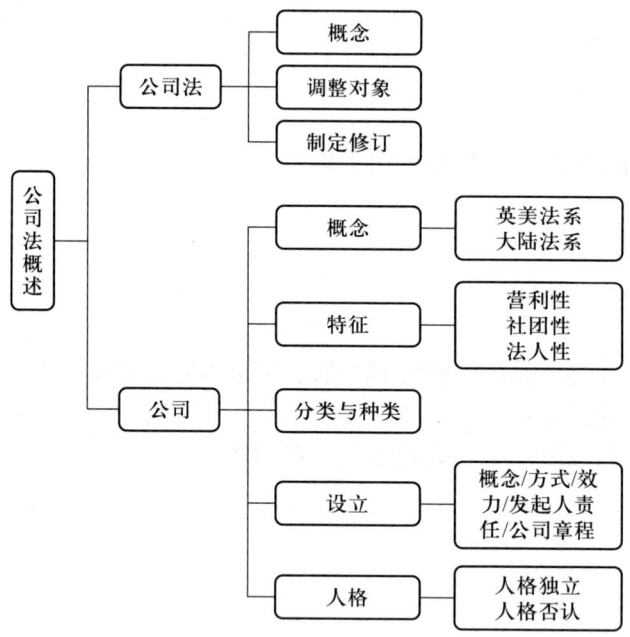

第二节 公司的资本制度—知识结构图

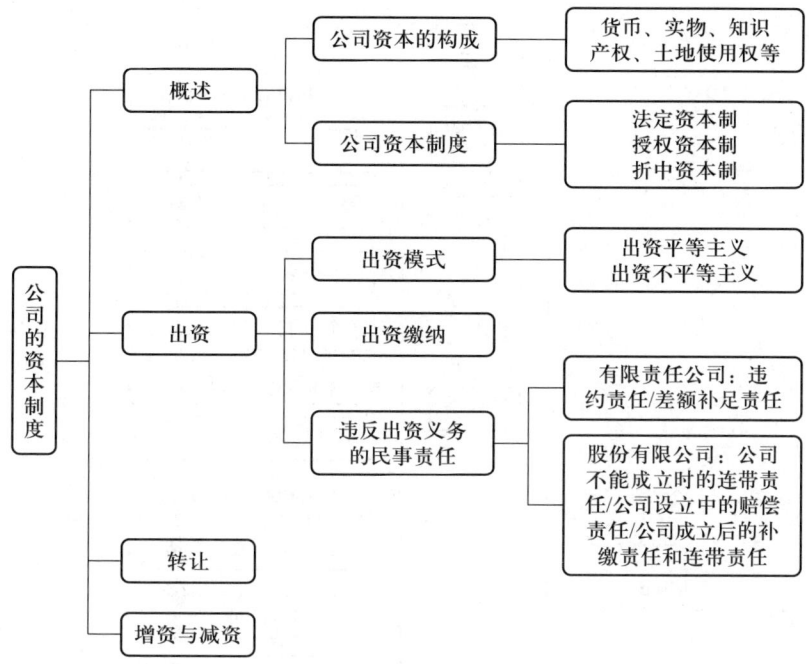

第三节 股份与股权—知识结构图

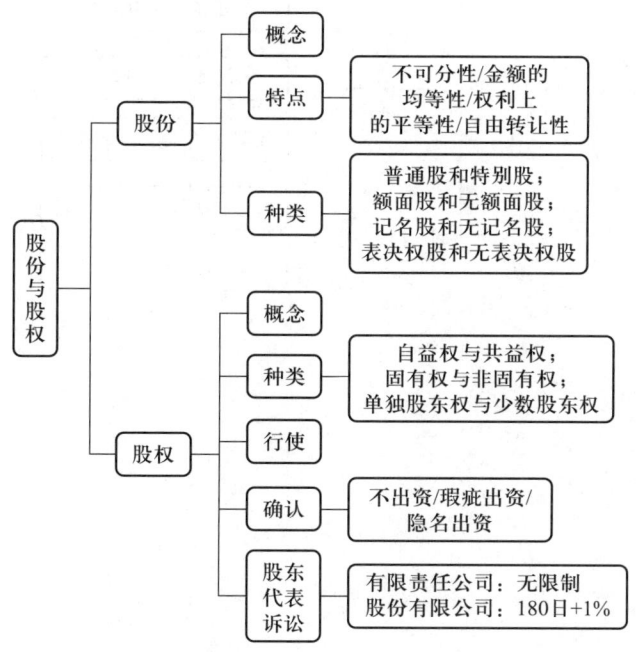

第四节　公司的组织机构—知识结构图

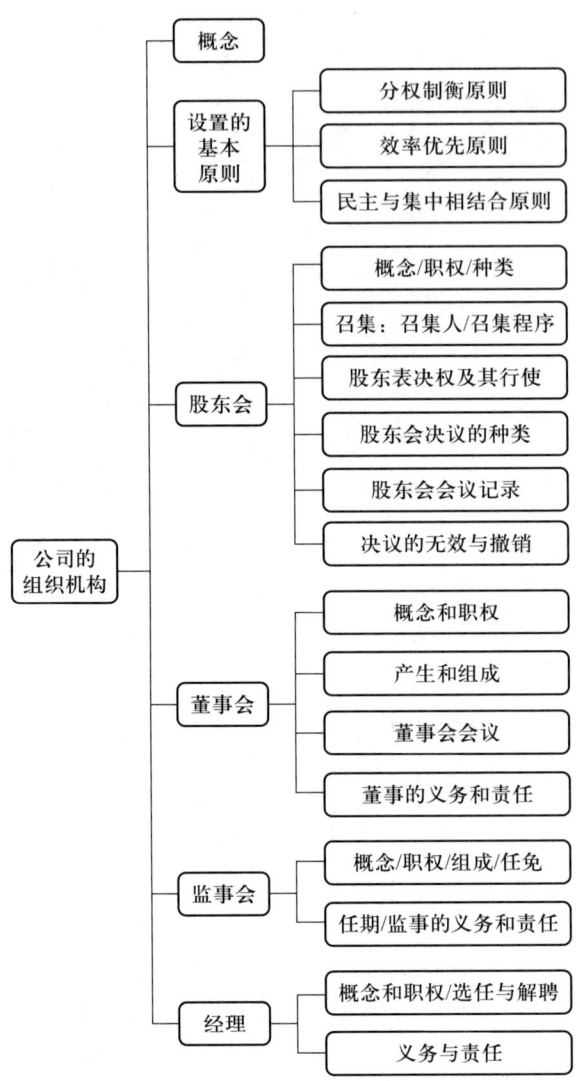

第五节　公司的合并与分立—知识结构图

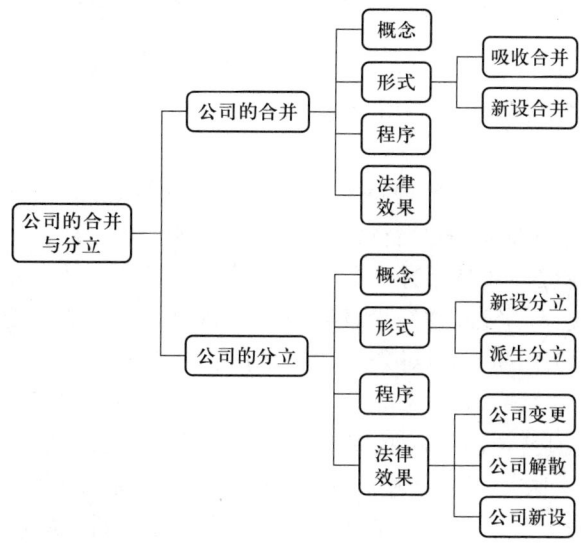

第六节　公司的解散与清算—知识结构图

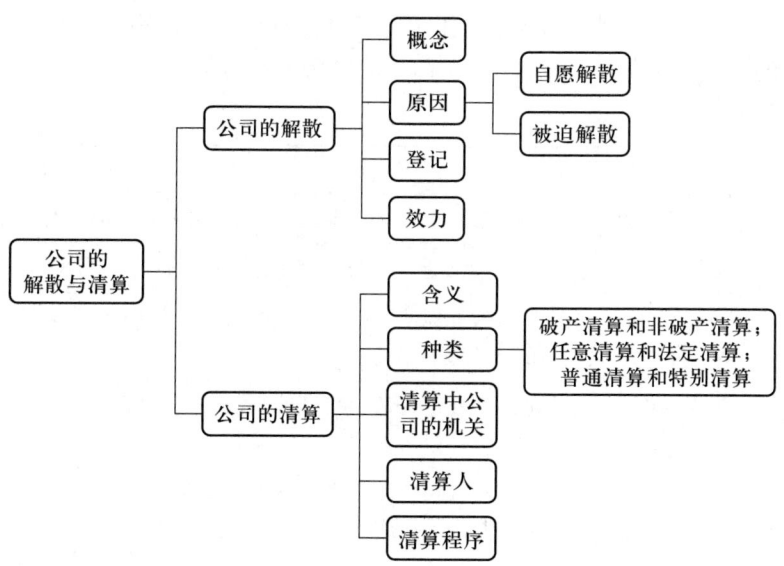

三、重点难点解析

(一) 重点内容

1. 一人公司和国有独资公司

(1) 一人公司

我国现行《公司法》关于一人公司特别规定的主要内容是：第一，一个自然人只能投资设立一个一人公司，且该一人公司不能投资设立新的一人公司。第二，一人公司应当在公司登记中注明是自然人独资或者法人独资，并在公司营业执照中载明。第三，一人公司应当在每一会计年度终了时编制财务会计报告，并经会计师事务所审计。第四，一人公司的股东不能证明公司财产独立于股东自己财产的，应当对公司债务承担连带责任。

(2) 国有独资公司

国有独资公司是我国公司法针对我国的特殊国情，专门设定的一种特殊的有限责任公司类型。与一般意义上的有限责任公司相比，国有独资公司具有公司股东的单一性、单一股东的特定性和股东责任的有限性特点。国有独资公司股东的单一性，决定了在国有独资公司中没有设立股东会的必要，由国有资产监督管理机构行使股东会职权。依照公司法的规定，国有独资公司必须设立董事会。国有独资公司董事会的地位有别于一般有限责任公司的董事会，主要表现在国有独资公司的董事会除可行使一般有限责任公司董事会的职权外，基于国有资产监督管理机构的授权还可行使股东会的部分职权。国有独资公司的负责人依法实行专任制度，国有独资公司的董事长、副董事长、董事、高级管理人员，未经国有资产监督管理机构同意，不得在其他有限责任公司、股份有限公司或者其他经济组织兼职。

2. 股份的种类

股份的种类	
(1) 依股东享有权益和承担风险的大小	普通股是公司资本构成中最基本的股份，也是公司中风险最大的股份
	优先股，是特别股的一种，是指对公司享有比普通股优先内容或优先权利的股份
(2) 依股份是否以金额表示	额面股，是在股票票面上标明了一定金额的股份。额面股允许溢价发行，但不允许以低于股票面额的价格发行股份
	无额面股，又称比例股或部分股，价值随公司财产的增减而增减。我国禁止发行无面值股票(无额面股)，只允许发行额面股
(3) 依是否在股票上记载股东的姓名	记名股，是将股东的姓名或名称记载于股票的股份。记名股的权利只能由股东本人享有，记名股的转让必须由股东以背书形式进行，否则，转让不产生对抗之效力
	无记名股，是股票上不记载股东姓名或名称的股份。无记名股份与股票不可分离，在买卖无记名股票时，将股票交付给受让人，即发生转让的效力
(4) 依股份有无表决权	表决权股，即享有表决权的股份。表决权股的股东在任免董事人选等公司重大问题上，有权无条件地行使表决权
	无表决权股，是依法或依据章程被剥夺了表决权的股份

3. 股权的概念与种类

股权是任何公司类型中的股东都普遍享有的权利。股东之所以向公司出资,归根结底是要据此取得股权,从而实现自己的经济目的。

各国公司法理论通常确认的股权分类主要有以下几种:

(1) 按股权内容不同,将股权分为自益权与共益权。自益权是股东以自己的利益为目的而行使的权利,主要包括发给出资证明或股票的请求权、股份转让过户的请求权、分配股息红利的请求权,以及分配公司剩余财产的请求权等。共益权是股东以自己的利益并兼以公司的利益为目的而行使的权利,主要包括出席股东会的表决权、任免董事等公司管理人员的请求权、查阅公司章程及簿册的请求权、要求法院宣告股东会决议无效的请求权以及对公司董事、监事提起诉讼权等。

(2) 按股权性质不同,将股权分为固有权与非固有权。固有权又称不可剥夺权,是公司法赋予股东的不得以章程或股东会决议予以剥夺或限制的权利。非固有权又称可剥夺权,是依章程或股东会决议可剥夺或可限制的权利。共益权多属固有权,而自益权则多属非固有权。

(3) 按股权行使方式不同,将股权分为单独股东权与少数股东权。单独股东权是指可以由股东一人单独行使的权利,包括股东在股东会上的表决权、宣告股东会决议无效的请求权等。

4. 股权的代理行使

股东既可以亲自行使股权,也可以委托代理人代为行使股权,这在一般情况下并无问题。需要探讨的只是对代理行使股权应否有所限制,是否允许招揽代理权。对此,我国《公司法》未作规定。本书主张应对代理行使股权有所限制,每个代理人代为行使的股权总数以不超过股本总额的 3% 为宜;对于招揽代理权的行为应予禁止。主要理由是:与其让小股东或代理人通过招揽代理权的方式来抗衡大股东,决定公司的命运,不如让大股东直接主宰公司的命运。因为按照出资多少与风险大小相一致的原则,大股东一般会比小股东更加关心公司的发展和前途,更加关注自己的投资能否盈利。

5. 股东会

(1) 股东会的概念

对股东会的概念有广义和狭义的理解。从广义上说,股东会泛指在各类公司中由全体股东组成的公司权力机构,它包括股份有限公司的股东大会和有限责任公司的股东会。从狭义上说,股东会专指由全体股东组成的有限责任公司的权力机构,在股份有限公司中则专称股东大会。本书对股东会的含义采取广义说。

(2) 股东会的职权

有限责任公司的股东会和股份有限公司的股东大会的职权基本一致,股东会和股东大会依法行使下列职权:① 决定公司的经营方针和投资计划;② 选举和更换非由职工代表担任的董事、监事,决定有关董事、监事的报酬事项;③ 审议批准董事会的报告;④ 审议批准监事会或者监事的报告;⑤ 审议批准公司的年度财务预算方案、决算方案;⑥ 审议批准公司的利润分配方案和弥补亏损方案;⑦ 对公司增加或者减少注册资本作出决议;⑧ 对发行公司债券作出决议;⑨ 对公司合并、分立、解散、清算或者变更公司形式作出决议;⑩ 修改公司章程;⑪ 公司章程规定的其他职权。

对上述所列事项,股东以书面形式一致表示同意的,可以不召开股东会会议,直接作出决定,并由全体股东在决定文件上签名、盖章。

(3) 股东会的种类

股东会通常分为普通会议和特别会议两种。

① 普通会议

普通会议,又称股东常会、股东年会或定期会议,是指公司按照法律或章程的规定按时召开的会议。普通会议是每年度必须召集的股东会议。一般是一年一次。

② 特别会议

特别会议,又称临时会议或特别股东会,是指在普通会议之外不定期召开的全体股东会议。

(4) 股东会的召集

① 召集人

无论是普通会议,还是特别会议,召集人原则上为董事会,由董事长主持。

② 召集程序

股东会的召集应以书面形式于会议召开的一定期限之前通知或通告股东。我国《公司法》规定,召开股份有限公司的股东大会会议,应当将会议召开的时间、地点和审议的事项通知各股东;临时股东大会应当于会议召开 15 日前通知各股东;发行无记名股票的,应当于会议召开 30 日前公告会议召开的时间、地点和审议事项。

③ 股东表决权及其行使

股东表决权是股东基于其股东地位而享有的一种固有权利,除非依法律规定,不得以公司章程或股东会决议予以剥夺或限制。

多数国家的公司立法都确立了股东行使表决权的基本原则,即资本多数决原则和一股一票原则。我国公司法也规定股份有限公司股东大会的表决采取一股一票制;有限责任公司股东会由股东按出资比例行使表决权。我国《公司法》在坚持"一股一票制"的同时,为维护中小股东的权益,允许依公司章程约定实行累积投票制。

(二) 难点解析

1. 公司的合并

(1) 公司合并的概念与形式

公司合并的法定形式有吸收合并和新设合并两种。一个公司吸收其他公司为吸收合并,被吸收的公司解散。两个以上公司合并设立一个新的公司为新设合并,合并各方解散。

(2) 公司合并的程序

① 签订合并协议

公司合并应当由合并各方签订合并协议,即由参加合并的各公司在平等自愿基础上就合并的有关事项达成一致协议。

② 通过合并决议

合并决议为特别决议,有限责任公司的合并须经代表 2/3 以上表决权的股东通过;股份有限公司的合并须有出席会议股东所持表决权的 2/3 以上同意。

③ 编制资产负债表和财产清单

公司合并时,合并各方应编制资产负债表和财产清单,以明确各方的财产状况,便于公司债权人了解。

④ 通知和公告债权人

公司应当自作出合并决议之日起 10 日内通知债权人,并于 30 日内在报纸上公告。债权人自接到通知书之日起 30 日内,未接到通知书的自公告之日起 45 日内,可以要求公司清偿债务或者提供相应的担保。不清偿债务或者不提供相应的担保的,公司不得合并。

⑤ 办理合并登记

合并后存续的公司,登记事项发生变更,应办理变更登记;因合并而消灭的公司办理解散登记;因合并而新设的公司办理设立登记。

(3) 公司合并的法律效果

公司合并的法律效果体现在以下三个方面:一是公司的消灭、变更和新设。二是权利义务的概括移转。三是股东资格的当然承继。

2. 公司的解散

(1) 公司解散的概念

对公司解散的概念,学者们有不同的理解,有的以解散作为公司法人资格消灭的原因,认为"公司之解散,非公司法人人格之消灭,乃公司法人人格之消灭之原因。详言之,即已成立之公司,发生法律上之原因,而丧失其营业上之能力"[1]。有的主张解散是公司法人资格消灭的一种程序,解散虽不会立即导致法人消灭,但它必将会导致法人消灭。[2] 根据我国《公司法》的规定,解散不仅是指法律或章程规定的解散原因,还包括结束公司营业、处理公司善后等一系列活动,当公司出现解散事由时,其法人资格尚未消灭,在清算范围内,其法人资格仍视为存续。因此,认为解散属于公司法人资格消灭的程序较为妥当。据此,公司解散,可以定义为公司因法律或章程规定的解散事由出现而停止营业活动并逐渐终止其法人资格的行为,它是公司主体资格消灭的必经程序。

(2) 公司解散的原因

公司解散可以分为自愿解散和被迫解散两类。

公司自愿解散的原因包括:公司存续期间届满或章程规定的其他解散事由发生;公司权力机关决定解散;因公司合并、分立而解散。

导致公司被迫解散的情形包括:① 法院判决解散。② 主管机关命令解散。

(3) 公司解散的登记和效力

公司解散时,除因破产和合并而解散外,应在法定期限内向公司所在地登记机关办理解散登记。经核准登记后,还应在公司所在地公告。其目的在于使有关利害关系人知悉公司解散的事实,从而免受不可预见的损害,以保护社会交易的安全。

公司解散虽不直接消灭公司的法人资格,但产生一系列的法律后果。首先,公司一经解散,其权利能力便受到限制,除为了清算的必要外,公司不得进行任何业务活动,不得处理公司的财产。其次,公司原来的代表机关和业务执行机关(董事会、经理等)均丧失其地位和职权,不得代表公司行使职权,其地位由清算组织取代。公司解散后,公司与股东的法律关系仍然存

---

[1] 张国键:《商法概论》,三民书局 1980 年版,第 186 页。

[2] 参见江平主编:《法人制度论》,中国政法大学出版社 1994 年版,第 154 页。

在,公司法中关于股东与公司关系的规定仍然适用。

3. 公司的清算

（1）公司清算的含义

公司清算,是指公司解散后,处分其财产,终结其法律关系,从而消灭公司法人资格的法律程序。公司除因合并或分立而解散外,因其他原因引起的解散均须经过清算程序。

（2）公司清算的种类

根据清算是否在破产情形下进行,可以将清算分为破产清算和非破产清算。非破产清算可以转化为破产清算,在非破产清算过程中,清算组如果发现公司的资产不足以清偿债务时,应当转为破产清算。

根据清算是依公司自行确定的程序还是依照法定程序进行,可以将清算分为任意清算和法定清算。

依照清算是否受到法律或行政机关的干预,法定清算又可以分为普通清算和特别清算。

（3）清算中公司的机关

公司一经解散,公司董事、经理的地位和职权便随之消灭,改由清算组接管公司的财产和事务。在普通清算时,公司的董事一般担任清算人。此外,清算期间公司股东会和监事会仍然存在,可以行使原有的职权,但以清算事务为限。

（4）清算人

① 清算人的选任

清算人一般为自然人,其与解散中公司之间的关系,按照公司法的规定应为公司的负责人,在清算目的范围内代表公司、处理公司事务,依照公司法的规定行使职权,承担相应的义务和责任。

清算人的产生方式主要有三种:一是由法律规定。二是由股东选任。三是由法院指定。法院指定的清算组成员可以从下列人员或者机构中产生:公司股东、董事、监事、高级管理人员;依法设立的律师事务所、会计师事务所、破产清算事务所等社会中介机构;依法设立的律师事务所、会计师事务所、破产清算事务所等社会中介机构中具备相关专业知识并取得执业资格的人员。

② 清算人的解任

清算人有不当行为或不称职的行为时,可以将其解任。解任的方式有两种:一是由股东会解任。二是由法院依利害关系人申请将清算人解任。

③ 清算人的职权

清算人作为清算中公司的机关,在执行清算事务范围内,相当于董事的地位,享有与董事同等的权利和义务。我国《公司法》第184条规定,清算组在清算期间行使下列职权:清理公司财产,分别编制资产负债表和财产清单;通知、公告债权人;处理与清算有关的公司未了结的业务;清缴所欠税款以及清算过程中产生的税款;清理债权、债务;处理公司清偿债务后的剩余财产;代表公司参与民事诉讼活动。

④ 清算人的义务

清算人作为清算中公司的机关,对公司负有忠实和勤勉的义务,履行职务必须遵守法律、法规和公司章程的规定及股东会的决议。同时清算人还负有善良管理人的注意义务。如清算人怠于履行义务,因故意或者重大过失给公司或者债权人造成损失的,清算人对公司要承担连带赔偿责任。

⑤ 清算程序

公司清算一般需经过下列程序:组织清算组;公告和通知债权人,申报债权;清理公司财产、编制资产负债表和财产清单,制订清算方案;收取债权,清偿债务;清偿公司债务须按下列顺序进行:支付清算费用→支付职工工资和劳动保险费用→缴纳所欠税款→清偿公司其他债务;分配剩余财产;清算完结。

(三) 延伸阅读

1. 公司制度具有风险性

公司是早期商业冒险活动的产物,源于商业冒险的公司,正是为应对商业活动中的风险而出现的,公司制度最核心的内容就是在投资人、经营人以及债权人之间分配风险。从公司成立到公司解散,风险性是其一以贯之的特征。尽管早在古罗马时期,就出现了现代公司的雏形——索西艾塔斯,但随着罗马帝国的崩溃,这种商事组织形式就消失了。通说认为,现代公司制度起源于中世纪的欧洲,欧洲中世纪的商业活动催生了社会对于商业组织的需求,以康曼达和索赛特为代表的商业组织成为现代公司制度的发展源头。在当时的贸易环境下,商业贸易特别是一些边境地区的贸易,几乎是一种高风险高利润的冒险活动,运气不好的话需要付出生命的代价,但运气好的时候可以获得100%的盈利。在利润刺激下,中世纪的商人前赴后继地投入到商业冒险中去,为了募集贸易活动所需的大量启动资金并规避可能出现的自然灾害、海盗等风险,康曼达等商业组织应运而生。这种组织一方面将投资者的责任限定在其最初投资范围之内,为既想获得利润又不愿亲自冒险的委托人提供了获取财富的机会;另一方面也为实际从事贸易活动的受托人提供了利用他人资金营利的可能性,从而降低自身的投资风险。

从内容上看,公司制度的主要功能是商业领域风险的分摊与防范。法律人格、有限责任、股份自由转让、董事会结构下的集中经营管理以及出资者共有所有权是现代公司的5个核心的结构性特征,而这5个特征均或多或少涉及经营风险的分配问题。以最具代表性的有限责任为例,今天的有限责任已经成为公司法的核心制度之一,投资人仅以其出资为限对公司债务承担有限责任也几乎为全世界所有国家的公司法所确认。但应当明确的是,有限责任是投资属性而非公司属性。公司制度在将股东责任设定为有限责任的同时,也将公司经营中的风险转嫁到了公司债权人头上,这也正是为何有限责任在推出之时,招致债权人反对的根本原因。1310年,当时是欧洲银行中心的锡耶纳推出了一项法律,规定康帕尼的合伙人对企业债务按比例承担责任,取代了之前的无限连带责任,结果那里的银行纷纷搬离或是不愿放贷给那里的企业。至于后来有限责任得到普遍的认同,除了其本身在吸引投资方面存在重要制度价值之外,公司法通过资本制度、治理结构等配套制度强化对债权人的保护,使得债权人所面临的偿债不能风险得以控制在相对较低的水平亦是一个重要原因。公司法律人格、董事会结构下的集中经营管理以及出资者共有所有权等制度内容本质上均是公司法在风险分担上的平衡措施。

在公司存续的过程中,经营的风险是始终存在的,不管是公司设立还是公司经营,公司的股东、管理人以及债权人都面临着经营风险分配问题。在公司设立阶段,一般由公司的发起人承担公司成立不能以及后续的债务风险,而一旦公司成立进入到经营阶段,公司股东所承担的风险就被限制在出资范围内,而由债权人承担公司可能发生的资不抵债风险。作为一种商业组织体,公司诞生于商业冒险,发展于风险分配的商业实践,可以说风险性已经成为其不可忽视的标志性特征。

2. 公司营利观扩大暗含道德风险

"高尚之人不经商,经商之人不高尚,经商之人工于算计,整天追逐私利,他们的品德怎么能高尚呢?"200多年前,法国著名思想家孟德斯鸠在其经典著作《论法的精神》中提出了这样的诘问。虽带有一定的偏见,但不可否认的是商业领域基本伦理确实与社会一般的道德标准存在差异,甚至在更多的时候低于民事生活领域的标准,所谓"在商言商"便是这个道理。我国《民法通则》是"富强压倒启蒙"时代的产物。当时尚无公司法,《民法通则》"法人"一章着重规定了企业法人制度,理顺了企业与政府的关系,其内容带有很强的时代性,在当时是进步的。然而随着我国经济数十年的高速发展,社会已经在高度商事化的同时,呈现出道德沦丧的一面,更为现实的问题是全民经商以及因此而引发的伦理衰败问题。《民法典》总则编在"法人"一章过度强调营利属性的做法本已不当,商法如果继续向民法靠拢,甚至将其作为优先于《公司法》的存在,则非常不明智。作为市民社会的基本规范,民法的营利色彩过于浓厚,暗含了鼓励逐利、鼓励经商的制度理念,而一旦"以利为先"成为大多数社会成员的选择,那对整个社会伦理的影响则是非常严重的。

作为一种具有风险性特征的组织体,公司制度在进行制度设计时往往是以商业的行为逻辑进行的,其本身的道德色彩比较弱,最典型的就是有限责任的风险安排,股东的偿债范围仅限于其出资范围,即便其个人资金雄厚也在所不问,这直接打破了一般社会领域"欠债还钱"的基本道德理念。这在以冒险著称的商业领域是一种合适的制度安排,但离开了这个领域,特别是在一些对道德有着较高要求的行业,就不一定具有正当性了。英国、美国等国一般禁止律师事务所、会计师事务所、医疗卫生组织采用公司形式,防范可能的道德风险便是其重要的立法考量。

3. 中西方公司制度发展轨迹不同

自下而上,商人在实践中创造和发展了公司制度,是西方公司制度普遍的发展路径。在数千年的时间里,公司先后产生了多种不同的形态,经历了从原始向现代的转变。古罗马法上有一种商事组织——索西艾塔斯,后人推崇它为公司的萌芽;中世纪时期,海外贸易领域出现的组织体康曼达,一般被认为是近代公司的雏形;工业革命之后,欧洲出现了无限公司、两合公司、股份公司,显示出近代公司的成熟和普及。在这一历史进程中,商人的实践和创造起到了重要的推动作用。在商人的反封建反特权活动中,公司由立法的特许设立逐步转变为自由设立;公司制度在实践中所遭遇的问题一次次地引发立法回应后,系统的公司法律制度构建起来了。以法人人格为例,法人人格最早起源于中世纪的教会和庄园制度,但在公司制度中出现则要晚得多。早期参与航海贸易的"公司"是不断解散的,赚了钱分配之后就不再存续,下次重新组建新的"公司"。随着贸易次数的增加,这种频繁的解散清算显得效率极低,公司需要长期存续成为非常现实的需求,由此催生了公司人格的产生。有限责任同样如此,有限责任最早是海外冒险中商人之间的内部协议,是以放弃控制权换取的责任特权,后逐步为立法所确认,成为公司制度中的重要规范内容。公司法尚未产生时,公司组织就已经在贸易中广泛使用了。

可以说,西方的整个公司制度是商人逐步探索出来的,自下而上推动是其鲜明的发展轨迹,而国家立法所起到的作用更多是一种确认和许可。

由国家权力自上而下创造公司制度,这是当代中国公司制度的基本格局。社会主义改造完成后到改革开放前夕,我国的企业组织基本上只有两种形式:全民所有制企业和集体所有制企业。改革开放后,随着外商投资的引入和私营企业的逐步开放,这一局面才发生了改变。1993 年党的十四届三中全会指出:"建立现代企业制度,是发展社会化大生产和市场经济的必然要求,是我国国有企业改革的方向。"[1] "国有企业实行公司制,是建立现代企业制度的有益探索。"[2] 为此,我国在已有的三套外资企业法基础上,于 1993 年正式颁布了《公司法》。此后,由于市场经济的深化和发展,我国《公司法》在 1999 年、2004 年、2005 年、2013 年以及 2018 年分别进行了 5 次修改。其中,2005 年的这次修订积极与世界潮流融合,以大量赋权型规范取代了强制性规则,在降低公司设立门槛、强化公司治理和劳动者参与、中小股东利益保护、法人人格否认等方面进行了重大突破和创新。回顾这一历程,不难发现,中国的公司制度从一开始就是国家主导的。正是国有企业的现代化改革引发了公司制度的产生,国家意志对公司法的历次修改起着主导作用。国家"自上而下"决定了中国公司制度的基本框架。今天来看,尽管商业实践对公司法律制度的影响正在增强,但国家力量仍然在当代中国公司制度发展中占据独特地位。

4. 当代公司制度的普遍困境

① 竞争秩序维护难度增大。古典经济学家假设了一种理想的竞争状态:企业在市场中互相竞争,为其他企业和消费者提供产品和服务,利己的消费者和生产者的行为仿佛由一只看不见的手指引着,达到了总体经济福利分配的均衡。但是,这仅仅是一种理想的假设,完美的市场运行在现实中并不存在,市场在运行中总是会出现这样或者那样的问题。企业垄断的出现就是一个代表,垄断企业的出现导致原有的价格机制在一定程度上失灵,市场竞争的有效性被削弱。为此,传统理论亦进行了修正,提出了市场失灵理论,并进一步指出,在市场失灵的情况下政府可以通过促进竞争、税收等手段对经济进行一定的干预。一般而言,这一理论构成了当今大多数公共经济评论及决策的理论依据。

正如波兰尼指出的那样:"自由市场"这个概念是经济理论构建的产物,而不是基于经验观察得出的结论。在以中心化和规模化为显著特征的互联网经济下,竞争秩序的维持显得愈发困难。首先,互联网经济一定程度上改变了原有的供求格局,竞争样态发生转变。以共享经济为例,在不改变所有权的情况下,共享经济通过盘活使用权打破了原有的供求方利益格局,而以信息提供者角色出现的各式互联网平台则超越了供求双方成为新的利益方。然而,共享经济的一大特征在于资源的有效配置依赖于足够的市场规模,这很容易形成平台的垄断和不当竞争。其次,互联网经济放大了企业竞争中的马太效应现象。当下,技术信息、用户数据等要素的价值正在被重新发掘。对于掌握了这些要素的企业而言,可以依靠大数据最大程度发掘潜在客户,在竞争中获得优势,凭借此种优势,其又可以获得更多的信息。在大数据和互联网技术的支持下,这种不可逆的马太效应现象正在被无限放大,从而导致维护竞争秩序的成本不

---

① 《中共中央关于建立社会主义市场经济体制若干问题的决定》,人民出版社 1993 年版,第 5 页。

② 《中共中央关于建立社会主义市场经济体制若干问题的决定》,人民出版社 1993 年版,第 7 页。

断升高。"在一个社会里,只有当社会总资本或者合并在唯一的资本家手中,或者合并在唯一的资本家公司手中的时候,集中才算达到极限。"① 马克思的批判从侧面说明了"竞争秩序"维护中的困境,特别是在反竞争行为难以避免的当下,原有的市场干预理论可能难以达到预期效果,需要在理论上作出新的回应。

② 公司经营异化。周期性的金融危机是萦绕在全世界经济之上的阴影。不管是三四百年前的荷兰郁金香狂热、英国南海泡沫,还是 20 世纪初的美国经济大萧条、90 年代亚洲金融危机,抑或 2008 年全球金融危机,都曾引发企业破产、失业陡增、经济衰退等一系列问题。根据国际货币基金组织的统计,仅在 20 世纪 70 年代至 2011 年期间,全球范围内就爆发了 147 次系统性银行危机、211 次货币危机和 66 次主权债务危机。频发的金融危机暴露了全球经济系统的重大缺陷,各国经济学家也对此展开了深刻的反思。虽然至今未能完全搞清危机爆发的个中缘由,但越来越多的学者开始注意到经济组织在危机中所起到的作用。美联储前主席艾伦·格林斯潘在接受国会质询时曾提出:"西方金融监管所赖以建立的理论本身存在缺陷,这种理论假定各种组织,特别是银行,具有自利性,因此他们有最好的能力保护股东和公司的利益,事实证明这一假设是错误的。"实践中,越来越多的公司开始追求短期利润,不再将企业重心放在企业经营和创新能力提升,而是通过股价操纵、资本运作等手段抬升股价获利,公司的生产和经营发生了异化,助推了金融风险的上升。

以商品和货物为交易对象的贸易活动是商业发展的早期形态。自人类社会诞生起,贸易就已经存在,社会生产的富余使得贸易有了得以存在的经济基础,并催生了以贸易为职业的商人群体。至古罗马时期,海上贸易和远距离货物运输的商业交易就已经大量存在。而早期的类似公司的商业组织也是以贸易为经营核心的。但随着社会生产力的提高,商业内涵扩张,贸易与生产走向了联合,公司经营也由传统贸易走向贸易与生产并重,并成为生产领域重要的组织形式。然而,资本市场出现后,公司经营方式再一次迎来了变革,公司股票和债券交易集中出现并快速发展,贸易、生产与资本的融合成为主流经营模式。一方面,资本市场的投资为公司提供了发展的动力支持;另一方面,资本市场为公司金融投资提供了渠道和场所。

资本助推了公司发展,但也带来了公司的"异化"。在"资本利润"的刺激下,对资本经营的好坏决定了公司的命运。越来越多的公司逐渐偏离了原有的经营模式,将主要的精力从提升产品质量转向依靠金融市场获取企业利润,甚至逐渐沦为资本运营的工具。在公司上市之后,公司的收益除了来自公司经营之外,更多的来自股价的涨跌,如何拉高股价成为公司普遍关注的问题,由此引发了股价操纵、虚假陈述、内幕交易等一系列金融乱象。此外,相比实体经济,金融投资具有周期短、回报率高等特征,而对基础创新和生产领域进行投资见效则要慢得多。本应借助公司由资本市场流入实体经济的资金事实上又回到了金融市场,并创造出庞大的虚拟增量,无形中助推了金融泡沫和经济风险。

③ 公司社会性缺失。中世纪时期,商人阶层一直在传统封建制度和宗教特权的夹缝中艰难生存,为了摆脱旧势力的压迫,实现商人阶层从专制国家控制中解放出来的愿望,资产阶级举起了经济自由的大旗。资产阶级革命胜利后,个体独立和自由主义思想为立法所确立。受此影响,近代商事立法大多将重心置于商人和商业行为本身,强调商人的意思自治,而对于其

---

① 马克思:《资本论》第 1 卷,人民出版社 1975 年版,第 688 页。

他社会主体则并未过多考虑。具体到公司法上,表现为法律对其他相关主体利益的忽视。长期以来,主流观点认为,股东价值最大化将实现最佳绩效,公司应主动追求利润最大化,以最大限度满足股东达到利润回报的要求。特别是在英国和美国,这种观点长期主导商业理论和实务。尽管营利是商事活动最为本质的特征,但单纯追求股东利益最大化很可能引发灾难性后果。现代社会普遍存在的环境污染、劳工矛盾以及经济危机都显示出股东利益最大化的弊端,公司法对其他利益主体的忽视成为诸多矛盾产生的根源。

在自给自足的自然经济条件下,个体依靠自身劳动即可维持自身的生存,因而个体之间相对独立。但是随着社会化大生产时代的来临,人与人则不可避免地联系了起来。大航海时代之后,整个世界开始逐步发展为一个统一的市场,在工业化和城市化的推动下,社会分工不仅在一国内部更在世界范围内展开,任何个体都成为社会不可分割的一部分,难以脱离社会而存在。对此,人们"只有以一定的方式共同活动和互相交换其活动,才能进行生产。为了进行生产,人们相互之间便发生一定的联系和关系"①。现代生产模式下,社会成员之间的联系已经成为一种常态,公司的经营也已经超越了公司及其股东而与其他社会群体普遍联系了起来。公司的诞生就是个体联合的结果,世界市场的形成则为公司的生产、经营活动提供了广阔的空间,而公司的生产和经营活动又与社会大众相联系。在过去的一百余年里,尤其在第二次世界大战之后,人们正是借助公司这样一种特殊的能够在不同私人群体和个体中产生连带关系的组织,化解了传统资本主义社会劳方和资方的对立冲突,公司成为各方共存的社会性组织体,不再是仅仅属于个人的财富。

尽管在德国、斯堪的纳维亚半岛、日本等地已经出现了部分公司在对股东和公司员工负责的基础上,将企业存在目标设定为促进长期生产并获得长期利润,但就世界范围来看,公司的社会性仍未引起足够的重视,公司法对公司的社会性问题缺乏足够的关注和重视。当公司成为超越私人利益的存在之后,公司的存续就不仅仅是股东个人的事情,一个公司的解散背后可能涉及一整个社会群体的基本生活。公司法不仅有义务造福股东和债权人,而且肩负着关心消费者、劳动者、社区利益、环境利益和社会公共利益的责任。

5. 公司制度改革是一国在国际竞争中胜出的重要推力

公司法律制度的良好与否不仅关系到一国内部的经济运行,也已经超越了国界,直接影响着该国能否在全球的竞争中取胜。从世界范围来看,公司制度的每一次创新都助力了相应国家的崛起。13 世纪,当欧洲还普遍沉浸在中世纪的黑暗之中时,意大利商人探索出了以国外信函和代理为基础的商业组织形态,并凭借这一首创,控制了东至君士坦丁堡西至伦敦的整个地区的贸易和银行业;16—17 世纪,当西班牙和葡萄牙还在坚持政府支持下的跨洋贸易模式时,英国、荷兰开创了"特许状模式",依靠私人投资的加入逐步超越了最早探索新航路的西班牙和葡萄牙;1602 年,荷兰人将他们的各种私营贸易公司合并成一家公司,并凭借东印度公司的扩张,形成了拥有庞大地域的大帝国;19 世纪,美国纽约州率先立法破除了源于英国的"特许设立"模式,公司设立成为一项普通权利,由此奠定了美国国内公司大发展和后来的国家崛起。

商法的发展是一个与时俱进、与时创新的过程,谁的创新性强,谁就占据主导地位。当下,

---

① 《马克思恩格斯选集》第一卷,人民出版社 1995 年版,第 344 页。

国际层面竞争已经呈现出白热化的状态,各个国家将在多个领域内展开全方位的竞争。中国如何发挥自身优势,在国际竞争中占有一席之地,实现中华民族伟大复兴,是非常现实的一个问题。在这一过程中,必须重视公司制度的创新,通过建立领先的公司制度,助推中国综合竞争力的提升。中国的改革和发展已经进入了深水区,中国所面临的现实问题很多是历史上其他国家未曾遇见的。公司法的改革不单单是一个部门法规则的修改,更是提升国家竞争力、推进社会改革的重要内容,从国际制度竞争层面认识公司法的改革是我们应当秉持的态度。

四、习题自测

(一) 单项选择题

1. 下列关于公司分类的表述哪一项是错误的?　(　　　)

A. 上市公司是典型的资合公司

B. 一人公司是典型的人合公司

C. 非上市股份公司是以资合为主兼具人合性质的公司

D. 有限责任公司是以人合为主兼具资合性质的公司

2. 甲公司是一家注册地在北京的有限责任公司,股东为王某、刘某、范某、方某4人。公司成立3年后,拟成立分公司或子公司以开拓市场。对此,下列表述正确的是(　　　)。

A. 在北京市设立分公司,不必申领分公司营业执照

B. 在北京市以外设立分公司,须经登记并领取营业执照,且须独立承担民事责任

C. 在北京市以外设立分公司,其负责人只能由4个股东中的一人担任

D. 在北京市以外设立子公司,即使是全资子公司,也须独立承担民事责任

3. 甲为某有限责任公司股东。关于公司对甲签发出资证明书,下列选项正确的是(　　　)。

A. 甲认缴公司章程规定的出资后,公司即须签发出资证明书

B. 出资证明书须载明甲和其他股东的姓名以及各自所缴纳的出资额

C. 出资证明书在法律性质上属于有价证券

D. 若甲遗失出资证明书,则其股东资格并不因此丧失

4. 某市房地产主管部门领导王大退休后,与甲、乙共同出资设立一家房地产公司。王大不想自己的名字出现在股东名册上,遂在未告知其弟王二的情况下,直接持王二的身份证等证件,将王二登记为公司股东,下列表述正确的是(　　　)。

A. 公司股东是王大

B. 公司股东是王二

C. 王大、王二均为公司股东

D. 公司债权人有权请求王二对公司债务承担相应责任

5. 甲、乙、丙、丁、戊5人共同设立一有限责任公司。出资协议约定甲以10万元现金出资,甲已缴纳6万元。某次公司股东会上,甲请求免除其剩余的4万元出资义务。股东会上的5名股东,4名股东同意,投反对票的丙向法院起诉,请求确认股东会决议无效。对此,下列说法正确的是(　　　)。

A. 决议无效,甲的债务未免除

B. 决议有效,甲的债务已免除

C. 决议须经全体股东同意才能有效

D. 决议属于可撤销,除甲以外的股东均享有撤销权

6. 风乐有限责任公司分立为大风有限责任公司和大乐有限责任公司,关于其对原债权人甲的关系,下列说法错误的是( )。

A. 风乐有限责任公司在分立前可与甲就债务偿还问题签订书面协议

B. 甲在接到分立通知书 30 日内,可要求风乐有限责任公司清偿债务或提供相应的担保

C. 甲可向分立后的大风有限责任公司和大乐有限责任公司主张连带清偿责任

D. 风乐有限责任公司在作出分立决议之日起 10 日内应通知甲

7. 某公司因受市场影响,连续 4 年业绩下滑,董事间长期不和,公司经营管理近乎瘫痪。股东甲遂提起解散公司诉讼,对此,下列说法正确的是( )。

A. 可同时提起清算公司的诉讼

B. 可向法院申请财产保全

C. 可将其他股东列为共同被告

D. 如法院就解散公司诉讼作出判决,仅对公司具有法律拘束力

8. 甲、乙、丙为某有限责任公司股东。现甲欲对外转让其股份,下列说法正确的是( )。

A. 甲须就此事书面通知乙、丙,并征求其意见

B. 在任何情况下,乙、丙均享有优先购买权

C. 在符合对外转让条件的情况下,受让人应当将股权转让款支付给公司

D. 未经工商变更登记,受让人不能取得股东资格

9. 下列关于一人公司的表述正确的是( )。

A. 国有企业不能设立一人公司

B. 一人公司发生人格或财产混同时,股东应当对公司债务承担连带责任

C. 一人公司的注册资本必须一次足额缴纳

D. 一个法人只能设立一个一人公司

10. 甲上市公司在成立 6 个月时召开股东大会,该次股东大会通过的下列决议中符合法律规定的是( )。

A. 公司董事、监事、高级管理人员持有的本公司股份可随时转让

B. 公司发起人持有的本公司股份自即日起可对外转让

C. 公司收回本公司已发行股份的 4% 用以未来 1 年内奖励员工

D. 决定与乙公司联合开发房地产,并要求乙公司以其持有的甲公司股份作为履行合同的质押担保

11. 甲大学毕业后准备自己创业,但为避免纠纷不愿意和他人合伙,他向学法律的朋友乙咨询,乙的下列建议符合法律规定的是( )。

A. 甲如果设立一人公司,则对企业债务不能清偿部分承担连带责任

B. 甲如果设立个人独资企业,则需要对企业债务承担无限连带责任

C. 甲如果设立个人独资企业,则需要对企业债务承担无限责任

D. 甲不论是设立一人公司还是个人独资企业,企业资产均由其享有所有权

12. 2021 年 6 月,张某出资 100 万元,设立昌盛有限责任公司(简称昌盛公司)(自然人独资),2022 年 1 月,张某又出资设立大华印染厂(个人独资企业),2021 年 3 月,昌盛公司欠刘某货款 80 万元,关于本案,下列哪一选项是正确的? (　　　)

　　A. 昌盛公司可以和大华印染厂共同出资设立一家有限责任公司

　　B. 张某在设立昌盛公司后不得再投资设立大华印染厂

　　C. 张某在设立昌盛公司后可以再投资设立一人公司

　　D. 刘某可以以张某为昌盛公司唯一股东为由,要求张某承担连带责任

13. 烽源有限责任公司(简称烽源公司)的章程规定,金额超过 10 万元的合同由董事会批准。蔡某是烽源公司的总经理。因公司业务需要车辆,蔡某便将自己的轿车租给烽源公司,并约定年租金 15 万元。后蔡某要求公司支付租金,股东们获知此事,一致认为租金太高,不同意支付。关于本案,下列哪一选项是正确的? (　　　)

　　A. 该租赁合同无效

　　B. 股东会可以解聘蔡某

　　C. 该章程规定对蔡某没有约束力

　　D. 烽源公司有权拒绝支付租金

14. 汪某为兴荣有限责任公司(简称兴荣公司)的股东,持股 34%。2022 年 5 月,汪某因不能偿还永平公司的货款,永平公司向法院申请强制执行汪某在兴荣公司的股权。关于本案,下列哪一选项是正确的? (　　　)

　　A. 永平公司在申请强制执行汪某的股权时,应通知兴荣公司的其他股东

　　B. 兴荣公司的其他股东自通知之日起 1 个月内,可主张行使优先购买权

　　C. 如汪某所持股权的 50% 在价值上即可清偿债务,则永平公司不得强制执行其全部股权

　　D. 如在股权强制拍卖中由丁某拍定,则丁某取得汪某股权的时间为变更登记办理完毕时

15. 彭兵是一家(非上市)股份有限公司的董事长,依公司章程规定,其任期于 2022 年 3 月届满。由于股东间的矛盾,公司未能按期改选出新一届董事会。此后,对于公司内部管理,董事间彼此推诿,彭兵也无心公司事务,使得公司随后的一项投资失败,损失 100 万元。对此,下列哪一选项是正确的? (　　　)

　　A. 因已届期,彭兵已不再是公司的董事长

　　B. 虽已届期,董事会成员仍须履行董事职务

　　C. 就公司 100 万元损失,彭兵应承担全部赔偿责任

　　D. 对彭兵的行为,公司股东有权提起股东代表诉讼

16. 唐宁是沃运股份有限公司(简称沃运公司)的发起人和董事之一,持有沃运公司 15% 的股份。因沃运公司未能上市,唐宁对沃运公司的发展前景担忧,欲将所持股份转让。关于此事,下列哪一说法是正确的? (　　　)

　　A. 唐宁可要求沃运公司收购其股权

　　B. 唐宁可以不经其他股东同意对外转让其股份

　　C. 若章程禁止发起人转让股份,则唐宁的股份不得转让

　　D. 若唐宁出让其股份,其他发起人可依法主张优先购买权

17. 李某和王某正在磋商物流公司的设立之事。通大公司出卖一批大货车,李某认为物流公司需要,便以自己的名义与通大公司签订了购买合同,通大公司交付了货车,但尚有 150 万元车款未收到。后物流公司未能设立。关于本案,下列哪一说法是正确的? (　　)

A. 通大公司可以向王某提出付款请求

B. 通大公司只能请求李某支付车款

C. 李某、王某对通大公司的请求各承担 50% 的责任

D. 李某、王某按拟定的出资比例向通大公司承担责任

18. 零盛公司的两个股东是甲公司和乙公司。甲公司持股 70% 并派员担任董事长,乙公司持股 30%。后甲公司将零盛公司的资产全部用于甲公司的一个大型投资项目,待债权人丙公司要求零盛公司偿还货款时,发现零盛公司的资产不足以清偿。关于本案,下列哪一选项是正确的? (　　)

A. 甲公司对丙公司应承担清偿责任

B. 甲公司和乙公司按出资比例对丙公司承担清偿责任

C. 甲公司和乙公司对丙公司承担连带清偿责任

D. 丙公司只能通过零盛公司的破产程序来受偿

(二)多项选择题

1. 甲、乙、丙、丁四人拟设立一家公司,就设立事宜分工负责,其中,丙负责租赁公司办公场所。因公司尚未成立,丙为方便起见,就以自己的名义与戊签订了租赁合同。关于租金债务及其责任,下列说法正确的是(　　)。

A. 无论公司是否成立,戊均可请求丙承担清偿责任

B. 公司成立后,如其使用该办公场所,戊可请求其承担清偿责任

C. 公司成立后,戊可请求公司承担清偿责任

D. 公司成立后,戊可请求公司和丙承担连带清偿责任

2. 甲、乙、丙三人共同设立一家有限责任公司。公司成立后,甲将其 20% 股权中的 5% 转让给第三人丁,丁通过受让股权成为公司股东。甲、乙均按期足额缴纳出资,但后来发现丙出资的设备实际价值明显低于公司章程所规定的数额。对此,下列表述错误的有(　　)。

A. 由丙补交其差额,甲、乙、丁对此承担连带责任

B. 由丙补交其差额,甲、乙对此承担连带责任

C. 丙应向甲、乙、丁承担违约责任

D. 丙应向甲、乙承担违约责任

3. 甲、乙、丙、丁四人欲设立一家有限责任公司,按照设立协议,甲以其持有的某房地产公司 20% 的股权出资。下列哪些情形会导致甲无法全面履行其出资义务? (　　)

A. 房地产公司的章程中对该公司股权是否可用于其他公司的出资无明确规定

B. 甲对房地产公司尚未履行完其出资义务

C. 甲已将其股权出质给债权人戊

D. 甲以其股权作为出资转让给该有限责任公司时,房地产公司的另一股东已主张行使优先购买权

4. 甲、乙、丙、丁四人欲设立一家有限责任公司,关于该公司的注册资本与出资,下列哪些表述是正确的? (　　)

A. 公司注册资本可以登记为 1 元人民币

B. 公司章程应载明其注册资本

C. 公司营业执照不必载明其注册资本

D. 公司章程可以要求股东出资须经验资机构验资

5. 甲为某公司董事长。公司债务人乙向该公司偿还 50 万元时,甲要求乙将该款打到自己指定的个人账户。随后,甲又将这笔借款借给丙,借期一年,年息 12%。下列表述正确的有(　　)。

A. 该 50 万元的所有权,应归属于公司

B. 甲因其行为已不再具有担任董事长的资格

C. 在乙善意时,其履行行为有效

D. 公司可要求甲返还利息

6. 甲、乙、丙、丁、戊五人设立了一家有限合伙企业,甲、乙、丙为普通合伙人,丁和戊为有限合伙人。丁经常与甲一同进行项目考察,并与客户进行业务洽谈。A 公司多次与甲、丁接洽,某天,丁以合伙企业名义与 A 公司签订了货物买卖协议。该协议约定,A 公司向合伙企业供应原材料一批,合伙企业支付货款 100 万元。后因合伙企业经营陷入困境,无法足额支付货款,下列说法正确的是(　　)。

A. 丁作为有限合伙人不得参与合伙企业事务的执行,丁的行为属于违反《合伙企业法》及合伙协议的行为

B. 丁擅自以合伙企业名义与 A 公司签订合同,意味着丁转变为普通合伙人

C. 对 A 公司的债务,应当先由合伙企业清偿,不足部分由甲、乙、丙、丁承担连带责任

D. 若合伙企业无法足额清偿对 A 公司所负的债务,戊仅以认缴的出资额为限承担责任

7. 张三、李四、王五、赵六四人设立一家有限合伙企业,其中张三和李四为普通合伙人,王五和赵六为有限合伙人。现有合伙人进行身份变更,下列说法正确的是(　　)。

A. 张三转变为有限合伙人,须经全体合伙人一致同意,并对身份变更之前的债务承担无限连带责任

B. 王五转变为普通合伙人,须经全体合伙人一致同意,对身份变更之前的债务以其认缴的出资额为限承担有限责任

C. 若王五和赵六均转变为普通合伙人,则合伙企业应当变更登记为普通合伙企业

D. 若张三和李四均转变为有限合伙人,因所有合伙人均承担有限责任,合伙企业可变更登记为有限责任公司

8. 湘星公司成立于 2017 年,甲、乙、丙三人是其股东,出资比例为 7:2:1,公司经营状况良好。2022 年初,为拓展业务,甲提议公司注册资本增资 1 000 万元。关于该增资程序的有效完成,下列哪些说法是正确的? (　　)

A. 三位股东不必按原出资比例增资

B. 三位股东不必实际缴足增资

C. 公司不必修改公司章程

D. 公司不必办理变更登记

9. 2021年6月，甲、乙、丙三人共同发起设立了绿翠林木有限责任公司，其中甲持股比例为30%，乙持股比例为60%（至今未按约定履行出资义务），丙持股比例为10%。乙担任公司法定代表人，丙担任公司唯一的监事。2022年1月，乙违反公司内部制度，违规决议绿翠林木有限责任公司为本人提供担保，给公司造成损失100万元，而公司并未向其主张责任。下列说法正确的是（　　）。

A. 甲有权提议召开临时股东会会议变更法定代表人

B. 甲有权直接要求乙赔偿其股权价值下降的损失

C. 甲有权提起股东代表诉讼，要求乙向自己承担赔偿责任

D. 甲有权直接要求乙向公司履行出资义务

10. 2022年1月，李楠、张小北、鲁四方、贺长春四人出资创办了联合轨道配件有限责任公司，公司章程约定李楠认缴出资400万元、其他三人分别认缴出资200万元，出资期限为公司成立后3个月内缴足。至2022年年末，经公司多次催告，李楠仍未缴纳出资，公司召开股东会会议，通过了对李楠除名的决议（张、鲁、贺三方股东同意，李楠未出席）。对此，下列说法正确的是（　　）。

A. 李楠系该公司重要股东，其未出席此次股东会会议，该决议无效

B. 对李楠除名的决议，李楠有利害关系，不应有表决权，该决议有效

C. 在李楠除名相关登记事项变更完成之前，若公司有对外债务不能清偿，李楠仍需承担补充赔偿责任

D. 公司对李楠除名后，应当及时办理相应的减资程序，或安排其他主体缴纳相应的出资

11. 灿烂星空有限责任公司由陈家成和田万里于2020年创办，其中陈家成持有公司67%的股权，并担任董事长、法定代表人。公司章程规定，只要公司可分配利润超过10万元，即向田万里分配10万元，剩余部分向陈家成分配。2021年，公司业务不佳，扣除公积金后，可分配利润仅为11万元。当年股东会会议中，陈家成以田万里业务能力差、贡献少为由，主张全部可分配利润分配给自己，不向田万里分配。该决议两股东均签字，但田万里注明了反对意见。据此，当年全部利润均分配给了陈家成。对此，下列说法正确的是（　　）。

A. 田万里可以主张该决议无效

B. 田万里可以主张撤销该决议

C. 田万里可以主张公司赔偿其损失

D. 田万里可以主张陈家成赔偿其损失

12. 胡铭是从事进出口贸易的茂福公司的总经理。姚顺曾短期任职于该公司，2022年初离职。2022年12月，姚顺发现自己被登记为贝达公司的股东。经查，贝达公司实际上是胡铭与其友张莉、王威共同设立的，也从事进出口贸易。胡铭为防止茂福公司发现自己的行为，用姚顺留存的身份信息等材料，将自己的股权登记在姚顺名下。就本案，下列哪些选项是错误的？（　　）

A. 姚顺可向贝达公司主张利润分配请求权

B. 姚顺有权参与贝达公司股东会并进行表决

C. 在姚顺名下股权的出资尚未缴纳时，贝达公司的债权人可向姚顺主张补充赔偿责任

D. 在姚顺名下股权的出资尚未缴纳时，张莉、王威只能要求胡铭履行出资义务

13. 茂森股份公司(简称茂森公司)效益一直不错,为提升公司治理现代化,增强市场竞争力并顺利上市,公司决定重金聘请知名职业经理人王某担任总经理。对此,下列哪些选项是正确的? (　　)

A. 对王某的聘任以及具体的薪酬,由茂森公司董事会决定

B. 王某受聘总经理后,就其职权范围的事项,有权以茂森公司名义对外签订合同

C. 王某受聘总经理后,有权决定聘请其好友田某担任茂森公司的财务总监

D. 王某受聘总经理后,公司一旦发现其不称职,可通过股东会决议将其解聘

14. 甲、乙、丙等拟以募集方式设立厚亿股份公司。经过较长时间的筹备,公司设立的各项事务逐渐完成,现大股东甲准备组织召开公司创立大会。下列哪些表述是正确的? (　　)

A. 厚亿股份公司的章程应在创立大会上通过

B. 甲、乙、丙等出资的验资证明应由创立大会审核

C. 厚亿股份公司的经营方针应在创立大会上决定

D. 设立厚亿股份公司的各种费用应由创立大会审核

15. 赵某、钱某、孙某、李某、周某五人是鸿机有限责任公司股东,其中赵某持有公司股权比例为1%;钱某持有公司股权比例为2%;孙某持有公司股权比例为17%,但孙某与好友刘飞签订了股权代持协议,约定好友刘飞实际出资,且享受投资收益;李某持有公司股权比例为30%;周某持有公司股权比例为50%,且担任公司董事长。公司章程规定,持股比例低于5%的股东不得查阅公司会计账簿。对此,下列说法正确的是(　　)。

A. 赵某无权查阅公司会计账簿

B. 孙某无权查阅公司会计账簿

C. 刘飞无权查阅公司会计账簿

D. 李某有权查阅并复制公司会计账簿

(三) 不定项选择题

1. 甲公司欲单独出资设立一家子公司。则下列说法正确的有(　　)。

A. 子公司不设董事会,可任命一名执行董事

B. 子公司可自己单独出资再设立一家全资子公司

C. 子公司的法定代表人应当由甲公司的法定代表人担任

D. 子公司的经营范围不能超过甲公司的经营范围

2. 关于股份有限公司的设立,下列表述正确的有(　　)。

A. 股份有限公司的发起人最多为200人

B. 发起人之间的关系性质属于合伙关系

C. 采取募集设立时,发起人不能分期缴纳出资

D. 发起人之间如发生纠纷,该纠纷的解决应适用《民法典》合同编和《公司法》

3. 甲、乙、丙各出资40万元欲设立一家有限责任公司。因乙与其妻戊正在闹离婚,为避免纠纷,乙与其弟小乙商定,由小乙出面与甲、丙设立公司,但出资与相应的投资收益归乙。公司成立后,登记的股东为甲、小乙、丙。关于乙与小乙的约定,下列表述正确的有(　　)。

A. 二人间约定有效

B. 对公司而言,小乙具有股东资格

C. 在与乙的离婚诉讼中,戊可要求分割乙实际享有的股权

D. 乙可以以实际履行出资义务为由,要求公司变更自己为股东

4. 甲公司于 2022 年 1 月依法成立,现有以下数名董事人选,依据《公司法》规定,下列不可担任公司董事的有(   )。

A. 赵某,因担任公司负责人犯重大责任事故罪被判处 3 年有期徒刑,2017 年刑满释放

B. 钱某,与他人共同投资一家有限责任公司,持股 70%,该公司长期经营不善,负债累累,最终于 2019 年被宣告破产

C. 孙某,2020 年 1 月向他人借款 100 万元,为期两年,但因资金被股市套牢至今未清偿

D. 李某,乙公司董事长的儿子,刚满 13 岁

5. 某有限责任公司股东申请法院对公司进行司法清算,法院为其指定相关人员成立清算组。下列人员中,可以成为清算组成员的有(   )。

A. 公司债权人甲   B. 公司董事长乙

C. 公司财务总监丙   D. 公司聘请的某律师事务所

6. 星煌公司是一家上市公司。现董事长吴某就星煌公司向坤诚公司的投资之事准备召开董事会。因公司资金比较紧张,且其中一名董事梁某的妻子又在坤诚公司任副董事长,有部分董事对此投资事宜表示异议。关于本案,下列哪些选项是正确的? (   )

A. 梁某不应参加董事会表决

B. 吴某可代梁某在董事会上表决

C. 若参加董事会人数不足,则应提交股东大会审议

D. 星煌公司不能投资于坤诚公司

7. 源圣公司有甲、乙、丙三位股东,2015 年 10 月,源圣公司发现某环保项目发展前景可观,为解决资金不足的问题,经人推荐,霓美公司出资 1 亿元现金入股源圣公司,并办理了股权登记。增资后,霓美公司持股 60%,甲持股 25%,乙持股 8%,丙持股 7%。霓美公司总经理陈某兼任源圣公司董事长。2015 年 12 月,霓美公司在陈某授意下,将当时出资的 1 亿元现金全部转入霓美公司旗下的天富公司账户,用于投资房地产。后源圣公司因现金不足最终未能获得该环保项目,前期投入的 500 万元也无法收回。陈某忙于天富公司的房地产投资事宜,对此事并不关心。

(1) 针对公司现状,甲、乙、丙认为应当召开源圣公司股东会,但陈某拒绝召开,而公司监事会对此事保持沉默。下列说法正确的是(   )。

A. 甲可召集和主持股东会

B. 乙可召集和主持股东会

C. 丙可召集和主持股东会

D. 甲、乙、丙可共同召集和主持股东会

(2) 就源圣公司前期投入到环保项目中的 500 万元的损失问题,甲、乙、丙认为应当向霓美公司索赔,多次书面请求监事会无果。下列说法正确的是(   )。

A. 甲可以起诉霓美公司

B. 乙、丙不能起诉霓美公司

C. 若甲起诉并胜诉获赔,则赔偿款归甲

D. 若甲起诉并胜诉获赔,则赔偿款归源圣公司

8. 钱某为某上市公司的董事,赵某为该公司的职工代表监事。该公司为钱某、赵某支出的下列哪些费用须经公司股东会批准? (　　　)

A. 钱某的年薪　　　　　　　　　　B. 钱某的董事责任保险费

C. 赵某的差旅费　　　　　　　　　D. 赵某的社会保险费

9. 张某、李某为甲公司的股东,分别持股 65% 与 35%,张某为公司董事长。为谋求更大的市场空间,张某提出吸收合并乙公司的发展战略。关于甲公司的合并行为,下列哪些表述是正确的? (　　　)

A. 只有取得李某的同意,甲公司内部的合并决议才能有效

B. 在合并决议作出之日起 15 日内,甲公司须通知其债权人

C. 债权人自接到通知之日起 30 日内,有权对甲公司的合并行为提出异议

D. 合并乙公司后,甲公司须对原乙公司的债权人负责

10. 因公司章程所规定的营业期限届满,蒙玛有限公司进入清算程序。关于该公司的清算,下列哪些选项是错误的? (　　　)

A. 在公司逾期不成立清算组时,公司股东可直接申请法院指定组成清算组

B. 公司在清算期间,由清算组代表公司参加诉讼

C. 债权人未在规定期限内申报债权的,不得补充申报

D. 法院组织清算的,清算方案报法院备案后,清算组即可执行

11. 关于公司的财务行为,下列哪些选项是正确的? (　　　)

A. 在会计年度终了时,公司须编制财务会计报告,并自行审计

B. 公司的法定公积金不足以弥补以前年度亏损时,则在提取本年度法定公积金之前,应先用当年利润弥补亏损

C. 公司可用其资本公积金来弥补公司的亏损

D. 公司可将法定公积金转为公司资本,但所留存的该项公积金不得少于转增前公司注册资本的 25%

12. 顺昌有限公司等五家公司作为发起人,拟以募集方式设立一家股份有限公司。关于公开募集程序,下列哪些表述是正确的? (　　　)

A. 发起人应与依法设立的证券公司签订承销协议,由其承销公开募集的股份

B. 证券公司应与银行签订协议,由该银行代收所发行股份的股款

C. 发行股份的股款缴足后,须经依法设立的验资机构验资并出具证明

D. 由发起人主持召开公司创立大会,选举董事会成员、监事会成员与公司总经理

(四) 简答题

1. 公司发起人的责任有哪些?

2. 股份的种类有哪些?

3. 隐名出资的股权如何确认?

4. 公司解散会产生什么效力?

5. 有限责任公司股东转让出资须符合哪些规定?

（五）论述题

1. 试述公司合并与分立的形式、程序与法律后果。

2. 试述公司资本的构成与公司资本制度的类型。

3. 试述公司各组织机构的地位及其主要职权。

（六）案例分析题

1. 大青公司是一家从事餐饮业务的有限责任公司,在成立之时,该公司章程作出约定:"公司股权不向公司以外的任何团体和个人出售、转让。公司改制一年后,经董事会批准后可在公司内部赠与、转让和继承。持股人死亡或退休的,其股权经董事会批准后方可继承、转让或由企业收购,持股人若辞职、调离或被辞退、解除劳动合同的,人走股留,所持股份由企业收购……","本章程由全体股东共同认可,自公司设立之日起生效"。该公司章程经大青公司全体股东签名通过。

王某系大青公司员工,出资 2 万元成为大青公司的自然人股东。公司成立 5 年之后,王某向公司提出解除劳动合同,并申请退出其所持有的公司的 2 万元股份。经大青公司法定代表人同意,王某领到退出股金款 2 万元整。同时,大青公司召开年度股东大会,大会应到股东107 人,实到股东 104 人,代表股权占公司股份总数的 93%,会议审议通过了王某股东退股的申请并决议"其股金暂由公司收购保管,不得参与红利分配"。后王某以大青公司的回购行为违反法律规定,未履行法定程序且公司法规定股东不得抽逃出资等,请求依法确认其具有股东资格。

根据所学知识,你认为大青公司章程所作出的约定是否有效？ 王某是否具有股东资格？

2. 天艺公司是一家成立于 2018 年的公司,邵某与石某系该公司股东,各占 50% 的股份,邵某任公司法定代表人及执行董事,石某任公司总经理兼公司监事。天艺公司章程明确规定:股东会的决议须经代表 1/2 以上表决权的股东通过,但对公司增加或减少注册资本、合并、解散、变更公司形式、修改公司章程作出决议时,必须经代表 2/3 以上表决权的股东通过。股东会会议由股东按照出资比例行使表决权。2022 年起,尽管公司仍处于盈利状态,但邵某与石某两人之间的矛盾逐渐显现。同年 5 月 9 日,邵某提议并通知召开股东会,由于石某认为邵某没有召集会议的权利,会议未能召开。同年 6 月 6 日、8 月 8 日、9 月 16 日、10 月 10 日、10 月 17日,邵某委托律师向天艺公司和石某发函称,因股东权益受到严重侵害,邵某作为享有公司股东会 1/2 表决权的股东,已按公司章程规定的程序表决并通过了解散天艺公司的决议,要求石某提供天艺公司的财务账册等资料,并对天艺公司进行清算。石某回函称,邵某作出的股东会决议没有合法依据,石某不同意解散公司。邵某遂诉至法院,要求解散天艺公司。

请根据所学知识判断,邵某是否可以要求解散天艺公司。

第五章　非公司企业法

一、学 习 目 标

（一）理解

1. 全面理解非公司企业作为商事主体的属性。

2. 比较和把握非公司企业与公司企业、各类非公司企业之间的差异。

3. 全面理解国家专门制定各类非公司企业法律制度的重要目的。

（二）熟悉

1. 熟悉个人独资企业的概念、特征以及个人独资企业的解散与清算的相关法律规定。

2. 熟悉合伙企业设立和运行的相关法律规定，特别要熟悉合伙企业的财产与责任承担以及合伙企业的变更、解散与清算的相关法律要求。

（三）掌握

1. 非公司企业与公司在设立、组织、活动和解散过程中权利义务方面的差异。

2. 重点掌握个人独资企业与合伙企业的法律属性及其在债务承担方面与公司企业的差异。

3. 国家有关非公司企业立法的基本情况。

二、知识结构图

第五章　非公司企业法—知识结构图

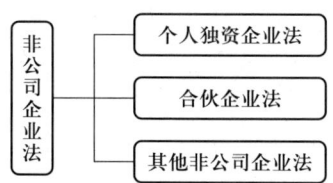

第一节　个人独资企业法—知识结构图

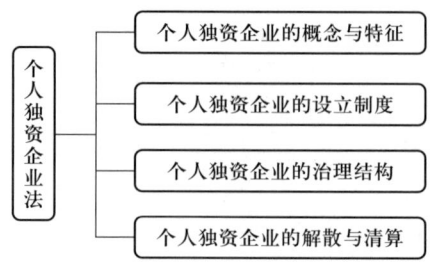

第二节　合伙企业法—知识结构图

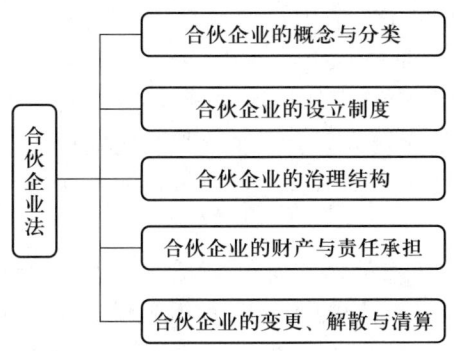

第三节　其他企业法—知识结构图

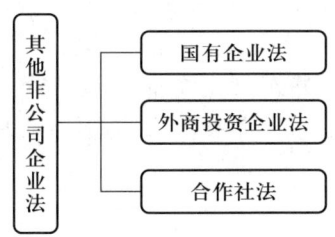

三、重点难点解析

(一) 重点内容

1. 个人独资企业法部分

(1) 个人独资企业,也称独资企业、单一业主制企业,或独资商号、独资所有制、单人公司、个体企业等,是指由一个自然人投资,财产为投资者个人所有,投资人以其个人财产对企业债务承担无限责任的经营实体。个人独资企业的产权属于业主所有,企业的收入和亏损与业主的收入和亏损具有同一性,企业的债务实质上是业主的债务。

(2) 个人独资企业是与公司企业、合伙企业并存的三大企业法律形态,其投资主体只能是一个自然人,不具有法人资格。投资人对企业财产享有所有权和经营管理权,且对企业的债务承担无限责任。

个人独资企业具有以下法律特征:① 从投资主体来看,我国的个人独资企业的投资主体只能是一个自然人,并且应当是具备完全民事行为能力的自然人。当然,依据法律规定,如在国家立法、行政、司法、党政机关中工作的公务员,商业银行人员等不得成为我国个人独资企业的投资人。投资人只能是自然人,不能是法人和其他组织,且须具有中国国籍。② 从法律地位来看,个人独资企业不具有法人资格。个人独资企业与投资人的财产、责任的混同使其从根本上失去了法人成立的基础,这也决定了其不具有法人资格。③ 从财产独立性来看,投资人对企业财产依法享有所有权和经营管理权,个人独资企业的财产由两部分构成,即投资人投入企业的财产和企业经营中积累的财产。实际上,投资人的意思与企业的意思完全相同,个人独资企业的财产由投资人支配和管理,因此个人独资企业不同于其他企业财产管理方式,企业本身不具有财产独立性,企业也不享有财产所有权,财产本质上归投资人个人所有。当然,投资人的个人财产与个人独资企业的财产还是具有一定区别的,至少企业在财务制度上是相对独立于投资者的其他财产的。④ 从责任角度来看,投资人以其个人财产对企业的债务承担无限责任。因为个人独资企业的投资人只有一个自然人,企业也不具备完全独立的财务,不享有独立的法人资格,因此个人独资企业不具有完全的民事行为能力,也不能独立对外承担民事责任。

(3) 个人独资企业的设立必须符合我国《个人独资企业法》规定的五个方面的条件:① 投资人只能是一个自然人,自然人以外的团体或者组织投资设立企业时,通常将其按照一人公司对待。自然人必须具有相应的民事权利能力和完全民事行为能力,且必须具有中国国籍。② 有合法的企业名称。与自然人一样,拥有合法的名称是企业从事经济活动的必要条件,是企业区别于其他民事主体的重要标志。个人独资企业具有相对独立的法律人格,应有自己的名称。③ 有投资人申报的出资。《个人独资企业法》仅要求投资人申报与其申办企业规模相当的经营资金,也即"申报出资",并未规定企业的最低资本限额。④ 有固定的生产经营场所和必要的生产经营条件,这是企业开展经营活动不可或缺的物质基础。⑤ 有必要的从业人员。

2. 合伙企业法部分

合伙企业按照合伙人对合伙企业承担责任的形式标准可以分为普通合伙企业和有限合伙企业,这是最为典型的合伙企业分类方式。① 普通合伙企业,是指由普通合伙人组成,合伙人对合伙企业债务承担无限连带责任的合伙企业。合伙企业的人合性属性最强,在合伙企业的成立及运行中,合伙人之间的信任显得尤为重要。普通合伙还可以分为一般普通合伙与特殊普通合伙。一般普通合伙由 2 人以上的普通合伙人订立合伙协议,全体合伙人对合伙企业债务承担无限连带责任。特殊普通合伙,指以专业知识和专门技能为客户提供有偿服务,合伙企业中部分合伙人对企业债务承担无限责任或者无限连带责任,部分合伙人以其在合伙企业中的财产份额为限承担责任的专业服务机构。② 有限合伙企业是由普通合伙人和有限合伙人组成,普通合伙人对合伙企业债务承担无限连带责任,有限合伙人以其在合伙企业中的出资额为限对合伙企业债务承担责任的企业。我国《合伙企业法》第 61 条对有限合伙企业中的合伙人人数作出了规定,有限合伙企业由 2 个以上 50 个以下合伙人设立;但是,法律另有规定的除外。有限合伙企业至少应当有一个普通合伙人。

(1) 设立合伙企业。根据《合伙企业法》的规定,普通合伙企业的设立应当具备下列条件:① 有 2 个以上合伙人。合伙人为自然人,也可以是法人或者其他组织,但是合伙人应当具有完全民事行为能力。根据法律规定,国有独资公司、国有企业、上市公司以及公益性的事业单位、社会团体不得成为普通合伙人,法律、行政法规禁止从事营利性活动的人,不得成为合伙企业的合伙人。② 有书面合伙协议,这是合伙企业成立的法律基础。③ 有合伙人认缴或者实际缴付的出资,普通合伙人可以用货币、实物、知识产权、土地使用权或者其他财产权利出资,也可用劳务出资。其中,合伙人以实物、知识产权、土地使用权或者其他财产权利出资,需要评估作价的,可以由全体合伙人协商确定,也可以由全体合伙人委托法定评估机构评估。④ 有合伙企业的名称和生产经营场所,普通合伙企业名称中应当标明"普通合伙"字样。⑤ 法律、行政法规规定的其他条件。

(2) 书面合伙协议。合伙人订立合伙协议,需要注意以下几点:① 合伙协议应当遵循自愿、平等、公平、诚实信用原则;② 合伙人以劳务出资的,其评估办法由全体合伙人协商确定,并在合伙协议中载明;③ 合伙协议经全体合伙人签名、盖章后生效。合伙人按照合伙协议享有权利,履行义务。修改或者补充合伙协议,应当经全体合伙人一致同意;但是,合伙协议另有约定的除外。合伙协议未约定或者约定不明确的事项,由合伙人协商决定;协商不成的,依照本法和其他有关法律、行政法规的规定处理。

依据《合伙企业法》第18条规定,合伙协议应当载明下列事项:① 合伙企业的名称和主要经营场所的地点;② 合伙目的和合伙经营范围;③ 合伙人的姓名或者名称、住所;④ 合伙人的出资方式、数额和缴付期限;⑤ 利润分配、亏损分担方式;⑥ 合伙事务的执行;⑦ 入伙与退伙;⑧ 争议解决办法;⑨ 合伙企业的解散与清算;⑩ 违约责任。

(3) 合伙企业财产。《合伙企业法》第20条规定,合伙人的出资、以合伙企业名义取得的收益和依法取得的其他财产,均为合伙企业的财产。由此可见,合伙企业的财产包括合伙人的出资和合伙企业的收益。① 合伙人的出资,是合伙人在设立合伙企业时,向合伙企业实际缴付的财产或财产权利。② 合伙企业的收益,是指合伙企业在经营过程中以自己的名义取得的各项财产或财产权利。

(4) 合伙企业的责任承担。① 利润分配和亏损分担。《合伙企业法》第33条规定,合伙企业的利润分配、亏损分担,按照合伙协议的约定办理;合伙协议未约定或者约定不明确的,由合伙人协商决定;协商不成的,由合伙人按照实缴出资比例分配、分担;无法确定出资比例的,由合伙人平均分配、分担。合伙协议不得约定将全部利润分配给部分合伙人或者由部分合伙人承担全部亏损。② 合伙企业承担的具体责任。合伙企业是法律主体,合伙企业的财产在合伙企业存续期间,具有稳定性。当合伙企业对外产生债务时,合伙企业应当以其营业的所有财产,对外承担清偿责任。《合伙企业法》第39条至第42条第1款作出了详细规定:① 合伙企业不能清偿到期债务的,合伙人承担无限连带责任。② 合伙人由于承担无限连带责任,清偿数额超过其亏损分担比例的,有权向其他合伙人追偿。③ 合伙人发生与合伙企业无关的债务,相关债权人不得以其债权抵销其对合伙企业的债务;也不得代位行使合伙人在合伙企业中的权利。④ 合伙人的自有财产不足清偿其与合伙企业无关的债务的,该合伙人可以以其从合伙企业中分取的收益用于清偿;债权人也可以依法请求法院强制执行该合伙人在合伙企业中的财产份额用于清偿。

(5) 合伙人的债务清偿。合伙企业对其债务,应先以其全部财产进行清偿。合伙企业不能清偿到期债务的,合伙人承担无限连带责任。涉及合伙人的与合伙企业无关的债务时,遵循以下规定:① 合伙人发生与合伙企业无关的债务,相关债权人不得以其债权抵销其对合伙企业的债务;也不得代位行使合伙人在合伙企业中的权利。② 合伙人的自有财产不足清偿其与合伙企业无关的债务的,该合伙人可以以其从合伙企业中分取的收益用于清偿;债权人也可以依法请求法院强制执行该合伙人在合伙企业中的财产份额用于清偿。同时,法院强制执行合伙人的财产份额时,应当通知全体合伙人,其他合伙人有优先购买权;其他合伙人未购买,又不同意将该财产份额转让给他人的,依照合伙人退伙办理结算,退还退伙人的财产份额,或者办理削减该合伙人相应财产份额的结算。

(6) 合伙企业的解散。合伙人虽然有权自主决定,或者是依法作出决定,仍然需要遵循一定的规范。我国《合伙企业法》第85条明确规定,合伙企业有下列情形之一的,应当解散:① 合伙期限届满,合伙人决定不再经营;② 合伙协议约定的解散事由出现;③ 全体合伙人决定解散;④ 合伙人已不具备法定人数满30天;⑤ 合伙协议约定的合伙目的已经实现或者无法实现;⑥ 依法被吊销营业执照、责令关闭或者被撤销;⑦ 法律、行政法规规定的其他原因。除此以外,当有限合伙企业仅剩有限合伙人的,应当解散有限合伙企业。

(7) 合伙企业的清算。合伙企业的清算,是指合伙企业解散后,为了终止合伙企业的法律关系,依法确定清算人,了结合伙事务,清理债权债务,分配剩余财产,终止合伙关系的程序。需要注意的是,合伙企业的解散是合伙企业终止的原因,合伙企业解散后,完成了清算程序,办理了注销登记,合伙企业才会消灭。

(8) 合伙企业债务的清偿。合伙企业财产清算结束后,开始清偿企业债务,合伙企业的财产原则上按照下列顺序清偿:① 清算费用;② 合伙企业所欠职工工资和社会保险费用;③ 法定补偿金以及所欠税款;④ 其他债务。按照以上顺序清偿完毕后,如果仍有剩余财产的,按照《合伙企业法》第33条第1款进行分配,即合伙企业的财产分配按照合伙协议的约定办理;合伙协议未约定或者约定不明确的,由合伙人协商决定;协商不成的,由合伙人按照实缴出资比例分配、分担;无法确定出资比例的,由合伙人平均分配、分担。

清算报告及注销登记。清算结束,清算人应当编制清算报告,经全体合伙人签名、盖章后,合伙企业应当在15日内向企业登记机关报送清算报告,申请办理合伙企业注销登记。办理注销登记后,合伙企业自注销登记之日起终止。合伙企业注销后,原普通合伙人对合伙企业存续期间的债务仍应承担无限连带责任。合伙企业不能清偿到期债务的,债权人可以依法向法院提出破产清算申请,也可以要求普通合伙人清偿。合伙企业依法被宣告破产的,普通合伙人对合伙企业债务仍应承担无限连带责任。

3. 特殊的普通合伙企业

(1) 特殊的普通合伙企业是以专业知识和专门技能为客户提供有偿服务的专业服务机构。特殊的普通合伙企业名称中应当标明"特殊普通合伙"字样。特殊的普通合伙企业,仍然属于普通合伙企业,因此特殊的普通合伙企业的设立、入伙、退伙、执行合伙事务等方面依然按照普通合伙企业的相关规定。

(2) 特殊的普通合伙企业的责任方式比较特殊,《合伙企业法》规定,其一般应按照以下规则承担责任:① 一个合伙人或者数个合伙人在执业活动中因故意或者重大过失造成合伙企业债务的,应当承担无限责任或者无限连带责任,其他合伙人以其在合伙企业中的财产份额为限承担责任。合伙人在执业活动中非因故意或者重大过失造成的合伙企业债务以及合伙企业的其他债务,由全体合伙人承担无限连带责任。② 合伙人执业活动中因故意或者重大过失造成的合伙企业债务,以合伙企业财产对外承担责任后,该合伙人应当按照合伙协议的约定对给合伙企业造成的损失承担赔偿责任。

(3) 特殊的普通合伙企业的执业风险基金和职业保险。《合伙企业法》明确规定,特殊的普通合伙企业应当建立执业风险基金、办理职业保险。执业风险基金用于偿付合伙人执业活动造成的债务。执业风险基金应当单独立户管理。具体管理办法由国务院规定。

（二）难点内容

1. 个人独资企业法部分

个人独资企业的治理结构，主要体现在业主的权利义务、个人独资企业的权利义务和个人独资企业的事务管理三个方面。

业主的权利主要包括：① 个人独资企业的投资人对企业的财产依法享有所有权；② 个人独资企业投资人的有关权利可以依法进行转让或继承；③ 个人独资企业投资人对企业的生产经营活动享有完全的决策权、管理权和监督权；④ 若委托或者聘用人员管理企业事务，对委托人或者被聘用人员管理个人独资企业事务的行为有监督权，若发现受托人或者被聘用人员违反合同或有其他不法行为时，可撤销委托或解除聘用关系；⑤ 有扩大企业经营规模，设置分支机构的权利。

业主的义务和责任包括：依法纳税；以个人财产对个人独资企业债务承担无限责任。个人独资企业的权利主要有：① 依法取得贷款；② 依法取得土地使用权；③ 拒绝摊派权；④ 法律法规规定的其他权利。个人独资企业的义务主要包括：① 依法开展经营活动，不得从事法律禁止从事的业务；② 依法建立财务会计制度；③ 依法维护职工权益；④ 履行环境保护等其他义务。

个人独资企业的事务管理主要有自行管理、委托管理和聘任管理三种模式。自行管理，即由个人独资企业投资人本人对企业的经营事务直接进行管理，在实践中适用于单一经营、技术含量低或者经营规模较小的企业，投资人适合自行管理企业事务。委托管理和聘任管理指投资人委托或者聘用他人管理个人独资企业事务，与受托人或者被聘用的人签订书面合同，明确委托的具体内容和授予的权利范围。受托人或者被聘用的人应当履行诚信、勤勉义务，按照与投资人签订的合同负责个人独资企业的事务管理。通过书面合同明确投资人和受托人或者被聘用的人相应的权利义务，有利于企业事务执行，便于投资人监督企业事务执行人，也有利于发生纠纷时明确相应的责任，投资人对受托人或者被聘用的人职权的限制，不得对抗善意第三人。

法律对个人独资企业作出的法定限制：根据《个人独资企业法》第 20 条规定，投资人委托或者聘用的管理个人独资企业事务的人员不得有下列行为：第一，利用职务上的便利，索取或者收受贿赂；第二，利用职务或者工作上的便利侵占企业财产；第三，挪用企业的资金归个人使用或者借贷给他人；第四，擅自将企业资金以个人名义或者以他人名义开立账户储存；第五，擅自以企业财产提供担保；第六，未经投资人同意，从事与本企业相竞争的业务；第七，未经投资人同意，同本企业订立合同或者进行交易；第八，未经投资人同意，擅自将企业商标或者其他知识产权转让给他人使用；第九，泄露本企业的商业秘密；第十，法律、行政法规禁止的其他行为。

2. 合伙企业法部分

合伙企业的治理结构主要从合伙人的权利和义务、合伙企业事务的执行和合伙企业事务执行的后果三个方面体现出来。

（1）合伙人的权利和义务

合伙人的权利。合伙人对合伙事务的执行享有同等的权利。这些权利包括：① 对合伙企业财产享有的权利；② 合伙企业经营效益好，需扩大投资规模时，合伙人有权优先投资；③ 合伙人经全体合伙人同意对外转让其财产份额时，在同等条件下，其他合伙人享有优先受让权；

④ 经营管理权；⑤ 监督检查权；⑥ 获得补偿的权利。合伙企业对合伙人在处理正常业务，以及维持企业的业务或财产所支出的一切必要费用，应当予以补偿。

合伙人的义务。合伙人的义务主要包括：① 缴纳出资的义务；② 诚实合作，勤勉敬业的义务；③ 竞业禁止的义务。合伙人不得从事对合伙企业不利的活动。法律对具体合伙人的要求不同，普通合伙人不得自营或者同他人合作经营与本合伙企业相竞争的业务。而有限合伙人可以自营或者同他人合作经营与本有限合伙企业相竞争的业务；但是，合伙协议另有约定的除外。

(2) 合伙企业事务的执行

合伙企业事务的执行。合伙企业事务的执行主要是为了实现合伙目的而进行的业务活动，合伙企业不具备法人资格，通过事务执行人来从事经营活动。按照合伙协议的约定或者经全体合伙人决定，可以委托一个或者数个合伙人对外代表合伙企业，执行合伙事务。作为合伙人的法人、其他组织执行合伙事务的，由其委派的代表执行。按照《合伙企业法》的规定，合伙事务执行的形式可以有以下几种：① 委托一个或者数个合伙人执行合伙事务的，其他合伙人不再执行合伙事务。不执行合伙事务的合伙人有权监督执行事务合伙人执行合伙事务的情况。执行事务合伙人应当定期向其他合伙人报告事务执行情况以及合伙企业的经营和财务状况，其执行合伙事务所产生的收益归合伙企业，所产生的费用和亏损由合伙企业承担。合伙人为了解合伙企业的经营状况和财务状况，有权查阅合伙企业会计账簿等财务资料。② 合伙人分别执行合伙事务的，执行事务合伙人可以对其他合伙人执行的事务提出异议。提出异议时，应当暂停该项事务的执行。如果发生争议，依照合伙协议约定的表决办法（未约定或者约定不明确的，实行合伙人一人一票并经全体合伙人过半数通过的表决办法）作出决定。受委托执行合伙事务的合伙人不按照合伙协议或者全体合伙人的决定执行事务的，其他合伙人可以决定撤销该委托。③ 全体合伙人共同执行合伙企业事务。这是合伙企业事务的执行经常使用的一种形式，全体合伙人都可以直接参与经营活动，处理合伙企业事务，对外代表合伙企业，对内具有同等权利。④ 聘任合伙人以外的人担任合伙企业的经营管理人员，聘任合伙企业事务执行人的，应当经全体合伙人一致同意，合伙协议另有约定的除外。⑤ 合伙事务执行人的特殊规定。《合伙企业法》第67条规定，有限合伙企业由普通合伙人执行合伙事务。执行事务合伙人可以要求在合伙协议中确定执行事务的报酬及报酬提取方式。

合伙企业事务的执行规则。合伙人对合伙企业有关事项作出决议，按照合伙协议约定的表决办法办理。合伙协议未约定或者约定不明确的，一般实行合伙人一人一票并经全体合伙人过半数通过的表决办法。《合伙企业法》对合伙企业的表决办法另有规定的，从其规定。除合伙协议另有约定外，合伙企业的下列事项应当经全体合伙人一致同意：① 改变合伙企业的名称；② 改变合伙企业的经营范围、主要经营场所的地点；③ 处分合伙企业的不动产；④ 转让或者处分合伙企业的知识产权和其他财产权利；⑤ 以合伙企业名义为他人提供担保；⑥ 聘任合伙人以外的人担任合伙企业的经营管理人员。

合伙企业事务的一些特殊规定。全体合伙人不得从事损害本合伙企业利益的活动。合伙人不得自营或者同他人合作经营与本合伙企业相竞争的业务。除合伙协议另有约定或者经全体合伙人一致同意外，合伙人不得同本合伙企业进行交易。这里的竞业禁止和交易限制主要是指普通合伙人，合伙协议另有约定的除外。有限合伙人可以同本有限合伙企业进行交易；有限合伙人可以自营或者同他人合作经营与本有限合伙企业相竞争的业务。

（三）延伸阅读

1. 个人独资企业转让时，未办理变更登记的，是否影响转让的效力

个人独资企业，即个人出资经营、归个人所有和控制、由个人承担经营风险和享有全部经营收益的企业。《个人独资企业法》第 15 条规定，个人独资企业存续期间登记事项发生变更的，应当在作出变更决定之日起的 15 日内依法向登记机关申请办理变更登记。根据该规定，个人独资企业可依法转让，投资人发生变更的，应向工商登记机关申请办理变更登记。根据该规定，变更登记不属于转让行为有效的前提条件。所以，个人独资企业转让时，未办理变更登记的，依照法律规定应当受到相应的行政处罚，但并不影响转让的效力。

夫妻一方转让个人独资企业，即使未经另一方同意，相对人有理由相信行为人有代理权的，则构成表见代理，该代理行为有效。个人独资企业的投资人发生变更的，应向工商登记机关申请办理变更登记，但该变更登记不属于转让行为有效的前提条件，未办理变更登记，依照法律规定应当受到相应的行政处罚，但并不影响转让的效力。《个人独资企业法》第 15 条的规定应视为管理性的强制性规范而非效力性的强制性规范。[①]

2. 合伙人与合伙企业之间不具有组织上和经济上的从属性，不构成劳动关系

（1）基本案情[②]

某中心系普通合伙企业，原合伙人为张某某、杨某某。2014 年 11 月 28 日，张某某、杨某某与谢某云、谢某龙签订《合作协议书》，约定杨某某退出合伙，谢某云、谢某龙加入合伙。2014 年 12 月 2 日，某印章中心变更合伙人为张某某、谢某云、谢某龙，执行事务合伙人登记为张某某。同日，张某某与某中心签订了书面劳动合同一份，合同约定张某某在管理、生产岗位从事销售、技术等工种工作，劳动报酬为每月税后 7 000 元。该劳动合同签订时，某中心的公章由张某某掌控。2017 年 10 月 7 日，张某某在其他合伙人不同意的情况下，将企业公章、财务章、发票章、法人私章收回，由自己保管。2017 年 10 月 11 日，谢某云、谢某龙形成《除名决议书》一份，以张某某未经另外两名合伙人允许偷偷自营与该中心有竞争的业务等为由决定将张某某予以除名。后某中心重新补办了相关公章及证照并于 2018 年 10 月 26 日变更执行事务合伙人为谢某云，为张某某办理了停保手续。后张某某经仲裁诉至法院，要求某中心支付违法解除合同的赔偿金。法院认为，张某某虽于庭审中提供了双方之间的劳动合同，但张某某在该劳动合同订立时为某中心的执行事务合伙人并实际掌控企业公章，因此该劳动合同并不能体现张某某与某中心达成劳动用工的合意。张某某被某中心除名后占据企业公章及相关证照拒不归还，未为某中心提供劳动。因此，张某某既未与某中心达成劳动用工的合意，也未实际履行劳动义务，双方之间不构成劳动关系，不予支持张某某基于劳动关系要求某中心支付违法解除劳动关系赔偿金的诉讼请求。

[①]　参见王某刚与王某安、岚县大源采矿厂侵犯出资人权益纠纷案，最高人民法院 (2013) 民申字第 979 号民事裁定书。

[②]　南京市中级人民法院发布 2019 年度劳动人事争议十大典型案例之七：张某某诉某中心劳动争议纠纷案，南京市中级人民法院 (2019) 苏 01 民终 7950 号民事判决书。

（2）典型意义

本案中，张某作为合伙人，基于利益共享、责任共担等原则，其在合伙企业中无论从事何种工作均是执行合伙事务的一种表现形式，即便在此过程中额外付出了劳动，这种劳动也是其自己在为自己服务，是为自身谋取利益的行为，具有更多的自主性，欠缺劳动关系之从属性这一核心要件。因此，在合伙关系存续期间，即便张某与某中心签订了书面劳动合同，其与合伙企业之间也不存在劳动法意义上的人身依附性及隶属性的关系，不应当认定存在劳动关系。即虽然张某某被除名，但这也仅仅是从身份上排除了其成为劳动者的障碍，是否能够建立劳动关系最终还是要以从属性作为判断标准。

四、习题自测

（一）单项选择题

1. 个人独资企业的投资主体是（　　　）。
A. 一个主体
B. 一个法律拟制的人
C. 一个单位
D. 一个自然人

2. 申请设立个人独资企业，应当由（　　　）向个人独资企业所在地的登记机关提交设立申请书、投资人身份证明、生产经营场所使用证明等文件。
A. 投资人
B. 投资人委托的代理人
C. 投资人或者其委托的代理人
D. 投资人和其委托的代理人

3. 个人独资企业解散的，财产应当按照下列顺序清偿。（　　　）
A.（1）所欠税款；（2）所欠职工工资和社会保险费用；（3）其他债务
B.（1）所欠职工工资和社会保险费用；（2）所欠税款；（3）其他债务
C.（1）所欠职工工资和社会保险费用；（2）其他债务；（3）所欠税款
D.（1）其他债务；（2）所欠税款；（3）所欠职工工资和社会保险费用

4. 合伙企业的经营范围中有属于（　　　）项目的，该项经营业务还应当依法经过批准，并在登记时提交批准文件。
A. 法律、行政法规规定在登记前须经批准的
B. 法律规定在登记前须经批准的
C. 行政法规规定在登记前须经批准的
D. 法律、行政法规和规章规定在登记前须经批准的

5. 合伙企业的成立日期为（　　　）。
A. 合伙企业的营业执照签发日期
B. 合伙企业的注册登记日期
C. 签订合伙协议的日期
D. 合伙人确定的日期

6. 下列属于合伙企业的财产的有（　　　）。
A. 合伙人的财产、以合伙企业名义取得的收益和依法取得的其他财产
B. 合伙人的出资、以合伙企业名义取得的收益和依法取得的其他财产
C. 合伙人的出资和以合伙企业名义取得的收益
D. 合伙人的出资和依法取得的其他财产

7. 下列表述准确的有（　　　）。

A. 合伙人转让其在合伙企业中的全部或者部分财产份额时，须经其他合伙人一致同意

B. 合伙人向合伙人以外的人转让其在合伙企业中的全部或者部分财产份额时，须经其他合伙人一致同意

C. 合伙人向合伙人以外的人转让其在合伙企业中的全部或者部分财产份额时，须经其他合伙人一致同意；合伙人之间转让在合伙企业中的全部或者部分财产份额时，应当通知其他合伙人

D. 合伙人向合伙人以外的人转让其在合伙企业中的全部或者部分财产份额时，应当通知其他合伙人；合伙人之间转让在合伙企业中的全部或者部分财产份额时，不需要通知其他合伙人

8. 一般企业法人对其财产拥有所有权，国有独资企业（　　　）。

A. 对财产享有经营管理权和所有权

B. 具有法人资格的才对财产只享有经营管理权和所有权

C. 既无经营管理权，也无所有权

D. 对财产只享有经营管理权，而无所有权

9. 农民专业合作社，是指在（　　　）基础上，农产品的生产经营者或者农业生产经营服务的提供者、利用者，自愿联合、民主管理的互助性经济组织。

A. 三农　　　　　　　　　　B. 农业经营

C. 农民经营　　　　　　　　D. 农村家庭承包经营

10. （　　　）的农民专业合作社在自愿的基础上，可以出资设立农民专业合作社联合社。

A. 1 个以上　　　　　　　　B. 2 个以上

C. 3 个以上　　　　　　　　D. 5 个以上

11. 关于合伙企业的利润分配、亏损分担，以下做法合法的是（　　　）。

A. 应当由全体合伙人按合伙协议约定的出资比例分配

B. 应当由全体合伙人平均分配

C. 合伙协议未约定合伙人又协商不成的，应当按照全体合伙人的贡献决定如何分配

D. 合伙协议未约定合伙人又协商不成且无法确定出资比例的，由合伙人平均分配、分担

12. 下列主体可以成为普通合伙人的是（　　　）。

A. 某一人公司　　　　　　　B. 某上市公司

C. 某无民事行为能力人　　　D. 某国有企业

13. 下列关于有限合伙企业的表述，正确的是（　　　）。

A. 有限合伙企业的合伙人可以全部是有限合伙人

B. 有限合伙企业的名称中应当标明"有限合伙"字样

C. 有限合伙企业的合伙人最多不得超过 30 人

D. 有限合伙企业的有限合伙人必须是完全民事行为能力人

14. 在普通合伙企业中，不需经全体合伙人一致同意的事项是（　　　）。

A. 合伙人之间转让财产份额

B. 向合伙人之外的人转让财产份额

C. 将在合伙企业中的财产份额出质

D. 入伙、退伙

15. 如果合伙企业对表决办法没有约定,下列处理方式正确的是(   )。

A. 按出资比例表决,经全体合伙人所持表决权的过半数通过

B. 按出资比例表决,经出席会议合伙人所持表决权的 2/3 以上通过

C. 一人一票,并经全体合伙人过半数通过

D. 一人一票,并经全体合伙人 2/3 以上通过

16. 有关个人独资企业的事务管理,说法错误的是(   )。

A. 个人独资企业投资人可以自主选择企业事务管理的模式

B. 个人独资企业可以委托或聘用他人管理企业事务

C. 个人独资企业的受托人或被聘用人应当履行诚信、勤勉义务

D. 个人独资企业的受托人或被聘用人可以从事与本企业相竞争的业务

17. 关于外资企业说法错误的是(   )。

A. 外资企业具有中国国籍

B. 我国对外商投资实行准入前国民待遇加负面清单管理制度

C. 外资企业包括外国企业在中国境内的分支机构

D. 外资企业是依照中国法律在中国境内登记注册设立的企业

18. 国家为了公共利益的需要,可以依照法律规定对外国投资者的投资实行征收或征用,征收、征用应当依照法定程序进行,并及时给予(   )的补偿。

A. 充分、公平   B. 充分、合理

C. 公平、合理   D. 完全

19. 农民专业合作社的成员中,农民至少应当占成员总数的(   )。

A. 50%   B. 2/3

C. 80%   D. 100%

20. 农民专业合作社召开成员大会,出席人数应达到成员总数(   )以上。

A. 1/2   B. 2/3   C. 1/3   D. 3/5

(二)多项选择题

1. 三大企业法律形态包括(   )。

A. 公司企业   B. 个人独资企业

C. 合伙企业   D. 国有企业

2. 个人独资企业的设立必须符合我国《个人独资企业法》规定的条件有(   )。

A. 投资人只能是一个自然人

B. 有合法的企业名称

C. 有投资人申报的出资

D. 有固定的生产经营场所和必要的生产经营条件

E. 有必要的从业人员

3. 设立合伙企业,应当具备下列哪些条件? (   )

A. 有两个以上合伙人。合伙人为自然人的,应当具有完全民事行为能力

B. 有书面合伙协议

C. 有合伙人认缴或者实际缴付的出资

D. 有合伙企业的名称和生产经营场所

E. 法律、行政法规规定的其他条件

4. 下列关于合伙企业的设立登记的说法正确的有（　　　）。

A. 申请人提交的登记申请材料齐全、符合法定形式，企业登记机关应予登记，发给营业执照

B. 不予登记的，应当给予口头或者书面答复，并说明理由

C. 合伙企业领取营业执照前，合伙人不得以合伙企业名义从事合伙业务

D. 合伙企业登记事项发生变更的，执行合伙事务的合伙人应当向企业登记机关申请办理变更登记

5. 合伙企业有下列哪些情形的，应当解散？（　　　）

A. 合伙期限届满，合伙人决定不再经营

B. 合伙协议约定的解散事由出现

C. 全体合伙人决定解散

D. 合伙协议约定的合伙目的已经实现或者无法实现

E. 依法被吊销营业执照、责令关闭或者被撤销

6. 灏德投资是一家有限合伙企业，专门从事新能源开发方面的风险投资。甲公司是灏德投资的有限合伙人，乙和丙是普通合伙人。关于合伙协议的约定，下列哪些选项是正确的？（　　　）

A. 甲公司派驻灏德投资的员工不领取报酬，其劳务折抵 10% 的出资

B. 甲公司不得与其他公司合作从事新能源方面的风险投资

C. 甲公司不得将自己在灏德投资中的份额设定质权

D. 甲公司不得将自己在灏德投资中的份额转让给他人

7. 目前我国外资企业法律规范主要包括（　　　）。

A.《中华人民共和国外资企业法》

B.《中华人民共和国外商投资法》

C.《中华人民共和国公司法》

D.《中华人民共和国外商投资法实施条例》

8. 合伙企业的合伙人可以用（　　　）出资。

A. 货币　　　　　　　　　　　　　　　B. 实物

C. 知识产权、土地使用权或者其他财产权利　　D. 劳务

9.《合伙企业法》规定有限合伙人不执行合伙事务，下列哪些行为不视为有限合伙人执行合伙事务？（　　　）

A. 参与决定普通合伙人入伙、退伙

B. 对企业的经营管理提出建议

C. 参与选择承办有限合伙企业审计业务的会计师事务所

D. 获取经审计的有限合伙企业财务会计报告

10. 下列有关农民专业合作社成员大会说法正确的是（　　　）。

A. 农民专业合作社成员大会每年至少召开一次

B. 成员大会出席人数应达到成员总数的 1/2 以上

C. 成员大会选举或作出决议,应当由本社成员人数过半数通过

D. 30% 以上的成员提议,应当在 20 日内召开临时成员大会

11. 下列有关特殊的普通合伙企业说法正确的是(   )。

A. 特殊的普通合伙企业就是存在有限合伙人的合伙企业

B. 以专业知识和专门技能为客户提供有偿服务的专业服务机构,可以设立为特殊的普通合伙企业

C. 特殊的普通合伙企业名称中应当标明"特殊普通合伙"字样

D. 一个合伙人或者数个合伙人在职业活动中因故意或者重大过失造成合伙企业债务的,应当承担无限责任或者无限连带责任,其他合伙人以其在合伙企业中的财产份额为限承担责任

12. 个人独资企业中被委托或聘用的管理人员经投资人同意,可以从事下列哪些行为?(   )

A. 从事与本企业相竞争的业务

B. 同本企业订立合同或进行交易

C. 泄露本企业的商业秘密

D. 将企业商标或者其他知识产权转让给他人使用

13. 下列对国有企业的特征说法正确的是(   )。

A. 国有企业具有独立的法人地位

B. 国有企业财产权属于国家或由国家依法投资设立

C. 国家和政府作为投资者可以直接干涉企业的经营管理

D. 国有企业在经营管理中实行所有权和经营管理权分离

14. 甲、乙、丙、丁设立了一个普通合伙企业,各持有 25% 的份额。对合伙份额的转让方法,合伙协议没有特别约定。下列合伙人对合伙份额处分行为的理解正确的是(   )。

A. 甲认为自己向合伙人乙转让部分份额,可以不经其他合伙人同意

B. 乙认为合伙人向合伙人以外的人转让合伙份额,同等条件下,自己有优先购买权

C. 丙认为自己可以将合伙份额出质,无须征求其他合伙人同意

D. 丁认为自己资金短缺,可以请求分割合伙企业部分财产

15. 张某、王某和李某为某普通合伙企业的合伙人,该合伙企业欠甲 200 万元货款。此后赵某入伙,赵某入伙后合伙企业向甲偿还了其中 80 万元,此后又欠乙 30 万元。现合伙企业没有财产,王某提出退伙,其他合伙人也一致同意。下列关于该合伙企业债务承担的说法正确的有(   )。

A. 赵某应承担 30 万元的连带责任

B. 赵某应承担 150 万元的连带责任

C. 王某应承担 30 万元的连带责任

D. 王某应承担 150 万元的连带责任

(三) 不定项选择题

1. 下列关于个人独资企业的表述准确的有(   )。

A. 个人独资企业具有法人资格

B. 投资人对企业财产依法享有所有权

C. 投资人对企业财产依法享有经营管理权

D. 投资人对企业的债务承担无限责任

2. 个人独资企业有下列哪些情形时,应当解散?(　　　)

A. 投资人决定解散

B. 投资人死亡或者被宣告死亡,无继承人或者继承人决定放弃继承

C. 被依法吊销营业执照

D. 法律、行政法规规定的其他情形

3. 个人独资企业解散,由(　　　)进行清算。

A. 投资人自行

B. 人民法院

C. 由债权人申请人民法院指定清算人

D. 投资人自行清算或者由债权人申请人民法院指定清算人

4. 申请设立合伙企业,应当向企业登记机关提交(　　　)。

A. 登记申请书　　　　　　　　　B. 合伙协议书

C. 合伙人身份证明　　　　　　　D. 其他应当提交的文件

5. 清算人在清算期间执行下列事务:(　　　)。

A. 清理合伙企业财产,分别编制资产负债表和财产清单

B. 处理与清算有关的合伙企业未了结事务

C. 清缴所欠税款

D. 清理债权、债务,处理合伙企业清偿债务后的剩余财产

E. 代表合伙企业参加诉讼或者仲裁活动

6. 甲是某有限合伙企业的有限合伙人,持有该企业 15% 的份额。在合伙协议无特别约定的情况下,甲在合伙期间未经其他合伙人同意实施了下列行为,其中违反《合伙企业法》规定的有(　　　)。

A. 将自购的机器设备出租给合伙企业使用

B. 以合伙企业的名义购买汽车一辆归合伙企业使用

C. 以自己在合伙企业中的财产份额向银行提供质押担保

D. 提前一个月通知其他合伙人将其部分合伙份额转让给合伙人以外的人

E. 以合伙企业名义与某企业订立原材料供应合同

7. 农民专业合作社成员可以用(　　　)出资。

A. 知识产权　　　　　　　　　　B. 实物

C. 土地经营权　　　　　　　　　D. 拥有的该社或其他成员的债权

8. 下列属于合伙人当然退伙情形的是(　　　)。

A. 经全体合伙人一致同意

B. 个人丧失偿债能力

C. 作为合伙人的自然人死亡或者依法被宣告死亡

D. 作为合伙人的法人或其他组织依法被吊销营业执照、责令关闭、撤销,或者被宣告破产

9. 有关新合伙人入伙,说法正确的是(   )。

A. 新合伙人入伙应当经全体合伙人一致同意

B. 新合伙人入伙应订立书面入伙协议

C. 原合伙人应当向新合伙人如实告知原合伙企业的经营状况和财务状况

D. 新合伙人对入伙前合伙企业的债务不承担无限连带责任

10. 有关农民专业合作社的成员,说法错误的是(   )。

A. 可以是企业、事业单位或者社会组织

B. 不可以是具有管理公共事务职能的单位

C. 农民应占成员总数的过半数

D. 必须是具有民事行为能力的公民

11. 对于合伙人除名,下列说法正确的是(   )。

A. 必须经其他合伙人一致同意

B. 因故意或重大过失给合伙企业造成损失的合伙人,可以决议将其除名

C. 合伙人除名应当开合伙人会议口头通知被除名人

D. 被除名人对除名有异议的,可以自接到除名通知之日起 30 日内,向法院起诉

12. 狭义的国有企业包括哪些?(   )

A. 国家控股的股份有限公司和有限责任公司

B. 全民所有制企业

C. 国有独资公司

D. 国有投资机构设立的有限责任公司和股份有限公司

13. 下列有关个人独资企业说法正确的是(   )。

A. 从法律地位看,个人独资企业不具有法人资格

B. 投资人以其个人财产对企业的债务承担无限责任

C. 投资人可以是外国国籍

D. 投资人对企业享有所有权和经营管理权

14. 甲、乙、丙、丁四人成立一个普通合伙企业,并一致同意甲对外代表合伙企业执行合伙事务。在经营中发生以下争议,其中符合《合伙企业法》规定的有(   )。

A. 甲认为执行合伙事务发生亏损的应当由合伙企业承担责任

B. 乙认为自己有权查阅企业会计账簿,了解经营情况

C. 丙认为甲应当定期报告合伙企业的经营和财务状况

D. 丁认为自己也有权执行合伙事务

15. 有关合伙企业清算,下列说法正确的是(   )。

A. 合伙企业财产应优先支付职工工资和劳动保险费用

B. 合伙企业解散,清算人由全体合伙人担任

C. 自合伙企业解散事由出现之日起 15 日内未确定清算人的,只能由合伙人申请法院指定清算人

D. 合伙企业财产清偿后仍有剩余的,由合伙人依照合伙协议约定的比例分配

（四）简答题

1. 个人独资企业的设立必须符合哪些法定条件？

2. 个人独资企业的事务管理模式有哪几种？法律有哪些关键性要求？

3. 设立合伙企业应当具备哪些条件？

4. 合伙企业设立的程序主要有哪些？每个程序的基本内容是什么？

（五）论述题

1. 试论述个人独资企业治理结构的基本内容。

2. 试论述合伙企业责任承担的基本内容。

（六）案例分析题

1. 甲、乙、丙、丁开办了一家合伙企业，共同签订了一份合伙协议，拟共同生产经营一种新式取暖设备，其中，甲、乙、丙为自然人，丁为个人独资企业。甲和丁各出资 30 万元，乙以其相关专利作价出资 50 万元，丙则以其劳务作价出资 20 万元，对以上出资四合伙人经协商确定，不再委托法定评估机构进行评估。同时向企业登记机关申请设立登记，企业名称定为光明有限合伙厂，在申请登记期间，恰有一厂家急需取暖设备，于是四合伙人便以光明有限合伙厂名义与该厂家签订了一份购销合同。

上述内容哪些不符合《合伙企业法》的规定？为什么？

2. 张力、李立二人每人出资 6 万元合伙经营一家饭店，因经营不善，对王强负债 8 万元，而合伙所剩净资产仅为 5 万元。同时张力欠丁个人债务 2 万元，王强、丁同时起诉要求张力偿还债务，而张力个人资产为 4 万元。

试分析张力应如何偿还债务？

3. 2013 年 5 月，张三、李四、王五、孙六决定成立一家普通合伙企业，并签订了书面合伙协议。合伙协议的部分内容如下：(1) 张三以货币出资 5 万元，李四以实物折价出资 4 万元，王五以劳务出资，经其他三人同意，折价 3 万元，孙六以货币出资 6 万元；(2) 张三、李四、王五、孙六按照 3：2：2：3 的比例分配利润和承担风险；(3) 经全体合伙人协商，在合伙协议中约定由张三作为合伙企业的事务执行人，但是合伙协议中对张三的权限作出了限制，其对外签订合同的标的额不得超过 15 万元，超过 15 万元的合同应当经过其他合伙人的同意，合伙协议中未约定合伙企业的经营期限。合伙企业存续期间，发生以下事实：(1) 张三因给父亲治病向周强借款 15 万元，借款已经到期，周强多次向张三索要，但张三每次都以自己除了在合伙企业中的财产份额之外，没有其他财产可供清偿，同意周强以对自己的债权抵销周强对合伙企业的债务。(2) 2017 年 6 月，张三擅自以合伙企业的名义和捷迅公司签订了一份买卖合同，合同标的额为 28 万元，捷迅公司不知道合伙企业对张三的权限限制。其他合伙人知道此事后认为该合同不符合合伙企业的利益，决定对此合同的效力不予承认。(3) 2017 年 8 月，李四提出退伙，其退伙并未给合伙企业带来不利影响，2017 年 9 月，李四与其他合伙人结算后，撤资退伙。同时，合伙企业又接纳王明入伙，王明出资 5 万元。2017 年 11 月，合伙企业的债权人工商银行就合伙人李四退伙前发生的债务 25 万元要求合伙企业的合伙人张三、王五、孙六、王明和退伙人李四承担连带赔偿责任；李四以自己已经退伙为由，拒绝承担清偿责任，王明以自己是新入伙人为由拒绝承担清偿责任。

问题：

(1) 合伙人的出资是否合法？为什么？

(2) 合伙人约定的利润分配比例和出资比例不一致,是否合法？

(3) 周强是否可以以自己对张三的债权抵销自己对合伙企业的债务？为什么？

(4) 张三与捷迅公司签订的买卖合同效力如何？

(5) 李四是否应当对工商银行的债务负清偿责任？为什么？

(6) 王明的主张是否成立？为什么？

(7) 假设合伙人王五因突发性疾病死亡,其继承人是否能成为合伙人？为什么？

第六章　商业银行法与支付法

一、学 习 目 标

(一) 理解

1. 商业银行的商事主体属性。
2. 商业银行法的法律属性及其与民法、经济法之间的关系。
3. 商业银行经营及监管体制的主要划分与演变趋势。
4. 商业银行存贷款业务的法律性质。
5. 科技发展对支付方式及商事法律体系产生的影响。
6. 票据的基本功能。

(二) 熟悉

1. 商业银行法关于商业银行设立、变更、终止等组织性规范和法律制度。
2. 商业银行的业务特点和基本业务体系。
3. 银行卡、预付卡、第三方支付等新兴支付方式。
4. 本票和支票及其相关法律行为。

(三) 掌握

1. 商业银行的设立、变更、接管及终止的特殊条件和程序。
2. 商业银行的经营原则以及各原则之间对立统一的关系。
3. 商业银行单位存款业务制度与个人存款业务制度的差异及产生差异的原因。
4. 商业银行的风险控制与审慎监管。
5. 商业银行同业拆借和贴现业务的性质及意义。
6. 票据的概念、特征,票据关系与票据法上的非票据关系之间的区别。
7. 票据行为制度,能够实际判断在票据流通中各种行为是否是票据法律行为。

二、知识结构图

第六章　商业银行法与支付法—知识结构图

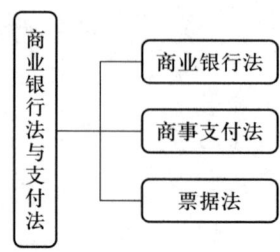

第一节　商业银行法—知识结构图

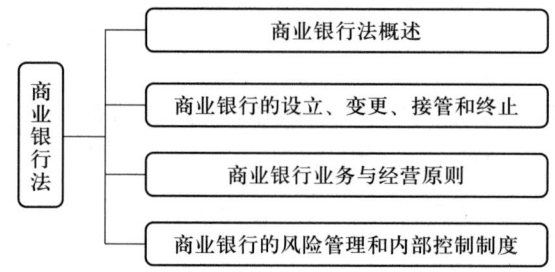

第二节　商事支付法—知识结构图

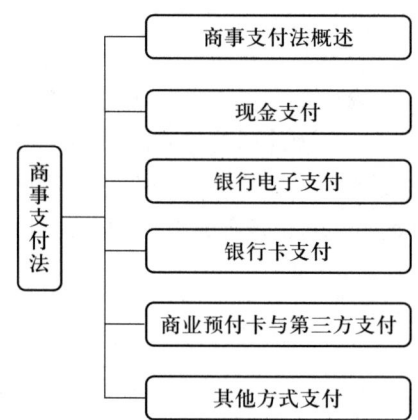

第三节　票据法—知识结构图

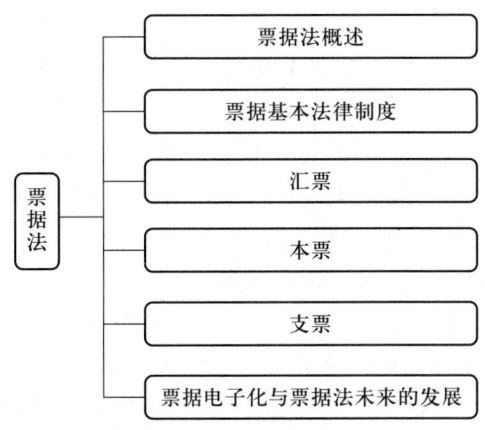

三、重点难点解析

（一）重点内容

1. 商业银行业务综合化趋势与银行业监管体制的选择

根据内涵和外延的不同,对我国商业银行综合化经营可以从广义和狭义两个层面上加以理解:一是广义的商业银行综合化经营,指商业银行和证券公司、保险公司等其他非银行金融机构之间的业务关系,即商业银行除了经营传统存款、贷款、结算等业务之外,通过各种形式包括直接开展业务或者通过控股子公司的方式,直接或间接开展包括证券、保险、基金、信托等所有金融子行业业务,甚至进入非金融领域开展多元化业务的经营模式。二是狭义的商业银行综合化经营,是指商业银行与证券、保险、信托等金融子行业中的至少两个行业直接或间接开展业务,进行交叉经营,从而实现业务的综合化。由于我国目前实行的是分业经营和分业监管体制,所以我国商业银行业主要是通过设立金融控股公司等方式,实现综合经营,即广义的商业银行综合化经营。

实践证明,综合化经营有利于充分发挥金融各领域之间的规模经济、范围经济和协同效应,使金融体系和金融机构更有效率、更好地为实体经济提供服务,满足企业和个人综合化金融需求。对金融机构自身而言,综合化经营是获取多元化收入、提升竞争能力的必要手段,一定程度上有助于金融机构分散经营进而分散风险。然而,由于银行业自身携带"高负债、高风险"的先天基因,银行业综合化经营非但没有降低源于银行"高负债"先天基因所带来的风险,反而会与传统监管策略与方式之间产生隔阂与错配,积聚更为严重的风险。对此,党中央、国务院给予高度重视,提出加强金融监管,守住不发生系统性风险的基本要求,这不仅是我国金融工作的重中之重,也是监管当局的重大课题之一。

2. 商业银行服务准入

对于银行监管而言,通过控制市场准入,可以有效对金融风险进行事先排除;对于商业银行而言,通过控制市场准入,可以将诸多可能对存款人利益或者整个金融体制健康运行造成危害的银行排除在市场之外。1997年,巴塞尔委员会在其发布的《有效银行监管的核心原则》中提出了对商业银行发照程序和对机构变动的审批。其中,对商业银行发照程序的审批也就是我们通常所说的对商业银行的监管。该原则认为,为了形成一个健康的金融体系,明确界定被监管对象,应该首先明确界定对银行组织的发照安排和执照允许的范围。一般而言,市场准入的监管可以分为机构准入监管制度供给和业务准入监管制度供给。

(1) 机构准入监管

机构准入监管指的是对商业银行的设立进行限制。在商业银行综合化经营视域下,机构准入监管主要指的是对业已设立的商业银行申请开设分支机构、开设非银行金融机构的监管。国务院银行业监督管理机构在机构的设立、开业、搬迁、合并等方面制定了详尽的制度标准,商业银行只有在符合标准的前提下才可以提出申请。

机构准入监管制度的实质在于在准入层面设置壁垒,提高商业银行进入市场的成本。对于监管者而言,对银行机构的准入监管有助于监管者识别申请者的风险能力,通过事前的审查决定准入银行的"优胜劣汰"。对于商业银行而言,对银行机构的准入监管实际上是在变相维持现有银行的"垄断地位",过低的竞争不利于银行风险管理能力和绩效能力的提升。此外,监管部门宽泛的权限也易导致"权力寻租",造成银行业发展的不稳定。根据监管程度的不同,对商业银行的监管可分为提高准入门槛的监管和降低准入门槛的监管。根据不同的制度需求,商业银行的机构准入将会采取不同程度的准入监管。

首先,机构准入门槛的提升通常是源于监管者出于金融安全性的考虑。发展中国家由于没有完善的金融监管体系,通常以严格的准入监管标准对新设立的银行进行监管。这种"快刀斩乱麻"的监管方式的确在一定程度上提高了本国金融系统的稳定性,却也在一定程度上助长了本国银行业的垄断程度,银行业的垄断又进一步导致银行业效率的低下。有关学者通过实证研究发现,我国银行业的集中程度和银行业的准入限制呈现出正相关的关系。加强对国内银行的准入限制会增加银行业间的集中度,这种现象既出现在发达国家,也出现在发展中国家。

其次,机构准入门槛的提升还源于监管者对银行业结构调整的考虑。一般而言,提高外资银行的准入门槛可以保护国内的银行,实现倾斜性保护;提高高风险金融机构的准入门槛可以提高金融系统的安全性,降低金融的系统性风险发生的概率。美国学者通过实证研究得出结论,正是由于美国监管当局在 20 世纪 90 年代放松了对银行业的准入监管,才导致银行业的规模性的集中。也正是由于这段时间的放松监管,银行业的"兼并收益"也相应地上升了不少。银行业的"兼并收益"上升之后,刺激了银行业的兼并,进一步加剧了银行业的行业集中现象。正因为如此,有学者提出,对机构的准入监管将会导致银行业兼并,银行的兼并政策也应是机构准入监管的组成部分。

无论是放松对银行业的准入监管,抑或是加强对银行业的准入监管,都有可能加剧银行业集中的现象,这似乎给银行业的准入监管带来了两难困境。实际上,银行业的兼并现象只是银行在监管宏观形势下作出的利益最大化的本能行为。一方面,加强对银行业的准入监管等于限制了竞争,在此情形下,垄断利益更具有可预期性,自然会导致银行业的兼并。另一方面,放松对银行业的准入监管在早期阶段可以促进银行间的公平竞争,正是由于银行业活动主体的增多,导致后期阶段兼并利益的增加。

与发达国家的机构准入监管标准相比,我国的机构准入监管标准尚有一些弊端。例如对市场准入的规定过于笼统,《金融机构管理规定》中对金融机构设立的原则和条件虽然作了粗略的规定,但这些规定不够详尽且缺乏技术上的可行性。我国应在具体的量化指标上对机构准入监管进行合理的布局,才能在机构准入监管上做到有章可循,做到既能吸引竞争又不至于引发过度竞争,实现金融效率目标与安全目标一致。

(2)业务准入监管

业务准入监管指的是监管当局对商业银行经营的业务范围作出一定程度的限制,减少商业银行日常运营过程中的风险。无论是在采分业经营、分业监管模式的国家,还是在采综合经营、分业监管模式的国家,对业务准入的监管都是监管当局共同关注的内容。所不同的是,监管模式不同的国家,在业务限制的范围、方式以及程度上呈现出较大的差异。根据法律法规的规定以及监管当局的要求,商业银行既可以从事传统的银行业务,也可以从事非传统的银行业务,包括发展非利息业务和发展非银行金融机构等,还可以从事其他金融行业如保险、证券、基金、信托等其他金融业务。这种类型的经营模式通常被称为综合经营。与此相反的是,如果商业银行只能根据法律法规的相关规定和监管当局的要求从事传统的存贷业务,而不能涉足保险、证券、基金、信托等其他金融业务。或者说,对这些非银行的经营主体进行限制,例如非传统业务只能由商业银行的全资子公司开展,这种类型的经营模式被称为分业经营。无论是综合经营还是分业经营的模式,监管当局考察业务准入监管的依据主要是银行的机构能力、管理能力以及市场对该业务的需求,一个基本的指标是商业银行对该业务熟悉并对风险有着很好的控制力。此外,如果监管当局对这些业务没有十足的了解,显然也不可能对银行开展这些业务的行为进行有效的监管。

对商业银行业务准入的监管必须考量分业经营和综合经营各自的优势与不足。根据金融契约的相关理论,综合经营的实质是银行利用其下属机构实现对市场的控制,并降低交易成本。综合经营的模式实现了业务经营的分散化和多元化,可以有效地对冲集中风险。但也有研究表明,综合经营会阻碍银行间的自由竞争,无法实现资源的优化配置。通过对世界银行"银行监管"数据库的研究,我国学者得出了综合经营会导致银行业集中度提高的结论。从各国对商业银行的监管政策来看,大多数国家都认同银行业综合经营的发展趋势,即银行在从事证券、信托以及保险等非传统银行业务上没有太大的限制,但在房地产等业务上普遍受到严格的限制。

3. 票据无因性与票据追索权

(1)票据无因性

行为人一旦将其意思表示在票据上进行书面的法定记载,并将其交付给相对人,票据行为即告成立,其基础关系(比如买卖、消费、借贷等)是否有效、是否存在则在所不问。因此,凡持有票据者,无须证明其取得票据的原因是否合法,票据上签章之人对善意的持票人,都应依据票据的文义承担票据责任。

票据无因性是票据制度的基石,是促进票据流通的根本所在。世界各国及各地区的票据立法无一例外地对无因性加以肯定,但我国《票据法》对票据无因性的规定相当模糊,《票据法》第10条第1款关于"票据的签发、取得和转让,应当遵循诚实信用的原则,具有真实的交易关系和债权债务关系"之规定,有将基础关系与票据关系混在一起,否认票据无因性的嫌疑,从而引发巨大争议。

近年来,基于金融市场发展现状,越来越多的学术观点以及司法实践 ① 认为,票据无因性是相对的而非绝对的,即发展出票据无因性原则的相对性理论。该理论认为票据立法不仅要追求票据的流通性、快捷性和票据独立的经济职能,还要考虑从出票到最后付款整个票据运作过程的安全性和交易的公平性,最起码票据立法不能违背保护市场经济所必需的诚实信用原则。我国《票据法》采票据行为相对无因性原则,即票据关系与原因关系虽各自独立但又相互牵连。

首先,票据关系与原因关系相分离,即票据一经签发,就产生了独立的债权债务关系,并与票据的原因相分离,即无论原因关系有效与否,对于票据权利的效力不发生影响。这是票据法的基础,不容动摇。票据无因性主要体现在三个方面:① 原因关系的无效或缺陷,不影响已发行流通的票据的效力,即票据发行或背书转让等票据行为只要具备法定条件,即可产生有效的票据关系,即使票据的原因关系存在着缺陷,或被解除,或被撤销,但票据关系仍然有效;② 票据债权人行使权利时,无须证明取得票据的原因,一般只以合法持有票据为必要条件;③ 票据债务人也不得以原因关系的无效或缺陷等事由来对抗非直接当事人的善意持票人。票据关系独立于原因关系,此种规定是为了促进票据的流通,保护合法持有人的票据权利的实现。

其次,不能绝对无视票据原因关系的存在,在特定情形下,票据关系与原因关系之间会发生牵连,构成票据无因性的例外。这种牵连集中地体现在以下几个方面:

第一,在授受票据的直接当事人之间,票据原因关系的效力直接影响他们之间票据关系的效力,在票据授受的直接当事人间产生抗辩。因为在票据授受的直接当事人之间,不牵涉票据转让的第三人问题,无关票据的流通性问题。所以当票据关系与原因关系同时存在于同一当事人之间时,根据我国《票据法》第 13 条第 2 款的规定,票据债务人可以对票据债权人提出基于原因关系的抗辩。

第二,持票人取得票据未给付对价或未给付相当对价的,票据债务人可以以其与持票人前手之间的抗辩事由,对抗持票人。在抗辩限制原则中,为促进票据债权的流通,在票据关系与原因关系冲突时,基于利益平衡的考虑,在有可能牺牲票据债务人利益的情形下,保护善意持票人的利益。但是,如持票人取得票据未给付对价或未给付相当对价的,则认为其不可避免地有恶意的成分存在,因此,票据债务人可对其进行抗辩。另外,基于固有经济利益考虑,由于持票人没有遵循对价原则,因此缺乏自己固有的经济利益,所以,从这个角度来看,法律也无须对其进行特殊保护,而允许票据债务人提出抗辩请求。这是我国《票据法》第 10 条精神的体现。因此,在此情形下,承认票据无因性与票据基础关系的牵连,有利于兼顾出票人与持票人双方的利益,注重法律衡平性的实现,有利于妥当地处理程序正义与实质正义的关系。

第三,持票人取得票据手段不合法(以欺诈、偷盗或者胁迫等非法手段取得票据,或者明知有前列情形,出于恶意取得票据)的,即不享有票据权利,票据债务人可对该持票人提出"恶意抗辩"。在持票人恶意受让票据时,票据债务人可以以对其前手的对人抗辩事由,对该持票人进行抗辩,恶意抗辩是基于票据当事人主观心态的一种价值考量。这是我国《票据法》第 12 条、第 13 条精神的体现。

第四,当持票人的票据权利因票据时效的完成而消灭时,该持票人可以对因时效完成而受

---

① 参见最高人民法院(2016)最高法民申 1070 号民事裁定书。

有利益的票据当事人,行使利益偿还请求权。由于持票人行使该权利时票据权利已罹于票据时效而消灭,因此,该权利不属于票据权利。持票人权利的行使是基于票据原因关系中的债权债务关系,这也是票据无因性与基础关系关联的又一体现。

总之,我国采票据相对无因性原则。这种相对无因性是在坚持票据无因性前提及基于特定条件下的相对性。为此,应严格界定票据相对无因性的内涵,不能肆意扩大其适用范围,不能任意突破票据无因性既有的理论体系和抹杀票据无因性特征,应在票据无因性理论的框架内,充分发挥和实现票据的各项经济职能。

(2) 票据追索权

票据关系通常由出票开始,因到期付款而结束。票据到期付款乃票据关系的目的。票据正是因为具有这种到期后能得到付款的信用才能流通。但是票据债务人如果违背了这种预期的信用,在票据到期时拒绝承兑或者付款,或者发生付款不确定的事由时,必须使持票人的权利得到救济。因此,当票据到期,持票人履行了付款提示的义务而被拒绝付款时,持票人可以向主债务人追究票据上的责任。同时,持票人也有向自己的前手请求追偿的权利,此为追索制度。

票据追索权有对人效力和对物效力。票据追索权的对人效力包含如下两个方面:

第一,对追索人之效力:首先,选择追索权,又称飞跃追索权,即持票人可以不按照负担债务之先后,对汇票之出票人、承兑人、背书人,即其他票据债务人中之一人或数人或全体,行使追索权。其次,变更追索权,又称转向追索权,即票据债务人中之一人或数人已为追索者,持票人仍可以对其他票据债务人行使追索权,以期保障票据债权人之安全。最后,代位追索权,又称再追索权,即被追索人已为清偿者,与持票人具有相同的权利。换言之,即持票人的前手可以代位行使持票人的追索权。

第二,对偿还义务人之效力:首先,出票人、承兑人、背书人及其他票据债务人,对持票人负连带责任。其次,汇票债务人享有汇票、偿还计算书、拒绝证明之交付请求权。即持票人在汇票债务人为全部清偿时,应交出汇票,有拒绝证明时,应一并交出;汇票债务人清偿时,如有利息及费用,持票人应出具收据及偿还计算书,使偿还义务人向前手再追索。最后,背书人的背书涂销权,即背书人清偿时,可以涂销自己及其后手之背书,但我国现行票据法没有确认此制度。

票据的对物效力体现为:第一,最初追索之金额。持票人向汇票债务人行使追索权时,可以请求被追索人支付下列金额和费用:① 被拒绝付款的汇票金额;② 自到期日起或者提示付款日起至清偿日止,按照中国人民银行规定的利率计算的利息;③ 取得有关拒绝证明和发出通知书的费用。第二,再追索之金额。即被追索之人在清偿上述《票据法》第 70 条规定的金额和费用后,可以向汇票的承兑人或者前手再行使追索权,此为代位追索权或再追索权。但出票人为被背书人时,对其前手无追索权,前背书人为被背书人时,对于原有之后手无追索权。

(二) 难点内容

1. 银行危机处理与问题银行处置

(1) 银行危机处理:最后贷款人制度和存款保险制度

最后贷款人制度是金融监管当局对遇到临时性流动性困难的商业银行提供紧急资金援

助,帮助其渡过难关,避免倒闭事件发生的一种金融制度。该制度是金融监管中的关键组成部分,也是守住不发生系统性风险底线的基石。在我国,中国人民银行作为最后贷款人,对出现问题的金融机构进行救助,并成功化解了改革过程中金融机构积累的各种风险,在推动国内金融改革与发展、维护金融体系的安全与稳定等方面,发挥了积极作用。

事实上,2008年全球金融危机以前,针对传统理论的救助原则争议不断,但并未取得实质性的理论突破。全球金融危机以后,最后贷款人理论出现了三个显著的转变:其一,传统最后贷款人理论的争议融入当前的金融市场环境中;其二,最后贷款人理论的关注焦点由单个问题机构转移到对市场的救助,即“最后做市商”职能;其三,危机管理模式不再局限于最后贷款人的“救”与“不救”,针对“如何救”出现了突破,即“自救机制”的提出。

最后贷款人(Lender of Last Resort,LOLR)理论的核心思想为,中央银行接受良好抵押品,高利率自由贷款给具有清偿能力,但面临流动性缺失的机构。传统LOLR理论的系统形成源于Thornton和Bagehot两位学者的论述:Thornton提出了“最后贷款人”这一完整概念,并刻画了LOLR的特征,首次阐明了LOLR面临的道德风险问题。Bagehot提出了LOLR四个主要的操作原则,即事前明确承诺、采取高利率政策、合格借款者与良好抵押品、不救助无清偿力的机构。2008年全球金融危机为最后贷款人救助实践提供了天然的试验场,也成为最后贷款人理论发展的重要分界点。危机前,最后贷款人理论及实践一直没有大的突破,局限在传统救助原则相关的争议。而危机后涌现出了大量救助模式及工具创新,学术界一方面致力于解决传统最后贷款人遗留的争议;另一方面,研究新出现的救助措施。例如,最后做市商、自救机制等,这些研究在发展最后贷款人理论的同时,也开创了现代金融环境下新的危机管理模式。

最后贷款人理论自形成开始就饱受争议,每一次危机都让人们反思,最后贷款人应该在危机中采取怎样的方式展开救助。随着金融体系及环境的变化,对传统最后贷款人理论的分析与批判从未间断。在2008年全球金融危机前,关于最后贷款人理论的争议及发展主要体现在:采取惩罚性利率还是优惠利率,救助非流动性机构还是非清偿力机构,是否救助单个问题机构,采取建设性模糊政策还是事前明确宣告等。2008年全球金融危机掀起了一轮研究最后贷款人理论的浪潮,其中不乏对传统理论的质疑与发展:其一,学者们针对传统救助方式中的利率政策、抵押品政策、建设性模糊政策、救助对象的清偿能力等争论不断;其二,对于新的救助方式“最后做市商”进行分析。

第一,关于利率政策的争议。危机后学者们从不同角度对惩罚性利率进行了批评,认为惩罚性利率可能会导致更多的问题,因为惩罚性利率对银行家努力程度的影响存在两个渠道:其一,惩罚性利率使得银行家努力规避流动性缺失,从而降低事前的道德风险,即传统渠道;其二,当银行面临流动性缺失但具有清偿能力的时候,惩罚性利率降低了银行收益,但是,在失去清偿能力的时候,银行本身没有收益,收益不会进一步降低,由此,惩罚性利率导致的是银行家避免大规模冲击的激励,及银行家的努力。当第二种效应超越传统效应时,惩罚性利率的净效应是增加道德风险。研究发现,中央银行的利率政策可以直接改善金融危机时期银行间贷款市场的流动性状况,金融危机时期必须确保银行间市场利率足够低,以使得流动性资产有效配置。欧盟、美国在2008年全球金融危机的救助过程中,为避免危机恶化,逐渐降低贷款利率,通过低利率来稳定和支持整个市场。

第二，抵押品政策。2008 年金融危机后，学者们主要建议采取低质量抵押品政策，而传统理论要求最后贷款人只应该接受良好抵押品。中央银行政策会影响私人部门的抵押品池，以及流动性创造。一方面，只接受高质量抵押品来贷款保护了中央银行免受潜在的损失，大量的高质量抵押品被中央银行持有，会对融资市场的抵押品池造成不利影响，进而破坏其有效运行；另一方面，接受低质量抵押品贷款虽然会将中央银行暴露在对手方风险中，但是改善了市场的抵押品池，阻止市场紧缩。权衡以上两种作用机制，在抵押品质量信息对称情况下，高质量抵押品贷款并不会改变福利；而在信息不对称情况下，会降低福利，并且会导致市场崩溃，因为高质量抵押品贷款降低了市场上平均的抵押品质量，破坏了抵押品流动性创造的能力，最优的最后贷款人政策应接受低质量抵押品进行贷款。在系统性危机时期，中央银行可以在所有高质量抵押品耗尽的时候，接受低质量抵押品贷款，从而提升社会福利。

第三，建设性模糊政策。在 2008 年全球金融危机以后，虽然有少数学者在理论上继续支持建设性模糊政策，认为其有利于降低事前道德风险，但是，鉴于建设性模糊政策在 2008 年全球金融危机中的政策效果，更多的学者对其提出质疑或否定。很多学者认为，建设性模糊政策在紧急流动性支持上并非建设性（有利），损坏了 LOLR 的有效性，模糊政策使得中央银行难以量化风险并制定应对措施，加速了危机传导。实践表明，危机前的模糊政策并没有阻止过度的期限及货币错配，危机中的模糊政策基本不可能发挥作用，而采取明确的救助政策可以管理市场预期。如果监管者没有事前宣告救助政策，公众缺乏未来救助的信息，银行家以及存款者会基于自身的乐观或悲观的态度形成不同的救助信念，这样的信念不对称会导致在高风险的投资环境下投资不足，最优政策应该是将救助建立在公共可见的宏观经济参数上，从而统一公众的信念。因为政策制定者的行为不确定可能会导致突然的金融崩溃，救助的不确定性增加会提高利率，增加实体和金融部门的违约数量，还可能导致信贷市场的枯竭，救助政策越明确，危机对信贷收缩以及投资活动的危害就越小。

第四，救助对象的清偿能力。"清偿力"是一个不确定的概念，一般指资产的价值大于债务的价值，但是在现实中，它取决于资产和负债如何估值、估值的人以及估计的规则，还取决于未来救助政策及其结果。任何借款者的清偿能力均不是确定的、外生的、可知的，取决于事件的发展情况，尤其是最后贷款人对危机如何响应。在实践中，非清偿与非流动性常常难以辨别，这主要出于三方面原因：首先，在危机时期，金融资产按市值计算的价值波动性极大，清偿能力的评估十分困难，在这种环境下，强制出售资产可能会让单纯的非流动性问题演变成清偿能力问题；其次，非交易资产（如贷款）和其他抵押品的估值依赖于中央银行的评估能力，这些资产也受到宏观经济或者社会政治的影响；最后，监管者对影响清偿能力的资产评估存在一定偏见，因为若识别出非清偿能力机构，以及由此造成系统性后果，可能引发监管者的声誉风险。

第五，单个问题机构的救助。2008 年全球金融危机以后，学术界普遍认为单纯通过公开市场操作提供整体流动性难以缓解危机，因为以往的危机均伴随着银行间市场崩溃。部分观点认为，是否救助单个问题机构的观点差异主要是对流动需求的假设不同，银行的流动性紧张有两种完全不同的来源：其一，健康的机构可能面临挤兑或者银行间市场的恶化；其二，无清偿能力机构的债权人撤资。这两种情况决定了最优救助政策，在第一种情况下，最优政策是中央银行贷款；在第二种情况下，是对非清偿机构的有序清算。而流动性监管可以确保权威部门有时间评估流动性短缺的特征，从而采取恰当的救助措施。

　　第六,最后做市商。2008 年全球金融危机后,关于最后贷款人最显著的改变在于其关注的焦点的改变:从救助个体问题机构转移到为市场提供流动性。在 2008 年全球金融危机的第一阶段,美联储主要按照最后贷款人的传统观点,通过各种贴现工具进行贷款。但是在雷曼兄弟公司和美国国际集团崩溃后,国内与国际货币市场冻结,美联储通过“扩表”来维持货币批发市场的运行。在这个过程中,美联储起到了新的作用,学界称之为最后做市商(Dealer of Last Resort, DOLR)。这是在当前基于市场的信贷体系下,对最后贷款人理论的必要拓展,在基于银行的信贷体系中,融资流动性与最后贷款人足以确保信贷的持续流动,但是在基于市场的信贷体系中,需要市场流动性以及 DOLR 共同作用才能确保信贷的持续流动。在市场严重承压的情况下,买卖双方的匹配作用失灵,无法达成交易,中央银行可以充当最后做市商,DOLR 的作用可以通过两种方式来实现:第一,大规模买卖私人部门证券;第二,在回购市场、抵押品贷款市场和贴现窗口广泛接受私人部门证券(包括非流动性证券)作为抵押品,以活跃市场。美国学者称其为最后购买者(Buyer of Last Resort, BOLR)。BOLR 基于三个条件——在“一定的时间窗口内”利用“足够的资金”来购买“估值准确的资产”以阻止抛售。BOLR 可以作为 LOLR 的有效补充,但是 BOLR 并非在任何类型的金融恐慌下都能良好运作,当问题资产信息不透明的时候,资产难以准确估值,此时,BOLR 的作用受到限制。

　　(2) 问题银行处置:银行接管与强制清算

　　商业银行接管指的是银行业监督管理部门根据法律授权对有严重经营问题(如严重违规、资不抵债、无力支付等)的商业银行实施的强制介入,接收和管理其债权债务和业务经营,防止其资产质量和业务经营的进一步恶化,以保护存款人利益、恢复商业银行的正常经营能力、维护金融体系稳定的银行危机救助制度。

　　从法律上讲,商业银行接管具体包括以下含义:第一,它是银行业监督管理部门通过对被接管银行业务经营的强制性干预,而对其业务实施法律控制,并进行重新整治,以恢复正常经营。这体现了国家通过银行业监督管理部门对银行业实施监管和宏观调控的法律职能。第二,它是一种法律行为,在我国,为《商业银行法》和《银行业监督管理法》所保障,以国家强制力为后盾,具有法律效力。对银行业监督管理部门而言,接管既是权力,又是其法定职责,必须依法执行,不得纵权和滥权。第三,它是一种具体行政行为,是银行业监督管理部门根据法律授权实施的行政监管行为,在接管关系中,银行业监督管理部门是行政主体,被接管商业银行是行政相对人。被接管商业银行及其股东、债权人等因接管而利益受损的可以提起行政诉讼。第四,它是一种强制性、临时性和挽救性的行政强制措施。依据我国《行政强制法》第 2 条规定,商业银行接管应当是一种行政强制措施,《金融机构管理规定》第 58 条将其定性为行政处罚是错误的。[①]

　　商业银行的内生脆弱性和外部风险诱发因素决定了一部银行发展史几乎就是一部银

---

① 首先,虽然接管实务大多针对严重违法违规经营的金融机构,但是也有单纯由于经营不善而被接管的事例,因此金融机构的违法行为不是接管的必要和唯一条件。其次,接管是对问题银行经营管理权的暂时性接收,接管过程中被接管商业银行的法人资格继续存在,债权债务关系不因接管而发生变化。它不同于人身罚、财产罚、资格罚及精神罚对实体权利的剥夺。最后,接管的目的不是制裁问题银行,而是防范金融风险,保护存款人利益,恢复商业银行正常经营能力,维护金融体系稳定。

行危机史。面对银行危机,各国或地区大多选择采取危机救助措施,如控制管理(controlled management)、临时管理(provisional administration)、接管(receivership)和财务援助(financial assistance)等。2007 年次贷危机爆发后,接管制度在全球范围得到重视。截至 2009 年 3 月 9 日,冰岛金融监管局接管了国内四大银行。截至 2011 年 1 月 2 日,美国存款保险公司已处置全美 327 家问题商业银行,其中 296 家以收购与接管处置,18 家以存款偿付处置,13 家采用营业银行援助形式被政府救助。我国香港地区金融管理局 2008 年 11 月接管了 IBHK 银行,我国台湾地区"金融监督管理委员会"则在 2007 年 1 月 5 日至 6 日的 24 小时内连续接管了花莲区中小企业银行和中华商业银行。我国金融立法较早引入了接管制度。中国人民银行 1994 年颁布的《金融机构管理规定》第 58 条首次规定,对于违反规定的金融机构,中国人民银行可视情节采取"指派人员接管"的处罚。1995 年《商业银行法》设"接管与终止"专章规定问题商业银行接管的条件、目的、决定、实施、期限、终止等。中国人民银行 1995 年 2 月 8 日接管深圳市金威城市信用社,标志着我国金融机构接管法律制度终于从"书本上的法"(law in paper)变成了"活法"(living law)。

(3) 商业银行接管法定条件的立法例

从比较法的视角来看,商业银行接管法定条件的立法体例主要有两种:一是列举主义,又称法则决定主义,即采取明确、详细乃至量化的接管条件,一旦问题银行符合相关条件,金融监管机关近乎机械地启动接管程序。如我国香港地区《银行业条例》第 52 条规定:当银行通知金融管理专员其相当可能会无力履行义务,无力偿债或即将中止付款;银行已无力履行义务或已经中止付款;金融管理专员认为该银行正以有损该银行存款人、潜在存款人、债权人、持卡人或潜在持卡人利益的方式经营其业务,或认为该银行无力偿债、相当可能会无力履行义务或即将中止付款,或该银行已违反本条例的规定,违反银行认可和批准所要求的条件;财政司长向金融管理专员给予意见,表示他认为为符合公众利益须如此行事。则金融管理专员可委任经理人对该银行的相关事务、业务和财产进行管理。新加坡《银行法》第 49 条规定:当一家银行告知当局其可能无力履行其义务,无力偿付或即将停止支付;一家银行无力履行其义务,无力偿付或即将停止支付,当局认为如该银行继续进行其业务,将损害其存户或债权人的利益,或者认为其已无力偿付,或即将无力履行其义务或即将停止支付,或该银行已违反或不能履行该法中的任何规定;已违反或不能履行执照中任何规定;当局出于公共利益的考虑。当局可以决定控制和管理该银行的业务,或者任命一人或多人作为法定管理人按照当局的要求控制和管理该银行业务。此外,美国《联邦存款保险法》第 11 条(C)也以列举的方式规定了任命财产管理人或接管人的 12 种条件,包括:资不抵债;因违法或经营不善导致资产大力损耗;处于不安全、不稳健的经营状态;故意违反禁止令;隐匿账户、文件、记录或资产;不能履行义务;已经或可能发生的损失会损耗其全部或大部分资产,不经联邦援助没有充实资本的可能性;违法行为或经营不善将会导致其资不抵债、资产大量损耗、损害存款人或存款保险基金的利益;银行董事会或股东同意任命;该银行停止向存款保险公司投保;资本严重不足;犯洗钱罪。

二是概括主义,又称权衡决定主义,即立法仅就接管条件规定一般概括性原则,授权金融监管机关斟酌具体情况权衡各种因素采取接管手段。如我国台湾地区"银行法"第 62 条规定:银行因业务或财务状况显著恶化,不能支付其债务或有损及存款人利益之虞时,主管机关得勒令停业并限期清理、停止其一部分业务、派员监管或接管,或为其他必要之处置,并得洽请有关机关限制其负责人出境。菲律宾《新中央银行法》第29条规定：货币委员会发现某银行或准银行（quasi—bank）持续处于无力或不愿保持充足的流动性以保护存款人或其他债权人利益时，可以任命监管人接管该机构的资产、债务并进行管理，行使必要的权力重新整顿机构，以恢复其活力。

我国对商业银行接管的法定条件近乎概括主义立法例，但是，行政规章、部门规章等又对法律上的接管条件予以具体化。《商业银行法》第64条第1款规定："商业银行已经或可能发生信用危机，严重影响存款人的利益时，中国人民银行可以对该银行实行接管。"《银行业监督管理法》第38条也规定，"银行业金融机构已经或者可能发生信用危机，严重影响存款人和其他客户合法权益的，国务院银行业监督管理机构可以依法对该银行业金融机构实行接管或者促成机构重组"。

此外，有人认为，对于我国银行业需要采取接管措施的情形，可以考虑银行业金融机构是否有下列情形：有严重违法经营行为或屡次违法经营，对存款人利益和债权人利益造成重大危害的；有国务院银行业监督管理机构认定的不安全和不稳健的经营行为，且严重损害存款人利益和金融稳定的；由于公司治理结构不健全，经营管理不善，导致长期亏损的；不良资产与总资产的比例超过50%，且不良资产比例持续升高的；资本充足率长期低于2%，且无法按照国务院银行业监督管理机构的要求予以补足的；董事会成员或高级管理人员有洗钱等违法犯罪行为，严重损害企业利益的；涉及重大刑事诉讼或民事诉讼，致使决策或者管理机构无法正常运作，严重影响企业正常经营的。

但是，我国对商业银行接管的法定条件之规定至少存在以下问题：首先，何谓"信用危机"？这一表述不同于我国台湾地区"银行法"第62条规定的"业务或财务状况显著恶化，不能支付债务或有损及存款人利益之虞"，也有别于菲律宾《新中央银行法》规定的"流动性不足"。实践中，1995年中国人民银行接管中银信托投资公司时的公告理由是"存在违法经营、经营管理混乱、资产质量差等问题，严重影响存款人利益"，而2004年中国证监会和深圳市政府接管南方证券股份有限公司时的公告理由是"违法违规经营、管理混乱"。因此，首先，"信用危机"的规定过于模糊，尤其是何种程度才算"危机"更是难以判断。其次，"严重损害存款人的利益"的规定也有失偏颇，忽略了商业银行违法经营或违反审慎经营规则"可能损害存款人利益"的情形。最后，"已经或可能发生信用危机"和"严重影响存款人的利益"二者间的关系不甚明了，是"并且"还是"或者"的关系？毕竟"影响存款人利益"的原因并不仅是"信用危机"。其他国家和地区的立法都将"损害存款人利益"作为商业银行接管的一个理由，可资借鉴。

总体来看，各国和地区关于接管条件的规定基本相同，基本采取"信用风险"的标准，这与商业银行的负债经营特征一致。目标银行发生的危机达到了预设标准，通过相关主体的申请和决定，即可启动接管程序。此处的"信用"标准其实是一个宏观性的标准，并非具体的法律事实引起接管的法定条件。有鉴于此，我国商业银行接管条件立法应当兼采概括主义和列举主义，建立自由裁量与规则限制之间的均衡。由于《商业银行法》中规定的"信用危机"和"严重影响存款人的利益"在实践中难以界定，只能依赖于监管机构的主观判断。因此，我国应当参照其他国家和地区的法律规定，明确我国商业银行的接管条件：一是商业银行通知国务院银行业监督管理机构，其已经或可能无力偿付到期债务、偿付能力不足或者即将暂停支付债务。二是有足够的证据证明商业银行已经或可能无力偿付到期债务、偿付能力不足或者即将暂停支付债务。三是商业银行涉及重大民事或刑事诉讼,判决结果可能严重影响商业银行的资本额、资本充足率、资产流动性等,导致银行财务状况严重恶化。四是国务院银行业监督管理机构通过稽核、检查之后发现商业银行存在下列情况之一:① 经营管理缺乏安全性,可能严重损害存款人的利益;② 丧失偿付能力或者无力清偿债务或者即将暂停支付债务;③ 违反法律、行政法规和部门规章,可能导致偿付能力不足或者资产、收益大幅下降,财务状况严重恶化;④ 已经或可能遭受重大损失使得银行资本严重受损,难以维持正常的经营。

需要指出的是,国务院银行业监督管理机构在作出接管决定时,应将以上接管条件同金融体系稳定以及接管的有效性、"成本—收益"等因素结合考虑:

第一,关于接管的条件,可以借鉴美国经验,建立起预警体系,根据预警体系的评级结果而决定。美国联邦存款保险公司(FDIC)为研究问题银行与无问题银行财务特征的差异,率先建立预警制度,并对其监管的银行进行评级,其中不能通过该预警系统所测定的 12 项财务指标中一项以上,且经财务分析人员查证属实者,即为问题银行。同时,为建立规范化的监管措施体系,美国于 1979 年成立了联邦金融机构审查委员会,建立统一的金融机构评价体系,即CAMELS 评级制度,由专业人员按照标准进行评估,最终划定级别,以此来判定银行的"健康状况"是否符合接管条件。但多数国家的接管制度的建立比预警体系的建立在时间上要早,所以两者的衔接非常重要。当然,由于预警体系本身存在弊端,接管也不是完全依赖于预警体系。如果有其他证据表明需要接管,即使预警体系尚未报警,也可以实施接管。

第二,存款人利益可以借助我国已经建立的存款保险制度加以保护,在决定接管商业银行时,特别要考虑该银行破产对整个金融体系可能造成的系统性影响。只有当商业银行倒闭可能会引发大规模市场恐慌,波及其他商业银行甚至整个金融系统时,才有必要通过接管对其施以救助,也可以说该银行"太大而不能倒"(too big to fail),"太复杂而不能倒"(too complex to fail),"太关联而不能倒"(too interconnected to fail),或者"太系统而不能倒"(too systemic to fail)。

第三,必须考虑接管是否是救助商业银行的最优选择,包括接管是否相对于财政援助、中央银行最后贷款人制度、停业整顿等措施更为有效,接管所带来的收益是否高于其产生的成本(特别是接管的社会成本),纳税人利益和社会公共利益也应当成为接管决定以及接管实施过程中的重要衡量因素。总之,接管作为问题银行处置手段的使用必须谨慎,既应防止政府对商业银行业务经营的过分干预,又应避免政府沦为商业银行的"保姆"。

2. 银行卡纠纷及其处理

在现实生活中,银行卡纠纷日趋增多,其常见纠纷类型有:一是银行卡被盗刷,持卡人以银行未能尽到安全保障义务为由要求银行承担违约责任;二是持卡人申领信用卡并开卡消费后,未按期足额偿还信用卡欠款,发卡行要求持卡人偿还欠款、利息及其他费用;三是持卡人因发卡行提供服务、收取费用、银行卡功能设置产生争议,要求维护自身合法权益。处理银行卡纠纷的关键在于准确理解和把握双方当事人义务的界定以及归责原则的运用,适用法律除《商业银行法》外,还会涉及《民法典》合同编和侵权责任编。

银行卡双方当事人主要是银行和持卡人。在存款法律关系内,银行对持卡人的义务是为存款人保密的义务、按时支付本息的义务、挂失止付的义务、合理审查的义务及安全保障的义务。银行义务的来源无非两种:第一,法律规定,即法定义务;第二,合同约定,即意定义务。

《商业银行法》规定了为存款人保密的义务,第 29 条规定了商业银行为存款人保密的原则,即"对个人储蓄存款,商业银行有权拒绝任何单位或者个人查询、冻结、扣划,但法律另有规定的除外"。安全保障义务的规定见于《商业银行法》第 12 条第 5 项规定和《消费者权益保护法》第 18 条规定。国务院《储蓄管理条例》第 11 条第 3 项规定了储蓄机构的设置必须有必要的安全防范设备。持卡人在办理银行卡时,通过订立诸如《中国工商银行牡丹灵通卡申请表》《中国工商银行牡丹灵通卡章程》等相关协议,确立合同双方当事人的权利义务关系。这些协议中必然包括隐含义务的相关条款。

没有无权利的义务也没有无义务的权利,银行的义务对应着持卡人权利,由于银行义务来源有法律规定和合同约定,因此针对银行对义务的违反,持卡人可以提起侵权之诉或违约之诉。对于违约之诉请求权前文已作论述,那么侵权之诉的请求权基础是什么?针对银行的安全保障义务,是否对应着持卡人的安全权这一法定权利?根据学界观点,安全保障义务是一种法定义务,而这种义务对应着法定权利,因此违反安全保障义务即是对金融消费者安全权的侵犯,应当承担侵权责任。故在第三人盗刷银行卡的情形下,第三人对银行构成侵权,侵权客体是银行的财产所有权。而在银行与持卡人这一法律关系中,也存在侵权责任,即银行违反安全保障义务侵害了持卡人的安全权。

(三)延伸阅读

1. 影子银行

影子银行(shadow banking)这一概念最早由美国太平洋投资管理公司执行董事保罗·麦卡利(Paul McCulley)2007 年在美联储年度会议上提出,意指游离于监管体系之外,与传统的接受中央银行监管的商业银行系统相对应的金融机构。

中国的影子银行是指从事金融中介活动,具有与传统银行类似的信用、期限或流动性转换功能,但未受《巴塞尔协议Ⅲ》或等同监管程度的实体或准实体。[①]《中国金融监管报告(2014)》将中国的影子银行业务分为三个层次:第一个层次为狭义口径影子银行体系,以是否接受监管为依据进行界定,主要产品工具包含非金融牌照业务下的小额贷款、融资担保、P2P 网络贷款、无备案私募股权基金、第三方理财及民间借贷;第二个层次为中等口径影子银行体系,主要产品工具既包含狭义口径下的影子银行体系,又包含金融牌照业务下的信托、理财、货币市场基金、资产管理、资产证券化、股票融资、债券融资等;第三个层次为广义口径影子银行体系,既包含中等口径影子银行体系,又包含银行表外非传统信贷业务(银行承兑汇票、信用证、应付代付款项、贷款承诺等)和银行表内非传统信贷业务(标准化及非标准化投资、同业、非生息资产、存放央行款项等)。可见,我国的影子银行与国外相比存在明显的差异。国外的影子银行主要以非银行金融机构为主,而在我国,则是由商业银行发挥主导作用,银行理财产品在影子银行中占有较高的比重。

中国影子银行表现出有别于发达国家影子银行的形态。一方面,发达国家银行通常都由非银行金融机构(如投资银行)主导,商业银行和影子银行构成一种"平行银行系统";而中国

[①] 参见中国人民银行调查统计司与成都分行调查统计处联合课题组:《影子银行体系的内涵及外延》,载《金融发展评论》2012 年第 8 期。

影子银行体系中的主导者,从本质上而言仍是商业银行。如果拆分影子银行的结构,可以发现几乎所有影子银行机构及其业务模式都与商业银行在资金链上存在紧密联系。另一方面,发达国家影子银行的主要业务,往往都以资产证券化活动为核心,而中国的影子银行本质上和商业银行的经营模式是类似的,具有"类银行"功能。商业银行作为流动性提供者,通过影子银行的运作,将这些流动性注入无法从商业银行体系或正规直接融资体系获得融资支持的实体。

由此可见,现阶段中国的影子银行表现出很强的以商业银行为主导的特点,更多地体现为"银行的影子",而非西方语境下的影子银行,其中证券化和金融市场工具在影子银行业务中的作用十分有限。中国的影子银行发展起步较晚,结构、规模、形态都处在不稳定状态,近几年,中国经济发展水平、产业结构调整、金融市场的结构、政策变化等都对中国影子银行的发展产生很大影响。现阶段,中国影子银行的资金主要由银行的非保本理财产品或者同业负债募集资金组成。

我国影子银行的形成与当前金融体系存在的诸多失衡有重要关系。当前,我国金融体系的失衡尤以三类失衡为甚,具体表现在:融资方式过度依赖银行信贷;信贷投放集中在国有部门,中小企业/个人业务普遍存在融资难融资贵问题;财富投资配置失衡,存款比重过大,其他投资渠道不畅。在经济体系旺盛的投资需求下,这些失衡叠加信贷政策限制,使金融机构和融资企业不断通过规避监管的途径进行投融资,致使影子银行活动越来越频繁,规模越来越大。因而与发达国家的影子银行不同,我国的影子银行大多是一种规避贷款投向限制和资本充足率等监管要求的监管套利行为,其主要目的是借道影子银行对企业进行放贷,其基本逻辑为:商业银行绕过传统存贷业务,利用资产负债表内外的其他项目进行业务创新,并通过与非银行金融机构开展合作来达到信用扩张的目的。在这样的逻辑下,我国影子银行呈现三个特点:

第一,资金主要来源于银行,资金主体仍是储户的储蓄资金。尽管自2013年起,我国加快了利率市场化改革,但储蓄存款相较理财产品等仍缺乏竞争力。与股票、房地产、外汇等投资产品相比,银行理财产品与信托产品收益远高于同期储蓄存款,并且在刚性兑付未打破前,违约风险对于投资者而言近乎零,因此风险相对可控。从而促使投资者寻求机会以实现高投资收益,相当一部分银行资金就通过银行理财产品、信托资金、民间借贷等方式流入了影子银行体系。

第二,资金主要投放于银行的客户。经济高速增长时,企业融资需求旺盛,但为了促进经济高质量增长及经济结构优化,监管政策对银行信贷实行严格控制。在这种情况下,一方面,商业银行出于维护客户关系、应对金融脱媒挑战的目的利用银信合作发行的理财产品募集资金,并通过非银行金融机构设立投资资管计划等形式,将募集到的资金用于购买资管计划并最终实现信贷出表。另一方面,融资企业通过非信贷等形式实现了融资的目的。这种银行表外业务的开展,既可扩展贷款规模,也可满足监管要求,实现了银行降低风险资产、提高资本充足率的目标,具有一定瑕疵、不能完全满足商业银行信贷要求的企业也融到了资金。2014年以前,银行资金经由理财等影子银行业务投入了各类基建项目、地方融资平台、房地产项目,并部分进入了产能过剩行业等实体经济领域。2014年以后,实体经济进入下行通道,非标投资的监管也日趋严格,导致银行非标投资的成本上升而收益率下降,更多体现为脱实向虚,一部分进入银行同业体系,购买同业存单进行空转;另一部分进入金融市场,如股票、债券等市场。

第三,银行发挥主导作用,券商、信托公司等仅发挥"通道"作用。我国影子银行的另一特点是,它受商业银行主导。在很大程度上,我国的影子银行是商业银行为了规避监管,主动将手中的资源转出传统存贷业务所导致的,之所以会产生这种局面,主要是因为商业银行在我国金融体系中一枝独大,在资金规模、分支机构、客户资源方面具有绝对优势。因此,我国的影子银行中银行仍然是核心,整个体系的资金来源和信用支撑主要依靠银行。在影子银行的"通道"模式下,银行与承担通道功能的非银金融机构之间地位并不对等,银行在提供资金、选择投资项目等方面均占据主导地位,能够达到绕过监管发放贷款或自身资产表外化的目的,并最终承担投资的风险和收益;而信托、券商等金融机构成为商业银行和标的资产之间的桥梁,收取通道费用,利用规模效应来实现收益,不能发挥主动的资产管理功能。

2. 票据融资

随着我国金融市场化的程度日益加深及拓宽,各类银行等金融机构的银行票据类业务竞争日益加剧,单纯的依赖传统存款及贷款等业务品种的发展业务模式不断受到挑战,国内各类银行等金融机构开始逐步意识到银行票据类业务发展的极端重要性,不断投入人财物,逐步推进银行票据业务的开展进程。银行票据类业务发展潜力及纵深极其广阔,各银行机构逐步成立了票据或资金管理部门,对银行票据业务进行有效管理,管理对象为各类银行票据,并从总行的角度进行集中管理,各类银行票据业务开始有较大幅度的增长。票据融资又称融资性票据(notes financing),指票据持有人通过非贸易的方式取得商业汇票,并以该票据向银行申请贴现套取资金,以实现融资目的。票据是市场经济不断发展的产物,现已成为资金融通和结算过程中必不可少的工具。在国内,银行承兑汇票(银票)和商业承兑汇票(商票)被广泛使用,是买方向卖方进行支付的一种常用方式。过去,票据作为支付手段的功能得到了充分运用和强调,近年来,票据的融资功能也日益被企业和银行所推崇。在我国,商业票据主要是指银行承兑汇票和商业承兑汇票。以商业票据进行支付是商业中很普遍的现象,但如果企业需要灵活的资金周转,往往需要通过票据贴现的形式使手中的"死钱"变成"活钱"。票据贴现可以看作是银行以购买未到期银行承兑汇票的方式向企业发放贷款。贴现者可预先得到银行垫付的融资款项,加速公司资金周转,提高资金利用效率。

票据贴现融资方式的好处之一是银行不按照企业的资产规模来放款,而是依据市场情况(销售合同)来贷款。自企业收到票据至票据到期兑现之日,往往少则几十天,多则300天,企业资金在这段时间处于闲置状态。企业如果能充分利用票据贴现融资,远比申请贷款手续简便,而且融资成本很低。票据贴现只需带上相应的票据到银行办理有关手续即可,一般在3个营业日内就能办妥,对于企业来说,这是"用明天的钱赚后天的钱",这种融资方式值得中小企业广泛、积极地利用。中国众多的中小企业在普通贷款中往往因为资本金规模不够,或无法找到合适的担保人而贷不到钱,因此,票据贴现无须担保、不受资产规模限制的特性对他们来说就更为适用。票据贴现的另外一个优势就是利率低。票据贴现能为票据持有人快速变现手中未到期的商业票据,手续方便、融资成本低,是受广大中小企业欢迎的一项银行业务。贴现利率在中国人民银行规定的范围内,由中小企业和贴现银行协商确定。企业票据贴现的利率通常大大低于到银行进行商业贷款的利率,融资成本下降了,企业利用贷款获得的利润自然就高了。

但是,票据融资也有非常多的弊端。首先,票据贴现未惠及"三农"和中小企业。虽然中国人民银行曾经给各地分支行系统下发了对"三农"和中小企业贷款的再贴现额度任务,但事实上商业银行票据融资的项目主要是与政府投资相关的贷款,涉农中小企业贷款的占比很小。其次,票据融资规模有虚增现象。票据资产很容易产生乘数效应。银行签发汇票的保证金比例在 10%—100% 之间,如果企业以 30% 的保证金拿到 100% 金额的票据,收款企业贴现后再去银行以 100% 的保证金比例申请更大金额的票据额度,如此循环,票据融资的规模就很容易"虚增",并不一定能真实反映宏观经济的回暖情况。再次,商业银行极易发生操作风险和信用风险。从签发银行看,银行如果对企业提供的商品交易合同或增值税发票未加以严格审查,就为其签发无贸易背景的银行承兑汇票;或在实际操作中有章不循,随意放大银行信用,超规定限额签发银行承兑汇票;甚至擅自放宽保证金的收取比例或放松抵押担保的条件,为一些资信度不符合规定的企业签发汇票,则会造成极大的操作风险。从企业看,票据融资一般是中短期贷款,很容易发生企业利用虚假合同套取票据额度的情况。而且,在股市行情转暖的情况下,巨额的融资性票据在贴现后或回流向股市或期市。这些对于商业银行来说,又将会构成信用风险。

因此,为确保商业银行的票据融资能够更好地体现金融服务经济,促进经济平稳较快增长,目前学界认为,应当做到以下几点:第一,加强对票据融资业务的政策引导。引导金融机构根据国家产业政策和信贷政策取向,积极稳妥地开展票据融资业务,鼓励企业、基层商业银行积极办理票据贴现,满足企业在生产和发展中的合理资金需求;积极引导金融机构妥善协调和处理好票据融资与信贷投放的关系,合理匹配和优化票据融资的期限和品种结构,统筹把握好票据贴现的节奏,在确保金融机构收益率和流动性的前提下,实现票据业务与信贷业务的均衡和可持续发展。第二,商业银行要结合实际,适时调整资产负债和票据融资业务结构,规避票据业务发展中的信用风险;结合中小企业尤其是民营企业的经营特点和发展实际,制定办理银行承兑汇票支持中小企业发展的指导性意见,增强票据融资对经济特别是中小企业发展的推动作用。同时,加强内部控制和人员素质建设,努力防范业务操作风险。第三,严格检查商业银行票据融资业务中执行各项规章制度的情况,把好流程关,杜绝和防范票据欺诈风险。当前,中国人民银行已开始授意商业银行排查票据融资的风险,控制重点主要集中在是否有真实贸易背景,这项工作很及时,须抓实抓牢。同时还要重视预警监督,实施责任追究制度。

3. 巴塞尔协议资本充足率监管的历史进程

巴塞尔协议从 I 到 III,对于银行资本监管最主要的变化轨迹就是,对资本充足率这一监管指标不断完善和深化,下面将具体介绍巴塞尔协议对资本充足率监管的历史进程。

(1)"巴塞尔协议 I"的资本充足率监管

从对资本充足率的影响来看,"巴塞尔协议 I"资本监管的核心内容主要有四部分:

第一,确定监管资本的范围。实施资本监管的一个关键问题就在于如何定义银行资本,巴塞尔协议将银行资本中最重要的部分定为一级资本,主要包括实收资本和公开储备;附属资本也称二级资本,主要包括未公开储备、重估储备、普通呆账准备金、混合债务工具、长期次级债券。银行资本概念和范围的确定,不仅有利于资本充足率的计算,而且有助于体现指标计算的公平性。

第二,将表外项目纳入资本监管框架。1987 年,花旗银行的或有负债为 4 670 亿美元,超过股东权益的 50 倍;摩根大通公司的或有负债为 2 030 亿美元,大通曼哈顿银行的或有负债为 1 750 亿美元,都超过了股东权益的 40 倍,风险尤其高。所以,巴塞尔协议对表外业务采取简单加权的办法计入资本充足率的审核中,并对指标提出了明确的资本要求。

第三,提出了与风险挂钩的加权风险资产。"巴塞尔协议Ⅰ"资本监管首次将基于风险调整的资本充足率作为国际活跃银行的标准,相对传统的资产负债比例监管无疑是一个巨大的进步。在分母加权风险资产的计算中,主要考虑了信用风险,同时强调了国家转移风险,在风险计量时区分表内资产和表外资产。一方面,该协议根据资产类别、性质以及债务主体的不同,将表内资产项目分为 0、20%、50%、100% 四个风险权重档次,资产的账面价值与相应的风险权重相乘,得出经过风险加权后的资产数量。另一方面,该协议根据表外项目风险性质的不同,先按照相应的信用转换系数(分为 0、20%、50%、100% 四类)转换为表内风险资产,然后再乘以相应的风险权重进行加权,最后综合得出银行风险资产总额。

第四,统一最低资本充足率的要求。该协定规定,商业银行核心资本充足率(核心资本风险加权总资产)不得低于 4%,总资本充足率[(核心资本 + 附属资本)/ 风险加权总资产]不得低于 8%。另外,附属资本中普通贷款损失准备金最多不能超过风险加权资产的 1.25%,附属资本中长期次级债务最多不能超过核心资本的 50%。这一最低要求在一定程度上反映了当时发达国家银行业的风险状况,而且提高了银行风险信息的透明度,增强了商业银行的自律意识。

(2)"巴塞尔协议Ⅱ"对资本充足率的改进

第一,将最低资本要求纳入市场风险和操作风险。为实现全面风险管理的目标,巴塞尔协议Ⅱ资本监管框架将风险管理覆盖的范围逐步从信用风险推广到市场风险、操作风险等,要求银行的资本充足率水平能够全面、充分地反映银行经营风险。新的资本监管框架延续了统一最低资本充足率的要求,同时资本充足率计算公式的分子(即监管资本构成)引入了 1996 年《补充规定》提出的三级资本,而且对分母(即风险资产)的评估更加精细和全面。

第二,提出更具有敏感性的信用风险衡量方法。巴塞尔协议Ⅱ资本监管框架在信用风险的处理方法上取得了重大突破,一方面调整了计算风险加权资产的标准方法,另一方面提出了信用风险内部评级(IRB)初级法和高级法,用于确定风险资产权重,配置资本。在巴塞尔协议Ⅱ资本监管框架提出的内部评级方法下,风险权重以违约概率、违约损失率、违约敞口的连续函数来表示,相比标准法中不同评级与一定风险权重相对应的特点,银行资本对于风险的反应更加敏感。

第三,适当扩大资本约束的方位。银行控股公司成为银行避免监管的手段,为此,对银行集团的监管就十分必要。此外,考虑到银行资产证券化的快速推进,巴塞尔资本监管框架对此进行了一定的限制,以使银行资本能够更加灵敏地对银行资产的真实风险水平作出反应。

第四,更为灵活的银行资本状况监管规则。巴塞尔委员会注意到不同国家的具体金融环境和进入体制存在差异,因而巴塞尔协议Ⅱ资本监管框架更为强调各国监管当局结合各国银行业的实际风险对各国银行进行灵活的监管,让各国监管机构承担更大的责任。

(3)"巴塞尔协议Ⅲ"的改进

在三大支柱的基础上,最重要的就是对监管框架的改革以提高银行系统的稳定性,包括对宏观审慎监管的提出,对资本充足率的重新定义,对风险覆盖范围的口大,对杠杆率指标的补充等。

第一,提升资本的质量,明确资本监管的一致性、提高资本监管的透明度是巴塞尔委员会监管改革中的一项重大议题。首先,一级资本必须是质量最高的普通股和留存收益。其次,在持续经营条件下,其他一级资本工具必须要有吸收损失的能力。再次,二级资本应被简单化,也要同时取消三级资本。最后,市场约束与信息披露要求应及时更新。

第二,按照资本分类实现层次资本监管。金融危机中,监管体系会怂恿人们顺周期行为,从而酿成祸害。通过提出周期性缓存、资本拨备,还有对系统重要性银行的特殊要求,巴塞尔协议Ⅲ实现了层次资本监管,尽可能地避免危机发生。

第三,引入杠杆率指标。杠杆率过高是金融危机的一大弊病,表内表外杠杆的累计会带来较大的风险。而且,杠杆率的监管对普通股股东而言,是更为有效的保护,尤其是对原始风险的监控。

第四,风险覆盖范围的扩大。风险覆盖的不全面会使银行资产负债表内外不能充分说明银行的经营状态,是单个银行乃至整个银行不稳定的关键因素。所以,扩大风险覆盖范围十分必要。

（4）综述

以上介绍了巴塞尔协议的历史进程还有对各个版本巴塞尔协议中资本充足率的变革。虽然在不断的变革过程中,巴塞尔协议会显得十分的庞杂,但是对其最新版本的特点仍可以明晰把握:

首先,最重要的就是改变了资本框架,确立了一级核心资本、其他一级资本以及二级资本的模式,同时对各项资本充足率有了更高的要求。

其次,在微观审慎监管的基础上,提出了宏观审慎监管的概念。所谓宏观审慎监管,就是通过对风险相关性的分析、系统重要性机构的监管,使得系统性风险降到最低,尽量促进和保护金融体系的正常运作,避免经济危机的一种审慎监管模式。通过这样的模式在时间维度和横截面维度提供工具、解决问题:通过资本存留、杠杆率、流动性、贷款价值比率等方式来解决顺周期的问题;通过压力测试、系统性重要银行资本附加,管理影子银行体系来解决某时点的系统范围问题。所以,可以看出巴塞尔协议的政策形势是:

将银行风险覆盖从银行的资产方扩展到资产负债表的所有要素,包括提高资本充足率标准和资本质量要求,提升银行资金来源的稳定性;提高交易对手信用风险权重,关注银行规模,引入杠杆率指标;引入流动性覆盖率和净稳定资金比率,对资产负债表双方期限匹配提出明确要求,要求有高质量流动性资产,降低对短期批发性融资的依赖性;从单个银行稳健性扩展到宏观金融体系的稳定,包括调整结构,制定和实施中长期信贷发展战略,降低信贷业务的资本占用;强化管理,完善风险战略和风险偏好的框架设计,提高风险管理的精细化和前瞻性;创新服务,为资产业务提供稳定的资金保障,降低经营成本;明确将逆周期因子引入资本和流动性监管框架,以维护银行体系信贷供给能力的长期稳定,支持实体经济平稳增长。也即消费者利益必须得到保护,通过对资本充足率的重新定义和要求,保障消费者利益不被所谓的"金融创新"所吞噬;加强宏观审慎监管的理念,确保个体稳健的同时保障金融系统的安全;国际监管合作已经成为必然趋势,面对全球性的金融风险,只有全球性的合作能有充分的准备面对未来可能的挑战。

4. 金融消费者

最高人民法院在 2019 年 11 月 8 日印发了《全国法院民商事审判工作会议纪要》（以下简

称《九民纪要》),其中,专章规定了金融消费者权益保护纠纷案件的审理,对"卖方机构""适当性义务"等几个概念予以了明确,而对于"金融消费者",仍未进行定义。究竟何为"金融消费者"?

2016年12月14日,中国人民银行发布的《中国人民银行金融消费者权益保护实施办法》(以下简称《央行办法》),首次对"金融消费者"的概念进行了定义,即购买、使用金融机构提供的金融产品和服务的自然人。这也是目前唯一有关"金融消费者"的定义。2020年《央行办法》第2条规定:"在中华人民共和国境内依法设立的为金融消费者提供金融产品或者服务的银行业金融机构(以下简称银行),开展与下列业务相关的金融消费者权益保护工作,适用本办法……本办法所称金融消费者是指购买、使用银行、支付机构提供的金融产品或者服务的自然人。"该办法的适用范围语焉不详。其收文单位是中国人民银行上海总部和各地分支机构,以及各国有商业银行、股份制商业银行、中国邮政储蓄银行、中国银联,不包括银行保险业和证券业监管部门,也不包括非银金融机构,在实践中亦未见这些机构适用该办法。该办法出台后,证券和银保监系统有关适当性管理的各项规定和自律准则中,均没有使用"金融消费者"的名称,而是使用了"投资者"和"委托人"(信托业务)的名称。而且,上述"投资者"或"委托人"的概念,与《央行办法》中规定的"金融消费者"存在一个重要区别,即央行规定,"金融消费者"只能是个人,而"投资者"或"委托人"可以是个人、也可以是机构,还可以是金融产品自身。可见,"金融消费者"这一概念并未被金融行业主管部门所采纳。

2015年11月,《国务院办公厅关于加强金融消费者权益保护工作的指导意见》发布。这是国内最早有关"金融消费者"权益保护的规范性文件,但该指导意见同样没有对"金融消费者"进行定义,也没有提及"金融消费者"权益保护与《消费者权益保护法》之间的关系。2017年,中国证监会发布了《证券期货投资者适当性管理办法》,中国证券投资基金业协会发布了《基金募集机构投资者适当性管理实施指引(试行)》,中国证券业协会发布了《证券经营机构投资者适当性管理实施指引(试行)》,中国期货业协会发布了《期货经营机构投资者适当性管理实施指引(试行)》,均使用了"投资者"的称谓。中国信托业协会于2018年9月16日发布了《信托公司受托责任尽职指引》,其中包含了适当性管理的内容,但既未使用"消费者"的概念,亦未使用"投资者"的概念,而是沿用《信托法》的规定,采用"委托人"和"受益人"的称谓。中国银行保险监督管理委员会于2018年9月发布了《商业银行理财业务监督管理办法》,替代了之前的《商业银行个人理财业务管理暂行办法》《商业银行个人理财业务风险管理指引》等一系列规定,该办法中使用了"投资者"的称谓。中国人民银行、中国银行保险监督管理委员会、中国证监会和国家外汇管理局2018年4月27日联合发布的《关于规范金融机构资产管理业务的指导意见》,在第1条基本原则中提及要"加强金融消费者权益保护",其他条文或者使用"委托人",或者使用"投资者","金融消费者"这一名称仅出现了这一次。

《九民纪要》中的"金融消费者"并不等于《央行办法》规定的"金融消费者"。首先,《九民纪要》中并未援引《央行办法》。其次,从《九民纪要》第五部分的内容看,似乎并未明确排除机构作为"金融消费者"的可能性,但《央行办法》明确"金融消费者"是个人。最后,《央行办法》开宗明义地表示《消费者权益保护法》是其法律依据之一,据此推论,有关金融消费者权益保护问题应当可以适用《消费者权益保护法》。但《九民纪要》第77条第2款又明确规定,

"金融消费者因购买高风险等级金融产品或者为参与高风险投资活动接受服务,以卖方机构存在欺诈行为为由,主张卖方机构应当根据《消费者权益保护法》第55条的规定承担惩罚性赔偿责任的,人民法院不予支持"。《九民纪要》对"金融消费者"或者称为"买方"并没有进一步加以区分,但实际上,金融市场买方构成复杂,监管者对"普通买方"和"专业买方"的适当性管理要求亦并不相同。因此,"金融消费者"需要进一步区分"普通"和"专业"。

第一,金融市场买方构成复杂。金融市场里,买方的构成非常复杂,有个人、有机构、也有产品,个人和机构又可以区分为专业投资者和非专业投资者。以《证券期货投资者适当性管理办法》为例,该办法将投资者区分为普通投资者和专业投资者。专业投资者主要是金融机构、金融机构发行的产品、社会公益基金和QFII、RQFII,以及符合特定条件的机构和自然人,专业投资者之外的投资者是普通投资者。专业投资者和普通投资者在一定条件下可以相互转换,但两者的区别并不在于是自然人还是机构。该办法明确,普通投资者在信息告知、风险警示、适当性匹配等方面享有特别保护。

第二,区分"普通买方"与"专业买方"的原因。首先,专业买方在获取信息方面具有优势,他们有能力从卖方之外的其他渠道获取金融产品和服务的信息。其次,专业买方对于金融产品和服务内在的风险具有足够的认知能力,可以不依赖卖方独立对风险进行识别并作出判断。再次,从各金融行业主管部门对专业买方的要求看,除了金融机构及金融产品之外,普通机构和自然人要成为专业买方,在资产数额上有特别要求,这也就意味着专业买方有足够的风险承受能力,不仅能够识别风险、有能力控制风险,更有能力承受风险。最后,作为金融机构或者有丰富投资经验和大额资产的专业买方,在与卖方就购买金融产品、接受服务进行协商谈判时,地位是相对平等的,至少不会处于相对劣势的地位,因而有能力为自己争取到更好的合同条件。而普通买方一般处于谈判的劣势地位,只能被动地接受卖方提出的要求。因此,尽管有意见提出,投资者是平等的,不应因为专业与否而享有特殊权利。但国内资本市场以普通投资者为主,且普通投资者相对于专业投资者,在资金实力、信息获取、专业知识等方面处于弱势地位,风险承受能力和自我保护能力较低,为实现实质公平,应给予特别保护。

第三,仍以《证券期货投资者适当性管理办法》为例,监管规定直接推定专业买方有能力独立识别金融产品和服务中存在的任何风险,因此专业买方不需要进行投资者风险承受能力测评,购买产品和接受服务不受产品和服务风险等级的限制,卖方对专业买方不需要考虑投资者风险承受能力和产品风险等级匹配问题、不需要进行特别风险告知、不需要在销售过程中进行录音录像等留痕工作。最重要的一点是,当卖方与普通买方发生纠纷时,证明已经履行适当性管理义务的举证责任在卖方,而专业买方不享受此待遇。可见,普通买方和专业买方在适当性管理方面存在巨大差异,甚至可以说在金融行业监管部门看来,适当性管理的主要对象是普通买方。

四、习题自测

(一) 单项选择题

1. 商业银行在下列哪种情况下,国务院银行业监督管理机构可以对其实施接管?（　　）
A. 严重违法经营　　　　　　B. 存在重大违约行为
C. 可能发生信用危机　　　　D. 擅自开办新业务

2. 中国人民银行的亏损应由什么弥补？（　　　）

A. 由下一年度的利润来弥补　　　　　　B. 从总准备金中弥补

C. 通过发行货币弥补　　　　　　　　　D. 由中央财政拨款弥补

3. 根据《商业银行法》的规定,商业银行破产清算时的财产分配适用下列哪一种顺序？（　　　）

A. 清算费用,所欠职工工资和劳动保险费用,个人储蓄存款的本金和利息

B. 清算费用,个人储蓄存款的本金和利息,所欠职工工资和劳动保险费用

C. 个人储蓄存款的本金和利息,清算费用,所欠职工工资和劳动保险费用

D. 所欠职工工资和劳动保险费用,清算费用,个人储蓄存款的本金和利息

4. 根据《商业银行法》规定,商业银行的某些变更事项应当报经国务院银行业监督管理机构批准,否则不发生法律效力。下列哪一事项无须报经国务院银行业监督管理机构批准？（　　　）

A. 变更银行注册名称、变更注册资本

B. 变更银行总行或分支机构所在地

C. 缩小银行业务范围并相应修改银行章程

D. 变更持有资本总额或者股份总额 4% 的股东

5. 关于商业银行贷款法律制度,下列哪一选项是错误的？（　　　）

A. 商业银行贷款应当实行审贷分离、分级审批的制度

B. 商业银行可以根据贷款数额以及贷款期限,自行确定贷款利率

C. 商业银行贷款,应当遵守资本充足率不得低于 8% 的规定

D. 商业银行贷款,应当对借款人的借款用途、偿还能力、还款方式等情况进行严格审查

6. 根据支付结算法律制度的规定,下列关于公示催告的表述中,不正确的是（　　　）。

A. 利害关系人应当在公示催告期间向法院申报,法院收到利害关系人的申报后,应当裁定终结公示催告程序,并通知申请人和付款人

B. 公示催告期间届满以后,没有人申报的,法院应当根据申请人的申请,作出除权判决,宣告票据无效

C. 判决应当公告,并通知支付人,自判决公告之日起,申请人有权向支付人请求支付

D. 利害关系人因正当理由不能在判决前向法院申报的,自知道或者应当知道判决公告之日起 2 年内,可以向作出判决的法院起诉

7. 甲是中国公司,乙是英国公司,付款人为美国银行,甲在上海签发票据给乙,乙公司的业务人员携带该票据赴美国途中,在日本转机时将汇票丢失。下列说法正确的是（　　　）。

A. 该汇票属于涉外票据,因为票据的当事人既有中国人,又有外国人

B. 该汇票属于涉外票据,因为票据行为既发生在中国境内,又发生在中国境外

C. 涉外票据要求票据的当事人必须都是外国人

D. 涉外票据要求票据行为必须都发生在中国境外

8. 依票据法原理,票据被称为无因证券,其含义是指什么？（　　　）

A. 取得票据无须合法原因

B. 转让票据须以向受让方交付票据为先决条件

C. 占有票据即能行使票据权利,不问占有原因和资金关系

D. 当事人发行、转让、背书等票据行为须依法定形式进行

9. 依《票据法》的规定,下列有关汇票记载事项的哪一表述是正确的? (　　　)

A. 汇票上未记载付款日期的,为出票后 1 个月内付款

B. 汇票上未记载付款地的,出票人的营业场所、住所或经常居住地为付款地

C. 汇票上未记载收款人名称的,可予补记

D. 汇票上未记载出票日期的,汇票无效

10. 2016 年 4 月 7 日,甲向乙签发一张本票,乙持票后将该本票背书给丙,丙又背书给丁。丁于 6 月 9 日向甲提示付款,因手续欠缺,未得到付款。丁可以向(　　　)行使追索权。

A. 甲

B. 乙

C. 丙

D. 甲乙丙中的任何一个人、数人和全体

11. 下列有关支付方式说法不正确的是(　　　)。

A. 支付方式可分为现金支付和非现金支付

B. 非现金支付包括票据支付和电子支付

C. 国家鼓励使用现金支付方式

D. 现金支付是商事交易最基本的支付手段

12. 对于第三方支付机构业务活动的监管,哪一说法是错误的? (　　　)

A. 支付机构应当确保客户备付金及支付安全

B. 支付机构可以办理支付机构相互之间的货币资金转移

C. 支付机构对客户备付金禁止截留或挪用

D. 支付机构应当依法保护客户身份基本信息和商业秘密

13. 甲签发一张经付款人戊承兑了的汇票给乙。甲在汇票上记载了"不得转让"字样。后乙将汇票背书转让给丙,丙又将汇票背书转让给丁。下列判断正确的是(　　　)。

A. 甲对乙的后手不承担保证责任

B. 丁只能对甲主张票据权利

C. 丁只能对丙主张票据权利

D. 丁只能对戊主张票据权利

14. 汇票的背书人在背书时附条件的,其法律后果为(　　　)。

A. 汇票无效

B. 所附条件不具有汇票上的效力

C. 背书无效

D. 背书人丧失对前手的追索权

15. 汇票上未记载付款日期的,视为(　　　)。

A. 见票即付

B. 定日付款

C. 出票后定期付款

D. 见票后定期付款

16. 下列情况下,当事人可以取得票据权利的是(　　　)。

A. 甲拾得票据

B. 乙偷盗取得票据

C. 丙继承取得票据

D. 丁欺诈取得票据

17. 根据《票据法》,持票人对前手的再追索权的时效为自清偿日或被提起诉讼之日起(　　　)。

A. 3 个月

B. 6 个月

C. 1 年

D. 2 年

18. 下列有关商业银行的存款业务制度,说法错误的是(　　　)。

A. 商业银行办理个人储蓄存款业务,应当遵循存款自愿、取款自由、存款有息、为存款人保密的原则

B. 商业银行办理单位存款业务,应当遵循存款自愿、取款自由、存款有息、为存款人保密的原则

C. 商业银行应当按照中国人民银行规定的存款利率的上下限,确定存款利率,并予以公告

D. 商业银行应按照中国人民银行的规定,交存存款准备金,留足备付金

19. 中国人民银行对商业银行接管期限届满后,可以决定延期,但接管期限最长不得超过(　　　)。

A. 3 年　　　　　　B. 2 年　　　　　　C. 1 年　　　　　　D. 6 个月

(二) 多项选择题

1. 根据我国《商业银行法》《银行业监督管理法》的相关规定,下列哪些选项是正确的?(　　　)

A. 商业银行的组织形式既可以是有限责任公司,也可以是股份有限公司

B. 商业银行的设立、变更等应经中国人民银行批准

C. 由于商业银行涉及存款人的利益,故商业银行不能通过破产程序而终止

D. 国务院银行业监督管理机构负责对所有金融机构的监管

2. 李大伟是 M 城市商业银行的董事,其妻张霞为 S 公司的总经理,其子李小武为 L 公司的董事长。2009 年 9 月,L 公司向 M 银行的下属分行申请贷款 1 000 万元。其间,李大伟对分行负责人谢二宝施加压力,令其按低于同类贷款的优惠利息发放此笔贷款。L 公司提供了由保证人陈富提供的一张面额为 2 000 万元的个人储蓄存单作为贷款质押。贷款到期后,L 公司无力偿还,双方发生纠纷。根据《商业银行法》的规定,请回答下题。

关于 M 银行向 L 公司发放贷款的行为,下列判断正确的是(　　　)。

A. L 公司为 M 银行的关系人,依照法律规定,M 银行不得向 L 公司发放任何贷款

B. L 公司为 M 银行的关系人,依照法律规定,M 银行可以向 L 公司发放担保贷款,但不得提供优于其他借款人同类贷款的条件

C. 该贷款合同无效

D. 该贷款合同有效

3. 下列关于商业汇票提示承兑期限的表述中,符合法律规定的有(　　　)。

A. 商业汇票应在汇票到期日起 10 日内提示承兑

B. 定日付款的商业汇票,持票人应当在汇票到期日前提示承兑

C. 出票后定期付款的商业汇票,提示承兑期限为自出票日起 1 个月内

D. 见票后定期付款的商业汇票,持票人应当自出票日起 1 个月内提示承兑

4. 如果银行进行承兑和乙公司进行背书时,都附有条件,下列说法不正确的是(　　　)。

A. 乙公司附条件背书,所附条件无效,背书有效

B. 乙公司附条件背书,背书无效

C. 银行附条件承兑,所附条件无效,承兑有效

D. 银行附条件承兑,视为拒绝承兑

5. 甲公司开具银行承兑汇票给乙公司,乙公司背书给丙公司,丙公司背书给丁公司。如果丁公司又将票据背书转让给乙公司,乙公司请求银行承兑,银行拒绝,则下列说法正确的是(　　)。

A. 丁可以向丙行使追索权,也可以同时向甲、乙、丙行使追索权

B. 丁只能依次向其前手丙、乙、甲行使追索权

C. 乙只能向甲行使追索权,不能向丙和丁行使追索权

D. 乙可以同时向甲、丙和丁行使追索权

6. 下列关于银行卡法律关系说法正确的是(　　)。

A. 银行卡业务涉及包括持卡人、发卡机构、收单机构以及银行卡特约商家多方当事人

B. 银行卡被盗刷给持卡人造成的经济损失,无论何种原因,都由持卡人自己承担

C. 借记卡持有人与发卡机构之间是储蓄存款和委托支付关系

D. 银行卡套现不仅违约,而且是违反银行卡管理规定的违法行为

7. 信用证具备以下哪些特征? (　　)

A. 信用证主要适用于国际贸易结算

B. 信用证一经开立,就成为独立于贸易合同之外的另一种契约

C. 信用证是银行为买卖双方提供的信用保障

D. 信用证是以国际贸易合同为基础的,基础合同无效,信用证也就没有效力了

8. 票据具有下列哪些功能? (　　)

A. 汇兑功能　　　　　B. 支付功能　　　　　C. 信用功能　　　　　D. 融资功能

9. 下列有关商业银行贷款说法正确的是(　　)。

A. 商业银行不得向关系人发放贷款

B. 任何单位和个人不得强令商业银行发放贷款或提供担保

C. 商业银行贷款,流动性资产余额与流动性负债余额的比例不得低于25%

D. 商业银行应按照中国人民银行规定的贷款利率的上下限确定贷款利率

10. 有关涉外票据,下列哪些符合我国《票据法》的规定? (　　)

A. 当我国缔结的国际条约与我国《票据法》规定不同时,应适用《票据法》

B. 当我国缔结或参加的国际条约没有规定时,可以适用国际惯例

C. 票据债务人的民事行为能力,适用其本国法律

D. 汇票、本票出票时的记载事项,适用行为地法律

11. 当商业银行已经或可能发生信用危机,严重影响存款人利益时,有关商业银行的接管,说法正确的是(　　)。

A. 中国人民银行可以实行接管

B. 国务院银行业监督管理机构可以实行接管

C. 被接管的商业银行的债权债务关系因接管而发生了变化

D. 接管期限届满时,如该商业银行已恢复正常经营能力,则接管终止

12. 甲从乙处购买钢材,为支付货款,甲将从丙处受让的汇票背书转让给乙,并记载:"货物验收后,同意付款。"根据《票据法》,对此记载的效力的判断,说法正确的是(　　)。

A. 此记载无票据法上的效力,并导致票据无效

B. 此记载无票据法上的效力,但背书有效

C. 此记载有票据法上的效力,背书有效

D. 此记载在承兑前无法律效力,在承兑后有法律效力

13. 有关第三方支付,下列说法正确的是( )。

A. 第三方支付是指非金融机构在首付款人之间作为中介机构提供的网络服务、预付卡发行与受理、银行卡收单等部分货币或资金转移服务

B. 第三方支付机构向客户提供的服务与银行业务类似

C. 第三方支付机构需按照《非金融机构支付管理办法》取得《支付业务许可证》,才可从事相关业务

D.《支付业务许可证》由国务院银行业监督管理机构颁发和管理

14. 根据我国《票据法》,下列对支票的说法正确的是( )。

A. 张三给李四签发一张支票并允诺可以由李四任意填写金额,李四持有的这张未填写确定金额的支票因有张三的允诺,所以是有效的

B. 根据我国《票据法》规定,支票只能支付现金,而不能用于转账

C. 我国《票据法》规定,禁止签发空头支票

D. 支票上不得另行记载付款日期,否则无效

15. 下列哪些情形中,付款人拒绝付款的理由是合理的? ( )

A. 因背书不连续,且持票人无法证明其票据权利

B. 因持票人未按法律规定提示付款

C. 付款人发现票据上的出票人签章是伪造的

D. 付款人发现票面金额与基础合同交易金额不符

(三) 不定项选择题

1. 商业银行出现下列哪些行为时,中国人民银行有权建议国务院银行业监督管理机构责令停业整顿或吊销经营许可证? ( )

A. 未经批准分立、合并的

B. 未经批准发行、买卖金融债券的

C. 提供虚假财务报告、报表和统计报表的

D. 违反规定同业拆借的

2. 与《企业破产法》的规定相比较,《商业银行法》对商业银行破产的规定有哪些特殊之处? ( )

A. 仅以不能清偿到期债务为破产原因

B. 破产宣告前须经国务院银行业监督管理机构同意

C. 清算组成员须包括国务院银行业监督管理机构的人员

D. 破产清算时应优先支付个人储蓄存款的本息

3. 甲公司为履行与乙公司的买卖合同,签发了一张以乙公司为收款人、某银行为付款人的汇票。乙公司将该票据背书转让给丙公司以支付欠款,之后,丙公司又将其背书转让给丁公司。如果乙公司在转让该票据时,在票据上记载了"不得背书转让"字样,下列说法正确的有( )。

A. 丙公司的背书行为无效,不需对丁公司承担票据责任

B. 丙公司的背书行为有效,应对丁公司承担票据责任

C. 丙公司的背书行为有效,但乙公司不需对丁公司承担保证责任

D. 丙公司的背书行为有效,甲公司和丙公司对丁公司都应承担票据责任

4. 如果某票据的金额小写是 10 万元,大写是 100 万元,则说法正确的是(　　)。

A. 票据金额以大写 100 万元为准

B. 票据金额以小写 10 万元为准

C. 票据金额以实际发生的价款为准

D. 该票据无效

5. 甲出票给乙,银行对该票据进行了承兑,张三和李四在票据上记载了"保证"字样,并签章注明各承担 50% 的保证责任,但是未记载被保证人名称,下列说法正确的是(　　)。

A. 甲公司为被保证人

B. 银行为被保证人

C. 张三和李四承担按份保证责任

D. 张三和李四承担连带保证责任

6. 有关商业银行的注册资本,说法正确的是(　　)。

A. 商业银行的注册资本可以是认缴资本

B. 商业银行的注册资本最低限额为 10 亿元人民币

C. 城市合作商业银行的注册资本最低限额为 1 亿元人民币

D. 农村合作商业银行的注册资本最低限额为 5 000 万元人民币

7. 商业银行不得向关系人发放信用贷款,此处所称关系人包括(　　)。

A. 商业银行的董事、监事

B. 商业银行的管理人员、信贷业务人员

C. 商业银行的董事、监事的近亲属

D. 商业银行的所有员工

8. 我国《商业银行法》允许同业拆借,下列说法错误的是(　　)。

A. 同业拆借实质是金融机构之间依法发生的借贷关系

B. 拆借的期限最长不得超过 4 个月

C. 商业银行用于拆借的资金只限于缴足准备金、留足备付金、归还中国人民银行到期贷款之后的闲置资金

D. 商业银行间同业拆借由中国人民银行统一负责管理、组织、检查和稽核

9. 如果票据上有伪造、变造的签章,那么(　　)。

A. 该票据无效

B. 票据上的其他真实签章有效力

C. 变造之前签章的人,对原记载事项负责

D. 不能辨别是在变造之前的签章或者在变造之后的签章的,视同在变造之前的签章

10. 下列对汇票、本票、支票说法正确的是(　　)。

A. 承兑仅见于汇票

B. 汇票有远期汇票和即期汇票,支票则均为见票即付

C. 我国《票据法》规定了银行本票和商业本票

D. 汇票和支票的当事人有三个，即出票人、付款人和收款人；本票的当事人只有两个，即出票人与收款人

11. 有关非金融机构客户备付金，说法正确的是（　　）。

A. 支付机构接受的客户备付金可以看作支付机构的自有资产，用来投资

B. 支付机构只能按收取的支付服务费向客户开具发票

C. 支付机构可以选择多家商业银行作为备付金存款银行

D. 支付机构的实缴货币资本与客户备付金日均余额比例，不得低于 10%

12. 下列哪些业务是只能商业银行经营，非金融机构不能经营的？（　　）

A. 吸收公众存款

B. 发放短期、中期和长期贷款

C. 发行和受理预付卡

D. 办理票据贴现

13. 甲为支付货款向乙签发了一张丙银行的支票，但是支票金额和收款人处未记载，授权持票人记载。乙将此支票转让给丁，丁又转让给戊。对此，下列表述正确的是（　　）。

A. 该支票因未记载金额而无效

B. 只有乙有权补记票据金额，并将自己记载为收款人

C. 戊请求付款时无须提示承兑

D. 戊须于出票后 15 日内提示付款

14. 甲向乙购买了一批价值 10 万元的货物，但签发汇票时把金额错写成 100 万元，后乙又将该票据背书给丙，当丙请求付款时，付款人拒绝付款。下列说法正确的是（　　）。

A. 因合同金额为 10 万元，所以付款人只需付 10 万元，而不是 100 万元

B. 丙被拒绝付款后应在 7 日内，将被拒绝事由书面通知乙

C. 付款人拒绝付款后，出票人甲和背书人乙对此承担连带责任

D. 丙在行使追索权时只能按先后顺序，先向乙追索，再向甲追索

15. 下列有关本票，说法正确的是（　　）。

A. 本票的出票人资格需有商业银行的审定，以确保出票人具有支付本票金额的可靠资金来源

B. 本票必须记载付款地，如无记载则本票无效

C. 本票的持票人如未按照规定提示见票，则丧失了对所有前手的追索权

D. 本票自出票之日起，付款期限最长不得超过 2 个月

（四）简答题

1. 简述商业银行的经营原则。

2. 根据我国现行法律以及行政法规，请简述单位存款应当遵循的原则。

3. 请简述商业银行经营贷款业务应当遵循的基本原则。

4. 请简述第三方支付中的法律关系。

5. 请简述汇票的追索权。

（五）论述题

1. 请论述票据的特征与功能。

2. 请论述票据行为的特征。

（六）案例分析题

1. 王某系某科学院一知识分子，2021 年因受刺激而致精神失常。2022 年 1 月 1 日，王某签发了一张 1 万元的转账支票给大中电器公司购买空调作为新年礼物，大中电器公司提出应有保证人进行保证。王某于是找到其同事李某为其进行保证，大中电器公司收受支票后，于 1 月 10 日以背书的方式将该支票转让给了海龙科技公司以购买一台电脑，1 月 12 日海龙科技公司持该支票向某超市购置办公用品，1 月 14 日超市通过其开户银行提示付款时，开户银行以超过提示付款期为由作了退票处理。超市只好通知其前手进行追索。在追索的过程中，海龙科技公司和大中电器公司均以有保证为由推卸自己的票据责任。保证人李某也以王某系精神病人，其签发的支票无效为由拒不承担责任。经鉴定，王某确实精神不正常，属无行为能力人。

问题：

（1）王某的票据行为是否有效？其所签发的票据是否有效？

（2）海龙科技公司、大中电器公司拒不承担责任的理由是否成立？为什么？

（3）本案中李某应否承担保证责任？为什么？

（4）假设超市的工作人员携带支票去银行提示付款时，将支票丢失，被孙某捡到，孙某伪造了超市的签章并将票据背书转让给了赵某，赵某足额支付了 1 万元，请问赵某能否取得票据权利？为什么？

（5）假设上一题中孙某将票据赠与其女友许某，许某不知道该票据是孙某所拾得的，请问许某是否取得票据权利？为什么？

2. 甲公司购买乙公司价值 30 万元的办公用品，向乙公司签发了一张 A 银行为付款人、票面金额为 30 万元的定日付款汇票。乙公司收到汇票后，向 A 银行提示承兑，A 银行予以承兑。后乙公司为偿付所欠丙公司 30 万元货款，将该汇票背书转让给丙公司，并在背书时记载"禁止转让"字样。

丙公司购买原材料时，又将该汇票背书转让给债权人丁。丁于该汇票付款期限届满时，向 A 银行提示付款，A 银行以甲公司账户资金不足为由拒绝付款，并作成拒绝付款证明交给丁。

请根据《票据法》的规定，回答下列问题：

（1）A 银行拒绝付款的理由是否成立？简要说明理由。

（2）丁可以向哪些人行使追索权？简要说明理由。

第七章　保　险　法

一、学习目标

（一）理解

1. 保险的概念和基本属性。
2. 保险法最大诚信、保险利益、损失补偿等基本原则的概念。
3. 保险合同的射幸性、非要式性、诺成性、属人性特点。
4. 保险业"专营原则"与"分业经营"的原则。

（二）熟悉

1. 保险法的概念和地位。
2. 保险法最大诚信、保险利益、损失补偿等基本原则的理论依据和具体表现。
3. 保险合同的类型。
4. 保险辅助人的主体范围。

（三）掌握

1. 保险与相关术语的区别以及保险法律关系的含义、主体和客体。
2. 告知义务、说明义务、保险代位权及委付制度等。
3. 保险合同成立与生效的要件、效力变动的具体类型以及争议条款的解释原则。
4. 保险监督管理机构的监管事项。

二、知识结构图

第七章　保险法—知识结构图

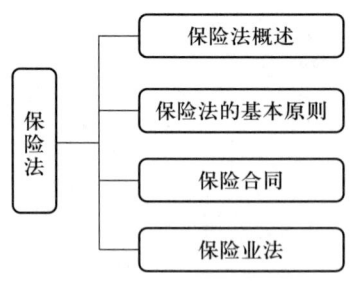

第一节 保险法概述—知识结构图

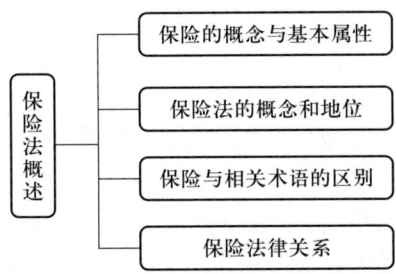

保险法概述
- 保险的概念与基本属性
- 保险法的概念和地位
- 保险与相关术语的区别
- 保险法律关系

第二节 保险法的基本原则—知识结构图

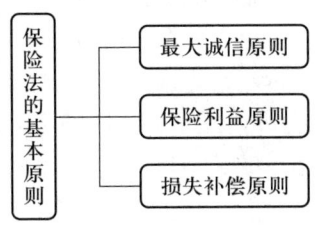

保险法的基本原则
- 最大诚信原则
- 保险利益原则
- 损失补偿原则

第三节 保险合同—知识结构图

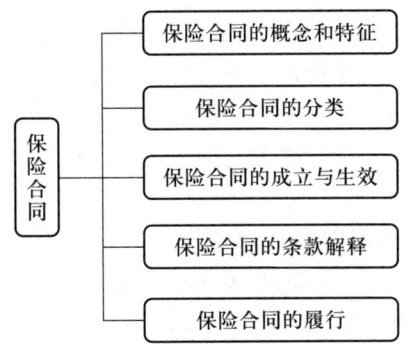

保险合同
- 保险合同的概念和特征
- 保险合同的分类
- 保险合同的成立与生效
- 保险合同的条款解释
- 保险合同的履行

第四节 保险业法—知识结构图

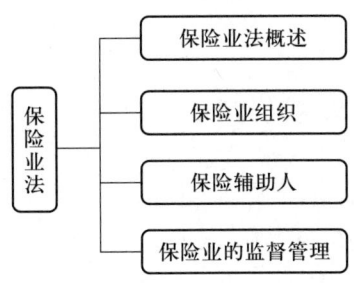

保险业法
- 保险业法概述
- 保险业组织
- 保险辅助人
- 保险业的监督管理

三、重点难点解析

(一) 重点内容

1. 保险法的基本原则

保险法的基本原则主要有最大诚信原则、保险利益原则、损失补偿原则等。

(1) 最大诚信原则

保险法上的最大诚信原则,是指保险合同的双方当事人在合同的订立和履行过程中,必须以最大的诚意履行自己的义务,互不欺骗和隐瞒,恪守合同约定,否则会影响到合同的成立以及效力的存续。最大诚信原则在保险法上的确立依据,主要取决于保险合同的射幸性、内容的格式化、个别给付的不对等性、当事人信息的不充分和不对称,以及保险合同作为特殊买卖合同在风险等方面的诸多不确定性等特征。最大诚信原则在保险法上主要体现为三项规则:投保人的告知义务、保险人的说明义务、保险人的弃权与禁止反言规则。告知义务是保险诚信原则的重要体现之一,具有如下特征:系法定义务,系先契约义务,系间接义务或不真正义务。保险人的说明义务仅存在于"保险人提供格式条款"的场合,由于此类格式条款在保险合同中的普遍性,保险人的说明义务也具有相当的普适性。

(2) 保险利益原则

关于保险利益的存在时点,人身保险中,保险利益必须于订约时存在;但在财产保险中,保险利益不必于订约时存在,只需在事故发生时存在即可。我国保险利益立法例采取了"合法利益理论",人身保险的保险利益往往不能以金钱估价,因而法律规定人身保险的保险利益,就被保险人而言以主观价值为准,就第三人而言以相互间有利害关系为准。对于人身的保险利益而言,投保人与被保险人之间应存在利害关系,被保险人的生存与否直接影响投保人。保险利益的功能在于避免以保险之名行赌博之实,防范道德风险,在损失填补保险中,限制损失填补的程度,并一定范围内决定保险合同的效力。

(3) 损失补偿原则

该原则要求被保险人获得的保险赔偿不能超过其实际遭受的经济损失。损失补偿原则在保险法上主要表现为超额保险的无效规则、重复保险的比例分摊规则、保险代位求偿规则、保险委付规则等。责任保险中通常没有上述具体规则的适用余地,在法律适用上可直接适用损失补偿原则。[①] 损失补偿规则的适用范围不限于财产保险,但也并不适用于所有人身保险。保险损失补偿的范围包括保险标的实际损失、施救费用、其他合理费用等项目;在保险实务中,财产保险标的损失赔偿额的计算方式有四种,包括第一危险赔偿方式、限额赔偿方式、比例赔偿方式、定值赔偿方式。

2. 保险合同的分类

保险合同是指投保人与保险人之间约定保险权利义务关系的协议。保险合同的法律特征

---

① 例如,某餐厅老板分别向 A、B、C 三家保险公司投保公共场所意外责任保险,责任限额均为 50 万元。保险期间内发生火灾致顾客烧伤,法院判决承担赔偿责任 100 万元。由于是责任保险,保险公司最多理赔 100 万元,即贯彻损失补偿原则,但在事故责任确定之前,无所谓不足额保险、超额保险问题。

表现为:(1) 保险合同是射幸合同;(2) 保险合同是非要式合同;(3) 保险合同是诺成合同;(4) 保险合同是属人性合同。

以保险标的为划分标准,保险可分为人身保险和财产保险。以保险金的赔付方式为划分标准,或者以保险利益的存在基础是否为经济上的利益为划分标准,保险可分为损失填补型保险和定额给付型保险。以实施方式为划分标准,保险可分为自愿保险和强制保险。以保险危险转移的层次为划分标准,保险可分为原保险和再保险。

3. 保险合同的条款解释

保险合同的解释方法可参照适用一般合同的解释方法,一般合同解释原则不能解决时,再适用保险法的特别解释规则。学理上,保险法的特别解释原则主要是指疑义利益解释原则和合理期待原则。

(1) 疑义利益解释原则

疑义利益解释原则又称"不利解释原则",渊源于罗马法法谚"有疑义应为表意者不利益之解释",是指格式合同的语句有歧义、模糊或者两种以上的解释时,应采取对拟定合同条款一方不利的解释。该解释原则的适用应当注意以下四点:① 该原则只有在适用通常解释原则仍无法解决争议时才能采用。② 适用的根本前提是保险合同条款的文字存在"疑义"。③ 仅适用于保险合同的基本条款,不适用于特约条款。④ 不能为了有利于被保险人而进行不合理的解释。此外,疑义利益解释规则的法理基础,还存在着以下几种学说:① 利益衡量说;② 成本分析说;③ 风险高效分散说;④ 合理期待说。

(2) 合理期待原则

合理期待原则的适用并不以保单用语存有疑义为必要,即使保险条款语义清楚,对相关条款的理解不存歧义,只要被保险人对保险合同的保障具有合理期待,而按照保险条款的字面内容该合理期待将会落空,就可适用合理期待原则。被保险人对保险合同是否存在"客观的合理的期待"才是适用该原则的关键。总体说来,合理期待原则主要适用于以下情形:① 被保险人是没有专业知识的普通消费者;② 保险人为促进保险销售而在合同用语上使用了某些诱导性词汇;③ 消费者在购买保险之前根本没有机会阅读保险条款;④ 保险人或其代理人为促进保险销售虚构了承保范围。

(二) 难点内容

1. 保险与相关术语的区别

保险作为商业保险的一种,其与社会保险的区别在于:(1) 运作基础不同;(2) 运作机构的性质不同;(3) 宗旨不同;(4) 具体类别不同;(5) 适用对象不同。保险与储蓄的区别在于:(1) 实施的方法不同;(2) 给付与反给付的前提条件不同;(3) 遵循的原则不同。保险与赌博的区别在于:(1) 法律性质不同;(2) 道德认可不同;(3) 目的和作用不同;(4) 是否以保险利益为基础不同;(5) 与危险或获利的关系不同。保险与保证的区别在于:(1) 法律性质不同;(2) 法律效力不同。

2. 保险法律关系

保险法律关系是保险关系的主体之间针对保险客体所形成的权利义务关系。保险法律关系的主体包括保险合同当事人、保险合同关系人、保险辅助人。其中,当事人系指投保人和保险人;关系人是指被保险人和受益人;辅助人则是指保险代理人、保险经纪人、保险公估人。保险法律关系的客体又可称为保险标的或者保险法所欲保障的保险利益,是保险行为指向的对象,包括财产关系中的有体物、无形利益,人身关系中的生命、身体和健康。

3. 保险合同的效力变动

(1) 保险合同的变更

我国《保险法》第 20 条第 1 款规定:"投保人和保险人可以协商变更合同内容。"可见,我国《保险法》对保险合同的变更采狭义概念,即仅指保险合同的内容发生变化。保险合同的内容变更是指在保险合同的有效期限内,经双方当事人协商一致或依据法律规定,对保险合同的部分内容予以修改或加以补充,通常表现为保险合同条款的变化,如保险费的交付方式、保险责任的范围、保险金额、被保险人的义务等事项的变更。

保险合同的变更种类主要有约定变更和法定变更两种。其中,约定变更是指保险合同当事人通过协商方式变更保险合同的有关内容。主要包括两种情形:一是在保险合同的有效期内,双方当事人根据自身需要,随时通过协商变更合同的相关内容;二是在出现约定情形时,当事人协商变更保险合同的有关内容。法定变更是指在出现法律规定的情形时,法律赋予当事人变更保险合同的权利,一般有两种情形:一是因保险标的的危险程度或价值发生变化;二是因当事人未尽诚信告知或未履行应尽义务。

保险合同变更的要件包括:① 保险合同的变更须以已经存在有效的保险合同为前提条件;② 保险合同的变更须依据当事人约定或法律规定;③ 保险合同的变更须符合法律规定的形式。

(2) 保险合同的转让

保险合同的转让,是指保险合同的当事人一方依法将合同权利义务全部或部分转让给第三人的行为。这意味着保险合同的受让人可能是其他保险人,也可能是其他新投保人或新被保险人。保险合同被转让给其他保险人,往往是基于法定情形,即先前承保的保险人主体资格发生变化,比如破产、合并、分立,但也可能基于意定情形而进行自愿转让。保险合同被转让给新被保险人,既可能是基于意定情形,比如人身保险合同的转让;也可能是基于法定情形,比如财产保险合同中的保险标的发生转让。无论基于何种情形,保险合同的转让均须以存在有效的保险合同为前提,且必须以法律规定的程序进行,否则不发生转让的效力。

(3) 保险合同的解除

保险合同的解除以存在有效的保险合同为前提,当具备行使解除权的条件时,解除权人只需向对方作出解除合同之意思表示或通知,则直接发生合同解除之效力,无须对方作出任何相应的意思表示。保险合同解除后,产生与《民法典》合同编相应规定不完全相同的法律后果。[①]

① 投保人的法定解除权。关于投保人的法定解除权,我国《保险法》第 15 条作出了原则性规定,即:"除本法另有规定或者保险合同另有约定外,保险合同成立后,投保人可以解除合同,保险人不得解除合同。"该条规定赋予了投保人任意解除权,即除非法律另有规定或者保险

---

① 《民法典》合同编第 566 条规定:"合同解除后,尚未履行的,终止履行;已经履行的,根据履行情况和合同性质,当事人可以请求恢复原状或者采取其他补救措施,并有权请求赔偿损失。合同因违约解除的,解除权人可以请求违约方承担违约责任,但是当事人另有约定的除外。主合同解除后,担保人对债务人应当承担的民事责任仍应当承担担保责任,但是担保合同另有约定的除外。"

合同另有约定,在保险合同成立后,投保人可以随时解除保险合同,不需要任何解除理由,也不必向保险人说明理由,更不需要与保险人协商或经过其同意。保险人也不得对投保人解除保险合同提出异议。但是,投保人的任意解除权也不是绝对的。保险法中其他规定可能会排除投保人任意解除权的行使,如我国《保险法》第 50 条规定:"货物运输保险合同和运输工具航程保险合同,保险责任开始后,合同当事人不得解除合同。"《海商法》第 227 条也对海上保险合同的解除作了限制。

② 保险人的法定解除权。保险人作为格式合同的拟定者和保险业务的经营者,对保险合同的内容应十分明确,因此,保险人一旦与投保人订立了保险合同,就必须切实履行合同义务,非依法律明文规定或约定,不得任意解除合同。[①] 我国《保险法》第 15 条规定:"除本法另有规定或者保险合同另有约定外,保险合同成立后,……保险人不得解除合同。"其中所谓"本法另有规定",具体包括以下几种情形:投保人违反如实告知义务;被保险人或受益人谎称发生保险事故或故意制造保险事故;投保人、被保险人未尽维护保险标的安全义务;保险标的的危险程度增加;投保人申报的被保险人年龄不真实且超过年龄限制;人身保险合同经过"复效期";投保人经催告后仍不交付保险费;保险标的发生部分损失并已赔付保险金。

(4) 保险合同的终止

① 保险合同终止的原因。保险合同终止的原因包括:a. 保险合同因期间届满而终止;b. 保险合同因完全履行而终止;c. 保险合同因失效而终止;d. 保险合同因法定情形出现而终止,保险人破产、投保人破产、保险标的全损、人身保险之被保险人对"同意"的撤销视为保险合同的终止。

② 保险合同终止的法律效果。保险合同终止的,其合同效力自终止发生之时归于消灭,并不溯及既往,双方当事人并无恢复原状的义务,即在保险合同终止前,已经赔付的保险金以及已经过期间的保险费,无须双方返还,但已收取的未到期的保险费和保单的剩余现金价值部分,保险人应当予以退还。

(三) 延伸阅读

1. 信用保险

信用保险是指在债务人未能如约履行清偿责任而使债权人遭受损失时,由保险人向被保险人,即债权人提供风险保障的一种保险。依据承保信用风险存在的领域,信用保险可分为出口信用保险、投资信用保险和国内商业信用保险三类。出口信用保险,是国家为了扩大出口,保障出口企业的收汇安全而制定的一项由国家财政提供保险准备金的非营利性的政策性保险业务,是本国出口商作为投保人向保险人支付保险费,在不能按时收回出口商品的全部外汇时,由保险人赔偿保险金的保险合同。

投资信用保险,又称政治风险保险合同,指投保人(主要是海外投资商)向保险人所在国投资经营,因政治原因造成经济损失,由保险人负赔偿责任的一种财产保险。

国内商业信用保险,又称一般商业信用保险,它是指在商业活动中,作为权利人的一方当事人要求保险人将另一方当事人作为被保证人,并承担由于被保证人的信用风险而使权利人

[①]　参见覃有土主编:《保险法概论》,北京大学出版社 1993 年版,第 207 页。

遭受商业利益损失的保险。常见的国内商业信用保险有赊销信用保险、贷款信用保险和个人贷款信用保险。赊销信用保险,是为国内商业贸易的延期付款或分期付款行为提供信用担保的一种信用保险业务;货款信用保险,是保险人对银行或其他金融机构与企业之间的借贷合同进行担保并承保其信用风险的保险;个人贷款信用保险,是指以金融机构对自然人进行贷款时,由于债务人不履行贷款合同致使金融机构遭受经济损失为保险对象的信用保险,它是国外保险人面向个人承保的特别业务。

2. 保险代位权

保险代位权,是指保险人就被保险人遭受的损失全额支付保险金之后,可以向就该损失对被保险人负有赔偿责任的第三人请求赔偿的权利。保险代位权是在第三人对被保险标的的损失负有赔偿责任时,贯彻损失填补原则、避免被保险人从保险人和致害第三人处双重获利的一项制度。保险代位权仅适用于补偿性保险,因为其基础在于损失补偿原则。我国《保险法》第60条第1款规定:"因第三者对保险标的的损害而造成保险事故的,保险人自向被保险人赔偿保险金之日起,在赔偿金额范围内代位行使被保险人对第三者请求赔偿的权利。"

(1) 保险代位权行使的一般要件

一是被保险人对第三人享有赔偿请求权。保险代位权是保险人代位行使被保险人对第三人的赔偿请求权。因此,被保险人对第三人享有赔偿请求权自然是行使保险代位权的必要条件。《最高人民法院关于适用〈中华人民共和国保险法〉若干问题的解释(四)》第7条规定,"保险人依照保险法第六十条的规定,主张代位行使被保险人因第三者侵权或者违约等享有的请求赔偿的权利的,人民法院应予支持",据此,被保险人对第三人享有的赔偿请求权,可以基于侵权之债,也可以基于合同之债。

二是保险人已经向被保险人支付保险金。根据我国《保险法》第60条第1款规定,因第三者损害保险标的而造成保险事故的,"保险人自向被保险人赔偿保险金之日起,在赔偿金额范围内代位行使被保险人对第三者请求赔偿的权利"。因此,保险人必须已经向被保险人支付了保险金,补偿了被保险人的损失,才得以在其补偿范围内行使代位权。

三是代位求偿的范围不得超过保险人实际赔偿的范围。如果保险赔偿金少于第三人应当赔偿的金额,则保险人仅可以于其保险赔偿范围内向第三人代位求偿,剩余的赔偿请求权仍归被保险人所有。换言之,被保险人对第三人的损失赔偿请求权,只于保险人所赔偿的范围内转移于保险人,对其他剩余部分,第三人并不免责,而是可以由被保险人请求赔偿。

四是损害赔偿之标的须一致。保险人代位权制度设立的意旨之一在于防止被保险人在某一标的受到损害时对该标的损害同时获有双重赔偿,因此,保险人对于被保险人应负保险责任之损害事故及标的与第三人对被保险人应负赔偿责任之损害事故及标的必须相同。若保险人依保险合同关系所获赔偿和第三人依侵权行为或合同关系所获赔偿的标的不一致,则无代位规定的适用。学理上,这一要件被称为保险代位权的标的的"一致必要性"。[①]

(2) 保险代位权行使应注意的问题

第一,保险人应以自己的名义行使代位权,这是由保险代位权的"债的法定移转"的性质所决定的。

---

① 参见江朝国:《保险法基础理论》,瑞兴图书股份有限公司2009年版,第477页。

第二,保险人行使代位权无须以被保险人的全部损失已得到完全赔偿为条件。

第三,保险人行使代位权时,被保险人有义务提供协助。被保险人应当向保险人提供必要的文件和所知道的有关情况。

第四,保险代位权的行使受到法定或者约定的限制。比如,我国《保险法》第62条规定:"除被保险人的家庭成员或者其组成人员故意造成本法第六十条第一款规定的保险事故外,保险人不得对被保险人的家庭成员或者其组成人员行使代位请求赔偿的权利。"[①]

四、习 题 自 测

(一) 单项选择题

1. 关于保险的内涵,下列表述正确的是(　　)。

A. 保险就是要消灭危险

B. 保险就是保证不发生危险

C. 保险就是保证发生危险

D. 保险就是要分散和转移危险带来的损失

2. 关于保险与储蓄的区别,下列表述不正确的是(　　)。

A. 实施的方法不同

B. 给付与反给付的前提条件不同

C. 遵循的原则不同

D. 道德认可程度不同

3. 关于保险利益,下列表述正确的是(　　)。

A. 保险利益本质上是一种经济上的利益,即可以用金钱衡量的利益

B. 人身保险的投保人在保险事故发生时,对保险标的应当具有保险利益

C. 财产保险的被保险人在保险合同订立时,对保险标的应当具有保险利益

D. 责任保险的投保人在保险合同订立时,对保险标的应当具有保险利益

4. 关于保险的损失补偿原则,下列说法正确的是(　　)。

A. 保险人在其责任范围内,只对被保险人所遭受的实际损失进行赔偿

B. 只要发生约定的危险,保险人就应对被保险人予以赔偿

C. 只要保险标的发生损失,保险人就应予以赔偿

D. 保险人向被保险人补偿的保险金,不能少于其所受损失

5. 下列关于保险人行使代位权的表述不正确的是(　　)。

A. 保险人可不以自己的名义行使

B. 保险人行使代位权无须以被保险人的全部损失已得到完全赔偿为条件

---

① 这里,不得追偿的范围限于被保险人的家庭成员和单位组成人员。例如,周某就其车辆投保车辆损失险,保险金额247 500元。保险期内将车借给女友陆某使用,陆某因操作不当发生事故,引起车辆着火燃烧而全部烧毁。消防部门出具火灾证明书,交警部门出具了陆某全责"事故认定书"。保险公司赔偿195 650元(全部责任或者单方事故免赔15%)后向陆某提起代位诉讼,法院支持了保险公司行使代位权的请求。

C. 保险人行使代位权时,被保险人有义务提供协助

D. 保险代位权的行使受到法定或者约定的限制

6. 保险合同成立后,除法律另有规定或者保险合同另有约定外,下列何人不得解除保险合同? (　　)。

A. 投保人　　　　　B. 受益人　　　　　C. 被保险人　　　　　D. 保险人

7. 甲为自己投保一份人寿保险,指定其妻为受益人。甲有一子4岁,甲母50岁且自己单独生活。某日,甲因交通事故身亡。该份保险的保险金依法应如何处理? (　　)

A. 应作为遗产由甲妻、甲子、甲母共同继承

B. 应作为遗产由甲妻一人继承

C. 应作为遗产由甲妻、甲子继承

D. 应全部支付给甲妻

8. 当财产保险合同的保险标的在合同履行期间发生保险事故导致部分损失时,下列说法不正确的是(　　)。

A. 投保人不得终止合同

B. 除保险合同另有约定外,保险人不得终止合同

C. 保险人终止合同的,应依据规定提前通知投保人

D. 保险人终止合同的,应将保险标的未受损部分的保险费,扣除自保险责任开始之日起至合同终止之日的应收部分后,退还投保人

9. 根据《保险法》规定,人身保险合同的投保人对下列哪一类人员具有保险利益? (　　)

A. 与投保人有劳动关系的劳动者

B. 与投保人关系要好的闺蜜

C. 与投保人经济往来密切的合伙人

D. 与投保人离婚但仍居住在一起的前妻

10. 根据《保险法》规定,下列对保险代理人与保险经纪人的内涵表述正确的是(　　)。

A. 保险代理人与保险经纪人既可以是单位,也可以是个人

B. 保险经纪人系基于投保人利益,以投保人名义开展保险中介业务

C. 保险代理人为保险人代为办理保险业务,有超越代理权限的行为,投保人有理由相信其有代理权并已订立保险合同的,保险人应当承担保险责任,并不得向保险代理人追责

D. 保险代理人不得承诺向投保人、被保险人或者受益人给予保险合同规定以外的其他利益

11. 下列不属于保险辅助人的是(　　)。

A. 保险受益人　　　　　　　　　B. 保险代理人

C. 保险经纪人　　　　　　　　　D. 保险公估人

12. 下列有关保险利益的说法,哪一选项是不正确的? (　　)

A. 财产保险的被保险人在保险事故发生时,对保险标的应当具有保险利益

B. 人身保险的投保人在保险事故发生时,对被保险人应当具有保险利益

C. 人身保险的被保险人同意投保人为其订立合同的,视为投保人对被保险人具有保险利益

D. 人身保险中与投保人有劳动关系的劳动者与投保人具有保险利益

13. 按照保险利益原则,下列哪一投保行为是无效的? （　　　）

A. 甲经女友同意,为其购买一份人寿保险

B. 乙经妻子同意为他们的婚姻关系投保

C. 丙为自己领养的 4 岁女儿购买人寿保险

D. 丁公司为其优秀员工购买人身保险

14. 张某拟为其妻王某投以死亡为给付条件的人寿保险,以下说法不正确的是? （　　　）

A. 王某可以口头同意张某为其投以死亡为给付条件的人寿保险

B. 保险金额应经由王某认可

C. 受益人应当由王某指定

D. 转让或质押保险单,须经王某书面同意

15. 张启为其机动车(价值 20 万元)在平安财险北京分公司投保一份商业险,保险限额为 20 万元;后又在太平洋保险公司为其爱车投保另一份商业险,保险限额也为 20 万元。2019 年 3 月,张启将其车辆转让给张艳,并在当日通知了保险公司,保险公司未予答复。2019 年 8 月,张艳驾驶被保险车辆发生了交通事故,经鉴定,该机动车损失金额为 10 万元。张启向太平洋保险公司主张该保险费的赔付。下列说法错误的是? （　　　）

A. 重复保险的保险金额超过保险价值的,保险合同有效

B. 因对张启的转让行为,保险公司未予答复,保险公司可以以此为由拒绝赔付

C. 太平洋保险公司与平安财险北京分公司应当按比例分担该机动车的损失

D. 若张启、张艳均未通知保险公司,且张艳极不擅长驾驶机动车,则保险公司对保险事故不承担赔偿保险金的责任

16. 李某与保险代理人张某洽谈车辆保险事宜,谈妥后李某即与张某签署了盖有保险公司印章的合同并缴付了保险费,但张某表示需将保险费交回公司后才能签发保单。后李某发生保险事故向该保险公司索赔,保险公司称张某已离职,且其未将保险合同和保险费交回公司,故保险公司不能赔偿。对此,下列哪一选项是正确的? （　　　）

A. 保险公司应当支付保险金,保险费由保险公司向张某索赔

B. 李某应当向张某索赔车辆损失

C. 李某向保险公司补缴保险费后可以获得保险赔偿

D. 待保险公司找到张某追回保险费后,李某可以获得赔偿

17. 张三向保险公司投保了汽车损失险。某日,张三的汽车被李四撞坏,花去修理费 5 000 元。张三向李四索赔,双方达成如下书面协议:张三免除李四修理费 1 000 元,李四将为张三提供 3 次免费咨询服务,剩余的 4 000 元由张三向保险公司索赔。后张三请求保险公司按保险合同支付保险金 5 000 元。下列哪一说法是正确的? （　　　）

A. 保险公司应当按保险合同全额支付保险金 5 000 元,且不得向李四求偿

B. 保险公司仅应当承担 4 000 元保险金的赔付责任,且有权向李四求偿

C. 因张三免除了李四 1 000 元的债务,保险公司不再承担保险金给付责任

D. 保险公司应当全额支付 5 000 元保险金,再向李四求偿

18. 甲为其机动车投保了交强险和商业险。某日,甲 20 岁的儿子乙驾驶该车与骑电动车的丙相撞。事故发生后,乙即将丙送医,但丙经抢救无效死亡。丙的家属赶到医院后,乙因害怕躲进医院地下车库并电话联系了甲。甲到医院后,在交警的协调下,与丙的家属就赔偿 100 万元达成和解协议,但并未通知保险公司到场。甲赔偿丙的家属后,随即向保险公司申请了理赔。关于理赔事宜,以下哪一说法是正确的? (　　　)

A. 乙属于肇事逃逸,保险公司有权拒绝赔偿

B. 乙并非保险投保人,保险公司有权拒绝赔偿

C. 保险公司可重新核定应赔偿的金额

D. 若保险公司以乙肇事逃逸为由拒绝赔偿,甲可以以保险公司未提前告知进行抗辩

19. 某保险公司开设一种人寿保险:投保人逐年缴纳一定保险费至 60 岁时可获得 20 万元保险金,保险费随起保年龄的增长而增加。41 岁的某甲精心计算后发现,若从 46 岁起投保,可最大限度降低保险费,遂在向保险公司投保时谎称自己 46 岁。3 年后,保险公司发现某甲申报年龄不实。对此,保险公司应如何处理? (　　　)

A. 因某甲谎报年龄,保险公司可以主张合同无效

B. 解除与某甲的保险合同,所收保险费不予退还

C. 对某甲按 41 岁起保计算,将多收部分保险费退还某甲或冲抵其以后应缴纳的保险费

D. 解除与某甲的保险合同,所收保险费扣除手续费后退还某甲

20. 甲为自己投保一份以死亡为给付保险金条件的人身保险合同,在体检时发现自己患有不能承保的慢性疾病,保险公司业务员乙知情后仍然想办法为甲办理了该保险并收取了保险费,受益人栏目中注明"法定",未约定受益的顺序和份额。一年后,甲发病身亡,若甲只有妻子和儿子两个亲属,下列说法正确的是? (　　　)

A. 受益人约定为"法定",该受益人的指定无效

B. 保险赔偿金由甲的妻子和儿子平均分配

C. 甲未履行如实告知的义务,保险公司可以解除合同

D. 保险公司无须给付保险赔偿金

(二)多项选择题

1. 关于保险的特点,下列表述正确的是(　　　)。

A. 分摊损失　　　　　　　　　　B. 合同行为

C. 社会保障　　　　　　　　　　D. 经济补偿

2. 关于保险与赌博的区别,下列表述正确的是(　　　)。

A. 法律性质不同　　　　　　　　B. 道德认可不同

C. 目的和作用不同　　　　　　　D. 是否以保险利益为基础不同

3. 关于保险合同关系人的范围,下列表述正确的是(　　　)。

A. 保险人　　　　　　　　　　　B. 被保险人

C. 受益人　　　　　　　　　　　D. 保险代理人

4. 关于投保人在订立保险合同时的告知义务,下列表述正确的是(　　　)。

A. 投保人的告知义务,限于保险人询问的范围和内容

B. 当事人对询问范围及内容有争议的,投保人负举证责任

C. 若投保人未如实告知投保单询问表中的概括性条款,则保险人可以以此为由解除合同

D. 在保险合同成立后,保险人获悉投保人未履行如实告知义务,但仍然收取保险费,则保险人不得解除合同

5. 保险法中的保险利益原则是指投保人应当对保险标的具有法律上承认的利益,否则会导致保险合同无效。下列符合保险利益原则的选项是(　　　　)。

A. 甲经同事乙同意,为其购买一份人寿保险

B. 丙为自己刚出生一个月的孩子购买一份人寿保险

C. 丁公司为其经营管理的风景区内的一颗巨型钟乳石投保一份财产险

D. 戊公司为其一座已经投保的仓库再投保一份财产险

6. 下列关于保险合同原则表述不正确的是(　　　　)。

A. 自愿原则是指保险当事人双方可以自由决定保险范围和保险费率

B. 保险利益原则的根本目的是有效弥补投保人的损失

C. 近因原则中的近因是指造成保险标的损害的主要的、决定性的原因

D. 最大诚信原则对保险人的主要要求是及时、全面地赔付保险金

7. 刁某将自有轿车向保险公司投保,其保险合同中含有自燃险险种。一日,该车在行驶中起火,刁某情急之下将一农户晾在公路旁的棉被打湿灭火,但车辆仍有部分损失,棉被也被烧坏。请问保险公司应承担赔付责任的费用项目是(　　　　)。

A. 车辆修理费 500 元　　　　　　　　B. 刁某误工费 400 元

C. 农户的棉被损失 200 元　　　　　　D. 刁某乘其他车辆返回的交通费 30 元

8. 下列关于保险利益功能的表述正确的是(　　　　)。

A. 避免以保险之名行赌博之实

B. 防范道德风险

C. 在损失填补保险中,限制损失填补的程度

D. 一定范围内决定保险合同的效力

9. 根据《保险法》规定,保险责任开始后,下列哪些保险合同的当事人不得解除合同?(　　　　)

A. 货物运输保险合同　　　　　　　　B. 房屋火灾保险合同

C. 运输工具航程保险合同　　　　　　D. 车辆损失保险合同

10. 甲向保险公司投保车辆损失险,保险金额为 20 万元。某日,甲因病住院,其未成年儿子乙便偷拿车钥匙驾车外出游玩,不慎翻车。乙受伤住院,轿车完全报废。下列关于轿车损毁赔偿问题的表述中,哪些是正确的?(　　　　)

A. 甲无权请求保险公司赔偿

B. 甲有权请求保险公司予以赔偿

C. 保险公司如果赔偿,不能对乙行使代位请求赔偿的权利

D. 保险公司如果赔偿,可以对乙行使代位请求赔偿的权利

11. 甲与某保险公司签订了一份财产损失保险合同,在下列哪些情况下,该保险公司可以解除与甲的保险合同?(　　　　)

A. 甲故意隐瞒事实,不履行如实告知义务

B. 甲因重大过失未履行如实告知义务,足以影响保险公司是否承保或者提高保险费率

C. 甲在未发生保险事故的情况下,谎称发生保险事故

D. 在合同有效期内,保险标的的危险程度有些许变化

12. 甲为其妻乙投保意外伤害保险,指定其子丙为受益人。下列哪些选项是正确的? (　　　)

A. 甲指定受益人时必须经得乙的同意

B. 如因第三人导致乙的死亡,保险公司承担保险金赔付责任后有权向该第三人代位求偿

C. 乙变更受益人无须征得甲的同意

D. 如丙先于乙死亡,则出现保险事故时,保险金作为乙的遗产由甲继承

13. 甲在某保险公司投保车辆损失保险,保险金额 30 万元。某日,甲行车时被某出租汽车司机违章追尾造成损失 1 万元。下列有关本案的表述中正确的是(　　　)。

A. 甲既可以选择向肇事方索赔,也可以选择要求保险公司赔偿

B. 若保险公司向甲支付了保险金,则不得再向肇事方索赔

C. 肇事方向甲支付赔偿金后,仍有权要求保险公司支付赔偿金

D. 在保险公司未赔偿保险金之前,若甲放弃对肇事方的索赔权,则保险公司不承担赔偿保险金的责任

14. 关于保险代理人,下列说法错误的是(　　　)。

A. 保险代理人只能是个人

B. 保险代理人只能是机构

C. 保险代理人分为专业代理人和兼业代理人

D. 保险代理人超越代理权的行为无效

15. 关于保险公司的资金运用形式,下列说法正确的是(　　　)。

A. 银行存款

B. 买卖债券、股票、证券投资基金份额等有价证券

C. 投资不动产

D. 国务院规定的其他资金运用形式

(三) 不定项选择题

1. 甲将自己的汽车向某公司投保财产损失险,附加盗抢险,保险金按车辆价值确定为 20 万元。后该汽车被盗,在保险公司支付了全部保险金之后,该车辆被公安机关追回。关于保险金和车辆的处置方法,下列选项正确的是(　　　)。

A. 甲无须退还受领的保险金,但车辆归保险公司所有

B. 车辆归甲所有,但甲应当退还受领的保险金

C. 甲无须退还保险金,车辆归甲所有

D. 由保险公司选择是否交付车辆并退还保险金

2. 根据《保险法》规定,下列说法中不正确的选项是(　　　)。

A. 同一保险人不得同时兼营财产保险业务和人身保险业务

B. 保险公司应当依法提取各项责任准备金、未决赔款准备金、公积金和保险保障基金

C. 经营财产保险业务的保险公司当年自留保险费,不得超过其实有资本金加公积金总和的 4 倍

D. 保险公司对每一危险单位,即对一次保险事故可能造成的最大损失范围所承担的责任,不得超过其实有资本金加公积金总和的 10%;超过的部分应当办理再保险

3. 下列有关人身保险合同中的受益人的表述,不正确的选项是(　　)。

A. 受益人可以为一人或者数人

B. 受益人只能由投保人单独指定

C. 投保人可以单独变更受益人,不需经被保险人同意

D. 受益人先于被保险人死亡的,保险金作为被保险人的遗产由其继承人继承

4. 在下列什么情形下,保险公司在交强险责任限额范围内垫付抢救费用,并得向致害人追偿?(　　)

A. 因受害人故意造成交通事故的损失

B. 被保险机动车被盗抢期间肇事的损失

C. 致害人无照驾驶、醉酒驾驶或者肇事逃逸

D. 被保险机动车上的财产遭受损失

5. 关于人寿保险公司,下列说法正确的有(　　)。

A. 人寿保险的被保险人或者受益人对人寿保险公司请求给付保险金的诉讼时效期间,为自其知道保险事故发生之日起 5 年

B. 经营有人寿保险业务的保险公司,除因分立、合并或者被依法撤销外,不得解散

C. 保险公司不得将财产保险和人寿保险混业经营

D. 保险公司依法破产后,应先赔偿或给付保险金,再清偿所欠税款

6. 2019 年 5 月 26 日 18 时,刘某的父母在距家 500 米左右的水库发现刘某的尸体。公安局技术队勘验现场,并出具结果:死者刘某系溺水死亡,排除他杀。2019 年 5 月 29 日,保险公司出具意外伤害保险保险单,内容为:投保人与被保险人均为刘某,意外伤害身故保险金额 50 万元,意外伤害医疗保险金额 2 万元,生效日期自 2019 年 5 月 26 日零时起。刘某的父母于 2019 年 5 月 30 日收到保险单后向保险公司提出理赔申请,中国平安财产保险公司江苏分公司于 2019 年 7 月 20 日作出核定。关于本案,下列说法正确的是?(　　)

A. 中国平安财产保险公司江苏分公司收到刘某的父母的理赔申请后,未能及时核定

B. 中国平安财产保险公司江苏分公司以被保险人自杀为由而拒绝理赔的,应承担举证责任

C. 公安局技术队出具的勘验结果具有证明力

D. 中国平安财产保险公司江苏分公司可以以投保人未指定受益人为由而拒绝理赔

7. 2018 年 5 月 7 日,李某所在单位在西成人保公司为其女儿李小某(7 岁)购买"学生、幼儿平安保险"一份(该保险附加意外伤害医疗保险,保险期间为 1 年),并按规定交纳了保险费。2019 年 1 月 7 日,李小某乘坐张某驾驶的摩托车在本市城区发生交通事故,受伤产生医疗费 1 313.90 元。因李某另在泰华保险公司为女儿李小某购买人身保险,该保险亦附加意外伤害医疗保险。事故发生后,李某到泰华保险公司要求理赔,该公司依保险合同赔付医疗保险金 1 313.90 元。之后,李某持医疗费发票复印件等相关资料到西成人保公司处要求理赔,遭拒。关于本案,下列选项错误的是?(　　)

A. 泰华保险公司赔付李小某后可依法向张某追偿

B. 西成人保公司可以以泰华保险公司已经赔付为由,拒绝再次赔付

C. 若李某故意造成李小某伤残,西成人保公司可以拒绝赔付保险金,但应退还保险单的现金价值

D. 若泰华保险公司的保险合同载明被保险人的年龄限制为 6—12 岁,李某投保时谎称女儿 10 岁,保险公司可解除合同

8. 2015 年 3 月 8 日,投保人李大山给妻子苏日娜在保险公司购买了一份人身保险。在订立保险合同时,李大山不识字,由保险代理人毛伟代为签字,下列说法正确的是?（　　）

A. 该保险合同对投保人李大山不生效

B. 若李大山已经缴纳保险费,那么该合同有效

C. 若事后李大山在保险单证上确认,那么该合同有效

D. 若毛伟承诺给予李大山保险合同约定以外的保险费回扣或者其他利益,那么该保险合同即使经李大山确认,也不对李大山发生法律效力

9. 甲欲为其多年好友乙以及乙 10 岁的儿子小乙订立以死亡为给付保险金条件的合同。若乙同意甲为其订立以死亡为给付保险金条件的合同,下列相关说法正确的是?（　　）

A. 乙的同意必须是书面形式的,且须同时认可保险金额

B. 乙的书面同意一旦作出后,保险合同生效,其同意的意思表示不可以再撤销

C. 乙的同意可以在合同订立后追认

D. 乙同意甲为其指定的受益人,此种情形下,应认定乙同意甲为其订立保险合同并认可保险金额

10. 张大爷与保险公司的代理人甲签订人身保险合同,下列说法正确的是?（　　）

A. 若张大爷写字不方便,甲可以代张大爷签字,保险合同生效

B. 若张大爷让甲代为签字,同时缴纳了合同约定的保险费,则保险合同生效

C. 若保险公司接受了张大爷的保单并收取了保险费,但尚未作出是否承保的意思表示。当天即发生了保险事故,被保险人或者受益人请求保险人按照保险合同承担赔偿或者给付保险金的责任,符合承保条件的,法院应予支持

D. 若保险公司接受了张大爷的保单并收取了保险费,但尚未作出是否承保的意思表示。当天即发生了保险事故,保险公司主张不符合承保条件的,应承担举证责任

11. 2019 年 3 月,张某为自己的轿车在人保南京分公司投保了交强险和保险金额为 100 万元的商业三者险,保险期间均自 2019 年 3 月 28 日起至 2020 年 3 月 27 日止。轿车行驶证上的使用性质为"非营运",保单上载明的使用性质为"家庭自用汽车"。2019 年 7 月 28 日,张某通过打车软件接到网约车订单一份,遂驾驶该轿车运送网约车乘客王某。车辆行驶至清水亭东路丁字路口,在右转弯过程中,与程某驾驶的电动自行车发生碰撞,致程某、乘客王某伤残,并导致车辆损坏。张某负事故全部责任。关于本案,下列说法正确的是?（　　）

A. 王某可要求人保南京分公司在商业三者险限额内对其进行赔偿

B. 程某可要求人保南京分公司在商业三者险限额内对其进行赔偿

C. 程某可要求人保南京分公司在交强险限额内对其进行赔偿

D. 王某可要求人保南京分公司在交强险限额内对其进行赔偿

12. 鸿兴公司将其所有需要在山东省境内销售的货品存放至宝南公司向白林公司租赁的仓库内,约定由宝南公司负责山东省境内的市场开拓、营销管理及监督,鸿兴公司就该仓库

货品向太平洋保险公司投保财产综合险。后仓库发生火灾事故,造成损失 20 万元。消防部门认定:火灾事故是由仓库内电气线路及设施老旧引起的。关于本案,下列选项错误的是?(   )

    A. 太平洋保险公司在向鸿兴公司赔偿保险金后,有权向白林公司行使代位求偿权

    B. 若在订立保险合同时,鸿兴公司知道仓库未办理消防验收手续,经询问而未如实告知的,太平洋保险公司有权解除保险合同

    C. 鸿兴公司可以放弃对白林公司的赔偿请求权,并要求太平洋保险公司承担赔偿保险金的责任

    D. 若鸿兴公司从保险公司得到的赔偿不足 20 万元,可要求宝南公司赔偿不足部分

13. 2018 年 7 月 8 日 14 时 47 分许,刘甲驾驶车辆(该车辆车主是刘乙)沿大学路由西向东行驶至文化商城街口处时,由于被对向公交车上喷涂的广告女郎吸引侧目,而与由南向北李某驾驶的电动自行车相撞,刘甲忙乱中驶入对向车道又与由东向西张某驾驶的公交车相撞,造成车辆上的女郎广告遭到严重损坏、公交车车身受损、刘甲受伤、李某死亡的交通事故。发生事故后,刘甲仓皇逃离现场。经交警部门认定,刘甲对该事故负全部责任,刘甲到案后,交警部门发现刘甲尚未取得机动车驾驶证,肇事车辆仅有交强险,无其他保险。若死者李某的家属欲主张赔偿,委托你作为代理律师,那么你认为本案中,哪些主体需要承担法律责任?(   )

    A. 刘甲   B. 刘乙   C. 保险公司   D. 公交公司

14. 2018 年 7 月,豫树公司向韩国东华公司购买了 9 台机器设备。豫树公司就该 9 台设备同时在人寿保险公司和平安保险公司购买了足额的国内公路货物运输保险。2019 年 4 月,该 9 台设备从韩国运至青岛港。豫树公司的负责人安排货车将设备运至龙门吊货场转运,接运货车司机李某在倒车过程中导致货物侧翻,致使其中一台设备受损。受损设备的购买价格为 23 万美元。人寿保险公司和平安保险公司共同赔偿了保险金 23 万美元。关于本案,下列说法错误的是(   )。

    A. 保险公司支付赔偿金后,豫树公司可取回残损机器设备

    B. 人寿保险公司和平安保险公司可在赔偿保险金后向李某追偿

    C. 豫树公司就该 9 台设备同时在人寿保险公司和平安保险公司购买保险系重复投保

    D. 豫树公司可要求人寿保险公司和平安保险公司分别赔偿 23 万美元保险金

15. 2015 年 3 月 8 日,投保人李大山给妻子苏日娜在保险公司购买了一份人身保险。李大山指定其母亲李丰华、儿子巴特尔、岳母萨日娜为苏日娜人身保险合同的受益人,在保险事故发生前,李丰华已经死亡,关于李丰华的受益份额的相关说法正确的是(   )。

    A. 若保险合同中未约定受益顺序及受益份额,则李丰华的受益份额由巴特尔、萨日娜平均享有

    B. 若保险合同中未约定受益顺序但约定了各自的受益份额,则李丰华的受益份额由巴特尔、萨日娜平均享有

    C. 若保险合同约定了三人属于同一受益顺序但未约定受益份额,则李丰华的受益份额由巴特尔、萨日娜平均享有

    D. 若保险合同约定了三人属于同一受益顺序且受益份额比例为 1∶2∶3,则李丰华的受益份额由巴特尔和萨日娜按照相应比例享有

（四）简答题

1. 简述投保人的如实告知义务的范围。

2. 简述人身保险合同的复效情形。

（五）论述题

试述保险合同中免责条款的提示和说明义务。

（六）案例分析题

1. 中国人民财产保险股份有限公司海南省分公司与何某保险合同纠纷案①

2017 年 11 月 30 日 14 时 5 分，案外人蔡某驾驶小轿车，因操作不当碰撞到路边的水管及路灯杆，造成何某小轿车损坏，当地公安局交通警察大队作出道路交通事故认定书，认定案外人蔡某负事故的全部责任。何某为其小轿车投保了交强险和商业险，被保险人为何某，保险期间自 2017 年 11 月 29 日起至 2018 年 11 月 28 日止。事故发生后，何某将其小轿车送至某汽车销售服务有限公司维修，支出维修费 68 000 元。

保险合同第 9 条第 (5) 项约定：下列原因导致的被保险机动车的损失和费用，保险人不负责赔偿：被保险机动车被转让、改装、加装或者改变使用性质等，被保险人、受让人未及时通知保险人，且因转让、改装、加装或者改变使用性质等导致被保险机动车危险程度显著增加。保险事故发生时，被保险车辆因改变使用性质导致被保险车辆危险程度显著增加，未通知保险人的，保险人不负责赔偿。

经查明，被保险车辆投保时为非营业企业客车，而事故发生后，《询问笔录》《汽车租赁合同》《违章押金条款》的内容可以充分证实何某已经委托某汽车租赁公司对外租赁被保险车辆并获取租金收益；本案中，保险单上的投保人签名均是被保险公司一手包办打印的，没有投保人阅后签字，亦未对免责条款明确告知。

问题：本案中，保险人是否已尽到说明义务？

2. 程某颖诉张某、中国人民财产保险股份有限公司南京市分公司机动车交通事故责任纠纷案②

2015 年 7 月 28 日下午，张某通过打车软件接到网约车订单一份。17 时 5 分许，张某驾驶轿车搭载网约车乘客，在行驶途中与原告程某颖驾驶的电动自行车碰撞，致程某颖受伤、车辆损坏。南京市公安局江宁分局交通警察大队出具宁公交证字〔2015〕第 0018 号道路交通事故证明，张某应负事故全部责任。

另涉案轿车所有人为张某，行驶证上的使用性质为"非营运"，该车在中国人民财产保险股份有限公司南京市分公司（简称人保南京分公司）投保了交强险、保额为 100 万元的商业三者险及不计免赔率险。保单上的使用性质为"家庭自用汽车"。事故发生后，张某及时报案请求赔偿，人保南京分公司以张某驾驶家庭自用车辆从事营运活动，改变车辆用途，危险程度显著增加为由，在商业三者险范围内拒绝赔偿。双方协商无果，诉至法院。

一审法院认为，本案争议主要是张某的营运行为是否显著增加了保险车辆的危险程度。

---

① 参见海南省海口市中级人民法院 (2019) 琼 01 民终 94 号民事判决书。

② 江苏省南京市江宁区人民法院 (2016) 苏 0115 民初 5756 号民事判决书，原载《中华人民共和国最高人民法院公报》2017 年第 4 期。

首先,张某的行为符合营运的特征,而非家庭自用。其次,张某驾车行驶至前庄路与清水亭东路丁字路口时,往南右转弯的过程中发生交通事故。由于张某居住地在其工作单位的东北方向,其下班路线应是向东及向北,通常情况下不会向南折回。其向南行驶的目的应是将乘客送至目的地;如张某未载客,则其不会向南转弯,本次事故就不会发生,故本次交通事故与张某的载客行为有因果关系。最后,张某的营运行为使被保险车辆危险程度显著增加,张某应当及时通知人保南京分公司,人保南京分公司可以增加保险费或者解除合同并返还剩余保险费。张某未履行通知义务,且其营运行为导致了本次交通事故的发生,人保南京分公司在商业三者险内不负赔偿责任。

问题:

(1) 法院认定保险标的的危险程度已构成"显著增加"的依据为何?

(2) 如何区分车辆营运与家庭自用?

第八章 证 券 法

一、学 习 目 标

（一）熟悉

1. 证券的法律特征及其分类。
2. 证券市场的构成要素及内部结构。
3. 证券法的体系与结构。
4. 证券交易所的法律特征及组织形式。
5. 证券登记结算机构的作用。
6. 证券服务机构的种类及作用。
7. 证券业协会的性质。
8. 证券承销合同的含义与法律特征。
9. 证券上市的概念。
10. 证券交易的概念、特征及类型。
11. 持续信息公开的含义及特点。
12. 上市公司收购的概念、法律特征及分类。
13. 证券监督管理机构的性质。
14. 虚假陈述、内幕交易、操纵证券市场、欺诈客户的概念。

（二）掌握

1. 证券法的调整对象。
2. 证券法的原则。
3. 证券交易所的职责范围与法定义务。
4. 证券公司的业务范围与业务规则。
5. 证券登记结算机构的职能。
6. 证券投资咨询机构禁止的业务行为。
7. 证券业协会的职责。
8. 证券发行的分类。
9. 证券发行中的信息公开。
10. 证券代销与证券包销。
11. 证券上市的程序与证券上市的终止。
12. 证券交易的程序。
13. 持续信息公开的内容。

14. 上市公司收购的基本规则与收购程序。

15. 证券监督管理机构的职责范围。

16. 虚假陈述、内幕交易、操纵证券市场、欺诈客户的具体表现形式及法律责任。

（三）难点

1. 证券公司的业务规则。

2. 证券发行注册制。

3. 证券发行保荐制度。

4. 证券交易的规则。

5. 证券发行信息公开与持续信息公开。

6. 上市公司收购规则。

7. 我国的证券监督管理体制。

8. 虚假陈述行为的责任主体与归责原则。

9. 内幕交易知情人范围、内幕信息的具体含义。

10. 操纵证券市场行为的主要方式。

二、知识结构图

第八章　证券法—知识结构图

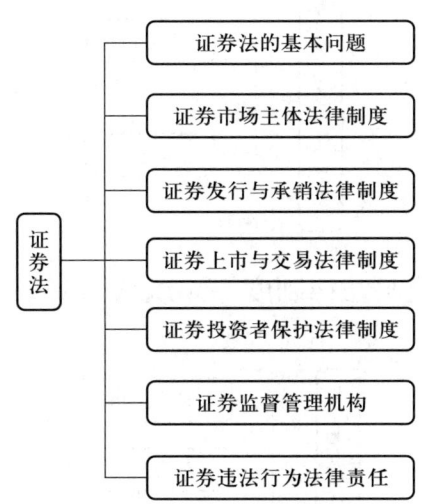

```
                    ┌─────────────────────┐
                    │   证券法的基本问题    │
                    ├─────────────────────┤
                    │  证券市场主体法律制度  │
                    ├─────────────────────┤
                    │ 证券发行与承销法律制度 │
           证        ├─────────────────────┤
           券  ──────│ 证券上市与交易法律制度 │
           法        ├─────────────────────┤
                    │ 证券投资者保护法律制度 │
                    ├─────────────────────┤
                    │    证券监督管理机构    │
                    ├─────────────────────┤
                    │ 证券违法行为法律责任   │
                    └─────────────────────┘
```

第一节   证券法的基本问题—知识结构图

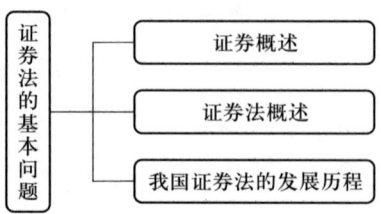

第二节   证券市场主体法律制度—知识结构图

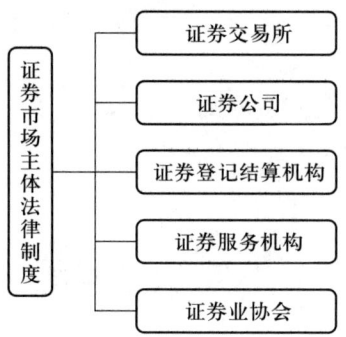

第三节   证券发行与承销法律制度—知识结构图

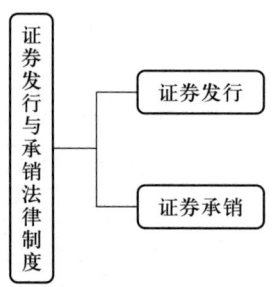

第四节   证券上市与交易法律制度—知识结构图

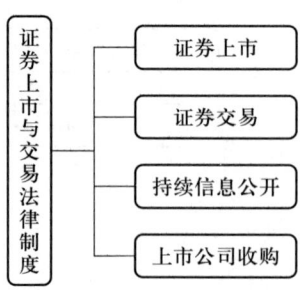

第五节　证券投资者保护法律制度

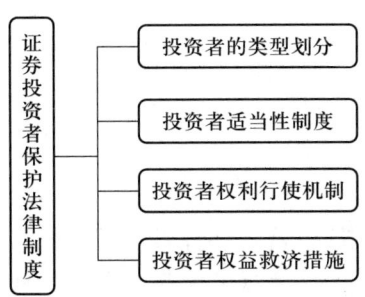

第六节　证券监督管理机构—知识结构图

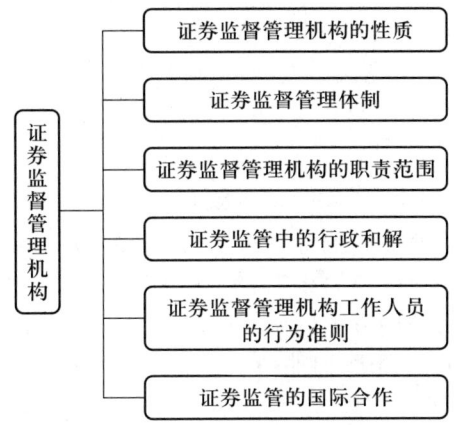

第七节　证券违法行为法律责任—知识结构图

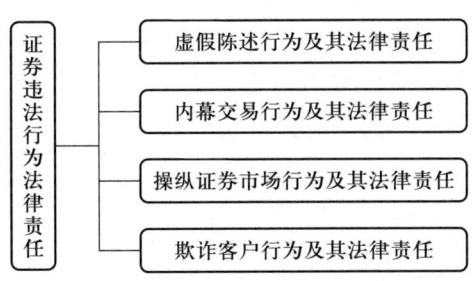

三、重点难点解析

（一）重点内容

1. 证券的概念及法律特征

证券是指资金需求者为了筹措中长期资金而向投资者发行,由投资者购买且能对一定的收益拥有请求权的投资凭证。筹措中长期资金是资金需求者的目的,拥有对一定收益的请求权是投资者的目的,证券则是为筹资者和投资者达到各自目的而设置的手段。

证券具有以下四个法律特征:(1) 证券是一种投资权利证书。(2) 证券是一种可转让的权利证书。(3) 证券是一种面值均等的权利证书。(4) 证券是一种含有风险的权利证书。

2. 证券市场及其结构

证券市场是包括证券投资活动全过程在内的证券供求交易的网络和体系,它是金融市场的重要组成部分。证券市场的构成有三个要素:(1) 市场主体;(2) 市场客体;(3) 市场组织方式。

证券市场有两个组成部分,一个是发行市场,另一个是交易市场。发行市场,又称"初级市场"或"一级市场",是由发行者、投资者和证券公司(或投资银行)三者构成的市场,它为发行者筹集资金提供便利的条件。交易市场又称"次级市场"或"二级市场",是由证券出让者、交易场所、证券购买者三者构成的市场,它为投资者转让所持证券、收回本金提供便利的条件。没有发行市场,资金需求者就无法筹集资金,资金供给者就无法进行证券投资。发行市场的存在是交易市场运行的前提。从发行市场购买的证券,常常需要通过在交易市场出售转让给第三者,才能收回投资,因此,交易市场又是发行市场得以保持和繁荣的条件。

3. 证券法的基本原则

(1) 公开原则

公开原则是指证券发行者在证券发行前或发行后根据法定的要求和程序向证券监督管理机构和证券投资者提供规定的能够影响证券价格的有关信息资料。

依据公开原则,发行证券的主体所公开的信息应当做到:① 真实,不得存在任何虚假陈述。② 准确,必须采用精确的表述方式以确切表明其含义,内容表述清晰。③ 6 全面,所有与证券价格有关的信息资料应尽可能详细地公开。④ 及时,不得故意拖延迟缓。⑤ 公平,确保所有投资者可以平等地获取同一信息,不得私下提前向特定对象单独披露。⑥ 易得,信息资料应以广大投资者最易获得的形式加以公开。⑦ 易解,不得使用深奥、容易引起误解的字句。

(2) 公平原则

公平原则是指证券商事关系主体在证券募集、发行、交易、服务活动中应公平合理,照顾各方的权利和利益。其具体含义包括:证券商事关系主体参加证券市场活动的机会均等;证券商事关系主体在商事权利的享有和义务的承担上对等;证券商事关系主体在承担商事责任上要合理;在仲裁、司法工作中,仲裁人员、司法人员应实事求是、秉公办案,合情合理地处理商事纠纷。

(3) 公正原则

公正原则是指证券监督管理机构及其他组织和人员应充分运用法律,采取有效措施,对证券市场的违法犯罪活动进行制止和查处,以确保投资者得到公正的对待。公正原则要求证券监督管理机构及其他组织和人员做到反欺诈、反操纵、反内幕交易。

4. 证券公司的业务范围与业务规则

证券公司从事的业务主要有:(1) 证券经纪;(2) 证券投资咨询;(3) 与证券交易、证券投资活动有关的财务顾问;(4) 证券承销与保荐;(5) 证券融资融券;(6) 证券做市交易;(7) 证券自营;(8) 证券资产管理;(9) 其他证券业务。

为保护客户利益,证券公司客户的交易结算资金应存放在商业银行,以每个客户的名义单独立户管理。证券公司不得将客户的交易结算资金和证券归入其自有财产,禁止任何单位或者个人以任何形式挪用客户的交易结算资金和证券。证券公司破产或者清算时,客户的交易结算资金和证券不属于破产财产或清算财产。非因客户本身的债务或者法律规定的其他情形,不得查封、冻结、扣划或者强制执行客户的交易结算资金和证券。

在日常业务活动中,证券公司还应注意:(1) 不得接受客户的全权委托。(2) 不得以任何方式对客户买卖证券的收益或损失赔偿作出承诺。(3) 不得私下接受委托。

由于证券市场的高风险性,证券公司经营的安全性和稳定性对于证券市场、证券公司自身以及广大投资者都至关重要。为防范和化解经营中的风险,《证券法》规定证券公司应当从每年的业务收入中提取交易风险准备金,用于弥补证券经营的损失。这种风险准备金的提取是证券公司的法定义务,不得自行免除;且准备金的使用必须是为了弥补证券交易的损失,确保证券公司遇到经营风险时能够得到及时的资金补充,而不得随意挪作他用。

5. 证券发行保荐制度

保荐制度又称保荐人(sponsor)制度,源于英国。证券保荐制度又可分为发行保荐和上市保荐。证券发行保荐是指证券发行人申请其证券公开发行,必须聘请依法取得保荐资格的保荐人为其出具保荐意见,证明其发行文件中所载材料真实、完整、准确,符合公开发行的条件,从而由保荐人协助发行人建立严格的信息披露制度,承担风险防范责任。建立保荐制度的目的是充分利用中介机构的中介地位、职业水平和声誉机制,把好证券发行关,并以此提升公司发行证券的质量,提高市场诚信度,增强市场吸引力。

我国的保荐制度适用于两种情况:(1) 公开发行股票、可转换为股票的公司债券,依法采取承销方式的。(2) 公开发行法律、行政法规规定实行保荐制度的其他证券。

6. 证券发行审核制度

国际上证券发行审核主要存在两种不同的体制:一是证券发行注册制度;二是证券发行核准制度。注册制的理论依据是:证券发行只受信息公开制度的约束,证券管理机构的职责是审查信息资料的全面性、真实性、准确性和及时性,政府并不对证券自身的价值作出任何判断。投资者根据公开的信息作出选择,风险自负。投资者要求发行人承担法律责任的前提是发行人违反信息公开义务和注册制度。核准制的理论依据是:证券发行涉及公共利益和社会安全,审核机构应在公开原则基础上,考察发行者的具体情形,并由此作出是否符合发行实质条件的投资价值判断。《证券法》在 2019 年修订之前,我国实行的是核准制,修订后,我国的证券发行逐步采用"注册制"。

7. 证券发行信息公开制度

证券发行信息公开,是指证券发行人按照法律、行政法规、部门规章及相关规范性文件的规定,在证券公开发行前,公告公开发行募集文件,并将该文件置备于指定场所供公众查阅的制度。

预披露是指发行人申请首次公开发行证券的,在依法向审核部门报送注册或申请文件并经审核部门受理后,预先向社会公众披露相关注册或申请文件,而不是等审核部门对发行文件审核完毕,作出准许发行的决定后再进行披露的制度。

证券发行需公开的信息主要是指募集文件的内容。募集文件是指证券发行人发行证券时依法向社会公众公开的有关书面性的材料,它是信息内容的载体。信息的公开就是指将募集文件进行公告或置备于指定的场所供公众查阅。

（二）难点内容

1. 证券承销方式

证券承销通常有四种方式,即代销、助销、包销和承销团承销。

证券代销,是指承销商代理发售证券,并于发售期结束后,将未销售部分证券退还发行人的承销方式。

证券助销,是指承销商按承销合同规定,在约定的承销期满后对剩余的证券出资买进(余额包销),或者按剩余部分的数额向发行人贷款,以保证发行人的筹资、用资计划顺利实现。

证券包销,是指在证券发行时,承销商以自己的资金购买计划发行的全部或部分证券,然后再向公众出售,承销期满后未出售部分仍由承销商自己持有的一种承销方式。证券包销又分两种方式:一种是全额包销;另一种是定额包销。

承销团承销,亦称"联合承销",是指两个以上的证券承销商共同接受发行人的委托向社会公开发售某一证券的承销方式。

2. 证券上市

依据我国《证券法》的规定以及学界和实务界的主流观点,一般证券上市所指称的是公开发行的证券依法在证券交易所挂牌进行集中竞价交易的行为,不包括非公开发行的证券的挂牌交易,也不包括场外交易市场的证券交易。证券上市与证券发行有明显区别:(1) 证券发行的对象是初始投资者,这些投资者要通过申购程序产生。证券上市的对象是市场的所有投资者,欲购买证券的人通过交易所均可购得。(2) 证券发行的价格一般是事先确定的,而证券上市的价格则通过交易所竞价产生,由供求情况决定。(3) 证券发行的卖方是特定的,买方是不特定的,而证券上市后的买卖双方均是不特定的。

3. 证券交易的分类

证券交易依不同的标准可作不同的分类。从交易场所的角度来看,可分为集中市场交易和分散市场交易;从买卖双方交易主体结合方式来看,可分为议价交易和竞价交易;从达成交易的方式来看,可分为直接交易和间接交易(委托交易);从交割期限和投资方式来看,可分为现货交易、期货交易、期权交易、信用交易和回购。

证券现货交易,又称即期交易,是指证券交易双方在成交后即时清算交割证券和价款的交易方式。

期货交易与现货交易相对应,是一种集中交易标准化远期合约的交易形式,因而又称期货合约交易,是指交易双方成交后,清算和交割证券要按契约中规定的价格在远期进行的交易。

期权交易,又称选择权交易,是指金融商品交易权利的一种买卖。这种权利就是以未来特定时间为行使期限,以协定价格(即履约价格)买卖特定数量的某种金融商品的权利。

证券信用交易,即融资融券交易,是指证券交易者在买卖证券时只向经纪人交付欲交易总量一定百分比的现款或证券(称为保证金),不足部分由经纪商提供而进行的交易。

回购,是指在卖出(或买入)证券的同时,事先约定到一定时间后按规定的价格买回(或卖出)这笔证券,实际上就是附有购回(或卖出)条件的证券交易。

4. 证券交易的一般规则

(1) 非依法发行的证券不得买卖。在市场上交易的任何证券都必须是合法的证券,即已经经法定的主管部门审核且已经发行的证券。

(2) 转让期限有限制性规定的证券在限定期内不得买卖。有转让限定期的证券,主要是指:① 《公司法》或其他法律对其转让期限有限制性规定的股票,如公司发起人从公司成立起1年内持有的本公司股票,上市公司董事、监事、高级管理人员在公司股票上市交易之日起1年内、离职后半年内所持有的股票等;② 上市公司持有5%以上股份的股东、实际控制人、董事、监事、高级管理人员,以及其他持有发行人首次公开发行前发行的股份或者上市公司向特定对象发行股份的股东,法律、行政法规和国务院证券监督管理机构对其持有期限、卖出时间、卖出数量、卖出方式、信息披露等有限制性规定的,不得违反规定转让其持有的股份。规定这些股票在一定期限内不得买卖,主要是防止上述主体利用特殊地位谋取利益,从而影响市场的健康发展。

(3) 证券从业人员买卖证券的禁止或限制。① 证券交易场所、证券公司和证券登记结算机构的从业人员,证券监督管理机构的工作人员以及法律、行政法规规定禁止参与股票交易的其他人员,在任期或者法定限期内,不得直接或者以化名、借他人名义持有、买卖股票或者其他具有股权性质的证券,不得收受他人赠送的股票或者其他具有股权性质的证券。任何人在成为前款所列人员时,其原已持有的股票或者其他具有股权性质的证券,必须依法转让。但实施股权激励计划或者员工持股计划的证券公司的从业人员,可以按照中国证监会的规定持有、卖出本公司股票或者其他具有股权性质的证券。② 为证券发行出具审计报告、资产评估报告或者法律意见书等文件的证券服务机构和人员,在该股票承销期内和期满后6个月内,不得买卖该种股票。为证券发行人及其控股股东、实际控制人,或者收购人、重大资产交易方出具审计报告或者法律意见书等文件的证券服务机构和人员,自接受委托之日起至上述文件公开后5日内,不得买卖该证券。实际开展上述有关工作之日早于接受委托之日的,自实际开展上述有关工作之日起至上述文件公开后5日内,不得买卖该证券。

(4) 证券交易必须在法定的交易场所进行。其中,依法公开发行的证券应在证券交易所上市交易或在国务院批准的全国性证券交易场所转让;非公开发行的证券,可以在证券交易所、国务院批准的其他全国性证券交易场所、按照国务院规定设立的区域性股权市场转让。交易场所的多元化,有利于多层次资本市场的形成和培育。

(5) 证券交易的方式可采用集中竞价交易、大宗交易、做市商交易、协议交易等。① 集中竞价交易,是指在证券交易所市场内,所有参与证券买卖的各方当事人公开报价,按照价格优先、时间优先的原则撮合成交的证券交易方式。② 大宗交易,是指证券单笔买卖申报达到交易所规定的数额规模时,交易所采用的与通常交易方式不同的交易方式。③ 做市商交易,又称双边报价制度,是指在证券市场上,具备一定实力和信誉的证券经营法人作为特许交易商,在开市期间,就其负责做市的证券一直保持向公众投资者双向买卖报价,并在该价位上接受公众投资者的买卖要求,以其自有资金和证券与投资者进行交易。④ 协议交易,即买卖双方通过协商就证券交易种类、数量、价格等达成一致,进行的交易。

(6) 证券交易可以采用现货交易、期货交易、期权交易和信用交易、回购等方式。我国《证券法》规定,证券交易以现货和国务院规定的其他方式进行交易,这里的"其他方式"主要包括期货交易、期权交易、信用交易等方式。

(7) 证券交易场所、证券公司、证券登记结算机构必须依法对投资者信息保密,不得非法买卖、提供或者公开投资者的信息。这是对投资者金融信息权的基本保护,以防止他人非法利用投资者的信息,损害投资者合法权益。同时,证券交易场所、证券公司、证券登记结算机构、证券服务机构及其工作人员不得泄露所知悉的商业秘密。

(8) 证券交易的收费必须合理。证券交易费用一般指证券交易当事人应当缴纳的除税收之外的各项费用。从我国目前来看,证券交易费用主要包括以下三项:① 发行公司需支付的上市费用;② 投资者需支付的佣金、开户费、委托手续费等;③ 证券商需支付的入场费,即进入证券交易所从事自营或代理买卖证券业务,应向证券交易所支付的有关费用。证券交易所、证券公司收费必须合理,并公开收费项目、收费标准和收费办法。

(9) 短线交易的禁止及上市公司的归入权。即上市公司、股票在国务院批准的其他全国性证券交易场所交易的公司董事、监事、高级管理人员、持有或与其一致行动人共同持有该公司股份5%以上的股东在法定期限内不得进行股权交易的反向操作,反向操作所得收益归公司所有。所谓反向操作是指上述人员将其所持有的该公司的股票或其他具有股权性质的证券在买入后6个月内卖出,或者在卖出后6个月内又买入的行为。但是,证券公司因购入包销售后剩余股票而持有5%以上股份,以及有国务院证券监督管理机构规定的其他情形的除外。公司董事会对有这种反向操作行为的有关人员,应当行使收益"归入权";公司董事会不按规定行使的,股东有权要求董事会在30日内执行;公司董事会未在规定期限内执行的,股东有权为了公司的利益以自己的名义直接向法院提起诉讼,公司董事会负有责任的董事需依法承担连带责任。但是,如果证券公司因购入包销售后剩余股票而持有5%以上股份的除外。

(10) 通过计算机程序自动生成或者下达交易指令进行程序化交易的,应当符合国务院证券监督管理机构的规定,并向证券交易所报告,不得影响证券交易所系统安全或者正常交易秩序。

5. 内幕交易的行为认定

内幕交易是指内幕信息的知情人和非法获取内幕信息的人利用内幕信息进行证券交易活动的行为。它属于证券交易中的欺诈行为,不利于保护投资者的合法权益和社会公共利益,必须绝对禁止。

知悉内幕信息的人主要分为两类,即证券交易内幕信息的知情人与非法获取内幕信息的人。证券交易内幕信息的知情人,是指知悉证券交易内幕信息的人员。

内幕信息,是指证券交易活动中,涉及证券发行人的经营、财务或者对该发行人证券的市场价格有重大影响的尚未公开的信息。"未公开性"与"重大性"是内幕信息的两个主要特征。从现行《证券法》的规定来看,内幕信息主要包括两大类,即关于股票交易中的内幕信息和关于债券交易中的内幕信息。

(三) 延伸阅读

1. 境外资本市场证券立法的体例

目前,境外资本市场的证券立法体例大致可以分为两种模式。第一种模式为:专门制定以证券为调整对象、规范证券发行和证券交易活动的法律,证券立法与其他金融部门法并存;同时,依法设立单独针对证券市场进行监管的执法机构,证券监管部门与其他金融监管部门并存,形成资本市场"多头监管"的格局。一般而言,这种立法模式源起于分业经营的市场格局,美国是其中最典型的代表。第二种模式是:不区分传统证券、保险、银行、信托等金融行业,取之以"金融商品"或"金融服务"的宽泛概念,从而将所有或大部分的金融业态整合在一部法律中,即统合金融立法;抛弃纵向和分布式的监管结构,不再根据行业或业务的类型来划定监管职责,而是建立统一横贯的执法机构,从全局的角度对资本市场的运作进行监管。这种立法模式的出现显然是顺应了金融市场混业经营以及创新加速的发展趋势。同时,根据统合立法中监管机构设置和分工的差别,这种模式下又存在两个子类:(1)一体化监管(integrated regulation)模式,即由一个超级监管者对整个金融市场和所有金融机构进行监管,英国是采用这一模式的第一个国家。(2)双峰监管(two—peak regulation)模式,即根据金融监管的两个目标——金融稳定和投资者保护——分别设立审慎监管机构和商业行为监管机构,采用这种监管模式的代表性国家为澳大利亚。

2. 境外资本市场证券立法的趋势

通过研究境外资本市场证券立法,可以发现如下几个趋势:

首先,传统的分业立法和机构监管模式日渐式微。此种模式最早是由美国在20世纪30年代确立,旨在消除经济大萧条中暴露出来的资本市场监管缺失的严重漏洞。立法者按照证券、银行、保险和信托等金融行业的分类,分别制定各项金融部门法,由专门的监管机构根据对应的法律来单独监管某一行业内的金融机构和金融活动。这样一种立法体例无疑是与当时资本市场的格局状况相吻合的:一方面,在资本市场发展的初期,各个金融行业之间泾渭分明,不同种类的金融产品(证券、保险、存款、信托)很容易区分,分别立法的模式不难理解;另一方面,金融机构的业务相对单一,分业经营为主流,因此"一人各管一段"的纵向规制结构能够完全适应当时的监管需求。然而,随着全球资本市场的成熟与发达,原本不同金融产品之间的差异变得越来越模糊,兼具证券、存款和保险特征的新型金融产品的相继问世,让传统上以单一产品为调整对象的金融部门法无所适从。同时,不同行业的金融机构之间的业务壁垒在混业经营的大势冲击之下变得异常脆弱。即便是在严格奉行分业经营和管理的国家和地区,从事单一业务的金融机构还是可以通过设立子公司或控股金融企业的方式,事实上进入其他业务领域,"多头治理"的监管体制难免顾此失彼。

其次,资本市场统合立法的趋势逐渐形成。目前,相当一部分的金融发达国家已经着手对本国与资本市场相关的法律进行重新整理和改编,不同程度地将具有投资属性的金融商品及服务作为统一的规制对象,或是扩张传统证券法的适用范围,或是制定单一的金融商品(服务)法。这个立法运动可以统称为"资本市场统合法运动"。[1]其中,英国是推动金融统合立法最早、最积极、最彻底的国家,2000年《金融服务与市场法》在附录2中罗列了几乎全部金融产品和服务类型,将所有相关的金融活动皆纳入其安排的监管框架之下。日本和韩国等借鉴英国的经验,也制定了《金融商品交易法》和《资本市场整合法》。虽然上述两部法律对整个金融行业的统合程度尚达不到英国的水平,但无疑都已实现资本市场的法制整合。这种统合立法的趋势是对现代资本市场潮流——金融衍生品的快速发展和混业经营的回应。在快速变化的资本市场环境下,原本构成不同法律规制基础的"对象商品"(股票、债券、期货等)或"行业机构"(证券公司、基金公司、信托公司)之间的界限逐渐消失,促使现代金融法律必须重新寻找

---

[1] 参见许凌艳:《资本市场统合法研究》,载《月旦财经法杂志》2009年第16期。

规制的"立足点",从规制现行"商品类"和"从业者"转换成对"经济实质相同的金融功能"的"统一规制"。①

最后,为配合资本市场统合立法的趋势,以集中监管为方向的监管架构改革逐步推进。统一的金融法制必然意味着要有统一的监管机构来负责监督法律的实施。据统计,目前世界上有近56个国家和地区在金融监管上采用或正朝着统一监管机构的模式迈进,可以说金融业集中监管已经成为国际金融监管发展的主流。②但对于监管机构的具体设置,集中监管体制则分化为两种彼此竞争的模式,即由单一监管机构"大包大揽"的一体化监管,以及分别设置审慎监管机构和商业行为监管机构的"双峰"监管(也称"目标型监管")。在2008年金融危机之前,英国式的一体化监管模式,即由英国金融服务管理局(FSA)主管对金融行业的监督③,一直备受推崇,被日本、韩国等国家和地区所借鉴。但是在2008年金融危机中,北岩银行、苏格兰皇家银行等英国商业银行遭受重创,以FSA为核心的一体化监管模式遭到质疑:单一监管者需要同时承担维护金融体系稳定和保护投资者这两个可能暗含冲突的监管职能,难免会出现顾此失彼的尴尬。有鉴于此,英国在2012年放弃了一体化监管的模式,将FSA拆解为审慎监管局(PRA,负责对金融机构的审慎监管)和金融市场行为监管局(FCA,负责监管所有金融企业的商业活动),从而完成了向"双峰"监管模式的转型。④英国的这种立场转变值得我们继续予以关注。

3. 对资本市场统合立法或金融服务立法的不同观点

(1) 肯定的观点

近年来,"金融市场业务开始形成跨市场关联、跨行业联动的特征"⑤。传统的证券概念已经很难完全涵盖市场上出现的各种新型金融产品。对于一些产品特征较为模糊或者兼具多种产品特征的金融商品,往往会引发法律适用上的难题,进而导致监管职责划分的不确定性,由此产生监管机构互相推诿或者重复监管等损害监管效率的问题。要克服这些问题,一个可行的方法就是推动金融横向统合立法,将所有"经济实质相同"的金融商品都纳入单一法律(如日本《金融商品交易法》)的适用客体中;⑥同时,坚持集中式的金融监管体制,由统一的机构坚持统一的标准对资本市场中具有同一经济实质的产品进行监管,以消除"多头监管"可能引起的"监管套利"现象。

(2) 谨慎的观点

虽然全球范围内金融横向规制立法的趋势明显,且大多数学者对资本市场统合立法的合理性和必要性予以认可,但是仍有学者对金融服务横向规制究竟能走多远持谨慎态度。这种

---

① 参见杨东:《论金融法制的横向规制趋势》,载《法学家》2009年第2期。

② 参见杨东:《后金融危机时代金融统合法研究》,载《法学杂志》2010年第7期。

③ 需要注意的是,FSA虽然是英国金融业的核心监管者,但不是唯一的监管者,英国财政部和英格兰银行仍保留一定的监管权,因此与FSA并称为"三驾马车"式的监管体系(tripartite system)。但是相比于FSA,英国财政部和英格兰银行的监管范围较窄,可运用的监管手段也相对有限,因此FSA在"三驾马车"中无疑处于"领头者"的角色。

④ See Laura Cox et al., United Kingdom regulatory reform: emergence of the twin peaks, C.O.B.2012, 95(Apr), 1-33.

⑤ 巴曙松、朱虹:《金融监管模式的演进》,载《中国金融》2018年第7期。

⑥ 参见陈洁:《日本〈金融商品交易法〉中的集合投资计划》,载《法学》2012年第10期。

疑虑主要是基于两点理由：首先，从市场发展阶段来说，金融行业内部的细化分工本身就是市场走向成熟的标志，而且在很长一段时期内依然会存在于市场之中。虽然混业经营日渐流行，代表了未来金融行业的发展方向，但这并不意味着分业经营的模式会彻底消失，也不意味着所有专业性的金融机构都将从市场中消失。[①] 因此，在这个意义上，统合立法的步伐大小需要以本国资本市场的实际状况为依据。其次，从各国法律传统和文化等因素考虑，资本市场统合立法的困难程度不应当被低估。以日本和韩国为例，虽然两国都在一定程度上实现了资本市场统合立法，但是距离真正的涵盖整个金融服务行业的统合立法还相去甚远，没有做到真正意义上的金融业横向规制。日本和韩国的立法经验告诉我们，统一金融法制的制定，是一个循序渐进的过程，其中还受制于本国国情的因素（比如新兴的"金融商品"概念如何与大陆法系传统的"有价证券"概念结合、一体化监管模式如何因各个监管部门之间的利益争夺而举步维艰）。又以英国为例，从 1986 年至 2012 年之间，其监管架构经历了 3 次剧烈的变动［从负责牵头监管的证券投资委员会（SIB）到一体化监管的 FSA，再到目前"双峰"监管模式下的 PRA 和 FCA］，这本身就证明了金融法制改革的复杂性。因此，对于任何一个国家而言，完全模仿他国做法而贸然推动统合立法是存在很大风险的。

4. 完善我国资本市场立法的思考

（1）统合立法的条件尚未成熟

目前，主张我国进行资本市场统合立法的学界呼声不少，但是从现阶段的实际情况出发，统合立法的条件尚未成熟：

首先，在长期的分业经营和管理模式下，我国根据金融行业的分类采取纵向立法的方式（《证券法》《保险法》《商业银行法》《信托法》《证券投资基金法》等），若现在要一鼓作气制定所谓"金融服务法"，势必需要对大量的法律法规进行修改和整合，所面临的立法政策和技术上的难题不容忽视。况且，由于我国资本市场法制建设的历史仍不算长，各项法律法规仍不健全、成熟，尚未形成完整、合理的体系，因此，整合的难度会进一步加剧。

其次，金融统合立法以集中式监管模式为必备制度，而对不同监管机构的职能进行整合必然牵扯各个机构之间的利益争夺。美国之所以一直没有采取所谓集中监管的结构安排，各个监管机构的纵向割据乃是重要的原因。而在我国，"一行两会"的监管格局难以在短期内发生根本性改变，这就注定了我国的监管体制很难立即抛弃行业分类而走上一体化监管或"双峰"监管的路径。

最后，从实现改革目标而言，统合立法未必是唯一的选择。正如学者指出，"是否制定统一的金融立法以及是否采取一元化的监管体制，在当前更多的是一种技术上的考虑"[②]。统合立法的技术本质，乃是通过扩张法律规制的范围，将原本证券法所无法包容的金融创新归入法律调整的对象（如以"金融商品"取代"证券"的概念，或者引入"集合投资计划"的概念）。但要实现这一目的，完全可以通过对现行证券法律进行修改完善（如扩大证券法的调整范围）来做到，而不一定要制定一部新的统合法来取代既有的法律。事实上，虽然美国的资本市场法制体系如今饱受质疑，但仍能维持有效运作。究其原因，美国 1933 年《证券法》对"证券"的宽泛定

---

① 参见冯果：《金融服务横向规制究竟能走多远》，载《法学》2010 年第 3 期。

② 冯果：《金融服务横向规制究竟能走多远》，载《法学》2010 年第 3 期。

义起了重要的作用,[①] 确保了在金融市场不断变化的大环境下,依然能够将相当一部分新型的金融产品纳入自身的规制范围中,而不至于使资本市场陷入 "无法可依" 的严重困境。综上所述,我国当前或许并不适宜开展全方位的金融服务立法。

(2) 改进当前的证券监管模式

尽管统合立法模式难以在短期内引入我国,但这不妨碍我国对当前的证券监管体制进行改进和完善。目前,我国分业经营、分业监管的体制主要是以机构监管为标准,不同金融机构从事的金融业务由不同的监管部门负责监管。但是,随着金融业的快速发展,这样的体制逐渐暴露出了一些问题:其一,容易破坏不同性质的金融市场主体间的公平竞争。在机构监管模式下,经营同类金融业务的不同金融机构由不同监管部门采取不同的监管规则、监管手段和监管标准实施监管。这样一来,有些金融机构就能从差别监管中获得特殊的竞争优势,从而破坏了金融市场上公平竞争的基础。其二,容易产生监管套利。在金融创新推动下,当形式上不同业务种类的金融机构所提供的金融服务在经济功能上有相互替代的可能时,机构监管模式就很容易受到金融机构的规避,从事混业经营的金融集团可以通过将某项业务或产品转移到受监管最少或者监管成本最低的下属机构,寻求监管套利。其三,容易造成监管重叠、监管空白以及监管资源的浪费和低效。随着业务管制的放松以及金融创新的不断推进,各金融机构原本形式上的业务种类界定日益模糊,监管机关的管辖权限也就难免出现相互重叠;而对于非正规金融主体从事的金融活动往往也难以进行有效监管,产生监管空白。此外,在机构监管模式下,为实施对被监管机构的有效监管,不同监管机构内部都必须安排职能或性质相同或相似的业务部门,这就造成了监管资源的浪费和低效。其四,容易抑制金融创新。由于机构监管模式很难对跨行业的金融创新产品实施有效监管,为了保障金融市场的安全,防范金融风险,各个监管机构往往容易通过严格的监管手段限制金融创新。其五,容易造成监管协调性的不足。目前,混业经营的金融控股公司在我国不断出现。在对金融控股公司的监管上,尽管会根据其主要业务确定主监管机构,但是,当主监管机构需要其他监管机构协助时,很难协调与配合,信息共享度低,从而影响监管的有效性。

针对上述问题,我国应当对于现行的监管模式进行改革。在进行改革时,应当主要考虑两个因素:一是监管理念的选择;二是制度改革的成本。监管理念是监管制度构建的逻辑基础。从各国的发展来看,证券市场的监管理念主要应有三点:一是更加注重防范证券市场的系统性风险。这已在美国《多德·弗兰克法案》以及次贷危机后欧洲金融监管体制的改革中予以诸多体现。二是更加注重保护投资者利益。韩国在 2009 年的《资本市场整合法》中便加强了这一方面的立法,例如引进 "适合性原则" "利益冲突防止体制" "扩大内部交易的禁止对象以及内部人的范围" 等。[②] 三是更加注重监管制度的成本与效率,强调监管体制设计的科学性与合理性。而制度改革的成本主要需要考量一国监管体制的路径依赖。任何制度变迁都有明显的路径依赖。以美国为例,美国的双层多头监管体系是在美国近百年的金融发展史中自然形成的。

---

① 美国《证券法》在定义 "证券" 时将 "投资合同" 包含在内,并通过最高法院在 1946 年 Howey 案中确立的判断某一合同是否构成 "投资合同" 的标准,从而将大多数的直接融资手段界定为 "证券",使其成为联邦证券法和美国证券交易委员会(SEC)规则的调整对象。

② 参见朱黎霞:《韩国证券市场投资者保护:经验与启示》,载《中国证券报》2013 年 2 月 25 日,A09 版。

这既是监管业务上的需要,也是联邦政府与各州权力分配和权力制衡的结果。而美国的民主政治也使得任何一个重大改革都需要国会经过长时间的讨论达成共识,因而,对原有金融监管体制进行彻底变革是极其困难的。为此,美国回应混业挑战的方式自然是对原有体制进行改良,一方面继承了大危机以来形成的分业监管的架构,另一方面,规定美联储为金融控股公司的监管机构,从而形成了功能监管基础上的"伞形监管"体制。[①]

基于上述两个主要因素的考量,我国应将多头监管中的"机构监管模式"改为"功能监管模式",同时,借鉴美国的做法,在多头监管中,设置伞形结构,构建出一个多头监管机构之上的伞形监管者。这可能是一种较好的折中选择。[②] 一方面,功能监管能够有效防止监管套利,同时又可以实现对不同金融产品的专业性监管的效率,[③] 而且可以在监管体系没有太大变革的情况下推动金融制度的转变,在推行新的金融监管制度的同时,比较顺利地与既有监管权力实现协调。[④] 另一方面,对于功能性监管重在微观,难以识别被监管对象所面临的总体风险和全社会的系统性金融风险的缺陷,可以通过"伞形监管"模式予以补充和修正。以美国为例,金融控股公司的各子公司根据所经营业务的种类接受不同行业监管机构的监管,美国联邦储备理事会作为金融控股公司伞状监管者,负责评估和监控混业经营的金融控股公司整体资本充足性、风险管理的内控措施和程序的有效性等。次贷危机后,美国的"伞形监管"更是进一步加强了美联储的监管权,尤其是将所有"系统重要性金融机构"纳入其审慎监管范围。这一做法值得借鉴。因此,我国也可以构建一个"伞形监管者",由其负责对金融业的宏观审慎监管,同时协调各个监管机构。

在我国,党的十八大以来,随着金融业混业经营趋势加剧,金融创新不断涌现,完善金融监管体制一直是金融监管工作的主基调。针对原"监管联席会议机制"的弊端,2013 年,我国建立了由中国人民银行牵头的金融监管协调部际联席会议制度;2017 年 11 月,我国设立国务院金融稳定发展委员会;2018 年 3 月,我国将中国银行业监督管理委员会和中国保险监督管理委员会的职责整合,组建中国银行保险监督管理委员会,在保留以行业为划分基础的分业监管体制的前提下,加强监管协调,引入功能监管和强化审慎监管,形成"一委一行两会"的监管格局。其中,国务院金融稳定发展委员会作为议事协调机构,主要承担落实中央金融决策部署,审议金融业改革发展重大规划,统筹金融改革发展与监管,研究金融风险防范处置和维护金融稳定重大政策,指导地方金融改革发展与监管五大职能。从这个意义上看,国务院金融稳定发展委员会实际上承担着我国金融监管体制中"伞形监管者"的职能,这是在借鉴境外资本市场监管经验的基础上,契合我国现实需求的制度选择。2023 年 3 月,中共中央、国务院印发了《党和国家机构改革方案》,决定在中国银行保险监督管理委员会基础上组建国家金融监督管理总局,不再保留中国银行保险监督管理委员会。正如有学者所言:"虽然改革没有在根本上转换监管模式,但这符合我国现阶段的金融市场特点和行业发展水平,值得肯定。"[⑤]

---

① 参见鹿小楠:《混业经营下金融监管体制发展趋势与选择》,载《商业时代》2007 年第 2 期。

② 参见巴曙松:《主要监管模式对中国金融监管改革的启示》,载《中国经济时报》2012 年 10 月 8 日。

③ See Stigler G J.The Theory of Economic Regulation.*The Bell Journal of Economic and Management Science*,1971,2.

④ 参见黄辉:《金融监管现代化:英美法系的经验与教训》,载《广东社会科学》2009 年第 1 期。

⑤ 黄辉:《中国金融监管体制改革的逻辑与路径:国际经验与本土选择》,载《法学家》2019 年第 3 期。

四、习题自测

（一）单项选择题

1. 依据证券券面是否记载权利主体的姓名或名称,有价证券可以分为（　　　　）。

A. 有面值证券和无面值证券　　　　　　B. 有担保证券和无担保证券

C. 记名证券和不记名证券　　　　　　　D. 货币证券和资本证券

2. 股票公开发行与公司债券公开发行最大的区别在于（　　　　）。

A. 是否需要保荐制度　　　　　　　　　B. 是否需要承销制度

C. 发行人不同　　　　　　　　　　　　D. 证券认购人与发行人的法律关系不同

3. 下列不属于《证券法》规定的不得再次公开发行公司债券的是（　　　　）。

A. 已多次发行公司债券

B. 对已公开发行的公司债券有违约或者延迟支付本息的事实,仍处于继续状态

C. 对其他债务有违约或者延迟支付本息的事实,仍处于继续状态

D. 违反《证券法》规定,改变公开发行公司债券所募资金的用途

4. 在某一证券交易中,交易双方在成交后即时清算交割证券和价款,这种交易方式是（　　　　）。

A. 期货交易　　　　B. 现货交易　　　　C. 信用交易　　　　D. 期权交易

5. 下列不属于公司发行新股应当报送的文件的是（　　　　）。

A. 公司章程　　　　　　　　　　　　　B. 公司股东大会决议

C. 公司董事会决议　　　　　　　　　　D. 财务会计报告

6. 证券服务机构因其制作、出具的文件有虚假记载、误导性陈述或者重大遗漏,给他人造成损失的,应当（　　　　）。

A. 无论有无过错,均应当承担赔偿责任

B. 与委托人承担连带赔偿责任,但是能够证明自己没有过错的除外

C. 依据过错责任原则,有过错的,应当承担赔偿责任

D. 应当承担部分赔偿责任

7. 某证券公司从事的下列行为中,不为证券法所禁止的是（　　　　）。

A. 王某委托该证券公司在 11 月 28 日买进某上市公司股票 1 000 股,该证券公司看到该股票涨情较好,为了让王某赚更多的钱,为王某买进 2 000 股

B. 向自己的客户推荐某上市公司的股票,使客户下定决心买进该公司股票

C. 因某股票市场行情非常好,为了让客户多赚钱,在客户不知情的情况下为客户买进大量股票,结果使客户赚取了巨额利润

D. 未在规定时间内向客户提供交易的确认文件

8. 因突发性事件而影响证券交易正常进行时,证券交易所可以采取下列哪一措施?（　　　　）

A. 政策性停牌　　　　B. 技术性停牌　　　　C. 持续停市　　　　D. 休市

9. 某证券公司的工作人员王某在执行公司指令时违反交易规则,对其责任承担说法正确的是（　　）。

A. 由王某承担责任

B. 由王某与证券公司承担连带责任

C. 由证券公司承担全部责任

D. 由王某与证券公司承担共同责任

10. 下列关于公开发行公司债券的要求,不正确的是（　　）。

A. 具备健全且运行良好的组织机构

B. 最近3年平均可分配利润足以支付公司债券1年的利息

C. 股份有限公司的净资产不低于人民币3 000万元,有限责任公司的净资产不低于人民币6 000万元

D. 筹集的资金必须按照公司债券募集办法所列资金用途使用

11. 根据证券法律制度的规定,为证券发行出具审计报告的注册会计师在法定期间内,不得买卖该证券。该法定期间为（　　）。

A. 自接受委托之日起至审计报告公开后5日内

B. 证券承销期内和期满后6个月内

C. 自接受委托之日起至上市公司股票承销期满后6个月内

D. 自接受委托之日起至出具审计报告后6个月内

12. 在上市公司收购中,收购人持有的被收购的上市公司的股票,在收购行为完成后的（　　）内不得转让。

A. 6个月　　　　　B. 12个月　　　　　C. 10个月　　　　　D. 18个月

13. 根据《证券法》的规定,证券交易所临时停市应（　　）。

A. 由证券交易所决定后及时向国务院证券监督管理机构报告

B. 由国务院证券监督管理机构决定,证券交易所执行

C. 由国务院决定,证券交易所执行

D. 由证券交易所决定,并在新闻媒体上公告

14. 根据证券法律制度的规定,上市公司发生的下列事件中,无须公告的有（　　）。

A. 公司经营方针发生重大变化

B. 公司40%的监事发生变动

C. 公司发生重大亏损

D. 公司营业主要资产一次性报废达20%

15. 根据《证券法》的规定,证券交易所不应当从下列哪一费用中提取一定比例的金额设立风险基金?（　　）

A. 会员费　　　　　B. 席位费　　　　　C. 交易费用　　　　　D. 交易结算资金

16. 下列哪一项不属于证券发行市场的构成主体?（　　）

A. 发行人　　　　　B. 投资者　　　　　C. 证券公司　　　　　D. 证券业协会

17. 依发行价格与证券票面金额或贴现金额的关系不同,证券发行不包括下列哪一种?（　　）

A. 平价发行　　　　　B. 超额发行　　　　　C. 折价发行　　　　　D. 溢价发行

18. 承销商按承销合同规定,在约定的承销期满后对剩余的证券出资买进(余额包销),或者按剩余部分的数额向发行人贷款,以保证发行人的筹资、用资计划顺利实现的证券销售模式是指(　　　　)

A. 证券代销　　　　　B. 证券助销　　　　　C. 证券包销　　　　　D. 承销团承销

19. 可以豁免发行审查的证券类型是(　　　　)。

A. 公司股票　　　　　B. 公司债券　　　　　C. 政府债券　　　　　D. 期货

20. 证券交易者在买卖证券时只向经纪人交付欲交易总量一定百分比的现款或证券,不足部分由经纪人或是通过银行贷款提供而进行的交易是指(　　　　)。

A. 现货交易　　　　　B. 期权交易　　　　　C. 信用交易　　　　　D. 回购

21. 收购人为取得或强化对目标公司的控制权,通过向目标公司全体股东公开发出购买该上市公司股份的要约方式,收购该上市公司股份的行为是指(　　　　)。

A. 要约收购　　　　　B. 竞价收购　　　　　C. 协议收购　　　　　D. 部分收购

22. 证券虚假陈述的具体形态不包括(　　　　)。

A. 虚假记载　　　　　B. 误导性陈述　　　　　C. 一般遗漏　　　　　D. 重大遗漏

23. 协议收购中哪项规则不能适用? (　　　　)

A. 终止上市规则　　　　　　　　　　　　　B. 强制接受规则

C. 台阶规则　　　　　　　　　　　　　　　D. 转让股份限制规则

(二) 多项选择题

1. 君声公司是一家上市公司,甲公司持有该公司已发行的有表决权的股份达30%,甲公司欲继续进行收购,故向君声公司的所有股东发出收购要约。下列哪些说法是正确的? (　　　　)

A. 君声公司应该在每一会计年度的上半年结束之日起 1 个月内进行中期报告

B. 甲公司因受疫情影响资金周转出现问题,准备降低收购的价格,其可以在取得君声公司同意后变更收购要约的内容

C. 甲公司在收购要约中约定的收购期限可以为 50 日

D. 甲公司收购君声公司的行为完成后,君声公司与甲公司合并,甲公司可以将君声公司解散

2. 冠亚公司是一家上市公司,甲公司通过在证券交易所的交易,于 2014 年 1 月 3 日持有冠亚公司已发行的有表决权的股份 5%。2014 年 3 月 1 日,甲公司与丙公司通过协议,共同持有冠亚公司公开发行有表决权股份的 60%,甲公司继续在证券交易所收购冠亚公司的股票。下列说法错误的是(　　　　)。

A. 甲公司应向冠亚公司所有股东发出收购要约,并且需制作收购报告书,载明收购目的等事项

B. 甲公司报送公司收购报告书之日起 3 日内公告收购要约

C. 甲公司、冠亚公司之间达成收购协议后即可履行

D. 收购要约发出后,甲公司可视情况适当缩短收购期限

3. 马特公司为上市公司,计划发行新股。经公司有关机关决议,新股发行价格为 23 元每股。经国务院证券监督管理机构核准,马特公司顺利完成新股发行。萨利公司通过证券交易

所的交易持有马特公司已发行具有表决权股份的 30%，计划继续收购，并向马特公司所有股东发出收购要约。下列说法错误的是（　　）。

A. 新股发行价格应由马特公司与证券承销公司共同作出决议

B. 马特公司仅需公告新股招股说明书

C. 对于马特公司发行的不同种类的股份，萨利公司均应以同类条件收购

D. 萨利公司在收购期限内，虽不得撤销收购要约，但可以卖出马特公司的股票

4. 甲公司通过证券交易所交易持有悦达上市公司已发行股份的 40%，进而向悦达公司所有股东发出收购要约。收购期限届满，甲公司持有悦达公司已发行股份的 80%，导致悦达公司股权分布不符合有关上市要求。下列说法错误的是（　　）。

A. 若因甲公司收购行为的完成，致使悦达公司不再具备股份有限公司的条件，应依法变更企业形式

B. 若证券交易所依法终止上市交易，其余仍持有悦达公司股票的股东有权要求甲公司以收购要约的同等条件收购其持有的该公司股票

C. 若甲公司收购完成后便将悦达公司解散，悦达公司应于解散事由出现之日起 15 日内成立清算组进行清算

D. 甲公司持有的悦达公司股票，在收购行为完成之日起满 6 个月后才能转让

5. 下列有关证券投资基金托管人的说法正确的是（　　）。

A. 基金托管人未能勤勉尽责，在履行法定的职责时存在重大失误的，国务院证券监督管理机构应当责令其改正

B. 基金托管人未能勤勉尽责，在履行法定的职责时存在重大失误的，国务院银行业监督管理机构应当责令其改正

C. 国务院银行业监督管理机构对连续 3 年没有开展基金托管业务的基金托管人可以取消其基金托管资格

D. 在基金托管人职责终止后，新基金托管人产生前，由国务院银行业监督管理机构指定临时基金托管人

6. 下列关于证券投资基金份额持有人的相关说法正确的是（　　）。

A. 基金份额持有人大会由基金托管人召集

B. 代表基金份额 10% 以上的基金份额持有人就同一事项要求召开基金份额持有人大会，而基金份额持有人大会的相关机构都不召集的，代表基金份额 10% 以上的基金份额持有人有权自行召集

C. 基金份额持有人大会可以采取现场方式召开，也可以采取通讯等方式召开

D. 基金份额持有人大会应当有代表 1/2 以上基金份额的持有人参加，方可召开

7. 有关非公开募集基金，下列相关说法正确的是（　　）。

A. 非公开募集基金应当向合格投资者募集，合格投资者累计不得超过 200 人

B. 非公开募集基金由基金托管人托管

C. 非公开募集基金不得通过报刊、电台、电视台、互联网等公众传播媒体或者讲座、报告会、分析会等方式向不特定对象宣传推介

D. 非公开募集基金可以由部分基金份额持有人作为基金管理人负责基金的投资管理活

动,并在基金财产不足以清偿其债务时对基金财产的债务承担无限连带责任

8. 下列信息在未公开前,属于内幕信息的是(　　　)。

A. 公司的一位监事发生变更

B. 公司在欧盟签订重要合同,获得大客户订单,公司今年的效益将非常利好

C. 公司正在同某上市公司洽谈收购事宜

D. 公司出售一栋 1 000 万元的旧办公楼中的一部分,售价 350 万元

9. 甲证券公司接受乙客户的委托买卖股票,甲证券公司下列哪些行为符合法律规定?
(　　　)

A. 客户乙要求买入某种股票 1 万股时,每股 28 元人民币,但客户乙的开户账户上只有 10 万元人民币。为了保证客户乙能及时买到股票,甲公司按照国务院的规定并经国务院证券监督管理机构批准,决定暂时借给客户乙 18 万元人民币

B. 客户乙要求甲公司为其在该公司开立的账户保密,甲公司认为乙要求过分,其有权公开账户号码

C. 某交易日,客户乙所持有的 A 股价格猛烈上涨,乙持有 1 000 股,甲公司遂依据乙的全权委托将乙该种股票 1 000 股抛售

D. 甲证券公司在接受乙的委托之后,根据委托协议向乙收取一定的费用

10. 五湖公司持有四海公司(上市公司)7% 的股份,为其第三大股东。2019 年 1 月 1 日,五湖公司减持 4% 的四海公司股份,3 个月后,四海公司的股价开始上涨,五湖公司又增持 5% 的股份。对此下列哪些选项是正确的? (　　　)

A. 就增持事项,五湖公司需在 3 日之内向证券监督管理机构和证券交易所作出书面报告,通知四海公司,并予以公告

B. 就减持事项,四海公司应立即向证券监督管理机构和证券交易所报送临时报告,并予以公告

C. 就减持事项,五湖公司需在 3 日之内向证券监督管理机构和证券交易所作出书面报告

D. 五湖公司在增持后的 3 日内,不得再行买卖四海公司的股票

11. 经国务院证券监督管理机构核准,取得经营证券业务许可证的证券公司可以经营下列哪些行为? (　　　)

A. 证券融资融券　　　　　　　　B. 证券做市交易

C. 证券投资咨询　　　　　　　　D. 证券经纪

12. 下列哪些行为构成操纵证券市场? (　　　)

A. 与他人串通,以事先约定的价格相互进行证券交易

B. 不以成交为目的,频繁或者大量申报并撤销申报

C. 对证券、发行人公开作出评价、预测或者投资建议,并进行反向证券交易

D. 在自己实际控制的账户之间进行证券交易

13. 2019 年 4 月 15 日,凤凰旅游开发公司(上市公司)总经理龙傲天利用其长沙分公司开设的 15 个账户(其中 1 个以长沙分公司名义开设,其余 14 个以个人名义开设),先后购买本公司股票共计 2 000 万股,总计动用资金 4 100 万元,并在公司公布董事会送股决议日前,抛出公司股票 140 万股,直接获利 1 200 万元。且该公司董事长高天阔(持有该公司股份 6%)在 3 个

月内,买入公司股票30万股,又卖出80万股,收入用于供给其在美国上学的女儿高美美。下列说法错误的是(　　)。

A. 龙傲天的行为属于违反《证券法》规定的内幕交易行为

B. 若高天阔买入卖出的程序正当,则其交易行为合法

C. 为龙傲天出具审计报告的会计李飞,自接受凤凰旅游开发公司委托之日起至其出具的会计报告公开后的5日后,可自由买卖该公司股票

D. 高天阔自己本人不可买卖该公司股票,但其妻子可购买

14. 甲公司与乙证券公司签订新股代销协议,约定:乙公司代销甲公司2 000万股股票,每股面值10元,承销期为50天。对于发行股票资料的真实性、准确性、完整性以及其他由于代销方过错引起的法律责任由乙公司来承担。乙公司在代销股票的过程中,发现甲公司资产负债表中未列明欠缴国家税款76万元的事实,在甲公司采取补救措施后,仍造成49万余元的损失,另外,乙公司聘请小李为甲公司股票的发行出具了审计意见。待代销期满时,乙公司售出1 200万股。下列哪些说法是错误的?(　　)

A. 甲、乙公司双方之间为买卖合同关系

B. 应当由乙公司来承担49万余元的损失

C. 甲公司股票发行失败

D. 小李可以购买甲公司的股票

15. 吉达公司是一家上市公司,公告称其已获得某地块的国有土地使用权。嘉豪公司资本雄厚,看中了该地块的潜在市场价值,经过细致的财务分析后,拟在证券市场上对吉达公司进行收购。下列哪些说法是正确的?(　　)

A. 若收购成功,吉达公司即丧失上市资格

B. 若收购失败,嘉豪公司仍有权继续购买吉达公司的股份

C. 嘉豪公司若采用要约收购则不得再与吉达公司的大股东协议购买其股份

D. 待嘉豪公司持有吉达公司已发行股份30%时,应向其全体股东发出不得变更的收购要约

(三) 不定项选择题

1. 公开发行公司债券的审核机构是(　　)。

A. 国务院授权的部门　　　　　　　B. 国务院证券监督管理机构

C. 证券交易所　　　　　　　　　　D. 证券公司

2. 甲某从自己的朋友(某上市公司总经理)那里得知该公司近期将进行重大的增资计划。在知道该消息后,甲某的下列哪些行为不符合法律规定?(　　)

A. 甲某买下该公司的股票10 000股

B. 甲某建议家人买进该公司的股票

C. 甲某将该消息提供给他人,收取信息费2 000元

D. 甲某将该消息在互联网上发布

3. 发行信息披露中的信息披露文件主要有(　　)。

A. 招股说明书　　　　　　　　　　B. 公司债券募集办法

C. 上市公告书　　　　　　　　　　D. 定期报告

4. 下列人员在证券交易中的行为被证券法所禁止的是（　　）。

A. 王某挪用公款买卖证券

B. 某公司出借自己的证券账户

C. 刘某诱导平时自己看不惯的甲买进行情不好的股票

D. 某大学教授散布某股票将上涨的信息，使许多学生纷纷买进该股票，结果该股票价格大跌，学生遭受重大损失

5. 郑某持有某上市公司股份 4%，其在证券市场上于 2021 年 3 月 28 日买进该公司发行在外股票的 10%；郑某于 3 月 30 日向国务院证券监督管理机构和证券交易所报告并公告，并于 3 月 31 日将自己所持股票的 20% 卖出。严某因 3 月 28 日买进该上市公司发行在外股票的 20% 而成为公司股东，但没有对外披露；其在 4 月 2 日又买进公司发行在外股票的 6%，在 4 月 4 日进行披露，于 4 月 6 日、7 日又分别将公司股票的 2% 卖出。以下说法正确的有（　　）。

A. 郑某在 2021 年 3 月 28 日继续购买该上市公司股票时没有进行权益预先披露，违反了证券法的规定

B. 郑某于 3 月 30 日向国务院证券监督管理机构和证券交易所报告，符合法定期限规定

C. 郑某于 3 月 31 日卖出证券的行为违法

D. 严某于 3 月 28 日买进该上市公司发行在外股票后，没有对外披露，违反了证券法规定

6. 对于收购要约，说法正确的有（　　）。

A. 在收购要约确定的承诺期限内，收购人不得撤销其收购要约

B. 在收购要约确定的承诺期限内，收购人不得变更其收购要约

C. 收购人需要变更收购要约的，必须及时公告，载明具体变更事项，并通知被收购公司

D. 要约约定的收购期限不得少于 30 日，并不得超过 60 日

7. 证券公司可以经营的业务有（　　）。

A. 证券经纪业务

B. 证券投资咨询业务、证券自营业务

C. 与证券交易、证券投资活动有关的财务顾问

D. 证券承销与保荐业务、证券做市交易

8. 证券登记结算机构的职能不包括（　　）。

A. 提供融资融券服务

B. 证券账户、结算账户的设立，证券的存管和过户

C. 证券持有人名册登记，证券交易所上市证券交易的清算和交收

D. 受发行人的委托派发证券权益

9. 甲证券公司接受乙客户的委托买卖股票，甲证券公司的下列哪些行为违反法律规定？（　　）

A. 甲公司为帮助客户及时买进股票，暂时借给客户现金

B. 甲公司为了更好地吸引客户，决定借给客户股票 1 000 股供其抛售

C. 甲公司公开了客户的账户号码

D. 甲公司在接受乙的委托之后，根据委托协议向乙收取一定的费用

10. 证券发行中因虚假陈述致使投资者在证券投资中遭受损失的，发行人应当承担赔偿责

任,下列哪些人应负连带赔偿责任?(　　)

A. 发行人的董事、监事、高级管理人员,但能够证明自己没有过错的除外

B. 承销商的董事、监事、经理,但能够证明自己没有过错的除外

C. 出具证券投资咨询意见的咨询机构,但能够证明自己没有过错的除外

D. 出具法律意见书的律师事务所,但能够证明自己没有过错的除外

11. 以下投资者必须采取发出要约的方式来收购上市公司的是(　　)。

A. 持有上市公司已发行的有表决权股份25%的张某,拟收购该上市公司股份的5%

B. 持有上市公司已发行的有表决权股份35%的刘某,拟收购该上市公司股份的3%

C. 持有上市公司已发行的有表决权股份30%的赵某,拟收购该上市公司股份的10%

D. 持有上市公司已发行的有表决权股份4%的宋某,拟收购该上市公司股份的20%

12. 证券交易所的组织形式有(　　)。

A. 公司制　　　　　B. 合伙制　　　　　C. 协会制　　　　　D. 会员制

13. 以下属于证券业协会职责的有(　　)。

A. 证券账户、结算账户的设立

B. 依法维护会员的合法权益,向证券监督管理机构反映会员的建议和要求

C. 证券的存管和过户

D. 对会员之间、会员与客户之间发生的证券业务纠纷进行调解

14. 证券发行保荐制度适用于下列哪些情形?(　　)

A. 以承销方式公开发行公司股票

B. 以承销方式公开发行公司一般债券

C. 以承销方式公开发行公司可转换债券

D. 非公开发行公司股票

15. 操纵证券市场的情形主要有哪些?(　　)

A. 单独或者通过合谋,集中资金优势、持股优势或者利用信息优势联合或者连续买卖,操纵证券交易价格

B. 与他人串通,以事先约定的时间、价格和方式相互进行证券交易

C. 在自己实际控制的账户之间进行证券交易

D. 不以成交为目的,频繁或者大量申报并撤销申报

16. 证券虚假陈述的过错推定责任适用于哪些主体?(　　)

A. 发行人　　　　　B. 会计师事务所　　　C. 证券承销商　　　D. 保荐人

(四) 简答题

1. 简述公开、公平、公正原则的具体含义。

2. 简述我国公司首次公开发行新股的条件。

3. 简述我国公司公开发行债券的条件。

4. 简述上市公司收购的一般规则。

5. 简述内幕交易行为的认定及法律责任。

(五) 论述题

1. 试述证券发行核准制与注册制。

2. 试述证券市场虚假陈述行为及法律责任。

（六）案例分析题

1. 某股份有限公司董事会根据公司的实际情况,决定以发行债券的方式向社会筹集资金用于扩大生产经营活动,偿还债务以及建立一个职工活动中心,为此特制定了一个发行债券的方案,该方案有关要点如下:

（1）根据会计师事务所的审计结果,本公司的净资产金额已经达到 4 500 万元,在此条件下,此次发行债券金额计划为 1 800 万元(不包括前次发行的 500 万元债券,前次发行尚存在迟延支付利息之情形)。

（2）此次发行债券募集的资金部分用于扩大生产经营规模,部分用于偿还前次发行债券应该偿还而尚未偿还的本息,以及建立一个职工活动中心。

（3）为保证本次债券发行成功,本公司发行债券的利率将高于国务院限定的利率水平 1 个百分点,为 5%。

（4）本公司利润最近几年呈上升趋势,近 3 年的可分配利润分别为 70 万元、90 万元、100 万元。

根据《证券法》分析上述各要点是否存在问题? 为什么?

2. 2018 年 4 月,A 公司拟与 B 公司进行资产置换,黄某作为 A 公司的董事及 B 公司的法定代表人,参与了该项重大资产置换的运作和决策。在该信息公告前,黄某决定并指令他人借用沈某、王某等人的身份证,开立个人股票账户并由其直接控制。2018 年 4 月 5 日至 6 月 5 日间,黄某使用以上沈某、王某等 16 人的股票账户,累计购入 A 公司股票 800 万余股,成交额共计人民币 9 000 万余元。至 6 月 6 日该信息公告日时,以上 6 人股票账户的账面收益额为人民币 350 万余元。

2018 年 7、8 月,A 公司拟收购 C 公司全部股权进行重组。在该信息公告前,黄某指使他人以张某等 79 人的身份证开立相关个人股票账户,并由黄某控制,同时安排陈某协助管理以上股票账户。陈某于同年 8 月 20 日至 9 月 20 日间,按照黄某的指令,指使他人使用上述股票账户,累计购入 A 公司股票 700 万余股,成交额共计人民币 8 000 万余元,至 2019 年 5 月 25 日该信息公告日时,上述股票账户的账面收益额为人民币 400 万余元。

2018 年 7、8 月,A 公司的另一执行董事季某将 A 公司拟重组的信息泄露给何某及其妻子李某等人。同年 9 月 22 日至 28 日,李某使用其个人股票账户分 5 笔买入 A 公司股票 10 万余股,成交额共计人民币 140 万余元。

根据上述内容,分别回答下列问题:

（1）关于 A 公司拟进行资产置换、收购等行为的信息,在信息公告之前,属于什么信息? 理由是什么?

（2）本案中,黄某的行为是否合法? 理由是什么?

（3）本案中,季某是否有违法行为? 理由是什么?

第九章 期货交易法

一、学 习 目 标

(一) 理解

1. 理解期货交易和期货交易法的基本含义。

2. 了解中国期货交易具体含义产生的理论背景和制度背景。

3. 把握期货交易法律关系的基本组成。

4. 把握期货交易对商事交易和市场经济建设的意义与影响。

5. 了解期货交易法的历史变迁和体系沿革。

6. 了解中国期货交易立法体系的演变过程。

7. 把握中国期货交易法与境外期货交易法在历史演变中存在的异同,把握期货交易法的现代发展趋势。

8. 理解期货交易参与者的分类和概念,区分不同类型参与者之间的关系,把握不同类型参与者间存在的法律异同。

9. 了解当代期货交易规则的概念,不同交易规则之间的差异。

(二) 熟悉

1. 熟悉期货交易主体、客体的具体分类及内涵。

2. 熟悉期货合约交易和期权合约交易的概念和内容。

3. 熟悉中国和境外期货交易法的立法模式,把握中国期货交易法律体系与中国特色社会主义法律体系的关系。

4. 熟悉期货交易场所的法律特点和分类标准,重点把握不同类型期货交易所的内涵与特征。

5. 熟悉期货结算机构的概念与类型。

6. 熟悉中国期货结算机构的主要形式和具体场所。

7. 熟悉期货结算机构中央对手方制度的含义、内容、法律规定以及理论依据。

8. 熟悉保证金、无负债结算价格、持仓限额、大户报告制度、涨跌停板制度和熔断机制的概念、特征与范围,把握相似制度之间的差异。

9. 熟悉证券行政监管的理念,把握交易者适当性规则和期货交易技术发展理念的内涵和外延。

(三) 掌握

1. 熟练掌握期货交易在商事交易中的价值和定位,准确把握期货交易体现的商事特殊性。

2. 熟练掌握期货交易法在商法体系中的价值和定位,准确把握期货交易法和其他商事部门法间的关联和差异。

3. 熟练掌握期货合约和期权合约的内涵与关系。

4. 熟练掌握中国期货交易法律体系的具体组成和体系特征。

5. 熟练掌握中国期货交易规则体系中的核心规范。

6. 熟练掌握中国期货交易者的获取资格和种类划分,重点掌握中国期货交易者消极资格的具体标准。

7. 熟练掌握期货公司在性质、设立、治理和营业禁止等方面体现的特殊性,重点掌握期货公司所具有的特殊义务。

二、知识结构图

第九章 期货交易法—知识结构图

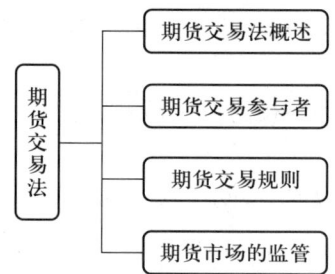

第一节 期货交易法概述—知识结构图

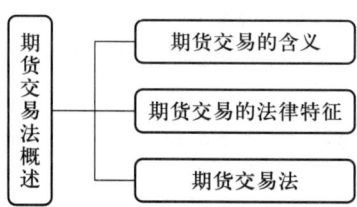

第二节 期货交易参与者—知识结构图

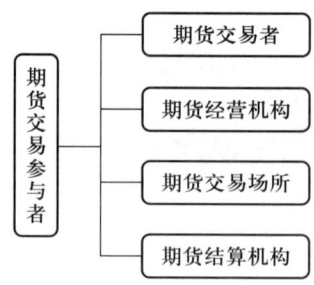

第三节　期货交易规则—知识结构图

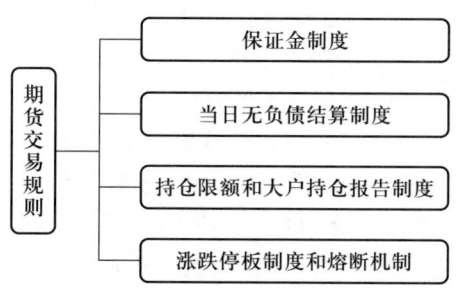

第四节　期货市场的监管—知识结构图

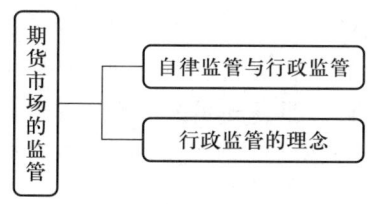

三、重点难点解析

（一）重点内容

1. 期货交易与在中国语境下的解释

期货交易在学理上有狭义、中义和广义三种解释。

根据《期货交易管理条例》第 2 条，我国现行法律所称期货交易，包含以下含义:(1) 期货交易是指场内交易。场内交易即指期货交易场所组织的期货交易。期货交易场所以外的其他组织或个人组织的交易，即使在性质上与期货交易相似，不属于期货交易。买卖双方在期货交易场所以外自行商定的交易，也不属于期货交易。(2) 期货交易是指期货合约和期权合约的交易。期货合约和期权合约，不包括远期交易，也不包括其他金融衍生品交易。买卖双方商定的远期交易和其他金融衍生品交易，不属于期货交易的范畴。(3) 期货交易包括与期货交易有关的其他活动。期货交易主要是买卖双方之间的交易，但是，为了协助买卖双方完成期货交易，期货交易所和期货经营机构等需要提供组织、辅助等活动，该等活动也属于期货交易的组成部分。

2. 期货交易法的立法模式与中国期货交易法律体系的内容

期货交易法，是调整期货交易关系及相关活动的法律的总称。各国在总结各自经验的基础上，开始采用不同的法律称谓和规范模式，形成了三种主要的特别立法模式:(1) 期货交易单独立法模式。(2) 期货与证券交易合并立法模式。(3) 金融商品统一立法模式。当前，我国期货交易立法采用单独立法模式。全国人大常委会曾先后形成多个期货法草案，目前正在起草《期货法》。

我国期货交易法律体系主要包含五种直接调整期货交易的专门规范,分别包括行政法规、司法解释、部门规章、自律规范以及期货交易规则。期货交易带有民商事活动的属性,在专门法律或规范未予规定的情形下,应当适用民商事一般法的规定。应该注意到,期货交易是受监管的交易,期货交易还应当遵守行政法等法律的规定。

3. 期货交易者的消极资格和境外交易者的特殊资格

期货交易者必须具备适当资格,依法受到限制的组织和个人不能取得期货交易者资格。根据《期货交易管理条例》第 25 条规定的消极资格,下列单位和个人不得从事期货交易,期货公司不得接受其委托为其进行期货交易:(1) 国家机关和事业单位;(2) 国务院期货监督管理机构、期货交易所、期货保证金安全存管监控机构和期货业协会的工作人员;(3) 证券、期货市场禁止进入者;(4) 未能提供开户证明材料的单位和个人;(5) 国务院期货监督管理机构规定不得从事期货交易的其他单位和个人。

根据《境外交易者和境外经纪机构从事境内特定品种期货交易管理暂行办法》第 5 条的规定,经期货交易所批准,符合条件的境外交易者可以直接在期货交易所从事境内特定品种的期货交易。直接入场交易的境外交易者应当具备下列条件:(1) 所在国(地区)具有完善的法律和监管制度;(2) 财务稳健,资信良好,具备充足的流动资本;(3) 具有健全的治理结构和完善的内部控制制度,经营行为规范;(4) 期货交易所规定的其他条件。

4. 期货公司的特殊性

(1) 期货公司的性质。期货公司属于与银行、保险、证券和信托等并存的金融机构,期货公司必须领取国务院期货监督管理机构颁发的期货业务许可证;从事金融期货业务的证券公司,还要专门申领金融期货经纪业务许可证。除此以外,期货公司从业人员也必须取得规定的资格。按照目前金融分业经营模式,除法律另有规定外,期货公司不得从事银行、保险、证券和信托业务,也不得从事金融业务以外的其他营业。

(2) 期货公司的设立。期货公司的设立,必须遵守《公司法》和《期货交易管理条例》规定的条件和程序。在设立条件上,期货公司的最低注册资本限额不少于 3 000 万元,期货公司主要股东必须有较好的盈利能力和良好信誉,期货公司必须有健全的风险管理和内部控制制度等。在设立程序上,期货监督管理机构根据审慎监管原则作出审查,并决定批准或不批准期货公司设立的决定。

(3) 期货公司的治理。根据《期货交易管理条例》规定,期货公司必须有健全的风险管理和内部控制制度。在机构设置上,期货公司除要设置股东会、董事会和经理外,还必须设置首席风险官、风险控制以及合规审查部门或岗位。在报告义务上,期货公司在其公司管理层受到处罚、风险监管指标不符合规定、客户重大违约等情形下,应当书面通知公司股东,并报告期货监督管理机构。

(4) 期货公司的营业禁止。期货公司在经营活动中,必须遵守以下禁止或限制规则:不得从事与期货业务无关的活动,法律、行政法规或者国务院期货监督管理机构另有规定的除外;不得从事或者变相从事期货自营业务;不得为其股东、实际控制人或者其他关联人提供融资,不得对外担保;不得接受不具有期货交易者资格的人的委托,为其进行期货交易。

5. 期货交易所的法律特征

(1) 不以营利为目的。期货交易所在向会员履行提供交易场所、设施和服务的职责过程中,通常要按照会员当日成交合约数量或者成交合约金额向会员收取交易手续费,从而获得收益。根据规定,期货交易所的所得收益,应当按照国家有关规定管理和使用,并应当首先用于保证期货交易场所、设施的运行和改善。

(2) 依法设立和变动。根据《期货交易管理条例》和《期货交易所管理办法》,设立期货交易所,由国务院期货监督管理机构审批。此外,期货交易所制定或者修改章程,期货交易所变更名称、注册资本,进行合并、分立,期货交易所制定或者修改交易规则,上市、中止、取消或者恢复交易品种,上市、修改或者终止合约,均应当经中国证监会批准。

(3) 履行法定职责。期货交易所应当履行下列主要职责:① 提供交易的场所、设施和服务;② 设计合约,安排合约上市;③ 组织并监督交易、结算和交割;④ 为期货交易提供集中履约担保;⑤ 按照章程和交易规则对会员进行监督管理。除此以外,期货交易所还应当制定并实施期货交易所的交易规则及其实施细则,发布市场信息,监管会员及其客户,指定交割仓库、期货保证金存管银行及期货市场其他参与者的期货业务,承担查处违规行为的职责等。

(4) 实行自律管理。期货交易所自律管理又称自我管理,与他律管理或政府管理相对应,主要是指期货交易所自行管理期货市场的事务,减少政府管理的过度介入。

6. 期货保证金的法律性质

关于期货保证金的法律性质,存在违约金、定金、质押等多种学说。根据我国现行规定,期货保证金是一种带有特殊目的的担保财产,无法纳入一般意义上的担保。

(1) 保证金属于缴纳者的财产

《期货交易管理条例》明确规定,期货交易所向会员收取的保证金,属于会员所有,除用于会员的交易结算外,严禁挪作他用。期货公司向客户收取的保证金,属于客户所有,除法定的可划转的情形外,严禁挪作他用。

(2) 保证金属于预交的资金

期货交易者应当在交易前向期货经营机构缴纳保证金,期货经营机构应当按照规定向期货交易所预先缴纳保证金。上述预先缴纳的保证金,均应存放于缴纳者在期货经营机构或期货交易所开立的账户内。

(3) 保证金是限定交易者之交易量的指标

保证金数额通常相当于期货合约价值的一定比例,由于该比例是事先确定的,相应地,一旦确定了保证金数额,也就确定了期货交易者的交易规模。相反,如果保证金数额低于事先确定的比例,就应认定为透支交易。

(4) 期货合约的价值属于担保交收的资金

2020 年修正的《最高人民法院关于审理期货纠纷案件若干问题的规定》第 60 条规定:"期货公司为债务人的,人民法院不得冻结、划拨专用结算账户中未被期货合约占用的用于担保期货合约履行的最低限额的结算准备金;期货公司已经结清所有持仓并清偿客户资金的,人民法院可以对结算准备金依法予以冻结、划拨。"

(二) 难点内容

1. 我国现行期货交易法律制度的调整范围

我国期货市场现行的基本规范是《期货交易管理条例》,该条例第 2 条对其调整范围进行了规定:"任何单位和个人从事期货交易及其相关活动,应当遵守本条例。本条例所称期货交易,是指采用公开的集中交易方式或者国务院期货监督管理机构批准的其他方式进行的以期货合约或者期权合约为交易标的的交易活动。本条例所称期货合约,是指期货交易场所统一制定的、规定在将来某一特定的时间和地点交割一定数量标的物的标准化合约。期货合约包括商品期货合约和金融期货合约及其他期货合约。本条例所称期权合约,是指期货交易场所统一制定的、规定买方有权在将来某一时间以特定价格买入或者卖出约定标的物(包括期货合约)的标准化合约。"但是这一界定方式至少存在四个方面的问题:第一,未能体现期货及期货交易的一般特征,当一些非典型的合约或交易形式出现时,无法将其纳入期货法的调整范围并为其提供判断标准;第二,对期货交易的标的采用限定列举的方式,仅包括期货合约和期权合约,范围过窄,且不具有开放性,未来可能无法适应我国金融市场迅速发展的要求;第三,未涉及对具有类期货交易风险的场外衍生品交易的法律监管;第四,没有考虑《证券法》的有关规定,并在调整范围上与其进行妥当区分。

2. 期货的合约性与衍生性特征

期货的性质是由期货交易的目的和功能决定的。在期货市场中,交易者所进行的基本交易模式包括套期保值交易和套利、投机交易,目的是控制风险或者赚取差价利润。大多数期货合约并不发生实物交割,在交割日之前持仓人通过对冲平仓交易了结头寸。期货交易支配的权利类型是债权而非所有权,这也正是期货采用保证金交易方式的原因。

(1) 期货的合约性

期货交易的标的是商品还是合约这两种观点,差别在于期货交易中转让的究竟只是基础资产本身,还是一种合约权利(交易地位)。后者与前者在功能上的不同之处在于,通过合约对基础资产的安排,使合约持有者具有了支配合约上利益的能力,以及占据交易上有利地位的能力。此种差别在金融期货领域表现得至为明显,交易者不可能通过买卖获得利率、汇率或某种指数,却能通过交易相应期货合约赚钱。正是通过某种合约安排,利率、汇率或者某种指数才具有了决定合约价值的功能。从这个例子可以很明显地看出,股票指数通过合约的安排才具有期货交易的价值,并且这一价值决定于股票指数的当前报价(现货价格)。不管是从股指期货合约的面值还是交易价值来看,股指期货交易的标的都应该是股指期货合约而非股票指数本身,这一点对于商品期货和其他金融期货的交易来说也是一样的。

(2) 期货的衍生性

期权交易(也是广义期货交易的一种)中,交易者通过交易本身获得的是期权。期权是一种在某一确定时间内按某一固定价格购买或出售某种东西的权利,其中购买的权利称为看涨期权,而卖出的权利则称为看跌期权。[1] 期权是一种选择权,这意味着期权持有人可以选择执行或者不执行期权。如果对期权的执行无价值,期权持有人就会任由其期满而不行权。只有在行权期内,看涨期权的多方对期权的行使和看跌期权的空方对义务的履行,才会使交易者获得商品。[2] 而有的期权合约的标的资产是期货合约,即期货期权交易,看涨期权持有者在行权

---

[1]　参见[美]罗伯特·A.斯特朗:《衍生产品概论》(第二版),王振山等译,东北财经大学出版社2009年版,第2页。

[2]　看涨期权的多方有权利买入标的资产,空方有义务卖出标的资产;看跌期权的多方有权利卖出标的资产,空方有义务买入标的资产。

时有权按照一定条件买入期货合约,在期货合约的交割期才能获得商品。最初交易与最终获得商品之间的链条如此之远,以至于无论如何都不可能将最初交易的标的界定为商品。并且,在期权行权期内,权利人也可以选择不行权,在期货交割日前持仓人也可以选择对冲平仓了结头寸,因此最初的交易与最终交割的商品之间并没有必然联系。可见,期货从性质上而言应当界定为合约,具有合约性,并且期货的价值决定于其标的资产的市场价格,具有衍生性。

3. 期货交易的可对冲性特征

期货交易追求流动性和价值性在制度上的安排就是对冲交易机制(offsetting)。对冲交易机制的功能在于,它提供给期货交易者这样一种能力,交易者可以选择在交割期履行合约,也可以选择在交割期到来之前进行对冲平仓操作以了结头寸。其他交易方式如远期交易等,在合约关系上是由特定对象构成的个别关系,因而其债权债务关系必须一直持续到结算完成,在交货期前卖方的回购、买方的转卖都必须得到对方的许可。[①] 而在期货交易中,大多数期货合约并不发生实物交割,在到期日或者之前持有人通过买入相反头寸而平仓,合约持有者关心的是单纯的价值变化,而并不关心标的资产的交割。[②] 现货交易表现为物流,而期货交易表现为商流(资金流),可对冲的合约在经济上的意义就在于商流与物流的分离。通过合约安排和对合约本身的控制,合约持有者获得了对合约背后所代表的商流的支配能力。[③]

在期货交易中,合约是否需要履行系于对冲交易是否发生,因此期货交易并不采用现货全款的交易方式,而是采用保证金交易的方式。因为合约最后交割的比例很低,所以只需要交纳交易额一定比例的保证金即可保证市场上合约的履行。通过很低的保证金比例就能撬动很高的成交量,由此人们又将保证金交易称为杠杆交易。可见,保证金交易实际上也是为对冲交易机制服务的。

对冲交易机制的存在导致效率与风险并存,因此,在期货交易中需要提供风险管理的制度安排。对冲的关键在于是否能方便地实现对冲交易,以免除交割义务。在这个意义上而言,可对冲性主要是指对标准化与流动性较强的合约进行的对冲,而制度上的判断标准就是其是否已被纳入中央对手方结算体制。正因为可对冲性是期货交易的特征,所以类似采用对冲交易机制的期权合约、期货期权合约等合约类型也可以纳入期货法进行规制。[④]

4. 期货交易法律结构的学理阐释

关于期货交易的法律结构问题,在我国期货理论界主要形成了商品买卖说、合约买卖说、将来债权说三种观点。

(1) 商品买卖说

商品买卖说认为,期货交易是指期货交易人依法在期货交易所(期货市场),通过订立标准

① 参见[日]木原大辅:《期货入门与技巧》,胡岳岷等译,科学出版社 2008 年版,第 34 页。

② 参见[美]迈克尔·德宾:《金融衍生品入门》,崔明香译,中国青年出版社 2008 年版,第 94 页。

③ 参见[美]阿兰 N. 理查特斯查芬:《资本市场、衍生金融产品与法律》,高汉译,化学工业出版社 2013 年版,第 124 页。

④ 期权可以在场内交易,也可以在场外交易。场外交易期权的条款通过交易双方之间协商确定,常常是独一无二的,因此流动性较差。买方和卖方之间的合约在合约期限内始终有效,通常买方只能将期权卖回给原来的卖方,而无法直接在市场对冲。参见[美]戴维·M. 韦斯:《金融工具指南:股权、债务、衍生品和另类投资》,包宁译,清华大学出版社 2013 年版,第 174 页。

化期货合同的方式,买卖实物商品期货、金融期货或期货选择权的行为。期货交易的客体是商品本身,即期货,包括未来交收的货物、外汇、利率、股票指数等。商品买卖说在我国学界曾经获得较多学者的认同,但在《期货交易管理条例》中,期货交易的标的被界定为合约,因此,随着该条例的颁布,商品买卖说已不占据主要地位。

(2) 合约买卖说

狭义合约买卖说认为,期货交易就是期货合约的买卖,是期货合约权利义务的概括转让。[1] 广义合约买卖说认为,期货交易的标的是标准合约,期货交易中的标准合约作为一个系统的期货交易法律体系中的交易对象,由一系列的合约构成,包括期货合约、选择权合约、期货选择权合约和杠杆保证金合约。[2] 合约买卖说是目前学界的通说,其中,我国现行《期货交易管理条例》第 2 条体现了广义合约买卖说的思路(但规定的具体合约品种不一样)。合约买卖说相对于商品买卖说的进步之处在于,其摆脱了对远期交易理论的路径依赖。

(3) 将来债权说

将来债权说认为,期货交易是交易者在期货交易所内通过公开竞价达成的合同,该合同的标的是交易者同结算所达成中介合同的行为,中介合同确立了交易者在未来以标准合约为范本而成立买卖合同的缔约权利和缔约义务。期货交易的合意包括三个层次:第一,期货交易者通过叫价形成的双务合同,合同的标的是双方各自同结算所成立中介合同的行为,是对将来债权的一种确认。第二,期货交易者同结算所之间的中介合同。第三,为履行中介合同,现货交易者之间成立的买卖实物的合同。在期货交易中,标准合约只是一个将来合同的范本,是交易者进行交易的一个计量单位,只有在实物交割时,才依其格式成立买卖合同。[3]

5. 金融期货投资者适当性制度

金融期货投资者适当性制度是我国期货市场中较有特色的制度创新。投资者适当性制度是通过对投资者的专业知识、资产规模以及风险承担能力设定有关标准,并根据投资产品的风险度限定特定的合格投资者范围的一种制度安排,其基本理念就是将金融产品销售给具备相应风险能力的投资者。目前,我国金融期货市场尚处于新兴加转轨阶段,投资者的专业水平和理性程度与成熟市场尚存在较大差距。以金融期货为例,为保护投资者权益,中国金融期货交易所在 2010 年推出股指期货产品之际,就在中国证监会的指导下,建立了我国股指期货投资者适当性制度,并在 2013 年推出国债期货产品时在股指期货投资者适当性制度基础上,建立了适用于所有金融期货产品的金融期货投资者适当性制度。

金融期货投资者适当性制度要求参与金融期货交易的投资者应当符合"三有一无"。"三有"即有经济实力和风险承受能力,有金融期货基础知识,有相关交易经历;"一无"即不存在重大不良诚信记录、不存在法定禁止从事股指期货交易情形。具体标准如下:① 资金门槛。申请开户时自然人或者一般单位客户的保证金账户可用资金余额不低于人民币 50 万元。

---

[1] 参见杨永清:《期货交易法律制度研究》,法律出版社 1998 年版,第 46—52 页;唐波主编:《期货法论》,世界图书出版公司 1998 年版,第 3 页;彭真明:《期货法论》,华中师范大学出版社 1998 年版,第 76 页;杨振强主编:《期货法》,法律出版社 1999 年版,第 33 页。

[2] 参见李明良:《期货法》,人民法院出版社 1999 年版,第 7—8 页。

[3] 参见毛初颖:《期货合同性质探讨》,载《法学研究》2000 年第 1 期。

② 基础知识。开户的自然人或者一般单位客户的相关业务人员具备金融期货基础知识且通过相关测试。③ 开户的自然人或者一般单位客户的相关业务人员具有累计 10 个交易日、20 笔以上(含)的金融期货仿真交易成交记录或者最近三年内具有 10 笔以上(含)的期货交易成交记录等。④ 开户的自然人或者一般单位客户不存在严重不良诚信记录,不存在法律、行政法规、规章和交易所业务规则禁止或者限制从事金融期货交易的情形。此外,对于自然人投资者来说,还要接受期货公司对其进行的综合评估,综合评估将根据投资者的基本情况、相关投资经历、财务状况和诚信状况等进行,期货公司不得为得分低于 70 分的投资者申请开立账户;对于一般单位客户来说,还应当具有参与金融期货交易的内部控制、风险管理等相关制度。

6. 股票期权投资者适当性制度

与金融期货类似,我国股票期权也引入了投资者适当性制度,不过,在具体制度设计上与金融期货投资者适当性制度略有区别。

(1) 资格条件

股票期权投资者适当性制度将投资者区分为个人投资者、普通机构投资者和专业机构投资者。专业机构投资者[①]不需要进行综合评估,个人投资者和普通机构投资者需要满足一定的条件。这些条件与金融期货制度的类似,主要从资金、交易经历、知识测试和无不良记录等角度作出规定,不过具体条件上略有不同。

具体来说,个人投资者应当符合以下条件:① 申请开户时托管在其委托的期权经营机构的证券市值与资金账户可用余额(不含通过融资融券交易融入的证券和资金),合计不低于人民币 50 万元。② 指定交易在证券公司 6 个月以上并具备融资融券业务参与资格或者金融期货交易经历;或者在期货公司开户 6 个月以上并具有金融期货交易经历。③ 具备期权基础知识,通过上海证券交易所认可的相关测试。④ 具有上海证券交易所认可的期权模拟交易经历。⑤ 具有相应的风险承受能力。⑥ 无严重不良诚信记录和法律、法规、规章及上海证券交易所业务规则禁止或者限制从事期权交易的情形。此外,个人投资者参与期权交易,应当通过期权经营机构组织的期权投资者适当性综合评估。普通机构投资者可用余额不得低于人民币 100 万元,净资产不低于人民币 100 万元,相关业务人员具备期权基础知识,通过上海证券交易所认可的相关测试且具有上海证券交易所认可的期权模拟交易经历,以及个人投资者资格条件中的第⑥项。

(2) 投资者分级管理

股票期权投资者适当性制度与金融期货投资者适当性制度最大的区别在于,股票期权投资者适当性制度除对参与股票期权的投资者资格条件提出一般性要求外,还对投资者进行了分级管理。个人投资者在通过相应等级知识测试后向期权经营机构提出申请,申请通过后分别获得一级、二级、三级交易权限。具有一级交易权限的个人投资者,可以进行:① 在持有期权合约标的时进行相应数量的备兑开仓;② 在持有期权合约标的时,进行相应数量的认沽

---

① 根据《上海证券交易所股票期权试点投资者适当性管理指引(2017 年修订)》第 9 条,专业机构投资者包括:(1) 商业银行、期权经营机构、保险机构、信托公司、基金管理公司、财务公司、合格境外机构投资者等专业机构及其分支机构;(2) 证券投资基金、社保基金、养老基金、企业年金、信托计划、资产管理计划、银行及保险理财产品,以及由第一项所列专业机构担任管理人的其他基金或者委托投资资产;(3) 监管机构及本所规定的其他专业机构投资者。

期权买入开仓;③ 对所持有的合约进行平仓或者行权。具有二级交易权限的个人投资者,可以进行:① 一级交易权限对应的交易;② 买入开仓。具有三级交易权限的个人投资者,以及普通机构投资者、专业机构投资者,可以进行:① 二级交易权限对应的交易;② 保证金卖出开仓。

7. 中央对手方的法理内涵与法理基础

（1）中央对手方的法理内涵

中央对手方也称共同对手方（central counterparty）,指介入一个或多个金融市场进行交易的合约对手方之间而成为每一个卖方的买方和每一个买方的卖方的实体。与一般的交易不同,中央对手方成为每一个卖方的买方和每一个买方的卖方,并非在于通过交易获利,其目的是为集中结算提供法律基础并确定结算中各主体间权利义务的分析框架。因此,中央对手方的制度意义,不在于用以判断某实际的交易实践是否属于中央对手方,从而在法律适用中发挥作用,而在于提供一种结算的结构,在该结构下,结算机构作为中央对手方介入交易,成为每一个卖方的买方和每一个买方的卖方,从而引发各相关主体权利义务的变化。相应地,对中央对手方制度进行研究最根本的意义,也不在于判断我国目前的结算机构是否成为每一个卖方的买方和每一个买方的卖方,而在于分析如果结算机构成为每一个卖方的买方和每一个买方的卖方,结算的法律结构应如何展开,并在此基础上分析我国实行该制度的利弊,判断我国是否应有此制度供给。中央对手方制度下,期货结算机构作为期货交易合同的主体对期货交易进行结算,其所涉及的法律问题,一是期货结算机构何以成为期货交易合同的主体;二是其成为期货合同主体后,在期货合同履行方面承担何种义务与责任。

（2）中央对手方的法理基础

一般而言,期货结算机构确立中央对手方地位的法理基础主要包括合约更替和公开要约。

合约更替（novation）,大陆法系一般称之为债的更新或更改,[1] 我国学者则称之为合同更新,[2] 是指当事人为成立新债而消灭旧债,以新债替代旧债的法律行为,在这一过程中,债的要素发生了变更,新债与旧债之间已经失去同一性。在合约更替制度下,首先由买方和卖方达成交易合同,之后中央对手方介入该合同关系,买方和卖方之间的原始合同因被两份新合同取代而消灭,其中一份产生于中央对手方与买方之间,另一份产生于中央对手方与卖方之间,这两份合同的内容均与原始合同相同。

公开要约（open offer）,是指向不特定相对人发出的要约,此种要约向公众表达了要约人愿意受其拘束的意思表示,以其形式表明了自身的不可撤销性。在公开要约制度下,中央对手方向市场上所有交易者公开发出要约,当市场上有买方和卖方提出的交易条款一致时（但合同未成立）立即自动以自己的要约与该双方交易者相匹配,以该交易条款为要约内容与买卖双方达成交易,而原始买卖双方之间则自始不存在合同关系。

---

[1]　典型立法例,见《法国民法典》第 1271—1281 条,《日本民法典》第 513—518 条。

[2]　参见王利明:《合同法研究》（第二卷）,中国人民大学出版社 2003 年版,第 180—183 页;崔建远:《合同法》（第二版）,北京大学出版社 2013 年版,第 231—233 页。

两种确立中央对手方制度的理论相比较,合约更替比公开要约更为合理。[①]

8. 证券交易与期货交易的区别

证券交易和期货交易在立法调整范围、实践操作等诸多层面存在一定的相似性,但两者在交易标的、交易程序以及交易功能上都有很大的区别,厘清证券交易和期货交易的差异能够更好地帮助我们理解期货交易的特殊性。

(1) 交易标的的区别

就交易标的而言,证券是一种证权型的交易标的,而期货是一种合约型的交易标的。证券交易的标的实质是一项权利凭证,由证券权利人持有,记载着权利人单方面所享有的财产权、成员权及其他权利。在证券交易中,通过双方当事人对交易合同的履行,证券和价款本身即被移转,证券交易的所有权利义务就可以得到了结。

而期货交易的标的实质是一种合约,由交易双方同时持有,记载着双方的权利义务,合约项下还有基础资产,因此期货交易是一种双层标的的交易结构。对第一层次交易合同的履行仅能解决合约本身和保证金的交付问题,但是第二层次合约的履行则要等待交割期的到来,或者在交割期前某个时间被持有者通过对冲平仓的方式了结,在后一种情况下甚至不涉及基础资产的移转问题。

(2) 交易程序的区别

就交易程序而言,证券存在发行环节,而期货不存在发行环节。是否存在发行环节是区分两者进行的最明显的标志。证券交易本质上是现货交易,交易的前提是存在交易的对象。因此必须由发行人经过发行程序将证券"创造"出来后,投资者才能认购或互相进行买卖。也因为如此,证券市场上所交易的证券数量以最初的发行总量为限。

而期货不存在发行环节,因为其采用的是买空卖空的交易机制,也就是说,即使没有既存的交易标的也能买或卖。期货交易者的每一次下单交易,无论是建仓还是平仓,增仓还是减仓,都是一次新的买空或卖空行为,都是权利的原始取得而非继受取得。因此,如不考虑限仓等风控制度及财力限制,期货市场的成交量理论上是无限的。

在证券市场中,即使是融资融券这样的信用交易与股指期货的买空卖空交易也是有差别的。融资融券对投资者而言是借贷行为,但标的物仍然是现货全款交付,投资者所借入的证券数量受制于市场上现存的该种证券数量,因此仍属于现货交易的范畴,而股指期货的成交量理论上则是可以达到无限的。

[①] 理由在于:首先,当采用公开要约方式时,原始交易双方之间自始不存在合同关系,如果根据相关法律和交易规则,结算机构与原始交易者之间的期货交易合同无效或被撤销,或结算机构拒绝为交易者的该笔业务进行结算,那么该交易者也无法依据与另一方交易者的原始交易合同获得救济。而当采用合约更替方式时,此种情况的结果只是合约更替不发生,原始交易合同仍然有效,交易双方还可以依据原始交易合同进行双边清算。其次,对于中央对手方在场外市场发挥作用的情形,公开要约理论在解释上也存在着困难。在中央对手方运用于场外市场的情况下,实际是由交易双方首先达成交易,再把该项交易提交给结算机构进行结算,也即在提交中央对手方结算之前,交易双方之间已经存在了合同关系。但在公开要约的解释模型中,原始交易双方之间自始不存在合同关系,相关交易必须有结算机构的参与才能达成,这就在理论上产生了难以调和的矛盾。

（3）交易功能的区别

就交易功能而言，证券交易的功能主要在于投融资，而期货交易的功能主要在于风险管理和价格发现。证券市场对于证券发行人来说具有融资功能，对于证券交易者来说则具有投资功能。虽然期货市场对于套利者和投机者而言具有一定的投资功能，但其绝无融资功能。

期货市场最初和最主要的功能在于风险管理和价格发现。风险管理功能产生于市场参与者规避市场价格波动风险的需求，主要是通过交易者在期货市场上建立与现货市场数量相等、方向相反、时间相同（或相近）的头寸来实现的，即所谓的套期保值交易。价格发现功能则产生于市场参与者对市场价格走势的判断需求。期货市场通常是以集中交易方式进行的，各种对价格有影响的信息更为容易收集，而那些非本质的、偶发的因素，则因为交易数量巨大被交易者排除。因此，期货市场的价格更重要、更可信，且能影响和决定现货市场价格。虽然在交易所内交易的大量商品期货最终并没有实物交割，但如果多方选择实物交割的话，则必须进行实物交割，这是保证期货合约价格合理的一个方面，也是期货现货市场价格走向的联结点。期货市场风险管理和价格发现的功能实际上是服务于现货市场的，但是期货市场功能的主要落脚点并不在现货投资本身。

（三）延伸阅读

最高人民法院证券期货纠纷多元化解典型案例：投资者与期货公司交易系统故障纠纷案

1. 案情介绍

投资者 Z 于 2017 年在 D 期货公司开立期货账户。2018 年 3 月，Z 在进行期货合约交易时，因交易系统故障发现不能平仓，最终导致资金损失，遂与 D 公司发生纠纷，要求 D 公司赔偿其损失。

在厦门证监局指导协调下，中证中小投资者服务中心调解员对该纠纷进行了调解。首先，在对双方争议焦点事实进行逐一核实后，调解员认为，在系统是否存在故障的问题上，按照谁主张谁举证的原则，投资者因未及时妥善保留相应证据，承担比较大的责任；而 D 公司客服人员在解答投资者问题时的表述同样存在瑕疵。其次，针对 D 公司提出的交易系统为期货交易所提供，客户网络对接的也是期货交易所的接口，客户损失责任不应由 D 公司承担的辩解，调解员参考类似案件的法院判决，对相关责任分配问题进行了耐心细致的分析，指出交易系统是 D 公司提供给投资者用于传达交易指令的工具，因此，D 公司对投资者负有通知、协助、保护等合同附随义务，应当尽到善意勤勉的责任。通过调解员系统的法律规定讲解和实践案例分析，D 公司表示意识到了自身问题所在，但对投资者主张的损失金额仍存在疑义。经调解员耐心协调，双方对损失金额基本达成共识，D 公司通过退还投资者账户部分留存手续费的形式，对投资者进行了补偿，纠纷得到圆满解决。

2. 案例评析

现今通过电脑、手机进行证券期货交易，已成为中小投资者的主要交易方式，交易系统故障引起的纠纷也已成为纠纷调解工作中一类重要案件类型。此类案件交易金额一般不大，但调解难度不小，主要因为系统故障发生时，投资者无法准确判断故障发生的原因，往往笼统认为是机构方的问题，情绪比较激动，且投资者证据保存意识不强，很少能提供证明故障发生的有力证据，导致调解的基础材料缺乏。在责任分配上，借鉴司法判例的做法，由于投资者相对处于弱势地位,在证据保存上确实存在困难,可考虑向投资者作适当倾斜。在赔偿形式上,因多数系统故障类案件涉及金额不大,考虑到机构财务制度等限制,机构在承担相应责任的基础上,可灵活运用多种方式补偿投资者,更有利于调解协议的达成。同时,本案也提示投资者,在遇到类似情况时,应当提高证据保存意识,从而更好地维护自身权益。

四、习 题 自 测

(一) 单项选择题

1. 下列期货交易的特点中,(　　)可以有效防范风险,保障期货市场的正常运转。
A. 对冲了结 　　　　　　　　　　B. 双向交易
C. 合约标准化 　　　　　　　　　D. 当日无负债结算制度

2. 自律规范是我国期货交易法律体系中重要的专门规范。以下不属于我国期货交易自律规范的文件的是(　　)。
A.《期货经营机构投资者适当性管理实施指引(试行)》
B.《中国期货业协会会员管理办法》
C.《期货从业人员资格管理规则(试行)》
D.《股票期权交易试点管理办法》

3. 期货公司在从事营业中,无须与期货交易者或客户签订以下哪种合同?　(　　)
A.《期货经纪合同》 　　　　　　B.《服务合同》
C.《期货委托合同》 　　　　　　D.《资产管理合同》

4. 会员制期货交易所会员资格的获得不包括以下哪种方式?　(　　)
A. 以交易所创办发起人的身份加入 　B. 由期货监管部门批准加入
C. 接受发起人的资格转让加入 　　　D. 依据期货交易所的规则加入

5. 非会员单位只能通过期货公司进行期货交易,体现了期货交易的(　　)特征。
A. 双向交易 　　　　　　　　　　B. 杠杆机制
C. 交易集中化 　　　　　　　　　D. 合约标准化

6. 在我国期货交易实践中,自然人交易者通常受到更多的特殊保护。例如,根据《期货投资者保障基金管理办法》第21条规定,自然人投资者保证金损失在10万元以上的部分,按照(　　)的比例补偿;机构投资者保证金损失在10万元以上的部分,按照(　　)的比例补偿。
A. 90%、80% 　　　　　　　　　B. 80%、60%
C. 90%、60% 　　　　　　　　　D. 80%、70%

7. 根据《期货交易管理条例》,依法对我国商品和金融期货市场实行监督管理的机构是(　　)。
A. 中国人民银行 　　　　　　　　B. 国家金融监督管理总局
C. 国务院 　　　　　　　　　　　D. 国务院期货监督管理机构

8. 下列关于期货交易结算的表述,错误的是(　　)。
A. 客户应当及时查询结算结果并妥善处理交易持仓

B. 期货公司根据期货交易所的结算结果对客户进行结算

C. 期货交易所应当在当日及时将结算结果通知客户

D. 期货交易所实行当日无负债结算制度

9. 下列关于会员制期货交易所会员大会的陈述,错误的是( )。

A. 会员制期货交易所的会员大会由全体会员组成

B. 会员大会是会员制期货交易所的咨询机构

C. 会员大会是会员制期货交易所的机构

D. 会员制期货交易所设会员大会

10. 实行全员结算制度的期货交易,会员在期货交易中违约并出现保证金不足时,应当以( )的顺序来承担风险。

A. 违约会员的自有资金、期货交易所风险准备金和期货交易所自有资金

B. 违约会员的自有资金、期货交易所自有资金和期货交易所风险准备金

C. 期货交易所自有资金、期货交易所风险准备金和违约会员的自有资金

D. 期货交易所风险准备金、违约会员的自有资金和期货交易所自有资金

11. 当期货市场出现异常情况时,期货交易所可以按照其章程规定的权属和程序,在决议采取紧急措施后,应当立即报告( )。

A. 国务院银行业监督管理机构

B. 财政部

C. 国务院期货监督管理机构

D. 中国人民银行

12. 下列关于期货的说法,正确的是( )。

A. 期货市场主导品种是商品期货

B. 目前,金融期货交易量远超商品期货

C. 目前,商品期货和金融期货交易量相差不大

D. 目前,商品期货交易量远超金融期货

13. 非法设立期货交易场所或者以其他形式组织期货交易活动的,由所在地( )予以取缔。

A. 地方金融监督管理局   B. 县级以上地方人民政府

C. 人民法院   D. 证监局

14. 期货公司及其他期货经营机构、非期货公司结算会员、期货保证金存管银行提供虚假申请文件或采取其他欺诈手段,隐瞒重要事实,骗取期货业务许可的,( )。

A. 罚款 10 万元以上 50 万元以下

B. 撤销其期货业务许可,没收违法所得

C. 罚款 10 万元以上 30 万元以下

D. 罚款 5 万元以上 30 万元以下

15. 从事期货投资咨询业务的经营机构,应当取得( )批准的业务资格。

A. 国务院期货监督管理机构   B. 中国人民银行

C. 期货交易所   D. 中国期货业协会

16. 下列不属于期货交易所应当履行的职责的是（　　）。
　　A. 提供交易的场所、设施和服务　　　B. 为期货交易提供集中履约担保
　　C. 直接或间接参与期货交易　　　　　D. 设计合约，安排合约上市

17. 期货公司业务实行许可制度，经国务院期货监督管理机构批准，期货公司可以经营的业务不包括（　　）。
　　A. 境外期货经纪业务　　　　　　　　B. 境内期货经纪业务
　　C. 期货投资咨询业务　　　　　　　　D. 期货自营业务

18. 期货投资者保障基金的筹集、管理和使用的具体办法，由国务院期货监督管理机构会同（　　）制定。
　　A. 期货业协会　　　　　　　　　　　B. 中国人民银行
　　C. 国务院银行业监督管理机构　　　　D. 国务院财政部门

19. 期货交易所、期货公司及其他期货经营机构、期货保证金安全存管监控机构，应当向（　　）报送财务会计报告、业务资料和其他有关资料。
　　A. 当地政府　　　　　　　　　　　　B. 期货业协会
　　C. 国务院银行业监督管理机构　　　　D. 国务院期货监督管理机构

20. 国务院期货监督管理机构应当在受理期货公司设立申请之日起（　　），根据审慎监管原则进行审查，作出批准或者不批准的批复。
　　A. 6个月内　　　　　　　　　　　　B. 3个月内
　　C. 1个月内　　　　　　　　　　　　D. 1年内

（二）多项选择题

1. 下列关于期货公司经营期货经纪业务又同时经营其他期货业务的表述，正确的有：（　　）。
　　A. 不得混合操作
　　B. 资金可以混合但业务必须分离
　　C. 应当严格执行资金分离制度
　　D. 应当严格执行业务分离制度

2. 为了指导、督促期货经营机构有效落实适当性管理要求，维护投资者合法权益，根据（　　）及相关法律法规，制定《期货经营机构投资者适当性管理实施指引（试行）》。
　　A.《期货交易管理条例》
　　B.《证券期货经营机构私募资产管理计划运作管理规定》
　　C.《证券期货经营机构私募资产管理业务管理办法》
　　D.《证券期货投资者适当性管理办法》

3. 关于经营机构对投资者进行告知、警示的表述正确的是：（　　）。
　　A. 告知、警示既可以采用口头形式也可以采用书面形式
　　B. 告知、警示采用书面形式送达投资者的，应当由其确认已充分理解和接受
　　C. 告知、警示采用口头形式送达投资者的，应当由其出具确认并充分理解和接受的相关证明
　　D. 不存在虚假记载、误导性陈述或者重大遗漏，语言应通俗易懂

4. 根据《期货交易管理条例》,期货交易应当在(   )进行。

A. 国务院期货监督管理机构批准的交易场所

B. 中国人民银行批准的交易场所

C. 商务部批准的交易场所

D. 依法设立的期货交易所

5. 期货交易所应当履行的职责有:(   )。

A. 提供交易的场所、设施和服务

B. 组织并监督交易、结算和交割

C. 保证合约的履行

D. 按照章程和交易规则对会员进行监督管理

6. 下列关于中国期货业协会会员的表述中,符合《期货交易管理条例》规定的有:(   )。

A. 期货公司应当加入中国期货业协会,缴纳会员费

B. 期货公司以外的专门从事期货经营的机构应当加入中国期货业协会,缴纳会员费

C. 期货从业人员应当加入中国期货业协会,其会员费由所在机构代为缴纳

D. 期货从业人员资格考试合格人员可以自愿加入中国期货业协会,并缴纳会员费

7. 期货业协会履行下列哪些职责?（   ）

A. 教育和组织会员遵守期货法律法规和政策

B. 负责期货从业人员资格的认定、管理以及撤销工作

C. 受理客户与期货业务有关的投诉,对会员之间、会员与客户之间发生的纠纷进行调解

D. 期货公司业务审批

8. 国务院期货监督管理机构对期货市场实施监督管理,依法履行的职责包括(   )。

A. 对品种的上市、交易、结算、交割等期货交易及其相关活动,进行监督管理

B. 制定有关期货市场监督管理的规章、规则,并依法行使审批权

C. 制定期货从业人员的资格标准和管理办法,并监督实施

D. 对违反期货市场监督管理法律、行政法规的行为进行查处

9. 期货公司的交易保证金不足,期货交易所未按规定通知期货公司追加保证金的,由于行情向持仓不利的方向变化导致期货公司透支发生的扩大损失,期货交易所应当承担(   )赔偿责任,赔偿额可以是损失的(   )。

A. 主要;60%   B. 主要;50%

C. 次要;40%   D. 主要;30%

10. 中国证监会及其派出机构发现自然人、法人或者其他组织涉嫌违反证券期货法律、法规和规章,符合下列哪些条件,且不存在依法不予行政处罚等情形的,应当立案?（   ）

A. 有明确的违法行为主体

B. 有证明违法事实的证据

C. 法律、法规、规章规定有明确的行政处罚法律责任

D. 尚未超过2年行政处罚时效。涉及金融安全且有危害后果的,尚未超过5年行政处罚时效

11. 经审查符合真实性、合法性及关联性要求的,可以作为行政处罚的证据材料的有:(   )。

A. 中国证监会及其派出机构在立案前调查或者监督检查过程中依法取得的证据材料

B. 司法机关、纪检监察机关、其他行政机关等保存、公布、移交的证据材料

C. 中国证监会及其派出机构通过依法建立的跨境监督管理合作机制获取的证据材料

D. 其他符合真实性、合法性及关联性要求的证据材料

12. 对于先行登记保存的证据,应当在 7 日内采取的措施有(　　　)。

A. 根据情况及时采取记录、复制、拍照、录像、提取电子数据等证据保全措施

B. 需要检查、检验、鉴定、评估的,送交检查、检验、鉴定、评估

C. 依据有关法律、法规可以采取查封、扣押、封存等措施的,作出查封、扣押、封存等决定

D. 违法事实不成立,或者违法事实成立但依法不应予以查封、扣押、封存的,决定解除先行登记保存措施

13. 行政处罚决定作出前,中国证监会及其派出机构应当向当事人送达行政处罚事先告知书,载明内容包括(　　　)。

A. 拟作出行政处罚的事实、理由和依据

B. 拟作出的行政处罚决定

C. 当事人依法享有陈述和申辩的权利

D. 当事人应该在收到告知书的 3 日内行使陈述和申辩的权利

14. 期货市场出现异常情况时,期货交易所可以按照其章程规定的权限和程序,决定采取紧急措施,包括(　　　)。

A. 提高保证金　　　　　　　　　B. 调整涨跌停板幅度

C. 限制会员或者客户的最大持仓量　　D. 暂时停止交易

15. 关于期权的买方与卖方,以下说法正确的是(　　　)。

A. 期权的买方拥有买的权利,可以买也可以不买

B. 期权的买方为了获得权利,必须支出权利金

C. 期权的卖方拥有卖的权利,没有卖的义务

D. 期权的卖方可以获得权利金收入

(三) 不定项选择题

1. 证券期货经营机构应当每月从资产管理计划管理费中计提风险准备金,风险准备金主要用于弥补因证券期货经营机构(　　　)等给资产管理计划资产或者投资者造成的损失。

A. 操作错误　　　　　　　　　　B. 违法违规

C. 技术故障　　　　　　　　　　D. 违反资产管理合同约定

2. 下列关于期货交易中"买空卖空",描述正确的有(　　　)。

A. 投资者不拥有合约标的物依然可以卖出建仓

B. 卖空是以卖出期货合约作为交易的开端

C. 投资者不拥有合约则不可以卖出建仓

D. 买空是以买入期货合约作为交易的开端

3. 期货经营机构向普通投资者销售或者提供高风险等级的产品或服务时,应当履行的适当性义务有(　　　)。

A. 追加了解投资者的相关信息

B. 向投资者提供特别风险警示书

C. 风险警示书必须由投资者签字确认

D. 给予投资者至少 36 小时的冷静期

4. 期货公司及其分支机构不符合持续性经营规则或者出现经营风险的,国务院期货监督管理机构可以对期货公司及其董事、监事和高级管理人员采取(　　　)等监管措施。

A. 撤销任职资格　　　　　　　　　B. 记入信用记录

C. 提示　　　　　　　　　　　　　D. 谈话

5. 下列关于期货交易所性质的陈述,正确的有(　　　)。

A. 期货交易所是政府机关

B. 期货交易所是期货公司的股东

C. 期货交易所不以营利为目的

D. 期货交易所是实行自律管理的法人

6. 会员制期货交易所章程应当载明的事项包括(　　　)。

A. 对会员的纪律处分　　　　　　　B. 会员的义务

C. 会员的权利　　　　　　　　　　D. 会员资格及其管理办法

7. 下列对于持仓费描述正确的包括(　　　)。

A. 持仓费的高低与持有商品的时间长短有关

B. 当交割月到来时,持仓费将升至最高

C. 距交割时间越近,持仓费越低

D. 持仓费等于基差

8. 下列属于正向市场的有(　　　)。

A. 期货价格高于现货价格

B. 期货价格低于现货价格

C. 远期期货合约价格高于近期期货合约价格

D. 远期期货合约价格低于近期期货合约价格

9. 企业在套期保值业务上,需要关注的方面有(　　　)。

A. 加强对套期保值交易中现金流风险、流动性风险和操作风险等的管理

B. 企业在参与期货套期保值之前,需要结合自身情况进行评估,以判断是否有套期保值需求,以及是否具备实施套期保值操作的能力

C. 企业应完善套期保值的机构设置。要保证套期保值效果,规范的组织体系是科学决策、高效执行和风险控制的重要前提和基本保障

D. 企业需要具备健全的内部控制制度和风险管理制度

10. 对卖出套期保值者而言,能够实现期货与现货两个市场盈亏相抵后还有净盈利的情形是(　　　)。

A. 基差从 –10 元 / 吨变为 20 元 / 吨

B. 基差从 30 元 / 吨变为 10 元 / 吨

C. 基差从 10 元 / 吨变为 –20 元 / 吨

D. 基差从 –10 元 / 吨变为 –30 元 / 吨

11. 铜生产企业利用铜期货进行卖出套期保值的情形是（　　　）。

A. 以固定价格签订了远期铜销售合同

B. 有大量铜库存尚未出售

C. 铜精矿产大幅上涨

D. 铜现货价格远高于期货价格

12. 下列不能利用套期保值交易进行规避风险的是（　　　）。

A. 农作物减产造成的粮食价格上涨

B. 利率上升，使得银行存款利率提高

C. 粮食价格下跌，使得买方拒绝付款

D. 原油供给的减少引起制成品价格上涨

13. 按照行权价与标的股价的大小关系，可以把期权分为（　　　）。

A. 欧式期权、美式期权

B. 认购期权、认沽期权

C. 实值期权、平值期权、虚值期权

D. 以上均不正确

14. 在其他条件不变的情况下，当前利率水平上升，认购期权和认沽期权的权利金分别会
（　　　）。

A. 上涨、上涨　　　　　　　　　　　　B. 上涨、下跌

C. 下跌、上涨　　　　　　　　　　　　D. 下跌、下跌

15. 认沽期权的卖方（　　　）。

A. 在期权到期时，有买入期权标的资产的权利

B. 在期权到期时，有卖出期权标的资产的权利

C. 在期权到期时，有买入期权标的资产的义务（如果被行权）

D. 在期权到期时，有卖出期权标的资产的义务（如果被行权）

（四）简答题

1. 简述境外期货交易法的立法模式及代表国家。

2. 简述期货市场的功能和作用。

3. 简述期货交易者的消极资格。

4. 简述期货公司营业禁止的具体情形。

（五）论述题

1. 试论期权交易的特殊性。

2. 试论期货自律监管与行政监管的关系。

（六）案例分析题

最高人民法院在审理再审申请人 W 因与被申请人 H 期货有限公司及其 JN 营业部期货交易纠纷一案中，征得双方当事人同意后，根据《最高人民法院、中国证券监督管理委员会关于在全国部分地区开展证券期货纠纷多元化解机制试点工作的通知》的有关规定，委托中国期货业协会（以下简称期货业协会）对该再审案件进行调解。期货业协会按照《最高人民法院关于人民法院特邀调解的规定》和《中国期货业协会调解员守则》（已失效）规定，事先要求可能存在

利益冲突的人员全程回避。经双方当事人共同选定和期货业协会指定,确定 3 位行业专家、资深律师担任本案调解员。为确保调解工作顺利进行,经当事人同意,将本次调解地点设在北京市西城区人民法院调解室,调解过程中有法警维持秩序。第一次现场调解,由于差异较大,双方未能达成一致。期货业协会本着化解矛盾和定分止争的原则对投资者 W 进行耐心劝导和解释说明,同时也积极与最高人民法院、中国证券监督管理委员会山东监管局、期货公司进行沟通,说服期货公司配合参与调解。经最高人民法院与期货业协会从中斡旋,组织了第二次现场调解,双方当事人最终达成一致并签署调解协议。最高人民法院依据调解协议为当事人制作了民事调解书。H 期货有限公司及其 JN 营业部就案涉纠纷向投资者一次性补偿调解协议约定金额,案涉纠纷全部了结。

问题:试分析调解在期货纠纷案件解决中的各方功能和制度优势。

第十章　商事信托与投资基金法

（一）理解

1. 理解信托的法律结构。
2. 理解商事信托的概念和类型。
3. 理解信托财产的独立性。
4. 理解受托人的信义义务。
5. 理解投资基金的概念。

（二）熟悉

1. 熟悉信托设立方式。
2. 熟悉信托生效的条件。
3. 熟悉信托当事人的资格。
4. 熟悉委托人和受益人的权利。
5. 熟悉受托人的义务。
6. 熟悉信托变更和终止的条件。

（三）掌握

1. 掌握信托财产独立性的含义。
2. 掌握信托目的合法性的判断标准。
3. 掌握受托人信义义务的内容和适用条件。
4. 掌握商事信托的监管模式。
5. 掌握投资基金的法律特征。
6. 掌握投资基金中的法律关系。

二、知识结构图

第十章 商事信托与投资基金法—知识结构图

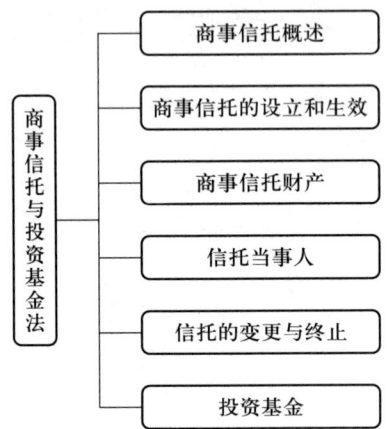

第一节 商事信托概述—知识结构图

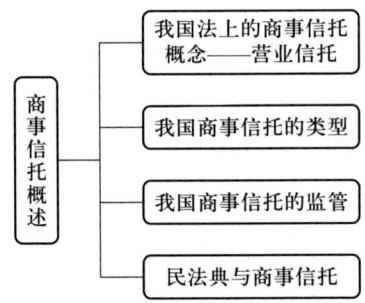

第二节 商事信托的设立和生效—知识结构图

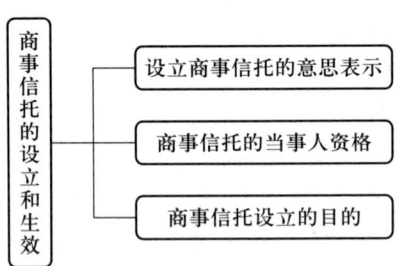

第三节 商事信托财产—知识结构图

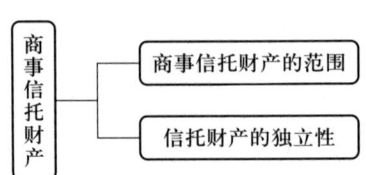

第四节　信托当事人—知识结构图

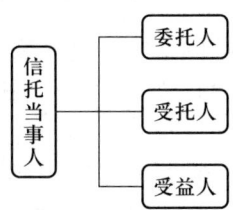

第五节　信托的变更与终止—知识结构图

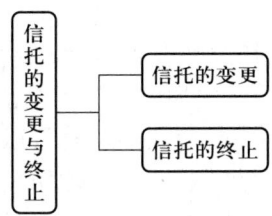

第六节　投资基金—知识结构图

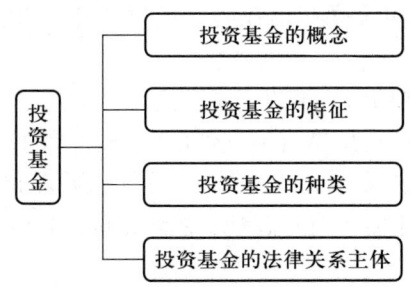

三、重点难点解析

（一）重点内容

1. 信托法的概念

信托法，是为规范信托关系而存在的法律。信托的基本法律关系为：财产所有权人，即委托人将其财产所有权移转予受托人，约定该受托人应为受益人（委托人自身或他人）的利益或为特定的目的，管理或处分该财产的关系。

最早于罗马法中有遗嘱信托（fideicommissum）以及信托制度（fiducial），前者最大作用之处在于，使得人类永续控制财富的愿望实现，尤其在为未出生的人的利益而转让时；且使用对象广泛，因为遗嘱信托的受益人可以是任何不能成为继承人和受遗赠的人。后者则存在于人法和合同法中，合同法中信托制度的法律安排与英美法上的信托（trust）非常相似，但不能被强制执行，受托人的义务产生于信托简约（pactum fiducia），信托简约不能成为一个独立的合同，受托人虽然在形式上取得物的所有权，但实质上是按照信托简约规定使用信托财产，当有违反信托简约的情事或对信托物的非法使用行为时，为维护信托而产生的诉讼则是基于不诚信。

信托（trust），是起源于英国的一种为他人利益管理财产的制度，而在信托制度的初始发展阶段中,受益人对于受托人并无任何法律上的权利可得主张,因为从法律角度观之,信托财产权确已归属受托人所有,而受托人是否按照其与委托人约定的内容来管理或处分该信托财产,全赖受托人的良心。因此,15世纪的英国法官在此类案件的审理上,从衡平法的角度,在受托人不为受益人的利益或约定的信托目的管理或处分信托财产时,肯认受益人可获得救济。换言之,受托人虽是法律上的所有权人,但受益人是衡平法上的所有权人,即英国法官在此创设了一种新形态的衡平法财产利益。随着英国司法审判的两大依据,普通法以及衡平法的合并,英国法院对于信托关系所建构出的审判规则也成为判决先例,并逐渐以明文的方式来保护受益人及规制信托关系。自19世纪以来,信托制度陆续为美国、印度、新西兰及澳大利亚所继受。

在大陆法系国家,对是否继受信托制度有所争议。首先,无法定性信托法究竟应属于财产法还是债法;更重要的是,财产的不可分割原则作为罗马法的根本基础并被大陆法系国家的民法加以接受,完全否认将财产权分割为普通法的所有权以及衡平法的所有权的信托制度。其次,是受益人在衡平法上的所有权概念与物权法定原则间的冲突,基于物权对物产生的直接的支配力,因此存在和变动均需公示以保障交易安全,物权应当限定于法典中所规定的种类。但未接受信托制度的国家在处理信托问题时,不仅要处理法律体系的冲突问题,更需要顾及实务层面,防止与已接受信托制度的国家在信托问题的处理上产生分歧,因此就有了《海牙公约》的产生。

一方面,信托法是以财产权展开的,在信托关系成立后,信托财产虽在名义上为受托人所有,但实际上该信托财产的所有权是具有独立性的收益权标的,故不被认为属受托人的自有财产。另一方面,信托法是以权利义务关系展开的,受托人除不能享受所有权的权益外,还需依信托行为或法律规定,负担信托债务,也就是为受益人的利益或特定的目的来管理或处分信托财产。

2. 信托的法律特征

(1) 信托的概念

信托从英美法系移植至大陆法系,已经超越法系的界域。各国法律对于信托的概念都有定义,虽存在细微差异,但核心内涵是一致的。《海牙关于信托的法律适用及其承认的公约》关于信托是这样界定的:信托是委托人创设的一种法律关系,为了受益人的利益或特殊目的,将财产置于受托人的控制中。这应是世界各国普遍接受的关于信托的权威定义。我国《信托法》第2条也对信托作出了类似的规定:"本法所称信托,是指委托人基于对受托人的信任,将其财产权委托给受托人,由受托人按委托人的意愿以自己的名义,为受益人的利益或者特定目的,进行管理或者处分的行为。"

从上述定义可见,信托结构中有三个主体,即委托人(settlor)、受托人(trustee)、受益人(beneficiary),客体是信托财产。信托中的人和财产的要素之间的关系简而言之是:委托人将财产转移给受托人,并指定受益人,受托人管理和处分信托财产不是为其自己的利益,而是为了受益人的利益。

(2) 信托的特征

从法律的视角看,信托具有如下的特征:

第一,信托财产应当移转给受托人,即信托财产权必须在受托人的名下,这是信托区别于委托、代理、行纪等制度的重要特征。

信托财产的权属是否转移给受托人？这在我国《信托法》起草时存在争议，但现在已经达成共识：信托财产的权属移转是信托设立的必要前提。当然，我国《信托法》第2条关于信托的定义使用了"将其财产权委托给受托人"这一比较模糊的表述，但此处"委托给"三个字可以解释为"委托——给"，该词组是两个动词委托和给的组合，显然包含财产权属移转的含义。

第二，信托财产具有独立性。简单地说，虽然信托财产在受托人名下，但是信托财产不能用于清偿受托人个人的债务。具体说来，信托财产的独立性包含如下内容：① 信托财产独立于受托人的固有财产，不能以信托财产清偿受托人的个人债务；② 受托人的固有财产独立于信托财产，不能以受托人的固有财产清偿信托债务；③ 各信托计划之间的财产独立，债权债务独立，不可相互清偿。

近年来，涉及信托财产独立性的案例越来越多，例如在中诚信托公司执行回转案中：2010年，法院错误分配给2007年中诚信托公司管理的中诚信托字FT第046号单一资金信托账户一笔执行款。2013年，经审判监督程序，法院开始执行回转。2013年，法院冻结中诚信托公司5 626万元，但所冻结的账户是委托人中国人民人寿保险公司委托的资金30亿元的单一信托计划，是另一个信托计划。该冻结违反了信托财产的独立性。

第三，受托人对受益人具有法定的信义义务（fiduciary duty）。所谓信义义务，也译为受信义务、诚信义务，它包括忠实义务（duty of loyalty）和注意义务（duty of care）。所谓忠实义务，是指受托人不可损害信托受益人的利益，而使自己获益。所谓注意义务，也称勤勉义务，是指受托人应当以像处理自己的事务一样的注意标准来处理信托事务。

第四，受益人具有法定的请求权。这是信托与第三人受益合同的不同之处。在第三人受益合同中，作为受益人的第三人无权起诉违约方，因为受益人不是合同的当事人。根据合同相对性（privity）原则，仅合同的签署人才有诉权。但是，信托不同，信托合同仅由委托人和受托人签署即可，无须受益人签署，但根据信托法的规定，受益人具有诉权。

信托的类型很多，按委托人是否为受益人，可以分为自益信托和他益信托；按用途性质可以分为民事信托、营业信托和公益信托；按效力来源可以分为意定信托和法定信托。

3. 信托目的

尽管从制度的发轫期来看，信托是被当作一种用以规避僵化或者不合理的制定法的工具出现的，但是现在，世界各国信托法均对信托目的的合法性提出了要求。如我国《信托法》第6条规定："设立信托，必须有合法的信托目的。"至于信托目的的合法性，则取决于其实现是否有违公共政策。目前被广泛承认的非法的信托目的，包括但不限于欺诈债权人、鼓励离婚、专为诉讼或者讨债、规避强制性法律规定。另外，在英美法系国家，违反反永续或者反累积规则的信托，也属于目的非法的信托。不合法的信托目的，往往导致信托无效。我国《信托法》第11条即规定，"有下列情形之一的，信托无效：（一）信托目的违反法律、行政法规或者损害社会公共利益；……（四）专以诉讼或者讨债为目的设立信托"。但是，具有非法目的的信托并非当然、全部无效。部分非法的信托目的仅导致信托的可撤销。如我国《信托法》第12条规定："委托人设立信托损害其债权人利益的，债权人有权申请人民法院撤销该信托。……本条第一款规定的申请权，自债权人知道或者应当知道撤销原因之日起一年内不行使的，归于消灭。"除此之外，当信托存在两个或者两个以上的目的时，若仅其中部分目的非法、各目的之间可分割、目的分割又不违反委托人意愿时,则仅与该非法目的相关的信托条款无效。这一有关法律行为无效的法理,为《民法典》总则编承认,其第 156 条规定:"民事法律行为部分无效,不影响其他部分效力的,其他部分仍然有效。"

除对信托有效设立的影响外,信托目的的重要性贯穿于信托存续的始终。例如,我国《信托法》第四章规定,当"信托财产的管理方法不利于实现信托目的"、"受托人违反信托目的处分信托财产"时,委托人分别有权要求调整管理方法、解任受托人;第 53 条规定,"有下列情形之一的,信托终止:……(二) 信托的存续违反信托目的;(三) 信托目的已经实现或者不能实现"。值得注意的是,因信托目的已经实现或者不能实现导致信托终止的,其后续法律效果视私益信托或公益信托而不同。于前者,信托财产应在信托文件规定的人、受益人或者其继承人、委托人或者其继承人间分配;于后者,信托财产应依《信托法》第 72 条之规定,"将信托财产用于与原公益目的相近似的目的,或者将信托财产转移给具有近似目的的公益组织或者其他公益信托"。此即信托法理上所称的"近似原则",其目的在于尽可能地保障委托人意愿、充分发挥信托财产的公共利益价值。

4. 信托行为

信托行为的概念,是信托制度镶嵌到大陆法系的概念体系时所出现的产物,通常而言,信托行为具有以下概念内涵:

首先,信托行为是一种法律行为。对于信托行为的定义林林总总,不同的学者围绕着对信托功能及要件的不同理解,提出了不同的信托行为概念。然而无论是何种定义方式,其最终都将信托行为的性质落脚在法律行为上,从而使得信托行为成为在大陆法系概念、规则体系上可理解和演绎的概念。法律行为的传统制度和思维对于信托行为而言就仍得适用。例如,行为能力的规则、意思表示瑕疵的规则等。

其次,信托行为通常等同于信托设立的行为。信托行为一般被狭义地界定为设立信托法律关系的法律行为,信托关系下的其他法律行为则不属于信托行为的范畴。日本的信托立法,就是在这个意义上使用信托行为这个概念。

最后,由于信托行为是一种法律行为,因此在法定信托及推定信托中并不存在信托行为,其只存在于意定信托当中。而意定信托的设立有的依据契约,有的依据遗嘱,有的依据宣言,其中契约为双方法律行为,遗嘱和宣言则为单方法律行为。

信托行为作为法律行为,是一个法律行为还是多个法律行为,存在不同学说的争论。单一行为说认为信托行为就是一个法律行为,只是其法律效果多重。既有使受托人负担信托义务的负担效果,也有将信托财产所有权转移给受托人的处分效果。复合行为说则认为信托行为包括负担行为和处分行为两种法律行为,具体是指:使受托人负担信托义务的负担行为,以及转移信托财产所有权给受托人的处分行为,信托行为由这两类法律行为复合而成。信托行为单一说和复合说的关键区别在于:是否区分信托合同的设立与信托的设立,单一说不区分,而复合说则区分。

信托行为的一般生效要件主要包括信托目的合法、信托当事人确定、信托财产所有权转移、符合法律行为的一般生效要件。不仅如此,信托行为要取得信托设立的对外效力,往往还有特别要件的要求。例如,在信托财产权需要登记的场合,信托登记通常是信托行为取得对外效力的特别要件。不过一般认为,我国《信托法》是把信托登记作为信托成立生效的特别要件。在遗嘱信托的场合,信托行为通常还需满足委托人死亡的特别生效要件。

5. 信托登记

信托财产的独立性是信托关系的核心,然而受托人既然是所有权人,按照大陆法系通常的物权制度,除非有公示的所有权限制,否则他就应当享有对财产进行充分支配的权利,信托财产的独立性也就无从谈起。因此,要实现信托财产的独立性,依据大陆法系的物权制度,就必须将信托财产加以特别的公示。而通常的公示方法,按照财产权的不同,分为占有和登记。对于需要登记的财产权,以其作为信托财产时,就需要通过登记的方法来公示其信托财产的性质,从而出现了信托登记。

信托登记的范围,不仅限于《民法典》物权编上明确要求登记的财产权,对于有价证券,大陆法系国家通常也要求进行信托登记。我国《信托法》第 10 条则将信托登记的范围界定为,"有关法律、行政法规规定应当办理登记手续的"。"应当办理登记手续"指的是财产权变动本身要求登记,还是指以该财产权作为信托财产需要办理登记,并不清楚。

信托登记机构一般有两种,一是统一的信托登记机构,二是既有的财产登记机构。信托登记的类型则包括初始登记、预告登记、变更登记、终止登记以及更正登记等。申请信托初始登记一般需要委托人与受托人共同申请、提交所有权转移文件及相关的信托文件。而信托登记的主要内容包括信托财产的具体范围、受托人、受托人权利范围,以及信托财产转移的情况。我国《信托法》并没有明确信托登记的具体制度,信托登记的登记机关仍不清楚,信托登记的具体程序和内容也付之阙如。

信托登记的效力通常是使信托关系具有对抗第三人的效力,应登记而未登记的信托不能对抗第三人。我国《信托法》规定,应办理信托登记而未办理且没有补办的,"该信托不产生效力"。然而,此处不产生的效力具体为何,并不清楚。一般认为,指向信托生效的效力。

(二) 难点内容

1. 信托的起源与发展

(1) 信托的起源

信托法的历史非常悠久,是一门古老的法律。有学者认为,伊斯兰法中的 waqf(信托)比英国信托法早了 500 年。但是,现代信托法的基本概念和制度起源于英国,信托最初的形式是中世纪英国的用益制度,或称"尤斯"制度。所谓用益(use),指土地主将土地在名义上转让给受托人,受托人管理土地,收益归土地主指定的人,一般用于规避法律的目的。

在中世纪英国,教会没有向国王纳税的义务,而土地上的税负是国王最重要的财政收入。教徒将自己的土地捐赠给教会,土地集中于教会,国王流失了大量的税收,导致国王的财政危机。13 世纪后期,英王亨利三世颁布《没收条例》,规定凡把土地赠与教会团体的,要得到国王的许可,擅自出让或赠与者,要没收其土地。为规避该法,教徒采用了用益方式,他们将土地转让给第三人,使土地权利在第三人的名下,但要求第三人为教会的利益管理该土地,这就是信托的雏形:教徒是委托人,第三人是受托人,教会是受益人。之后,出现了 trust(信托)一词,代替了 use(用益)。除宗教捐赠外,用益(信托)还出现于其他领域。例如:13 世纪中期,欧洲大陆基督教组织方济会来到英国,方济会的教旨是恪守贫困,不得拥有任何财产。于是,虔诚的捐助者就将土地转让给一个合适的人,通常由僧侣所居住的城市的市政当局持有,但供方济会使用。十字军东征时,参战教徒将自己的家产信托给自己的朋友,朋友照顾自己的家人和财产。再如红白玫瑰战争(1455—1485年)时,参战贵族将自己的家产信托给朋友,以防战争失败,财产被没收。

最初,英国普通法不承认用益(信托)的效力,之后,英国衡平法承认信托的效力,信托受益人的权利获得保护。在衡平法的一系列判例中,信托法不断地发展,成为一门系统而完备的法律。信托法也构成了衡平法的主要内容。英国法学家梅特兰对信托的评述堪称经典总结,他说:"如果有人要问,英国人在法学领域取得的最伟大、最独特的成就是什么,那就是历经数百年发展起来的信托理念,我相信再没有比这更好的答案了。这不是因为信托体现了基本的道德原则,而是因为它的灵活性,它是一种具有极大弹性和普遍性的制度。"

(2) 家族信托的早期形式——遗产信托

早在中世纪,英国的用益(信托)就已经运用于家族财产的安排和传承上,可以说,这是家族信托的早期形式。在1540年《遗嘱法》(Statute of Wills)颁布之前,英国法律规定遗产仅由长子继承。但被继承人通常希望其他人也可以继承其遗产,于是在生前将财产转让给某个人,采取信托的方式以实现特殊的财富传承的目的。

在中世纪,英国的法律不仅规定了长子继承制,而且规定了高额的土地继承税。许多人希望继承人能够依靠所遗留的土地谋生,也能逃避高额的税收,便采用信托(用益)的方式。其实,更早的家族信托可以追溯到古罗马。据古罗马法学家盖尤斯在《法学阶梯》一书中的介绍,古罗马已经出现遗产信托(fideicommissum)。遗产信托是古罗马帝国中的异邦人遗产继承的一种形式。在古罗马帝国,异邦人积累了大量的财富,但依法律,异邦人不能立遗嘱将自己的财产留给后人,他们的后人也没有继承的资格。于是,异邦人采取了遗产信托的方式规避之。《法学阶梯》中描述了遗产信托操作的细节:异邦人先将财产转让给受托人,在签署文件时,异邦人写道"财产转让给L. 提兹",接着写道"我要求并且请求你L. 提兹:一旦接受了我的遗产,就把它退交给C. 赛尤"。L. 提兹是受托人,而C. 赛尤是受益人。

由于受托人背信弃义事件经常发生,公元56年,罗马元老院决议:"外邦人的子女可以根据遗产信托向受托人请求归还遗产。"但之后,受托人由于得不到任何或者起码的好处,他们拒绝履行。公元69年,罗马元老院又规定:"受托人可以从遗产信托中扣除四分之一作为佣金。"这就非常类似于我国信托公司的通道业务中的通道费了,但信托公司通道费金额不过千分之四而已。

(3) 信托的传播发展

虽然信托是英国法的产物,但是,因为信托具有独特的优势,信托也逐步传播至欧洲大陆和世界其他大陆法系的国家和地区。当然,欧洲大陆的一些主要的大陆法系国家一直拒绝引入信托法,如法国。法国于2006年3月开始进行担保法改革,决定在《法国民法典》中增设第四卷"担保";此前的第三卷第十四编"保证"的规范全部迁至新增的第四卷中,11个月后,该编被命名为"信托"。但法国的信托法,本质上是一种让与担保,而非英国法中的信托。

一个国家是否引入信托法,除了法理上的因素,还有政治和政策上的因素。目前,大陆法系传统的其他国家或地区之所以引入信托法,主要是基于政治和政策的因素。有的国家和地区是在英美法系国家主权的直接影响下,而接受信托法,如加拿大的魁北克省、美国的路易斯安那州等;有的国家为了创设一种有效的金融工具,提高金融系统的效率引进信托法,如哥伦比亚、厄瓜多尔、日本、秘鲁、俄罗斯等；有的国家是由于种族因素的影响，而引进信托法，如南非；有的国家是为吸引外资，而引进信托法，如列支敦士登，它被称为"欧洲的特拉华"。

信托最初运用于宗教，后来广泛运用于各个领域，形成民事信托、公益信托和营业信托三大类型。其中，信托在商事领域运用最为广泛。1720 年英国《泡沫法案》颁布，取缔合股公司和股票市场，1720 年至 1844 年正值英国海外扩张的黄金时代，英国企业家采用信托（deed of settlement）替代合股公司，发挥了社会融资的功能。此外，19 世纪，美国马萨诸塞州将信托运用于投资基金，成为现代证券投资基金的先驱。马萨诸塞州信托创设了双受托人制度（fiduciary officer），以便互相监督防止腐败。我国的证券投资基金设管理人和托管人（银行），该"双受托人"制度就是对马萨诸塞州信托的引入和发展。

（4）信托引入我国

我国在 2001 年颁布并实施《信托法》，其目的与日本相似，在于引入并完善一种金融工具，其最急迫的目的在于为整顿混乱的信托业提供全面系统的法律基础。立法者的本意重点在于规范和发展商事信托，但是，由于信托公司的经营活动和其他信托活动中出现的不少问题也与缺乏信托关系的基本规范有关，因此，先行制定调整信托基本关系的法律是必要的，所以，信托作为一项基本的私法制度被"捆绑式"地引入我国，对我国的民法制度产生了重要影响，也为家族信托奠定了法律基础。

我国《信托法》共七章七十四条，依次为总则、信托的设立、信托财产、信托当事人、信托的变更与终止、公益信托、附则；该法调整范围限于信托关系，没有对信托公司进行规定，原因在于：规定信托关系的基本规范对建立信托制度的实际需要有重要作用。今后可根据信托实践的发展和积累的经验逐步制定有关信托业方面的法律。之后，《国务院办公厅关于〈中华人民共和国信托法〉公布执行后有关问题的通知》规定，"人民银行、证监会分别负责对信托投资公司、证券投资基金管理公司等机构从事营业性信托活动的监督管理。未经人民银行、证监会批准，任何法人机构一律不得以各种形式从事营业性信托活动，任何自然人一律不得以任何名义从事各种形式的营业性信托活动"。

实践中，和信托公司一样，银行、证券、基金、期货、保险资产管理机构等金融机构也接受投资者委托，对受托的投资者财产进行投资和管理的金融服务，出现了"大资管业"，其本质都是信托业，为了不踩分业经营的红线，以资管之名掩信托之实，规避《信托法》的规范，导致"行信托之实，否信托之名，逃信托之法"的乱象产生，埋下了隐患。

2. 大陆法系国家对于引入信托法的态度

英美法系和大陆法系沿各自不同的历史路径演变至今，其基础概念与规则迥然相异。作为纯粹的英国衡平法的产物，信托法移植至大陆法系，自然面临诸多的理论问题。欧洲大陆的许多大陆法系国家一直拒绝引入信托法。其中，法国不接受信托，[①] 在法理上，主要有两个原因：第一，《法国民法典》遵循绝对所有权的概念，其第 544 条将所有权定义为"对于物有绝对无限制地使用、收益及处分的权利"。而在信托法中，受托人与受益人对于信托财产的分割所有权（split ownership）显然与此相悖。第二，信托财产独立性是信托法的基本原则，但是，《法国

---

① 法国于 2007 年 2 月 19 日颁布《关于建立信托制度的法律》，信托写入《法国民法典》，即《法国民法典》第三卷第十四编"信托"，信托成为《法国民法典》中的一种新型的有名合同。但是，它根源于罗马法信托（fiducia），而非英美法信托（trust）。

民法典》第 2092 条规定:"负担债务的人,负以现在所有或将来取得的一切动产或不动产履行其清偿的责任。"它排除了基于特定目的的财产独立性的效力。[①]

荷兰不接受信托法,也存在相似的原因。第一,《荷兰民法典》坚持所有权的绝对性和不可分割原则,其第五编"物权"第一章"所有权总则"第 1 条规定:"所有权是人对物所能享有的最广泛的权利。"[②] 信托法中的分割所有权违背上述原则。第二,荷兰民法坚持物权法定主义 (the numerus clausus of real rights),任何物权的创设需遵循严格的形式要件。信托法中受益人的权利具有物权性(rights in rem),但其种类和内容完全依据当事人意思自治,违背物权法定原则。[③] 这也是欧洲其他大陆法系主要国家的学者,如德国、瑞士学者的普遍观点。

应当说,大陆法系引入信托法,既是信托法也是民法发展史上的一项重要事件。从信托法角度看,信托法移植至大陆法系中,其本身经历了重要的转型。"失去衡平法的信托法"不再是英美法系中"原汁原味"的信托法,虽然保持着衡平法的信托法的内核,但其边缘部分发生了重要变化。一是,大陆法系国家不可能移植衡平法的信托法的全部外在配套制度,在移植中就已脱去其部分羽毛;二是,所移植的信托法构成民法体系中一个有机的部分,在法律适用的基本规则的影响下,如上位法与下位法规则、一般法与特别法规则,民法体系的上位法规则和一般法规则必然渗透并改造信托法。大陆法系中的信托法成为一种"混血儿式"的信托制度[④]。这种特色不仅体现在日本、韩国等大陆法系国家的信托法中,我国信托法也具有这样的特色。在我国,信托行为是民事法律行为,所以,《民法典》总则编关于民事法律行为的一般规定适用于信托行为;信托合同是合同,所以,《民法典》合同编关于合同的一般规定适用于信托合同,《民法典》合同编中合同无效制度也完全适用于信托无效,截然不同于英美法系以回复信托为核心的信托无效制度。

从民法的角度看,信托法中"双重所有权"和物权性质的信托受益权可能对民法体系中所有权绝对性、物权法定主义、物权公示等基本原则、规则产生冲击。作为大陆法系的新成员,信托法是否是"木马病毒",最终破坏整个民法体系的统一性和完整性? 这是民法面临的关键问题。但是,不可否认,信托法的引入对民法学者而言是一个良好的机遇,可以对传统民法的基本理论进行再思考和再认识。

3. 大陆法系所有权概念与信托财产所有权

欧洲大陆法系国家拒绝引入信托法,一个重要原因就是:在信托中,存在双重所有权——受托人所有权和受益人所有权,它与大陆法系所有权概念格格不入。[⑤]

(1) 信托中所谓受益人所有权的真相

---

① See Ph.Remy, National Report for France, in D.J.Hayton, *Principles of European Trust Law*, Kluwer Law International, 1999, p.131.

② 《荷兰民法典》(第 3、5、6 编), 王卫国主译, 中国政法大学出版社 2006 年版, 第 106 页。

③ See S.C.J.J.Kortmann and H.L.E.Verhagen, National Report for the Netherlands, in Ph.Remy Heyton, National Report for France, in D.J.Hayton, *Principles of European Trust Law*, Kluwer Law International, 1999, p.195.

④ 有学者将全世界的信托法模式分为三种,即传统的英国模式(the traditional English model)、国际信托模式(the international trust model)、大陆法系或混合法系的信托法模式(trusts in civil—law or mixed legal systems)。See Maurizio Lupoi, The Civil Law Trusts, *Vanderbilt Journal of Transnational Law*, 32, 1999, p.969.

⑤ See Tony Hornor, On Fitting Trusts into Civil Law Jurisprudences, (working paper).

在信托法中,关于受益人的权利在英语中有多种表述:beneficiary's interest,equitable title,equitable ownership,beneficial ownership,其中 equitable ownership 和 beneficial ownership 是最极端的表述,需要在语义上检讨其真正的含义。霍菲尔德早就警告过:用于讨论信托法的语言是具有误导性的,[1] 梅特兰也这样认为[2]。关于信托法的一些基本术语,如所有权(ownership)等几乎承载着意想不到的含义(unexpected meanings),远远偏离其严格的定义。

其实,受益人的权利作为一种所有权,即所谓衡平法所有权,它的出现是一个渐进的过程。在衡平法的历史中,受益人的权利最初只是一种要求受托人履行信托义务,赔偿因其错误而造成的损失的权利,这显然是对人权。之后,受益人的权利发展成一种针对任何第三人(除了善意购买者)的权利。第一步出现在 15 世纪,早在 1466 年的一个判例表明:第三人从受托人处购买土地,如明知该土地是 use[3] 下的财产,则第三人受 use 约束,受益人可以请求第三人返还该土地。这是受益人(cestui que trust)权利的对世性的最初萌芽[4]。

从受益人所有权概念演变的历史可见,信托受益人的权利虽具有一定的物权效力,但是,离所有权还相去甚远。英美法系学者也意识到:所谓受益人所有权的概念是不成立的,它更多的是税法等领域的一种比喻性的用法。在 20 世纪,慈善信托(charitable trust)、目的信托(purpose trust)、自由裁量信托(discretionary trust)大量出现,在这些类型的信托中,受益人不确定或受益人权利弱化。所以,在过去的 50 余年中,受益人所有权的概念开始衰弱,那些所谓受益人所有权的概念在英美法系被清理[5]。

在当代英美法系信托法经典著作关于信托的定义以及其他论述中,受益人所有权概念并未被普遍接受。然而,时至今日,欧洲大陆的大陆法系学者仍然强调所谓信托财产的双重所有权,以致引起英美法系学者的反感,甚至怀疑大陆法系学者的研究目的仅在于将信托"异域风情化"(exoticise)。[6]

(2) 财产碎片化理论与所有权概念的本质

如何理解所有权的概念? 这需要从价值与逻辑两个层面展开。

如果将所有权的性质界定为绝对性,这只是在价值层面上可以成立的主张。法国大革命后,《法国民法典》所宣扬的所有权绝对性原则纯粹是一种价值表述,而不符合法律的客观逻辑。在逻辑层面上,财产权的本质是"权利或法律关系的集束",可以分解至权利或法律关

[1] See Wesley N.Hohfeld,The Relations Between Equity and Law,*in Michigan L.Rev.*9,1913,p.537;and The Conflict of Law and Equity,*in Yale LJ*,26,1917,p.767.

[2] See Frederic William Maitland,*Equity:A Course of Lectures*,Chaytor and Whittaker,eds.,rev.Brunyate,2nd rev.edn 1936.

[3] Use 是信托的早期形式。

[4] See Development of Beneficiary's Interest,in Tony Honore,*The South African Law of Trusts*,Juta & Company,Limited,1976,pp.15-16.

[5] 本节关于信托受益人所有权概念的演变史的论述,主要参考:Thomas Glyn Watkin,The Changing Idea of Beneficial Ownership under the English Trust,in *Contemporary Perspectives on Property*,*Equity and Trusts Law*,Oxford University Press,pp.139-161;Geraint Thomas and Alastair Hudson,*The Law of Trusts*,Oxford University Press,2004,pp.173-199;Graham Moffat,*Trusts Law*,Fourth Edition,Cambridge University Press,pp.235-242.

[6] See *Commercial Trusts in European Private Law*,Michele Graziadei,Ugo Mattei and Lionel Smith,Cambridge University Press,2005,p.9

系的元形式。这是以霍菲尔德为代表的现代分析法学在财产法领域所引发的理论革命,[1] 此即财产权碎片化(fragmentation of property rights)理论[2]。在它的视野中,所谓所有权绝对性是可以突破的教条。作为财产权的一种形式,所有权的权能可以分解和分离,或者说,所有者并不一定享有物的全部权利,物的某些权利可能因法律的特别规定或合同的特别约定而属于他人。

传统民法的所有权权能理论以占有、使用、收益、处分等权能列举的方法界定所有权概念,未能揭示所有权概念的本质。在现代社会,所有权的本质不在于其绝对性和完整性(unitary ownership)。所有权概念已"沦落"为一个符号,在符号学意义上,它仅指向关于所有权人的权利的推定规则,即关于物的剩余权的确定规则。[3] 该规则可以表述为:除法律特别规定或合同特别约定物的某特定权利属于他人外,该物的其他权利即剩余权属于物的所有者。[4]

从剩余权理论看,传统民法的绝对所有权概念难以成立。绝对所有权作为一种财产权结构,其存在并不能排斥其他财产权结构的存在。绝对所有权的财产权结构可以存在,限制所有权的财产权结构也可以存在;所有权式的财产权结构可以存在,甚至无所有权式的财产权结构也可以存在。

其实,已有大陆法系国家已改变传统民法绝对所有权概念,为引入信托法奠定基础。如《阿根廷民法典》第 2661 条规定了"不完全的所有权","不完全的所有权"成为其民法典中一个基本概念,虽然在传统民法看来,这显然是异类。在"不完全的所有权"概念的基础上,《阿根廷民法典》第 2662 条引入了信托。[5]

综上所述,既然英美法系中所谓信托受益人所有权并不存在,而大陆法系所谓所有权绝对性原则也不成立,那么,对于大陆法系所有权概念是否排斥信托法这一问题,其结论就是否定的。所有权绝对性原则不能成为大陆法系拒绝引入信托法的理由之一。

(3) 信托财产所有权归属——一个怎样的问题?

信托财产所有权的归属是大陆法系引入信托法后争议最大的问题之一。如果以剩余权理论考察信托财产所有权归属,问题的实质就十分清晰了。

在信托关系中,之所以要明确信托财产的所有权人,目的在于明确信托财产上的权利和义务关系。信托财产上的权利和义务关系可分为内部关系和外部关系,内部关系是委托人、受托人和受益人之间的关系,外部关系是委托人、受托人、受益人与其以外的人的关系,如信托财产

---

[1] See Wesley Newcomb Hohfeld, Some Fundamental Legal Concepts as Applied in Judicial Reasoning, *in Yale Law Journal*, 23, 1913. 参见王涌:《寻找法律概念的"最小公分母"——霍菲尔德法律概念分析思想研究》,载《比较法研究》1998 年第 2 期;王涌:《权利的结构》,载郑永流主编《法哲学与法社会学论丛》(四),中国政法大学出版社 2001 年版。

[2] See J.E.Penner, The "Bundle of Rights" Picture of Property, in *UCLA L.Rev.*, 43, 1996.

[3] 关于所有权概念以及无所有权的财产权结构的理论分析,详见王涌:《所有权概念分析》,载杨振山、[意]桑德罗·斯奇巴尼主编:《罗马法·中国法与民法法典化——物权和债权之研究》,中国政法大学出版社 2001 年版。

[4] 这种法学上的理论甚至与制度经济学关于企业所有权的概念也有不谋而合之处。美国的亨利·汉斯曼教授指出:对企业剩余收益(residual earnings)的索取权是企业所有权的核心。参见[美]亨利·汉斯曼:《企业所有权论》,于静译,中国政法大学出版社 2001 年版,第 13 页。

[5] 参见《最新阿根廷共和国民法典》,徐涤宇译注,法律出版社 2007 年版,第 563—564 页。

对外投资形成的股权关系、信托财产上的税法关系等。

在内部关系中,需要明确所有权人吗? 如果现有规定没有穷尽信托财产上的全部权利和义务,则会产生剩余权归属问题。确定了所有权人就确定了剩余权归属,所以,通常需要确定所有权人。只有在两种情形下,在信托内部关系中,不需要明确所有权人:第一,法律规定已经完全明确了信托财产上的权利在委托人、受托人和受益人之间的分配,不存在归属不明的剩余权;第二,存在归属不明的剩余权,但是,微乎其微,无关紧要。

"我国信托法采取了'就事论事'的立法方式,直接明确规定了当事人各方的权利义务关系,回避了信托财产的归属之类的问题。信托实施过程中出现争议的,依照法律规定解决争议,原则上可不考虑信托财产归谁所有。"[1] 这种立法模式如果符合上述的两种例外情形,是可以接受的。但是,在外部关系上,在确定信托财产上的对外的某特定的权利或义务的主体时,如基于信托财产投资而需要确定股东、基于信托财产的纳税义务而需要确定纳税主体,则需要通过明确信托财产所有权人而确定,特别是在有关法律明确规定财产的所有权人担当特定外部关系的权利或义务主体时,如果法律不明确信托财产所有权人,就会出现混乱,至少信托的对外关系的交易成本会大大增加。

4. 信托与物权法定主义

按大陆法系的债权和物权的二分法,受益权是物权还是债权? 英美法系和大陆法系学者曾激烈争论(the great debate)[2],但观点不一。争论甚至波及国际私法领域。1968 年《民商事案件管辖权和判决承认与执行布鲁塞尔公约》第 16 条第 1 款规定:诉讼中所主张的权利涉及不动产,且是对物权,物的所在地法院有管辖权。当这一条款在信托诉讼中适用时,关键的问题就是信托受益人对信托财产的权利是否是对物权。1994 年的 Webb v. Webb 判例和 1996 年 Re Hayward 判例对此作出了不同的判决。这表明在欧洲大陆法系国家,对信托受益人的权利性质作出界定还是十分困难的。

(1) 信托受益权的物权性质

效力的对世性、排他性、优先性是物权的根本特征。当我们说信托法创设了新型物权,系指信托受益人的权利[3]。那么,信托受益权是否是物权? 下文尝试作一分析。由于我国《民法典》物权编将"物"限定于有体物,而信托法中的信托财产不限于有体物,这里,将信托财产限于有体物。

信托受益人的权利主要表现在如下方面:① 信托财产独立性,受益人对信托财产的权利可以对抗受托人个人的债权人,如我国《信托法》第 16 条规定。② 信托受益人的撤销权,如我国《信托法》第 22 条第 1 款规定:"受托人违反信托目的处分信托财产或者因违背管理职责、处理信托事务不当致使信托财产受到损失的,委托人有权申请人民法院撤销该处分行为,并有权要求受托人恢复信托财产的原状或者予以赔偿;该信托财产的受让人明知是违反信托目的而接受该财产的,应当予以返还或者予以赔偿。"③ 受益人对受托人的收益请求权。以上两项权利均具有对世性和排他性,具备物权的性质。德国学者曼弗雷德·沃尔夫也认为:

---

① 何宝玉:《信托法原理研究》,中国政法大学出版社 2005 年版,第 53 页。

② See The Nature of the Trust Beneficiary's Interest, *in Canadian Bar Review* 45, 1967, pp.219–283.

③ 受托人所有权是一种不完整所有权,它与信托受益人的权利相辅相成。

"虽然信托所有权法律上属于信托人,但是他的债权人不能直接执行信托财产。就这一点而言,信托所有权具有物权效果,它超越了单纯债法的约束范围。"① 欧洲大陆法系学者排斥信托法的一个理由是:信托法引入新物权,必然颠覆大陆法系的物权法定主义原则(numerus clausus②)。

(2) 物权法定主义的起源

在古代罗马法,"总的讲,物权都是典型的权利,也就是说,它们本质上是由法律确定的并可归入固定的类型,当事人的意思只能在一定限度内改变这些类型"③。这是物权法定主义最初的萌芽。

在近代,物权法定主义的确立始于《法国民法典》。法国大革命之前,在封建制度下,土地所有权上存在各种各样的权利④。在法国大革命时期,流行的观点认为:财产权的分割、土地上负载着的繁杂权利(the multiplication of right)是封建主义的重要特征,是财产自由流通和个人自由的障碍,是社会等级特权制度的残余。⑤ 因此,《法国民法典》强调所有权的完整性(unitary ownership),主张控制财产权的类型数目。《法国民法典》第 543 条规定:"对于财产,得取得所有权,或取得单纯的用益权,或仅取得土地供自己役使之权",意即:当事人能够设定的财产权利只限于该条所述的三种权利,该条就是关于物权法定的规定。

尽管物权法定主义主要是法国大革命意识形态的产物,缺乏充分的理性阐述(a well-articulated rationale),它却取得了巨大的成功。⑥ 此后,大陆法系国家和地区纷纷跟随。

据考证,在英美法系,物权法定主义没有被明确认可,但是,法院所持的保守主义原则与其相似,是不成文的物权法定主义⑦,具有同样的效果。法院通常遵循法理,拒绝承认新的财产形式,几乎所有的财产类型的变化均是通过议会立法实现的。⑧

(3) 作为物权的信托受益权

信托法所创设的信托受益权,如果仅是一种或多种类型,数量是固定的,则没有突破物权法定主义。它只表明:物权的类型通过信托法又增加了一种或数种特定类型。我国《民法典》物权编第 116 条规定:"物权的种类和内容,由法律规定。"信托法也是其中所认可的法律之一,

---

① [德]曼弗雷德·沃尔夫:《物权法》,吴越、李大雪译,法律出版社 2002 年版,第 32 页。

② 拉丁文,限制数目、数目封闭的意思,也称法律限定主义,参见史尚宽:《物权法论》,中国政法大学出版社 2000 年版,第 12 页。

③ [意]彼德罗·彭梵得:《罗马法教科书》,黄风译,中国政法大学出版社 1992 年版,第 183 页。

④ See Jean Brissaud, *A History of French Private Law*, Rothman Reprints, Inc & Augustus M.Kelley Publishers, 1968, pp.267–268。

⑤ See M.Comporti, heading "Diritti reali" (Property rights) In Enc.Giur.Treccani, vol.XI, 1989, 5. 转引自:Enrico Baffi, The Anticommons and the Problem of the numerous clauses of Property Rights, p.2 (working paper)。

⑥ See Ugo Mattei, *Basic Principles of Property Law*, Greenwood Press, 2000, p.14。

⑦ See John Henry Merryman, Autonomy, and the Numerus Clausus in Italian and Amrican Property Law, *in The American Journal of Comparative Law*, vol.12, No2, 1963。该文注 3 称:We have had our numerus clauses in the common law. See Co.Litt.27, cited by Holmes in Johnson v.Whitong, 159 Mass.424, 426, 34 N.E.542, 543 (1893)。

⑧ See Thomas W. Merrill, and Henry E. Smith, Optimal Standardization in the Law of Property: The Numerus Clausus Principle, *in* 110 *Yale Law Journal*, 2000, p.69; See Francesco Parisi, Entropy in Property, *in American Journal of Comparative Law*, Vol.50, No3, 2002, p.14, note 27.

信托受益权是信托法规定的,它没有突破物权法定主义,只是没有像担保物权和用益物权那样,被规定在《民法典》中,并获得一个明确的名称而已。

但是,如果所谓信托受益权隐含无数可能的物权类型,物权法定主义就被突破了,因为它使得物权法定主义形同虚设。关于这一问题,有如下可能的推理:

推理一:信托主要通过意思自治如信托合同设立,意思自治的内容包含无限可能,所以,所创设的信托受益权的类型是无限的。此推理具有极大的误导性,甚至有美国学者以信托为例,论证物权法定主义在英美法系不存在,因为信托就是通过当事人的意思自治来创设财产权的[①];甚至荷兰学者也以此为由反对引入信托法。但是,他们忽视了:虽然意思自治内容是自由的,但是不能突破信托的基本结构;意思自治只有符合信托的法定结构,才能发生效力,正如抵押合同等其他物权合同一样。

推理二:信托财产可以是各种类型的财产,所以,一种类型财产上的信托受益权就是一种物权,所以,信托财产所包含的物权类型是无数的。此推理逻辑显然勉强。担保物权中的财产既包括动产,也包括不动产,甚至包括权利,可以按此逻辑推理吗?

推理三:信托受益权的内容广泛,隐含无数可能的类型。此推理仍然勉强。信托受益权的法律内容简单而明确,主要包括基于信托财产的收益请求权、信托财产独立性和特定情形下的撤销权。如果按所有权权能理论,在所有权的4种权能,即占有、使用、收益和处分中,信托受益人只享有其中的收益权,而用益物权权能有3种,即占有、使用和收益,相比之下,信托受益权的内容更为简单。

推理四:信托受益权登记复杂,登记的内容以当事人的意思自治为内容,其中隐含种种类型。但是,信托登记并不比担保物权和用益物权复杂。该推理仍然无法成立。信托受益权需要登记的内容实际上仅仅是具有物权效力的内容,主要包括财产的信托性质、信托受托人、信托受益人等。

推理五:信托的目的是多样的,因此,所隐含的物权类型也是多样的。虽然信托可用于各种目的和用途,但其法律结构是固定的、单一的,不因目的的变化而呈现结构和类型的变化。

当然,作为一种物权类型,信托物权也存在特别之处。担保物权细分为质押权、抵押权、留置权等,相比于担保物权,信托物权无此细分。用益物权将财产仅限于不动产,并在一定程度上限制用益的目的,如土地承包经营权限于种植业、林业、畜牧业等农业生产,建设用地使用权限于建造建筑物、构筑物及其附属设施,宅基地使用权限于建造住宅及其附属设施,地役权限于利用他人的不动产,以提高自己的不动产的效益,相比于用益物权,信托物权无此限制。不过,从上述细微差别仍然看不出信托受益权隐含着无数可能的物权类型。可以说,在我国法上,存在3种物权的基本类型:担保物权、用益物权和信托物权。从逻辑和概念上分析,信托法并没有颠覆物权法定主义原则。在物权法定主义的问题上,只存在一个相对次要的问题,即是否仿担保物权和用益物权的相关规定,在信托物权总类型下,创设数个次类型,对信托物权的客体或具体内容加以分类并予以限制?

一些比较法学家,如法国 Pierre Lepaulle 教授、德国 Hein Kotz 教授,曾经研究大陆法系内

---

① See R.A.Cunningham, *The Law of Property*, West Group, 1984, p.711.

部与信托法相似的制度,如意大利的"fondo patrimoniale"、德国的"treuhand"。在比较法研究的基础上,Pierre Lepaulle 教授认为,所谓信托与民法物权法定主义规则不相容的说法是站不住脚的,因为在大陆法系内部,就已经存在与信托相似的制度。[①] 这一观点有一定道理,但需要注意的是,意大利、德国的类似信托的制度是个别特定化的信托制度,规定的是特定的细化式物权类型,与一般性的信托制度规定的总括式物权类型不同。

总之,总括式物权类型和细化式物权类型的差异应引起我们的注意,虽然在逻辑和概念上它们都与物权法定主义相容,但是,在实践效果上,到底会有怎样的出乎意料的不同? 还有待观察和分析。

(4) 物权法定主义的正当性:经济学的解释及其对信托的测试

英美法系学者对物权法定主义的批评屡屡不绝,认为这是一种过时的形式主义(outmoded formalism),其中,批判法学家的批评最为严厉[②],他们认为:财产权的固定形式强化了社会关系的等级制,反映了一种封建观念,这种形式主义的盒装结构将人们塞入既定的社会关系。[③] 自20 世纪 80 年代,物权法定主义问题引起了法经济学学者的注意[④],出现了一批制度经济学的论文,为物权法定主义的合理性辩解,主要理论包括:

① 反公共地理论(the anticommons theory)[⑤]

霍菲尔德的财产权碎片化理论认为:在逻辑上可以对所有权进行无限的分割。但是,反公共地理论认为:对物的所有权进行过度的分割(an excessive level of fragmentation of ownership),会导致效率低下,因为恢复产权完整性的成本比分割产权的成本高,要使物上的多个权利人达成一致决策的交易成本很高,每个人都想获得最大利益,极易导致僵持(holding out),最终将没有人拥有有效的、实质性的使用权。物权法定主义原则可以避免所有权的过分碎片化,避免低效率的反公共地悲剧的出现。[⑥]

Heller 教授同时也认为,信托在很大程度上可以避免反公共地的悲剧。信托通过"死手(dead hand)控制",避免财产的跨代分割(inter—temporal fragmentation),避免破坏财产的生产力(producivity—destroying effects)的后果,保持财产结构的高效率;此外,在商事信托中,如互助基

---

① See *Commercial Trusts in European Private Law*, Michele Graziadei, Ugo Mattei and Lionel Smith (ed.), Cambridge University Press, 2005.

② See Thomas W. Merrill and Henry E. Smith, Optimal Standardization in the Law of Property: The Numerus Clausus Principle, *in* 110 *Yale Law Journal*, 2000, p.5.

③ See E.g., Curtis J. Berger & Joan C. Williams, Property: Land Ownership and Use 211, (4th ed.) 1997.

④ See Bernard Rudden, Economic Theory versus Property Law: the Numerus Clausus Problem, in J.M. Eekelaar and J. Bell (eds.), Oxford Essays in Jurisprudence (3rd Series), 1987. 牛津大学 Bernard Rudden 教授第一次从经济学角度客观理性地研究了物权法定主义,但是,他认为物权法定主义没有令人信服的正当性。

⑤ 反公共地概念最早是由 Frank Michelman 提出的,见 F. Michelman, Ethics, Economics and the Law of Property, 24 Nomos 3, 1982. He defined the anticommons as "a type of property in which everyone always has rights respecting the objects in the regime, and no one, consequently, is ever privileged to use any of them except as particularly authorized by others".

⑥ See Michael A. Heller, The Tragedy of the Anticommons: Property in the Transition from Marx to Markets, *in Harvard Law Review* 111, 1998.

金、资产证券化、企业年金信托等,信托使分散的财产聚集,并成规模,集中在受托人手中管理,消除反公共地的效应。[①]但是,他似乎对于民法学者所谓"信托法破坏物权法定主义原则"这一主张一无所知。

② 交流理论(communication theory)[②]

该理论认为,财产权形态标准化,即物权法定主义,其正当性在于减少信息成本或审核成本(measurement costs)外部性的问题。当事人创设非典型的财产权,即法定物权之外的物权,是不考虑第三人了解该权利所需付出的全部信息成本的。由于财产权是非典型的,第三人的信息成本将大大增加。此外,在关于非典型财产权的交易谈判中,谈判语言和内容非标准化(not codified)将增加谈判成本。而在物权法定主义下,该交易成本则会降低。[③]

虽然信托物权是一种总括式物权类型,担保物权和用益物权是细化式物权类型,但这一差别并不会增加信托外部人的信息成本,因为第三人的信息成本主要来自该权利中的物权效力部分的信息,而这一部分信息是十分简明的。从登记中可以看出,信托登记与担保物权、用益物权的登记一样简明。此外,信托的结构是法定的,法律对于其中的权利义务关系内容的规定比担保物权和用益物权还要详尽,当事人的谈判交易成本在信托中并无高昂之处。[④]至于可能影响到信息成本的因素,主要来自信托公示制度。

5. 信义关系与信托公示

信托法并没有瓦解物权法定主义。如果说信托法对物权原则仍然存在根本冲击,可能主要表现为对物权公示原则的冲击:衡平法上的信托有无公示制度?公示是否是信托的必要条件?信托法是否突破了大陆法系的物权公示原则?在何种情况下,无公示亦可产生对世性的物权效力?这些基本问题无法回避。

(1) 衡平法上有无信托公示制度

由于历史的原因,登记公示不是信托的要件,因为信托属于衡平法,而登记制度属于普通法。英国1985年《公司法》第360条甚至禁止在股权登记中记载信托事项。1984年《制止非法劫持航空器海牙公约》第12条将登记制度引入信托,英格兰和威尔士法学会(The Law Society of English and Wales)发表了如下异议:"我们对第12条十分惊诧,不理解其目的。信托是隐蔽的(veiled),这是英国法一项基本原则,信托的存在以及受托人不是信托财产的真正所有人这一事实,与其他人无关,无须通过登记或权利文件予以公开。信托只涉及受托人和受益人(和税务部门)。事实上,对于受托人的交易相对人,他们无须关注财产的真正所有人是谁。举例说,一个买主不需要关心受托人是否是绝对的所有权人,就可以进行交易。如果购买者需要

---

① See Michael A.Heller,The Boundaries of Private Property,*in Yale Law Journal* 108,1999,p.1178.

② See Thomas W.Merrill and Henry E.Smith,Optimal Standardization in the Law of Property:The Numerus Clausus Principle,*in Yale Law Journal* 110,2000.

③ 对此有学者提出质疑:如果纯为了节省交易成本,为什么法律在债权上不设置同样的限制? See Henry Hansmann,Reinier Kraakman,Property,Contract,and Verification:The Numerus Clausus Problem and the Divisibility of Rights,in J.Legal Study 31.2002,p.380 . 在该文中,作者还提出了关于物权法定主义的认证理论(verification theory)。

④ See Henry Hansmann & Ugo Mattei,The Functions of Trust Law:A Comparative Legal and Economic Analysis,in *N.Y.U.L.Rev.* 73 1998,p.472.

查询真正的所有权人以及受托人是否有权利出卖,就会造成很大的麻烦。这就使信托财产在市场上的可交易性低于非信托财产,从而使信托财产的价值降低。"[1]

大陆法系学者则反驳说:这种认识不全面,忽视了受托人破产的情形,信托财产被隔离在受托人个人的债权人的请求权外,享有独立性,显然与第三人有关,如何可以不公示?

这一争论充分反映了两大法系截然不同的观念。为什么英国法律不重视信托公示?为什么信托财产具有排他性和独立性却不须公示?这些问题需要从衡平法律的历史和文化中作更深入的研究,但是,至少可以看出,衡平法侧重保护信义关系(fiduciary relation),保护信托受益人,而不是所谓的交易安全。

当然,需要注意的是,在美国法律中明显存在信托登记与公示制度,如美国《统一遗嘱法典》(Uniform Probate Code)第7-101条规定受托人有在法院进行信托登记的义务;美国《统一信托法典》(Uniform Trust Code)第810c条规定:受托人具有标注(earmark)信托财产的义务,如果不标注,受托人将承担相关损失。

(2) 大陆法系中的信托公示问题

在民法理论中,公示对于物权效力的重要意义毋庸置疑,英美法系也有学者对此同样重视,Richard Epstein 教授甚至认为,如果一个国家有完整有效的权利公示制度,物权法定主义就是不需要的。[2]

大陆法系国家在引入信托法后,按物权法的基本原则,普遍建立信托登记制度,如日本、韩国等,这是大陆法系信托与英美法系信托明显不同之处。类似地,我国《信托法》第10条也规定,"设立信托,对于信托财产,有关法律、行政法规规定应当办理登记手续的,应当依法办理信托登记"。但是,上述国家和地区对于一般的动产(无须登记的动产)作为信托财产的公示均未明确规定。

我国《民法典》物权编没有关于物权公示原则的一般性规定,第208条只是直接规定不动产和动产的公示方法,即:"不动产物权的设立、变更、转让和消灭,应当依照法律规定登记。动产物权的设立和转让,应当依照法律规定交付。"第二章第一节和第二节分别对"不动产登记"和"动产交付"作了具体规定。而动产交付的规定无法适用于信托公示,动产交付显然无法作为动产信托的公示方法,因为动产交付只公示受托人是信托财产的所有人,它无法显示财产的信托性质,它甚至还掩盖了财产的信托性质。《民法典》物权编显然忽视了信托物权的公示问题。

当然,我国《信托法》第29条规定:"受托人必须将信托财产与其固有财产分别管理、分别记账,并将不同委托人的信托财产分别管理、分别记账。"此条也可勉强解释为隐含着信托公示制度,适用于动产,虽然依然没有明确动产公示的方法。总之,一般动产之信托公示在我国是一个问题:是有待进一步完善,还是像衡平法那样不强制公示?

(3) 公示与排他性效力的关系

其实,衡平法的信托法也促使我们反思:公示一定是一种财产权获取对世性和优先性效力

[1] Maurizio Lupoi, *Trusts: A Comparative Study*, Cambridge University Press, 2000, p.173.

[2] 他以地役权(servitude)为例,阐述了这个问题。R.Epstein, Notice and Freedom of Contract in the Law of Servitude, *S.Cal. L.Rev.*55, 1982, p.1353.

的必要前提吗? 是否存在高于第三人、高于交易安全的价值,使它的物权效力无须以公示为前提。两大法系的实践表明这种特殊价值是存在的,这就是信义关系(fiduciary relation)。

在衡平法中,信托无须公示,信义关系的价值和受益人的利益高于所谓的交易安全。当然,这种制度安排是否合理? 在经济学上如何解释? 背后是否存在重要的理论? 很值得研究。

衡平法的信义关系优先的原则也影响到大陆法系,如《瑞士债务法》第401条规定:"受托人从第三人处获得,并以其客户的名义持有该财产,该财产具有排他性,优先于其他普通债权人。"[①] 我国《证券法》第131条也有类似的规定,"证券公司破产或者清算时,客户的交易结算资金和证券不属于其破产财产或者清算财产"。在上述情形中,公示不是排他效力的前提,仅信义关系的存在就足以导致权利人在财产上具有排他效力。这种关于信义关系的效力的特别规则,在我国是否可以扩大其适用范围? 这也是一个很有意义的问题。

6. 信托的实践功能: 以家族信托为例

信托由于其独特的结构,可以实现许多其他法律工具不可能实现的目的,家族信托就是典型。家族信托不是一个严格的法律概念,它泛指所有用于家庭或家族目的,以家庭或家族财产设立的信托。所谓用于家庭或家族的目的主要包括遗产税务规划、对抗债权人的资产保护、企业传承永续、遗产上的复杂财产权结构的设计、家族财富保密等。简而言之,信托之所以被广泛采用,是因为它可以实现如下功能:

(1) 规避债务风险的资产保护功能: 信托财产的独立性

企业家在经营过程中,极易产生对外债务,而经营债务的产生,又会波及企业家的家庭财富的安全。如何保护家庭财富的安全? 在英美法系,家族信托是一个有效的办法,因为家族财富被设为信托后,家族财富成为信托财产,信托财产具有独立性。信托财产的独立性使得信托财产可以对抗委托人的债权人,也可以对抗受托人的债权人,使得家庭财富处于安全港中。为保护资产不受债权人追索而设立的信托,被称为"资产保护信托"(asset protection trust)。家族企业从事风险大的投机活动或危险行业时,通常设立此种信托提前隔离风险。但是,在特定情形下,资产保护信托是可以被法院撤销的,以保护委托人的债权人。该撤销制度可以追溯到中世纪,英国女王伊丽莎白的法令就形成了成熟的规则,一直影响至今。英国的直布罗陀和马恩岛、澳大利亚的现行有关法律都是以伊丽莎白的法令为模板而制定的。

我国《信托法》也设立了类似的债权人保护规则,第12条规定,"委托人设立信托损害其债权人利益的,债权人有权申请人民法院撤销该信托"。在实践中,要避免资产保护信托被委托人的债权人撤销,就应当在债务发生之前,提前筹划设立,未雨绸缪;反之,在债务发生之时或之后,才设立资产保护信托,该信托必然触发第12条的适用而被撤销。

如果家族企业在欧洲大陆,除列支敦士登和卢森堡外,其他欧洲国家均无信托法,无法设立资产保护信托,但有类似制度可以应用,例如《意大利民法典》第167条至171条对家庭财产基金(fondo patrimoniale)作出了规定。第167条规定:"任何一方配偶或配偶双方或第三人,均可以根据家庭的需要,以公证文书方式、遗嘱方式将在公共登记簿中登记的特定的不动产、动产或债权证书设立为家庭财产基金。"第170条规定了家庭财产基金的独立性,与英美法系

---

① Pietro Supine and Andreas C.Limburg, A Swiss Perspective On Trusts, in Trusts in Prime Jurisdictions, Alon Kaplan(ed.), Kluwer Law International 2000, p.384.

中的家族信托中的信托财产独立性效力一样,它规定:"债权人明知契约并非为满足家庭需要而订立的,不得请求以家庭财产基金及其孳息偿还债务。"

（2）民营企业基业长青的保障：家族信托的职业受托人

在我国的民营企业中,子女在继承父辈企业时,由于管理能力有限而导致经营失败,致使企业陷入困境的实例比比皆是。如何避免家族企业兴败的周期律？日本的经验可资借鉴。日本是一个"家族企业大国",历史超过100年的家族企业达3万家,日本的家族企业继承的成功原因在于：注重"家族"的延续而非狭隘的"血缘"继承,当然日本家族企业选择优秀的女婿以传承家业是普遍的方式。但是,家族企业超越血缘的传承,除选择女婿外,更为现代的方式则是家族信托,将家族企业和财富交给职业受托人管理经营。

（3）企业家控制子女败家的功能：禁止挥霍的信托

在家族财富传承中,败家子女较为常见。家长为子女设立信托,以保障子女未来的经济基础,但是败家子女转让信托受益权,套取现金挥霍,或因债务而导致信托受益权被强制执行,使得家族信托的目的落空。禁止挥霍信托（spendthrift trust）则可以避免之,该信托的文件中明确禁止受益人转让受益权。

我国《信托法》第47条规定:"受益人不能清偿到期债务的,其信托受益权可以用于清偿债务,但法律、行政法规以及信托文件有限制性规定的除外。"第48条规定:"受益人的信托受益权可以依法转让和继承,但信托文件有限制性规定的除外。"可见,我国信托法承认禁止挥霍信托的效力。

在英美法系,还存在与禁止挥霍信托相似的其他信托,如教养信托和保护信托。教养信托（support trust）规定受托人须依受益人"教育及生活"的需要配发信托利益。由于信托利益专属受益人的特殊性质,禁止转让。保护信托（protective trust）一般与自由裁量信托联合使用,可达到趋近禁止挥霍信托的效果,保护信托在不承认禁止挥霍信托的地区（如英国及美国少数州）盛行。英国1925年《受托人法案》（The Trustee Act）中明文承认保护信托。保护信托的特征在于"没收条款"（forfeiture provision）。该条款规定如果受益人企图转让其信托利益,或其信托利益为债权人追及时,受益人在信托下的信托利益乃立即终止,该信托即自动转换为自由裁量信托,受托人有权没收该受益人的受益权。

（4）家族财富多层次的用益安排——信托财产的分割所有权

通过现行的继承制度,无论是法定继承还是遗嘱继承,只能解决遗产所有权的死后归属问题,而无法在遗产上设立多层次立体化的用益结构。遗产信托使得遗产可以进行权益分割,使多人受益,满足被继承人的复杂意愿,增加遗产的使用效益。这正是英美法系信托中的分割所有权制度相较于大陆法系财产法中的绝对所有权制度的优势所在。

（5）作为家族宪章的遗嘱信托

家族宪章本质上是家族财产宪章。许多家族,特别是拥有大型企业集团的家族,都有家族宪章,规定家族财产的管理机制。但是,家族宪章如要产生法律效力,则需要法律的载体,无论表现为合同还是章程抑或遗嘱,都有效力上的缺陷：合同仅约束合同当事人,家族中人生生死死,合同就自然失效了；章程仅约束公司内部事宜,并不覆盖家族；遗嘱只解决在被继承人死亡后的财产归属,遗嘱对未来的财产管理不具有穿越性的约束效力。唯有信托可以弥补上述效力缺陷,英美法系称信托为"亡者之手"（dead hands）,逝者将自己的意志写入信托文件,则具有穿越未来的效力。通过信托文件制订家族宪章,法律效力最为强大。

(6)规避遗产税——世代信托(dynasty trust)

在美国的信托实务中,世代信托是指为规避家族财富在代际传承中应交纳的代际移转税(Generation—Skipping Transfer Tax)(简称 GST 税)而设立的信托,该信托可将家族财富世世代代传承下去,而无须交税,所以深受欢迎。由于我国尚未征缴遗产税,所以,家族信托规避遗产税的优势未显示出来。

此外,世代信托还具有财产权益移转和再分配的便捷优势。在一项财产如不动产或公司股权上设立信托后,受益人对该信托财产享有信托受益权,信托受益权的转让是非常便捷的,无须登记,无须过户,而不动产和公司股权本身要进行移转,则需要经过非常繁复的手续。所以,家族信托设立后,家族内部如需对财产权益进行再分配和调整,仅分割信托受益权即可,可免去复杂的登记过户手续和税负。

(7)家族信托是被继承人生前安排财产的安全方式

信托的设立需要履行财产的移转程序,所以,比纯粹的遗嘱具有确定性。以遗嘱安排财产易引发纠纷。生前以信托的方式安排遗产,可使遗产归属明确,避免身后纠纷,甚至可以避免人身安全风险。被继承人因遗产而引发人身安全风险是可能的,在英国 Riggs v.Palmer 案中,孙子为了提前取得遗产,杀害了爷爷。该案因法学家德沃金在著作中作为重要案例引用而广为人知。在日本,曾经发生多起杀害老人的案件,均是因为遗产纠纷所引发。据日本律师协会介绍,现在越来越多的日本老人在律师的帮助下,生前设立财产信托,财产安排和移转提前完成,避免晚年风险。

(8)家族财富的隐名——信托代持

有些家族因政治原因,寻找"白手套"代持家族财产,意图掩盖非法财产的来源,这是非法无效的。当然,在实践中,财产代持如有特殊的合法的原因,是有效的,受法律保护。

在实务中,以公司股权为例,代持有两种方式,一是通过代持合同,二是通过信托代持,前者受《民法典》合同编调整,后者受信托法调整。合同代持无法充分保护隐名股东,因为根据《公司法》第 32 条规定,隐名股东无法对抗挂名股东的债权人,该代持股权是可能被强制执行用于清偿挂名股东的个人债务的。但是,采信托代持则效力不同,它对隐名股东即股权信托的委托人有强大的保护效力。

(9)实现家族的慈善意愿——慈善信托

我国 2001 年《信托法》和 2016 年《慈善法》分别规定了"公益信托"和"慈善信托",公益信托和慈善信托的含义是一样的。慈善信托的设立必须有慈善目的,所谓慈善目的包含两个要素,一是慈善目的在法定的慈善活动范围内,如扶贫、教育、医疗、环保等;二是受益人不特定。实践中,一些家族企业虽有慈善之心,但明确特定的受益人,如山区某希望小学,在法律上,这仍然是私益信托,无法享有慈善信托的待遇,如免税等。

可担任慈善信托的受托人的只有信托公司和慈善组织。在设立慈善信托时,委托信托公司和慈善组织如基金会作为共同受托人是普遍的做法,因为可将两者的优势结合在一起。基金会可开具公益捐赠发票,享受免税待遇;信托公司则具有投资专业优势,使信托财产保值增值。慈善信托可设监察人,监督慈善信托的运营。

上述家族信托的功能是否能够实现,首先取决于信托目的的合法性,这是家族信托实务中面临的一个非常重要的法律问题。

《信托法》第 11 条即规定,"有下列情形之一的,信托无效:(一) 信托目的违反法律、行政法规或者损害社会公共利益;……(四) 专以诉讼或者讨债为目的设立信托"。此外,认定信托无效时,还可适用《民法典》总则编第 154 条,该条规定了恶意串通、损害他人合法权益的民事法律行为无效的情形。家族信托的资产保护功能、避税功能、规避法律的功能、财产多层次安排功能等,都需要进行合法性检测,才能保证法律效力。

7. 投资基金中受托人的信义义务

第一,投资基金中受托人信义义务的几个重要的法律特质。

(1) 信义义务效力的法定性:不以《民法典》合同编思维替代信托法思维

在认定信义义务时,容易陷入一个误区:仅看合同条款,而忽视了信义义务的丰富含义。信义义务是超越合同文本的法定义务,不限于合同的具体约定,有极高的要求。

在 2018 年 7 月阜兴系私募基金公司暴雷案中,部分专家仅仅以合同约定的义务清单来认定基金管理人的信义义务,例如有经济学家表示:"如果私募管理人的实际控制人失联,不宜将接管责任超出合同范围延伸到托管机构。"这是典型的以《民法典》合同编思维代替信托法思维的做法,显然是将信义义务仅仅视为合同义务了,忽视了其法定性。这种观点背后隐藏着一种不合理的政策化思维而非法治化思维,更不是信托法思维,意在保护银行安全,而非投资者利益。其认为:"托管银行应当而且必须根据合同约定履行好相关职责,但是决不能超越合同赋予的托管义务,否则容易将外部风险传导到银行体系。银行是金融体系稳定的'压舱石',如果损害了银行体系稳定性,将会动摇整个金融体系的稳定性。"

这种偏颇的思维在日本也同样存在。日本信托法专家东京大学法学院樋口范雄教授在《信托与信托法》一书中写道:"日本的司法裁判经常受到'信托也是合同'的观点的不良影响。既然是合同,在了解双方当事人具体协商事项时很看重双方合意。不过,信托的本质是'信任基础上的委托',所以,除当事人合意外,焦点要看受托人如何才算尽到了善良注意义务。"

(2) 信义义务适用的广泛性:基金业的各种法律结构均适用信义关系

信义义务除适用于信托关系外,还适用于公司法中的董事、监事、高级管理人员和公司的关系;适用于合伙企业中合伙人之间的关系,包括私募基金普遍采用的有限合伙企业中的普通合伙人(GP)和有限合伙人(LP)之间的关系。可见,即使资管业的法律组织形式多种多样,并不全是信托结构,但是,均适用信义关系,因为资管业的法律组织形式无非三种,即信托、公司和合伙,均涵盖于信义关系之中。如果说"让资管业回归大信托格局"尚有可商榷之处,但说"让资管业回归信义关系"则无可挑剔。

相比于中国立法,英美法中的信义义务适用则更为广泛。除信托法、公司法外,还广泛适用于以信任为基础建立起来的民事关系,例如:朋友之间交流创意,一方的创意却被另一方窃取,创意只是一个理念,不被《版权法》保护,但可通过信义法(fiduciary law)保护。信托和信义关系理念甚至渗透到英美国家的宪法层面,调整国家和公民之间的宪法关系,有关自然资源的公共信托理论(public trust doctrine)就是例证。

(3) 信义义务内容的时代性:通货膨胀现象重塑受托人的投资活动的信义义务

在信托法律关系中,信义义务又可以具体细分为忠实义务和注意义务两大方面。忠实义务要求受托人不得从事与受益人利益冲突的行为,不得利用信托财产为自己或第三人牟利。注意义务要求受托人以善良管理人的标准管理信托财产,做到审慎决策、亲自管理、分别管理、保存记录、信托清算等。

在现代商业活动中,投资成为基金受托人的主要义务。因为随着资本主义的发展,通货膨胀成为资本社会化的一个必然结果,特别是1971年美国总统尼克松废除美元金本位后,货币贬值更为严重。政府通过宽松的货币政策促进投资,而通货膨胀使得全社会承担投资的风险。通货膨胀对信托业和基金业产生了深刻的影响,强化了受托人的投资义务和责任,以保证信托资产不缩水。1992年,美国制定《统一谨慎投资人法案》(Uniform Prudent Investor Act)对此予以回应。

(4) 信义义务标准的严格性

信义义务与民法上的诚实信用标准是不同的,两者的差别在于:诚实信用只是原则,而信义义务包含具体的规则;诚实信用适用于全部民事活动,而信义义务仅适用于公司、信托等有限领域;诚实信用是低级标准,而信义义务则是民事活动中的高级标准。而在以信托为构架的基金中,基金管理人的信义义务不仅比普通活动中的诚实信用标准高,甚至高于公司法中的董事、监事和高级管理人员的信义义务,因为公司法中的商事判断规则(business judgement rule)在一定程度上保护公司的董事、监事和高级管理人员,减轻其信义义务,而商事判断规则并不绝对适用于信托受托人。

第二,把握对私募基金监管规制的合理限度。私募基金因其私募性质,受托人信义义务主要依靠刑法和民法保障,强监管涉及成本和效率问题,可能抑制私募基金的发展。

在美国,对私募基金的监管经历了弱—强—弱的周期。最初,私募基金管理人一般不受1940年《投资顾问法》(Investment Adviser Act)的规制,因为只要其客户少于15个,就在豁免范围内。美国证券交易委员会(SEC)曾经试图扩大解释“客户”的概念,加强对私募基金的监管。基金管理人管理一个私募基金,应该仅算一个客户,但SEC认为,客户应包括私募基金背后的所有投资人或合伙人,按此解释,许多私募基金管理人就被纳入《投资顾问法》中的“顾问”概念中,而接受严格的监管。2006年,哥伦比亚特区联邦巡回上诉法院在Goldstein一案中,否定了SEC关于“客户”的定义。法官的推理很有力量:“投资人不参与投资,他们只收到分红,没有收到投资建议,所以,不是投资顾问(基金管理人)的客户。”

2010年,奥巴马总统签署《多德—弗兰克法案》(Dodd-Frank Act),其第四章又称《2010年私募基金投资顾问登记法案》,修改了1940年《投资顾问法》关于私募基金投资顾问豁免登记的条款,要求所有私募基金管理人必须进行登记。但是,2018年,美国众议院通过了修订2010年《多德—弗兰克法案》的议案,美国又开始告别金融强监管的时代,回归理性。

私募基金监管应持谨慎理性的态度,当然,对于涉嫌欺诈的私募基金,则应迅速查处。反欺诈是全世界的难题,即便在监管法制相对健全的美国,同样爆发了麦道夫庞氏骗局这一惊天大案。

第三,完善基金的治理结构,鼓励采取先进合理的辅助制度,实现管理人和受托人的信义义务。例如,美国的私募基金普遍采取2%+20%的收益分配模式,即管理人在收取固定的2%的管理费之外,还享有20%的利润分成。此种利润共享机制使得管理人的信义义务的履行成为一种自愿行为。明初清末时期,晋商之所以能有效地寻找代理人和合作者,扩大地盘和经营规模,取得成功,就是采用利润共享制,而非法律上的信义义务。根据周放生先生的研究,20% 的利润分成模式在当前我国许多企业的经营中取得了巨大的成功。20% 的比例似乎是投资人与受托人利润分成的黄金分割线。我国《证券投资基金法》在起草过程中,曾经激烈讨论"股权激励"问题,也击中肯綮。

第四,加强有关信托法和信义义务的司法裁判水平。在我国基金业发展史上,涉及基金管理人信义义务的一个重要案例是袁近秋诉南方基金管理公司一案。袁近秋于 2006 年 6 月 29 日花 5 万元认购了南方基金管理公司管理的南方稳健成长贰号基金,并选择了现金分红。《基金合同》约定:"在符合有关基金分红条件的前提下,本基金每年收益分配次数最多为 12 次,全年分配比例不得低于年度可供分配收益的 90%。"袁近秋所购基金在 2007 年年底前有收益,达到了分红条件,但南方基金管理公司没有按约定进行分红,致使在其后股市下跌过程中基金收益大幅缩水,袁近秋请求中国国际经济贸易仲裁委员会裁定南方基金管理公司违约,并赔偿其红利损失及相应利息共计 66 586.52 元,退还管理费 2 041.49 元。

但是,中国国际经济贸易仲裁委员会驳回了袁近秋的主要请求,仲裁庭的法律推理如下:"从一个时间段角度看,未经分红的基金其价值的走向,无非是涨或跌。在通常情况下,基金净值的涨与跌,只取决于两个基本因素即基金管理人的投资决策和市场的波动,而与先前是否有分红没有任何关系。未分红既不影响更不决定基金(份额)净值的涨与跌。未分红只是使得基金价值之涨跌波动在一个含有未分配收益的更大资产价值基数之上展现。因基金管理人之正常具体投资决策行为和市场变化而出现的基金价值减少,基金管理人是免责的。由此,本案中,被申请人未实施分红之行为并不是南方稳健成长贰号基金日后产生价值或减损的致因,也不应成为基金价值日后减损的归咎对象。"虽然以因果关系抗辩信义责任是英美法系国家律师常用的方法,如英国的类似案例 Nestle v. National Westminster Bank,但在此案中,仲裁庭忽视了三个问题:一是本应分红却没有分红的那部分资金是否仍然是信托财产?二是即使是信托财产,以该部分资金的投资是否应当适用更高的信义义务的标准以保证资金的安全?三是如何界定因果关系?法律上的因果关系不是自然科学上的因果关系,其认定具有法律的评价因素。信托责任中的因果关系的认定和信义义务的标准紧密相连,因果关系的认定是以责任人是否应当预见到作为重要标准,而责任人是否应当预见到,又取决于信义义务的标准。正如美国杜克大学法学院德宝兰教授所言:"确定信义责任中的因果关系的标准,应强调对受托人不忠实的行为施加责任这一目标,通过提供法律上有约束力的确信,确保受托人将以忠实的方式为其受益人的利益服务,从而鼓励有内在社会价值的各种关系的形成。"此案的裁决完全没有触及信托法中的本质问题——信义义务,仅仅停留在普通合同法思维层面。此案本是基金发展史上一个重要的案例,却以机械的因果关系抗辩否定了基金管理人的信义责任,造成了消极的影响,增强了基金管理人逃避信义义务和法律责任的侥幸心理,实为一大历史遗憾。

(三) 延伸阅读

上海浦发发展银行股份有限公司宁波余姚支行与浙江赛日新材料科技有限公司等信托纠

纷执行案 [①]。

信托财产应当按照信托法有关规定依法认定,以委托人名义设立账户中的存款即使依照约定受信托人监管,也不能认定为信托财产。委托人作为被执行人时,法院可以依法执行以委托人名义设立的监管账户中的存款。

华融公司与浙江赛日新材料科技有限公司(简称赛日公司)于 2013 年 7 月 24 日签订信托贷款合同,贷款人华融公司向借款人赛日公司发放贷款,贷款金额为 3 亿元。后双方又签订信托贷款合同之补充协议二,约定华融公司向赛日公司发放信托贷款 1 亿元,专项用于补充赛日公司的经营流动资金。另,华融公司与上海浦发发展银行股份有限公司宁波余姚支行(简称浦发银行)、赛日公司签订资金监管协议,约定"乙方(赛日公司)同意将其为履行本协议而于丙方(浦发银行)处开立的如下账户作为接收甲方(华融公司)根据主合同的约定向乙方划付 B 类信托贷款资金的监管账户,本账户同时作为乙方提前归集 B 类信托贷款本金的归集账户,以及乙方偿付 A 类信托贷款的全部款项义务履行完毕之日起至偿付 B 类信托贷款的全部款项义务履行完毕之日止的期间,乙方及其股东陈维君所参股的企业分配股息、红利时,该等股息、红利的收款账户",约定的监管账户账号为 94××09。后华融公司与浦发银行、赛日公司签订用款账户监管协议,约定赛日公司在浦发银行开立账号为 94××17 的专门账户为监管账户,对资金的使用进行监管。赛日公司使用信托资金时,须向华融公司提交资金使用申请书,经申请人审核同意后,由浦发银行完成划款行为。

本案的争议焦点是用款账户监管协议约定的信托贷款资金监管账户内的资金性质如何认定的问题。华融公司认为浙江省余姚市人民法院扣划存款的账户系其与赛日公司、浦发银行三方共同约定的信托贷款资金监管账户,所以账户内的资金应当是异议人的信托资金;而浦发银行却认为,该账户在赛日公司名下,系企业账户,并非信托专用账户。

1. 信托贷款

信托贷款是指受托人接受委托人的委托,将募集的资金按照信托计划中指定的对象、用途、期限、利率与金额等发放贷款,并负责到期收回贷款本息的一项金融业务。信托贷款实质上是以发放、收回贷款为信托目的的一种信托。由于信托的受托人往往不是银行,所以需要指定一家银行,作为发放、使用、收回贷款的监管银行。本案中,用款账户监管协议确定的监管银行,正是申请执行人浦发银行。根据用款账户监管协议,赛日公司使用信托资金时,需向华融公司提交资金使用申请书,经审核同意后,由监管银行完成划款。

2. 对资金监管账户性质的理解

第一,银行账户被设置为监管账户,没有改变该账户及账户内资金的所有权关系。用款账户监管协议规定,监管账户内的资金仅限用于经异议人书面批准的用途,被执行人使用监管账户内的资金,应提前 3 个工作日向异议人提交资金使用申请书。即该协议只是限制了被执行人对监管账户内资金的使用权,但账户内资金的所有权还是完整地属于赛日公司。

第二,监管账户内的资金不是信托资金。《中国人民银行关于信托投资公司人民币银行结算账户开立和使用有关事项的通知》规定,信托投资公司对受托的信托财产,应在商业银行设置专用存款账户。信托财产专户的存款人名称应为受托人全称,不同的信托财产应开立不同

① 浙江省宁波市中级人民法院(2014)浙甬执复字第 19 号民事裁定书。

的专户,并对应不同的账号。此案中,用款账户监管协议 4.1 条约定,"乙方同意将贷款资金按时、足额划付至监管账户",也即,被执行人在取得信托贷款后,要把贷款全部划付到监管账户。这恰恰说明监管账户里的资金不是信托资金。根据物权法的规定,金钱转移占有即转移所有权。被执行人取得贷款后,贷款即属于其所有,而监管账户也属于其所有,故监管账户内资金属于被执行人没有疑问。[①]

四、习 题 自 测

(一) 单项选择题

1. 信托行为设立的基础是(　　)。

A. 委托　　　　　　B. 金钱　　　　　　C. 信任　　　　　　D. 股权

2. 公益信托的设立和确定其受托人,应当经(　　)批准,未经批准不得以公益信托的名义进行活动。

A. 国务院　　　　　　　　　　　B. 国务院银行业监督管理机构

C. 中国人民银行　　　　　　　　D. 有关公益事业的管理机构

3. 信托受益人是由(　　)指定的。

A. 受托人

B. 信托财产的保管人

C. 国务院银行业监督管理机构及其派出机构

D. 委托人

4. 受益人自(　　)起享有信托受益权。

A. 签订信托合同之日　　　　　　B. 委托人指定受益人之日

C. 信托生效之日　　　　　　　　D. 信托终止之日

5. 信托业务中,在受托人无过失的情况下,信托财产的风险由(　　)负责。

A. 委托人和受益人　　　　　　　B. 委托人和受托人

C. 受托人和受益人　　　　　　　D. 受托人和担保人

6. 在我国设立信托公司,应当经(　　)批准,并领取金融许可证。

A. 中国人民银行　　　　　　　　B. 市场监督管理局

C. 国务院银行业监督管理机构　　D. 国务院

7. 信托关系存续期间,因信托财产毁损而取得的补偿金,除当事人另有约定外,性质为何?(　　)

A. 为受托人的财产　　　　　　　B. 为受益人的财产

C. 回复为委托人的财产　　　　　D. 仍为信托财产

8.《信托法》第 16 条第 2 款规定:"受托人死亡或者依法解散、被依法撤销、被宣告破产而终止,信托财产不属于其遗产或者清算财产。"这一规定是要说明信托财产的何种特性?(　　)

[①] 参见卢斌:《信托贷款资金监管账户内资金不宜认定为信托财产》,载《人民司法》2015 年第 20 期。

A. 独立性　　　　　　　　　　　　　B. 公示性

C. 连续性　　　　　　　　　　　　　D. 物上代位性

9. 甲因经商失败,对外积欠债务,为避免债权人查封其所有的房屋一栋,便与好友乙基于虚假意思表示成立信托。依据《信托法》的规定,该信托的效力如何?　(　　)

A. 自始无效

B. 有效,但债权人有权在一定期间内申请法院撤销该信托

C. 效力未定

D. 有效

10. 下列何者符合《信托法》对受托人在管理信托财产时所课予的义务?　(1) 为受益人的最大利益处理信托事务;(2) 不得利用信托财产为受托人自身谋利;(3) 避免与受益人产生利益冲突。(　　)

A. 仅(1)和(2)符合　　　　　　　　　B. 仅(2)和(3)符合

C. 仅(1)和(3)符合　　　　　　　　　D. (1)(2)(3)三者均符合

11. 假设委托人甲以其所有的房屋作为信托财产交由受托人乙进行管理,在信托关系存续期间,如乙为甲的利益,对该房屋(信托财产)进行修缮,并因此支出费用。试问,关于费用的部分,乙可以为下列何种行为?　(　　)

A. 以信托财产承担该费用

B. 向甲请求增加报酬

C. 主张与自己对甲的债务相互抵销

D. 在费用支出获得满足前,乙可拒绝将信托财产交付受益人

12. 信托关系存续期间受托人死亡的,对信托关系有何影响?　(　　)

A. 信托关系消灭　　　　　　　　　　B. 信托关系不因之消灭

C. 委托人得终止信托关系　　　　　　D. 受益人得撤销信托关系

13.《信托法》第62条规定,"公益信托的设立和确定其受托人,应当经有关公益事业的管理机构(以下简称公益事业管理机构)批准"。除此之外,下列关于公益事业管理机构权限的叙述,何者为非?　(　　)

A. 在信托文件未规定信托监察人时,得进行指定

B. 受托人违反信托义务或者无能力履行其职责时,得进行变更

C. 检查受托人处理公益信托事务的情况及财产状况

D. 得自由行使裁量权,变更信托文件中的有关条款

14. 以下关于基金财产,叙述正确的是(　　)。

(1) 基金财产独立于基金管理人、基金托管人的固有财产。(2) 基金财产的债权,得与基金管理人、基金托管人固有财产的债务相抵销。(3) 基金管理人、基金托管人因依法解散、被依法撤销或者被依法宣告破产等原因进行清算的,基金财产属于其清算财产。(4) 非因基金财产本身承担的债务,不得对基金财产强制执行。

A. (1)和(2)　　　B. (2)和(3)　　　C. (1)和(4)　　　D. (3)和(4)

15. 以下关于公开募集基金的基金管理人,叙述错误的是(　　)。

A. 公开募集基金的基金管理人不得实行专业人士持股计划,建立长效激励约束机制

B. 公开募集基金的基金管理人应当对所管理的不同基金财产分别管理、分别记账,进行证券投资

C. 不得将其固有财产或者他人财产混同于基金财产从事证券投资

D. 不得向基金份额持有人违规承诺收益或者承担损失

16.《证券投资基金法》第75条规定:"基金信息披露义务人应当确保应予披露的基金信息在国务院证券监督管理机构规定时间内披露,并保证投资人能够按照基金合同约定的时间和方式查阅或者复制公开披露的信息资料。"试问,下列何者属于法所允许的披露行为?( )

A. 对证券投资业绩进行预测

B. 承诺对可能产生的损失一概承担

C. 承诺该基金必然会产生收益

D. 对涉及基金财产、基金管理业务、基金托管业务的诉讼或者仲裁进行披露

17. 根据《证券投资基金法》的规定,以下各项资金中,无须归入基金财产的是( )。

A. 基金所持债券的发行人违约,其后支付的延期兑付违约金

B. 投资赎回时份额净值错误,其后返还的不当得利

C. 基金管理在管理费收入纳税后,所获得的企业所得税退税

D. 证券公司为基金提供经纪服务,其后返还的交易佣金

18. 公开募集基金财产不可以用于( )。

A. 买卖公开发行的股票、债券

B. 买卖中国证监会规定的其他证券及其衍生品种

C. 买卖基金份额

D. 从事承担无限责任的投资

19. 关于私募基金募集机构与投资者签署的风险揭示书,不需要提及的是( )。

A. 基金的投资比例限制

B. 基金未托管涉及的风险

C. 基金未在中国证券投资基金业协会登记备案的风险

D. 聘请投资顾问涉及的风险

20. 关于公募基金信息披露的制度体系,以下表述中错误的是( )。

A. 基金信息披露的部门规章、规范性文件均由中国证监会制定并发布

B. 基金信息披露的自律性规则仅由证券交易所依法制定和颁布

C. 基金信息披露制度体系的层次可分为国家法律、部门规章、规范性文件、自律性规则

D. 司法解释不属于基金信息披露制度体系的构成部分

(二)多项选择题

1. 对于信托的分类,下列说法正确的是( )。

A. 以受益人中是否包含委托人为标准,信托可以分为自益信托和他益信托

B. 以信托是否依委托人的意愿设立为标准,信托可以分为意定信托和非意定信托

C. 以受托人义务是积极还是消极为标准,信托可以分为积极信托和消极信托

D. 以是否以营利为目的作为标准,信托可以分为民事信托和营业信托

2. 在信托文件没有特别约定的情况下,下列哪些选项是公益信托有别于私益信托的独特之处?（　　）

A. 受益人不确定

B. 设置信托监察人

C. 设立信托时,信托财产需要从委托人名下转移给受托人

D. 信托终止时,受托人应当将信托财产用于与原信托目的相近似的事业

3. 对于宣言信托,下列哪些说法是正确的?（　　）

A. 宣言信托无须意思表示即可设立

B. 宣言信托不需要将信托财产从委托人名下转移给受托人

C. 宣言信托的受托人为委托人本人

D. 我国现行《信托法》不承认宣言信托

4. 在信托文件没有特别约定的情形下,下列哪些权利属于信托受益人享有的权利?（　　）

A. 受托人的解任权

B. 新受托人的选任权

C. 信托财产管理方法的变更权

D. 对受托人违反信托目的处分信托财产的撤销权

5. 对于信托受益权,下列说法错误的是（　　）。

A. 信托受益权不可以转让

B. 信托受益权不可以继承

C. 信托受益权不可以放弃

D. 信托受益权不可以用于偿债

6. 在没有信托文件特殊约定时,受托人管理信托财产,从事下列哪些行为会违背受托人信义义务?（　　）

A. 受托人代表信托进行起诉和应诉

B. 信托终止后,以留置信托财产的方式请求支付报酬

C. 受托人将固有财产和信托财产进行相互交易

D. 受托人将不同委托人的财产进行相互交易

7. 下列关于信托财产的说法,正确的是（　　）。

A. 在任何情形下,信托财产均不得被委托人的债权人强制执行

B. 在任何情形下,信托财产均不得被受托人的债权人强制执行

C. 在任何情形下,信托财产均不得被受益人的债权人强制执行

D. 在任何情形下,信托财产均不得被任何债权人强制执行

8. 以下哪些不是设立管理公开募集基金的基金管理公司的条件?（　　）

A. 注册资本不低于 2 亿元人民币,且必须为实缴货币资本

B. 主要股东应当具有经营金融业务或者管理金融机构的良好业绩、良好的财务状况和社会信誉,资产规模达到国务院规定的标准,最近 5 年没有违法记录

C. 注册资本不低于 5 000 万元人民币,且必须为实缴货币资本

D. 主要股东应当具有经营金融业务或者管理金融机构的良好业绩、良好的财务状况和社会信誉,资产规模达到国务院规定的标准,最近两年没有违法记录

9. 按照基金合同约定,基金份额持有人大会可以设立日常机构,行使下列职权。( )

A. 召集基金份额持有人大会

B. 提请更换基金管理人、基金托管人

C. 监督基金管理人的投资运作、基金托管人的托管活动

D. 提请调整基金管理人、基金托管人的报酬标准

10. 有下列情形之一的,不得担任公开募集基金的基金管理人的董事、监事、高级管理人员和其他从业人员。( )

A. 因犯有危害国家安全罪,被判处刑罚的

B. 对所任职的公司、企业因经营不善破产清算或者因违法被吊销营业执照负有个人责任的董事、监事、厂长、高级管理人员,自该公司、企业破产清算终结或者被吊销营业执照之日起未逾 3 年的

C. 个人所负债务数额较大,到期未清偿的

D. 因违法行为被开除的基金管理人、基金托管人、证券交易所、证券公司、证券登记结算机构、期货交易所、期货公司及其他机构的从业人员和国家机关工作人员

11. 关于证券投资基金的投资范围和运作,以下表述错误的是( )。

A. 证券投资基金可以投资股票、债券、债权和林权等金融资产

B. 证券投资基金运作的主要当事人包括基金投资者、基金管理人和基金托管人

C. 证券投资基金可以投资房地产、艺术品等非金融资产

D. 证券投资基金在本质上是一种直接投资

12. 按照法律形式,投资基金的主要类型包括( )。

A. 有限合伙型基金　　　　　　　　　B. 契约型基金

C. 公司型基金　　　　　　　　　　　D. 开放型基金

13. 关于基金销售机构的销售行为,以下表述错误的是( )。

A. 某地方城市商业银行取得基金代销资格后,所有员工均可销售其代销的基金产品

B. 某农村商业银行在未取得基金代销资格时,可以销售对接货币市场基金的"××宝"类产品

C. 某小型基金公司开展直销业务,必须取得基金销售资格

D. 某基金公司成立的销售子公司可以销售其他基金公司管理的基金产品

14. 与公开募集基金相比,非公开募集基金的特点包括( )。

A. 投资人人数较少　　　　　　　　　B. 投资参与门槛较低

C. 不具有外部性　　　　　　　　　　D. 不具有公众性

15. 以下属于基金宣传推介资料的行为是( )。

A. 在指定信息披露媒体上刊发基金净值公告

B. 介绍基金的电子邮件

C. 公告网站上的链接广告

D. 推荐基金的微信

（三）不定项选择题

1. 我国《信托法》对信托的分类主要有（　　　）。

A. 民事信托　　　　B. 商事信托　　　　C. 慈善信托　　　　D. 营业信托

2. 以下哪些情形会导致信托无效？（　　　）

A. 没有确定的信托财产

B. 以受贿取得的财产权作为信托财产

C. 信托目的违反行政法规

D. 没有确定的受益人但是可以确定受益人的范围

3. 以下有关共同受托人的描述，符合我国《信托法》规定的有（　　　）。

A. 信托事务的处理，必须由全体共同受托人一致作出决定

B. 受托人因处理信托事务而对第三人承担债务，共同受托人之间应当向债权人承担连带清偿责任

C. 信托事务的处理，共同受托人之间应当以少数服从多数的方式作出决定

D. 信托事务的处理，共同受托人之间无法形成一致意见，信托文件亦无规定时，由委托人、受益人或者其利害关系人决定

4. 下列哪一法律法规，是我国首次将信托业的行业定位明确为"受人之托，代人理财"者？（　　　）

A. 1986 年《金融信托投资机构管理暂行规定》

B. 1999 年《整顿信托投资公司方案》

C. 2007 年《信托公司管理办法》

D. 2018 年《关于规范金融机构资产管理业务的指导意见》

5. 信托法的确定性原则有哪些？（　　　）

A. 信托当事人确定　　　　　　　　B. 信托目的确定

C. 信托权益确定　　　　　　　　　D. 信托财产确定

李某年近八十，有一儿子，并有一成年孙子小明。李某立下遗嘱一份："为孙子成长和发展着想，专门设立'李某家族基金会'。本人去世后，遗产中的 2 000 万元现金和本人名下的两套房屋应并入'李某家族基金会'，由儿子予以管理。基金会受益人为孙子小明。"同时，李某将遗嘱告知了儿子和小明，二人均同意。请回答第 6、7 题：

6. 如果孙子小明认为遗嘱中的条款对他有利，想阻止爷爷撤销这个遗嘱，并想尽快获得财产利益，因此毒死了爷爷李某，在我国法律框架下，下列说法错误的是（　　　）。

A. 法官应判决遗嘱信托有效，其效力不受孙子小明毒害行为的影响

B. 法官应判决遗嘱信托无效，若得知孙子恶毒意图，李某不会设立该信托

C. 孙子小明恶毒杀害李某，其应丧失受益权

D. 任何人都不应从其犯罪行为中获益，遗嘱信托应终止

7. 如果李某的儿子利用上述财产为自己谋取利益，所得利益应如何处置？（　　　）

A. 归孙子小明所有　　　　　　　　B. 归入"李某家族基金会"

C. 归李某所有　　　　　　　　　　D. 罚没归入国库

8. 下列属于公开募集基金的基金份额上市交易的条件的是（　　　）。

A. 基金合同的期限要在 5 年以上

B. 基金份额持有人不少于 200 人

C. 基金募集金额不低于 2 亿元人民币

D. 基金份额总额要达到核准规模的 80% 以上

9. 下列关于基金披露的表述,正确的是(　　　　)。

A. 基金信息披露一般可分为基金募集信息披露和运作信息披露

B. 年度报告的披露时间为每个基金会计年度结束后 90 日内

C. 基金信息披露的实质性原则包括规范性原则、易解性原则和易得性原则

D. 开放式基金放开申购、赎回后,应每周披露一次基金份额净值和份额累计净值

10. 在私募股权基金有限合伙制下,以下关于合伙人表述正确的是(　　　　)。

A. 普通合伙人有独立的经营管理权利

B. 普通合伙人的收入来源主要是管理费

C. 有限合伙人不直接干涉或参与项目的经营管理

D. 普通合伙人对私募股权基金承担有限连带责任

11. 能够开展公募证券基金业务的机构包括(　　　　)。

A. 保险资产管理公司、证券资产管理公司

B. 保险公司、期货公司

C. 信托公司、保险公司

D. 期货公司、私募机构

12. 证券投资基金可以分为封闭式基金和开放式基金,两者之间的划分依据是(　　　　)。

A. 价格形成方式的不同　　　　　　B. 交易场所的不同

C. 组织运作方法的不同　　　　　　D. 期限的不同

13. 商业秘密是指不为公众所知悉的、能够带来经济利益、具有实用性并被采取保密措施的技术信息和经营信息。下列选项中,属于基金公司商业秘密的有(　　　　)。

A. 行业研究报告　　　　　　　　　B. 产品的投资组合

C. 产品的宣传推介材料　　　　　　D. 产品的招募说明书

14. 甲在担任某托管机构投资监督岗期间,将其看到的某一基金的持仓情况发送给了在某基金公司担任投资研究员的大学同学,供其参考。甲的这一行为,违反了基金职业道德(　　　　)的要求。

A. 客户至上　　　　B. 专业审慎　　　　C. 诚实守信　　　　D. 保守秘密

15. 某资产管理有限公司为在中国证券投资基金业协会登记的私募基金管理人,其内部制度体系中包括下列四项制度,其中与《私募投资基金监督管理暂行办法》中投资运作行为规范相关的制度为(　　　　)。

A.《公平交易管理办法》　　　　　B.《利益冲突防范管理办法》

C.《内幕交易防控管理办法》　　　D.《证券投资基金管理公司管理办法》

(四) 简答题

1. 简述我国《信托法》的调整范围。

2. 简述我国《信托法》关于信托无效的规定。

3. 简述委托人的撤销权。

（五）论述题

试论述民事信托与营业信托不同的法律特征。

（六）案例分析题

1. 甲与朋友创设 A 公司，多年经营有所获益后，A 公司拿出 10 万元人民币，以 B 信托投资公司为受托人，为甲正在上小学的儿子乙设立大学教育经费信托。甲的儿子读高一时，A 公司由于经营管理不善，宣告破产，此时，B 信托投资公司也由于连续 2 年年检不合格，依法被中国人民银行撤销。之后，C 信托投资公司受甲之托继续管理教育经费信托事务。两年后，甲的儿子在一起交通事故中意外死亡。试分析：

问题：

（1）A 公司破产和 B 公司被撤销是否会影响原信托的存在？

（2）甲的儿子死亡后，信托的效力如何？

（3）甲的儿子死亡后，信托财产的归属如何确定？

2. 原告田建翔、田建全诉称，2007 年 4 月，两原告与被告张克俭签订《信托协议》，约定两原告委托张克俭以自己的名义将原告田建翔的 90 000 元与原告田建全的 10 000 元，共计 100 000 元本金投资到第三人绿城公司，两原告享受投资收益。协议签订后，原告田建翔、田建全仅在 2007 年和 2008 年收取过收益，在其后长达 5 年的时间里，被告拒绝给两原告分配投资收益，两原告多次催要未果。后经两原告了解，第三人经营情况良好，被告拒不支付两原告的收益已经构成根本违约，造成两原告投资目的无法实现。现两原告请求依法解除与被告的信托投资协议。被告和第三人均答辩认为，张克俭与两原告之间签订的《信托协议》违反法律的强制性规定，内容不真实，根据《民法典》总则编第 153 条之规定，系无效合同：首先，该《信托协议》违反了信托法的强制性规定。根据《信托法》第 4 条之规定，受托人采取信托机构形式从事信托活动，而本案张克俭并不是信托机构，也不是有资质的信托机构的内部职工，而是个人，故该信托协议违反了《信托法》的强制性规定。其次，该信托内容不真实，两原告系绿城公司的股东。根据原告的诉状，其签订信托合同的目的是盈利，但不是所有投资都能得到相应的回报，原告不能没有得到回报就说没有实现投资的目的。

法院查明：2003 年 11 月 18 日，第三人绿城公司成立，田建翔作为股东出资 13 万元，占注册资本的 10.8%。其出资总额中包含 7 人出资，其中田建翔出资额 50 000 元。2005 年，绿城公司增资，田建翔增资至 90 000 元；田建全入股 10 000 元，登记在田建翔的名下。2007 年 4 月 6 日，绿城公司第一届股东大会第九次决议，同意将田建翔、李某某、徐某某、赵某某几个股东代表更换为张克俭、毛某某、刘某某、徐某。田建翔的股东代表身份变更为张克俭。2007 年 4 月 6 日，张克俭与田建翔签订《信托协议》，田建翔将 90 000 元资金委托给张克俭，以张克俭名义投资于绿城公司；同日，张克俭与田建全签订《信托协议》，田建全将 10 000 元资金委托给张克俭，以张克俭名义投资于绿城公司。田建翔、田建全根据绿城公司的经营情况按照出资比例分红，2004 年至 2009 年年间均有分红，2010 年至 2012 年年间由于经营不佳，股东会决议不分红。试分析：

问题：

（1）信托持股协议是否有效？张克俭能否有资格作为信托受托人？

（2）原告是否有解除权？

3. 2015 年下半年，上海阜兴实业集团（下称阜兴集团）开始大规模增资，从 1 亿元注册资本大幅增加至 20 亿元，又在 2015 年年底更名为上海阜兴金融控股。从 2016 年起，阜兴集团董事长朱某某等人在资本市场开始一系列布局和运作，包括提前操纵大连电瓷股价、入主华闻传媒等。然而，朱某某等人操纵股价的预期目标没有实现，大连电瓷股价大跌，阜兴系控制的资金损失惨重，并且被中国证监会发现异常。操纵股价的资金，主要来自阜兴集团实际控制的 4 家上海私募基金管理公司——上海意隆财富投资管理有限公司、上海西尚投资管理有限公司、上海郁泰投资管理有限公司和易财行财富资产管理有限公司。这 4 个私募基金，都在中国证券投资基金业协会正常备案。

从 2015 年到 2018 年，这 4 个私募基金以医疗、稀土等名目发行了 150 多只股权基金产品，大部分产品期限一年或者一年半，向个人投资者募集资金，产品间循环嵌套。2018 年 6 月下旬，阜兴系一笔股票质押的利息到期未偿付，资金链断裂，朱某某逃往境外。至此，已有证据表明，这些基金宣称的投资标的与实际不符，涉嫌自融，即募集资金未能有效隔离和监管，最终可能流向了阜兴系控制的公司。上述 4 家上海私募基金公司均已中断经营，并进一步牵连十几家正规金融机构，尤其是作为基金托管人的商业银行。

2018 年 7 月，中国证券投资基金业协会发布公告：要求相关备案私募基金的托管银行按照法律和基金合同，切实履行托管人职责，建立应急工作机制，统一登记相关私募基金投资者情况，做好投资者接待工作。此后，大批涉事投资者前往上海银行（阜兴系私募基金产品托管行之一）意图维权。

据初步审计结果，阜兴集团兑付逾期的产品达 180 亿元，资金黑洞（阜兴集团旗下总资产与基金产品及各类负债的差额）达到 300 亿元，影响非常恶劣。2018 年 8 月底，朱某某在境外被缉捕归案，随即被押解回国。2018 年 9 月 30 日，朱某某以涉嫌集资诈骗罪、操纵证券市场罪被逮捕。

问题：

（1）请简述我国私募基金适用的主要法律规范。

（2）请简述私募基金与公募证券投资基金在设立程序、募集对象、投资范围、治理结构上的差异。

（3）请简述本案中阜兴集团旗下私募基金管理人存在的背信行为及其他违法行为。

（4）请简述中国证券投资基金业协会对阜兴集团旗下私募基金管理人、各托管银行进行监管的法律依据。

（5）上海银行等私募基金托管人是否应当承担法律责任？如果要承担责任，请分析其责任范围。

第十一章 破 产 法

一、学 习 目 标

(一) 理解

1. 了解破产的经济含义与法学含义。
2. 把握破产法的基础概念与调整对象,深刻理解破产法的适用范围与适用主体。
3. 把握关于破产法的诉讼事件说、非诉讼事件说以及特殊事件说。
4. 了解各种破产类别之间的关系。
5. 认识破产管理人的概念特征与地位,进而了解破产案件的审查与受理。

(二) 熟悉

1. 了解破产原因的概念与构成要件,把握破产申请中的法定程序。
2. 熟悉破产程序中的别除权、撤销权、追回权、抵销权。
3. 熟悉破产费用与共益债务的概念、特征与范围。

(三) 掌握

1. 熟练掌握破产重整的概念与特征,深刻理解破产重整计划的正常批准与强制批准。
2. 深入学习破产和解的申请、提出与审查,并深刻理解破产和解协议的效力。
3. 深刻理解破产程序终结的原因与效力。

二、知识结构图

第十一章 破产法—知识结构图

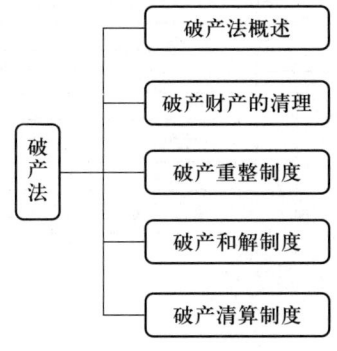

第一节　破产法概述—知识结构图

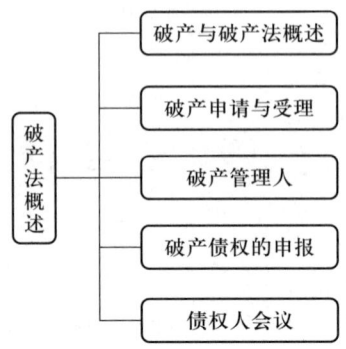

第二节　破产财产的清理—知识结构图

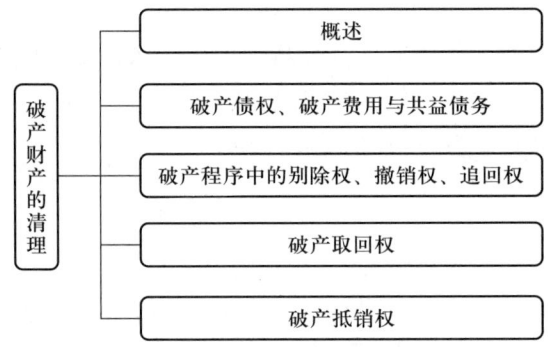

第三节　破产重整制度—知识结构图

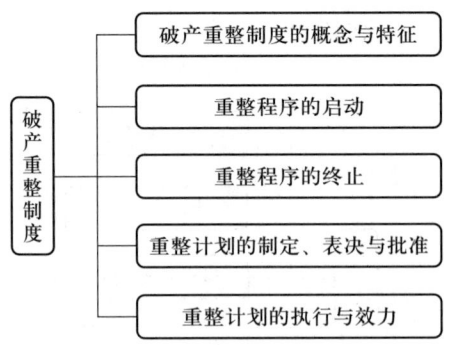

第四节　破产和解制度—知识结构图

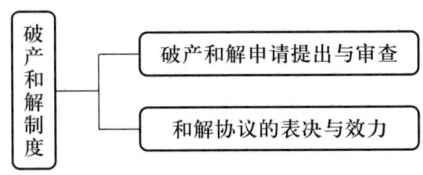

第五节　破产清算制度—知识结构图

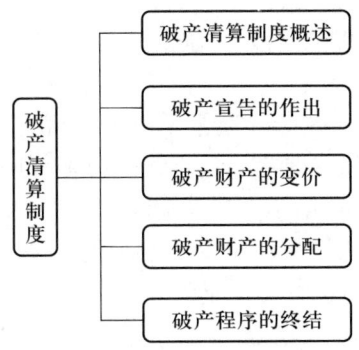

三、重点难点解析

（一）重点内容

1. 破产与破产法的概念

法律意义上的破产包括狭义和广义两种。狭义上的破产,特指清算型破产,它是指当债务人不能清偿到期债务时,由法院根据当事人的申请对破产案件予以受理后,将破产财产公平分配给全体债权人的清算程序。广义上的破产,则还包括预防型破产,它是指当债务人不能清偿到期债务时,由法院根据当事人的申请(有的立法例中法院可依职权),对债务人实施的挽救性程序以及就债务人的全部财产实行的概括性清算程序的统称。它是由破产清算程序与破产和解、破产重整等预防性程序共同构成的一个统一的破产法律制度体系。

与破产概念存在狭义与广义上的区别相适应,破产法也有狭义与广义之分。狭义上的破产法,是指在债务人出现破产原因时,宣告其破产并对债务人的全部财产进行清算的法律制度的总称;广义上的破产法,则是指在债务人出现破产原因时,宣告其破产并对债务人的全部财产进行清算,或者为避免债务人进入破产清算程序而建立起来的破产预防法律制度的总称。

2. 破产能力与破产原因的概念与立法主义

（1）破产能力,是指债务人能够适用破产程序解决债务清偿问题的资格,亦即民事主体得以被宣告破产的资格。一方面,各国出于社会政策和历史文化背景的不同,在破产法中往往规定某些具有民事权利能力的特定主体不具有破产能力,不允许其适用破产程序解决债务清偿问题。另一方面,为保护债权人的利益,又将破产程序适用于不具有民事权利能力的主体。

就破产能力问题,各国传统立法上存在商人破产主义、一般破产主义与折中主义的区别。但在各国大多改行一般破产主义的立法趋势下,这一破产能力区别已不再突出。

(2) 破产原因,是指认定债务人丧失债务清偿能力,法院据以启动破产程序、宣告债务人破产的法律标准,即引起破产程序发生的原因。在衡量债务人究竟是否具有破产原因时,主要存在三种立法模式与判断标准,即列举主义、概括主义及折中主义。

3. 破产债权、破产费用与共益债务的概念、特征、范围

(1) 破产债权。我国《企业破产法》第 107 条第 2 款规定:"债务人被宣告破产后,债务人称为破产人,债务人财产称为破产财产,人民法院受理破产申请时对债务人享有的债权称为破产债权。"

对破产债权的具体范围,各国破产法通常予以明文规定。我国的破产立法并没有将破产债权的具体范围进行明确的列举,而是在《企业破产法》第 107 条对破产债权进行了一般性的规定,然后通过第 93 条、第 104 条、第 107 条、第 110 条、第 113 条、第 124 条等条文,分别对重整与和解中破产债权的处理、破产债权在整个清偿中的顺序、破产终结后未清偿的破产债权的处理等问题进行了单独的规定。此外,《企业破产法》在第 50—55 条规定了连带债权人、债务人的保证人和其他连带债务人、因解除合同而产生的债权、因委托合同而产生的债权、因票据关系而产生的债权等特殊的债权。

(2) 破产费用。破产费用,是指法院在受理破产案件时收取的案件受理费以及破产程序进行中为全体债权人利益和程序进行所必需而支付的各项费用的总称。依我国《企业破产法》第 41 条之规定,破产费用的范围包括:① 破产案件的诉讼费用;② 债务人财产的管理、变价和分配所需费用;③ 破产管理人执行职务的费用、报酬和聘用工作人员的费用。

(3) 共益债务。共益债务,是指在破产程序开始后,为了全体债权人的共同利益以及破产程序的顺利进行而负担的债务。依我国《企业破产法》第 42 条之规定,共益债务的范围包括:① 因破产管理人或者债务人请求对方当事人履行双方均未履行完毕的合同所产生的债务;② 债务人财产受无因管理所产生的债务;③ 因债务人不当得利所产生的债务;④ 为债务人的继续营业而应支付的劳动报酬和社会保险费用以及由此产生的其他债务;⑤ 破产管理人或者相关人员执行职务致人损害产生的债务;⑥ 债务人财产致人损害所产生的债务。

4. 破产程序中的别除权、撤销权、取回权、抵销权

(1) 破产别除权。破产别除权,是指债权人不依破产清算程序,就属于破产人的特定财产个别优先受偿的权利。破产别除权是大陆法系的概念,英美法系所使用的是"担保债权"一语。我国《企业破产法》未采用别除权的概念,但对此作了规定。该法第 109 条规定:"对破产人的特定财产享有担保权的权利人,对该特定财产享有优先受偿的权利。"

(2) 破产撤销权。破产撤销权,是指破产管理人拥有的,对于债务人在临近破产程序开始的期间内实施的有害于债权人利益的行为,于破产程序开始后予以撤销并将撤销利益归于破产财产的权利。

破产撤销权的适用范围主要有以下行为：① 无偿转让财产；② 以明显不合理的价格进行交易；③ 对原来没有财产担保的债务提供财产担保；④ 对未到期的债务提前清偿；⑤ 放弃债权；⑥ 在人民法院受理破产申请前 6 个月，债务人在具备破产原因时仍对个别债权人进行清偿的，除非个别清偿使债务人财产受益，管理人有权请求人民法院对该个别清偿行为予以撤销。

（3）破产取回权。破产取回权，是指在破产程序中，对不属于债务人的财产，其所有人或者其他权利人不依照破产程序，通过破产管理人将该财产予以取回的权利。破产取回权实际上是民法上物的返还请求权在破产程序中的一种表现形式，具有以下特征：① 破产取回权的行使具有绝对性和无条件性；② 破产取回权的标的物是破产人占有的不属于破产人所有的财产；③ 破产取回权人对取回权的标的物享有所有权或者支配权；④ 破产取回权的行使不依破产程序，但必须以破产管理人为相对人。

破产取回权的种类分为一般取回权和特殊取回权。一般取回权，是指不属于破产财产法定范围内的财产，已经为破产管理人实际占有，取回权人所享有的不依破产程序即可取回的请求权。特殊取回权，通常是指出卖人取回权、行纪人取回权和代偿取回权。

（4）破产抵销权。破产抵销权，是指债权人在破产案件受理前对债务人负有债务的，无论其债权与所负债务种类是否相同，也不论该债权、债务是否附有期限或条件，均可以用该债权抵销其对债务人所负债务的权利。

抵销权原属民法上的权利，但它在破产诉讼中的行使又有一定特殊性。民法上的抵销权，要求相互抵销的债务必须均已到清偿期限，而且给付种类必须相同，履行劳务的债不能与履行金钱的债抵销。破产法中的抵销权则无此限制。不过，民法上的抵销权对债权、债务成立的期间并无限制；而破产法上的抵销权则仅允许破产程序开始前成立的债权、债务相互抵销，有时间上的限制。

5. 破产重整制度、破产和解制度与破产清算制度的概念与特征

（1）破产重整制度。破产重整制度，是指经由利害关系人的申请，在法院的主持和利害关系人的参与下，对具有重整原因和重整能力的债务人进行生产经营上的整顿和债权债务关系上的清理，以使其摆脱财务困境，重获经营能力的破产预防制度。这一制度首创于英国，美国、日本等亦有相关制度。

与破产清算的原因相比，重整的原因要宽泛得多，并且重整程序只有经利害关系人的申请才能启动，法院不能依职权发动重整程序。

（2）破产和解制度。破产和解制度，是指破产程序开始后，经由债务人与债权人会议达成协议，就债务人延期清偿债务、减免债务等事项达成协议，以中止破产程序，挽救、复苏企业的法律制度。破产和解制度最早出现于 1673 年的法国《陆上商事条例》，但作为预防破产的和解制度则首创于 1883 年的英国。1886 年，比利时率先颁布了以预防破产为目的的《预防破产之和解制度》。其后，各国纷纷制定分别受英国与比利时影响的不同模式的和解法。

（3）破产清算制度。破产清算制度，是指当债务人不能清偿到期债务时，由法院根据债权人或债务人的申请，依法宣告债务人破产，并将其全部财产公平分配给全体债权人的法律制度。与广义上的破产程序不同，破产清算程序特指清算型破产程序与狭义上的破产程序，而不包含破产重整与破产和解这两项预防性破产程序。

6. 破产重整程序的效力

(1) 在重整期间,经债务人申请,人民法院批准,债务人可以在管理人的监督下自行管理财产和营业事务。已接管债务人财产和营业事务的管理人应当向债务人移交财产和营业事务,管理人的职权由债务人行使。

(2) 破产管理人负责管理财产和营业事务的,可以聘任债务人的经营管理人员负责营业事务。

(3) 在重整期间,对债务人的特定财产享有的担保权暂停行使。但是,担保物有损坏或者价值明显减少的可能,足以危害担保权人权利的,担保权人可以向人民法院请求恢复行使担保权。债务人或者管理人为继续营业而借款的,可以为该借款设定担保。

(4) 债务人合法占有的他人财产,该财产的权利人在重整期间要求取回的,应当符合事先约定的条件。

(5) 在重整期间,债务人的出资人不得请求投资收益分配。在重整期间,债务人的董事、监事、高级管理人员不得向第三人转让其持有的债务人的股权,但是,经人民法院同意的除外。

7. 破产财产的概念、性质与范围

(1) 破产财产的概念与性质

为区分和解、重整与破产清算等不同破产程序,我国《企业破产法》确立了"债务人财产"概念。债务人财产是破产财产的上位概念,它是指广义的破产程序启动时属于债务人的全部财产,以及破产申请受理后至破产程序终结前债务人取得的财产,具体包括破产和解、破产重整与破产清算程序进行中债务人所拥有及取得的财产。统一适用于各个破产阶段的"债务人财产"与仅适用于破产清算阶段的"破产财产",除存在适用阶段上人为设定的区别外,并不存在任何区别。

(2) 破产财产的范围

依我国《企业破产法》第 30 条之规定,破产财产的范围包括以下两个部分:① 破产申请受理时属于债务人的全部财产;② 破产申请受理后至破产程序终结前债务人取得的财产,即破产法理论中的"新得财产"。

(二) 难点内容

1. 我国法上破产原因

(1) 我国破产法关于破产原因的规定

我国破产法在破产原因上采取的是概括主义立法模式,对所有破产主体的破产原因作了统一规定。《企业破产法》第 2 条规定:"企业法人不能清偿到期债务,并且资产不足以清偿全部债务或者明显缺乏清偿能力的,依照本法规定清理债务。企业法人有前款规定情形,或者有明显丧失清偿能力可能的,可以依照本法规定进行重整。"上述破产原因的规定明显系为刻意尊重不同意见的折中性立法表述,因未能取消破产原因中资不抵债的内容,故在其后又补充规定"或者明显缺乏清偿能力",从而达到排除对"资不抵债"概念不当使用的目的,也算是以曲线方式解决了立法规定与实践适用上的难题[1]。

---

[1] 参见王新欣:《〈破产法司法解释(一)〉深度解读》,载《人民法院报》2012 年 2 月 11 日及 15 日。

(2)《企业破产法》关于破产原因规定的合理解读

由于我国破产法总体上采纳了广义的破产概念,而破产程序区分为破产清算程序与破产重整程序、破产和解程序,且不同破产程序的破产原因不尽相同。依《企业破产法》第2条及第7条之规定,破产原因分为以下四个层次:

其一,债权人对债务人提出破产重整申请或者破产清算申请的,实质意义上的破产原因为"不能清偿"。《企业破产法》第7条的规定表明,尽管依该法第2条之规定,"资产不足以清偿全部债务或者明显缺乏清偿能力"是与"债务人不能清偿到期债务"相并列的破产原因,但在债权人提出破产重整申请或者破产清算申请的情况下,实际上仅将"不能清偿"作为实质意义上的破产原因。立法者之所以作此规定,是考虑到对于债权人申请债务人破产的条件不应过于苛刻。若要求债权人对债务人的资产状况予以证明,则显然对债权人有失公平,不利于对其合法权益的保护①。因此,该规定在一定程度上降低了我国破产法关于破产原因规定的不合理性,使债权人得以无须证明债务人存在"资产不足以清偿全部债务或者明显缺乏清偿能力"的情形即可提出破产申请。只要债权人提出申请时证明债务人不能清偿其到期债务,且债务人未能依据《企业破产法》第10条第1款的规定,及时举证证明其既非资产不足以清偿全部债务,也没有明显缺乏清偿能力的,法院即可推定债务人出现了破产原因。为解决这一结论与《企业破产法》第2条规定所存在的表面上的逻辑矛盾,最高人民法院民二庭认为,在债权人申请债务人破产清算的情形下,不能清偿到期债务既是债权人提出破产申请的条件,也是债务人存在破产原因的推定依据②。此外,还应注意的是,尽管《企业破产法》第2条第2款将债务人"有明显丧失清偿能力可能"规定为破产重整的补充性破产原因,但依该法第7条之规定,实际上该破产原因仅适用于债务人提出破产重整申请的情形。

其二,债务人自身提出破产清算与破产和解申请,破产原因为"不能清偿"且"资不抵债"或"明显缺乏清偿能力"。详言之,债务人申请破产和解或者清算的破产原因为:债务人不能清偿到期债务,并且资产不足以清偿全部债务或明显缺乏清偿能力。依此,"资不抵债"或"明显缺乏清偿能力"作为"不能清偿"的补充性破产原因,实际上仅适用于债务人自身提出破产清算与破产和解申请的情形。

其三,债务人自身提出破产重整申请的,破产原因为"不能清偿"且"资不抵债"或"明显缺乏清偿能力"或者"有明显丧失清偿能力可能"。具体来说,债务人申请破产重整的破产原因为:① 债务人不能清偿到期债务,并且资产不足以清偿全部债务或者明显缺乏清偿能力;② 有明显丧失清偿能力可能。

其四,解散后企业法人的破产清算,破产原因表现为"资不抵债"标准。具体来说,企业法人已解散但未清算或者未清算完毕,依法负有清算责任的人申请破产清算的破产原因为:资产不足以清偿债务。在适用该项破产原因时,若债务人在法定异议期限内举证证明其未出现破产原因,则破产清算申请将不被受理。

综上所述,我国破产法是通过"不能清偿"和"资不抵债"或"明显缺乏清偿能力"等标准来界定与判断破产原因的。对此,有学者提出了批评意见,认为该规定在理论上不够准确,也

---

① 参见本书编写组编著:《〈中华人民共和国企业破产法〉释义及实用指南》,中国民主法制出版社2006年版,第49页。

② 参见《最高人民法院民二庭负责人就〈破产法司法解释(一)〉答记者问》,载《人民法院报》2011年9月26日。

有悖各国破产立法惯例。首先,要求"不能清偿"与"资不抵债"必须同时具备的规定不仅未见先例,而且漏洞百出,难以适用。其次,"明显缺乏清偿能力"也是破产法理论上未曾使用过的模糊概念。因此,有学者认为,将来在修改破产法时,仍应恢复原破产法起草工作组对破产原因的规定,并采取与实践需要相适应的规范化立法用语。此外,有学者还提出,将来在我国经济体制改革基本完成、企业经营机制完善之后,为更好地保护债权人的利益,破产立法应将"资不抵债"规定为法人型企业普遍适用的特殊破产原因[①]。本书对此持赞同态度。

(3)《企业破产法》关于破产原因的法律适用

法院在审查当事人的申请并决定是否受理破产申请,或者决定是否开始破产和解、破产重整、破产清算程序之前,应当根据以上多层次的破产原因标准进行衡量,在防止当事人滥用破产申请权的同时,保障当事人提起破产申请的诉权。2011年,《最高人民法院关于适用〈中华人民共和国企业破产法〉若干问题的规定(一)》(以下简称《破产法司法解释(一)》)颁布,详细规定了破产原因的司法适用。

① 债务人清偿能力独立界定。《破产法司法解释(一)》第1条第2款规定:"相关当事人以对债务人的债务负有连带责任的人未丧失清偿能力为由,主张债务人不具备破产原因的,人民法院应不予支持。"依此,债务人是否存在破产原因必须对其自身清偿能力与财产等情况独立评估,债务连带责任人的存在并不影响债务人破产原因的认定。

② 不能清偿的裁判标准。不能清偿到期债务,强调的是债务人不能清偿债务的外部客观行为,而不是债务人的财产客观状况。根据《破产法司法解释(一)》第2条的规定,认定不能清偿到期债务应当同时具备三个方面的要件:第一,债权债务关系依法成立。例如,债务人不否认或者无正当理由否认债权债务关系,或者有债务已经生效的法律文书确定,即可推定债权债务关系依法成立。这样规定的主要目的是防止债务人拖延破产程序启动。第二,债务人不能清偿的是已到偿还期限的债务。破产程序本质上属于概括执行程序,债务尚未到期的,债务人不负有立即履行的义务,故不应受执行程序的约束。第三,债务人未清偿债务的状态客观存在。无论债务人的客观经济状况如何,只要其未完全清偿到期债务,均构成不能清偿到期债务[②]。

③ 资不抵债的裁判标准。资不抵债的着眼点是资债比例关系,考察债务人的偿还能力仅以其实有财产为限,不考虑信用、能力等可能影响债务人清偿能力的因素,计算债务数额时,不考虑是否到期,均纳入债务总额之内。通常用来判断债务人是否资不抵债的标准为资产负债表,其反映了企业资产、负债、所有者权益的总体规模和结构,以此判断债务人的资产状况具有明确性和客观性。但考虑到资产负债表反映的企业资产价值具有期限性和不确定性,在其由企业自行制定的情况下甚至可能存在严重的虚假情况,因此,《破产法司法解释(一)》第3条同时规定,审计报告、资产评估报告等也可作为判断债务人资产总额是否资不抵债的依据。资不抵债是对债务人客观偿债能力的判断,故应以债务人的真实财产数额为基础,若当事人认为债务人的资产负债表,或者审计报告、资产评估报告等记载的资产状况与实际状况不符,则允许当事人提交相应证据予以证明,以便推翻资产负债表、审计报告或者资产评估报告等的结论[③]。

---

① 参见王欣新:《破产法》(第二版),中国人民大学出版社2007年版,第57页。

②③ 参见《最高人民法院民二庭负责人就〈破产法司法解释(一)〉答记者问》,载《人民法院报》2011年9月26日。

④ 明显缺乏清偿能力的裁判标准。"明显缺乏清偿能力"是各国破产立法和破产法理论上没有的新概念,与资不抵债的着眼点为资债比例关系不同,其着眼点为债务关系能否正常了结。《企业破产法》将债务人"不能清偿到期债务"并且"明显缺乏清偿能力"作为破产原因之一,目的在于涵盖债务人"不能清偿到期债务"并且"资产不足以清偿全部债务"之外的其他情形,以适度缓和破产程序适用标准,弱化破产原因中关于资不抵债的要求。由于《企业破产法》关于"明显缺乏清偿能力"的规定过于抽象,导致实践中的认定困难,影响了该项标准的适用效果,故《破产法司法解释(一)》对此作了具体规定[①]。对此,《破产法司法解释(一)》第 4 条规定:"债务人账面资产虽大于负债,但存在下列情形之一的,人民法院应当认定其明显缺乏清偿能力:(一) 因资金严重不足或者财产不能变现等原因,无法清偿债务;(二) 法定代表人下落不明且无其他人员负责管理财产,无法清偿债务;(三) 经人民法院强制执行,无法清偿债务;(四) 长期亏损且经营扭亏困难,无法清偿债务;(五) 导致债务人丧失清偿能力的其他情形。"

2. 破产清算程序的启动标志

(1) 境外破产清算程序启动标志的立法例

关于破产程序开始的立法例,主要有破产受理开始主义与破产宣告开始主义两种类型。德国、日本旧破产法都采取的是破产宣告开始主义立法例。受此影响,许多大陆法系国家和地区都采取了破产宣告开始主义立法例,我国台湾地区现行"破产法"仍采取该模式。不过,在英美法系国家所采取的破产受理开始主义立法例的影响下,为顺应破产当事人主义的立法潮流,大陆法系国家和地区已纷纷改采破产受理开始主义。

在破产受理开始主义立法例下,破产宣告就失去了原有的启动破产程序的意义,因而多数国家的破产法都废除了破产宣告的规定。例如,1994 年《德国破产法》、2004 年《日本破产法》都已删除了破产宣告的规定,破产程序从破产申请被法院受理之时起正式启动;法国是以判决的方式对进入司法重整程序或直接进入司法清算程序予以确认;俄罗斯则是先以受理破产申请裁定的方式启动破产程序,再由仲裁法院以裁定或判决的方式确定进入"调查""优化财务状况""外部调整"以及"破产诉讼程序",其中前 3 个程序适用"裁定",第 4 个程序适用"判决"。在这些国家,由于破产清算程序与破产重整程序等其他破产程序之间的关系不尽相同,因而破产清算程序的具体启动时间也不尽相同。在德国、日本等国,破产申请即为破产清算申请,故受理破产申请的时间即为破产清算程序启动的时间。在法国,原则上应首先引入司法重整程序,即一般司法重整程序启动在前、司法清算程序启动在后,但法定条件下也可直接启动司法清算程序,司法清算程序的启动标志则均为法院作出判决。在俄罗斯,法院最初作出的受理破产申请的裁定并未明确具体适用何种破产程序,破产清算程序则以专门的判决予以启动。

在仍采取破产宣告开始主义的大陆法系国家和地区,破产程序特指破产清算程序,故破产宣告即为破产清算程序开始的宣告。基于此,采此立法例的我国台湾地区"破产法"将和解程序划分为破产宣告前的和解与破产宣告后的和解,前者称为"和解",后者称为"调解"。作此区分的原因在于一般意义上的"和解"程序乃一般意义上的"破产"程序之外的独立程序。

在英美法系国家和地区,破产法一般采取法典的形式,除设置了统一适用于不同破产程序

---

① 参见《最高人民法院民二庭负责人就〈破产法司法解释(一)〉答记者问》,载《人民法院报》2011 年 9 月 26 日。

的"总则性规范"外,还分别对不同破产程序作了具体规定。在破产程序的启动方面,当事人仍须具体提出适用不同破产程序的申请,而破产清算程序乃独立于破产重整程序与破产和解程序的破产程序,因而破产清算程序仍以法院作出破产申请受理的裁定为启动标志。

(2) 我国《企业破产法》关于破产清算程序启动标志的规定

我国 1986 年发布的《企业破产法(试行)》将法院受理破产申请作为破产清算程序启动的标志,破产宣告则为确认债务人无可挽回地进入实质性清算程序的标志。在此立法例下,由于破产重整(整顿)与破产和解均非完全独立的程序,而必须依赖于破产清算程序的启动才能适用,因而破产清算程序的启动标志不致引起误解。但 2006 年发布的《企业破产法》在设置了统一适用于不同破产程序的"总则性规范"的同时,又将破产重整程序、破产和解程序与破产清算程序分别规定为可以单独适用的破产程序,从而使人容易对破产清算程序的启动标志产生误解。对此,我国破产法学界基本上对此不予置评或存在误解[1],故需作明确说明。

有学者认为,破产程序的启动标志为破产申请的受理,而破产清算程序的启动标志为破产宣告[2]。这种观点将破产宣告作为破产清算程序的启动标志,显然受到了我国《企业破产法》编排体例的影响。该法第八章、第九章、第十章分别规定了"重整""和解"与"破产清算"制度,并且在关于重整与和解的章节中明确规定了法院裁定重整与裁定和解为相应程序启动的标志,而第十章"破产清算"则以"破产宣告"为开篇性规定。至于将破产程序启动标志与破产清算程序启动标志区别开来的原因,有个别学者对此作了说明。例如,有学者认为,破产案件的受理并不意味着已经进入了破产清算程序,因为在破产案件受理之后,并不一定必然要走破产清算程序,债权人和债务人完全有可能通过和解程序来进行;另外,在法院受理破产案件之后,一些特殊事由的出现也有可能使得法院并不对债务人进行破产宣告,而是终结破产程序[3]。另有学者虽未对破产清算程序的启动标志及破产宣告的意义作明确说明,但明确提出,破产申请的受理乃破产程序启动的标志[4]。这种关于破产申请的受理乃破产程序的启动标志的认识无疑是正确的,但因未论及破产程序与破产清算程序启动是否有区别,故无助于破产清算程序启动标志及破产宣告对破产程序的意义的理解。

综上,我国破产法学界基本上都对破产申请的受理为破产程序启动标志予以确认,但有

---

[1]　以下破产法或商法(有破产法内容)教科书中均未对破产清算的启动标志及破产宣告对破产程序的意义作任何说明。高在敏主编:《商法》,法律出版社 2010 年版;齐树洁主编:《破产法》(第二版),厦门大学出版社 2009 年版;王欣新:《破产法》(第二版),中国人民大学出版社 2007 年版;李永军主编:《商法学》(第二版),中国政法大学出版社 2007 年版;范健主编:《商法》(第三版),高等教育出版社、北京大学出版社 2007 年版。

[2]　参见韩长印主编:《破产法学》,中国政法大学出版社 2007 年版,第 46、196 页;覃有土主编:《商法学》(第四版),中国政法大学出版社 2007 年版,第 185、242 页;顾功耘主编:《商法教程》(第二版),上海人民出版社、北京大学出版社 2006 年版,第 584、611—612 页。

[3]　参见李曙光:《破产清算程序的启动》,载《法制日报》2008 年 1 月 27 日。

[4]　参见齐树洁主编:《破产法》,厦门大学出版社 2007 年版,第 64 页;王欣新:《破产法》(第二版),中国人民大学出版社 2007 年版,第 72—75 页;李永军主编:《商法学》(第二版),中国政法大学出版社 2007 年版,第 486 页;范健主编:《商法》(第三版),高等教育出版社、北京大学出版社 2007 年版,第 332 页。

的学者明确提出破产清算启动标志为破产宣告,有的学者则对破产清算的启动标志未予说明。如果将破产申请的受理与破产宣告分别作为破产程序与破产清算程序的启动标志,则意味着在破产重整、破产和解与破产清算程序之上另设立一个抽象的破产程序,各破产程序都是在该抽象的破产程序基础上展开的。在上述破产清算程序启动标志的立法例分析中,仅俄罗斯的破产法规定可作为这一观点的立法例支撑,这种认识是错误的。

尽管因我国《企业破产法》未对于破产清算程序的启动时间作明确规定,但基于对该法相关规定的分析,仍可得出以下结论:破产程序固然以破产申请的受理为启动标志,但破产清算程序同样以破产申请的受理为启动标志,破产宣告则为进入实质性破产清算阶段的标志。从形式上看,我国《企业破产法》似乎是将重整程序、和解程序与破产清算程序作为破产程序的下位概念,该法第一到第七章的规定似乎均为关于抽象的破产程序的规定。事实上,我国《企业破产法》并未创设作为重整程序、和解程序与破产清算程序的上位概念,之所以采用"受理破产申请"等概念,是因为这些规定基本上要统一适用于各个破产程序。例如,我国《企业破产法》第70条第1款规定:"债务人或者债权人可以依照本法规定,直接向人民法院申请对债务人进行重整。"第70条第2款规定:"债权人申请对债务人进行破产清算的,在人民法院受理破产申请后、宣告债务人破产前,债务人或者出资额占债务人注册资本十分之一以上的出资人,可以向人民法院申请重整。"依此,破产重整程序的适用包括两种情形:① 直接提出债务人重整申请;② 在债务人已被提出破产清算申请,且时间在法院受理后、宣告破产前。这一规定还有以下两点意涵:① 债权人或债务人希望适用破产重整程序,就必须直接提出重整申请,而不存在作为重整程序上位概念的破产程序;② 在破产宣告前,破产清算程序就已启动,其启动标志为法院受理破产申请。由此可见,将破产清算程序的启动标志界定为破产申请的受理,不仅具有上述境外多数立法例的支持,而且唯有如此才能使我国《企业破产法》的相关规定得以协调一致。以破产程序的转换为例,如果将破产宣告作为启动破产清算程序的标志,则意味着破产清算程序无法转换为破产重整程序与破产和解程序。这显然既有悖现代破产法立法精神与境外立法例,也与我国《企业破产法》的规定相矛盾。这一结论还意味着,当事人提出破产申请时,必须针对具体的破产程序提出,法院则须针对具体破产程序的要件予以审查。若当事人仅笼统地提出破产申请,则法院应基于释明权①,对当事人进行必要说明并要求其提出具体的破产程序申请,否则应驳回其申请或视为破产清算申请。

在确定了破产清算程序的启动标志后,还应对破产宣告的法律意义予以确认。破产清算申请受理后,我国破产法之所以还规定破产宣告程序,主要有两方面的原因:一方面,而该规定又为大陆法系国家的传统立法(现已被许多大陆法系国家所舍弃);另一方面,法院对破产清算申请的受理,实际上相当于法院在民事诉讼中对案件的受理,并未进行实体审理。因此,可将破产清算申请的受理视为破产清算程序启动的初步标志,将破产宣告视为破产清算程序启动的确定性标志。易言之,破产清算程序受理后,仍可被转换为其他破产程序并可能因破产宣告障碍而被裁定终结,破产宣告后则确定性地进入破产清算阶段,破产人将不可避免地面临破产分配。

---

① 　一般认为,释明权是法院专属的、在法律规定的范围和以法定的形式行使的旨在维护当事人的平等诉权的诉讼指挥权。释明权作为法院的一项职权,其本质属性为义务而非可选择是否行使的权利。

3. 破产财产的分配顺序、方式与方案

破产财产的分配,是指基于债权人公平受偿的原则,将破产财产按各债权人的应受偿顺序和应受偿比例在债权人间进行的清偿程序。

(1) 破产财产的清偿顺序

一般来说,债务人进入破产清算程序后,其财产已不足以支付全部破产债权,故破产财产的清偿顺序将直接决定债权人的受偿程度。因此,破产财产的清偿顺序对维护债权人的利益和整个社会秩序的稳定非常重要。根据国际上的通行做法,并考虑到我国政治和经济发展的实际情况,我国《企业破产法》第113条规定,破产财产在优先清偿破产费用和共益债务后,依照下列顺序清偿:

① 破产人所欠职工的工资和医疗、伤残补助、抚恤费用,所欠的应当划入职工个人账户的基本养老保险、基本医疗保险,以及法律、行政法规规定应当支付给职工的补偿金。破产人所欠职工工资和社会保险费用的偿付,关系着劳动者的切身利益,也是维护劳动者生计所必需的。对这种劳动债权优先偿付,也是国际上的通行做法。

② 破产人欠缴的除前述规定以外的社会保险费用和破产人所欠税款。这些费用包括基本养老保险和基本医疗保险应当纳入统筹基金的部分,以及失业保险、工伤保险、生育保险所拖欠的保险费,以及拖欠的税款。

③ 其他的普通破产债权。若破产财产不能满足同一顺序债权的清偿要求,则按照比例分配。但鉴于企业的董事、监事和高级管理人员的工资比普通职工的工资要高,而他们对企业的破产往往负有一定责任,法律对其工资计算标准作了明确限定。对此,我国《企业破产法》第113条第3款规定:"破产企业的董事、监事和高级管理人员的工资按照该企业职工的平均工资计算。"

(2) 破产财产分配的方式

在我国司法实践中,破产财产的分配主要包括货币分配、实物分配与债权分配三种方式。其中,以货币分配方式为主,实物分配与债权分配主要适用于破产财产不易或不能变价转化为货币的情形,或者依债权人会议作出将破产财产直接分配于债权人的决议的情形。对此,我国《企业破产法》第114条规定:"破产财产的分配应当以货币分配方式进行。但是,债权人会议另有决议的除外。"

破产财产分配可采取一次分配或多次分配的方式。一次分配只能在破产程序终结时进行,故只能采取最后分配的方式。最后分配,是指全部破产财产变价之后不留剩余地对一般破产债权人进行的分配,分配完毕后,破产程序终结。多次分配是将破产财产根据变现情况,在多个特定集中的时间内分配给债权人。除最后分配外,多次分配还采取中间分配的方式。中间分配,是指在最后分配之前,就可分配财产所进行的分配。我国《企业破产法》对多次分配、最后分配均作了明确规定。

(3) 破产财产分配方案

破产财产分配方案是由破产管理人制定,供债权人会议讨论,就如何依据法律的规定将破产财产分配给每一个债权人,具体指导破产财产分配的文件,是执行破产分配的依据。破产财产分配方案应由破产管理人拟订,并由债权人会议审议通过。破产财产分配方案应当载明的事项有:① 参加破产财产分配的债权人名称或者姓名、住所;② 参加破产财产分配的债权额;

③ 可供分配的破产财产数额；④ 破产财产分配的顺序、比例及数额；⑤ 实施破产财产分配的方法。债权人会议的决议，由出席会议的有表决权的债权人过半数通过，并且其所代表的债权额占无财产担保债权总额的 1/2 以上。破产财产分配方案经债权人会议通过后，由管理人提请法院裁定认可。若破产财产分配方案经债权人会议二次表决仍未通过，则由法院裁定^①。

（4）破产财产的分配

① 破产财产分配方案的执行。破产财产分配方案经法院裁定认可后，由破产管理人执行。破产管理人按照破产财产分配方案实施多次分配的，应当公告本次分配的财产额和债权额。破产管理人实施最后分配的，应当在公告中指明，并载明《企业破产法》第 117 条第 2 款规定的事项。对于附停止条件或者解除条件的债权所提存的分配额，在最后分配公告之日，停止条件未成就或者解除条件成就的，附条件的债权应当接受的清偿应当分配给其他债权人；在最后分配之日，停止条件成就或者解除条件未成就的，应当清偿附条件债权。

② 对附条件债权的分配。附条件债权不同于一般破产债权，具有不确定性，对这种债权的破产分配不同于一般破产债权的分配。对此，我国《企业破产法》第 117 条规定："对于附生效条件或者解除条件的债权，管理人应当将其分配额提存。管理人依照前款规定提存的分配额，在最后分配公告日，生效条件未成就或者解除条件成就的，应当分配给其他债权人；在最后分配公告日，生效条件成就或者解除条件未成就的，应当交付给债权人。"

③ 对未受领的破产财产分配额的处理。在进行破产财产分配时，若债权人在指定期限内不领取其分配额，则意味着破产管理人必须保存并管理该分配额，使破产费用增加，并导致破产程序的延长，从而有损于全体债权人利益，因此，有必要对债权人不受领破产财产分配进行限制。对此，我国《企业破产法》第 118 条规定："债权人未受领的破产财产分配额，管理人应当提存。债权人自最后分配公告之日起满二个月仍不领取的，视为放弃受领分配的权利，管理人或者人民法院应当将提存的分配额分配给其他债权人。"

④ 对诉讼或者仲裁未决债权的处理。诉讼或者仲裁未决的债权具有不确定性，诉讼或者仲裁的结果有可能使这些债权的债权人丧失其债权人身份，故有必要对这种债权的处理作出不同于一般破产债权的规定。对此，我国《企业破产法》第 119 条规定："破产财产分配时，对于诉讼或者仲裁未决的债权，管理人应当将其分配额提存。自破产程序终结之日起满二年仍不能受领分配的，人民法院应当将提存的分配额分配给其他债权人。"

4. 重整计划的制定、表决、批准与其执行和效力

重整计划，是指由重整人制定的，以维持债务人继续营业、谋求债务人复兴为目的，以清理债权债务关系为内容的多方协议。重整程序涉及各方主体的利益，参与重整过程的各方对实现重整目标的方案所持有的看法各不相同，因而重整人有必要同全部或者部分债权人协商，拟定重整计划，以平衡各方面的利益。

（1）重整计划的制定

① 重整计划的提交期限。关于重整计划的提交期限，我国《企业破产法》第 79 条第 1、2款规定，债务人或者破产管理人应当自法院裁定债务人重整之日起 6 个月内，同时向法院和债权人会议提交重整计划草案；如果 6 个月的期限届满，经债务人或者破产管理人请求，有正当

---

① 参见我国《企业破产法》第 61、64、65、115 条。

理由的,法院可以裁定延期3个月。

② 重整计划草案的提交者和提交对象。对于重整计划草案的制定者和提交者,我国采取了一元化的做法,即制定和提交重整计划的主体只能是债务人或者破产管理人。债务人自行管理财产和营业事务的,由债务人制作重整计划草案;破产管理人负责管理财产和营业事务的,由破产管理人制作重整计划草案。关于重整计划草案的提交对象,应当是向法院和债权人会议同时提交[①]。

③ 重整计划草案的内容。为给重整计划的制定提供必要的约束与指导,我国《企业破产法》第81条对此作了明确规定。

(2) 重整计划的表决

按照国外的通常做法,重整程序中的表决机关是关系人会议,采取分组表决的方式。分组表决,是指将债权人和股东等按不同标准分为若干小组,各小组的表决采取人数和债权额或股权额的双重计算标准,或表决权额的单一标准。各组表决的结果符合法律规定的条件时,重整计划即获通过。未获通过的重整计划草案,经修改后,可以再次召开关系人会议进行表决。

我国《企业破产法》采强制性分组标准,将重整债权分为4个表决组。依该法第82、83条之规定,下列各类债权的债权人参加讨论重整计划草案的债权人会议,依照下列债权分类,分组对重整计划草案进行表决:① 对债务人的特定财产享有担保权的债权。② 债务人所欠职工的工资和医疗、伤残补助、抚恤费用,所欠的应当划入职工个人账户的基本养老保险、基本医疗保险费用,以及法律、行政法规规定应当支付给职工的补偿金。但重整计划不得规定减免债务人欠缴的上述费用以外的社会保险费用,该项费用的债权人不参加重整计划草案的表决。③ 债务人所欠税款。④ 普通债权。法院在必要时可以决定在普通债权组中设小额债权组对重整计划草案进行表决。

关于重整计划草案的表决,《企业破产法》规定,法院应当自收到重整计划草案之日起30日内召开债权人会议,表决重整计划草案。出席会议的同一表决组的债权人过半数同意重整计划草案,并且其所代表的债权额占该组债权总额的2/3以上的,即为该组通过重整计划草案。各表决组均通过重整计划草案时,重整计划即为通过。

债务人或者破产管理人应当向债权人会议就重整计划草案作出说明,并回答询问。债务人的出资人代表可以列席讨论重整计划草案的债权人会议。重整计划草案涉及出资人权益调整事项的,应当设出资人组,对该事项进行表决。部分表决组未通过重整计划草案的,债务人或者破产管理人可以同未通过重整计划草案的表决组协商。该表决组可以在协商后再表决一次。双方协商的结果不得损害其他表决组的利益。各表决组均通过重整计划草案时,重整计划即为通过[②]。

(3) 重整计划的批准

重整计划的批准就是指法院对经过债权人会议表决通过的重整计划予以批准,从而赋予重整计划法律效力的行为。一般来说,法院对重整计划的批准是其获得法律效力的必要条件。但并非所有国家都要求已由债权人表决通过的重整计划必须由法院批准。在这些国家,重整

---

① 参见我国《企业破产法》第79条第1、2款与第80条。

② 参见我国《企业破产法》第84条、第85条、第86条第1款及第87条第1款。

计划生效的全部要求是其获得必要多数的债权人的同意,而持异议的债权人将根据破产法而受重整计划的约束。

自重整计划通过之日起 10 日内,债务人或者破产管理人应当向法院提出批准重整计划的申请。法院经审查认为符合法律规定的,应当自收到申请之日起 30 日内裁定批准,终止重整程序,并予以公告①。在破产重整程序中,法院还可以对重整计划进行强制批准。依我国《企业破产法》第 87 条第 2 款之规定,未通过重整计划草案的表决组拒绝再次表决或者再次表决仍未通过重整计划草案,但重整计划草案符合法定条件的,债务人或者破产管理人可以申请法院批准重整计划草案。

(4) 重整计划的执行

重整计划的执行,是对破产重整计划的具体实施,是实现重整目的的最后一个环节。各国破产法均将重整计划的执行人规定为债务人,因为债务人比债权人、破产管理人更为熟悉企业的业务,由其充当重整执行人,可以驾轻就熟,提高重整效率。我国《企业破产法》第 89 条也明确规定:重整计划由债务人负责执行;法院裁定批准重整计划后,已接管财产和营业事务的破产管理人应当向债务人移交财产和营业事务。

为维护债权人的利益,有必要对重整计划的执行进行全面监督。自法院裁定批准重整计划之日起,在重整计划规定的监督期内,由破产管理人监督重整计划的执行。在监督期内,债务人应当向破产管理人报告重整计划执行情况和债务人财务状况。监督期届满时,破产管理人应当向法院提交监督报告。自监督报告提交之日起,破产管理人的监督职责终止。破产管理人向法院提交的监督报告,重整计划的利害关系人有权查阅。经破产管理人申请,法院可以裁定延长重整计划执行的监督期限②。

(5) 重整计划的效力

经法院裁定批准的重整计划,对债务人和全体债权人均有约束力。债权人未依照《企业破产法》的规定申报债权的,在重整计划执行期间不得行使权利;在重整计划执行完毕后,可以按照重整计划规定的同类债权的清偿条件行使权利。债权人对债务人的保证人和其他连带债务人所享有的权利,不受重整计划的影响③。

(6) 法院裁定终止重整计划执行的后果

重整计划对债权债务关系作了调整,如果法院裁定终止重整计划执行,该调整则失去效力。但若重整计划已经部分执行,则法律应对债权人已受偿部分的效力作出规定。依我国《企业破产法》第 93 条第 2、3、4 款之规定,法院裁定终止重整计划执行的后果包括:

① 法院裁定终止重整计划执行的,债权人在重整计划中作出的债权调整的承诺失去效力。债权人因执行重整计划所受的清偿仍然有效,债权未受清偿的部分作为破产债权。② 第 93 条第 2 款规定的债权人,只有在其他同顺位债权人同自己所受的清偿达到同一比例时,才能继续接受分配。③ 有第 93 条第 1 款规定情形的,为重整计划的执行提供的担保继续有效。④ 重整计划执行完毕免除债务人的清偿责任。重整计划执行完毕,是重整程序的圆满结局,

---

① 参见我国《企业破产法》第 86 条第 2 款。

② 参见我国《企业破产法》第 90、91 条。

③ 参见我国《企业破产法》第 92 条。

企业得以再生。为了使债务人经过重整后能够减轻负担,重新恢复经营能力,自重整计划执行完毕时起,按照重整计划减免的债务,债务人不再承担清偿责任。对此,我国《企业破产法》第 94 条明确规定:"按照重整计划减免的债务,自重整计划执行完毕时起,债务人不再承担清偿责任。"

5. 破产和解协议的表决与效力

(1) 和解协议的表决

法院裁定受理和解申请后,应发布公告,将债权人会议召开的时间和地点通知债权人,召集债权人会议讨论和解协议草案。

债权人会议讨论和解协议草案内容时,所有依法申报债权的债权人均可出席,并对和解协议草案的内容发表意见。债务人的有关人员应当列席债权人会议,听取债权人意见,及时、准确、真实地回答债权人的提问。债权人和债务人除对债务人原来提议的和解条件进行具体磋商外,还可以提出新的和解条件以供债务人和其他债权人考虑。

和解协议对债权人债权的实现关系重大,尤其是对于普通破产债权人而言,和解协议将可能使其权利受到减损,因而应获得该类债权人的绝对多数同意。为此,我国《企业破产法》第 97 条对和解协议的决议采取了双重表决权的原则,即债权人会议通过和解协议的决议,由出席会议的有表决权的债权人过半数同意,并且其所代表的债权额占无财产担保债权总额的 2/3 以上。

(2) 和解协议的效力

和解协议法律效力的发生并不依赖于债权人会议的决议,而取决于法院的确认。在法院经审查,认可了和解协议后,和解协议正式生效,并产生相应的法律效力。我国《企业破产法》对此作了详细规定,其内容如下[①]:

债权人会议通过和解协议的,由法院裁定认可,终止和解程序,并予以公告。破产管理人应当向债务人移交财产和营业事务,并向法院提交执行职务的报告。和解协议草案经债权人会议表决未获得通过,或者已经债权人会议通过的和解协议未获得法院认可的,法院应当裁定终止和解程序,并宣告债务人破产。

经法院裁定认可的和解协议,对债务人与全体和解债权人均有约束力。和解债权人,是指法院受理破产申请时对债务人享有无财产担保债权的人。和解债权人未依照法律规定申报债权的,在和解协议执行期间不得行使权利;在和解协议执行完毕后,可以按照和解协议规定的清偿条件行使权利。但和解债权人对债务人的保证人和其他连带债务人所享有的权利,不受和解协议的影响。债务人应当按照和解协议规定的条件清偿债务。对于因债务人的欺诈或者其他违法行为而成立的和解协议,法院应当裁定无效,并宣告债务人破产。有该情形的,和解债权人因执行和解协议所受的清偿,在其他债权人所受清偿同等比例的范围内,不予返还。

债务人不能执行或者不执行和解协议的,法院经和解债权人请求,应当裁定终止和解协议的执行,并宣告债务人破产。但在此情形下,为和解协议的执行提供的担保仍继续有效。法院裁定终止和解协议执行的,和解债权人在和解协议中作出的债权调整的承诺失去效力。和解债权人因执行和解协议所受的清偿仍然有效,和解债权中未受清偿的部分作为破产债权。因

---

① 参见我国《企业破产法》第 98—106 条。

执行和解协议获得部分清偿的和解债权人,只有在其他债权人同自己所受的清偿达到同一比例时,才能继续接受分配。

法院受理破产申请后,债务人与全体债权人就债权、债务的处理自行达成协议的,可以请求法院裁定认可,并终结破产程序。对于按照和解协议减免的债务,自和解协议执行完毕时起,债务人不再承担清偿责任。

6. 破产管理人的概念、选任与职责

(1) 破产管理人的概念

破产管理人,是指依照破产法的规定,在破产重整、破产和解与破产清算程序中负责债务人财产管理和其他事项的专门机构。

我国在《企业破产法》通过以前的破产立法中,未规定破产管理人概念,而采用的是清算组概念。《企业破产法》未直接采用破产管理人概念,而采用的是"管理人"概念。立法者作此规定的原因在于,破产程序启动后并不必然进入破产清算程序,而可能仅进入和解或重整程序,故为免混淆,不将统一适用于不同破产程序的管理人称为破产管理人。事实上,这种顾虑是多余的,因为破产法上的破产原本是就广义而言,同样包括和解程序与重整程序,就此而言,和解与重整也不妨称为破产和解与破产重整。

破产管理人在法律上的地位,关系到破产法上的诸多制度设计,如破产管理人的产生方式、职权的行使等。对此,理论界存在着代理说、职务说、代表说、清算机构说等多种观点。我国学者普遍持清算机构说,该说认为,破产清算前的企业与破产宣告后的企业为同一人格,但破产宣告后,企业的权利范围和组织机构均发生变化,破产管理人代替原管理机构成为破产企业在清算阶段的代表机构。

(2) 破产管理人的选任

① 破产管理人的选任方式

关于破产管理人的选任方式,各国立法规定不尽相同。有由法院选任的,如日本;有由债权人会议选任的,如英国、美国;也有以法院选任为原则,而允许债权人会议另行选任的,如德国。我国《企业破产法》第22条规定:破产管理人由法院指定;债权人会议认为管理人不能依法、公正执行职务或者有其他不能胜任职务情形的,可以申请法院予以更换。

② 破产管理人的选任范围与任职资格

我国破产管理人的范围可以是清算组或者相应的社会中介机构,也可以是自然人。对此,《企业破产法》第24条规定:破产管理人可以由有关部门、机构的人员组成的清算组或者依法设立的律师事务所、会计师事务所、破产清算事务所等社会中介机构担任;法院根据债务人的实际情况,可以在征询有关社会中介机构的意见后,指定该机构具备相关专业知识并取得执业资格的人员担任管理人。但个人担任破产管理人的,应当参加执业责任保险。

《企业破产法》第24条第3款规定,具有下列情形之一的自然人、清算组织或者社会中介机构,不得担任破产管理人:① 因故意犯罪受过刑事处罚;② 曾被吊销相关专业执业证书;③ 与本案有利害关系;④ 法院认为不宜担任管理人的其他情形。

为促进破产管理人制度的完善和发展,2007年《最高人民法院关于审理企业破产案件指定管理人的规定》还以司法解释的方式对以下问题作了详细规定:① 破产管理人名册的编制;② 破产管理人的指定;③ 破产管理人的更换。

（3）破产管理人的职责与监督

① 破产管理人的职责

为便于破产管理人履行职责时对其行为能力的范围有所判断和遵循，同时也便于相关利害关系人的制约和监督，各立法例都或简或繁地对破产管理人职责范围作了列举。例如，我国台湾地区"破产法"就按照破产管理人就任后工作阶段的先后，分别对其职责作了详细的规定，包括因占有破产财产而生的职责、因管理破产财产而生的职责、因变价分配破产财产而生的职责等方面，具体的列举多达十余项。我国《企业破产法》第 25 条围绕破产财产的保管、清理、估价、处理和分配等对破产管理人的职责作了明确规定。

② 破产管理人的权利与义务

我国《企业破产法》第 27、29 条规定：破产管理人应当勤勉尽责，忠实执行职务；破产管理人没有正当理由不得辞去职务；破产管理人辞去职务应当经法院许可。

为便于履行职责，破产管理人应有权聘用工作人员。为此，我国《企业破产法》第 28 条第 1 款规定："管理人经人民法院许可，可以聘用必要的工作人员。"

由于破产事务的处理耗时费力，责任重大，加之破产管理人有负担财产责任的风险，因而，立法多规定破产管理人享有取得报酬的权利。关于报酬的数额，德国、日本及我国台湾地区都规定由法院决定，法院核定时，应斟酌破产案件的繁简、破产财产的规模、破产分配的比率、破产管理人耗费之时间精力及努力程度、同业标准等因素。对此，我国《企业破产法》第 28 条第 2 款规定："管理人的报酬由人民法院确定。债权人会议对管理人的报酬有异议的，有权向人民法院提出。"为解决破产管理人的报酬确定准则，2007 年《最高人民法院关于审理企业破产案件确定管理人报酬的规定》还以司法解释的方式对此作了详细规定。

（三）延伸阅读

1. 截至 2019 年 4 月，21 部漫威电影收获了 184 亿美元的全球票房，可谓电影界的"超级英雄"。不过"超级英雄"却在 1993 年经历了至暗时刻。

1993—1996 年年间，漫威的漫画销量下降了 70%，数百家漫画零售商破产，这次崩盘对该行业的打击是毁灭性的。1995 年，漫威身负巨债、遭受重创。1996 年，漫威在扩张中又一次陷入财务危机，8 月，漫威电影被出售给了新闻集团，漫威将电影业务更名为漫威影业，但是到了 10 月，漫威就申请了破产保护，直到 1998 年 9 月 27 日，艾萨克·佩尔穆特收购了漫威，他的玩具公司和漫威合并为漫威集团，才终止了破产状态。在这个案例里出现了一个名词，即"破产保护"。

我国《企业破产法》既规定了破产清算程序，也规定了破产和解程序和破产重整程序。一般所谓破产保护制度特指破产重整程序。在破产清算程序中，破产程序终结后，该破产企业（债务人）办理注销登记，最终使该企业从法律上消亡。而破产保护是一种"拯救型"的制度，债务人提出重整方案，就债权人和股东的利益等相关问题作出安排。破产保护并不是进行清算，而是"暂缓"到期或没到期债权的偿还，有利于债务人缓解经营压力"起死回生"，对于稳定社会、保障就业具有重要的作用。

2. 2019 年 4 月 26 日凌晨，乐视网发布 2018 年年报以及暂停上市前的停牌公告。2018 年年报显示，乐视网及其下属子公司累计实现营业收入 15.58 亿元，比上一年减少 77.8%；归属于母公司股东的净利润亏损 40.96 亿元,对应归属于母公司股东的净资产也定格在 30.26 亿元。

乐视网被暂停上市。如果公司 2019 年年报未满足恢复上市条件,乐视网股票存在被强制终止上市的风险。其中,贾跃亭是乐视网的创始人,最大股东,前 CEO。乐视网被暂停上市后还可能会终止上市,符合一定条件也可以恢复上市,也可能会继续暂停上市;若乐视网暂停上市,其要恢复上市须符合诸多条件。被暂停上市的创业板上市公司,在股票暂停上市期间,同时符合下列条件的,可以在公司披露首个年度报告后 5 个交易日内向证券交易所提出恢复股票上市的书面申请:在法定披露期限内披露经审计的暂停上市后首个年度报告;经审计的年度财务会计报告显示当年年末净资产为正;暂停上市后披露的首个年度财务会计报告被注册会计师出具标准无保留意见的审计报告。以乐视网目前的情况,恢复上市的希望渺茫。

按照以上情况,如果乐视退市了,持股者的股票该怎么处理呢?根据有关规定,退市公司原在交易所流通的股份将由一家具备代办股份转让业务资格的证券公司(主办券商)代办转让,并在 45 个工作日之内进入代办股份转让系统交易。退市公司股东必须先开立股份转让账户,并办理股份确权与转托管手续。退市公司在代办股份转让系统挂牌之前,股东应尽快办理股份确权与转托管手续,否则有可能无法赶上在该公司第一个交易日进行交易。退市公司挂牌之后,股东可以继续办理股份确权与转托管手续,但其股份需要经过两个交易日之后方可转让(即三板交易)。

乐视网的退市和其破产有关系吗?退市是上市公司由于未满足交易所有关财务等其他上市标准而主动或被动终止上市的情形,即由一家上市公司变为非上市公司。上市公司退市不是破产,大多数退市公司仍然具有合法存续的主体资格。公司退市只是其股份转让方式发生改变,与其生产经营、资产债务没有必然联系。但是,退市后的公司资金渠道会减少,对拥有大额负债的公司来说无疑增加了资不抵债的风险;退市后可能产生的新债务再一次增加了公司债务;但退市同时也减少了未来潜在的股债关系,对公司发展就长远来说更加稳健,也可能是公司在破产边缘进行重整转型的一大机会。

四、习题自测

(一)单项选择题

1. A 公司向法院申请破产,法院受理并指定甲为管理人。债权人会议决定设立债权人委员会。现 B 公司提出要受让 A 公司的全部业务与资产。甲的下列哪一做法是正确的?(　　)

A. 代表 A 公司决定是否向 B 公司转让业务与资产

B. 将该转让事宜交由法院决定

C. 提议召开债权人会议决议该转让事宜

D. 作出是否转让的决定并将该转让事宜报告债权人委员会

2. 在某公司破产案件中,债权人会议就若干事项形成决议,上述决议经出席会议的有表决权的债权人过半数通过,且其代表的债权额占无财产担保债权总额的 60%,就若干事项形成决议。该决议所涉下列哪一事项不符合《企业破产法》的规定?(　　)

A. 选举 8 名债权人代表与 1 名职工代表组成债权人委员会

B. 通过债务人财产的管理方案

C. 申请法院更换管理人

D. 通过和解协议

3. 2021 年 9 月,经法院受理,甲公司进入破产程序。现查明,甲公司所占有的一台加工设备,实为乙公司委托甲公司承运而交付给甲公司的。关于乙公司的取回权,下列哪一表述是错误的?（　　）

A. 取回权的行使,应在破产财产变价方案或和解协议、重整计划草案提交债权人会议表决之前

B. 乙公司未在规定期限内行使取回权,则其取回权即归于消灭

C. 管理人否认乙公司的取回权时,乙公司可以以诉讼方式主张其权利

D. 乙公司未支付相关运输、保管等费用时,保管人可拒绝其取回该仪器

4. 某公司经营不善,现进行破产清算。关于本案的诉讼费用,下列哪一说法是错误的?（　　）

A. 在破产申请人未预先缴纳诉讼费用时,法院应裁定不予受理破产申请

B. 该诉讼费用可由债务人财产随时清偿

C. 债务人财产不足时,诉讼费用应先于共益费用受清偿

D. 债务人财产不足以清偿诉讼费用等破产费用的,破产管理人应提请法院终结破产程序

5. 甲公司于 2021 年 12 月申请破产。法院受理后查明:在 2021 年 9 月,因甲公司无法清偿欠乙公司的 100 万元货款,而甲公司董事长张某有 150 万元的出资未缴纳,乙公司要求张某承担偿还责任,张某随后确实支付给乙公司 100 万元。下列哪一表述是正确的?（　　）

A. 就张某对乙公司的支付行为,管理人不得主张撤销

B. 张某目前尚未缴纳的出资额应为 150 万元

C. 管理人有义务要求张某履行出资义务

D. 张某就其未履行的出资义务,可主张诉讼时效抗辩

6. 2022 年 8 月 1 日,某公司申请破产。8 月 10 日,法院受理并指定了管理人。该公司出现的下列哪一行为属于《企业破产法》中的欺诈破产行为,管理人有权请求法院予以撤销?（　　）

A. 2021 年 7 月 5 日,将市场价格 100 万元的仓库以 30 万元出售给母公司

B. 2021 年 10 月 15 日,将公司一辆价值 30 万元的汽车赠与甲

C. 2022 年 5 月 5 日,向乙银行偿还欠款 50 万元及利息 4 万元

D. 2022 年 6 月 10 日,以协议方式与债务人丙相互抵销 20 万元债务

7. A 公司因不能清偿到期债务而申请破产清算。法院受理后,管理人开始受理债权人的债权申报。对此,下列哪一债权人申报的债权属于应当受偿的破产债权?（　　）

A. 债权人甲的保证人,以其对 A 公司的将来求偿权进行的债权申报

B. 债权人乙,以其已超过诉讼时效的债权进行的债权申报

C. 债权人丙,要求 A 公司作为承揽人继续履行承揽合同进行的债权申报

D. 某海关,以其对 A 公司进行处罚尚未收取的罚款进行的债权申报

8. 甲公司严重资不抵债,因不能清偿到期债务向法院申请破产。下列哪一财产属于债务人财产?( )

A. 甲公司购买的一批在途货物,但尚未支付货款

B. 甲公司在所有权保留买卖中尚未取得所有权的财产

C. 属于甲公司但已抵押给银行的一处厂房

D. 甲公司根据代管协议合法占有的委托人丙公司的两处房产

9. 关于破产案件受理后、破产宣告前的程序转换,下列哪一表述是正确的?( )

A. 如为债务人申请破产清算的案件,债权人可以申请和解

B. 如为债权人申请债务人破产清算的案件,债务人可以申请重整

C. 如为债权人申请债务人重整的案件,债务人可以申请破产清算

D. 如为债权人申请债务人破产清算的案件,债务人的出资人可以申请和解

10. A 公司因不能清偿到期债务,被债权人 B 公司申请破产,法院指定甲律师事务所为管理人。下列哪一选项是错误的?( )

A. 甲律师事务所租赁 B 公司酒店用作管理人办公室的行为不违反破产法的规定

B. 甲律师事务所有权处分 A 公司的财产

C. 甲律师事务所有权因担任管理人而获得报酬

D. 如甲律师事务所不能胜任职务,债权人会议有权罢免其管理人资格

11. A 公司破产申请被法院受理后,管理人提出向甲银行借款继续 A 公司的营业,以 A 公司的某房产作为抵押,但之后 A 公司仍被宣告破产。下列哪一说法是正确的?( )

A. 破产申请受理后,管理人借款必须经债权人会议决议通过

B. 甲银行的债权可以优先于其他债权清偿

C. 甲银行的债权可以作为债务人的共益债务清偿

D. 如果抵押给甲银行的房产,在 A 公司破产申请受理前已抵押给乙公司,且均作了抵押登记,甲银行、乙公司应按照债权比例实现该房产的抵押权

12. 2022 年 4 月,A 公司因资不抵债进入破产重整程序,B 公司对 A 公司享有 100 万元到期债权,但 B 公司在债权申报期间并未申报债权。2022 年 2 月,A 公司重整计划执行完毕,全体普通债权人的清偿比例为 45%。下列哪一说法是正确的?( )

A. 对 B 公司的债权,A 公司无须承担偿还义务

B. B 公司的债权由 A 公司全额清偿

C. 对 B 公司的债权,参考 A 公司重整方案,按同类债权等比例清偿

D. 重整方案对 B 公司不具有法律效力

13. 甲公司拥有乙公司普通债权 40 万元,现乙公司被宣告破产,清算组查明甲公司尚欠乙公司 20 万元运费未付。清算组预计破产清偿率为 50%,甲公司要求抵销债务。债权人会议各方为甲公司的债权发生争执。下列哪一个观点是正确的?( )

A. 甲公司可以抵销 20 万元债务,并于抵销后拥有 10 万元破产债权

B. 甲公司可以抵销 20 万元债务,并于抵销后拥有 20 万元破产债权

C. 甲公司必须偿还 20 万元债务,并拥有 40 万元破产债权

D. 甲公司在抵销后无须偿还债务,也不拥有破产债权

14. 甲公司因严重资不抵债向法院申请破产,法院已经受理其申请。根据《企业破产法》的相关规定,在法院已经受理破产申请,尚未宣告甲公司破产之时,下列哪一组财产不构成债务人财产?（　　）

A. 甲公司享有的未到期债权

B. 管理人撤销甲公司6个月前以明显不合理价格进行交易涉及的财产

C. 甲公司所有但已设定抵押的财产

D. 甲公司购买的正在运输途中的但尚未付清货款的货物

15. 2022年6月,经法院受理,甲公司进入破产程序。现查明,甲公司所占有的一台精密仪器,实为乙公司委托甲公司承运而交付给甲公司的。关于乙公司的取回权,下列哪一表述是错误的?（　　）

A. 取回权的行使,应在破产财产变价方案或和解协议、重整计划草案提交债权人会议表决之前

B. 如果乙公司未在规定期限内行使取回权,那么其取回权即归于消灭

C. 管理人否认乙公司的取回权时,乙公司可以以诉讼方式主张其权利

D. 乙公司未支付相关运输、保管费用时,保管人可以拒绝其取回该仪器

16. 北洋公司由于经营不善已经停止正常经营活动,尚欠千禧公司2 000万元逾期未还。2021年11月,千禧公司以北洋公司不能清偿到期债务,明显缺乏清偿能力为由向法院申请北洋公司破产。下列说法正确的是（　　）。

A. 千禧公司应当提出证据证明北洋公司缺乏清偿能力

B. 千禧公司应当提出证据证明北洋公司不能清偿到期债务

C. 法院在收到千禧公司的破产申请后,应当在7日内通知北洋公司

D. 若北洋公司账面资产大于负债,千禧公司可以以北洋公司已经陷入多起诉讼案件为由主张其缺乏清偿能力

17. 关于破产重整的申请与重整期间,下列哪一表述是正确的?（　　）

A. 只有在破产清算申请受理后,债务人才能向法院提出重整申请

B. 重整期间为自法院裁定债务人重整之日起至重整计划执行完毕时止

C. 在重整期间,经债务人申请并经法院批准,债务人可在管理人监督下自行管理财产和营业事务

D. 在重整期间,就债务人所承租的房屋,即使租期已届至,出租人也不得请求返还

18. 2022年6月,江河公司股东申请法院对公司进行司法清算,法院为其指定相关人员组成清算组。关于该清算组成员,下列哪一选项是错误的?（　　）

A. 公司债权人李某

B. 公司董事长朱某

C. 公司财务总监杨某

D. 公司聘请的某律师事务所

19. 扬名公司资金链断裂,被迫停产,不能清偿到期债务。2022年6月5日,法院裁定受理达康公司的破产申请。因扬名公司积累的实物资产及无形资产价值巨大,在第二次债权人会议上,法院根据债务人申请,裁定债务人转入破产和解程序,后债权人会议达成和解协议并

被法院裁定认可,终止了和解程序。以下选项正确的是(　　　)。

A. 扬名公司出资人可以向法院申请和解

B. 对扬名公司 5 台设备享有抵押权的胜利食品有限公司可自达康公司申请和解之日起行使权利

C. 债权人会议通过和解协议的决议,由出席会议的有表决权的债权人过半数同意,并且其所代表的债权额占债权总额的 2/3 以上

D. 经法院裁定认可的和解协议对债务人和全体和解债权人均有约束力

20. 关于破产重整、和解、清算的表述,结合相关法律,下列选项中不正确的是(　　　)。

A. 债权人申请对企业进行破产清算,在破产宣告前,出资额占债务人注册资本 10% 以上的股东可向法院申请转为重整

B. 重整期间,债务人缺乏挽救可能性,债权人可以向法院申请宣告企业破产

C. 债务人可在破产受理后办理注销前向法院申请和解

D. 和解协议不能执行时,债权人可以向法院申请宣告企业破产,法院应当裁定终止和解协议的执行,并宣告债务人破产

(二)多项选择题

1. 法院受理了 B 公司的破产申请。管理人甲发现,B 公司与 A 公司之间的债权债务关系较为复杂。下列哪些说法是正确的?　(　　　)

A. A 公司的某一项债权有房产抵押,可在破产受理后行使抵押权

B. A 公司与 B 公司有一合同未履行完毕,甲可解除该合同

C. A 公司租给 B 公司的一套设备被损毁,侵权人之前向 B 公司支付了赔偿金,A 公司不能主张取回该笔赔偿金

D. C 公司对 B 公司负有债务,在破产受理后,C 公司受让了 A 公司的一项债权,因此 C 公司无须再向 B 公司履行等额的债务

2. 甲公司因不能清偿到期债务且明显缺乏清偿能力,遂于 2022 年 3 月申请破产,且法院已受理。经查,在此前半年内,甲公司针对若干债务进行了个别清偿。关于管理人的撤销权,下列哪些表述是正确的?　(　　　)

A. 甲公司清偿对乙银行所负的且以自有房产设定抵押担保的贷款债务的,管理人可以主张撤销

B. 甲公司清偿对丙公司所负的且经法院判决所确定的货款债务的,管理人可以主张撤销

C. 甲公司清偿对丁公司所负的为维系基本生产所需的水电费债务的,管理人不得主张撤销

D. 甲公司清偿对戊所负的劳动报酬债务的,管理人不得主张撤销

3. 2022 年 3 月,债权人甲公司对债务人乙公司提出破产申请。下列哪些选项是正确的? (　　　)

A. 甲公司应提交乙公司不能清偿到期债务的证据

B. 甲公司应提交乙公司资产不足以清偿全部债务的证据

C. 乙公司就甲公司的破产申请,在收到法院通知之日起 7 日内可向法院提出异议

D. 如乙公司对甲公司所负债务存在连带保证人,则乙公司可以以该保证人具有清偿能力为由,主张不具备破产原因

4. A 有限公司因经营管理不善,决定依照《企业破产法》进行重整。关于重整计划草案,下列哪些选项是正确的?(　　　)

A. 在 A 公司自行管理财产与营业事务时,由其自己制作重整计划草案

B. 债权人参加讨论重整计划草案的债权人会议时,应按法定的债权分类,分组对该草案进行表决

C. 出席会议的同一表决组的债权人过半数同意重整计划草案,即为该组通过重整计划草案

D. 2/3 以上表决组通过重整计划草案,重整计划即为通过

5. 甲公司依据买卖合同,在买受人乙公司尚未付清全部货款的情况下,将货物发运给乙公司。乙公司尚未收到该批货物时,向法院提出破产申请,且法院已裁定受理。对此,下列哪些选项是正确的?(　　　)

A. 乙公司已经取得该批货物的所有权

B. 甲公司可以取回在运货物

C. 乙公司破产管理人在支付了全部价款的情况下,可以请求甲公司交付货物

D. 货物运到后,甲公司对乙公司的价款债权构成破产债权

6. 2022 年 9 月 1 日,某法院受理了 A 服装公司的破产申请,并指定了管理人,管理人开始受理债权申报。下列哪些请求权属于可以申报的债权?(　　　)

A. 甲公司的设备余款给付请求权,但根据约定该余款的支付时间为 2022 年 10 月 30 日

B. 乙公司请求 A 公司加工一批服装的合同履行请求权

C. 丙银行的借款偿还请求权,但该借款已经设定财产抵押担保

D. 当地税务机关对 A 公司作出的 8 万元行政处罚决定

7. 甲有限公司欠乙银行 2 000 万元,保证人丙有限公司被裁定进入破产程序,根据《破产法司法解释(三)》,下列选项正确的是(　　　)。

A. 乙银行有权申报其保证债权

B. 如主债务未到期,保证债权在保证人破产申请受理时视为到期

C. 如丙公司系一般保证的保证人,其主张行使先诉抗辩权的,法院应予支持

D. 如丙公司被确定应当承担保证责任,其管理人不得就实际承担的清偿额向甲公司行使求偿权

8. 在 A 公司的破产案件中,有关当事人提出的下列主张,哪些依法应予支持?(　　　)

A. 甲要求收回根据融资租赁合同出租给 A 公司的设备

B. 乙根据与 A 公司签订的普通货物买卖合同中约定的保证条款,要求以 A 公司的酒店经营收入优先清偿贷款

C. 丙根据与 A 公司在破产程序开始前签订的以物偿债协议,要求取得用于抵债欠款的一批库存产品

D. 丁根据合同保管着 A 公司的一批货物,要求以变卖这批货物的价款优先清偿 A 公司拖欠的保管费

9. 某建筑公司因严重资不抵债向法院申请破产救济。关于该案的破产财产范围和清偿顺序等,下列哪些选项是错误的? (　　　)

A. 该公司所欠民工工资应当列入破产费用现行清偿

B. 该公司租用甲公司的一套建筑设备不能列入破产财产

C. 该公司的一批脚手架已经抵押给甲银行,该批脚手架不能列入破产财产

D. 该公司员工对该公司的投资款只能作为普通债权受偿

10. 牡丹江公司因不能清偿到期债务而申请破产救济,各债权人纷纷向清算组申报债权。下列哪些属于破产债权? (　　　)

A. 甲公司要求收回其租赁给松花江公司的一套设备

B. 乙银行因派员参与破产程序花去的差旅费 5 万元

C. 丙银行借给牡丹江公司的 50 万元贷款,但尚未到还款期

D. 丁银行行使抵押权后仍有 10 万元债权未受偿

11. 广安公司因资产不足以清偿全部到期债务,法院裁定其重整。管理人为维持公司运行,向顾某借款 20 万元支付水电费和保安费,约定如 1 年内还清就不计利息。1 年后广安公司未还款,还因不能执行重整计划被法院宣告破产。关于顾某的债权,下列哪些选项是正确的? (　　　)

A. 与广安公司的其他债权同等受偿

B. 应从广安公司的财产中随时清偿

C. 顾某只能主张返还本金 20 万元

D. 顾某可主张返还本金 20 万元和逾期还款的利息

12. 甲公司因经营不善被法院受理重整,法院指定金伦律所担任管理人。为了维持公司运营,金伦律所代表甲公司向股东张三借款 50 万元。债权人会议推选甲公司总经理王某担任破产管理人,且经债权人会议全票通过甲公司向股东李四借款 100 万元,并用甲公司的楼房设定抵押,下列相关说法正确的是(　　　)。

A. 债权人会议有权选择公司总经理王某担任破产管理人

B. 张三的借款优先于普通债权受偿

C. 张三的借款优先于李四的债权受偿

D. 李四的借款优先于普通债权受偿

13. 兰博公司在经营过程中,由于经营不善停止了正常经营活动,兰博公司欠中鑫公司两千万元,逾期未还。2019 年 8 月,中鑫公司以兰博公司不能清偿到期债务,明显缺乏清偿能力为由向法院申请兰博公司破产。下列说法正确的是(　　　)。

A. 兰博公司可以以对其债务负有连带责任的人未丧失清偿能力为由,主张不具备破产原因

B. 法院受理中鑫公司的破产申请后,有关兰博公司的执行程序应当终止

C. 若法院作出不予受理破产申请的裁定,中鑫公司有权提起上诉

D. 中鑫公司可以申请对兰博公司进行重整

14. 2018 年 9 月,南彭公司被法院裁定破产,法院指定某破产清算组为破产管理人。2019 年 4 月,破产清算组聘用李明完成了部分清算工作,并约定了解聘李明的经济补偿事宜,按照

法律规定支付经济补偿金。2020 年 3 月,破产清算组向李明发出《终止聘用关系通知书》。后李明向法院提起诉讼,请求支付工资及补偿金。下列说法正确的是(　　)。

A. 对李明的工资及补偿金应当以债务人财产清偿

B. 破产清算组在执行职务过程中致人损害所造成的损失,应当以清算组的财产清偿

C. 南彭公司未履行完毕的合同应该解除

D. 破产若清算组决定继续履行合同,合同对方有权要求提供担保

15. 下列有关债权人委员会组成的表述中,符合《企业破产法》规定的是(　　)。

A. 由 7 名债权人代表和 1 名债务人的职工代表组成

B. 由 8 名债权人代表和 1 名债务人的工会代表组成

C. 由 9 名债权人代表和 1 名债务人的职工代表组成

D. 由 7 名债权人代表和 1 名债务人的职工代表以及 1 名工会代表组成

（三）不定项选择题

1. A 公司不能清偿到期债务,债权人 B 公司向法院提出对其进行破产清算的申请,但 A 公司以其账面资产大于负债为由表示异议。B 公司遂提出各种事由,以证明 A 公司属于明显缺乏清偿能力的情形。下列哪些选项符合法律规定的关于债务人明显缺乏清偿能力、无法清偿债务的情形?(　　)

A. 因房地产市场萎缩,构成 A 公司核心资产的房地产无法变现

B. A 公司管理陷入混乱,法定代表人已潜逃至海外

C. B 公司已申请法院强制执行 A 公司财产,仍无法获得清偿

D. A 公司已出售房屋质量纠纷多,市场信誉差

2. 某破产案件中,债权人向法院提出更换管理人的申请。申请书中指出了如下事实,其中下列哪些属于主张更换管理人的正当事由?(　　)

A. 管理人列席债权人会议时,未如实报告债务人财产接管情况,并拒绝回答部分债权人询问

B. 管理人将债务人的一处房产转让给第三人,未报告债权人委员会

C. 债权人对债务人在破产申请前曾以还债为名向关联企业划转大笔资金的情况多次要求调查,但管理人一再拖延

D. 管理人将对外追收债款的诉讼业务交给其所在律师事务所办理,并单独计收代理费

3. 甲、乙双方于 2021 年 5 月 6 日签订水泥供应合同,乙以自己的土地使用权为其价款支付提供了最高额抵押,约定 2022 年 5 月 5 日为债权确定日,并办理了登记。丙为担保乙的债务,也于 2021 年 5 月 6 日与甲订立最高额保证合同,保证期间为 1 年,自债权确定日开始计算。乙于 2022 年 1 月被法院宣告破产,下列说法正确的是(　　)。

A. 甲的债权确定期届至

B. 甲应先就抵押物优先受偿,不足部分再要求丙承担保证责任

C. 甲可先要求丙承担保证责任

D. 如甲未申报债权,丙可参加破产财产分配,预先行使追偿权

4. 某公司经营不善,现在破产清算。关于破产费用和共益债务,下列哪些说法是正确的?(　　)

A. 在破产申请人未预先交纳诉讼费用时,法院应裁定不予受理破产申请

B. 破产费用和共益债务由债务人财产随时清偿

C. 债务人财产不足以清偿所有破产费用和共益债务的,先行清偿破产费用

D. 债务人财产不足以清偿所有破产费用或共益债务的,按照比例清偿

5. 甲公司向乙银行贷款 100 万元,由 A 公司和 B 公司作为共同保证人,并以甲公司的厂房作抵押担保。其后,甲公司因严重资不抵债而向法院申请破产。法院裁定受理破产申请,并指定了破产管理人。下列哪些选项是正确的?(　　)

A. 管理人可以优先清偿乙银行的债务

B. 如 A 公司已代甲公司偿还了乙银行贷款,那么其可以向管理人申报 100 万元债权

C. 如乙银行不申报债权,那么 A 公司或 B 公司均可向管理人申报 100 万元债权

D. 如乙银行已申报债权并获 40 万元分配,那么剩余 60 万元债权因破产程序终结而消灭

6. 2021 年 2 月,腾飞公司作为债权人与艾伦公司签订了借贷合同,艾伦公司将自有厂房为腾飞公司办理了抵押登记,该笔债务 2022 年 7 月 16 日到期。2022 年 6 月 7 日,法院受理了艾伦公司的破产申请。下列表述中,说法正确的是(　　)。

A. 腾飞公司的债权尽管有担保,仍可申报

B. 如果艾伦公司申请破产重整,则重整期间腾飞公司的别除权受限

C. 腾飞公司可以参加债权人会议,并就破产财产分配方案进行表决

D. 腾飞公司可以参与和解协议的表决

7. 在破产程序中,有关单个债权人的查阅权限的说法正确的是(　　)。

A. 单个债权人有权查阅债务人财产状况报告、债权人会议决议、债权人委员会决议、管理人监督报告等参与破产程序所必需的债务人财务和经营信息资料

B. 债权人请求提供的参与破产程序所必需的债务人财务和经营信息资料涉及商业秘密的,管理人可不提供

C. 债权人请求提供的参与破产程序所必需的债务人财务和经营信息资料涉及国家秘密的,一律不得提供

D. 管理人无正当理由不予提供参与破产程序所必需的债务人财务和经营信息资料的,债权人可以请求法院作出决定;法院应当在 5 日内作出决定

8. 2022 年 10 月 30 日,御品公司因经营困难向法院申请破产清算,法院裁定其破产并依法指定金伦律师事务所担任破产管理人。债权人申报的债权情况如下:(1) 宏达公司于 2020 年对御品公司形成债权 3 000 万元,后于 2022 年 12 月对御品公司欠付 2 000 万元;(2) 洪山公司对御品公司拥有到期债权 500 万元;(3) 御品公司的债务人昌明公司在破产申请受理后取得昌帆公司对御品公司的债权。关于抵销权的行使,不正确的是(　　)。

A. 宏达公司可主张与其 2020 年对御品公司形成的债权进行抵销

B. 若御品公司对洪山公司享有债权 500 万元,破产管理人有权主张抵销

C. 昌明公司在取得昌帆公司对御品公司的债权后,可以行使抵销权

D. 管理人收到债权人提出主张债务抵销的通知后,经审查无异议的,抵销自管理人收到通知之日起生效

9. 关于破产重整、和解、清算 3 个程序的关系,依据我国法律规定,下列说法错误的是(　　)。

A. 债权人申请破产清算后,出资额占债务人注册资本 1/10 以上的出资人,可申请和解

B. 在破产宣告后,债务人还可申请和解,因为和解是破产的必经程序

C. 破产重整可以经由债权人申请转换为和解程序

D. 在法院受理债权人的破产申请后,宣告破产前,出资额占债务人注册资本 1/10 以上的出资人,可申请重整

10. 卓玛公司不能清偿到期债务,严重资不抵债,明显缺乏偿债能力,债权人李大明向法院申请卓玛公司破产清算,法院受理并依法指定了破产管理人。卓玛公司向法院申请和解。下列说法正确的是(　　)。

A. 和解协议的通过应当由全体有表决权的债权人过半数同意,并且所代表的债权额必须占无财产担保债权总额的 2/3 以上

B. 卓玛公司在破产原因出现后,只可以在法院受理破产申请后、宣告债务人破产前,向法院申请和解

C. 债权人会议通过的和解协议未获得法院认可的,应当裁定终止和解程序,并宣告债务人破产

D. 经法院裁定认可的和解协议,对持反对意见的债权人同样具有约束力

11. 蓝天公司自 2020 年 2 月以来持续亏损。2021 年 4 月 3 日,债权人白云公司以蓝天公司不能清偿到期债务为由,向法院申请对该公司进行破产重整。法院经审查,于 4 月 16 日裁定受理。2021 年 10 月 28 日,法院裁定批准蓝天公司提出的重整计划草案并终止重整程序,予以公告。同年 12 月 27 日,因蓝天公司不能执行重整计划,经管理人申请,法院裁定终止重整计划的执行,并宣告蓝天公司破产。以下选项正确的是(　　)。

A. 重整期间,绿地公司对蓝天公司 5 台设备享有的抵押权暂停行使

B. 重整计划草案应当自法院裁定重整之日起 6 个月内向债权人会议提交,9 个月内向法院提交

C. 债权人孙某在重整计划中承诺将 100 万元债权减免为 70 万元债权,重整期间蓝天公司已清偿孙某 20 万元,现进行破产清算,孙某还有 50 万元破产债权

D. 蓝天公司被宣告破产后,破产财产在优先清偿破产费用和共益债务后,先清偿破产人所欠税款再清偿职工债权

12. 美玲公司向法院申请破产重整,法院审查后裁定重整并予以公告。重整期间,美玲公司拒向管理人提交公司材料,致使管理人无法正常开展工作。美玲公司董事王某拟向第三人张某转让自己持有的江运公司股份。下列选项正确的是(　　)。

A. 本案重整期间为自美玲公司申请破产重整之日起至重整计划执行完毕 2 日止

B. 美玲公司在重整期间可以借款,并可为借款提供担保

C. 重整期间,美玲公司董事向第三人转让自己持有的美玲公司股权须经法院同意

D. 美玲公司行迹恶劣,经管理人申请,法院应当裁定终止重整,宣告美玲公司破产

13. 山猫公司申请宣告破产,法院受理了申请,下列债权可以申报的是(　　)。

A. 山猫公司与地虎公司签订合作协议,地虎公司认为山猫公司在合作中损害了自己的利益,造成自己损失 10 万元,地虎公司在法院受理破产申请前已提起仲裁,尚未裁定

B. 山猫公司向某银行贷款 100 万元,尚未到还款期

C. 羚羊公司作为山猫公司的保证人担保山猫公司对海豚公司的债务,山猫公司未履行债务,羚羊公司同意承担保证责任但尚未承担,海豚公司已申报全部债权,羚羊公司欲再申报债权

D. 张大明是山猫公司的职工,山猫公司欠张大明的工资

14. 贝卡公司不能清偿到期债务,债权人向法院申请破产清算。法院受理并指定了管理人。在宣告破产前,持股20%的股东王东强认为,如引进战略投资者光明公司,贝卡公司仍有生机,于是向法院申请重整。关于重整,下列选项正确的是(　　　)。

A. 如王东强申请重整,必须附有光明公司的投资承诺

B. 如债权人反对,则贝卡公司不能开始重整

C. 如贝卡公司开始重整,则管理人应辞去职务

D. 只要贝卡公司的重整计划草案获得法院批准,重整程序就终止

(四)简答题

1. 简述破产重整的概念,试说明其与破产清算、和解程序相比,有哪些显著特征。

2. 简述破产宣告的形式与效力。

3. 简述一般取回权的权利基础及其行使规则。

(五)论述题

1. 试论述破产抵销权的限制。

2. 试论述我国《企业破产法》的进步之处。

(六)案例分析题

1. 2022年6月6日,由甲市工商行政部门登记的国有企业——甲市机械设备厂由于经营管理不善,不能清偿到期债务,设备厂厂长决定向本企业所在区的法院申请宣告破产。法院在征得其上级主管部门同意并受理后,召集并主持了债权人会议,该企业的最大债权人是乙市的贸易公司,法院指定有财产担保未放弃优先受偿权的债权人丙担任债权人会议主席。此后经一段时间的审理,法院作出裁定宣告该国有企业破产,破产企业由其上级主管部门接管并进行清算。

问题:该国有企业破产过程中,有哪些违法之处?

2. 全民所有制的甲企业因经营管理不善,依法被宣告破产。经查,甲企业财产状况如下:现有现金、实物共100万元;房地产500万元,其中,有一处房地产以200万元抵押给A银行贷款150万元;另一处房地产以100万元抵押给B银行贷款130万元。另有两企业分别欠该企业70万元、30万元。负债情况:除上述两笔贷款外,尚分别欠乙、丙、丁企业100万元、200万元、300万元;欠缴国家税款250万元;欠职工工资和劳动保险费50万元。破产费用共计20万元。

试对甲企业进行破产清偿。

第二部分

参考答案

绪论习题自测参考答案

（一）简答题

1. 简述中国商法学的研究对象。

【参考答案】

中国商法学是中国特色社会主义法学体系的重要组成部分，主要研究商法的起源与历史、商法的价值、商法理念与商法思维、商法原则、商法规范与商法体系、商事主体、商事行为、商事纠纷解决程序以及公司法、证券法、票据法、保险法、信托法、基金法、海商法、电子商务法、运输与物流法、破产法等。

商法学的研究以商法基础理论为研究对象，通过对基础理论的研究回答商法实践中的一般理论问题；还以商事部门法为研究对象，回答商法实践中具体的部门法理论问题。

2. 简述商法学的功能。

【参考答案】

（1）商法学有助于建构和发展中国特色社会主义商法。

（2）商法学有助于完善中国特色社会主义商事制度，维护社会主义市场经济秩序。

（3）商法学有助于推动当代中国法制文化观念的变革。

（4）商法学是树立社会商业道德，推动社会主义精神文明建设的助力。

（5）商法学是我国实现国际经济战略的重要法制理论依托。

3. 简述中国商法学的发展历史。

【参考答案】

中国商法学的发展大体可以分为四个时期。

（1）清末至民国时期。商法在我国始于清朝末期，清末国外先进的商法制度和商法学理论开始被引入中国。民国时期，商法失去了独立于民法的地位，商法学被划入民法学的范畴而被并称为民商法学。

（2）新中国成立至 20 世纪 80 年代。新中国成立后，商法被完全忽视，商法学的发展停滞不前，没有学校开设与之相关的课程，商法理论著作几乎空白。1978 年，经济法学兴起，商法学被纳入其中。

（3）20 世纪 80 年代末至 90 年代末。20 世纪 80 年代，商法观念开始被人们接受，经济法学者也开始推动商法学的独立。1993 年 11 月，中共中央召开党的十四届三中全会后，商法获得独立于经济法的地位。1997 年国家教委发布的《关于普通高等学校法学专业开设专业主干课程的通知》，首次明确将"商法学"列为法学专业 14 门核心课程之一。

（4）21 世纪初期至今。中国法学会商法学研究会于 2001 年成立，中国商法学研究自此走向繁荣。

（二）论述题

1. 试论述中国特色社会主义商法。

【参考答案】

在过去40多年里,中国突破传统西方国家以私权为核心的商法制度,构建了适应中国国情的新型商法制度,并在确立中国特色社会主义市场经济体制的同时,形成了中国特色社会主义商法。

横向上,与其他社会主义国家相比,中国特色社会主义商法率先承认了私法主体在商事活动中的主体资格,首开先河地肯定了依法治国的重要性;与资本主义国家相比,中国特色社会主义商法重视公法主体的商事主体经营资格,并积极发挥行政机关在商事活动中的监管作用。与民法的财产制度相比,中国特色社会主义商法认为商事财产既可来源于私人财产,也可由公有财产与国家财产转化而来。纵向上,中国特色社会主义商法与偏重生产贸易的传统商法相比,以金融、信息产业、知识产权为重心;与重视法典形式的传统大陆法系国家商法相比,中国特色社会主义商法注重实用,选择了商事单行法先行的立法模式。一言以蔽之,中国特色社会主义商法是以公私混合主体为基础,以行政监管和法律监管并重为保障,以公私并存的财产制度为特色,以金融、知识产权为新型内容,重视商事活动实际需求的法律体系。它在制度上实现了国家所有权、集体所有权、私人所有权协调发展的创新,构造了多元主体制度,并在尊重市场规律的基础上,通过国家战略规划,开创了逐步推进、以点带面的商事法律发展模式。

2. 试论述中国商法学应当如何坚持马克思主义理论的指导。

【参考答案】

第一,商法学的研究必须始终立足于中国特色社会主义市场经济的基本国情。中共中央印发的《法治中国建设规划(2020—2025年)》指出,建设法治中国必须"坚持从中国实际出发",到2025年中国特色社会主义法治体系初步形成,到2035年法治国家、法治政府、法治社会基本建成,中国特色社会主义法治体系基本形成。为了建设中国特色社会主义法治体系,中国的商法学理论研究在构建市场经济法律制度时,必须始终立足于中国特色社会主义市场经济的基本国情。

第二,商法学应在保持国际性的同时坚持商法学的本土性。以马克思主义理论为指导的中国商法学研究,首先必须以社会为基础,既要关注国际社会的最新动向,更要从中国的基本国情出发,根植于中国特色社会主义市场经济和社会生活实践,在遵循商法国际性的同时,体现商法的国内性。

第三,商法学理论研究需要关注商事交易实践。商法以市场交易关系为调整对象,商事契约关系是其重要内容之一。商事契约产生于交易,商法以商事契约为调整对象,探究商法一般规律和具体规则设计的商法学,必须紧随商事交易实践发展的动态,坚持商法的实践性和发展性。

第四,商法学应当以商事活动的营利性为核心构建商法理论体系。商事活动的营利性是商事行为区别于民事行为的本质属性,所以,商法学在推动中国商法理论系统化、体系化的过程中,应当始终保护商事活动的营利性。

第五,马克思主义理论还为商法学认识商人阶层和商事行为的特殊性提供了理论指导。必须牢牢把握商人产生的社会背景,该背景是展开商法学研究的基石。

第六,商法学的研究和学习应当注意商法与民法的内在联系与相互作用。民法和商法相互作用,彼此联系,学习和研究商法应当正确认识民法和商法在历史上的关联性。

（三）案例分析题

【参考答案】

解析：本题考察学习商法学的方法，学生只需回答一下几个要点，言之成理即可：

1. 商法的学习需要注意商法的实践性。商法以实践性著称，且商事交易实践可谓日新月异，学生在学习商法的过程中不可忽视商事实践的实时动态。

2. 商法的学习需要综合运用各种研究方法，包括注释法学及法教义学的研究方法、比较法研究方法、案例研究与实证研究方法等。

3. 商法的学习需要培育商法思维。商法具有极强的功利性和特殊性，在学习商法的过程中，如果不能形成商法思维，用商法独特的理念学习商法知识，会使观念的形成产生误差。

4. 商法的学习还需要坚持基础理论和商事部门法相结合的方法。商事法律体系是以基础理论指导商事部门法形成的科学理论体系。因此，商法的学习必然需要注意处理好基础理论和商事部门法之间的关系。

5. 商法的学习还需要关注经济学、社会学和历史学等社会学科方面的知识。

第一章习题自测参考答案

(一) 单项选择题

1.【答案】B

【解析】本题考查商法的定义。

B 项正确。商法是指调整商事主体参加的商事关系的法律规范的总称。

2.【答案】D

【解析】本题考查商法的性质。

商法和民法一样,是规范平等主体之间人身关系和财产关系的法律。商法在调整商事主体之间的商事关系时,既要遵循民事主体地位平等、意思自治、公平、诚信等基本原则,又要秉持保障商事交易自由、平等交换、便捷安全等原则。但为了兼顾商事关系中的多种价值和利益,商事特别法往往包含若干公法或者强行法内容。

D 项正确。作为民法的特别法,商法本质上属于私法,但兼具公法性。

3.【答案】C

【解析】本题考查商法和民法的关系。

商法和民法均为私法,在学术界通常合称为"民商法"。一般认为,民法是私法的普通法,商法是私法的特别法,商法规范是民法规范的例外和补充。

C 项正确。民法是普通法,商法是特别法。

4.【答案】D

【解析】本题考查商法的正式渊源。

我国商法的正式渊源包括:(1) 宪法;(2) 民商事法律;(3) 行政法规;(4) 地方性法规;(5) 自治条例和单行条例;(6) 国务院部门规章;(7) 地方政府规章;(8) 司法解释。

D 项表述不正确,符合题意,当选。指导性案例不能成为我国商法的正式渊源。

5.【答案】B

【解析】本题考查商法的体系。

商法体系,是指商法不同部分经过分类组合而形成的、呈体系化的有机联系的整体。我国商法主要包括公司法、证券法、票据法、保险法、破产法和海商法等。

B 项不正确,符合题意,当选。劳动法学是研究劳动法律、法规、规章及其发展规律的科学。劳动法是一门独立的法律学科。

6.【答案】B

【解析】本题考查哪些国家采取了民商分立,哪些国家采取了民商合一。

在 16 世纪,欧洲国家陆续开启了商法系统化和民法法典化的进程。由于历史原因,法国、德国、日本、西班牙等国采用了民商分立体系。瑞士及北欧诸国采用了民商合一体系。

A 项错误。德国采用的是民商分立的立法体例。

B 项正确。瑞士采用的是民商合一的立法体例。

C 项错误。法国采用的是民商分立的立法体例。

D 项错误。日本采用的是民商分立的立法体例。

7.【答案】C

【解析】本题考查商人的范围。

在现代社会,商人组织形态多种多样,包括采用无限责任组织形式的商业组织,采用有限责任组织形式的商业组织;商自然人及其衍生而来的个体工商户和个人独资企业,甚至包括合伙企业和公司企业等组织形态。

A 项中合伙企业属于商人。

B 项中合资企业属于商人。

C 项中某公司总裁不属于商人,属于劳动者。

D 项中个体商贩属于商人。

8.【答案】D

【解析】D 项正确,ABC 项错误。商法的调整对象是商事关系,商事关系是一种特殊的民事关系,主要指商人或企业相互间发生的,或者商人或企业与消费者之间发生的财产关系和人身关系,它在主体、客体、内容上区别于一般民事关系。

9.【答案】C

【解析】C 项符合题意,当选。三大国际商事争议解决执行框架文件包括《联合国关于调解所产生的国际和解协议公约》《承认及执行外国仲裁裁决公约》、海牙《选择法院协议公约》。ABD 项不符合题意,不当选。

10.【答案】B

【解析】B 项符合题意,当选。ACD 项不符合题意,不当选。国内仲裁机构可以受理国际仲裁案件,中国海事仲裁委员会可以受理国际仲裁,中国国际商会仲裁院可以受理国际仲裁,不是只有法定的涉外仲裁机构才可以受理国际仲裁。

11.【答案】D

【解析】D 项符合题意,当选。ABC 项不符合题意,不当选。商事审判要有助于提升交易效率。为此,商事审判应注意以下问题:要强化商事案件的执行;要适当扩张法院执行权,淡化审执分离,允许强制执行过程中部分行使裁判权。

12.【答案】A

【解析】A 项符合题意,当选。BCD 项不符合题意,不当选。现代商事纠纷解决模式大体有两种:一是"法院模式",即通过法院解决商事纠纷;二是"法院外模式",即在法院以外以调解、仲裁、和解等各种替代方式解决商事纠纷。

13.【答案】D

【解析】D 项正确,ABD 项错误。调解协议具有"软司法拘束力",法院外的调解协议的效力通常具有较弱的司法拘束力,但法院内的调解协议具有直接强制执行力。法院外调解协议要取得司法拘束力往往需要经过法院确认。仲裁裁决的强司法效力体现在:仲裁裁决具有稳定的法律拘束力,不能随意被法院撤销,这与调解协议当事人可以随时向法院提起诉讼推翻不同。此外,仲裁裁决具有强制执行力,只是商事仲裁机构无权自己独立执行,在当事人不自觉执行仲裁裁决时,要依托法院强制执行。因此,二者的司法效力要视情况而定。

14.【答案】A

【解析】A项正确,BCD项错误。商法的技术性主要体现在商行为法部分,法律对商行为中的行为方式、行为环节、行为规则都作了具体、翔实的规定,具有很强的可操作性和技术性。

15.【答案】B

【解析】B项符合题意,当选。ACD项不符合题意,不当选。法律规则与法律原则相比具有优先适用性,法律规则在针对具体案例时可以具体有针对性地适用,切实做到一对一地针对性适用;法律原则只有在以下方面可以适用:在穷尽法律规则时除非为了实现个案正义否则不得舍弃法律规则而直接适用法律原则,没有更强理由不得径行适用法律原则。

16.【答案】D

【解析】D项符合题意,当选。ABC项不符合题意,不当选。《中华人民共和国海商法》《国际海上避碰规则公约》《最高人民法院关于适用〈中华人民共和国公司法〉若干问题的规定(二)》都是商法的渊源,而南京市市场监督管理局《全市市场监管广告服务工作站建设指导意见》属于地方政府规章,不属于商法的渊源。

17.【答案】C

【解析】C项正确,ABD项错误。商法由长期商事交易过程中形成的商事惯例发展而来,从历史上看,商法的主要渊源是商事惯例。

18.【答案】D

【解析】D项正确,ABC项错误。商主体法定原则是指商事主体类型、资格和程序均须明确规定,符合规定的主体得以实施以商人身份进行交易行为的市场准入制度,包括商主体类型法定、商主体内容法定、商主体公示法定。

19.【答案】C

【解析】C项正确,ABD项错误。近代商法起源于中世纪,而非中世纪之前。近代商法实际上形成于中世纪地中海沿岸的一些自治城市,其最早的形式是商人习惯法,即商人法。商人同行业自治规则是商人习惯法的主要内容,它们的特点之一是奉行属人主义原则。古代社会,在罗马法高度发达的时代,也未形成现代意义上的商法,现代意义的商法起源于欧洲中世纪商人法。

20.【答案】D

【解析】D项符合题意,当选。ABC项不符合题意,不当选。澳大利亚、加拿大、新加坡的商法主要受英美法系影响,而日本的商法主要受大陆法系影响。

（二）多项选择题

1.【答案】ACD

【解析】本题考查商法原则。

B项错误。商法原则具有抽象性,但是裁判者在穷尽规则时可以援引原则作出裁判。

2.【答案】ABC

【解析】本题考查商法和民法的关系。

D项错误。由于商法是民法的特别法,因此在法律适用上,商法优先于民法。

3.【答案】ABCD

【解析】本题考查未来的商法体系的范围。

　　我国在构建商法体系中,要尽力反映立法的现实状况,参考商法学的研究成果,努力改善商法的自身结构和体系,尽力发挥商法在推动经济发展方面的积极作用。因此,我国未来的商法体系应当包括商法典或商法通则、商主体制度、商行为、特别商法。

　　ABCD 选项都属于未来商法体系的组成部分。

　　4.【答案】ABCD

　　【解析】ABCD 项正确。商事主体既包括公司企业、合伙企业和个人独资企业,也包括个体工商户、农村承包经营户和合作社等

　　5.【答案】ABC

　　【解析】D 项错误,ABC 项正确。商行为是指商人经营或从事营利事业的各种营利行为。相对于法律行为而言,商行为在主体、范围和性质上有所不同。首先,商行为是商人实施的行为,商人有义务办理商事登记,商人实施的行为应推定为商行为。商行为限于营利事业范围内的行为,凡能带来经济利益的事业,为营利事业。商行为包括法律行为及其他行为。法律行为以意思表示为其构成要素,并产生当事人意定的法律效果;其他行为,不以意思表示为构成要素,依法产生法定效果。

　　6.【答案】ABCD

　　【解析】ABCD 项正确。商法又称商事法,是调整商事主体参加的商事关系的特别私法。商法和民法均为私法,都调整人身和财产关系。但相对于民法,商法具有以下特点:商法是商人法,商法是私法,商法是特别私法。此外,商法因不乏公法性的规定而具有一定的公法性。

　　7.【答案】ABCD

　　【解析】ABCD 项正确。商法是基于商事主体的特殊地位而产生的法律领域,应依据商事主体的特定地位提炼形成商法的特殊原则。可以将我国商法的特殊原则概括为经营自由、平等交换、企业维持、交易便捷和企业守法。

　　8.【答案】AB

　　【解析】AB 项正确,CD 项错误。经营自由是指除非依照法律规定或整体利益不得从事经营活动外,行为人有权自主决定从事经营活动,即享有是否从事经营活动的自由和从事何种经营活动的自由。值得注意的是,经营自由必须建立在合法以及不违背公序良俗的基础上。

　　9.【答案】AB

　　【解析】AB 项正确,CD 项错误。经营自由的限制包括法定限制和行业限制。法定限制是指对权利人经营自由加以限制的法律规定,如公务员和未成年人不得从事经营和营业等。行业限制是指权利人未事先取得某种特殊资格,即不得从事特定营业的限制。

　　10.【答案】CD

　　【解析】CD 项正确,AB 项错误。经营自由的限制包括法定限制和行业限制。法定限制是指对权利人经营自由加以限制的法律规定。行业限制是指权利人未事先取得某种特殊资格,即不得从事特定营业的限制。

　　11.【答案】ABCD

　　【解析】ABCD 项正确。交易便捷的核心是减少烦琐的交易手续、降低交易成本。交易便捷原则体现在交易形式自由,在法律形式要件上的要求较低,在企业缔约过程中认可口头合同的存在,接受证人证明的合同形式,有限度地承认沉默的积极法律效果都是交易形式自由的

体现。此外,交易便捷原则也体现在短期时效之中,例如企业之间可以约定较短的质量检验期限。

12.【答案】ABC

【解析】ABC项正确,D项错误。在秉持交易便捷原则的同时,为了增强交易的确定性,商法应当贯彻交易安全原则。在商法上,交易安全原则主要体现为公示主义、强制主义和加重责任。公示主义是指商人或者企业对于涉及利害关系人利益的客观事实,必须依照法律和行政法规的规定进行公示。强制主义是指国家用公法手段,对商事关系的某些内容进行强制性规定。加重责任包括严格责任和连带责任,也涉及社会责任。D项属于交易便捷原则的内容。

13.【答案】ABCD

【解析】ABCD项正确。正式渊源是指国家立法机关依照法定立法程序制定的法律文件,也包括立法机关认可的有权机关按照法定程序制定的规范。我国商法的正式渊源包括宪法、民商事法律、行政法规、部门规章、司法解释等。

14.【答案】ABC

【解析】ABC项正确,D项错误。我国商法的国际法渊源主要分为国际商事条约、行政协定和国际商事惯例。商法的渊源可以分为国内法渊源和国际法渊源,其中国内法渊源包括正式渊源与非正式渊源,交易习惯属于非正式渊源,而非国际法渊源。

(三)不定项选择题

1.【答案】ABCD

【解析】本题考查商法的企业维持原则。

企业维持原则既是旨在维持企业存续、稳定、协调和发展的商法原则,也是在该原则支配下形成的一整套商法制度和规则。企业维持原则具体体现在企业主体地位的维持、资本充实规则、盈利分配规则、企业重整规则四个方面。

ABCD项都是企业维持原则的具体体现。

2.【答案】BC

【解析】本题考查商法的历史。

A项正确。自春秋战国至明清时期,我国古代律法均有涉及商的内容。

B项不正确,当选。近代商法并非起源于中世纪波罗的海沿岸的商业城市和海上贸易。

C项不正确,当选。中世纪商法是商人自治法和习惯法,主要由商人行业规约、各地商事习惯和商事法庭裁决所构成,不是国家制定法。因此,商人同业行会自治规则和商人习惯法是并列的关系,而不是从属的关系。

D项正确。在古希腊、古罗马时代已形成调整商人和商人活动的习惯法。

3.【答案】ABCD

【解析】本题考查商法和经济法的关系,ABCD项说法均正确。

4.【答案】ABC

【解析】ABC项符合题意,当选。交易便捷的核心是减少烦琐的交易手续、降低交易成本。交易便捷原则体现在交易形式自由,在法律形式要件上的要求较低;也体现在权利外观主义,商法承认权利外观表象在权利认定上的优先效力;还体现在短期时效之中,例如,企业之间可以约定较短的质量检验期限。D项不符合题意,不当选。经营自由是商法另一重要原则,即经营自由原则的体现,而非交易便捷原则的体现。

5.【答案】ABC

【解析】ABC项正确,D项错误。商法上的加重责任包括严格责任和连带责任,也涉及社会责任。严格责任是指商人或企业即使没有过错,在法律规定的特定场合下也要承担责任。连带责任一般是商人或企业对他人违反法律义务之后果依法承担全部责任。社会责任是商人或企业对社会所承担的法律义务之外的道德性"责任"。D项中,普通民事责任与加重责任相区分。

6.【答案】BCD

【解析】BCD项正确,A项错误。依据我国《仲裁法》第31条规定,当事人约定由三名仲裁员组成仲裁庭的,应当各自选定或者各自委托仲裁委员会主任指定一名仲裁员,第三名仲裁员由当事人共同选定或者共同委托仲裁委员会主任指定。第三名仲裁员是首席仲裁员。当事人约定由一名仲裁员成立仲裁庭的,应当由当事人共同选定或者共同委托仲裁委员会主任指定仲裁员。

7.【答案】ABCD

【解析】ABCD项正确。英格兰及威尔士商事与财产法院、迪拜国际金融中心法院、卡塔尔国际法院和争端解决中心、布鲁塞尔国际商事法庭均属于国际商事法庭(院)。

8.【答案】ABD

【解析】ABD项正确。与其他法律责任及普通民事责任相比,商事法律责任具有如下特征,即商事法律责任的契约性、法定责任的严格性、追责时效的特殊性(短期性、可约定性)等。

9.【答案】ABCD

【解析】ABCD项正确。《联合国国际贸易法委员会国际商事调解示范法》中,商事仲裁可撤销的情形包括:未将有关指定仲裁员或仲裁程序的事情适当地通知提出申请的当事一方,或该方因其他理由未能陈述其案情;或裁决处理了不是提交仲裁的条款所考虑的或不是其范围以内的争议,或裁决有对提交仲裁以外的事项作出的决定;或仲裁庭的组成或仲裁程序与当事各方的协议不一致,或当事各方并无此种协议等。

10.【答案】ABC

【解析】ABC项正确。《联合国国际贸易法委员会国际商事调解示范法》中商事性质关系包括但不限于下列交易:供应或者交换货物或者服务的任何贸易交易;销售协议;商业代表或者代理;保理;租赁;工程建造;咨询;工程技术;发放许可;投资;融资;银行业务;保险;开发协议或者特许权;合营企业和其他形式的工业或者商业合作;航空、海路、铁路或公路客货运输。

11.【答案】ABCD

【解析】ABCD项正确。法院外的商事调解作为一种商事纠纷解决程序具有以下特征:调解程序的自愿性,调解员的中立性,调解程序的保密性以及调解协议的"软司法拘束力"。

12.【答案】ABD

【解析】ABD项正确。作为商事纠纷解决方式之商事仲裁具有以下特征:第一,仲裁程序的自愿性,与调解一样,当事人的自愿参与是商事仲裁最为突出的特点。第二,仲裁员的专业性。商事仲裁的仲裁员通常都有某方面的专业背景,他们了解商事交易的知识与过程,体现出仲裁裁决的专业性和权威性。第三,仲裁程序的保密性。仲裁以不公开审理为原则,以公开审理为例外,仲裁法律及规则通常规定,商事仲裁员及秘书负有保密义务。第四,仲裁裁决的强司法效力性:一是仲裁裁决具有稳定的法律拘束力,不能随意被法院撤销;二是仲裁裁决具有强制执行力。

13.【答案】ABCD

【解析】ABCD 项正确。与其他法律责任及普通民事责任相比,商事法律责任具有以下特点:一是商事交易以自由为原则,二是商事交易多以契约方式展开,三是法定责任的严格性,四是追责时效的特殊性。

14.【答案】ABCD

【解析】ABCD 项正确。商法的技术性主要体现在商行为法部分,法律对商行为中的行为方式、行为环节、行为规则都作了具体、翔实的规定,具有很强的可操作性和技术性。商法是在商人习惯法基础上发展而来的,以经济实用为依归,以反映商事交易的客观规律为己任,其规定的内容包含了大量的技术性规范。保险法中关于保险费用、保险金额、保险标的、损害赔偿的估定;票据法中关于票据之文义性、独立性、无因性的规定;公司法中关于公司机关、公司股份、公司债券的规定;海商法中关于共同海损、理算规则的规定,都体现了商法的技术性。

15.【答案】ABCD

【解析】ABCD 项正确。商事能力,又称商事主体资格,指商事主体独立从事商事活动,享有权利和承担义务的资格和能力,包括商事权利能力和商事行为能力。商事行为是商主体以营利为目的,旨在设立、变更或消灭商事法律关系的经营性行为。商事行为是商主体所为的行为,与商主体这一特定身份相关,非商事主体不得从事商事行为。商人的权利能力和行为能力受到法律和自治规章的限制,这些限制表现在:商法人不得擅自以其财产从事非经营性活动;商法人原则上不得在授权的经营范围之外从事营利行为;商法人对自己的财产不享有完全的处分权;商法人不得违反资金专用条件或其他禁止性义务从事经营。

(四) 简答题

1. 简述营业的含义。

【参考答案】

营业是指运营中的营利事业,既包括组织和经营活动,也包括财产关系。相应地,营业可分为主观营业和客观营业。主观营业,指各种营利事业之经营活动,属于法律关系之内容的范畴。商人从事经营活动的法律效果,包括意定效果和法定效果。客观营业,指营业所依赖的财产或者资产,属于法律关系之客体的范畴,也可称为营业资产。客观营业,不以有体物为限,凡是商人从事营业所依赖的财产或财产有机体,均属于客观营业。有的国家的商法规定了"营业转让"或者"营业让与"制度。所谓营业转让或让与,是指商人将其营业所依赖的、具有有机体性质的整体财产,全部或部分让与他人。营业转让或让与既是标的之转让,也与让与行为有关,属于主观营业和客观营业的结合体。

2. 简述民法与商法的区别。

【参考答案】

(1) 主体:民事关系大多以自然人为基本主体;商事关系以公司法人为基本主体。(2) 客体:民事关系的客体一般为特定物;现代社会化的商品生产以批量和规模的极大化为基本追求,各类商品生产普遍采用行业、国家甚至国际标准,所以商事关系的客体具有明显的种类化趋势。(3) 目的:民事关系一般以满足主体的自身消费需求为目的;商事关系以营利为目的,具有营利性。(4) 交易形式:民事交易具有个别的和偶然的性质;商事交易表现为同种交易的大量反复进行,从而具有集团交易的特点。(5) 价值目标:民法首先选择公平,即公平至上,兼顾效益与其他;商法中最高的价值取向是效益,即效益至上,兼顾公平与其他。(6) 规范的制定:民法规范具有强烈的伦理性,所制定的一般规则是对整个市民社会及其经济基础的抽象和概括,是人们理性思维的结果,较为稳定;商法规范体现为大量的技术规范。

3. 简述商法的渊源。

【参考答案】

商法的渊源,即商法规范的存在或表现形式,具体而言,是指具有法的效力的商法规范借以表现的形式。我国商法主要采用成文法形式。商法渊源是对商主体和商行为具有约束力的法律规范,也是商事活动和商事司法的重要法律依据。商法渊源的分类可以根据多重标准。一般而言,商法渊源分为国内法渊源和国际法渊源。其中,国内法渊源可再分为正式渊源和非正式渊源,国际法渊源主要分为国际条约、行政协定和国际商事习惯。国内商法关注商法的国内法渊源,国际商法和国际经济法关注商法的国际法渊源。我国商法的正式渊源包括宪法、民商事法律、行政法规、地方性法规、自治条例和单行条例、国务院部门规章、地方政府规章、司法解释。我国商法的非正式渊源包括最高人民法院公告的案例、最高人民法院发布的指导性案例、交易习惯。我国商法的国际法渊源包括国际商事条约、行政协定、国际商事惯例。

4. 简述商法的原则。

【参考答案】

商法原则是指由立法者规定的,反映商法的本质属性,贯彻于商事活动的始终,统领商法立法和司法活动的根本准则。我国有实质意义上的商法,无形式意义上的商法。我国商法学界所称的商法原则,主要是学说上的原则,而不是实体法上的原则。商法原则包括经营自由原则、平等交换原则、企业维持原则、交易便捷原则、交易安全原则。

(五) 论述题

1. 试论民商合一与民商分立。

【参考答案】

关于民法与商法的关系在理论界一直存在不同的看法,民法与商法的关系问题本质上即民商合一或者民商分立的问题。在立法上也存在民商合一和民商分立两种立法体系。民商分立是大陆法系国家历史上形成的普遍法律现象,与欧洲各国的经济、文化以及政治有着密切的联系。民商合一是近现代出现的法律学说和法律实践,在欧洲大陆法系国家,民商合一学说的倡导和支持者并不多,民商合一也只被部分国家立法所采纳。而在英美法系国家,没有法典化的传统,不存在民商合一或民商分立的问题。

民商合一或民商分立反映了立法者对民法体系和商法体系的不同编纂技术,但我们不能拘泥于民商合一或民商分立的立法模式而作一般分析,应该透过这种现象,考察商法究竟是否有其独立存在的依据。民法和商法同属私法范畴,具有相容关系和类同的法律性质。在民商法关系的表述上存在多种观点,例如,商法是民法的特别法,商法是私法的特别法而非民法的特别法,民法和商事法规之间是基本法与补充基本法的单行法规之间的关系等。我们在评判商法独立性时,应当根据市场经济发展的一般规律与发展要求,尤其应当结合我国市场经济建设实践对调整市场交易关系法律的一般要求,重新审视民法与商法间的相互关系,从而得出一个对我国民商立法与民商理论发展具有重大价值的结论。

2. 试论商事自治规则的效力。

【参考答案】

商法的早期形态,即中世纪的商人习惯法时代的商法,本属于独立于国家立法之外的商事自治法。自治是商人法的一个首要和显著特征。但是,随着商法逐渐发展成为国内法与制定法,这一早期商法的属性逐渐减弱,商事法律关系成为国家权力干预的对象。不过,由于商事交易活动的复杂性以及商法的私法属性,在以权利为本位的现代社会中,不断赋予商主体自治权利已成为一项时代要求。为合理调整商事公司和其他团体的内部关系,需要在国家法律的原则性或一般性规定之外,另行制定与其组织结构、与商事交易相适应的章程与约款。此即商事自治法。在不违反强行法规定的条件下,法律往往承认其规范意义上的约束力,亦即法律承认其法律渊源的效力。从规范的实际效力考察,公司章程确实是该公司在内部组织与行为方面的基本行为规范。我国许多商法学者都同意,商事自治法在商法适用中的突出地位,反映了现代商法发展的趋势。

在我国,基于对“法”的严格认识,将具有实施上规范效力的诸如公司章程等形式的规范称为商事自治法,则显得不够严谨。但这些规范毕竟具有很强的约束力,只要其不与国家强行性法律规范相抵触,便能够在法律适用的顺序上处于优先地位,因此,我们将其称为商事自治规则。在现代商事交易中,这种商事自治规则的具体形式主要有:其一,公司章程;其二,交易所等社会中介组织的业务规则;其三,商业行会规约;其四,商事组织预先制定的格式合同条款。这些商事自治规则在某种程度上起到了相关国家监管规范的作用,具有明显规范意义上的约束力,实质上已经具备了法律渊源的效力。

(六)案例分析题

【参考答案】

首先,本案通过调解方式化解了控制权之争,为今后同类纠纷处理探索了一条可资借鉴的新路径。2018年5月,在总结本案调解成功经验的基础上,调解中心和深圳国际仲裁院合作成立境内资本市场首家“并购争议解决中心”,以加强上市公司并购纠纷等方面的研究、防范和化解。

其次,本案中深圳证监局、调解中心、深圳国际仲裁院通力协作,短时间内解决了长达4年的上市公司控制权争夺纠纷,充分体现了“专业调解 + 商事仲裁 + 行业自律 + 行政监管”四位一体争议解决机制在化解资本市场复杂矛盾纠纷方面的优势和成效。

最后,调解不仅化解了争议各方的纠纷,还推动了各方公司治理模式和经营模式的完善。C公司优化了股权结构、负债结构和产业结构,营造了良好的经营环境,W公司转让相关股份、承诺放弃控制权争夺,更加专注主业发展。

第二章习题自测参考答案

（一）单项选择题

1.【答案】C

【解析】本题考查商事登记的法律性质。

商事登记是一种复合行为，一方面表现为商事主体申请登记行为，另一方面表现为商事登记机关核准登记行为，前者属于法律行为，后者则属于行政行为。

A 项错误。仅指出了商事登记是一种法律行为，而忽略了其作为一种行政行为的属性。

B 项错误。仅指出了商事登记是一种行政行为，而忽略了其作为一种法律行为的属性。

D 项错误。本题考查的是商事登记的法律性质，法律制度并非是一种法律性质。

2.【答案】B

【解析】本题考查商事主体资格与营业资格的关系。

A 项错误。商事主体若因违法而被吊销了营业执照，失去了营业资格，此时，其商事主体资格并不必然丧失，因此，商事主体资格与营业资格是分离的。

B 项正确。

C 项错误。一般情况下，商事主体经登记取得商事主体资格，同时取得一般营业资格。

D 项错误。有一些特殊的营业事项属于前置许可事项，商事主体须先取得前置许可后，方可办理工商登记，申请营业执照。换言之，此时，营业资格是先于商事主体资格取得的。

3.【答案】B

【解析】本题考查一人有限责任公司（以下简称一人公司）。

A 项错误。现行《公司法》对一人公司的注册资本无最低限额要求。

B 项正确，D 项错误。《公司法》第 58 条规定，一个自然人只能投资设立一个一人公司。该一人公司不能投资设立新的一人公司。据此可知，法律仅限制自然人设立的一人公司不能再设立新的一人公司，但是没有限制其参股其他有限责任公司。

C 项错误。《公司法》第 57 条规定，"一人有限责任公司的设立和组织机构，适用本节规定；本节没有规定的，适用本章第一节、第二节的规定"。《公司法》中在"一人有限责任公司的特别规定"一节中没有对法定代表人进行特殊规定，因此适用有限责任公司的设立和组织机构的规定。另《公司法》第 13 条规定，公司法定代表人依照公司章程的规定，由董事长、执行董事或者经理担任，并依法登记。公司法定代表人变更，应当办理变更登记。据此可知，公司法定代表人是根据公司章程确定的，可以由董事长、执行董事或经理担任。

4.【答案】C

【解析】本题考查法人的分类及相关规定。

A 项错误。该项考查社团法人成立的条件。社团法人是指以人的组合作为法人成立基础的私法人,又称法人型人合组织,我国的公司、合作社、各种协会等就属于社团法人。根据法律规定,并不是所有社团法人都需登记。法条依据为《民法典》第88条、第90条。

B项错误。并不是所有银行都是企业法人,如中国人民银行,它不是企业法人而是机关法人。

C项正确。《公司法》第14条规定,公司可以设立分公司。设立分公司,应当向公司登记机关申请登记,领取营业执照。分公司不具有法人资格,其民事责任由公司承担。公司可以设立子公司,子公司具有法人资格,依法独立承担民事责任。

D项错误。一人公司即是法人。

5.【答案】A

【解析】A项正确,当选。本题考查一人公司与个人独资企业。

D项错误。《公司法》第57条规定,一人公司,是指只有一个自然人股东或者一个法人股东的有限责任公司。而个人独资企业,依照《个人独资企业法》第2条,是指依照本法在中国境内设立,由一个自然人投资,财产为投资人个人所有,投资人以其个人财产对企业债务承担无限责任的经营实体。

B项错误。现行《公司法》取消了一人公司的最低资本制度。

C项错误。个人独资企业投资人可以自行管理企业事务,也可以委托或者聘用其他具有民事行为能力的人负责企业的事务管理。法条依据为《个人独资企业法》第19条第1款。

6.【答案】A

【解析】本题考查一人公司。

A项错误。《个人独资企业》第27条第1款规定,个人独资企业解散,由投资人自行清算或者由债权人申请法院指定清算人进行清算。"将加工厂改换成一人公司形式",属于原个人独资企业资格的消灭和新一人公司的诞生,因此,应对个人独资企业进行清算。

B项正确。新的一人公司使用原个人独资企业的商号"金地"并不违反法律的规定。

C项正确。现行《公司法》取消了一人公司的注册资本最低限额和一次足额缴纳出资额的限制。

D项正确。根据《公司法》第63条规定,一人公司的股东不能证明公司财产独立于股东自己的财产的,应当对公司债务承担连带责任。

7.【答案】B

【解析】本题考查合伙企业。

A项错误。《合伙企业法》第16条第1款规定,合伙人可以用货币、实物、知识产权、土地使用权或者其他财产权利出资,也可以用劳务出资。据此可知,合伙人可以以劳务作为出资。

B项正确。《合伙企业法》第17条第2款规定,以非货币财产出资的,依照法律、行政法规的规定,需要办理财产权转移手续的,应当依法办理。据此可知,乙若以房屋使用权而非房屋所有权作为出资的话,不必须办理房屋产权过户登记。

C项错误。商号,即厂商字号,或企业名称。商号作为企业特定化的标志,是企业具有法律人格的表现。商号经核准登记后,可以在牌匾、合同及商品包装等方面使用,其专有使用权不具有时间性的特点,只在所依附的厂商消亡时才随之终止。我国法律对商号权未有明确规定,因此,也未禁止或限制将合伙人的名字作为合伙企业的商号或字号。

D 项错误。《合伙企业法》第 19 条第 1 款规定,合伙协议经全体合伙人签名、盖章后生效。合伙人按照合伙协议享有权利,履行义务。

8.【答案】C

【解析】本题考查合伙企业与个人独资企业。

A 项错误。个人独资企业的投资人只能是一个自然人。合伙企业,是指自然人、法人和其他组织依照《合伙企业法》在中国境内设立的普通合伙企业和有限合伙企业。法条依据为《个人独资企业法》第 8 条第 1 项、《合伙企业法》第 2 条第 1 款。

B 项错误。个人独资企业,是指依照《个人独资企业法》在中国境内设立,由一个自然人投资,财产为投资人个人所有,投资人以其个人财产对企业债务承担无限责任的经营实体。有限合伙企业由普通合伙人和有限合伙人组成,普通合伙人对合伙企业债务承担无限连带责任,有限合伙人以其认缴的出资额为限对合伙企业债务承担责任。个人独资企业的投资人承担无限责任;而合伙企业中,有限合伙企业的有限合伙人承担有限责任。法条依据为《个人独资企业法》第 2 条、《合伙企业法》第 2 条第 3 款。

C 项正确。若个人投资企业中增加一个投资人,则可以依法申请变更为普通合伙企业。

D 项错误。当合伙企业中只剩下一个普通合伙人时,其已经不满足合伙企业的条件了,但是其可以申请将企业的性质变更为个人独资企业。

9.【答案】C

【解析】本题考查个人独资企业。

A 项错误。个人独资企业设立时可以家庭共有财产作为个人出资,其性质仍为个人独资企业。法条依据为《个人独资企业法》第 18 条。

B 项错误。李甲委托其子李乙负责企业的事务管理与出资是否为家庭共有财产之间没有必然的联系。法条依据为《个人独资企业法》第 19 条第 1 款。

C 项正确。个人独资企业解散后,原投资人对个人独资企业存续期间的债务仍应承担偿还责任,但债权人在 5 年内未向债务人提出偿债请求的,该责任消灭。法条依据为《个人独资企业法》第 28 条。

D 项错误。个人独资企业的投资人只能是一个自然人,因继承而不满足个人独资企业设立条件的,可以申请变更为其他企业形式,并非必须分立为两家个人独资企业。

10.【答案】D

【解析】本题考查股东的知情权。

A 项错误。有限责任公司股东有权查阅公司会计账簿,但无权复制。法条依据为《公司法》第 33 条第 2 款。

B 项错误。股份公司股东有权查阅董事会记录,但无权复制。法条依据为《公司法》第 97 条。本题要注意区分 A、B 选项中,有限责任公司与股份公司有关股东查阅规则设计的差异。

C 项错误。股东以知情权、利润分配请求权等权益受到损害等为由,提起解散公司诉讼的,法院不予受理。法条依据为《最高人民法院关于适用〈中华人民共和国公司法〉若干问题的规定(二)》第1条第2款。

11.【答案】B

【解析】本题考查商事审计的相关规定。

A项错误。国有企业属于审计机关审计的范围,某市出资设立的某高速公路投资公司,属于国有企业,当然属于审计的范围。

B项正确。审计机关应当在审计前3日内向被审计单位送达审计通知书。

C项错误。审计机关经县级以上人民政府审计机关负责人批准,有权查询被审计单位在金融机构的账户,不需要委托法院查询。

D项错误。审计机关有权检查被审计单位与财政收支有关的资料和资产,无须委托税务局检查。

12.【答案】B

【解析】B项正确。依照商主体的组织结构或形态特征,即依照商主体是自然人还是组织体,以及其组织形态等,商主体可以分为商个人、商合伙、商法人。

13.【答案】D

【解析】D项正确。我国商事登记的主管机关是各级市场监督管理局。

14.【答案】B

【解析】B项正确。依照我国立法制度安排,商事登记是企业和经营组织取得法人资格或从事营利活动资格的必要条件,商事登记不是合意的法律行为,商事登记可能出现在商事主体的设立阶段,也可能在变更、注销等阶段。商事登记是公法上的行为,可以产生私法上的效果。

15.【答案】D

【解析】D项正确。2020年修订的《企业名称登记管理规定》对企业不得使用以下名称作了下列限制:企业不得使用对国家、社会或者公共利益有损害的名称;外国国家(地区)名称;国际组织名称;以外国文字或汉语拼音字母组成的名称;以数字组成的名称等。"WTO"是世界贸易组织的简称,世界贸易组织属于国际组织;"总统"是部分国家最高领导人的称谓;"民主"与专制相对,属于国家集权形式。

16.【答案】C

【解析】C项不属于商事中间人。商事中间人包括:代理商——独立的商事经营者,接受委托,固定地为其他业主促成交易或以其他业主的名义缔结交易;居间商——为获得佣金而从事契约缔结之促成活动的商人;行纪商——以自己的名义为他人(委托人)购买或销售货物、有价证券,并以其作为职业性经营的人。

17.【答案】D

【解析】D项符合题意。分公司设立登记不属于我国《企业法人登记管理条例》中规定的登记种类。

18.【答案】A

【解析】A项正确。商号,又称商事名称,是商事经营主体在从事商行为时所使用的名称,即商事主体在商事交易中实施法律行为时,用以署名或让其代理人使用,与他人进行商事交往的名称。商号的特征有以下几个方面:商号是商事经营主体的名称;商号具有地域性;商号是商事主体在商事交易中使用的名称;商号与商事主体不可分离。

19.【答案】A

【解析】A项正确。从投资主体来讲,个人独资企业的投资主体是自然人,一人公司的投资主体可以是自然人也可以是法人(企事业单位、社会团体等)。个人独资企业不具有法人资格,是以投资人的个人财产对企业债务承担无限责任,而一人公司,因为具有法人性质,对公司的债务承担的是有限责任。

(二) 多项选择题

1.【答案】BD

【解析】A项错误。公司的财务会计报告应依法经会计师事务所审计,而不能自行审计。法条依据为《公司法》第164条第1款。

B项正确。公司的法定公积金不足以弥补以前年度亏损的,在依照前款规定提取法定公积金之前,应当先用当年利润弥补亏损。法条依据为《公司法》第166条第2款。

C项错误。公司的公积金用于弥补公司的亏损、扩大公司生产经营或者转为增加公司资本。但是,资本公积金不得用于弥补公司的亏损。法条依据为《公司法》第168条第1款。

D项正确。法定公积金转为资本时,所留存的该项公积金不得少于转增前公司注册资本的25%。法条依据为《公司法》第168条第2款。

2.【答案】AC

【解析】本题考查股东名册与股东名称登记。

A项正确。公司负有置备股东名册的法定义务。法条依据为《公司法》第32条第1款。

B项错误。提交公司登记机关的内容仅仅是股东的姓名或名称,并非整个股东名册。法条依据为《公司法》第32条第3款。

C项正确。记载于股东名册的股东,可以依股东名册主张行使股东权利。法条依据为《公司法》第32条第2款。

D项错误。股东名册记载与公司登记之间不一致时,对内以股东名册为准,对外以登记为准。法条依据为《公司法》第32条第3款。

3.【答案】ACD

【解析】A项正确。公司可以设立分公司。设立分公司,应当向公司登记机关申请登记,领取营业执照。法条依据为《公司法》第14条第1款。

B项错误。企业被吊销营业执照后,并没有立即丧失主体资格,应当先进行清算,清算后要办理注销登记,注销登记之后才丧失主体资格。

C项正确。公司的经营范围由公司章程规定,并依法登记。公司可以修改公司章程,改变经营范围,但是应当办理变更登记。法条依据为《公司法》第12条第1款。

D项正确。企业未经清算的,相关的债权债务关系并没有解决,不能办理注销登记。

4.【答案】BD

【解析】本题考查公司形式的变更。

A项错误。有限责任公司变更为股份公司的,须经代表2/3以上表决权的股东通过,而非全体股东一致同意。法条依据为《公司法》第43条第2款。

B 项正确。法条依据为《最高人民法院关于适用〈中华人民共和国公司法〉若干问题的规定(三)》第 3 条第 1 款。

C 项错误。董事会设董事长一人,可以设副董事长。董事长和副董事长由董事会以全体董事的过半数选举产生。法条依据为《公司法》第 109 条第 1 款。

D 项正确。变更后的股份公司可以继续使用原有限公司"华昌"的字号,对此,《公司法》并没有限制性或禁止性规定。

5.【答案】BD

【解析】子公司是指部分或者全部股份被另一家公司控制或者依照协议被另一家公司实际控制、支配的公司。子公司具有独立法人资格,拥有自己所有的财产,自己的公司名称、章程和董事会,对外独立开展业务和承担责任。但涉及公司利益的重大决策或重大人事安排,仍要由母公司决定。

A 项错误,B 项正确。子公司既然是具有独立法人地位的组织,当然有权拥有自己独立的公司名称,不需要在公司名称中体现母公司的名称字样,营业地也可不同于母公司的营业地。法条依据为《公司法》第 14 条第 2 款。

C 项错误。2018 年修正的《公司法》取消了一人公司设立的注册资本限制。

D 项正确。我国《公司法》规定的公司形式仅包括有限责任公司和股份有限公司。设立股份有限公司,应当有 2 人以上 200 人以下为发起人。设立独资子公司,因股东只有 1 人,子公司当然只能采取一人公司形式,不能采取股份有限公司形式。法条依据为《公司法》第 78 条。

6.【答案】ABCD

【解析】本题考查有限合伙人的相关规定。

A 项说法错误。新合伙人入伙,除合伙协议另有约定外,应当经全体合伙人一致同意,并依法订立书面入伙协议。法条依据为《合伙企业法》第 43 条第 1 款。

B 项说法错误。新入伙的有限合伙人对入伙前有限合伙企业的债务,以其认缴的出资额为限承担责任。法条依据为《合伙企业法》第 77 条。

C 项说法错误。对涉及自身利益的情况,有限合伙人可以查阅有限合伙企业财务会计账簿等财务资料。法条依据为《合伙企业法》第 68 条第 2 款第 5 项。

D 项说法错误。有限合伙人可以自营或者同他人合作经营与本有限合伙企业相竞争的业务;但是,合伙协议另有约定的除外。法条依据为《合伙企业法》第 71 条。

7.【答案】BCD

【解析】BCD 项正确,A 项错误。国家机关不以营利为目的,不属于商主体,有限责任公司、个人独资企业以及合伙企业都属于商主体。

8.【答案】BC

【解析】BC 项正确,AD 项错误。商事主体不只包括法人,还包括合伙企业、自然人商人,民事主体可以是法人,也可以是自然人。商事主体必须同时具有权利能力和行为能力,民事主体可以是限制民事行为能力人和无民事行为能力人。商事主体一般需要登记才能获得主体资格,民事主体一般不需要登记。商事主体可以从事的活动范围与民事主体难以比较,不管是商事主体还是民事主体都应在法律的框架下活动。

9.【答案】CD

【解析】CD 符合题意,AB 不符合题意。准则主义即登记主义,是指以法律规定设立公司的要件作为公司设立的准则,只要满足法定条件,公司即可成立,无须行政机关或立法机关的事先批准。从事证券业必须取得相应的证券从业资格,烟草业属于特许行业,二者不能采用准则制设立。

10.【答案】ABC

【解析】ABC 正确,D 项错误。商号权具有区域性、可转让性、公开性的特征,但是商号权不具有保密性。

11.【答案】BC

【解析】BC 符合题意,AD 不符合题意。证券登记结算机构是指为证券的发行和交易活动办理证券登记、存管、结算业务的中介服务机构。证券登记结算机构为证券交易提供集中的登记、托管与结算服务,是不以营利为目的的法人。企业集团是现代企业的高级组织形式,是以一个或多个实力强大、具有投资中心功能的大型企业为核心,以若干个在资产、资本、技术上有密切联系的企业、单位为外围层,通过产权安排、人事控制、商务协作等纽带所形成的一个稳定的多层次经济组织。企业集团不具备法人资格。分公司是母公司的分支机构,不具备独立的法人资格,不能独立承担责任。

12.【答案】ABC

【解析】ABC 项正确,D 项错误。商主体原则上只允许使用一个商号,在同一辖区内,新登记的商号不得与已经登记的商号相同或近似,如有特殊需要,经省级以上市场监督管理机构批准,商主体可以在规定的范围内使用一个从属商号。商号的内容和文字涉及法律禁止使用事项将被禁止使用。商号的选定必须遵守语言文字的统一要求,除民族自治地方的企业可以使用本民族通用语言外,其他商号一般应使用汉字。联营企业的名称可以使用联营的字号,但不得使用联营成员的商号。

13.【答案】ABC

【解析】ABC 项正确,D 项错误。依照经营者的法律状态和事实状态,商主体可以分为固定商人、拟制商人、表见商人。必然商人是根据法律授权或者法律设定的要件程序和方式进行划分的。

14.【答案】ABC

【解析】ABC 项正确,D 项错误。企业破产时,需要将会计账簿交给破产管理人,破产管理人参照账簿处理破产财产。商主体负债过重时,需要查看会计账簿,找出负债过重的深层次原因,以便寻求应对之策,或者,企业可能资不抵债,进而进入破产程序。在妨碍税收或妨碍司法诉讼的情况下,商事账簿制作义务履行的强制性也能充分表现出来,但是企业业绩下滑并不会导致明显的法律后果。

（三）不定项选择题

1.【答案】C

【解析】本题考查股东查阅公司会计账簿的权利。

A 项错误。知情权是股东的法定权利,不得通过公司章程和股东之间的协议对股东的知情权进行实质剥夺。本题中,昌盛有限公司章程实质性剥夺了持股比例低于 5% 的股东依据《公司法》享有的查账权,该约定无效。甲有权查阅公司会计账簿。法条依据为《公司法》第 33 条、《最高人民法院关于适用〈中华人民共和国公司法〉若干问题的规定(四)》第 9 条。

B 项错误,C 项正确。股东起诉请求查阅或者复制公司特定文件材料的,法院应当依法予以受理。公司有证据证明前款规定的原告在起诉时不具有公司股东资格的,法院应当驳回起诉,但原告有初步证据证明在持股期间其合法权益受到损害,请求依法查阅或者复制其持股期间的公司特定文件材料的除外。由此可知,丙与好友赵某签订了股权代持协议,根据该协议,丙为名义股东,赵某为实际出资人,丙为公司真正股东,享有股东权利,可以依据法律和章程规定行使股东知情权。而赵某作为实际投资人并不是公司的股东,只能通过代持协议享受投资收益,而不能直接向公司主张只有股东才享有的知情权,因此不享有查阅权。法条依据为《最高人民法院关于适用〈中华人民共和国公司法〉若干问题的规定(四)》第 7 条。

D 项错误。股东可以要求查阅公司会计账簿,但对于公司的会计账簿,有限公司股东只能查阅,不能复制。法条依据为《公司法》第 33 条第 2 款。

2.【答案】AD

【解析】本题考查合伙人合伙财产份额出质。

A 项正确,C 项错误。合伙人以其在合伙企业中的财产份额出质的,其他任何一个合伙人都有一票否决权。此为法律的强制性规定,不存在善意第三人的情况。法条依据为《合伙企业法》第 25 条。

B 项错误。合伙份额质权设定必须经合伙协议记载才能生效的说法没有法律依据,质权设定必须采取法定的公示方法。

D 项正确。合伙人的自有财产不足以清偿其与合伙企业无关的债务的,该合伙人可以以其从合伙企业中分取的收益用于清偿;债权人也可以依法请求法院强制执行该合伙人在合伙企业中的财产份额用于清偿。法院强制执行合伙人的财产份额时,应当通知全体合伙人,其他合伙人有优先购买权;其他合伙人未购买,又不同意将该财产份额转让给他人的,依照《合伙企业法》第 51 条的规定为该合伙人办理退伙结算,或者办理削减该合伙人相应财产份额的结算。法条依据为《合伙企业法》第 42 条。

3.【答案】AB

【解析】本题考查普通合伙人和有限合伙人的转化。

A 项正确。除合伙协议另有约定外,普通合伙人转变为有限合伙人,或者有限合伙人转变为普通合伙人,应当经全体合伙人一致同意。法条依据为《合伙企业法》第 82 条。

B 项正确。合伙企业登记事项发生变更的,未登记的,不得对抗第三人。法条依据为《合伙企业法》第 13 条。

C 项错误。有限合伙人不执行合伙事务,不得对外代表有限合伙企业。据此可知,高崎的身份转变为有限合伙人后,就不能再担任合伙事务执行人了。法条依据为《合伙企业法》第 67 条。

D 项错误。普通合伙人转变为有限合伙人的,对其作为普通合伙人期间合伙企业发生的债务承担无限连带责任。法条依据为《合伙企业法》第 84 条。

4.【答案】BCD

【解析】本题考查股东的出资义务。

A项错误,B项正确。李某未履行其出资义务,并经公司多次催告后,李某仍未缴纳出资,股东会解除其股东资格是合法的,不需要征得被除名股东的同意,该股东与股东会讨论的决议事项有特别利害关系时,该股东不得就其持有的股权行使表决权。法条依据为《最高人民法院关于适用〈中华人民共和国公司法〉若干问题的规定(三)》第17条第1款。

CD项正确。在李某被除名的相关登记事项变更完成之前,李某仍然是公司的股东,若公司有对外债务不能清偿,为了保护债权人利益,李某仍需按照法律规定对债权人承担补充赔偿责任。当股东资格被解除后,公司应当及时办理相应的减资程序或安排其他主体缴纳相应的出资。法条依据为《最高人民法院关于适用〈中华人民共和国公司法〉若干问题的规定(三)》第17条第2款。

5.【答案】D

【解析】本题考查股东查阅会计账簿的权利。

A项错误。股东可以要求查阅公司会计账簿。股东要求查阅公司会计账簿的,应当向公司提出书面请求,说明目的。张某的查账请求应以书面形式提出。法条依据为《公司法》第33条第2款。

B项错误。代表1/10以上表决权的股东,1/3以上的董事,监事会或者不设监事会的公司的监事提议召开临时会议的,应当召开临时会议。据此,张某持股只有5%,无权提议召开临时股东会。法条依据为《公司法》第39条第2款。

C项错误。红叶有限公司应当自张某提出书面查账请求之日起15日内对是否允许查账给予书面答复并说明理由,其无权要求张某先向监事会提出查账请求。

D项正确。张某同时在枫林有限公司任董事,且红叶有限公司与枫林有限公司均从事保险经纪业务。红叶有限公司可据此认为张某查账具有不正当目的,可能损害公司的合法利益,以此为由拒绝提供查阅。

6.【答案】AB

【解析】本题考查个人独资企业的相关规定。

A项正确。个人独资企业应依法备案的事项为“登记联络员”。法条依据为《市场主体登记管理条例实施细则》第7条第1款。

B项正确,C项错误。个人独资企业投资人对本企业的财产依法享有所有权,其有关权利可以依法进行转让或继承。此外,个人独资企业解散,由投资人自行清算或者由债权人申请法院指定清算人进行清算。法条依据为《个人独资企业法》第17条、第27条。

D项错误。在中华人民共和国境内,企业和其他取得收入的组织为企业所得税的纳税人,依照《企业所得税法》的规定缴纳企业所得税。个人独资企业、合伙企业不适用该法。法条依据为《企业所得税法》第1条。

7.【答案】A

【解析】A项正确,BCD项错误。甲、乙公司决定以各自的全部资产、人员和营业合并成立大雁有限责任公司,大雁有限责任公司属于新设合并成立的新公司,需要进行的商业登记属于设立登记。

8.【答案】ABCD

【解析】ABCD 项正确。《市场主体登记管理条例》第 8 条规定,"市场主体的一般登记事项包括:(一) 名称;(二) 主体类型;(三) 经营范围;(四) 住所或者主要经营场所;(五) 注册资本或者出资额;(六) 法定代表人、执行事务合伙人或者负责人姓名"。这些事项发生变更都需要进行变更登记。

9.【答案】C

【解析】C 项符合题意,当选。ABD 项不符合题意,不当选。商个人是指具有商事权利能力和商事行为能力,独立从事商行为,依法履行商法上的权利和承担商法上的义务的自然人。商个人属于法律拟制的主体,与作为一般民事主体的自然人相区别。

10.【答案】BD

【解析】BD 正确,AC 错误。商事主体进行商事活动必须依照法律法规而非仅仅需要依照商事惯例承担义务,享受权利。商事主体是法律上的拟制主体。商事主体需要特定,商事主体的商事能力与其所实施的经营性活动有实际联系。商事主体具有营利目的性,商事主体从事的往往是营利性活动。

11.【答案】ABC

【解析】ABC 项正确,D 项错误。我国法律规定的商合伙类型有个人合伙、合伙型联营以及合伙企业。隐名合伙,是指当事人的一方对另一方的生产、经营出资,不参加实际的经济活动,而分享营业利益,并仅以出资额为限承担亏损责任的合伙。出资的一方称为隐名合伙人;利用隐名合伙人的出资以自己的名义进行经济活动的一方称为出名营业人。隐名合伙不属于我国法定的合伙类型。

12.【答案】ABC

【解析】ABC 项正确,D 项错误。经理人所享有经理权的特点有:经理人是典型的直接代理人,以被代理人的名义为法律行为;经理人行使权利时需将签名附加在商号上以便区别代理行为与个人行为;只有完全商人可以授予被代理人经理权,小商人不可以授予被代理人经理权;经理人享有的经理权不具有单一性和排他性。

13.【答案】A

【解析】A 项正确,BCD 项错误。作为私法的商法,其公法性最为集中的体现是商事登记。商事登记是商主体或商主体的筹办人,为了设立、变更或者终止其主体资格,依照商事登记法规定的内容和程序,向登记机关提出申请,经登记主管机关审查核准,并将登记事项记载于登记簿的法律行为。商事登记具有以下特征:第一,创设性。商事登记是一种创设、变更或终止商事主体资格的法律行为。第二,要式性。商事登记是要式法律行为。第三,公法性。商事登记是商法的公法性最为集中的体现。

14.【答案】D

【解析】D 项正确,ABC 项错误。商事登记是商法人获得法律人格的必要条件,未经登记和公告,商法人不得成立,其行为不能视为商行为。但对于商个人、商合伙,商事登记仅仅具有宣告性,是其商人身份的法律确认。如果行为人未经登记而从事商事活动,其不享有商人的权利,但必须履行商人的义务。德国、法国、瑞士的商法奉行这一原则。商事登记的作用仅仅在于保护商事名称权、商标权及其他与商主体相关的特殊权利。荷兰商法奉行这一原则。因此,荷兰不属于将商事登记作为商主体成立要件主义的国家。

（四）简答题

1. 简述商事主体的特征。

【参考答案】

商事主体具有以下基本法律特征：

第一，商事主体由商法法定。商事主体是不同于一般民事主体的特殊主体，具有特殊的权利能力和行为能力，何种组织和个人能够作为商事主体参加商事活动，并在其中享受权利、承担义务，是由商事法律、法规直接确认和赋予的。

第二，商事主体依法具有商事能力。商事主体的商事能力包括商事权利能力和商事行为能力。商事权利能力是指商法所赋予的、商事主体能够参加商事法律关系，并在其中享有商事权利和承担商事义务的资格或能力。

第三，商事主体的身份或资格经商业登记而取得。商事主体本质上属于法律拟制的主体，是因法律赋予其权利能力和行为能力而成为商事主体，与此同时，在程序上，这种主体身份或资格的取得通常须经过商业登记。

第四，商事主体以从事营利性活动为常业。商事主体的商事行为通常以营业的方式进行，即以获取盈利为目的，连续、稳定地从事范围确定的经营活动。此一特点使商事主体与偶尔从事商事行为者相区别。

2. 举例说明商事能力的特别限制。

【参考答案】

商事能力作为一种从事营业活动的资格要求，与行为主体自身的自然条件、身份条件、经营条件和经济政策、公共利益、国家安全等有着重要的联系。根据我国相关规定，对商事能力的特别限制尤其表现在以下几个方面：

第一，未成年人商事能力的限制。未成年人包括无行为能力人和限制行为能力人。商事主体的商事能力以民事能力为基础，未成年人因其民事行为能力的缺陷，其商事能力必然也受到限制。其目的一方面在于保护未成年人的身心健康及合法权益，另一方面在于维护交易的安全和有效。

第二，公务人员商事能力的限制。各国公务员法大都规定，凡公务人员都不得直接或间接经营商业或其他投机事业。我国对党政机关及其干部从事商事经营活动进行了严格的限制。由于国家公务人员具有特殊的权力和地位，如果允许其从事商事经营，就可能导致其滥用权力、官商不分、以权谋私、滋生腐败，从而妨碍公平竞争。因而，各国法律基本都对这类主体的商事能力予以限制。

第三，外国人商事能力的限制。在民法上，除法律有特别规定外，外国人、无国籍人的法律地位与本国公民相同，有关本国公民的规定适用于外国人和无国籍人。此为民事主体平等原则之基本内涵。然而，在商法上，各国法律对外国人、无国籍人以及外国法人的商事能力，基本都有限制性规定。按照我国法律规定，外国自然人、法人以及其他组织，在我国从事商事活动，须经我国有关部门批准，并办理登记手续。

3. 简述商业名称与字号、商标的异同。

【参考答案】

商业名称与字号。字号通常是指商业名称中的表彰商事主体的特殊文字，是商业名称的核心部分,一般由两个或两个以上的文字组成。例如北京的"全聚德",天津的"狗不理""凤凰""红塔山"等。在此意义上,商业名称是商事主体的全称,而字号则是商业名称的构成部分或核心部分,如"中信国安信息产业股份有限公司"是该公司的商业名称,其中"中信国安"是其特有的字号。但字号的含义和使用并不严格,有时亦将字号与商业名称通用。习惯上,对公司等商事主体多用商业名称,对商自然人和商合伙多用字号。

商业名称与商标。商标是生产经营者或者服务者在其商品或服务上使用的由文字、图形、字母、数字、颜色组合及其他要素的组合构成的区别商品或服务来源的标记。商业名称与商标都是一定对象的标识,都具有一定的区别功能,有些时候商业名称中的字号本身就是商标,公众对于商标的识别也经常与商业名称联系在一起,可见它们之间关系密切。例如青岛海尔股份有限公司,其商业名称中核心要素即字号是"海尔",商标也是"海尔",还有青岛啤酒股份有限公司、IBM公司、可口可乐公司等商事主体,其字号本身亦作为商标使用。虽然商业名称与商标具有上述方面的联系,但二者亦有明显区别:第一,商业名称用于区分不同的商事主体,而商标则用来区分不同的商品;第二,一个商事主体只能有一个商业名称,但可以有多个商标;第三,商业名称只能以文字形态存在,而商标可以以文字、图形、数字、字母、颜色及其组合的形态来表示;第四,一个商事主体可以没有商标,但是必须有自己的商业名称;第五,商业名称的空间效力范围以被核准机关辖区为限,而商标的专用权在全国范围内有效。

4. 试述商事主体的登记要件主义。

【参考答案】

商事登记是否为商事主体成立之必要条件,各国立法不一,主要有成立要件主义和非成立要件主义两种。成立要件主义是指商事登记为商事主体成立之必要条件,未经登记不得成立商事主体。这也是20世纪下半叶各国商事登记立法的主流。当今世界,多数国家奉行成立要件主义。对于符合商事主体本质的主体,国家强制要求其进行登记并赋予其商事主体资格。如果说营利性和营业性是对商事主体特征的实质判断,那么商事登记则是对商事主体特征的形式判断。

国家要求商事主体进行强制登记的目的在于通过公示商事主体的重要信息,来保障交易安全,提高交易效率,降低交易成本,为市场交易提供一个良好的交易环境和秩序。它不仅直接关系到每一个市场参与主体,也间接关系到非市场参与主体,它体现的不仅是个人利益,而且是一种公共利益。并且,商事登记有利于国家及时了解商事主体的设立和经营状态,实现对商事主体的经济管理和法律调整,建立健康有序的商事经营秩序。所以,商事主体的登记不仅对于商事交易有重要的保障作用,而且对于国家和政府来说,对商事主体的税收、卫生等经济管理意义更为突出。

（五）论述题

1. 分析商事主体的营利性。

【参考答案】

营利性的价值追求是商法基本精神之所在,商法以保障营利作为其基本价值理念。营利性是商事主体内在的决定性,对外表现为商事主体的主观营利性。商事主体存在的主要目的是获取利润。商人从形成之日起就与追逐利润有着密切的关系。

　　商事主体具有的意志鲜明的营利目的,是通过资本的增值来实现的,也就是我们通常所说的以钱生钱。因为资本能够产生大于自身价值的价值,即利润,这是资本具有增值性的集中表现,也是资本运作最根本的特征和资本经营的目的所在。需要注意的是,商事主体目的的营利性并不代表着商事主体一定能获得利润,这里仅强调的是主体主观意志的营利,而事实上是否获利在所不问。因为资本在其运作的过程中,总是会受到各种环境因素的影响而带来其价值增值的不确定性。所以,商事主体有时会获取利润,有时则可能出现亏损,但这不影响对商事主体营利性的确定。

　　在获取利润有盈余的情况下,商事主体应当将盈余分配给投资人或成员。因为其投资人或成员投资目的的营利性是商事主体本身营利性的根源。对于商事主体而言,它所存在的价值就是使其成员的投资利益最大化。在商事主体为个人的情况下,商事主体的成员和商事主体合二为一,所获利润直接为该商个人所有。在商事主体为组织的情况下,若商事主体以组织的名义进行商事活动获得了超越个人能力所能获得的利润时,这些利润最终会被分配给成员。尽管在商事组织运营期间,经营行为的利润经常会用于除分配成员以外的场合,比如用以增加组织体的资本,偿还组织体的债务等,但这些用途的目的是商事组织体自身的存续和发展,最终还是分配于全体成员,体现为全体成员的剩余财产分配权。

　　2. 分析商事登记的法律性质。

【参考答案】

　　商事登记兼具公法与私法性质,商事登记一方面体现为登记申请人基于自由意志而实施的向登记机关申请登记的法律行为;另一方面体现为登记机关依法行使公共管理职能对登记申请依法进行审查、登记的行政行为。

　　学界关于商事登记的法律性质,主要存在三种观点:

　　第一,公法性质说。该说认为商事登记是公法行为,是国家利用公权力干预商事活动的行为,商事登记法律关系是登记申请人与登记主管机关之间的关系。

　　第二,私法性质说。该说认为商事登记属私法行为,理由是商事登记法属于商法,而商法属于私法,因此,商事登记是一种私法行为。

　　第三,双重性质说。该说认为商事登记兼具公法与私法性质,其内容上主要为上述前两种观点的折中。该说认为,商事登记一方面是登记申请人自由意志的体现,另一方面还是行政机关行使公共管理职能的体现,具有私法与公法双重性质。

　　双重性质说较为适宜,理由如下:

　　公法性质说未能涵盖商事登记之全貌。首先,其忽视了商事登记制度源起于民间商业行会的历史渊源,忽视了商事登记最初是一种自发的民间商业秩序,直至第二次世界大战以后,在贸易管制主义的影响下,国家权力才慢慢渗透其中;其次,这种观点还忽视了商事登记的私法属性。法律主体是否参与登记、为何种登记,取决于其意思自治,国家无权强制其为登记申请。因此,商事登记具有显著的私法属性。

　　私法性质说忽视了商事登记具有国家管制的功能。首先,申请人必须向登记机关申请登记,国家管制是逻辑之必然结果;其次,从登记的内容看,一些关乎最低限度经营条件的事项属必须登记事项,未经登记的,国家不确认其商事主体资格;最后,商事登记还是登记机关对商事活动实施事前、事中、事后管控与权利界定、税收追缴的制度性平台。因此,商事登记具有显著的公法属性。

公法性质说和私法性质说都不当放大了商事登记在某一方面的特征,而忽略了其另外一种特质,都不能全面地反映商事登记的客观性质。从登记申请人的角度看,商事登记行为是登记申请人依据自主意思,向登记机关申请商事主体登记并获取相关资格和信息公示的法律行为;从登记机关的角度看,商事登记是登记机关基于法律法规赋予的公共管理职能,对登记申请人的申请事项依法进行审查并予以许可或确认的具体行政行为。因此,商事登记在性质上自然兼具公法与私法的双重属性。以不动产登记错误损害赔偿为例,民事主体虚假登记,造成第三人损失的,在司法实践中属于民事诉讼管辖,虚假登记人承担民事责任;登记机关错误登记造成第三人损失的,则属行政赔偿诉讼范畴,登记机关承担国家赔偿责任。

综上,商事登记兼具公法与私法性质,具有双重属性。

（六）案例分析题

1.【解析】本题考查商事登记的效力和商事登记的审查模式。

【参考答案】

（1）钱女士可以申请公司登记管理部门撤销或变更股权转让登记,并请求公司登记管理部门赔偿相关损失。孙先生伪造的钱女士的签名与钱女士在公司登记机关留有的真实签名存在肉眼可辨的差异,因此可以证明公司登记管理部门未尽到最起码的形式审查义务,对错误登记存在过失,应该对钱女士的损失承担赔偿责任。公司登记管理部门在赔偿后,可以向实际侵权人孙先生追偿。

（2）钱女士可以申请法院确认孙先生伪造的文件无效,再请求公司登记管理部门撤销登记或变更登记。

（3）钱女士可以对孙先生提起侵权之诉,请求法院判令孙先生停止侵害、赔偿损失,并确认孙先生伪造的文件是虚假的,再请求公司登记管理部门撤销登记或变更登记。

（4）公司登记管理部门拒不撤销或变更股权转让登记的,钱女士可以对此提起行政诉讼,请求法院判令公司登记管理部门撤销或变更股权转让登记。

（5）孙先生伪造了钱女士同意孙先生将股权转让给乙公司的相关文件,涉嫌伪造公司、企业、事业单位、人民团体印章罪,伪造、变造、买卖身份证件罪,使用虚假身份证件、盗用身份证件罪,钱女士可以向公安机关报案,请求公安机关对孙先生进行立案侦查。

2.【解析】本题考查商事能力的特别限制,特别考查公务员能否持有股权的问题。学生答题言之有理即可。

【参考答案】

根据《公司法》的相关规定,自然人股东死亡后,其合法继承人可以继承股东资格。吴甲、李乙和李甲、伍某某均系恒盈公司工商登记股东李丙的合法继承人,可以按法律规定的程序成为恒盈公司的股东。本案的焦点在于吴甲是否能成为工商载明的登记股东。吴甲通过继承行为获得了继承股东资格的权利,本应按《公司法》的规定对恒盈公司的经营享有决定权、选举权、审议权、作出决议权及其他相关职权。但其现为公务员及法官身份,《公务员法》和《法官法》均规定了公务员必须遵守纪律,不得从事或者参与营利性活动,在企业或者其他营利性组织中兼任职务。而所谓营利性活动,即指公务员参与的活动是以盈利为目的,且进行收入分配。因此,吴甲以公务员身份参与恒盈公司经营的行为为《公务员法》和《法官法》所禁止,吴甲诉请欲成为有公示效力的工商登记股东,与《公务员法》和《法官法》的相关规定冲突,其诉请法院不能支持,但吴甲可通过其他途径实现其财产权益。

　　综上,法院不能支持将吴甲登记为股东的诉讼请求,但法院应支持将李乙登记为股东的诉讼请求,判令李甲、伍某某及恒盈公司配合完成李乙名下股权份额及比例的工商变更登记。

第三章习题自测参考答案

(一) 单项选择题

1.【答案】C

【解析】C项不正确。本题考查商行为的特征。

商行为注重商事效率与外观主义。与民法中强调行为人的真实意思表示不同,商行为特别注重外观主义,以维护交易安全。

2.【答案】B

【解析】B项不正确。本题考查商事行纪特殊规则的内容。

在一般的民事代理行为中,当事人通常是以委托人的名义进行活动的,其法律、经济后果归属于委托人。但是在商事行纪中,商事行纪人以自己的名义从事贸易活动,以自己的名义作为合同当事人,法律后果由行纪人自己承担。

3.【答案】D

【解析】A项不正确。本题考查电子商务的特征。

电子商务因采"非面对面"的交易形式,远程交易、陌生人交易、中介交易、匿名交易的频次均大大增加,由此也会提升交易风险,可能有害于商事秩序的维持。因此,有必要予以专门立法。

B项不正确。电子商务有助于企业全面节省经营成本(店面及人力成本、广告及信息沟通、促销费用、跨界业务差旅费用等),提升企业服务(例如,网络企业可以每周7天、每天24小时提供接待、订约,甚至维护服务),是一种节省交易费用的交易形式。

C项不正确。电子商务法是指调整以数据电文为交易手段进行的商务活动中所产生的社会关系的法律规范的总称,政府监管在电子商务中发挥着重要作用。

D项正确。电子商务是指以数据电文为交易手段进行的商务活动,其在诸多方面都打破了传统的交易规则,如电子签名、电子代理人等。

4.【答案】D

【解析】D项正确,ABC项错误。本题考查不能适用电子签名的文书类型。

电子签名不适用于下列文书:涉及婚姻、收养、继承等人身关系的;涉及停止供水、供热、供气、供电等公用事业服务的;法律、行政法规规定的不适用电子文书的其他情形。A项属于涉及继承的文书,B项属于涉及房屋转让的文书,C项属于涉及土地权益的文书,都是我国法律明确规定不适用电子签名的文书类型。法条依据为《电子签名法》第3条。

5.【答案】D

【解析】D项正确。本题考查第三方支付的概念与特征。

第三方支付系指银行及非银行金融机构之外的"非金融机构"所从事的支付服务,而不是由交易双方之外的金融机构所从事的支付服务,所以A项不正确。支付机构依法接受中国人民银行的监督管理,而不是国家金融监督管理总局,所以 B 项不正确。支付机构不得转让、出租、出借《支付业务许可证》,所以 C 项不正确。支付机构的风险不仅存在于支付阶段,在整个第三方支付体系中都存在。

6.【答案】C

【解析】本题考查商事运输的概念与特征。

商事运输是指基于营利目的及营业需要而由商事主体实施的货物运送行为。

A 项错误。甲为自己工作的工厂运输产品,属于员工的职务行为,甲不是商事主体,不符合商事运输的主体要件。

B 项错误。乙虽然收取费用,但只是偶尔为家附近的饭馆运送原材料,属于偶尔的货物运送,是民事运输,不是商事运输。

C 项正确。丙每天都开"专车",符合商事运输是以营利为目的而进行的有计划的、反复的、营业的特征。

D 项错误。丁是义务接送老人,不符合商事运输的营利要件。

7.【答案】D

【解析】本题考查铁路运输的特征。

A 项不正确。因为对于集装箱货物的运输合同,承运人在托运人提出的货物运单上加盖车站日期戳后,合同即告成立。

B 项不正确。铁路运输合同属公共商事合同,其价格条款受到法律严格限制,故要求有关货物运输收费标准予以公示。《铁路法》第 25 条规定:"铁路的……货物、行李的运价率实行政府指导价或者政府定价,竞争性领域实行市场调节价。政府指导价、政府定价的定价权限和具体适用范围以中央政府和地方政府的定价目录为依据。铁路……货物运输杂费的收费项目和收费标准……由铁路运输企业自主制定。"

C 项不正确。铁路运输的运送标的物受限。因为铁路运输涉及公共安全,运输标的受到法律限制。《铁路法》第 28 条规定:"托运、承运货物、包裹、行李,必须遵守国家关于禁止或者限制运输物品的规定。"所以,就算经过保险,限制运输的物品也不能自由运输。

D 项正确。货物运输合同在货物发送前,经双方同意,可以解除。但货物一旦发送,其解除即应受到限制,否则会给承运人造成较大损失。

8.【答案】B

【解析】B 项正确。本题考查商行为的立法标准。

主观主义以商人作为判断商行为的标准,商行为是指商人从事其商事经营的全部行为,并且只有商人这一特定主体所从事的经营行为才是商行为。客观主义的商法典仅仅规定营业活动的客观内容,即活动的商事性质,任何人均享有遵循法定要求从事商事营业活动的权利,商行为是任何主体的营利行为。折中主义的商行为既包括任何主体从事的营利性营业行为,也包括商主体从事的任何营业活动。折中主义商行为的概念受到主观主义与客观主义的双重影响。本题中,甲国法律没有对从事营利性营业行为的主体作出限制,根据其表述,甲国采取的是客观主义的标准。

9.【答案】D

【解析】本题考查商事代理的特征。

A 项不正确。商事代理授权行为的基础法律关系不局限于委托,还包括雇用和合伙的情形。

B 项不正确。商事代理并未对被代理人的身份进行限制,民事主体也可以是被代理人。

C 项不正确。商事代理人既可以是商人(代理商为受托人的情形),也可以是非商人(代理商是营业辅助的情形)。

D 项正确。商事行为的代理权与民法上的代理权不同,其实质是营业的代理,甚至是企业组织的一部分,故而只要营业存续,代理权就不随本人的死亡而消灭,代理人在营业主死亡后当然地成为其继承人的代理人,不需要实施新的授权行为。

10.【答案】C

【解析】本题考查直营连锁的特征。

选项 C 不正确。直营连锁又称正规连锁,是指由连锁总部直接投资、经营、管理各个连锁分店的连锁经营模式。直营连锁的所有权和经营权集中统一于总部,总部对全部连锁企业实施集中领导、统一标准化经营管理,在经营战略与计划、物资与货源采购、人事安排、审计与税务、广告与营销等诸方面直接控制各连锁分支机构;在财务上实行统一核算制度;各直营连锁分支机构的负责人是雇员而非分支机构的所有者。直营连锁具有所有权和经营权高度集中、特许人与被特许人之间形成纵向产权关系等法律特点。因此,C 项中,特许人与被特许人之间不具有纵向合同关系而是纵向产权关系。

11.【答案】C

【解析】特许经营合同必须采用书面形式。

12.【答案】C

【解析】C 项正确。以下民事行为所涉文书不适用电子签名、数据电文:(1) 涉及婚姻、收养、继承等人身关系的;(2) 涉及停止供水、供热、供气、供电等公用事业服务的;(3) 法律、行政法规规定的不适用电子文书的其他情形。

13.【答案】D

【解析】D 项正确。铁路运输企业的有限运输责任是指铁路运输企业对抢险救灾物资和国家规定需要优先运输的其他物资,予以有限运输。

14.【答案】C

【解析】C 项正确。多式联运又被称为混合运输。

15.【答案】B

【解析】B 项正确,ACD 项错误。商事行纪是指商事主体以自己的名义为委托人购买或销售货物、有价证券等,由此获取报酬,并以此作为职业性经营的行为。商事行纪是以受托人的名义进行的行为。

16.【答案】B

【解析】B 项正确。商事代理是指在商事交易中,代理人在代理权限内,以被代理人的名义实施法律行为,并由被代理人承担其结果的商事行为。

17.【答案】C

【解析】C 项正确。我国《商业特许经营管理条例》规定,只有企业才能成为特许经营中的特许人,企业以外的其他单位和个人不得作为特许人从事特许经营活动。

18.【答案】D

【解析】D项正确。电子代理人,是指被用来独立地进行某一行为、对电子记录或履行独立作出反应,而在作出此种行为或反应时全部或部分地无须人为检查或行为的计算机程序或其他自动化装置。电子代理人并非通常意义上具有法律人格的主体,而是一种能执行人的意思的智能化交易工具。电子代理人能按照预设的意思表示模式,代理电子委托人,执行交易者的意思,如发出或接受要约、发出修改合同条款的意思表示等。

19.【答案】C

【解析】第三方支付是指银行及非银行金融机构之外的非金融机构所从事的支付服务。

20.【答案】A

【解析】承运人故意毁损货物需要承担责任。

BCD项错误。承运人证明货物的毁灭、遗失或者损坏完全是由下列原因之一造成的,不承担责任:(1) 货物本身的自然属性、质量或者缺陷;(2) 承运人或者其受雇人、代理人以外的人包装货物的,货物包装不良;(3) 战争或者武装冲突;(4) 政府有关部门实施的与货物入境、出境或者过境有关的行为。

(二)多项选择题

1.【答案】AB

【解析】本题考查特殊的商行为规则。

A项是商事代理的特殊规则,B项是商事债权的时效制度,本题只有A项和B项是特殊的商行为规则。

2.【答案】AB

【解析】本题考查基本商行为与辅助商行为的分类。

基本商行为是指直接从事经营的商行为。它是绝对商行为和相对商行为的总称,并且构成了商主体与商行为概念的基础。

3.【答案】ABCD

【解析】本题考查电子签名的可靠性。

通常,电子签名须同时符合下列条件,方可视为可靠的电子签名:(1) 电子签名制作数据用于电子签名时,属于电子签名人专有;(2) 签署时电子签名制作数据仅由电子签名人控制;(3) 签署后对电子签名的任何改动能够被发现;(4) 签署后对数据电文内容和形式的任何改动能够被发现。当然,电子签名的有效要件也可以由当事人自行约定——当事人也可以选择使用符合其约定的可靠条件的电子签名。

4.【答案】ABCD

【解析】本题考查商事运输的内容。

A项错误,公路运输承运人须是经过国务院交通行政主管部门批准并持有运输经营许可证的单位和个人。B项错误。海上商事运输,是指在海域上以船舶为工具所进行的货物运送行为,可以分为国际海上货物运输与国内海上货物运输,包括海江之间、江海之间的直达货物运输。但我国《海商法》第四章有关海上货物运输合同的规定,不适用于我国国内港口之间的海上货物运输。C项错误,我国对航空运输实施比较严格的管制。企业从事公共航空运输,应当向国务院民用航空主管部门申请领取经营许可证。取得公共航空运输经营许可,应当具备下列条件:(1) 有符合国家规定的满足保证飞行安全要求的民用航空器;(2) 有必需的依法取得执照的航空人员;(3) 有不少于国务院规定的最低限额的注册资本;(4) 法律、行政法规规定的其他条件。D 项错误,多式联运经营人,是指本人或者委托他人以本人名义与托运人订立多式联运合同的人。

5.【答案】AB

【解析】本题考查特许人与被特许人法律义务的特殊性。

在订立特许经营合同时,特别需要注意的是特许人和被特许人的法律义务的特殊性。特许人的主要义务有:特许经营权无瑕疵的义务,持续提供信息、货物或货物标准、技术指导服务、广告宣传的义务等。被特许人的主要义务有:支付特许经营权使用费的义务,实施经营并作出实质性投资的义务,维护特许经营声誉的义务,接受检查监督的义务,保护特许经营体系和商业秘密的义务等。我国在特许经营合同的订立方面,还设立了冷却期制度,允许被特许人在特许经营合同订立后的一定期限内,单方解除合同。并且该解除权的行使不需要任何理由,是减少被特许人投资风险的制度设计。C 项和 D 项属于被特许人的义务。

6.【答案】ABCD

【解析】商事行为是以营利为目的的法律行为;商事行为是经营性行为;商事行为是商事主体所从事的行为;商事行为是受法律严格规范的行为。

7.【答案】AB

【解析】根据商事行为的双方是否均为商人,可将商事行为分为单方商事行为和双方商事行为。

单方商事行为,亦称混合交易行为,是指行为人一方为商事主体而另一方不是商事主体所从事的行为。销售商与消费者之间的买卖行为,银行与储户之间的存款行为等均属此类。

双方商事行为是指当事人双方都作为商事主体而从事的行为。

8.【答案】ABD

【解析】特殊商事行为包括商事买卖、商事代理、商事居间、商事行纪等,并不包含无因管理。

9.【答案】ABC

【解析】营业权的保护可分为宪法保护、民法保护、竞争法保护、刑法保护四个方面,不包含舆论保护。

10.【答案】BCD

【解析】在我国,实践中将连锁经营分为直营连锁、特许连锁和自由连锁三种类型。连锁总部是连锁经营的一个组织机制。

11.【答案】ABC

【解析】电子商务企业的形态主要分为三种:一为企业网站;二为在线商店,包括在线超市和在线专卖店;三为在线交易平台。在线交易平台的设立者只是向专卖店或其他人提供"店面"服务的企业,而非直接与消费者(购买人或接受服务者)交易的主体,其从事的营业本质上是网络服务。D 项中,实体店并不是电子商务企业的主要形态。

12.【答案】ABCD

【解析】与传统支付方式相比较,电子支付具有以下特征:

　　第一,所依托的支付载体不同。电子支付是采用先进技术,以数字化方式来完成信息传输,进而实现支付目的的支付行为。电子支付依赖数字流转实现货币或者资金流动,此与传统支付方式通过现金、票据、银行汇兑等物理实体来完成款项支付不同。

　　第二,所依托的支付媒介不同。电子支付是在一个开放的系统平台中,使用先进的通信手段完成,如互联网等。而传统支付,则多在较为封闭的银行体系内部,通过传统通信媒介完成。

　　第三,所涉主体不同。电子支付所涉法律关系较为复杂,一般涉及多方当事人,如消费者、商品或服务的提供者、金融机构及认证机构等。而传统支付所涉法律关系及主体则相对较为简单。

　　第四,支付效率不同。与传统支付方式相比,电子支付运用先进的电子技术,大大提升了支付效率。而传统支付方式通常跨期较长,支付效率相对较低。

　　13.【答案】ABC

　　【解析】公路运输合同可以书面形式、口头形式或其他形式订立。

　　14.【答案】BC

　　【解析】航空运输分为公共航空运输与通用航空运输。公共航空运输,是指以营利为目的,使用民用航空器运送旅客、行李、邮件或者货物的行为。通用航空运输,是指使用民用航空器从事公共航空运输以外的民用航空活动,包括从事工业、农业、林业、渔业和建筑业的作业飞行以及医疗卫生、抢险救灾、气象探测、海洋监测等。

　　15.【答案】ACD

　　【解析】ACD 项正确。商事代理的特点和规则主要体现在以下三点:一是商事代理可以为非显名代理;二是商事代理权的存续基于营业存续;三是商事代理权的权限较大。

　　B 项错误。商事代理和民事代理不是同一概念。

　　(三) 不定项选择题

　　1.【答案】BC

　　【解析】本题考查营业转让中营业转让人的义务。

　　A 项错误。转让人和第三人此前订立的劳动合同、聘任合同、销售合同、借贷合同等,伴随营业转让而同时转让给受让人,但须得到这些合同的对方当事人的同意。

　　B 项正确。营业转让不同于买卖合同标的物的转移,转让人不仅需要转移构成营业的一切财产,同时负有转移构成营业的一切事实关系的义务。

　　C 项正确。营业转让人的竞业禁止义务是指,在一定的时间和区域内,营业转让人不得经营与所转让的营业相同或类似的活动。营业转让是营业的整体(包括有形资产和无形资产)出让,如商业信用、客户资源、商业秘密、专利技术等,如果不禁止转让人经营相同或相似营业,就会导致受让人利益受损,受让目的落空,导致营业转让制度失去价值。因此,多数国家将营业转让人的竞业禁止义务规定为法定义务。

　　D 项错误。由于在营业转让合同履行过程中,受让方因受到专业技术等多种因素限制,常常难以在较短时间内了解受让营业的全部真实信息,为维护交易安全,转让人除了对受让人履行移转营业的义务外,还应承担对所转让营业的瑕疵担保义务,包括物和权利的瑕疵担保义务。

　　2.【答案】B

　　【解析】本题考查商事代理的特征。

A 项错误。商事行为的代理权与民法上的代理权不同,其实质是营业的代理,甚至是企业组织的一部分,故而只要营业存续,代理权就不随本人的死亡而消灭,代理人在营业主死亡后当然地成为其继承人的代理人,不需要实施新的授权行为。授权行为的基础法律关系不局限于委托,还包括雇用和合伙的情形。商事代理人既可以是商人(代理商为受托人的情形),也可以是非商人(代理商是营业辅助的情形)。但非商人委托商人实施商事行为的情形一般不适用于上述商事行为代理权存续。由于婚庆企业的营业存续,所以乙某与丙某的死亡不会导致甲某代理权的消灭。

B 项正确。黄某是非商人,所以黄某的死亡会导致甲某代理权消灭。

CD 项不正确。商事代理可以为非显名代理。

3.【答案】ACD

【解析】本题考查商事代理的特征。

A 项不正确,B 项正确。商事代理权的权限较大。民事代理人负有善良管理人的注意义务,即按本人所授权的意思处理代理事项的义务。根据法律规定,代理人在代理权限内,以被代理人名义实施的民事法律行为,对被代理人发生效力。换言之,民事行为代理的权限仅在本人授权的范围之内,而对于商事行为代理权的权限、范围,多数国家规定:商事行为的代理,在不违背被代理人授权意思的范围内,可以实施未被委托的行为。据此,商事行为的代理人可以根据商事交易的变化而采取灵活的措施来行使其代理权。婚庆企业授权丁某负责婚宴酒水,并未限定为酒和瓶装饮料,丁某许诺鲜榨果汁的做法依然在婚庆企业的授权意思范围内,是为了促成商事交易所采取的灵活措施。法条依据为《民法典》第 162 条。

C 项不正确。该说法过于绝对,丁某所做的是其本职工作内的事情,其已经取得了薪金,丁某能否额外获得佣金取决于公司的规定,并非应当取得。

D 项不正确。只要营业存续,代理权就不随本人的死亡而消灭,代理人在营业主死亡后当然地成为其继承人的代理人,不需要实施新的授权行为。

4.【答案】BC

【解析】本题考查商事保证的特殊规则。

A 项不正确。商事保证具有独立性。商事保证不以主债权的存在为条件;或者虽有主债权,却不因为主债权消灭而当然失效。

B 项正确。商事保证具有单独性。在商事保证中,保证人不需要与债权人订立合同就可以成立保证关系。

C 项正确。商事保证形式具有严格性。商事保证通常在形式上有一定的格式要求,属于要式合同。

D 项不正确。商事保证的保证人通常无先诉抗辩权。在一般民事保证中,保证行为通常为一般担保,保证人享有先诉抗辩权。在商事保证中,一些国家商法明确规定商事担保为连带担保,商人作为保证人不享有先诉抗辩权。

5.【答案】ABCD

【解析】本题考查非金融机构支付服务的类型。按照《非金融机构支付服务管理办法》第 2 条的规定,非金融机构支付服务,是指非金融机构在收付款人之间作为中介机构提供下列部分或全部货币资金转移服务:网络支付;预付卡的发行与受理;银行卡收单;中国人民银行确定的其他支付服务。

6.【答案】ABCD

【解析】一般认为,经营性应具备五要素:其一,行为以营利为目的;其二,营利性活动的计划性;其三,营利性活动的反复性,一次或者偶尔为之,即使是营利性活动也不构成商事行为;其四,行为人活动的连续性;其五,职业登记性。

7.【答案】BCD

【解析】A项错误,强调平等并不是商事经营的特点。

BCD项正确。商事经营的一些重要特征包括:其一,具有较高的技术性。商事经营行为,尤其是票据、保险、证券、信托、公司收购、兼并、重组、电子商务行为等,要求行为人不仅要熟悉法律规定,而且要精通操作技术,严格依照相应规范活动。其二,强调公开性。尽管商事主体在经营过程中往往会形成其特有的商业秘密,需要采取保护商业秘密的措施,然而,为维护交易安全(商事交易行为会直接影响到交易相对人甚至社会公众的利益,必须以一定的方式使交易相对人或社会公众获得交易对方与交易内容相关的信息),商事主体还需要遵守确保信息公开的强制性法律规范,如商事登记制度、企业信息公示制度、上市公司信息披露制度等。其三,注重商事效率与外观主义。与民法中强调行为人的真实意思表示不同,商事行为特别注重外观主义,以维护交易安全。商法强调商事行为的简便性、迅捷性,因而往往确立交易形态定型化的行为范式,并采取短期消灭时效(诉讼时效)原则。

8.【答案】ACD

【解析】ACD项正确。营业权是指商事主体基于平等的主体资格和营业机会,自由选择特定商事领域进行经营,从事以营利为目的的活动而免受国家法律之外的不合理限制和其他主体干预的权利,它是商事主体因营业而产生的受法律保护的权利,具有概括性、变动性和外向性特点。

B项错误。公开性并不是营业权的特点。

9.【答案】BC

【解析】A项错误。内部资产和外部资产并不是营业资产的分类。

BC项正确。营业资产通常可以作出如下分类:有形资产和无形资产;积极资产和消极资产。

D项错误。内生资产和外来资产不属于营业资产的分类。

10.【答案】ABCD

【解析】经营管理的规范性体现了连锁经营是具有高度规范化的商事行为,其规范性主要表现在三个方面:其一,经营组织形式的规范性;其二,经营手段、方式、行为的规范性;其三,经营管理程序和内容的规范性。连锁经营的规范化管理是连锁企业高效运转的保证。

11.【答案】ABD

【解析】ABD项正确。特许人的主要义务有:特许经营权无瑕疵的义务,持续提供信息、货物或货物标准、技术指导服务、广告宣传的义务等。

C项错误。代为收款义务不是特许人的义务。

12.【答案】ABC

【解析】ABC项正确。在现行法中,电子认证机构提供电子认证服务,应当具备下列条件:(1) 取得企业法人资格;(2) 具有与提供电子认证服务相适应的专业技术人员和管理人员;(3) 具有与提供电子认证服务相适应的资金和经营场所;(4) 具有符合国家安全标准的技术和设备;(5) 具有国家密码管理机构同意使用密码的证明文件;(6) 法律、行政法规规定的其他条件。

D 项错误。连续盈利 5 年以上并不是条件之一。

13.【答案】BC

【解析】AD 项错误。这两项都不是第三方电子支付的类型。

BC 项正确。从国内外实践来看,第三方电子支付有以下两种模式。一是支付通道模式。即支付平台向消费者提供银行网关的代理服务,消费者直接进入银行账户,由银行完成转账,其典型代表是美国的 PayPal。二是支付平台账户模式。在此种支付模式下,用户在支付平台设立虚拟账户,并可对账户进行充值、收款和付款。支付平台可以参与到交易中,通过虚拟账户来提高支付的安全度,其典型代表是支付宝。

14.【答案】ABCD

【解析】铁路运输合同是明确铁路运输企业与旅客、托运人之间权利义务关系的协议,货物运单是合同或者合同的组成部分。与一般商事合同具有较强的意思自治特点不同,铁路运输合同属"公共商事行为",合同的法律形式、运送的标的物、价格条款及合同的变更与解除等都受到较多管制,体现了"商法公法化"的特点。

(四) 简答题

1. 如何理解商事行为的特殊性?

【参考答案】

商事行为是一种特殊法律行为,既具有法律行为的共性,又有其自身的特性。与一般法律行为相比,商事行为具有以下特征:(1) 商事行为是以营利为目的的法律行为;(2) 商事行为是经营性行为;(3) 商事行为是商事主体所从事的行为;(4) 商事行为是体现商事经营特点的行为;(5) 商事行为是受法律严格规范和约束的行为。

2. 简析营业资产的特征及其分类。

【参考答案】

营业资产具有特殊法律属性:其一,财产属性,也称资本属性;其二,其价值实现既取决于财产,更依赖于营业;其三,资产具有整体性、确定性、可转让性特点,但可流通性常常成为评价资产优劣的标志。

营业资产的另一法律特性在于其具有独立性,即独立为实现特定营业目的而结合;独立构成特定化资产;独立资产价值大于各项财产累加的价值总和;独立于资产权利人的其他财产。

营业资产通常可以作如下分类:

(1) 有形财产与无形财产。这是从资产的静态状态考察所作的分类。前者是具有物理外观的财产。后者包括商誉、商业名称、商业秘密、客户资源、知识产权和地理位置等。

(2) 积极财产与消极财产。这是从资产与负债角度所作的分类。积极财产包括物(不动产、动产等)、权利(物权、债权、专利权、商标权、著作权等)、无形资产(商业秘密、商誉、客户资源等);消极资产包括营业过程中各种负债形成的资产。

虽然营业资产由积极财产和消极财产构成,但它并不单纯是这些财产的简单集合,它是为实现一定的社会活动目的而组织起来的有机统一体。因此,它不仅是物和权利,还包含了由营业活动积累起来的各种事实关系,其价值高于各种财产的总和。

3. 简述商行为的分类。

【参考答案】

（1）单方商行为和双方商行为。

（2）一般商行为和特殊商行为。

（3）绝对商行为和相对商行为。绝对商行为是指仅根据行为的形式或性质以及法律的规定而必然确定为商行为的行为。

（4）基本商行为和辅助商行为。辅助商行为是指行为本身并不直接达到商主体欲达到的营利目的，但能对以营利为目的的商行为的实现起辅助作用的商行为。

（5）必然商行为和推定商行为。推定商行为是指不能依据商法规定直接认定，必须在商法规定或事实的基础上加以推定才能确认其性质的商行为。

4. 连锁经营具体包括哪些类型？

【参考答案】

不同国家因不同商业习惯对于连锁经营有不同的分类方式。在我国，实践中习惯依据经营权和所有权之间的集中程度作为标准，将连锁经营分为直营连锁、特许连锁和自由连锁三种类型。

直营连锁又称正规连锁，是指由连锁总部直接投资、经营、管理各个连锁分店的连锁经营模式。直营连锁具有所有权和经营权高度集中、特许人与被特许人之间形成纵向产权关系等法律特点。

特许连锁又称加盟连锁，指的是特许人以特许经营合同的形式，将自己所拥有的产品或业务、商号、商标、标识、专利和专有技术、经营和管理模式等授予被特许人使用，被特许人在特许权限范围内从事经营活动，并按特许合同约定向特许人支付相应报酬的经营模式。特许连锁具有所有权集中和经营权分散、特许人与被特许人之间具有纵向合同关系而非产权关系等法律特点。

自由连锁又称自愿连锁，是指由产权独立的零售商自愿组成的，实行集中进货、统一制定销售战略、统一使用物流及信息等设施的契约型联合经营模式。自由连锁中各连锁分支机构均为独立法人，各自的资产所有权关系不变，各成员使用共同的店名，与总部订立有采购、促销、宣传等方面的合同，并按合同开展经营活动，各分支机构不仅独立核算、自负盈亏、人事自主，而且在经营品种、经营方式、经营策略上也有很大的自主权，各分支机构成员可自由退出。

（五）论述题

1. 试论述特许经营法律关系。

【参考答案】

特许经营关系是一种复合契约关系。首先，它是营业合作契约关系；其次，它是特许权授予契约关系；最后，它包含买卖、租赁、培训、开店、货物运输等商业契约关系。但是，在特许经营关系中，特许人与被特许人之间不是母公司与子公司或分支机构之间的关系，也不是代理关系、分销关系、雇佣关系，更不是简单的商标许可关系。特许经营关系是一种特殊的商事法律关系。

特许经营法律关系由主体、客体和内容构成，它涉及特许人与被特许人之间的权利、义务关系，以及各自与第三方发生的法律关系。

　　特许经营法律关系分为内部法律关系和外部法律关系。内部法律关系是特许人和被特许人之间基于特许经营权许可使用形成的合同关系。特许人和被特许人在产权上没有从属性,各自对外独立享有权利并承担义务。在特许内部权利义务分配上,遵循合同自由原则。外部法律关系是特许人、被特许人基于共同利益与第三人,如消费者、竞争者、债权人或债务人、社会公众等之间形成的法律关系。

　　特许经营法律关系的主体是指参与特许经营法律关系,享受权利、承担义务的商人,在不同类型的特许经营中,主体存在一定的差异,一般包括特许人、被特许人、分区特许经营中的分特许人等。

　　特许人是指在特许经营中,将其享有的特许权授予被特许人使用的商人。被特许人是指在特许经营活动中,经特许人授权而获得特许权使用资格的商人,又称"特许经营者"。商业实务中,特许人常被称为"总部",被特许人则被称为"加盟商"或"加盟店"。

　　特许经营法律关系的客体——特许经营权,又称特许权,是指由特许人授权被特许人依照特许人指定的经营模式以自己的名义从事商事交易,特许人可以因此获得财务回报的权利。

　　在法律上,特许经营权具有权利内容开放性、权利期限性、权利地域性、权利转让依赖性、权利非绝对排他性等基本特征。

　　2. 试论述商事买卖和商事代理规则。

　　【参考答案】

　　(1) 商事买卖

　　商事买卖是商法中最重要、最常见的特殊商事行为之一,它是指出卖人转移标的物的所有权于买受人、买受人支付价款的商事法律行为。在民商分立的大陆法系国家,其商法典从保护商事交易的迅速、明确、安全的角度出发,通常对商事买卖行为进行特别规定,以区别于一般的民事行为,内容主要涉及商事买卖中的迟延责任、商事买卖中给付标的物瑕疵责任等特殊性问题。商事买卖规则主要有严格限制商事买卖合同中的免责条款、最大限度自治和简约、保护普通民众、无过错责任、短期时效等原则。

　　(2) 商事代理

　　商事代理是最基本的商事行为之一,有狭义和广义之分。狭义的商事代理是指具有商人身份的人以自己的名义或以委托人的名义,为委托人买卖或提供其他服务,并从中获取佣金的营业性活动;广义的商事代理还包括商业雇用人对企业的代理活动,如经理或其他雇员的代理。从行为角度考察,商事代理指在商事交易中,代理人在代理权限内,以被代理人的名义实施法律行为,并由被代理人承担其结果的商事行为。商事代理以民事代理关系为其法律关系的构成基础,但在主体、客体和内容上与民事代理存在一定的差异。这种差异在大陆法系的不同国家中又存在区别:以商事主体为立法中心的国家,强调代理商的资格;以商事行为为立法中心的国家,则强调行为的营利性。商事代理的特点和规则主要体现在以下三点:第一,商事代理可以为非显名代理。第二,商事代理权的存续基于营业存续。但非商人委托商人实施商事行为的情形一般不适用于上述商事行为代理权存续。第三,商事代理权的权限较大。民事代理人负有善良管理人的注意义务,即按本人所授权的意思处理代理事项的义务。商事行为的代理人可以根据商事交易的变化而采取灵活的措施来行使其代理权。

（六）案例分析题

【参考答案】

1.（1）一夕公司有权解除合同。《民法典》合同编第 563 条规定："有下列情形之一的，当事人可以解除合同：……（三）当事人一方迟延履行主要债务，经催告后在合理期限内仍未履行；……"由于一夕公司已经按照约定履行了合同义务，王某拖欠特许广告费的行为构成了迟延履行，所以一夕公司有权解除合同。

（2）一夕公司不必返还加盟费，但应当返还特许保证金。《商业特许经营管理条例》第 3 条明确规定：商业特许经营，是指拥有注册商标、企业标志、专利、专有技术等经营资源的企业，以合同形式将其拥有的经营资源许可其他经营者使用，被特许人按照合同约定在统一的经营模式下开展经营，并向特许人支付特许经营费用的经营活动。一夕公司所收取的加盟费属于特许经营费用，特许经营合同是因为王某违约导致解除，加盟费不应当退还。由于一夕公司和王某未约定特许保证金具有定金的性质，所以不适用定金罚则，一夕公司应当返还特许保证金。

（3）法院应当对违约金进行调整。《民法典》合同编第 585 条规定："当事人可以约定一方违约时应当根据违约情况向对方支付一定数额的违约金，也可以约定因违约产生的损失赔偿额的计算方法。约定的违约金低于造成的损失的，人民法院或者仲裁机构可以根据当事人的请求予以增加；约定的违约金过分高于造成的损失的，人民法院或者仲裁机构可以根据当事人的请求予以适当减少。当事人就迟延履行约定违约金的，违约方支付违约金后，还应当履行债务。"王某拖欠一夕公司特许广告费 14 000 元，王某与一夕公司约定的 30 万元违约金显然过分高于一夕公司的实际损失，因此，法院可以对违约金作出适当调整。

2.（1）本案是行纪合同纠纷。行纪人应对第三人违反合同的行为承担民事责任。即被告转运站应赔偿原告经济损失。

（2）本案中的被告转运站不具有法人资格，因而不能独立承担民事责任，所以其上级主管机关实业公司应承担连带责任。

第四章习题自测参考答案

1.【答案】 B

【解析】 本题考查公司分类的知识点。

A 项正确。上市公司是股份公司的一种，公开性极高，具有典型的资合性特征。

B 项错误。所谓人合性，有人才可以合。一人公司作为有限责任公司的一种特殊形式，只有一个股东，不具备人合性的基础。

CD 项正确。现实生活中，绝大多数公司兼具人资两合的性质。但不同类型的公司，在属性的博弈中有所区别。非上市股份公司是以资合为主兼具人合性质的公司；有限责任公司则是以人合为主兼具资合性质的公司。

2.【答案】 D

【解析】 本题考查分公司、子公司的知识点。

AB 项错误。公司可以设立分公司。设立分公司，应当向公司登记机关申请登记，领取营业执照。分公司不具有法人资格，其民事责任由总公司承担。据此，甲公司在北京市设立分公司，需要申请登记、申领分公司营业执照，但因分公司不具备法人资格，其民事责任由总公司承担。法条依据为《公司法》第 14 条第 1 款。

C 项错误。法律并未对分公司负责人进行该资格限制。

D 项正确。公司可以设立子公司，子公司具有法人资格，依法独立承担民事责任。法条依据为《公司法》第 14 条第 2 款。

3.【答案】 D

【解析】 AB 项错误。有限责任公司成立后，应当向股东签发出资证明书。出资证明书应当载明下列事项：公司名称；公司成立日期；公司注册资本；股东的姓名或者名称、缴纳的出资额和出资日期；出资证明书的编号和核发日期。出资证明书由公司盖章。据此，公司成立后，就应向甲签发出资证明书。出资证明书须载明甲以外其他股东的姓名以及各自所缴纳的出资额说法错误。法条依据为《公司法》第 31 条。

C 项错误。常见的有价证券有股票、债券等。出资证明书在法律性质上属于证权证券，不是可以流通、交易的有价证券。

D 项正确。出资证明书在法律性质上属于证权证券。股东资格的认定可以通过其他手段来认定，比如股东名册这一法定文件。遗失出资证明书并不当然导致股东资格的丧失。

4.【答案】 A

【解析】 A 项正确。本题中，王大在未告知其弟王二的情况下，直接持王二的身份证等证件，将王二登记为公司股东。该行为应定性为冒名行为。此时应由冒名行为人承担责任，冒名人是股东。被冒名人不承担相应责任，因为被冒名人不知情。

5.【答案】 A

【解析】A 项正确,BCD 项错误。股东应当按期足额缴纳公司章程中规定的各自所认缴的出资额。股东未缴纳出资的,除应当向公司足额缴纳外,还应当向已按期足额缴纳出资的股东承担违约责任。另,公司股东会或者股东大会、董事会的决议内容违反法律、行政法规的无效。甲除应向公司足额缴纳出资外,还应当向已按期足额缴纳出资的股东承担违约责任。股东会不得免除股东的出资义务,故该决议应为无效决议。法条依据为《公司法》第 22 条第 1 款、第 28 条。

6.【答案】B

【解析】AC 项正确,不当选。公司分立前的债务由分立后的公司承担连带责任。但是,公司在分立前与债权人就债务清偿达成的书面协议另有约定的除外。法条依据为《公司法》第 176 条。

B 项错误,当选。《公司法》赋予公司债权人可以在公司合并时请求公司清偿债务或者提供相应的担保的权利,但并未赋予公司分立时债权人享有同等权利。法条依据为《公司法》第 173 条。

D 项正确,不当选。公司应当自作出分立决议之日起 10 日内通知债权人,并于 30 日内在报纸上公告。法条依据为《公司法》第 175 条。

7.【答案】B

【解析】A 项错误。股东提起解散公司诉讼,同时又申请法院对公司进行清算的,法院对其提出的清算申请不予受理。法条依据为《最高人民法院关于适用〈中华人民共和国公司法〉若干问题的规定(二)》(简称《公司法司法解释(二)》)第 2 条。

B 项正确。股东提起解散公司诉讼时,向法院申请财产保全或者证据保全的,在股东提供担保且不影响公司正常经营的情形下,法院可予以保全。甲可向法院申请财产保全。法条依据为《公司法司法解释(二)》第 3 条。

C 项错误。股东提起解散公司诉讼应当以公司为被告,以其他股东为被告一并提起诉讼的,应将其他股东列为第三人。法条依据为《公司法司法解释(二)》第 4 条。

D 项错误。法院关于解散公司诉讼作出的判决,不仅对公司有法律约束力,对全体股东也具有法律约束力。法条依据为《公司法司法解释(二)》第 6 条第 1 款。

8.【答案】A

【解析】A 项正确。有限责任公司的股东,对外转让股权,应当以书面或其他能够确认收悉的合理方式通知其他股东征求同意。法条依据为《最高人民法院关于适用〈中华人民共和国公司法〉若干问题的规定(四)》(简称《公司法司法解释(四)》)第 17 条第 1 款。

B 项错误。转让股东以外的其他股东行使优先购买权的前提必须是在同等条件下。法条依据为《公司法司法解释(四)》第 17 条第 3 款。

C 项错误。股东对公司所享有的权利即为股权,由股东向公司出资而获得。故股权是股东个人的权利,股权转让款应当归股东个人所有。

D 项错误。法人登记仅仅有对抗的效力。股东资格的确认应以股东名册为准。法条依据为《民法典》第 65 条、《公司法》第 32 条第 2 款。

9.【答案】B

【解析】A 项错误。一人公司,是指只有一个自然人股东或者一个法人股东的有限责任公司。本项是对一人公司投资人的考查。国有企业当然可以设立一人公司。法条依据为《公司法》第 57 条第 2 款。

B 项正确。本项是对法人人格否认制度的考查。《公司法》第 63 条规定了一人公司中非常重要的"人格否认制度"。一人公司的股东不能证明公司财产独立于股东自己的财产的,即发生公司财产与股东个人财产的混同,进而发生公司人格与股东个人人格的混同,此时适用公司法人人格否认制度,股东须对公司债务承担连带责任,公司的债权人可以将公司和公司股东作为共同债务人进行追索。

C 项错误。2018 年修正的《公司法》取消了一人公司的注册资本最低限额的规定。设立一人公司,股东无须一次实缴资本,允许认缴资本。

D 项错误。《公司法》第 58 条规定,一个自然人只能投资设立一个一人公司。该一人公司不能投资设立新的一人公司。《公司法》并不禁止一个法人设立多个一人公司,只限制自然人。

10.【答案】C

【解析】AB 项错误。发起人持有的本公司股份,自公司成立之日起一年内不得转让。公司董事、监事、高级管理人员所持本公司股份自公司股票上市交易之日起一年内不得转让。因此,A 项"随时"的表述有误,B 项也违反了"一年内不得转让"的规定。法条依据为《公司法》第 141 条。

C 项正确。公司不得收购本公司股份。但是,公司将股份用于员工持股计划或者股权激励的除外。此时,公司合计持有的本公司股份数不得超过本公司已发行股份总额的 10%,并应当在 3 年内转让或者注销。据此,公司可以回购 4% 的股份用以奖励本公司职工。法条依据为《公司法》第 142 条。

D 项错误。公司不得接受本公司的股票作为质押权的标的,所以 D 项中的决议违反了公司法的强制性规定。法条依据为《公司法》第 142 条第 5 款。

11.【答案】C

【解析】A 项不当选。一人公司的股东,只有在财产混同,即公司财产与股东自己的财产不独立时,才对公司的债务承担连带责任。

B 项不当选,C 项当选。《个人独资企业法》第 2 条规定:"本法所称个人独资企业,是指依照本法在中国境内设立,由一个自然人投资,财产为投资人个人所有,投资人以其个人财产对企业债务承担无限责任的经营实体。"B 项错在"连带责任",因为个人独资企业只有一个投资人,无法连带,应当是"无限责任"。

D 项不当选。个人独资企业的投资人对企业资产享有所有权,但一人公司享有独立的法人财产权,股东只享有股东权。

12.【答案】A

【解析】A 项正确。公司的股东可以是自然人、法人,也可以是其他组织。故昌盛公司作为法人,大华印染厂作为个人独资企业,可以共同出资设立有限责任公司,成为其股东。

B 项错误。法律并不禁止自然人同时设立有限责任公司和个人独资企业。

C 项错误。《公司法》第 58 条规定:"一个自然人只能投资设立一个一人有限责任公司。该一人有限责任公司不能投资设立新的一人有限责任公司。"

D项错误。一人公司是有限责任公司的特殊形式,对于一人公司债务,股东以出资额为限承担有限责任。除非不能够证明自己的财产独立于公司的财产。

13.【答案】D

【解析】A项错误。《公司法》第148条规定:"董事、高级管理人员不得有下列行为:……(四)违反公司章程的规定或者未经股东会、股东大会同意,与本公司订立合同或者进行交易;……"

B项错误。《公司法》第46条规定:"董事会对股东会负责,行使下列职权:……(九)决定聘任或者解聘公司经理及其报酬事项,并根据经理的提名决定聘任或者解聘公司副经理、财务负责人及其报酬事项;……"因此,董事会有权决定聘任或者解聘公司经理,而股东会无此权利。

C项错误。《公司法》第11条规定:"设立公司必须依法制定公司章程。公司章程对公司、股东、董事、监事、高级管理人员具有约束力。"《公司法》第216条规定,"本法下列用语的含义:(一)高级管理人员,是指公司的经理、副经理、财务负责人,上市公司董事会秘书和公司章程规定的其他人员"。因此,公司章程对内具有最高效力,对公司高级管理人员具有约束力。蔡某作为烽源公司总经理,属于公司的高级管理人员,公司章程对其具有约束力。

D项正确。公司董事、高级管理人员未经批准自我交易行为,是相对禁止行为,但是该租赁合同有效,董事、高级管理人员违反前款规定所得的收入应当归公司所有,烽源公司有权拒绝支付租金。

14.【答案】C

【解析】A项错误。《公司法》第72条规定:"人民法院依照法律规定的强制执行程序转让股东的股权时,应当通知公司及全体股东,其他股东在同等条件下有优先购买权。其他股东自人民法院通知之日起满二十日不行使优先购买权的,视为放弃优先购买权。"永平公司在申请强制执行汪某的股权时,应由法院通知兴荣公司的其他股东,而非由永平公司通知。

B项错误。兴荣公司的其他股东自通知之日起20日内,可主张行使优先购买权,而非1个月内。

C项正确。《最高人民法院关于人民法院民事执行中拍卖、变卖财产的规定》第14条规定:拍卖多项财产时,其中部分财产卖得的价款足以清偿债务和支付被执行人应当负担的费用的,对剩余的财产应当停止拍卖,但被执行人同意全部拍卖的除外。如汪某所持股权的50%在价值上即可清偿债务,则永平公司不得强制执行其全部股权。

D项错误。依据《最高人民法院关于人民法院民事执行中拍卖、变卖财产的规定》第26条规定,除不动产、动产外的其他财产权拍卖成交或者抵债后,其他财产权自拍卖成交或者抵债裁定送达买受人或者承受人时起转移。丁某取得汪某股权的时间为拍卖成交之时,而不是变更登记办理完毕时,变更登记只发生对外对抗效力,而不决定取得股权的时间。

15.【答案】B

【解析】A项错误,B项正确。《公司法》第45条第2款规定:"董事任期届满未及时改选,或者董事在任期内辞职导致董事会成员低于法定人数的,在改选出的董事就任前,原董事仍应当依照法律、行政法规和公司章程的规定,履行董事职务。"《公司法》第 108 条规定,"本法第四十五条关于有限责任公司董事任期的规定,适用于股份有限公司董事"。本题中,彭兵作为股份有限公司董事长,公司章程规定的董事任期届满但未及时改选出新一届董事会成员,原董事会成员仍应依法、依章履行董事职务。

C 项错误。《公司法》第 149 条规定:"董事、监事、高级管理人员执行公司职务时违反法律、行政法规或者公司章程的规定,给公司造成损失的,应当承担赔偿责任。"彭兵因无心公司事务使公司投资失败,题干表述并不能说明彭兵执行公司职务违反法律、行政法规或公司章程规定,就该 100 万元损失,其无须承担全部赔偿责任。

D 项错误,本题并不具有代位诉讼发生的前提,彭兵并没有在执行公司职务时违反法律、行政法规或公司章程规定,给公司造成损失,损害公司利益,公司股东无权提起股东代表诉讼。

16.【答案】B

【解析】A 项错误。依据《公司法》第 142 条规定,公司不得收购本公司股份。但是,有下列情形之一的除外:(1) 减少公司注册资本;(2) 与持有本公司股份的其他公司合并;(3) 将股份奖励给本公司职工;(4) 股东因对股东大会作出的公司合并、分立决议持异议,要求公司收购其股份;等等。因此,股份有限公司股东不能无条件地要求公司回购其股份。

B 项正确。依据《公司法》第 137 条规定,股份有限公司股东持有的股份可以依法转让。

CD 项错误。股份有限公司具有资合性,股东对外转让股份可以无须其他股东同意,公司章程不能限制股东对外转让股权,其他股东也没有同等条件下的优先购买权。

17.【答案】A

【解析】A 项正确,B 项错误。《民法典》第 75 条第 1 款规定:"设立人为设立法人从事的民事活动,其法律后果由法人承受;法人未成立的,其法律后果由设立人承受,设立人为二人以上的,享有连带债权,承担连带债务。"由于后来物流公司未成立,李某和王某作为设立人应对通大公司的 150 万元车款承担连带责任。

CD 项错误。李某、王某二人作为设立人在公司未成立的情形下承担的是连带责任,并非对通大公司的请求各承担 50% 的责任,也并不是按拟定的出资比例向通大公司承担责任。

19.【答案】A

【解析】《公司法》第 20 条规定,"公司股东滥用股东权利给公司或者其他股东造成损失的,应当依法承担赔偿责任"。因此,A 项正确,BCD 项错误。作为零盛公司大股东的甲公司对零盛公司过度支配和控制,滥用股东权利损害零盛公司债权人丙公司利益,因此,甲公司应对零盛公司债权人丙公司承担清偿责任。

(二) 多项选择题

1.【答案】AC

【解析】AC 项正确,BD 项错误。《民法典》第 75 条规定:"设立人为设立法人从事的民事活动,其法律后果由法人承受;法人未成立的,其法律后果由设立人承受,设立人为二人以上的,享有连带债权,承担连带债务。设立人为设立法人以自己的名义从事民事活动产生的民事责任,第三人有权选择请求法人或者设立人承担。"本题中,丙为了设立法人而以自己的名义与他人订立合同,根据上述规定可知,第三人有权选择请求法人或者设立人承担责任;法人未成立的,其法律后果由设立人承受。

2.【答案】ACD

【解析】B项正确,ACD项错误。《公司法》第30条规定,有限责任公司成立后,发现作为设立公司出资的非货币财产的实际价额显著低于公司章程所定价额的,应当由交付该出资的股东补足其差额;公司设立时的其他股东承担连带责任。可见,非货币财产出资不实的责任为:出资不实股东应当补足差额,公司设立时的其他股东对其承担连带责任。本题中,丙以非货币财产出资,且出资不实,对此,应当由丙补足其出资不实的差额,公司设立时的其他股东甲、乙对其承担连带责任;股东丁不是发起人,因此不承担连带责任。因此,B项正确,不当选;A项错误,当选。非货币财产出资不实的责任只有补足责任和连带责任,并不存在违约责任,故C项和D项表述错误,当选。

3.【答案】BCD

【解析】A项不当选。只要公司章程没有禁止以股权出资,根据《公司法》第27条的规定,满足"可以用货币估价并可以依法转让"特征条件的股权可以作为出资要素。

BCD项当选。出资人以其他公司股权出资,符合下列条件的,法院应当认定出资人已履行出资义务:(1)出资的股权由出资人合法持有并依法可以转让;(2)出资的股权无权利瑕疵或者权利负担;(3)出资人已履行关于股权转让的法定手续;(4)出资的股权已依法进行了价值评估。B项中,甲的出资义务尚未履行完毕,存在出资瑕疵,C项的权利质押属于权利负担,D项的股权由于已经被其他股东行使优先购买权,因而属于有权利瑕疵,故BCD三项均不符合法条描述。法条依据为《最高人民法院关于适用〈公司法〉若干问题的规定(三)》(简称《公司法解释(三)》)第11条第1款。

4.【答案】ABD

【解析】A项正确。有限责任公司的注册资本为在公司登记机关登记的全体股东认缴的出资额。2018年修正的《公司法》取消了对有限责任公司最低注册资本的要求。法条依据为《公司法》第26条第1款。

BD项正确。《公司法》第25条规定:"有限责任公司章程应当载明下列事项:……(三)公司注册资本;……(五)股东的出资方式、出资额和出资时间;……(八)股东会会议认为需要规定的其他事项。"由此可见,公司章程可以要求股东出资必须经验资机构验资,同时应当载明注册资本。

C项错误。公司营业执照应当载明注册资本。法条依据为《公司法》第7条第2款。

5.【答案】CD

【解析】A项错误。货币所有规则为占有即所有规则。50万元由丙占有,属丙所有,而非公司。

B项错误,D项正确。《公司法》第148条规定,董事、高级管理人员不得将公司资金以其个人名义或者以其他个人名义开立账户存储。董事、高级管理人员违反前述规定所得的收入应当归公司所有。《公司法》第149条规定,董事、监事、高级管理人员执行公司职务时违反法律、行政法规或者公司章程的规定,给公司造成损失的,应当承担赔偿责任。因此,甲应将收入归公司,包括孳息,向公司承担赔偿责任,而不是不再具有董事长的资格。

C项正确。《民法典》第61条规定,依照法律或者法人章程的规定,代表法人从事民事活动的负责人,为法人的法定代表人。法定代表人以法人名义从事的民事活动,其法律后果由法人承受。法人章程或者法人权力机构对法定代表人代表权的限制,不得对抗善意相对人。乙为善意时,甲的行为构成表见代表,故乙的履行行为有效。

6.【答案】ACD

【解析】A项正确。《合伙企业法》第67条规定,有限合伙企业由普通合伙人执行合伙事务。该法第68条第1款规定,有限合伙人不执行合伙事务,不得对外代表有限合伙企业。可见,有限合伙企业事务由普通合伙人执行,有限合伙人不得执行合伙企业事务,并不得代表合伙企业。

B项错误。丁的行为构成表见普通合伙,但并不意味着其身份的变更。若有限合伙人转变为普通合伙人,应当经全体合伙人一致同意。

C项正确。对合伙企业不足以清偿的部分,由该有限合伙人丁与普通合伙人(甲、乙、丙)承担无限连带责任。

D项正确。有限合伙企业中,有限合伙人以认缴的出资额为限承担有限责任。

7.【答案】AC

【解析】A项正确。《合伙企业法》第82条规定:"除合伙协议另有约定外,普通合伙人转变为有限合伙人,或者有限合伙人转变为普通合伙人,应当经全体合伙人一致同意。"该法第84条规定:"普通合伙人转变为有限合伙人的,对其作为普通合伙人期间合伙企业发生的债务承担无限连带责任。"

B项错误。王五需要对身份转变之前的债务承担无限连带责任。法条依据为《合伙企业法》第83条规定,即:"有限合伙人转变为普通合伙人的,对其作为有限合伙人期间有限合伙企业发生的债务承担无限连带责任。"

C项正确。因全体有限合伙人均转变为普通合伙人,该合伙企业不再符合有限合伙企业构成的要求,故应当变更登记为普通合伙企业。

D项错误。当合伙企业没有普通合伙人时,合伙企业应当解散。

8.【答案】AB

【解析】A项正确。《公司法》第34条规定:"股东按照实缴的出资比例分取红利;公司新增资本时,股东有权优先按照实缴的出资比例认缴出资。但是,全体股东约定不按照出资比例分取红利或者不按照出资比例优先认缴出资的除外。"因此,三位股东可以自行约定不按原出资比例增资。

B项正确。三位股东有权优先按照实缴的出资比例认缴出资,不必实际缴足增资。

C项错误。《公司法》第25条规定:"有限责任公司章程应当载明下列事项:……(三)公司注册资本;……"因此,公司注册资本属于有限责任公司章程必须载明的事项,增加注册资本必须修改公司章程。

D项错误。《公司法》第7条规定:"……公司营业执照应当载明公司的名称、住所、注册资本、经营范围、法定代表人姓名等事项。公司营业执照记载的事项发生变更的,公司应当依法办理变更登记,由公司登记机关换发营业执照。"因此,增加注册资本属于应当办理变更登记的事项。

9.【答案】AD

【解析】A项正确。首先,《公司法》第13条规定:"公司法定代表人依照公司章程的规定,由董事长、执行董事或者经理担任,并依法登记。公司法定代表人变更,应当办理变更登记。"故更换法定代表人要进行章程的修改,应当召开股东会会议。其次,《公司法》第39条规定,"代表十分之一以上表决权的股东,三分之一以上的董事,监事会或者不设监事会的公司的监事提议召开临时会议的,应当召开临时会议"。因此,本题中甲持有公司30%股权,有权提议召开临时股东会会议变更法定代表人。

BC项错误。根据《公司法》第151条规定,本题中,乙作为法定代表人损害了公司利益,并未直接损害股东甲的利益,故应当由公司向其主张权利,当公司怠于行使权利时,甲作为公司股东才能启动对乙的诉讼,损害赔偿归入公司。

D项正确。《公司法司法解释(三)》第13条第1款规定:"股东未履行或者未全面履行出资义务,公司或者其他股东请求其向公司依法全面履行出资义务的,人民法院应予支持。"因此,股东可以直接要求未履行或者未完全履行出资义务的股东直接向公司履行全部出资义务。

10.【答案】BCD

【解析】A项错误,B项正确。《公司法司法解释(三)》第17条第1款规定:"有限责任公司的股东未履行出资义务或者抽逃全部出资,经公司催告缴纳或者返还,其在合理期间内仍未缴纳或者返还出资,公司以股东会决议解除该股东的股东资格,该股东请求确认该解除行为无效的,人民法院不予支持。"该款规定的股东除名权是公司为消除不履行义务的股东对公司和其他股东所产生不利影响而享有的一种法定权能,是不以征求被除名股东的意思为前提和基础的。在特定情形下,股东除名决议作出时,会涉及被除名股东可能操纵表决权的情形。故当某一股东与股东会讨论的决议事项有特别利害关系时,该股东不得就其持有的股权行使表决权。

CD项正确。依据《公司法司法解释(三)》第17条第2款规定:在第17条第1款规定的情形下,法院在判决时应当释明,公司应当及时办理法定减资程序或者由其他股东或者第三人缴纳相应的出资。在办理法定减资程序或者其他股东或者第三人缴纳相应的出资之前,公司债权人依照该司法解释第13条(即公司负债不能清偿时,未出资或未完全履行出资义务的股东对外承担补充赔偿责任)请求相关当事人承担相应责任的,人民法院应予支持。

11.【答案】BD

【解析】A项错误,B项正确。《公司法》第22条第2款规定:"股东会或者股东大会、董事会的会议召集程序、表决方式违反法律、行政法规或者公司章程,或者决议内容违反公司章程的,股东可以自决议作出之日起六十日内,请求人民法院撤销。"本题中,公司章程规定了利润分配方式,但股东会会议决议违反该章程规定进行利润分配,属于股东会决议内容违反公司章程,故田万里可请求法院撤销该决议。

C项错误,D项正确。《公司法》第20条第2款规定:"公司股东滥用股东权利给公司或者其他股东造成损失的,应当依法承担赔偿责任。"本题中,陈家成作为公司大股东,滥用股东权利,违反公司章程,损害了小股东权利,故应当由陈家成赔偿田万里的损失。

12.【答案】ABC

【解析】AB 项错误。《公司法司法解释(三)》第 22 条规定:"当事人之间对股权归属发生争议,一方请求人民法院确认其享有股权的,应当证明以下事实之一:(一) 已经依法向公司出资或者认缴出资,且不违反法律法规强制性规定;(二) 已经受让或者以其他形式继受公司股权,且不违反法律法规强制性规定。"被冒名者没有出资设立公司、参与经营管理、分享利润承担风险的意思表示,也没有与公司其他股东设立公司的合意,且根本不知情,这是冒名股东与隐名股东存在的重大区别。姚顺作为被冒名者,不具有股东身份,其不可向贝达公司主张利润分配请求权,也无权参与贝达公司股东会并进行表决。

C 项错误,D 项正确。《公司法司法解释(三)》第 28 条规定:"冒用他人名义出资并将该他人作为股东在公司登记机关登记的,冒名登记行为人应当承担相应责任;公司、其他股东或者公司债权人以未履行出资义务为由,请求被冒名登记为股东的承担补足出资责任或者对公司债务不能清偿部分的赔偿责任的,人民法院不予支持。"被冒名者虽然在工商登记上登记为股东,但也不能被认定为股东。在被冒名者姚顺名者股权的出资尚未缴纳时,贝达公司的债权人不可以向姚顺主张补充赔偿责任,公司债权人只能向冒名行为人胡铭主张权利。

13.【答案】AB

【解析】A 项正确。《公司法》第 113 条规定:"股份有限公司设经理,由董事会决定聘任或者解聘。"

B 项正确。《公司法》第 49 条规定:"有限责任公司可以设经理,由董事会决定聘任或者解聘。经理对董事会负责,行使下列职权:……"《公司法》第 113 条规定:"股份有限公司设经理,由董事会决定聘任或者解聘。本法第四十九条关于有限责任公司经理职权的规定,适用于股份有限公司经理。"经理经董事会授权,可以就其职权范围内的事项,以茂森公司名义对外签订合同。

C 项错误。公司财务负责人是由公司经理提请董事会决定,王某受聘总经理后,有权提名但无权决定聘请其好友田某担任茂森公司的财务总监。

D 项错误。王某担任茂森公司的总经理,对其聘任或解聘,应当由茂森公司董事会决定。"可通过股东会决议将其解聘"的说法是错误的,应是董事会决定解聘。

14.【答案】AD

【解析】AD 项正确,B 项错误。甲、乙、丙等出资的验资证明应在登记时由公司登记机关审核,而不是创立大会审核。

C 项错误。决定公司的经营方针不属于创立大会的职权,是股东会的职权。法条依据的《公司法》第 37、90 条。

15.【答案】CD

【解析】A 项错误。依据《公司法司法解释(四)》第 9 条规定,公司章程、股东之间的协议等实质性剥夺股东查阅或者复制公司文件材料的权利,公司以此为由拒绝股东查阅或者复制的,法院不予支持。本题中,鸿机有限责任公司章程实质性剥夺了股东依据公司法享有的查账权,该约定无效。知情权是股东的固有权利,不得通过公司章程和股东协议对股东的知情权进行实质性剥夺。

B项错误,C项正确。孙某与好友刘飞签订了股权代持协议,孙某为名义股东,刘飞为实际出资人。孙某为公司真正股东,可以依据法律和公司章程规定行使股东知情权,而刘飞只能通过代持协议享受投资收益,而不能直接向公司主张股东知情权。

D项正确。法条依据为《公司法司法解释(四)》第7条规定,即:"股东依据公司法第三十三条、第九十七条或者公司章程的规定,起诉请求查阅或者复制公司特定文件材料的,人民法院应当依法予以受理。公司有证据证明前款规定的原告在起诉时不具有公司股东资格的,人民法院应当驳回起诉,但原告有初步证据证明在持股期间其合法权益受到损害,请求依法查阅或者复制其持股期间的公司特定文件材料的除外。"

（三）不定项选择题

1.【答案】AB

【解析】A项正确。《公司法》第50条第1款规定,股东人数较少或者规模较小的有限责任公司,可以设一名执行董事,不设董事会。执行董事可以兼任公司经理。本题中,该子公司只有甲公司一个股东,就是一人公司,因此可以不设董事会,可以设一名执行董事。

B项正确。本题中,甲公司欲单独出资设立一家子公司,可知该子公司只有甲公司一个股东,属于一人公司。法律并未禁止法人投资设立的一人公司投资设立新的一人公司,故子公司可自己单独出资再设立一家全资子公司。

C项错误。子公司的法定代表人依照子公司的公司章程的规定,由子公司的董事长、执行董事或者经理担任,并依法登记,并非"应当由甲公司的法定代表人担任"。法条依据为《公司法》第13条。

D项错误。《公司法》第12条规定,公司的经营范围由公司章程规定,并依法登记。公司可以修改公司章程,改变经营范围,但是应当办理变更登记。公司的经营范围中属于法律、行政法规规定须经批准的项目,应当依法经过批准。据此,子公司的经营范围不受母公司经营范围的限制。

2.【答案】ABCD

【解析】A项正确。法条依据为《公司法》第78条。

B项正确。发起人签订的设立公司的协议性质上属于民事合伙合同。

C项正确。《公司法》第80条第2款规定,股份有限公司采取募集方式设立的,注册资本为在公司登记机关登记的实收股本总额。故采取募集方式设立股份有限公司的,采一次性实缴资本制,即发起人和认股人必须在公司设立前缴足全部股本,公司方能成立。

D项正确。发起人承担公司筹备事务,必须签订发起人协议,发起人协议具有合同约束力,某一发起人违反该协议的,应当对其他发起人承担违约责任;同时,发起人还应当遵守《公司法》的相关规定。

3.【答案】AB

【解析】A项正确。《公司法司法解释(三)》第24条第1款规定,有限责任公司的实际出资人与名义出资人订立合同,约定由实际出资人出资并享有投资权益,以名义出资人为名义股东,实际出资人与名义股东对该合同效力发生争议的,如无法律规定的无效情形,法院应当认定该合同有效。本案中,乙与小乙商定,由小乙出面与他人设立公司,但出资与相应的投资权益均归乙,因此,双方之间存在股权代持协议,乙是实际出资人,小乙是名义股东,该约定并没有法律规定的无效情形,故该约定有效。

B 项正确,D 项错误。《公司法司法解释(三)》第 24 条第 2、3 款规定,实际出资人与名义股东因投资权益的归属发生争议,实际出资人以其实际履行了出资义务为由向名义股东主张权利的,人民法院应予支持。名义股东以公司股东名册记载、公司登记机关登记为由否认实际出资人权利的,人民法院不予支持。实际出资人未经公司其他股东半数以上同意,请求公司变更股东、签发出资证明书、记载于股东名册、记载于公司章程并办理公司登记机关登记的,人民法院不予支持。本题中,虽然名义股东小乙不是实际出资人,但是记载在公司股东名册中的股东是小乙,而不是实际出资人乙,因此,对于公司来说,名义股东小乙具有股东资格,实际出资人乙不具有股东资格,乙无权直接以自己履行了实际出资义务为由要求公司变更自己为公司股东,只能经公司其他股东半数以上同意,方能要求变更自己为公司股东。

C 项错误。实际出资人只能依据与名义股东之间的约定享有相应的合同权利,实际出资人在未经法定程序"浮出水面"前,其不具有股东资格,不享有股权,离婚时其配偶当然不能要求分割股权。

4.【答案】CD

【解析】《公司法》第 146 条第 1 款规定:"有下列情形之一的,不得担任公司的董事、监事、高级管理人员:(一) 无民事行为能力或者限制民事行为能力;(二) 因贪污、贿赂、侵占财产、挪用财产或者破坏社会主义市场经济秩序,被判处刑罚,执行期满未逾五年,或者因犯罪被剥夺政治权利,执行期满未逾五年;(三) 担任破产清算的公司、企业的董事或者厂长、经理,对该公司、企业的破产负有个人责任的,自该公司、企业破产清算完结之日起未逾三年;(四) 担任因违法被吊销营业执照、责令关闭的公司、企业的法定代表人,并负有个人责任的,自该公司、企业被吊销营业执照之日起未逾三年;(五) 个人所负数额较大的债务到期未清偿。"

A 项错误。重大责任事故罪不属于破坏社会主义市场经济秩序罪,故赵某符合董事的任职资格。

B 项错误。钱某仅是公司股东,并未担任破产清算的公司、企业的董事或者厂长、经理,因此其也符合董事的任职资格。

C 项正确。属于"个人所负数额较大的债务到期未清偿"的情形,不能担任公司董事。

D 项正确。乙公司董事长的儿子李某,刚满 13 岁,为法律上的限制民事行为能力人,不能担任公司董事。

5.【答案】BCD

【解析】A 项错误,BCD 项正确。《公司法司法解释(二)》第 8 条规定,法院受理公司清算案件,应当及时指定有关人员组成清算组。清算组成员可以从下列人员或者机构中产生:(1) 公司股东、董事、监事、高级管理人员;(2) 依法设立的律师事务所、会计师事务所、破产清算事务所等社会中介机构;(3) 依法设立的律师事务所、会计师事务所、破产清算事务所等社会中介机构中具备相关专业知识并取得执业资格的人员。由此可知,清算组成员中不包括债权人。

财务总监属于高级管理人员,可以担任清算组成员。法条依据为《公司法》第 216 条第

1 项。

6.【答案】AC

【解析】A 项正确。《公司法》第 124 条规定,"上市公司董事与董事会会议决议事项所涉及的企业有关联关系的,不得对该项决议行使表决权,也不得代理其他董事行使表决权"。因此,梁某是与该事项有关联关系的董事,不能参加董事会表决。

B 项错误。吴某不能代梁某在董事会上表决。

C 项正确。《公司法》第 124 条规定,"出席董事会的无关联关系董事人数不足三人的,应将该事项提交上市公司股东大会审议"。

D 项错误。星煌公司可以向坤诚公司投资,只是梁某不应参加董事会表决。

7.

(1)【答案】AD

【解析】AD 项正确,BC 项错误。《公司法》第 40 条规定:"有限责任公司设立董事会的,股东会会议由董事会召集,董事长主持;董事长不能履行职务或者不履行职务的,由副董事长主持;副董事长不能履行职务或者不履行职务的,由半数以上董事共同推举一名董事主持。有限责任公司不设董事会的,股东会会议由执行董事召集和主持。董事会或者执行董事不能履行或者不履行召集股东会会议职责的,由监事会或者不设监事会的公司的监事召集和主持;监事会或者监事不召集和主持的,代表十分之一以上表决权的股东可以自行召集和主持。"

本题中,源圣公司设立的是股东会,因此是有限责任公司。乙和丙持股比例没有达到 10%不能自行主持和召集股东会。

(2)【答案】AD

【解析】A 项正确,B 项错误。源圣公司作为有限公司,公司股东在多次请求监事会无果的情形下,有权以自己的名义向法院提起诉讼。乙、丙可以起诉,不受持股时间、持股比例的限制。

C 项错误,D 项正确。公司股东代位诉讼是公司股东为了公司的利益以自己的名义直接向法院提起诉讼,所获得的赔偿应当归于公司,而不是股东个人。

法条依据为《公司法》第 151 条。

8.【答案】AB

【解析】A 项正确。董事钱某的年薪作为报酬由公司股东会批准。法条依据为《公司法》第 37 条。

B 项正确。董事钱某的责任保险费由股东会批准。B 项中的董事责任保险问题在我国公司法中没有规定。2018 年修订的《上市公司治理准则》第 24 条规定,"经股东大会批准,上市公司可以为董事购买责任保险"。该条要求董事责任保险需要经过股东大会同意的原因在于,购买这种责任保险,相当于用投资者的钱来为董事、监事和高管们的过错负责,会影响公司的财务方案和公司的分红方案,所以需要股东大会批准。

C 项错误。差旅费不属于报酬,无须公司股东会批准。法条依据为《公司法》第 37 条。

D 项错误。社会保险属于强制险,无须公司股东会批准。法条依据为《公司法》第 37 条。

9.【答案】AD

【解析】A项正确。依据《公司法》第43条规定,股东会会议作出修改公司章程、增加或者减少注册资本的决议,以及公司合并、分立、解散或者变更公司形式的决议,必须经代表2/3以上表决权的股东通过。股东会表决实行资本多数决原则。(题中没有说明是有限公司还是股份公司,此处按照有限公司进行解析)

B项错误。《公司法》第173条规定,"公司应当自作出合并决议之日起十日内通知债权人,并于三十日内在报纸上公告"。因此,应当在合并决议作出之日起10日内通知而非15日内。

C项错误。《公司法》第173条规定,"债权人自接到通知书之日起三十日内,未接到通知书的自公告之日起四十五日内,可以要求公司清偿债务或者提供相应的担保"。债权人可以要求公司清偿债务或者提供相应的担保,并非提出异议。

D项正确。《公司法》第174条规定:"公司合并时,合并各方的债权、债务,应当由合并后存续的公司或者新设的公司承继。"因此,甲吸收合并乙公司,继续存续的甲公司须对原乙公司的债权人负责。

10.【答案】ABCD

【解析】A项错误。《公司法》第183条规定,"逾期不成立清算组进行清算的,债权人可以申请人民法院指定有关人员组成清算组进行清算。人民法院应当受理该申请,并及时组织清算组进行清算。"公司逾期不成立清算组的,可以申请法院直接指定组成清算组的是债权人,而不是公司股东。

B项错误。《公司法司法解释(二)》第10条第2款规定:"公司成立清算组的,由清算组负责人代表公司参加诉讼;尚未成立清算组的,由原法定代表人代表公司参加诉讼。"公司在清算期间,由清算组负责人代表公司参加诉讼,而不是清算组代表公司参加诉讼。

C项错误。《公司法司法解释(二)》第13条第1款规定:"债权人在规定的期限内未申报债权,在公司清算程序终结前补充申报的,清算组应予登记。"债权人未在规定期限内申报债权的,可以补充申报。

D项错误。《公司法司法解释(二)》第15条第1款规定:"公司自行清算的,清算方案应当报股东会或者股东大会决议确认;人民法院组织清算的,清算方案应当报人民法院确认。未经确认的清算方案,清算组不得执行。"故法院组织清算的,清算方案应当先报法院确认,不能报法院备案后直接执行。

11.【答案】BD

【解析】A项错误。《公司法》第164条规定:"公司应当在每一会计年度终了时编制财务会计报告,并依法经会计师事务所审计。"公司须编制财务会计报告,并经会计事务所审计,而不是自行审计。

B项正确。《公司法》第166条第2款规定:"公司的法定公积金不足以弥补以前年度亏损的,在依照前款规定提取法定公积金之前,应当先用当年利润弥补亏损。"

C项错误。《公司法》第168条第1款规定:"公司的公积金用于弥补公司的亏损、扩大公司生产经营或者转为增加公司资本。但是,资本公积金不得用于弥补公司的亏损。"资本公积金用途特殊,不可用来弥补亏损。

D 项正确。《公司法》第 168 条第 2 款规定:"法定公积金转为资本时,所留存的该项公积金不得少于转增前公司注册资本的百分之二十五。"

12.【答案】AC

【解析】A 项正确。《公司法》第 87 条规定:"发起人向社会公开募集股份,应当由依法设立的证券公司承销,签订承销协议。"

B 项错误。《公司法》第 88 条规定:"发起人向社会公开募集股份,应当同银行签订代收股款协议。"与银行签订代收股款协议的并不是证券公司,而是发起人。

C 项正确。《公司法》第 89 条规定,"发行股份的股款缴足后,必须经依法设立的验资机构验资并出具证明"。募集设立股份公司,注册资本等于实缴资本,须验资机构验资并出具证明。

D 项错误。依据《公司法》第 90 条规定,创立大会选举公司董事会成员、监事会成员。创立大会并不选举总经理。

(四) 简答题

1. 公司发起人的责任有哪些?

【参考答案】

发起人是公司设立行为的具体实施者。按照我国《公司法》和相关司法解释的规定,发起人除应承担公司未成立的先公司合同责任外,还须承担下列责任:

(1) 公司成立,发起人须承担资本充实责任。发起人须保证公司在登记时,其财产的实际价值不得少于章程所规定的资本额。如果公司登记时其财产不能满足章程所规定的数额,发起人有义务填补这部分差额。

(2) 公司不成立,发起人须对设立行为所产生的债务和费用承担连带责任。当公司不能成立时,须由发起人对设立行为所生费用和债务负连带赔偿责任,对已收股款负返还的连带责任。在采取募集方式设立公司的情况下,发起人对认股人已缴纳的股款负有返还并加算银行同期存款利息的责任。

2. 股份的种类有哪些?

【参考答案】

(1) 依股东享有权益和承担风险的大小,可将股份分为普通股和特别股。普通股是指对公司权利一律平等,无任何区别待遇的股份。特别股,是指在普通股之上附加某种权利或限制、扩张某些权利的股份类别。

(2) 依股份是否以金额表示,可将股份分为额面股和无额面股。额面股,是在股票票面上标明了一定金额的股份。额面股的每股金额必须一致,其发行价格可以高于股份金额,即允许溢价发行,但不允许以低于股票面额的价格发行股份。无额面股,又称比例股或部分股,即股票票面不表示一定金额,只表示其占公司资本总额一定比例的股份。我国禁止发行无面值股票(无额面股),只允许发行额面股。

(3) 依是否在股票上记载股东的姓名,可将股份分为记名股和无记名股。记名股,是将股东的姓名或名称记载于股票的股份。无记名股,是股票上不记载股东姓名或名称的股份。无记名股份与股票不可分离,凡持有股票者,即为公司股东,享有股权。

3. 隐名出资的股权如何确认?

【参考答案】

隐名出资,是指实际出资人以他人名义登记为股东的行为。对隐名出资性质的确认有如对"阴阳合同"(又称"黑白合同")效力的认定,是一个较为复杂的问题。隐名出资的原因多种多样,性质不同,效力也不尽一致。因规避法律强制性规定而形成的隐名出资,原则上应依法确认该种行为无效,隐名者不得成为公司的股东。因其他原因而隐名的,如实际出资人与名义股东因投资权益的归属发生争议,实际出资人以其实际履行了出资义务为由向名义股东主张权利的,法院应予支持。名义股东以公司股东名册记载、公司登记机关登记为由否认实际出资人权利的,法院不予支持。名义股东将登记于其名下的股权转让、质押或者以其他方式处分,实际出资人以其对于股权享有实际权利为由,请求认定处分股权行为无效的,法院可以参照《民法典》物权编第 311 条的规定处理。名义股东处分股权造成实际出资人损失,实际出资人请求名义股东承担赔偿责任的,法院应予支持。

4. 公司解散会产生什么效力?

【参考答案】

公司解散虽不直接消灭公司的法人资格,但产生一系列的法律后果。首先,公司一经解散,其权利能力便受到限制,除为了清算的必要外,公司不得进行任何业务活动,不得处理公司的财产。其次,公司原来的代表机关和业务执行机关(董事会、经理等)均丧失其地位和职权,不得代表公司行使职权,其地位由清算组织取代。公司解散后,公司与股东的法律关系仍然存在,公司法中关于股东与公司关系的规定仍然适用。

5. 有限责任公司股东转让出资须符合哪些规定?

【参考答案】

(1) 有限责任公司的股东之间可以相互转让其全部或者部分股权,这是各国公司法通行的规定。因为在股东相互间的转让,一般不会涉及人合或信任问题,但这类转让可能产生公司控制权问题等争议。

(2) 股东向股东以外的人转让股权应当经其他股东过半数同意。要对外转让股权的股东应就其股权转让事项书面通知其他股东征求同意,其他股东自接到书面通知之日起 30 日内未答复的,视为同意转让。如果出现其他股东半数以上不同意转让的,为保证股东出资退股自由,不同意的股东应当购买该转让的股权;如果既不同意转让又不购买的,依法应视为同意转让。

(3) 经股东同意转让的股权,在同等条件下,其他股东有优先购买权。判断是否构成同等条件时,应当综合考虑转让股权的价格、支付方式及期限等因素。两个以上股东主张行使优先购买权的,要协商确定各自的购买比例;协商不成的,按照转让时各自的出资比例行使优先购买权。

(4) 转让股权本质上属于处理私权,应当奉行意思自治的原则。公司章程对股权转让另有规定的,从其规定。

(5) 股权的转让除出于股东自愿外,还可能因法院依照强制执行程序而转让。在这种情形下,《公司法》规定法院应当通知公司及全体股东,其他股东在同等条件下有优先购买权。其他股东自法院通知之日起满 20 日不行使优先购买权的,视为放弃优先购买权。

(6) 在转让股权后,公司应当注销原股东的出资证明书,向新股东签发出资证明书,并相应修改公司章程和股东名册中有关股东及其出资额的记载。对公司章程的该项修改无须再由股东会表决。

(7) 自然人股东死亡后,其合法继承人可以继承股东资格。但是,公司章程另有规定的除外。

(8) 有限责任公司的股东未履行或者未全面履行出资义务即转让股权,受让人对此知道或者应当知道,公司请求该股东履行出资义务的,受让人应对此承担连带责任;公司债权人依照《最高人民法院关于适用〈中华人民共和国公司法〉若干问题的规定(三)》第 13 条第 2 款的规定向该股东提起诉讼,可同时请求前述受让人对此承担连带责任。受让人承担责任后,可向该未履行或者未全面履行出资义务的股东追偿。但是,当事人另有约定除外。

(9) 股权转让后尚未向公司登记机关办理变更登记,原股东将仍登记于其名下的股权转让、质押或者以其他方式处分,受让股东以其对于股权享有实际权利为由,请求认定处分股权行为无效的,法院可以参照《民法典》物权编第 311 条的规定处理。原股东处分股权造成受让股东损失,受让股东请求原股东承担赔偿责任,对于未及时办理变更登记有过错的董事、高级管理人员或者实际控制人承担相应责任的,法院应予支持。受让股东对于未及时办理变更登记也有过错的,可以适当减轻上述董事、高级管理人员或者实际控制人的责任。

(五) 论述题

1. 试述公司合并与分立的形式、程序与法律后果。

【参考答案】

(1) 公司合并的形式

公司合并,是指两个或两个以上的公司依照法定程序归并为其中的一个公司或创设另一个新的公司的法律行为。公司合并的法定形式有吸收合并和新设合并两种。一个公司吸收其他公司为吸收合并,被吸收的公司解散。两个以上公司合并设立一个新的公司为新设合并,合并各方解散。具体来说,吸收合并是指两个或两个以上的公司合并后,其中有一个公司(吸收方)存续,而其余公司(被吸收方)均归消灭的法律行为。新设合并又称创设合并,是指两个或两个以上的公司合并后,参与合并的公司均归于消灭,在此基础上另行成立一个新的公司的法律行为。

(2) 公司合并的程序

① 签订合并协议

公司合并应当由合并各方签订合并协议,即由参加合并的各公司在平等自愿基础上就合并的有关事项达成一致协议。在实践中,合并协议一般应载明下列事项:合并各方的名称、住所;合并后存续公司或新设公司的名称、住所;合并各方的资产状况及其处理办法;合并各方的债权债务处理办法;存续公司或新设公司因合并而增资所发行的股份总数、种类和数量;合并各方认为有必要协商一致的其他事项。

② 通过合并决议

公司的合并与股东利益关系重大,故必须经全体股东或股东会通过合并决议。合并决议为特别决议,有限公司的合并须有代表 2/3 以上表决权的股东通过;股份有限公司的合并须有出席会议股东所持表决权的 2/3 以上同意。

③ 编制资产负债表和财产清单

公司合并时,合并各方应编制资产负债表和财产清单,以明确各方的财产状况,便于公司债权人了解。

④ 通知和公告债权人

公司合并直接关系到债权人权利的实现,故公司应当自作出合并决议之日起 10 日内通知债权人,并于 30 日内在报纸上公告。债权人自接到通知书之日起 30 日内,未接到通知书的自公告之日起 45 日内,可以要求公司清偿债务或者提供相应的担保。不清偿债务或者不提供相应的担保的,公司不得合并。

⑤ 办理合并登记

公司合并必然引起公司的消灭、新设和变更,公司应在法定期限内向登记机关办理有关登记手续。合并后存续的公司,登记事项发生变更,应办理变更登记;因合并而消灭的公司办理解散登记;因合并而新设的公司办理设立登记。

（3）公司合并的法律效果

公司合并的法律效果体现在以下三个方面:一是公司的消灭、变更和新设。在新设合并时,参与合并的公司均消灭,在此基础上产生一个新的公司;在吸收合并时,只有一个公司继续存在,其余公司消灭,但存续公司的资本、股东等发生了变化,存续公司应修改公司章程,并办理变更登记。二是权利义务的概括移转。因合并而消灭的公司,其权利义务一并移转给合并后存续的公司或新设的公司承受。存续的公司或新设的公司承受的权利义务不仅包括实体法上的权利义务,还包括程序法上的权利义务。三是股东资格的当然承继。合并前公司的股东继续成为合并后存续公司或新设公司的股东,原来股东的股份按照合并协议的规定转换为合并后公司的股份。

2. 试述公司资本的构成与公司资本制度的类型。

【参考答案】

（1）公司资本的构成

公司资本专指在公司成立时由章程所确定的由股东出资构成的公司财产总额。依据我国《公司法》第 27 条规定,有限责任公司和股份有限公司的资本由货币、实物、知识产权、土地使用权等可以用货币估价并可以依法转让的非货币财产等构成。具体包括:

① 货币:货币或现金是最基本的资本构成,任何公司类型都离不开货币出资,因为货币是商品交易的一般等价物,公司要进行交易,货币则必不可少。以货币出资不仅价值量准确,无须重新作价,且运用自如,不受限制。

② 实物:实物也称有形资产,主要包括建筑物、厂房和机器设备等。并非任何实物都可以作为股东的出资,股东出资的实物应为公司生产经营所需的建筑物、设备或其他物资,这是实物作为股东出资的先决条件。

③ 知识产权:知识产权包括专利权、商标权、著作权、专有技术等。专利权是指按专利法的规定,由国家专利机关授予发明人、设计人或其所属单位在一定期限内对某项发明创造享有的专有权。商标权是指企业、事业单位或个体工商业者对于依照法定程序,经由商

标局核准的注册商标所享有的商标专用权。著作权,又称版权,是指文学、艺术和自然科学、社会科学作品的作者及其相关主体依法对作品所享有的人身权利和财产权利。专有技术,又称秘密技术或技术诀窍,是指从事生产、管理和财务等活动领域的一切符合法律规定条件的秘密知识、经验和技能,其中包括工艺流程、公式、配方、技术规范、管理和销售的技巧与经验等。

④ 土地使用权:土地使用权,是指非土地所有人对土地加以利用和取得收益的权利。在我国,土地归国家和集体所有,非土地所有人可以通过出让或转让方式取得土地使用权。因此,土地使用权可区分为国有土地使用权与集体土地使用权,二者均可作价,以此出资入股。

⑤ 其他:除上述所列各项外,依法可以转让的并可以用货币估价的非货币财产,如股权、债权等,都可以作为股东的出资。关于股东出资的禁止,《公司登记管理条例》第 14 条规定,"股东不得以劳务、信用、自然人姓名、商誉、特许经营权或设定担保的财产等作价出资"。

(2) 公司资本制度的类型

① 法定资本制,又称确定资本制,是指公司在设立时,必须在章程中对公司的资本总额作出明确的规定,并须由股东全部认足,否则公司即不能成立。

② 授权资本制,是指在公司设立时,资本总额虽应记载于章程,但并不要求发起人全部认足,只认定并缴付资本总额中的一部分,公司即可成立;未认定部分,授权董事会根据需要,可随时发行新股募集。

③ 折中资本制,又称认可资本制,是介于法定资本制与授权资本制之间的一种公司资本制度。折中资本制在不同国家的公司法中的表现形式及具体内容有所差异,有的将公司资本限定为发行资本,而非注册资本;有的对授权发行资本的期限或数额加以特别限定;有的则在实行法定资本制的基础上,允许在附条件增资或授权增资时采取授权资本制。

④ 基于我国《公司法》第 26 条、第 80 条的规定,我国公司法采用的是法定资本制。

3. 试述公司各组织机构的地位及其主要职权。

【参考答案】

(1) 股东会

① 股东会的概念

从广义上说,股东会泛指在各类公司中由全体股东组成的公司权力机构,它包括股份有限公司的股东大会和有限责任公司的股东会。从狭义上说,股东会专指由全体股东组成的有限责任公司的权力机构,在股份有限公司中则专称股东大会。无论是何种类型的公司,股东会都具有以下特征:第一,股东会须由全体股东组成,凡是具有股东资格者均是股东会的成员,有权出席股东会会议;第二,股东会是公司的最高权力机构,也是公司的意思形成机构;第三,股东会是公司的法定但非常设机构,仅以普通年会和临时会议的形式行使职权,在股东会闭会后,股东只能通过有关参与权的行使,对公司的生产经营活动施加影响。

② 股东会的职权

有限责任公司的股东会和股份有限公司的股东大会的职权基本一致,股东会和股东大会依法行使下列职权:决定公司的经营方针和投资计划;选举和更换非由职工代表担任的董事、监事,决定有关董事、监事的报酬事项;审议批准董事会的报告;审议批准监事会或者监事的报告;审议批准公司的年度财务预算方案、决算方案;审议批准公司的利润分配方案和弥补亏损方案;对公司增加或者减少注册资本作出决议;对发行公司债券作出决议;对公司合并、分立、解散、清算或者变更公司形式作出决议;修改公司章程;公司章程规定的其他职权。

(2)董事会

① 董事会的概念

董事会是由股东会选举产生的,由全体董事组成的行使经营决策和管理权的公司必设的集体业务执行机关。董事会具有以下内涵:第一,董事会是公司的业务执行机关。尽管股东是公司财产的最终所有人,股东会是权力机构,但股东会作出的各项决议必须由董事会负责主持实施和执行。第二,董事会是集体执行公司事务的机关,其权限通常应以会议之形式行使。第三,董事会是公司经营决策的领导机关。第四,董事会是公司的法定常设机关。

② 董事会的职权

董事会作为公司的业务执行和经营管理机构,具有广泛的职权。这种职权概括起来分为两个方面,即对内的经营管理权和对外的业务代表权。

我国《公司法》对董事会的职权采用列举的方式规定,董事会主要行使以下职权:召集股东会会议,并向股东会报告工作;执行股东会的决议;决定公司的经营计划和投资方案;制订公司的年度财务预算方案、决算方案;制订公司的利润分配方案和弥补亏损方案;制订公司增加或者减少注册资本以及发行公司债券的方案;制订公司合并、分立、解散或者变更公司形式的方案;决定公司内部管理机构的设置;决定聘任或者解聘公司经理及其报酬事项,并根据经理的提名决定聘任或者解聘公司副经理、财务负责人及其报酬事项;制定公司的基本管理制度;公司章程规定的其他职权。

(3)监事会

① 监事会的概念

监事会是对公司的业务活动进行监督和检查的公司常设机构。我国实行"双轨制",公司法对监事会或监事的设置采取强制性规定:有限责任公司设监事会,其成员不得少于3人。股东人数较少或者规模较小的有限责任公司,可以设1—2名监事,不设监事会。股份有限公司设监事会,其成员不得少于3人。

② 监事会的职权

监事会作为公司的法定监督机构,其职权主要包括:检查公司的财务;对董事、高级管理人员执行公司职务的行为进行监督,对违反法律、行政法规、公司章程或者股东会决议的董事、高级管理人员提出罢免的建议;当董事、高级管理人员的行为损害公司的利益时,要求董事、高级管理人员予以纠正;提议召开临时股东会会议,在董事会不履行法定的召集和主持股东会会议职责时召集和主持股东会会议;向股东会会议提出提案;依法对董事、高级管理人员提起诉讼;公司章程规定的其他职权。为了保证监事能够及时了解公司的经营决策和业务执行情况,公司法还规定监事有权列席董事会会议,并对董事会决议事项提出质询或者建议;监事会、不设监事会的公司的监事发现公司经营情况异常,可以进行调查;必要时,可以聘请会计师事务所等协助其工作,费用由公司承担;监事会、不设监事会的公司的监事行使职权所需的费用,由公司承担。

(4) 经理

① 经理的概念

经理,又称经理人,是指由董事会作出决议聘任的主持日常经营工作的公司负责人。作为董事会的辅助机关,经理从属于董事会,对于专属于董事会作出决议的经营事项,经理不得越俎代庖,擅自作出决定。经理的职权范围通常是来自董事会的授权,只能在董事会或董事长授权的范围内对外代表公司。

② 经理的职权

我国《公司法》规定,有限责任公司可以设经理,股份有限公司设经理,均由董事会聘任或者解聘。经理的法定职权是:a. 主持公司的生产经营管理工作,组织实施董事会决议;b. 组织实施公司年度经营计划和投资方案;c. 拟订公司内部管理机构设置方案;d. 拟订公司的基本管理制度;e. 制定公司的具体规章;f. 提请聘任或者解聘公司副经理、财务负责人;g. 决定聘任或者解聘除应由董事会决定聘任或者解聘以外的负责管理人员;h. 董事会授予的其他职权。公司章程对经理职权另有规定的,从其规定。公司董事会可以决定由董事会成员兼任经理。

(六) 案例分析题

【参考答案】

1. 本案中,公司章程约定有效,王某已经丧失了股东资格。

首先,大青公司章程规定,"公司股权不向公司以外的任何团体和个人出售、转让。公司改制一年后,经董事会批准后可在公司内部赠与、转让和继承。持股人死亡或退休的,其股权经董事会批准后方可继承、转让或由企业收购,持股人若辞职、调离或被辞退、解除劳动合同的,人走股留,所持股份由企业收购"。依照《公司法》第 25 条第 2 款"股东应当在公司章程上签名、盖章"的规定,有限责任公司章程系公司设立时全体股东一致同意并对公司及全体股东产生约束力的规则性文件,王某在公司章程上签名的行为,应视为其对公司章程规定的认可和同意,该章程对大青公司及王某均产生约束力。其次,基于有限责任公司封闭性的特点,由公司章程对公司股东转让股权作出某些限制性规定,系公司自治的体现。本案中,王某之所以成为大青公司的股东,其原因在于王某与大青公司具有劳动合同关系,大青公司章程将是否与公司具有劳动合同关系作为取得股东身份的依据继而作出"人走股留"的规定,符合有限责任公司封闭性的特点,亦系公司自治原则的体现,不违反公司法的禁止性规定。最后,大青公司章程关于股权转让的规定,属于对股东转让股权的限制性规定而非禁止性规定,王某依法转让股权的权利没有被公司章程所禁止,大青公司章程不存在侵害王某股权转让权利的情形。因此,本案中公司章程约定有效,王某已经丧失了股东资格。

2. 邵某可以要求解散天艺公司。

首先,天艺公司的经营管理已发生严重困难。根据《公司法》第 182 条和《公司法司法解释(二)》第 1 条的规定,判断公司的经营管理是否出现严重困难,应当从公司的股东会、董事会或执行董事及监事会或监事的运行现状进行综合分析。"公司经营管理发生严重困难"的侧重点在于公司管理方面存有严重内部障碍,如股东会机制失灵、无法就公司的经营管理进行决策等,不应片面理解为公司资金缺乏、严重亏损等经营性困难。本案中,天艺公司仅有邵某与石某两名股东,两人各占 50% 的股份,天艺公司章程规定股东会的决议须经代表 1/2 以上表决权的股东通过,且各方当事人一致认可该"1/2 以上"不包括本数。因此,只要两名股东的意见存有分歧、互不配合,就无法形成有效表决,显然影响公司的运营。其次,邵某持有天艺公司 50% 的股份,也符合公司法关于提起公司解散诉讼的股东须持有公司 10% 以上股份的条件。

综上所述,天艺公司已符合《公司法》及《公司法司法解释(二)》规定的股东提起解散公司之诉的条件。邵某有权要求解散天艺公司。

第五章习题自测参考答案

（一）单项选择题

1.【答案】D

【解析】D项正确。个人独资企业是在中国境内设立的,由一个自然人投资,财产为投资人个人所有,投资人以其个人财产对企业债务承担无限责任的经营实体。

2.【答案】C

【解析】C项正确。申请设立个人独资企业,应当由投资人或者其委托的代理人向个人独资企业所在地的登记机关提交设立申请书、投资人身份证明、生产经营场所使用证明等文件。法条依据为《个人独资企业法》第9条第1款。

3.【答案】B

【解析】B项正确。个人独资企业解散的,财产应当按照下列顺序清偿:(1)所欠职工工资和社会保险费用;(2)所欠税款;(3)其他债务。法条依据为《个人独资企业法》第29条。

4.【答案】A

【解析】A项正确。合伙企业的经营范围中有属于法律、行政法规规定在登记前须经批准的项目的,该项经营业务应当依法经过批准,并在登记时提交批准文件。法条依据为《合伙企业法》第9条第2款。

5.【答案】A

【解析】A项正确。合伙企业的营业执照签发日期,为合伙企业成立日期。法条依据为《合伙企业法》第11条第1款。

6.【答案】B

【解析】B项正确。合伙人的出资、以合伙企业名义取得的收益和依法取得的其他财产,均为合伙企业的财产。法条依据为《合伙企业法》第20条。

7.【答案】C

【解析】ABD项错误,C项正确。除合伙协议另有约定外,合伙人向合伙人以外的人转让其在合伙企业中的全部或者部分财产份额时,须经其他合伙人一致同意。合伙人之间的内部转让应当通知其他合伙人。法条依据为《合伙企业法》第22条。

8.【答案】D

【解析】D项正确。国有独资企业是指企业全部资产归国家所有,国家依照所有权和经营管理权分离的原则授权企业经营管理,国有独资企业依法取得法人资格,实行自主经营、自负盈亏、独立核算,以国家授予其经营管理的财产承担民事责任。据此,国有独资企业对财产只享有经营管理权,而无所有权。

9.【答案】D

【解析】D项正确。农民专业合作社,是指在农村家庭承包经营基础上,农产品的生产经营者或者农业生产经营服务的提供者、利用者,自愿联合、民主管理的互助性经济组织。法条依据为《农民专业合作社法》第 2 条。

10.【答案】C

【解析】C 项正确。3 个以上的农民专业合作社在自愿的基础上,可以出资设立农民专业合作社联合社。法条依据为《农民专业合作社法》第 56 条第 1 款。

11.【答案】D

【解析】D 项正确。《合伙企业法》第 33 条第 1 款规定,合伙企业的利润分配、亏损分担,按照合伙协议的约定办理;合伙协议未约定或约定不明确的,由合伙人协商决定;协商不成的,由合伙人按照实缴出资比例分配、分担;无法确定出资比例的,由合伙人平均分配、分担。

12.【答案】A

【解析】A 项正确。《合伙企业法》第 3 条规定:国有独资公司、国有企业、上市公司以及公益性的事业单位、社会团体不得成为普通合伙人。

13.【答案】B

【解析】AC 项错误。《合伙企业法》第 61 条规定:"有限合伙企业由二个以上五十个以下合伙人设立;但是,法律另有规定的除外。有限合伙企业至少应当有一个普通合伙人。"

B 项正确。《合伙企业法》第 62 条规定:有限合伙企业名称中应当标明"有限合伙"字样。

D 项错误。《合伙企业法》第 79 条规定:作为有限合伙人的自然人在有限合伙企业存续期间丧失民事行为能力的,其他合伙人不得因此要求其退伙。

14.【答案】A

【解析】A 项正确。《合伙企业法》第 22 条第 2 款规定:"合伙人之间转让在合伙企业中的全部或者部分财产份额时,应当通知其他合伙人。"

15.【答案】C

【解析】C 项正确。《合伙企业法》第 30 条规定:合伙人对合伙企业有关事项作出决议,按照合伙协议约定的表决办法办理。合伙协议未约定或者约定不明确的,实行合伙人一人一票并经全体合伙人过半数通过的表决办法。

16.【答案】D

【解析】ABC 项说法正确。《个人独资企业法》第 19 条规定:个人独资企业投资人可以自行管理企业事务,也可以委托或者聘用其他具有民事行为能力的人负责企业的事务管理。受托人或者被聘用的人员应当履行诚信、勤勉义务,按照与投资人签订的合同负责个人独资企业的事务管理。D 项说法错误。《个人独资企业法》第 20 条规定:"投资人委托或者聘用的管理个人独资企业事务的人员不得有下列行为:……(六)未经投资人同意,从事与本企业相竞争的业务;……"

17.【答案】C

【解析】B 项说法正确,《外商投资法》第 4 条规定:国家对外商投资实行准入前国民待遇加负面清单管理制度。AD 项说法正确。《外商投资法》第 2 条规定:本法所称外商投资企业,是指全部或者部分由外国投资者投资,依照中国法律在中国境内经登记注册设立的企业。C 项说法错误。外国企业在中国的分支机构不具有中国国籍,不属于我国法律规定的外资企业。

18.【答案】C

【解析】C 项正确。《外商投资法》第 20 条规定:国家对外国投资者的投资不实行征收。

在特殊情况下,国家为了公共利益的需要,可以依照法律规定对外国投资者的投资实行征收或者征用。征收、征用应当依照法定程序进行,并及时给予公平、合理的补偿。

19.【答案】C

【解析】C项正确。《农民专业合作社法》第20条规定:农民专业合作社的成员中,农民至少应当占成员总数的80%。

20.【答案】B

【解析】B项正确。《农民专业合作社法》第30条规定:农民专业合作社召开成员大会,出席人数应当达到成员总数2/3以上。

(二)多项选择题

1.【答案】ABC

【解析】ABC项正确。三大企业法律形态包括公司企业、个人独资企业、合伙企业。

2.【答案】ABCDE

【解析】ABCDE项正确。《个人独资企业法》第8条规定:"设立个人独资企业应当具备下列条件:(一)投资人为一个自然人;(二)有合法的企业名称;(三)有投资人申报的出资;(四)有固定的生产经营场所和必要的生产经营条件;(五)有必要的从业人员。"

3.【答案】ABCDE

【解析】ABCED项正确。《合伙企业法》第14条规定:"设立合伙企业,应当具备下列条件:(一)有二个以上合伙人。合伙人为自然人的,应当具有完全民事行为能力;(二)有书面合伙协议;(三)有合伙人认缴或者实际缴付的出资;(四)有合伙企业的名称和生产经营场所;(五)法律、行政法规规定的其他条件。"

4.【答案】ACD

【解析】ACD项正确。申请人提交的登记申请材料齐全、符合法定形式,企业登记机关能够当场登记的,应予当场登记,发给营业执照;不予登记的,应当给予书面答复,并说明理由。合伙企业的营业执照签发日期,为合伙企业成立日期。合伙企业登记事项发生变更的,执行合伙事务的合伙人应当自作出变更决定或者发生变更事由之日起15日内,向企业登记机关申请办理变更登记。法条依据为《合伙企业法》第10条、第11条、第13条。

5.【答案】ABCDE

【解析】ABCDE项正确。《合伙企业法》第85条规定:"合伙企业有下列情形之一的,应当解散:(一)合伙期限届满,合伙人决定不再经营;(二)合伙协议约定的解散事由出现;(三)全体合伙人决定解散;(四)合伙人已不具备法定人数满三十天;(五)合伙协议约定的合伙目的已经实现或者无法实现;(六)依法被吊销营业执照、责令关闭或者被撤销;(七)法律、行政法规规定的其他原因。"

6.【答案】BC

【解析】A项错误。有限合伙人不得以劳务出资。法条依据为《合伙企业法》第64条。B项正确。合伙协议可以限制有限合伙人的同业竞争行为。法条依据为《合伙企业法》第71条。C项正确。合伙协议可以限制有限合伙人将合伙份额出质。法条依据为《合伙企业法》第72条。D项错误。有限合伙人可以按照合伙协议的约定向合伙人以外的人转让其在有限合伙企业中的财产份额,但应当提前30日通知其他合伙人。法条依据为《合伙企业法》第

73 条。

7.【答案】BCD

【解析】BCD 项正确。2019 年 3 月 15 日,中华人民共和国第十三届全国人民代表大会第二次会议通过《中华人民共和国外商投资法》,自 2020 年 1 月 1 日起施行,《中华人民共和国外资企业法》同时废止。

8.【答案】ABCD

【解析】ABCD 项正确。《合伙企业法》第 16 条规定:合伙人可以用货币、实物、知识产权、土地使用权或者其他财产权利出资,也可以用劳务出资。

9.【答案】ABCD

【解析】ABCD 项正确。《合伙企业法》第 68 条规定,"有限合伙人不执行合伙事务,不得对外代表有限合伙企业。有限合伙人的下列行为,不视为执行合伙事务:(一) 参与决定普通合伙人入伙、退伙;(二) 对企业的经营管理提出建议;(三) 参与选择承办有限合伙企业审计业务的会计师事务所;(四) 获取经审计的有限合伙企业财务会计报告"。

10.【答案】AD

【解析】BC 项错误。《农民专业合作社法》第 30 条规定:农民专业合作社召开成员大会,出席人数应当达到成员总数三分之二以上。成员大会选举或者作出决议,应当由本社成员表决权总数过半数通过。AD 项正确。《农民专业合作社法》第 31 条规定:"农民专业合作社成员大会每年至少召开一次,会议的召集由章程规定。有下列情形之一的,应当在二十日内召开临时成员大会:(一) 百分之三十以上的成员提议;……"

11.【答案】BCD

【解析】A 项错误,B 项正确。《合伙企业法》第 55 条规定:以专业知识和专门技能为客户提供有偿服务的专业服务机构,可以设立为特殊的普通合伙企业。C 项正确。《合伙企业法》第 56 条规定:特殊的普通合伙企业名称中应当标明"特殊普通合伙"字样。D 项正确。《合伙企业法》第 57 条规定:一个合伙人或者数个合伙人在执业活动中因故意或者重大过失造成合伙企业债务的,应当承担无限责任或者无限连带责任,其他合伙人以其在合伙企业中的财产份额为限承担责任。

12.【答案】ABD

【解析】ABD 项正确。《个人独资企业法》第 20 条规定:"投资人委托或者聘用的管理个人独资企业事务的人员不得有下列行为:……(六) 未经投资人同意,从事与本企业相竞争的业务;(七) 未经投资人同意,同本企业订立合同或者进行交易;(八) 未经投资人同意,擅自将企业商标或者其他知识产权转让给他人使用;(九) 泄露本企业的商业秘密;……"

13.【答案】ABD

【解析】ABD 项正确,C 项错误。国有企业的所有权和经营管理权分离,国家和政府只有投资者权益,不能直接干涉企业的经营管理。

14.【答案】AB

【解析】A 项正确。《合伙企业法》第 22 条规定:合伙人之间转让在合伙企业中的全部或者部分财产份额时,应当通知其他合伙人。B 项正确。依据《合伙企业法》第 23 条规定,合伙人依法转让其财产份额的,在同等条件下,其他合伙人有优先受让的权利。C 项错误。《合伙企业法》第 25 条规定:合伙人以其在合伙企业中的财产份额出质的,须经其他合伙人一致同意。D 项错误。依据《合伙企业法》第 21 条规定,合伙企业进行清算前,合伙人不得请求分割合伙企业的财产,但《合伙企业法》另有规定的除外。

15.【答案】BD

【解析】A 项错误,B 项正确。《合伙企业法》第 44 条规定:入伙的新合伙人与原合伙人享有同等权利,承担同等责任。入伙协议另有约定的,从其约定。新合伙人对入伙前合伙企业的债务承担无限连带责任。C 项错误,D 项正确。《合伙企业法》第 53 条规定:退伙人对基于其退伙前的原因发生的合伙企业债务,承担无限连带责任。第 54 条规定:合伙人退伙时,合伙企业财产少于合伙企业债务的,退伙人应当依照《合伙企业法》第 33 条第 1 款的规定分担亏损。

(三) 不定项选择题

1.【答案】BCD

【解析】BCD 项正确。个人独资企业是指在中国境内设立的,由一个自然人投资,财产为投资人个人所有,投资人以其个人财产对企业债务承担无限责任的经营实体,其不具有法人资格。法条依据为《个人独资企业法》第 2 条。

2.【答案】ABCD

【解析】ABCD 项正确。《个人独资企业法》第 26 条规定:"个人独资企业有下列情形之一时,应当解散:(一) 投资人决定解散;(二) 投资人死亡或者被宣告死亡,无继承人或者继承人决定放弃继承;(三) 被依法吊销营业执照;(四) 法律、行政法规规定的其他情形。"

3.【答案】D

【解析】D 项正确。《个人独资企业法》第 27 条第 1 款规定,个人独资企业解散,由投资人自行清算或者由债权人申请人民法院指定清算人进行清算。

4.【答案】ABCD

【解析】ABCD 项正确。《合伙企业法》第 9 条规定,申请设立合伙企业,应当向企业登记机关提交登记申请书、合伙协议书、合伙人身份证明等文件。合伙企业的经营范围中有属于法律、行政法规规定在登记前须经批准的项目的,该项经营业务应当依法经过批准,并在登记时提交批准文件。

5.【答案】ABCDE

【解析】ABCDE 项正确。《合伙企业法》第 87 条规定:"清算人在清算期间执行下列事务:(一) 清理合伙企业财产,分别编制资产负债表和财产清单;(二) 处理与清算有关的合伙企业未了结事务;(三) 清缴所欠税款;(四) 清理债权、债务;(五) 处理合伙企业清偿债务后的剩余财产;(六) 代表合伙企业参加诉讼或者仲裁活动。"

6.【答案】BE

【解析】ACD 项正确。有限合伙人可以同本有限合伙企业进行交易;但是,合伙协议另有约定的除外。有限合伙人可以将其在有限合伙企业中的财产份额出质;但是,合伙协议另有约定的除外。有限合伙人可以按照合伙协议的约定向合伙人以外的人转让其在有限合伙企业中的财产份额,但应当提前 30 日通知其他合伙人。法条依据为《合伙企业法》第 70 条、第 72 条、第 73 条。BE 项错误。《合伙企业法》第 68 条规定,有限合伙人不执行合伙事务,不得对外代表有限合伙企业。

7.【答案】ABC

【解析】ABC 项正确。《农民专业合作社法》第 13 条规定:农民专业合作社成员可以用货币出资,也可以用实物、知识产权、土地经营权、林权等可以用货币估价并可以依法转让的非货币财产,以及章程规定的其他方式作价出资;但是,法律、行政法规规定不得作为出资的财产除外。农民专业合作社成员不得以对该社或者其他成员的债权,充抵出资。

8.【答案】BCD

【解析】BCD 项正确。《合伙企业法》第 48 条规定,"合伙人有下列情形之一的,当然退伙:(一) 作为合伙人的自然人死亡或者被依法宣告死亡;(二) 个人丧失偿债能力;(三) 作为合伙人的法人或者其他组织依法被吊销营业执照、责令关闭、撤销,或者被宣告破产;(四) 法律规定或者合伙协议约定合伙人必须具有相关资格而丧失该资格"。A 项属于可以退伙的情形,因此 A 项错误。

9.【答案】ABC

【解析】ABC 项正确。《合伙企业法》第 43 条规定:新合伙人入伙,除合伙协议另有约定外,应当经全体合伙人一致同意,并依法订立书面入伙协议。订立入伙协议时,原合伙人应当向新合伙人如实告知原合伙企业的经营状况和财务状况。D 项错误。第 44 条规定:新合伙人对入伙前合伙企业的债务承担无限连带责任。

10.【答案】C

【解析】ABD 项说法正确。《农民专业合作社法》第 19 条规定:具有民事行为能力的公民,以及从事与农民专业合作社业务直接有关的生产经营活动的企业、事业单位或者社会组织,能够利用农民专业合作社提供的服务,承认并遵守农民专业合作社章程,履行章程规定的入社手续的,可以成为农民专业合作社的成员。但是,具有管理公共事务职能的单位不得加入农民专业合作社。C 项说法错误。《农民专业合作社法》第 20 条规定:农民专业合作社的成员中,农民至少应当占成员总数的 80%。

11.【答案】ABD

【解析】ABD 项正确。《合伙企业法》第 49 条规定:"合伙人有下列情形之一的,经其他合伙人一致同意,可以决议将其除名:(一) 未履行出资义务;(二) 因故意或者重大过失给合伙企业造成损失;(三) 执行合伙事务时有不正当行为;(四) 发生合伙协议约定的事由。对合伙人的除名决议应当书面通知被除名人。被除名人接到除名通知之日,除名生效,被除名人退伙。被除名人对除名决议有异议的,可以自接到除名通知之日起三十日内,向人民法院起诉。"C 项错误,应为书面通知。

12.【答案】BCD

【解析】BCD 项正确。A 项属于广义的国有企业。

13.【答案】ABD

【解析】AB 项正确。法条依据为《个人独资企业法》第 2 条。C 项错误。此处自然人投资人应为中国公民。D 项正确。《个人独资企业法》第 19 条规定,个人独资企业投资人可以自行管理企业事务,也可以委托或者聘用其他具有民事行为能力的人负责企业的事务管理。

14.【答案】ABC

【解析】AC 项正确。《合伙企业法》第 28 条规定:由一个或者数个合伙人执行合伙事务的,执行事务合伙人应当定期向其他合伙人报告事务执行情况以及合伙企业的经营和财务状况,其执行合伙企业事务所产生的收益归合伙企业,所产生的费用和亏损由合伙企业承担。B 项正确。《合伙企业法》第 28 条规定:合伙人为了解合伙企业的经营状况和财务状况,有权查阅合伙企业会计账簿等财务资料。D 项错误。依据《合伙企业法》第 26 条规定,合伙协议约定委托一个或者数个合伙人执行合伙企业事务的,其他合伙人不再执行合伙企业事务。

15.【答案】BD

【解析】A 项错误,D 项正确。法条依据为《合伙企业法》第 89 条和第 33 条第 1 款。B 项正确,C 项错误。合伙企业解散,清算人由全体合伙人担任。自合伙企业解散事由出现之日起 15 日内未确定清算人的,合伙人或者其他利害关系人可以申请法院指定清算人。

（四）简答题

1. 个人独资企业的设立必须符合哪些法定条件?

【参考答案】我国《个人独资企业法》规定,个人独资企业的设立必须符合五个方面的条件:(1) 投资人为一个自然人;(2) 有合法的企业名称;(3) 有投资人申报的出资;(4) 有固定的生产经营场所和必要的生产经营条件;(5) 有必要的从业人员。

2. 个人独资企业的事务管理模式有哪几种? 法律有哪些关键性要求?

【参考答案】个人独资企业的事务管理主要有自行管理、委托管理和聘任管理三种模式。投资人委托或者聘用他人管理个人独资企业事务,应当与受托人或者被聘用的人员签订书面合同,明确委托的具体内容和授予的权利范围。受托人或者被聘用的人员应当履行诚信、勤勉义务,按照与投资人签订的合同负责个人独资企业的事务管理。投资人对受托人或者被聘用的人员职权的限制,不得对抗善意第三人。

3. 设立合伙企业应当具备哪些条件?

【参考答案】设立合伙企业,应当具备下列条件:(1) 有 2 个以上合伙人,合伙人为自然人的,应当具有完全民事行为能力;(2) 有书面合伙协议;(3) 有合伙人认缴或者实际缴付的出资;(4) 有合伙企业的名称和生产经营场所;(5) 法律、行政法规规定的其他条件。

4. 合伙企业设立的程序主要有哪些? 每个程序的基本内容是什么?

【参考答案】合伙企业的设立程序主要包括申请、审批和登记三个步骤。申请设立合伙企业,应当向企业登记机关提交登记申请书、合伙协议书、合伙人身份证明等文件。合伙企业的经营范围中有属于法律、行政法规规定在登记前须经批准的项目的,该项经营业务还应当依法经过批准,并在登记时提交批准文件。申请人提交的登记申请材料齐全、符合法定形式,企业登记机关应予登记,发给营业执照;不予登记的,应当给予书面答复,并说明理由。合伙企业登记事项发生变更的,执行合伙事务的合伙人应向企业登记机关申请变更登记。

（五）论述题

1. 试论述个人独资企业治理结构的基本内容。

【参考答案】个人独资企业的治理结构,主要体现在业主的权利、义务,个人独资企业的权利、义务,和个人独资企业的事务管理三个方面。

业主的权利主要包括:(1) 业主对企业财产享有所有权;(2) 业主的有关权利可以依法进行

转让或继承;(3) 业主对企业的生产经营活动享有完全的决策权、管理权和监督权;(4) 若委托或者聘用人员管理企业事务,对委托人或者被聘用人员管理个人独资企业事务的行为有监督权,若发现受托人或者被聘用人员有违反合同或有其他不法行为时,可撤销委托或解除聘用关系;(5) 业主有扩大企业经营规模,设置分支机构的权利。业主的义务和责任包括:(1) 应当依法纳税;(2) 业主以个人财产对个人独资企业债务承担无限责任。

个人独资企业的权利主要有:(1) 依法取得贷款;(2) 依法取得土地使用权;(3) 拒绝摊派权;(4) 法律、行政法规规定的其他权利。个人独资企业的义务主要包括:(1) 依法开展经营活动,不得从事法律禁止的业务;(2) 依法建立财务会计制度;(3) 依法维护职工权益;(4) 履行环境保护等其他义务。

个人独资企业的事务管理主要有自行管理、委托管理和聘任管理三种模式。投资人委托或者聘用他人管理个人独资企业事务,应当与受托人或者被聘用的人员签订书面合同,明确委托的具体内容和授予的权利范围。受托人或者被聘用的人员应当履行诚信、勤勉义务,按照与投资人签订的合同负责个人独资企业的事务管理。投资人对受托人或者被聘用的人员职权的限制,不得对抗善意第三人。

2. 试论述合伙企业责任承担的基本内容。

【参考答案】合伙企业责任承担主要包括合伙企业的利润分配、亏损分担和合伙企业债务承担的具体责任。

合伙企业的利润分配和亏损分担,按照合伙协议的约定办理;合伙协议未约定或者约定不明的,由合伙人协商决定;协商不成的,由合伙人按照实缴出资比例分配、分担;无法确定出资比例的,由合伙人平均分配、分担。合伙协议不得约定将全部利润分配给部分合伙人或者由部分合伙人承担全部亏损。除非合伙协议另有约定,有限合伙企业不得将全部利润分配给部分合伙人。

合伙企业债务承担中的具体责任主要有四类情形:(1) 合伙企业的财产责任。合伙企业是法律主体,合伙企业的财产在合伙企业存续期间,具有稳定性。当合伙企业对外产生债务时,合伙企业应当以其营业的所有财产,对外承担债务清偿责任。(2) 普通合伙人的无限连带责任。合伙企业不能清偿到期债务的,合伙人承担无限连带责任。合伙人由于承担无限连带责任,清偿额超过其亏损分担比例的,有权向其他合伙人追偿。合伙人发生与合伙企业无关的债务,相关债权人不得以其债权抵销其对合伙企业的债务;也不得代位行使合伙人在合伙企业中的权利。合伙人自有财产不足以清偿与企业无关的债务的,可以以其在合伙企业中的收益清偿;债权人也可以依法请求法院强制执行该合伙人在合伙企业中的财产份额用于清偿。(3) 特殊的普通合伙人的责任。在特殊的普通合伙企业中,一个合伙人或者数个合伙人在执业活动中因故意或者重大过失造成合伙企业债务的,应当承担无限责任或者无限连带责任,其他合伙人以其在合伙企业中的财产份额为限承担责任。合伙人在执业活动中非因故意或者重大过失造成的合伙企业债务以及合伙企业的其他债务,由全体合伙人承担无限连带责任。合伙人在执业活动中因故意或者重大过失造成合伙企业债务的,合伙企业对外承担责任后,该合伙人对合伙企业承担赔偿责任。(4) 有限合伙人的责任。有限合伙人以其认缴的出资额为限对合伙企业债务承担责任。有限合伙人的债务以其在有限合伙企业的收益清偿;也可以以其在有限合伙企业的财产份额清偿。有限合伙人的责任不得对抗善意第三人。新入伙的有限合伙人对入伙前有限合伙企业的债务,以其认缴的出资额为限承担责任。有限合伙人转变为普通合伙人的,对其作为有限合伙人期间的债务承担无限连带责任。普通合伙人转变为有限合伙人的,对其作为普通合伙人期间的债务承担无限连带责任。

(六) 案例分析题

1.【参考答案】

(1) 合伙企业只能由自然人组成,而不能由组织组成,因此,甲、乙、丙不能与丁开办的个人独资企业成为合伙人。

(2) 合伙企业名称不能使用"有限"或"有限责任"字样,光明有限合伙厂违反了此规定。

(3) 合伙企业领取营业执照前,合伙人不得以合伙企业名义从事经营活动。合伙企业尚未核发营业执照就以"光明有限合伙厂"名义订立合同,是违反《合伙企业法》的。

2.【参考答案】

本题考查合伙的债权人和合伙人个人的债权实现的顺序问题。王强是合伙的债权人,他有权利要求张力偿还合伙的全部债务,丁为张力的个人债权人,当然也有权利要求张力偿还个人债务,在这两个债权债务中张力都负无限责任。

作为合伙人的张力既要承担个人债务又要承担合伙的债务,但是本案中张力的个人财产4万元不足以完全清偿这两项债务,这就涉及清偿债务的顺序问题。该问题在现行法律中没有明确规定,但是依照理论上的通说,在这种情况下应该采取双重优先权原则,即合伙人个人的债权人优先于合伙的债权人从合伙人的个人财产中得到满足,合伙债权人优先于合伙人个人的债权人从合伙财产中得到满足。也即,合伙财产优先用于清偿合伙债务,个人财产优先用于清偿个人债务。

本案中,债权人王强应该首先要求以合伙财产作为清偿,合伙财产不足清偿时,各个合伙人就不足之额负连带责任。因为全部合伙财产只有5万元,不足以清偿王强的8万元债务,所以对于剩下的3万元债务,张力应该以其个人财产负补充连带责任,即王强有权要求张力以个人财产清偿剩下的这3万元债务。但是问题是,张力同时负有2万元的个人债务,债权人丁也有权要求张力以3万元的个人财产来清偿。于是根据双重优先权原则,张力的4万元个人财产应先用来清偿对丁的个人债务2万元,剩下的2万元再用来清偿王强的债务,不过此时单靠张力的个人财产已不足以完全清偿王强的全部债务。

3.【参考答案】

(1) 全体合伙人的合伙出资合法。依据《合伙企业法》第16条规定,合伙人可以用货币、实物、劳务出资,合伙人可以协商劳务的折价。

(2) 合法合伙人可以自行约定利润分配比例,没有约定又协商不成的,按照实缴出资比例平均分配。

(3) 不能抵销。因为债务性质不同,一个是合伙企业的债务,一个是合伙人的个人债务,如果两个债务可以相互抵销,则会损害合伙企业的利益。

(4) 买卖合同有效。合伙协议是合伙人的内部协议,仅对签订协议的合伙人发生法律效力,无法约束合伙人以外的人员,因此,对合伙人的权限限制不能对抗善意第三人。

(5) 李四虽然已经退伙,但是对其退伙前发生的债务仍然应当负连带清偿责任。李四清偿之后,可以向其他合伙人追偿。

（6）王明的主张不成立,因为入伙人对入伙前和入伙后的债务承担连带清偿责任。

（7）合伙人王五死亡后,其继承人不能当然成为合伙人,除非合伙协议有约定或者经其他合伙人一致同意。

第六章习题自测参考答案

(一) 单项选择题

1.【答案】C

【解析】C项正确。法条依据为《商业银行法》第 64 条第 1 款,即:"商业银行已经或者可能发生信用危机,严重影响存款人的利益时,国务院银行业监督管理机构可以对该银行实行接管。"

2.【答案】D

【解析】D项正确。法条依据为《中国人民银行法》第 39 条第 2 款,即:"中国人民银行的亏损由中央财政拨款弥补。"

3.【答案】A

【解析】A项正确。法条依据为《商业银行法》第 71 条第 2 款,即:"商业银行破产清算时,在支付清算费用、所欠职工工资和劳动保险费用后,应当优先支付个人储蓄存款的本金和利息。"

4.【答案】D

【解析】D项错误,当选。法条依据为《商业银行法》第 24 条,即:"商业银行有下列变更事项之一的,应当经国务院银行业监督管理机构批准:(一) 变更名称;(二) 变更注册资本;(三) 变更总行或者分支行所在地;(四) 调整业务范围;(五) 变更持有资本总额或者股份总额百分之五以上的股东;(六) 修改章程;(七) 国务院银行业监督管理机构规定的其他变更事项。更换董事、高级管理人员时,应当报经国务院银行业监督管理机构审查其任职资格。"

5.【答案】B

【解析】AD项正确。法条依据为《商业银行法》第 35 条,即:"商业银行贷款,应当对借款人的借款用途、偿还能力、还款方式等情况进行严格审查。商业银行贷款,应当实行审贷分离、分级审批的制度。"

B项说法错误。商业银行应当按照中国人民银行规定的贷款利率的上下限,确定贷款利率。法条依据为《商业银行法》第 38 条,即:"商业银行应当按照中国人民银行规定的贷款利率的上下限,确定贷款利率。"

C项说法正确。法条依据为《商业银行法》第 39 条第 1 款第 1 项,即:"商业银行贷款,应当遵守下列资产负债比例管理的规定:(一) 资本充足率不得低于百分之八;……"

6.【答案】D

【解析】D项错误。利害关系人因正当理由不能在判决前向法院申报的,自知道或者应当知道判决公告之日起 1 年内,可以向作出判决的法院起诉。

7.【答案】B

【解析】B项正确。所谓涉外票据,是指出票、背书、承兑、保证、付款等行为中,既有发生在我国境内又有发生在我国境外的票据。涉外票据不是以持票人或出票人为外国人作为标准来界定的,而是以在同一个票据上出现了涉外的票据行为为依据的。

8.【答案】C

【解析】C项正确。占有票据即能行使票据权利,不问占有原因和资金关系。

9.【答案】D

【解析】D项正确。汇票必须记载出票日期;未记载的,汇票无效。法条依据为《票据法》第22条,即:"汇票必须记载下列事项:(一)表明'汇票'的字样;(二)无条件支付的委托;(三)确定的金额;(四)付款人名称;(五)收款人名称;(六)出票日期;(七)出票人签章。汇票上未记载前款规定事项之一的,汇票无效。"

10.【答案】D

【解析】本票自出票日起,付款期限最长不得超过2个月,本题中的持票人提示付款已经超过了2个月;如果本票的持票人未按照规定期限提示付款,则丧失对出票人以外的前手的追索权,所以持票人只能向出票人追索。

11.【答案】C

【解析】现金支付存在携带不便利、不安全等问题,且出于防范和打击洗钱等犯罪活动需要,国家鼓励使用非现金支付方式。

12.【答案】B

【解析】支付机构之间的货币资金转移应当委托银行业金融机构办理,不得通过支付机构相互存放货币资金或委托其他支付机构等形式办理。

13.【答案】A

【解析】A项正确。《票据法》第34条规定:背书人在汇票上记载"不得转让"字样,其后手再背书转让的,原背书人对后手的被背书人不承担保证责任。

14.【答案】B

【解析】B项正确。《票据法》第33条规定:背书不得附有条件。背书时附有条件的,所附条件不具有汇票上的效力。

15.【答案】A

【解析】A项正确。《票据法》第23条规定:汇票上记载付款日期、付款地、出票地等事项的,应当清楚、明确。汇票上未记载付款日期的,为见票即付。

16.【答案】C

【解析】C项正确。《票据法》第11条规定:因税收、继承、赠与可以依法无偿取得票据的,不受给付对价的限制。ABD项错误。第12条规定:以欺诈、偷盗或者胁迫等手段取得票据的,或者明知有前列情形,出于恶意取得票据的,不得享有票据权利。

17.【答案】A

【解析】A项正确。《票据法》第17条规定,"票据权利在下列期限内不行使而消灭:……(四)持票人对前手的再追索权,自清偿日或者被提起诉讼之日起三个月"。

18.【答案】B

【解析】A项正确。《商业银行法》第29条规定:商业银行办理个人储蓄存款业务,应当遵循存款自愿、取款自由、存款有息、为存款人保密的原则。

B项错误。我国现行法律规定了单位存款强制交存制度,单位不得自行保存和擅自坐支。

C 项正确。《商业银行法》第 31 条规定：商业银行应当按照中国人民银行规定的存款利率的上下限,确定存款利率,并予以公告。

D 项正确。《商业银行法》第 32 条规定：商业银行应当按照中国人民银行的规定,向中国人民银行交存存款准备金,留足备付金。

19.【答案】B

【解析】B 项正确。《商业银行法》第 67 条规定：接管期限届满,国务院银行业监督管理机构可以决定延期,但接管期限最长不得超过 2 年。

(二)多项选择题

1.【答案】AD

【解析】A 项正确。《商业银行法》第 17 条第 1 款规定：商业银行的组织形式、组织机构适用《公司法》的规定。因此,商业银行可以是有限责任公司,也可以是股份有限公司。

B 项错误。《商业银行法》第 11 条规定,设立商业银行,应当经国务院银行业监督管理机构审查批准。未经国务院银行业监督管理机构批准,任何单位和个人不得从事吸收公众存款等商业银行业务,任何单位不得在名称中使用"银行"字样。商业银行的设立、变更等不是人民银行批准,而是国务院银行业监督管理机构批准。

C 项错误。商业银行、证券公司、保险公司等金融机构出现破产原因的,国务院金融监督管理机构可以向法院提出对该金融机构进行重整或者破产清算的申请。金融机构实施破产的,国务院可以依据《企业破产法》和其他有关法律的规定制定实施办法。因此,商业银行也能通过破产程序而终止。法条依据为《企业破产法》第 134 条。

D 项正确。《银行业监督管理法》第 2 条第 1 款规定,国务院银行业监督管理机构负责对全国银行业金融机构及其业务活动监督管理的工作。

2.【答案】BD

【解析】A 项错误,B 项正确。《商业银行法》第 40 条规定,商业银行不得向关系人发放信用贷款;向关系人发放担保贷款的条件不得优于其他借款人同类贷款的条件。关系人是指：(1) 商业银行的董事、监事、管理人员、信贷业务人员及其近亲属;(2) 前项所列人员投资或者担任高级管理职务的公司、企业和其他经济组织。本题中,李大伟是 M 银行的董事,其子李小武为 L 公司的董事长,故 L 公司为 M 银行的关系人,依照法律规定,M 银行可以向 L 公司发放担保贷款。

C 项错误,D 项正确。该贷款合同无法律规定的合同无效的情形,因此该贷款合同有效。

3.【答案】BD

【解析】A 项错误。商业汇票的提示付款期限,为自汇票到期日起 10 日内,而非承兑期限。

C 项错误。出票后定期付款的商业汇票,持票人应当在汇票到期日前向付款人提示承兑。

4.【答案】BC

【解析】BC 项错误。付款人承兑汇票,不得附有条件;承兑附有条件的,视为拒绝承兑。背书不得附有条件。背书时附有条件的,所附条件不具有汇票上的效力。

5.【答案】AC

【解析】AC 项正确。持票人为出票人的,对其前手无追索权。持票人为背书人的,对其后手无追索权。

6.【答案】ACD

【解析】B项错误,ACD项正确。银行卡被盗刷,如果是发卡行制发的银行卡及交易系统存在的技术缺陷,发卡行应当在自己的过错范围内赔偿损失。

7.【答案】ABC

【解析】D项错误,ABC项正确。信用证一经开立,就成为独立于贸易合同之外的另一种契约。即使基础合同无效,信用证也是有效的。

8.【答案】ABCD

【解析】ABCD项正确。票据具有汇兑功能、支付功能、信用功能、融资功能。

9.【答案】BCD

【解析】A项错误。《商业银行法》第40条规定:商业银行不得向关系人发放信用贷款。

B项正确。《商业银行法》第41条规定:任何单位和个人不得强令商业银行发放贷款或者提供担保。商业银行有权拒绝任何单位和个人强令要求其发放贷款或者提供担保。

C项正确。《商业银行法》第39条规定,"商业银行贷款,应当遵守下列资产负债比例管理的规定:……(二)流动性资产余额与流动性负债余额的比例不得低于百分之二十五"。

D项正确。《商业银行法》第38条规定:商业银行应当按照中国人民银行规定的贷款利率的上下限,确定贷款利率。

10.【答案】BCD

【解析】A项错误,BCD项正确。《票据法》第95条规定:中华人民共和国缔结或者参加的国际条约同本法有不同规定的,适用国际条约的规定。但是,中华人民共和国声明保留的条款除外。

11.【答案】BD

【解析】A项错误。《商业银行法》第64条第1款规定:商业银行已经或者可能发生信用危机,严重影响存款人的利益时,国务院银行业监督管理机构可以对该银行实行接管。C项错误。《商业银行法》第64条第2款规定:接管的目的是对被接管的商业银行采取必要措施,以保护存款人的利益,恢复商业银行的正常经营能力。被接管的商业银行的债权债务关系不因接管而变化。

12.【答案】ABD

【解析】C项说法错误。《票据法》第33条规定:背书不得附有条件。背书时附有条件的,所附条件不具有汇票上的效力。

13.【答案】AC

【解析】B项错误。非金融机构不是银行,不能经营银行的业务。D项错误。《非金融机构支付服务管理办法》第7条规定:中国人民银行负责《支付业务许可证》的颁发和管理。

14.【答案】CD

【解析】A项错误。《票据法》第84条规定,支票必须记载确定的金额,否则无效。

B项错误。《票据法》第83条规定:支票可以支取现金,也可以转账,用于转账时,应当在支票正面注明。

C项正确。《票据法》第87条第2款规定:出票人签发的支票金额超过其付款时在付款人处实有的存款金额的,为空头支票。禁止签发空头支票。

D 项正确。《票据法》第 90 条规定:支票限于见票即付,不得另行记载付款日期。另行记载付款日期的,该记载无效。

15.【答案】AC

【解析】A 项正确。《票据法》第 57 条规定:付款人及其代理付款人付款时,应当审查汇票背书的连续,并审查提示付款人的合法身份证明或者有效证件。

B 项错误。《票据法》第 53 条规定:持票人未按照规定期限提示付款的,在作出说明后,承兑人或者付款人仍应当继续对持票人承担付款责任。

C 项正确,D 项错误。付款人要对持票人的票据进行形式审查,但不进行实质审查。

（三）不定项选择题

1.【答案】CD

【解析】法条依据为《商业银行法》第 76 条,即:"商业银行有下列情形之一, ……情节特别严重或者逾期不改正的,中国人民银行可以建议国务院银行业监督管理机构责令停业整顿或者吊销其经营许可证……;……（三）违反规定同业拆借的",和《商业银行法》第 77 条,即:"商业银行有下列情形之一,由中国人民银行责令改正,并处二十万元以上五十万元以下罚款;情节特别严重或者逾期不改正的,中国人民银行可以建议国务院银行业监督管理机构责令停业整顿或者吊销其经营许可证;构成犯罪的,依法追究刑事责任:(一) 拒绝或者阻碍中国人民银行检查监督的;(二) 提供虚假的或者隐瞒重要事实的财务会计报告、报表和统计报表的;(三) 未按照中国人民银行规定的比例交存存款准备金的。"

2.【答案】ABCD

【解析】法条依据为《商业银行法》第 71 条,即:"商业银行不能支付到期债务,经国务院银行业监督管理机构同意,由人民法院依法宣告其破产。商业银行被宣告破产的,由人民法院组织国务院银行业监督管理机构等有关部门和有关人员成立清算组,进行清算。商业银行破产清算时,在支付清算费用、所欠职工工资和劳动保险费用后,应当优先支付个人储蓄存款的本金和利息。"

商业银行属于金融机构,故其破产程序有别于普通企业。商业银行不能清偿到期债务（债务违约）即可宣告破产。同时,其破产需要获得国务院银行业监督管理机构同意,并且在清算顺序上应优先支付个人储蓄本息,普通企业破产无类似规定。

3.【答案】BCD

【解析】记载了"不得背书转让"的票据背书的,前手不对记载不得转让后的后手再承担票据责任,但出票人的责任并不免除。即,丙公司在票据记载不得背书后背书给丁公司,丙公司应承担票据责任。出票人甲公司向其后手的票据责任不能免除。乙公司只对丙公司负有票据责任。

4.【答案】D

【解析】票据金额以中文大写和数码同时记载,二者必须一致,二者不一致的,票据无效。法条依据为《票据法》第 8 条。

5.【答案】BC

【解析】B 项正确。保证人在汇票或者粘单上未记载被保证人名称的,已承兑的汇票,承兑人为被保证人；未承兑的汇票,出票人为被保证人。法条依据为《票据法》第 47 条,即:"保证人在汇票或者粘单上未记载前条第(三)项的,已承兑的汇票,承兑人为被保证人；未承兑的汇票,出票人为被保证人。保证人在汇票或者粘单上未记载前条第(四)项的,出票日期为保证日期。"

C 项正确,D 项错误。张三和李四在票据上注明各承担 50% 的保证责任,应为按份责任。

6.【答案】BCD

【解析】A 项错误,BCD 项正确。《商业银行法》第 13 条规定:设立全国性商业银行的注册资本最低限额为 10 亿元人民币。设立城市商业银行的注册资本最低限额为 1 亿元人民币,设立农村商业银行的注册资本最低限额为 5 000 万元人民币。注册资本应当是实缴资本。

7.【答案】ABC

【解析】D 项错误,ABC 项正确。《商业银行法》第 40 条规定,"商业银行不得向关系人发放信用贷款；向关系人发放担保贷款的条件不得优于其他借款人同类贷款的条件。前款所称关系人是指:(一) 商业银行的董事、监事、管理人员、信贷业务人员及其近亲属"。故关系人不包括银行所有员工。

8.【答案】B

【解析】C 项正确。《商业银行法》第 46 条第 2 款规定:拆出资金限于交足存款准备金、留足备付金和归还中国人民银行到期贷款之后的闲置资金。拆入资金用于弥补票据结算、联行汇差头寸的不足和解决临时性周转资金的需要。

A 项正确。同业拆借是指为解决短期资金流动性需要,商业银行、非银行金融机构同业之间相互融通短期资金的活动,其实质是金融机构之间依法发生的借贷关系。

B 项错误。1995 年《商业银行法》第 46 条规定,拆借的期限最长不得超过 4 个月,但该法于 2003 年修正时,删除了此限制。同业拆借的期限的相关规定参见《同业拆借管理办法》第 23 条。

D 项正确。依据《同业拆借管理办法》,同业拆借由中国人民银行统一管理、组织、监督和稽核。

9.【答案】BCD

【解析】A 项错误,BCD 项正确。《票据法》第 14 条规定:票据上有伪造、变造的签章的,不影响票据上其他真实签章的效力。票据上其他记载事项被变造的,在变造之前签章的人,对原记载事项负责；在变造之后签章的人,对变造之后的记载事项负责；不能辨别是在票据被变造之前或者之后签章的,视同在变造之前签章。

10.【答案】ABD

【解析】A 项正确。法条依据为《票据法》第 38 条规定,即:"承兑是指汇票付款人承诺在汇票到期日支付汇票金额的票据行为。"

B 项正确。《票据法》第 23 条第 2 款规定:"汇票上未记载付款日期的,为见票即付。"因此,汇票分为"见票即付"的即期汇票和到期日付款的远期汇票。《票据法》第 90 条规定:"支票限于见票即付,不得另行记载付款日期。另行记载付款日期的,该记载无效。"

C 项错误。法条依据为《票据法》第 73 条第 2 款规定,即:"本法所称本票,是指银行本票。"

D 项正确。《票据法》第 73 条第 1 款规定:"本票是出票人签发的,承诺自己在见票时无条件支付确定的金额给收款人或者持票人的票据。"因此,本票的出票人与付款人为同一主体。

11.【答案】BD

【解析】A 项错误。《非金融机构支付服务管理办法》第 24 条规定:支付机构接受的客户备付金不属于支付机构的自有财产。支付机构只能根据客户发起的支付指令转移备付金。禁止支付机构以任何形式挪用客户备付金。

B 项正确。《非金融机构支付服务管理办法》第 23 条规定:支付机构接受客户备付金时,只能按收取的支付服务费向客户开具发票,不得按接受的客户备付金金额开具发票。

C 项错误。《非金融机构支付服务管理办法》第 26 条规定:支付机构接受客户备付金的,应当在商业银行开立备付金专用存款账户存放备付金。中国人民银行另有规定的除外。支付机构只能选择一家商业银行作为备付金存管银行,且在该商业银行的一个分支机构只能开立一个备付金专用存款账户。

D 项正确。《非金融机构支付服务管理办法》第 30 条规定:支付机构的实缴货币资本与客户备付金日均余额的比例,不得低于 10%。

12.【答案】ABD

【解析】ABD 项均为银行业务,非金融机构不得经营。《非金融机构支付服务管理办法》第 2 条规定,本办法所称非金融机构支付服务,是指非金融机构在收付款人之间作为中介机构提供下列部分或全部货币资金转移服务,包括:网络支付;预付卡的发行与受理;银行卡收单;中国人民银行确定的其他支付服务。C 项为非金融机构可以经营的业务。

13.【答案】A

【解析】A 项正确。《票据法》第 84 条规定,支票必须记载确定的金额,否则无效。

B 项错误。《票据法》第 85 条规定:支票上的金额可以由出票人授权补记,未补记前的支票,不得使用。

CD 项错误。《票据法》第 91 条规定:支票的持票人应当自出票日起 10 日内提示付款。

14.【答案】C

【解析】A 项错误。因为票据具有无因性,付款人仅对持票人票据进行形式审查。

B 项错误。《票据法》第 66 条规定:持票人应当自收到被拒绝承兑或者被拒绝付款的有关证明之日起 3 日内,将被拒绝事由书面通知其前手;其前手应当自收到通知之日起 3 日内书面通知其再前手。持票人也可以同时向各汇票债务人发出书面通知。

C 项正确。《票据法》第 68 条规定:汇票的出票人、背书人、承兑人和保证人对持票人承担连带责任。

D 项错误。持票人可以不按照汇票债务人的先后顺序,对其中任何一人、数人或者全体行使追索权。

15.【答案】D

【解析】A 项错误。《票据法》第 73 条第 2 款规定:"本法所称本票,是指银行本票。"故我国目前不存在银行本票之外的本票。

B 项错误。《票据法》第 76 条规定,本票上记载付款地、出票地等事项的,应当清楚、明确。本票上未记载付款地的,出票人的营业场所为付款地。

C 项错误。《票据法》第 79 条规定:本票的持票人未按照规定期限提示见票的,丧失对出票人以外的前手的追索权。

D 项正确。《票据法》第 78 条规定:本票自出票日起,付款期限最长不得超过 2 个月。

（四）简答题

1. 简述商业银行的经营原则。

【参考答案】

商业银行应遵循自主经营、自担风险、自负盈亏、自我约束的"企业化经营"或"独立经营"指导思想,应恪守平等、自愿、等价有偿、公平竞争等民商法原则。还应遵循安全性原则、流动性原则和效益性原则。

2. 根据我国现行法律以及行政法规,请简述单位存款应当遵循的原则。

【参考答案】

单位存款需遵循的原则包括:(1) 强制交存。即各类开户单位对其现金收入,除开户银行核定的现金库存限额外,必须存入开户银行,不得自行保存和擅自坐支。(2) 限制支出。包括对支出次数和支取方式的限制。(3) 监督使用。即商业银行对各存款机构的存款使用享有监督权,对违反者可予以制裁。

3. 请简述商业银行经营贷款业务应当遵循的基本原则。

【参考答案】

商业银行经营贷款业务应遵循:(1) 合法原则。商业银行经营贷款业务应当遵守法律、法规,任何不符合国家法律、法规的放贷行为,都应当被禁止。(2) 自主经营原则。(3) 安全性、流动性、效益性相统一的原则。(4) 公平竞争原则。(5) 有担保原则。

4. 请简述第三方支付中的法律关系。

【参考答案】

在电子商务中,交易双方都要与第三方支付机构发生法律关系,付款方与收款方均与第三方支付机构之间建立了委托付款与委托收款的委托代理关系。付款方与第三方支付机构还兼有资金保管法律关系,即付款方在确认付款之前,付款方的资金由第三方支付机构代为保管。

5. 请简述汇票的追索权。

【参考答案】

汇票的追索权,是指持票人在汇票到期不获付款或期前不获承诺或其他法定原因发生时,向其前手请求偿还票据金额及其损失的一种票据权利。追索权发生应具备的实质条件包括:汇票到期被拒付款;汇票到期前被拒承兑;汇票到期前承兑人或付款人死亡、逃匿;汇票到期日前,承兑人或付款人被依法宣告破产或因违法被责令终止业务活动。

（五）论述题

1. 请论述票据的特征与功能。

【参考答案】

与其他有价证券或权利凭证相比,票据具有如下法律特征:(1) 票据是设权证券。(2) 票据是金钱债权证券。(3) 票据是要式证券。(4) 票据是一种无因证券。(5) 票据是文义证券。

票据作为金融工具的一种,是商业信用的载体,具有多重功能:(1)汇兑功能是票据最基本、最原始的功能。(2)票据具有代替现金为支付的功能。(3)票据还是商业信用工具,具有信用功能。(4)票据还具有融资功能,能实现筹集或融通资金的目的。

2. 请论述票据行为的特征。

【参考答案】

(1)票据行为具有要式性。票据行为要严格遵照票据法规定的格式和程序进行,否则票据行为无效。(2)票据行为具有文义性。票据上所载的权利义务内容必须严格按照票据上所载文义确定,不得以任何方式或理由变更票据上文字记载的意义。(3)票据行为具有无因性。即权利人享有票据权利只以持有符合票据法规定的有效票据为必要,至于票据赖以发生的原因则在所不问。(4)票据行为具有独立性。即就同一票据所为的若干票据行为分别依各行为人在票据上记载的内容,独立地发生效力,一票据行为无效,不影响其他行为人的效力。

(六)案例分析题

1.**【参考答案】**

(1)无行为能力人王某的出票行为无效,但其签发的票据本身有效。

(2)理由不成立。因为本案中海龙科技公司和大中电器公司都是票据的债务人,作为超市的前手,应对超市负连带付款责任。

(3)李某不应负保证责任。因为出票人的出票行为无效,在此基础上的保证行为亦为无效。

(4)赵某可以取得票据权利,基于善意取得。

(5)许某不能取得票据权利,不能构成善意取得,以赠与方式获得的票据,其票据权利不得优于其前手。

2.**【参考答案】**

(1)A银行拒绝付款的理由不成立。依据《票据法》的规定,承兑人(A银行)不得以其与出票人(甲公司)之间的资金关系来对抗持票人,拒绝支付汇票金额。

(2)丁可以向甲公司(出票人)、A银行(承兑人)、丙公司(前手)行使追索权,但不得向乙公司(作禁止转让背书的背书人)行使追索权。根据《票据法》的规定,被追索人包括出票人、背书人、承兑人和保证人;但是,背书人在汇票上记载"不得转让"字样,其后手背书转让的,原背书人(乙公司)对其后续的背书人(丁)不承担保证责任。

第七章习题自测参考答案

（一）单项选择题

1.【答案】D

【解析】D项正确。建立保险制度的目的是对付特定危险事故的发生，无风险则无保险。保险就是要分散和转移危险带来的损失。

2.【答案】D

【解析】ABC项正确，D项错误。保险与储蓄的具体区别是：第一，实施的方式不同。储蓄单独地、个别地进行。保险必须靠多数人的互助共济才能实施。第二，给付与反给付不同。储蓄在给付与反给付之间，以成立个别均等关系为必要条件，储蓄者可以利用的金额以其存款金额为限。保险在给付与反给付之间，不必建立个别的均等关系，只要有综合的均等即可。第三，目的不同。储蓄作为应付经济不稳定的一种措施，一般是可以预测得到的，且在后果可以计算得出的情况下才采用。保险一般是针对意外事故所致的损失，一般不可以预测得到。

3.【答案】A

【解析】A项正确。由于保险的目的在于补偿损失，如果损失不是经济上的利益，不能用货币形式来计算，则损失无法补偿，故保险利益是一种经济利益。

B项错误。人身保险的投保人在保险合同订立时，对被保险人应当具有保险利益。故人身保险的保险利益应以"保险合同订立时"为准。法条依据为《保险法》第12条第1款。

C项错误。财产保险的被保险人在保险事故发生时，对保险标的应当具有保险利益。故财产保险的保险利益以保险事故发生时为准。法条依据为《保险法》第12条第2款。

D项错误。保险人对责任保险的被保险人给第三者造成的损害，可以依照法律的规定或者合同的约定，直接向该第三者赔偿保险金。责任保险的被保险人给第三者造成损害，被保险人对第三者应负的赔偿责任确定的，根据被保险人的请求，保险人应当直接向该第三者赔偿保险金。被保险人怠于请求的，第三者有权就其应获赔偿部分直接向保险人请求赔偿保险金。据此，责任保险的投保人在保险事故发生时，对保险标的应当具有保险利益。D项表述为"合同订立时"，不符合法条规定。法条依据为《保险法》第65条。

4.【答案】A

【解析】A项正确。损失补偿原则是被保险人在保险合同所约定的危险事故发生之后，对其所遭受的实际损失或损害，可以获得充分的补偿。损失补偿原则的主要内容包括：赔偿金额应公平合理，合法合情，并征得被保险人的同意；损失价值的估计，应以发生危险事故的当时当地市价估计为准则；当损失价值无法估计，或当事人之间出现意见分歧时，可以采用恢复原状或其他方式进行补偿；保险标的物多于一项时，应逐项分开计算，各项的赔偿金额之和不得超过保险金额；除定值保险外，应按危险事故发生时实际损失价值为准则，并以保险金额为限，以防道德危险的发生；严格核对保险单的时效、财产存放地点、保险项目、被保险人，并分析出险的真正原因,努力做到该赔则赔,不该赔则绝不赔。

5.【答案】A

【解析】A项不正确,BCD项正确。保险代位求偿权,是指在补偿性保险合同中,保险人赔偿被保险人的损失后所取得的,由被保险人享有的,依法向负有民事赔偿责任的第三者请求赔偿的权利。关于保险代位权的具体行使,《保险法》规定,因第三者对保险标的的损害而造成保险事故的,保险人自向被保险人赔偿保险金之日起,在赔偿金额范围内代位行使被保险人对第三者请求赔偿的权利。保险事故发生后,被保险人已经从第三者取得损害赔偿的,保险人赔偿保险金时,可以相应扣减被保险人从第三者已取得的赔偿金额。保险人依照规定行使代位请求赔偿的权利,不影响被保险人就未取得赔偿的部分向第三者请求赔偿的权利。

6.【答案】D

【解析】D项正确。法条依据为《保险法》第15条。

7.【答案】D

【解析】ABC项错误,D项正确。被保险人死亡后,有下列情形之一的,保险金作为被保险人的遗产,由保险人向被保险人的继承人履行给付保险金的义务:(1) 没有指定受益人的;(2) 受益人先于被保险人死亡,没有其他受益人的;(3) 受益人依法丧失受益权或者放弃受益权,没有其他受益人的。受益人处于最优先的地位,甲妻是受益人,该保险金并非遗产。因此,本题保险金不符合上述"作为遗产"的情形。法条依据为《保险法》第42条。

8.【答案】A

【解析】A项不正确。法条依据为《保险法》第58条。

9.【答案】A

【解析】A项正确,BCD项错误。法条依据为《保险法》第31条。除《保险法》第31条规定的4类人外,其他身份的人除非同意,否则投保人对其不具有保险利益。与投保人关系要好的闺蜜并未表明其同意投保人为其订立合同。与投保人已经离婚但仍居住在一起的前妻在法律上已经不是投保人的配偶,投保人对其不具有保险利益。对于与投保人经济往来密切的合伙人,如果其不同意,则投保人对其不具有保险利益。

10.【答案】D

【解析】A项错误。保险代理人可以是机构,也可以是个人。但保险经纪人只能是机构。法条依据为《保险法》第117条、第118条。

B项错误。保险经纪人系基于投保人利益,但并非以投保人名义。

C项错误。此时,保险人有权向保险代理人追责。法条依据为《保险法》第127条第2款。

D项正确。法条依据为《保险法》第131条第4项。

11.【答案】A

【解析】A项正确。保险辅助人包括保险代理人、保险公估人和保险经纪人。受益人是指人身保险合同中由被保险人或者投保人指定的享有保险金请求权的人。

12.【答案】B

【解析】A项正确,法条依据《保险法》第12条第2款。

B项错误,法条依据为《保险法》第12条第1款。

CD 项均正确,法条依据为《保险法》第 31 条第 1、2 款。

13.【答案】B

【解析】AD 项不当选。根据《保险法》第 31 条规定,甲经女友同意为其投保,故 A 项中甲的投保行为有效,不当选。用人单位对其劳动者具有保险利益,故 D 项中丁公司的投保行为有效,不当选。

B 项当选。婚姻关系不是法定的保险标的。因此,B 项中乙的投保行为无效,当选。

C 项不当选。根据《保险法》第 33 条,丙可以为未成年女儿投保人寿保险,故 C 项中丙的投保行为有效,不当选。

14.【答案】C

【解析】ABD 项正确。《保险法》第 34 条第 1 款和第 2 款规定:"以死亡为给付保险金条件的合同,未经被保险人同意并认可保险金额的,合同无效。按照以死亡为给付保险金条件的合同所签发的保险单,未经被保险人书面同意,不得转让或者质押。"因此,"被保险人同意"可以采取书面形式、口头形式或者其他形式,故 A 项的说法正确,不当选。需要被保险人认可保险金额,故 B 项的说法正确,不当选。转让或质押保险单,须经被保险人王某书面同意,故 D 项的说法正确,不当选。

C 项错误。根据《保险法》第 39 条第 1 款和第 2 款的规定,投保人张某也可在被保险人王某的同意下指定受益人。

15.【答案】B

【解析】AC 项正确。重复保险是指投保人对同一保险标的、同一保险利益、同一保险事故分别与两个以上保险人订立保险合同,且保险金额总和超过保险价值的保险。《保险法》第 56 条第 2 款规定:"重复保险的各保险人赔偿保险金的总和不得超过保险价值。除合同另有约定外,各保险人按照其保险金额与保险金额总和的比例承担赔偿保险金的责任。"因此,重复保险合同有效,但太平洋保险公司与平安财险北京分公司应当按比例分担该机动车的损失。

B 项错误。《最高人民法院关于适用〈中华人民共和国保险法〉若干问题的解释(四)》(简称《保险法司法解释(四)》)第 5 条规定:"被保险人、受让人依法及时向保险人发出保险标的转让通知后,保险人作出答复前,发生保险事故,被保险人或者受让人主张保险人按照保险合同承担赔偿保险金的责任的,人民法院应予支持。"被保险人张启于机动车转让当日通知了保险公司,保险公司尚未答复,在此期间发生保险事故的,保险人应按照合同赔偿保险金,不可以未予答复为由拒绝支付。

D 项正确。《保险法》第 49 条第 4 款规定:"被保险人、受让人未履行本条第二款规定的通知义务的,因转让导致保险标的的危险程度显著增加而发生的保险事故,保险人不承担赔偿保险金的责任。"张启、张艳均未通知保险公司,且受让人张艳极不擅长驾驶机动车,保险标的的危险程度显著增加,故保险人对发生的保险事故不承担赔偿保险金的责任。

16.【答案】A

【解析】A 项正确。本题中,张某与李某已经就保险事宜达成一致,并签署了盖有保险公司印章的合同且李某缴付了保险费,保险合同已经成立,保险公司应当承担保险责任,李某发生保险事故后有权向保险公司索赔。而保险公司支付保险金后,有权向张某索赔。

　　BD 项错误。《保险法》第 117 条规定:"保险代理人是根据保险人的委托,向保险人收取佣金,并在保险人授权的范围内代为办理保险业务的机构或者个人。保险代理机构包括专门从事保险代理业务的保险专业代理机构和兼营保险代理业务的保险兼业代理机构。"本题中,张某属于保险代理人,该保险合同的双方主体应当为李某和保险公司,因此,李某发生事故应当向保险公司索赔,而不是向张某索赔;根据合同的相对性原理,李某获得赔偿不以保险公司对张某的追偿为前提。

　　C 项错误。李某已经缴付了保险费,由于保险代理人张某的原因未交回公司,保险公司无权要求李某再补缴保险费。

　　17.【答案】B

　　【解析】B 项正确,ACD 项错误。本题中,张三在保险人赔偿保险金之前,免除了李四修理费 1 000 元,故保险公司也应当免除 1 000 元的赔偿责任,仅应当承担剩下的 4 000 元保险金的赔付责任,且保险公司自向被保险人张三赔偿保险金之日起,有权在赔偿金额范围内代位行使张三对李四请求赔偿的权利,即有权对这 4 000 元向李四求偿。法条依据为《保险法》第 60、61 条。

　　18.【答案】C

　　【解析】A 项错误。根据《机动车交通事故责任强制保险条例》第 3 条的规定,交强险是对第三人的强制性责任保险,无论乙是否逃逸,保险公司都应当赔偿,行为人逃逸不属于保险公司的除外责任。

　　B 项错误。根据《机动车交通事故责任强制保险条例》第 21 条第 1 款的规定,投保人在保险架构中所起到的主要作用是缴纳保险费和退还保险费,真正享有保险利益的是被保险人,故保险公司不能以乙并非投保人为由而拒绝赔偿。

　　C 项正确。根据《保险法司法解释(四)》第 19 条第 2 款的规定,甲与丙的家属就赔偿 100 万元达成和解协议未经保险公司认可,故保险公司有权重新核定赔偿金额。

　　D 项错误。根据《最高人民法院关于适用〈中华人民共和国保险法〉若干问题的解释(二)》(简称《保险法司法解释(二)》)第 10 条的规定,肇事逃逸属于法律的禁止性规定,如果约定保险公司对肇事逃逸免责,保险公司对此可以不予说明。

　　19.【答案】C

　　【解析】C 项正确,ABD 项错误。依据《保险法》第 32 条规定,由于某甲谎报年龄并不影响合同的成立生效,且已超过 2 年,故应对某甲按从 41 岁起投保计算,将多收部分保险费退还某甲或冲抵其以后应缴纳的保险费,只有 C 项表述符合规定。

　　20.【答案】B

　　【解析】A 项错误,B 项正确。本题中,受益人栏目中注明"法定",甲只有妻子和儿子两个亲属。依据《最高人民法院关于适用〈中华人民共和国保险法〉若干问题的解释(三)》(简称《保险法司法解释(三)》)第 9 条第 2 款第 1 项规定,受益人约定为"法定"并非无效,而是应按照《民法典》继承编的相关规定将被保险人的法定继承人确定为受益人,故甲的妻子和儿子均为受益人。又依据《保险法司法解释(三)》第 12 条规定,受益顺序和份额没有约定时,各受益人平均享有。

　　CD 项错误。本题中,保险公司业务员乙属于保险公司代理人,乙知晓甲隐瞒病情,乙知情等同于保险公司知情,发生保险事故时保险公司不能主张甲未如实告知而解除合同或不予赔偿,而是应依合同约定给付赔偿金。法条依据为《保险法》第 16 条第 6 款。

（二）多项选择题

1.【答案】ABCD

【解析】保险的四个特点为分摊损失、合同行为、社会保障以及经济补偿。

2.【答案】ABCD

【解析】保险属于合同行为,受法律规范,符合社会伦理道德,并且以保险利益为基础,而赌博是违法行为。

3.【答案】BC

【解析】保险属于合同行为,保险合同关系人包括合同的双方当事人,也即被保险人和受益人。

4.【答案】AD

【解析】A 项正确,BC 项错误。投保人的告知义务限于保险人询问的范围和内容。当事人对询问范围及内容有争议的,保险人负举证责任。保险人以投保人违反了对投保单询问表中所列概括性条款的如实告知义务为由请求解除合同的,法院不予支持。但该概括性条款有具体内容的除外。法条依据为《保险法司法解释(二)》第 6 条。

D 项正确。保险人在保险合同成立后知道或者应当知道投保人未履行如实告知义务,仍然收取保险费,又依照《保险法》第 16 条第 2 款的规定主张解除合同的,法院不予支持。法条依据为《保险法司法解释(二)》第 7 条。

5.【答案】ABCD

【解析】AB 项正确。A 项属于被保险人同意投保人为其订立合同;B 项中投保人丙对子女具有保险利益。法条依据为《保险法》第 31 条。

C 项正确。丁公司是风景区的经营管理人,巨型钟乳石受其管理,应当认为具有保险利益。

D 项正确。重复保险是指投保人对同一保险标的、同一保险利益、同一保险事故分别与两个以上保险人订立保险合同,且保险金额总和超过保险价值的保险。选项 D 所述情形是重复保险的行为,重复保险的行为并不违反保险利益原则。法条依据为《保险法》第 56 条。

6.【答案】ABD

【解析】A 项错误,当选。保险合同的自愿原则是指保险法律关系的当事人即投保人、保险人以及被保险人、受益人有权根据自己的意愿设立、变更或终止保险法律关系,不受他人干扰;投保人有权选择保险人和保险的种类、保险的范围等。保险费率则是属于国家保险监督管理法律制度的内容之一,关系社会公众利益的保险险种、依法实行强制保险的险种和新开发的人寿保险险种等的保险条款和保险费率,应当报国务院保险监督管理机构批准。国务院保险监督管理机构审批时,应当遵循保护社会公众利益和防止不正当竞争的原则。其他保险险种的保险条款和保险费率,应当报保险监督管理机构备案。因此,保险费率是不能由当事人自由约定的。法条依据为《保险法》第 135 条第 1 款。

B 项错误,当选。保险合同的保险利益原则是指投保人应对保险标的具有法律上承认的利益,否则保险合同无效。设置保险利益原则的根本目的在于防止道德风险的发生,从而更好地实现保险"分散危险和消化损失"的功能,具体表现为禁止将保险作为赌博的工具,以及防止故意诱发保险事故而牟利的企图。

C 项正确,不当选。近因原则是指保险人按照约定的保险责任范围承担责任时,其所承保危险的发生与保险标的的损害之间必须存在因果关系。保险合同近因原则中的近因,是指造成保险标的损害的主要的、起决定性作用的原因。只有近因属于保险责任,保险人才承担保险责任。

D 项错误,当选。保险合同的最大诚信原则对于投保人与保险人均有要求,而不只是对某一方的要求。对投保人的要求主要体现在订立保险合同时如实向保险人告知保险标的的相关情况的义务以及在履行保险合同时信守保险义务。对保险人的要求主要是订立合同时将保险条款告知投保人的义务以及及时与全面支付保险金的义务。

7.【答案】AC

【解析】AC 项正确。保险事故发生时,被保险人应当尽力采取必要的措施,防止或者减少损失。保险事故发生后,被保险人为防止或者减少保险标的的损失所支付的必要的、合理的费用,由保险人承担;保险人所承担的费用数额在保险标的损失赔偿金额以外另行计算,最高不超过保险金额的数额。法条依据为《保险法》第 57 条。

8.【答案】ABCD

【解析】D 项正确。有无保险利益有时直接影响保险合同的效力。法条依据为《保险法》第 12 条。

ABC 项正确。法律之所以规定保险契约须有保险利益之存在,主要有以下三项功能:(1) 防止道德危险因素以保障被保险人的生命安全与被保险财产的安全。道德危险是指投保人、被保险人或受益人,为诈取保险赔款而违反法律或合同,故意造成和扩大危险。有了保险利益原则,就可以防止投保人为诈取保险赔款而杀害被保险人或毁损被保险财产。(2) 消除赌博行为,避免不当得利。保险的目的在于对损失进行补赔;而赌博则是无任何损失而获得高额赔款,是法律所禁止的。如果没有保险利益,则会使保险变成纯粹的赌博,使保险走入歧途。(3) 限制损失填补程度,保障保险经营稳定。首先,保险金额根据保险利益确定,即保险金额不超过保险利益。其次,在保险事故发生后,赔偿或给付保险金额均受保险利益限制,即只对有保险利益的损失予以赔偿或给付。

9.【答案】AC

【解析】AC 项正确。货物运输保险合同和运输工具航程保险合同,保险责任开始后,合同当事人不得解除合同。法条依据为《保险法》第 50 条。

10.【答案】BC

【解析】A 项错误,B 项正确。因第三者对保险标的的损害而造成保险事故的,保险人自向被保险人赔偿保险金之日起,在赔偿金额范围内代位行使被保险人对第三者请求赔偿的权利。法条依据为《保险法》第 60 条第 1 款。

C 项正确,D 项错误。除被保险人的家庭成员或者其组成人员故意造成保险事故外,保险人不得对被保险人的家庭成员或者其组成人员行使代位请求赔偿的权利。由此,保险公司如果赔偿,不能对乙行使代位请求赔偿的权利。法条依据为《保险法》第 62 条。

11.【答案】ABC

【解析】AB项正确。根据《保险法》第16条第2款规定,甲故意或因重大过失未履行如实告知义务,足以影响保险公司决定是否承保或者提高保险费率的,保险人有权解除合同。

C项正确。根据《保险法》第27条第1款规定,甲在未发生保险事故的情况下,谎称发生保险事故,保险公司可以解除合同。

D项错误。根据《保险法》第52条第1款规定,保险标的的危险程度显著增加的,保险人才可以按照约定增加保险费或解除合同;危险程度有"些许变化",一是变化程度小,未达到"显著程度",不可以解除合同;二是"变化"意味着危险程度可能是增加或减少。因此,此时保险公司不可以解除与甲的保险合同。

12.【答案】ACD

【解析】A项正确。人身保险的受益人由被保险人或者投保人指定。投保人指定受益人时须经被保险人同意。甲指定受益人时须经乙同意。法条依据为《保险法》第39条。

B项错误。被保险人因第三人的行为而发生死亡、伤残或者疾病等保险事故的,保险人向被保险人或者受益人给付保险金后,不享有向第三人追偿的权利,但被保险人或者受益人仍有权向第三人请求赔偿。故如因第三人导致乙死亡,保险公司承担保险金赔付责任后无权向该第三人代位求偿。法条依据为《保险法》第46条。

C项正确。《保险法》第41条规定:被保险人或者投保人可以变更受益人并书面通知保险人。保险人收到变更受益人的书面通知后,应当在保险单或者其他保险凭证上批注或者附贴批单。投保人变更受益人时须经被保险人同意。由此可知,法律并未规定被保险人变更受益人时要经投保人同意。

D项正确。被保险人死亡后,受益人先于被保险人死亡,没有其他受益人的,保险金作为被保险人的遗产,由保险人依照继承法的规定履行给付保险金的义务。由此可知,若丙先于乙死亡,则出现保险事故时保险金应作为乙的遗产由甲继承。法条依据为《保险法》第42条第1款第2项。

13.【答案】ACD

【解析】B项错误,ACD项正确。法条依据为《保险法》第60条,即保险事故发生后,被保险人已经从第三者取得损害赔偿的,保险人赔偿保险金时,可以相应扣减被保险人从第三者已取得的赔偿金额。保险人依法行使代位请求赔偿的权利,不影响被保险人就未取得赔偿的部分向第三者请求赔偿的权利。

14.【答案】AB

【解析】AB项错误,当选。C项正确。法条依据为《保险法》第117条,即保险代理人是根据保险人的委托,向保险人收取佣金,并在保险人授权的范围内代为办理保险业务的机构或者个人。保险代理机构包括专门从事保险代理业务的保险专业代理机构和兼营保险代理业务的保险兼业代理机构。

D项正确。例外是构成表见代理的情形有效。

15.【答案】ABCD

【解析】法条依据为《保险法》第106条。

（三）不定项选择题

1.【答案】A

【解析】A 项正确。本题中,因为保险人支付了全部保险金额,而且保险金额与保险价值等同,所以车辆的全部权利归于保险人。法条依据为《保险法》第 59 条。

2.【答案】A

【解析】A 项说法错误,当选。《保险法》第 95 条第 2 款规定:"保险人不得兼营人身保险业务和财产保险业务。但是,经营财产保险业务的保险公司经国务院保险监督管理机构批准,可以经营短期健康保险业务和意外伤害保险业务。"据此,A 项说法过于绝对。

B 项说法正确。法条依据为《保险法》第 98 条。

C 项说法正确。法条依据为《保险法》第 102 条。

D 项说法正确。法条依据为《保险法》第 103 条。

3.【答案】BC

【解析】A 项正确。B 项错误,当选。人身保险的受益人可以为一人或者数人,受益人由被保险人或投保人指定。法条依据为《保险法》第 39、40 条。

C 项错误,当选。投保人变更受益人时须经被保险人同意。法条依据为《保险法》第 41 条第 2 款。

D 项正确。法条依据为《保险法》第 42 条。

4.【答案】BC

【解析】BC 项正确,AD 项错误。法条依据为《机动车交通事故责任强制保险条例》第 22 条。

5.【答案】ABCD

【解析】ABCD 项均正确。法条依据为《保险法》第 26 条、第 89 条、第 95 条、第 91 条。

6.【答案】AB

【解析】A 项正确。根据《保险法》第 23 条第 1 款规定,本题中,刘某的父母于 2019 年 5 月 30 日提出理赔申请,中国平安财产保险公司江苏分公司于 2019 年 7 月 20 日才作出核定,远远超过了法律规定的最长期限 30 日,属于未能及时核定。

B 项正确。本题中,公安局技术队出具的勘验结果显示死者刘某系溺水死亡,但并未说明刘某是否是自杀身亡(也有可能系意外事故),若中国平安财产保险公司江苏分公司以被保险人自杀为由而拒绝理赔,则应承担相应的举证责任。法条依据为《保险法司法解释(三)》第 21 条。

C 项错误。根据《保险法司法解释(二)》第 18 条规定,本题中,公安局技术队出具的勘验结果经法院审查并确认后才具有证明力。

D 项错误。根据《保险法》第 42 条第 1 款第 1 项规定,本题中,刘某在投保时没有指定受益人,故在其死亡后,保险金应作为刘某的遗产,由其继承人继承,中国平安财产保险公司江苏分公司不得以投保人未指定受益人为由而拒绝理赔。

7.【答案】ABCD

【解析】A 项错误,当选。《保险法》第 46 条明确规定,人身保险事故中,保险人不享有代位追偿权,故泰华保险公司赔付李某后不得向张某追偿。

B 项错误,当选。《保险法》第 56 条对财产保险的重复投保作出了限制,规定仅财产保险适用损失补偿原则理赔,但是并未限制人身保险的重复投保,故西成人保公司仍然应当对李小某进行赔付。

C 项错误,当选。根据《保险法》第 43 条第 1 款规定,若李某故意造成女儿李小某伤残,西成人保公司可以拒绝赔付保险金,但由于保险期间仅为 1 年,仅缴纳 1 年的保险费,故西成人保公司无须退还保险单的现金价值。

D 项错误,当选。根据《保险法》第 32 条第 2 款规定,李某女儿仅 7 岁,其真实年龄未超出泰华保险公司保险合同规定的年龄限制。泰华保险公司不得解除保险合同,但可要求投保人李某补交保险费。

8.【答案】ABCD

【解析】AB 项正确。根据《保险法司法解释(二)》第 3 条第 1 款的规定,李大山订立保险合同时没有亲自签字,而由保险代理人毛伟代为签字,该保险合同对投保人李大山不生效。但投保人李大山已经缴纳保险费的,视为其对代签字行为的追认,该合同有效。

CD 项正确。根据《保险法司法解释(二)》第 3 条第 2 款的规定,保险代理人毛伟代为填写保险单证后经投保人李大山确认的,代为填写的内容视为投保人的真实意思表示。故 C 项正确。但若保险代理人毛伟存在《保险法》第 131 条第 4 项规定的"给予或者承诺给予投保人、被保险人或者受益人保险合同约定以外的利益"的情形,该保险合同即使经由李大山确认,也不对李大山发生法律效力。故 D 项正确。

9.【答案】CD

【解析】A 项错误。被保险人同意并认可保险金额的意思表示形式,依据《保险法司法解释(三)》第 1 条第 1 款,可以是书面形式、口头形式或者其他形式。乙的同意不必须为书面形式。

B 项错误。被保险人以书面形式通知保险人和投保人撤销其依据《保险法》第 34 条第 1 款规定所作出的"被保险人同意并认可保险金额"的意思表示的,可认定为保险合同解除。此题之中,乙同意的意思可以撤销。

C 项正确。"被保险人同意并认可保险金额"的意思表示,可以在合同订立时作出,也可以在合同订立后追认。

D 项正确。依据《保险法司法解释(三)》第 1 条第 2 款第 2 项的规定,被保险人乙同意投保人甲指定的受益人的,应认定乙同意甲为其订立保险合同并认可保险金额。

10.【答案】BCD

【解析】A 项错误,B 项正确。依据《保险法司法解释(二)》第 3 条第 1 款规定,甲代张大爷签字,保险合同对张大爷不生效。但如果张大爷缴纳了保险费,则视为是对甲代签行为的追认,保险合同生效。

CD 项正确。《保险法司法解释(二)》第 4 条规定,保险人接受了投保人提交的投保单并收取了保险费,尚未作出是否承保的意思表示,发生保险事故,被保险人或者受益人请求保险人按照保险合同承担赔偿或者给付保险金责任,符合承保条件的,人民法院应予支持;不符合承保条件的,保险人不承担保险责任,但应当退还已经收取的保险费。保险人主张不符合承保条件的,应承担举证责任。

11.【答案】C

【解析】AB项错误。根据《保险法》第52条规定,本题中,张某将以家庭自用名义投保的车辆用于网约车营运活动,使被保险车辆危险程度显著增加,应当依法及时通知人保南京分公司。因张某未履行及时通知义务,人保南京分公司在商业三者险限额内不承担赔偿责任。

C项正确,D项错误。机动车第三者责任强制保险,是指由保险公司对被保险机动车发生道路交通事故造成本车人员、被保险人以外的受害人的人身伤亡、财产损失,在责任限额内予以赔偿的强制性责任保险。本题中,乘客王某为张某车内人员,无法要求人保南京分公司在交强险限额内对其进行赔偿;程某系本车人员、被保险人以外的受害人,故程某可以要求人保南京分公司在交强险限额内对其进行赔偿。

12.【答案】CD

【解析】AD项:根据《保险法》第60条规定,本题中,消防部门认定火灾事故是由仓库内电气线路及设施老旧引起的,白林公司未履行保障对外出租的仓库设施安全的义务,对火灾发生存在过错。太平洋保险公司依据保险合同约定实际赔付了投保人鸿兴公司的火灾损失后,依法取得了代位求偿权,有权向第三者白林公司主张权利。故A项正确,不当选。鸿兴公司从保险公司得到的赔偿不足20万元时,可以就未取得赔偿的部分向存在过错的侵权人白林公司索赔,而宝南公司非本案侵权人,无须承担责任。故D项错误,当选。

B项正确,不当选。根据《保险法》第16条第1、2款的规定,本题中,仓库未办理消防验收手续,足以影响保险人决定是否承保,投保人鸿兴公司若未如实告知,太平洋保险公司有权解除保险合同。

C项错误,当选。根据《保险法》第61条第1款的规定,本题系财产保险事故,鸿兴公司可以放弃对白林公司的赔偿请求权,但其放弃赔偿请求权后,太平洋保险公司便无须对鸿兴公司承担赔偿保险金的责任。

13.【答案】ABC

【解析】ABC项正确,D项错误。《道路交通安全法》第76条规定:"机动车发生交通事故造成人身伤亡、财产损失的,由保险公司在机动车第三者责任强制保险责任限额范围内予以赔偿;不足的部分,按照下列规定承担赔偿责任:(一)机动车之间发生交通事故的,由有过错的一方承担赔偿责任;双方都有过错的,按照各自过错的比例分担责任。(二)机动车与非机动车驾驶人、行人之间发生交通事故,非机动车驾驶人、行人没有过错的,由机动车一方承担赔偿责任;有证据证明非机动车驾驶人、行人有过错的,根据过错程度适当减轻机动车一方的赔偿责任;机动车一方没有过错的,承担不超过百分之十的赔偿责任。交通事故的损失是由非机动车驾驶人、行人故意碰撞机动车造成的,机动车一方不承担赔偿责任。"结合《民法典》第1209条规定,因租赁、借用等情形机动车所有人与使用人不是同一人时,发生交通事故后属于该机动车一方责任的,由保险公司在机动车强制保险责任限额范围内予以赔偿。不足部分,由机动车使用人承担赔偿责任;机动车所有人对损害的发生有过错的,承担相应的赔偿责任。本案中,肇事机动车的所有权人为刘乙,驾驶员为刘甲,而刘乙让没有取得驾驶证的刘甲驾驶车辆,具有明显的严重过错,依据上述法律规定,驾驶员刘甲、有过错的车辆所有人刘乙以及保险公司应当对李某的死亡承担赔偿责任。

14.【答案】AD

【解析】A项错误,当选。根据《保险法》第59条规定,本题中,保险事故发生后,人寿保险公司和平安保险公司共同赔偿保险金 23 万美元,豫树公司已经获得与机器设备价格同等的保险金,故残损机器设备应当归属于人寿保险公司和平安保险公司。

B 项正确,不当选。根据《保险法》第 60 条第 1 款和《保险法司法解释(四)》第 7 条的规定,本题中,机器设备受损是接运货车司机李某在倒车过程中造成的。因李某对财产保险标的的损害造成保险事故,人寿保险公司和平安保险公司可在赔偿保险金后向李某追偿。

CD 项:根据《保险法》第 56 条第 2、3、4 款规定,本题中,豫树公司就 9 台设备同时在人寿保险公司和平安保险公司购买了足额的国内公路货物运输保险,构成重复投保。故 C 项正确,不当选。两保险公司赔偿豫树公司保险金的总和不得超过机器设备本身的价值 23 万美元,保险公司可按照豫树公司的保险金额与保险金额总和的比例承担赔偿 23 万美元保险金的责任。豫树公司可就保险金额总和超过保险价值的部分,请求两保险公司按比例返还保险费。故 D 项错误,当选。

15.【答案】ACD

【解析】依据《保险法司法解释(三)》第 12 条规定,ACD 项正确;保险合同未约定受益顺序但约定受益份额的,由巴特尔、萨日娜按照相应比例享有,而非由巴特尔、萨日娜平均享有,故 B 项错误。

(四)简答题

1. 简述投保人的如实告知义务的范围。

【参考答案】

(1)限于保险人询问的范围和内容。当事人对询问范围及内容有争议的,保险人负举证责任。

(2)人身保险中,保险人在合同订立时指定医疗机构对被保险人体检,不免除投保人的如实告知义务。但保险人知道被保险人的体检结果的,免除投保人的如实告知义务。

(3)保险人以投保人违反概括性条款的如实告知义务为由请求解除合同的,法院不予支持;但该概括条款有具体内容的除外。

2. 简述人身保险合同的复效情形。

【参考答案】

(1)保险合同效力中止后,投保人提出恢复效力申请并同意补交保险费,除被保险人的危险程度在中止期间显著增加外,保险人不得拒绝。

(2)保险人在收到恢复效力申请后,30 日内未明确拒绝的,应认定为同意恢复效力。

(3)保险合同自投保人补交保险费之日起恢复效力。

(4)保险人可要求投保人补交相应利息。

(五)论述题

试述保险合同中免责条款的提示和说明义务。

【参考答案】

为了控制风险,保险人一般在拟定合同的承保范围时会规定免责条款,在免责条款约定的情形下保险人不承担保险责任。投保人的目的是当保险事故发生时获得赔偿,如何规范免责格式条款,平衡双方的利益,是保险法规制的重点。因此,保险法对免责条款在内容上和效力上作出限制的同时,在程序上也对保险人苛以更为严格的程序要求,即保险合同中免责条款的提示与明确说明义务。提示义务是最大限度地保护投保人的知情权,说明义务则是对专业性极强的保险从业人员的善意管理义务的要求,从而弥补投保人知识上的欠缺,以达到实质上的平等。

（1）免责条款的范围。依据《保险法》第 17 条,对保险合同中免除保险人责任的条款,保险人在订立合同时应当在投保单、保险单或者其他保险凭证上作出足以引起投保人注意的提示,并对该条款的内容以书面或者口头形式向投保人作出明确说明,未作提示或者明确说明的,该条款不产生效力。

注意:保险人将法律、行政法规中的禁止性规定情形作为保险合同免责条款的免责事由,保险人对该条款作出提示后,投保人、被保险人或者受益人以保险人未履行明确说明义务为由主张该条款不成为合同内容的,法院不予支持。

（2）提示方式。① 以足以引起投保人注意的文字、字体、符号或者其他明显标志作出提示;② 通过网络、电话等方式订立的保险合同,保险人以网页、音频、视频等形式对免除保险人责任条款予以提示和明确说明。

（3）说明方式。① 作出常人能够理解的解释说明。② 投保人对保险人履行了明确说明义务在相关文书上签字、盖章或者以其他形式予以确认的,应当认定保险人履行了明确说明义务。但另有证据证明保险人未履行明确说明义务的除外。

（4）举证责任。保险人对其履行了明确说明义务负举证责任。

（5）保险标的转让。保险人已向投保人履行了保险法规定的提示和明确说明义务,保险标的受让人以保险标的转让后保险人未向其提示或者明确说明为由,主张免除保险人责任的条款不成为合同内容的,法院不予支持。

（六）案例分析题
【参考答案】

1. 保险人的说明义务,是指保险人在保险合同订立阶段,依法应当履行的将保险合同条款、所含专业术语及有关文件内容,向投保人陈述或解释的法定义务。依据我国《保险法》第 17 条规定,本案中,保险公司提交的证据,无法证明其就免责条款向投保人尽到了提示和明确说明义务。

2. (1) 依据为《保险法司法解释(四)》第 4 条规定,即:"人民法院认定保险标的是否构成保险法第四十九条、第五十二条规定的'危险程度显著增加'时,应当综合考虑以下因素:(一) 保险标的的用途的改变;(二) 保险标的的使用范围的改变;(三) 保险标的的所处环境的变化;(四) 保险标的的因改装等原因引起的变化;(五) 保险标的的使用人或者管理人的改变;(六) 危险程度增加持续的时间;(七) 其他可能导致危险程度显著增加的因素。保险标的的危险程度虽然增加,但增加的危险属于保险合同订立时保险人预见或者应当预见的保险合同承保范围的,不构成危险程度显著增加。"

(2) 营运活动与家庭自用的区别在于:第一,营运以收取费用为目的,家庭自用一般不收取费用。第二,营运的服务对象是不特定的人,与车主没有特定的关系;家庭自用的服务对象一般为家人、朋友等与车主具有特定关系的人。本案中,被告张某通过打车软件接下网约车订单,其有收取费用的意图,且所载乘客与其没有特定关系,符合营运的特征。

第八章习题自测参考答案

(一) 单项选择题

1.【答案】C

【解析】C 项正确。有价证券依据券面是否记载权利主体的姓名或名称,分为记名证券和不记名证券。

2.【答案】D

【解析】D 项正确。股票公开发行与公司债券公开发行最大的区别在于,证券认购人与发行人形成的法律关系不同,即认购股票与公司形成的是股权投资关系,而认购公司债券与发行人形成的是债权债务关系。

3.【答案】A

【解析】A 项正确。A 项不属于禁止再次发行公司债券的情形。法条依据为《证券法》第17 条。

4.【答案】B

【解析】B 项正确。现货交易是交易双方在成交后即时清算交割证券和价款的交易方式。

5.【答案】C

【解析】C 项正确。公司董事会决议不属于公司发行新股应当报送的文件。法条依据为《证券法》第 13 条。

6.【答案】B

【解析】B 项正确。证券服务机构因其制作、出具的文件有虚假记载、误导性陈述或者重大遗漏,给他人造成损失的,应当与委托人承担连带赔偿责任,但是能够证明自己没有过错的除外。法条依据为《证券法》第 163 条。

7.【答案】B

【解析】ACD 项错误,B 项正确。ACD 项属于欺诈客户的行为,是证券法所禁止的,因此应选 B 项。

8.【答案】B

【解析】B 项正确。因突发性事件而影响证券交易正常进行时,证券交易所可以采取技术性停牌措施。临时停市是在遇有不可抗力的突发性事件影响证券交易或者为了维护证券交易的正常秩序时采取的临时停止集中交易的措施。休市是指证券交易所在节假日和休息日停止证券交易的情况。我国现行法律中没有关于政策性停牌的规定。法条依据为《证券法》第111 条。

9.【答案】C

【解析】C 项正确。证券公司的从业人员在证券交易活动中,执行所属的证券公司的指令或者利用职务违反交易规则的,由所属的证券公司承担全部责任。法条依据为《证券法》第136 条第 1 款。

10.【答案】C

【解析】C项正确。公开发行公司债券的条件中没有对发行人净资产的要求。法条依据为《证券法》第15条。

11.【答案】B

【解析】B项正确。为证券发行出具审计报告或者法律意见书等文件的证券服务机构和人员,在该证券承销期内和期满后6个月内,不得买卖该证券。法条依据为《证券法》第42条。

12.【答案】D

【解析】D项正确。在上市公司收购中,收购人持有的被收购的上市公司的股票,在收购行为完成后的18个月内不得转让。法条依据为《证券法》第75条。

13.【答案】A

【解析】A项正确。证券交易所采取临时停市处置措施,应及时向国务院证券监督管理机构报告。法条依据为《证券法》第111条。

14.【答案】D

【解析】D项正确。法条依据为《证券法》第80条。

15.【答案】D

【解析】D项正确。证券风险基金由证券交易所从其收取的交易费用和会员费、席位费中按一定比例提取。法条依据为《证券法》第114条。

16.【答案】D

【解析】D项正确。证券发行市场,又称初级市场或一级市场。发行市场是一个由发行者、投资者及证券公司(或投资银行) 三者构成的市场,它为发行者筹集资金提供便利的条件。

17.【答案】B

【解析】B项正确。依发行价格与证券票面金额或贴现金额的关系不同,证券发行可分为平价发行、溢价发行、折价发行。

18.【答案】B

【解析】B项正确。证券助销,是指承销商按承销合同规定,在约定的承销期满后对剩余的证券出资买进(余额包销),或者按剩余部分的数额向发行人贷款,以保证发行人的筹资、用资计划顺利实现。

19.【答案】C

【解析】C项正确。基于债券主体的特殊性,政府债券信用度高,由财政来担保,其发行方式、时间、对象和还款期限都由政府财政部门具体规定,因此可豁免证券交易所的发行审查。

20.【答案】C

【解析】C项正确。信用交易,也称保证金交易,是指证券交易者在买卖证券时只向经纪人交付欲交易总量一定百分比的现款或证券(称为保证金),不足部分由经纪人或是通过银行贷款提供而进行的交易。

21.【答案】A

【解析】A项正确。要约收购是指收购人为取得或强化对目标公司的控制权,通过向目标公司全体股东公开发出购买该上市公司股份的要约方式,收购该上市公司股份的行为。

22.【答案】C

【解析】C项正确。虚假陈述的具体形态包括:(1) 虚假记载,是指信息披露义务人在披露信息时,将不存在的情形在信息披露文件中予以记载的行为。(2) 误导性陈述,是指信息披露义务人在信息披露时作出使投资人对其投资行为发生错误判断并产生重大影响的陈述,主要体现为所披露事实的语句表述在理解上存在歧义,且这种歧义理解与事实不符,在此情形下,投资者无法获得完整、清晰、正确的信息,进而难以作出理性的投资判断。(3) 重大遗漏,是指信息披露义务人在信息披露文件中,未披露应当披露的信息或者披露得不完全,隐瞒或遗漏了部分重要事项,使投资人难以对所投资企业有完整的判断,造成投资人的判断错误。(4) 未按规定披露,是指信息披露义务人未按照法律、行政法规、规章和规范性文件,以及证券交易所业务规则规定的信息披露期限、方式等要求及时、公平披露信息。广义而言,未按照相关规则规定的时限、方式、内容、格式等披露,都属于未按规定披露;狭义而言,未按规定披露主要体现为未在适当期限内或者未以法定方式披露,违反了信息披露的及时性或者公平性要求。

23.【答案】C

【解析】C项正确。在协议收购中,终止上市规则、强制接受规则、转让股份限制规则仍然适用,其余规则不能适用。

(二) 多项选择题

1.【答案】CD

【解析】A项错误。根据《证券法》第 79 条第 2 项规定,上市公司应在每一会计年度的上半年结束之日起 2 个月内,报送并公告中期报告。

B项错误。根据《证券法》第 68 条第 1 项规定,甲公司若想变更收购要约的内容应当及时公告,载明具体变更事项,但是不能降低收购价格。

C项正确。法条依据为《证券法》第 67 条。

D项正确。根据《证券法》第 76 条第 1 款的规定,甲公司可以将君声公司解散。

2.【答案】BCD

【解析】A项正确,不当选。根据《证券法》第 65 条第 1 款和第 66 条第 4 项规定,本题中,甲公司持有冠亚公司 30% 的股份后,继续收购,应向冠亚公司所有股东发出收购要约,并且需制作收购报告书,载明收购目的等事项。

B项错误,当选。根据《证券法》第 76 条第 2 款规定,甲公司应于报送公司收购报告书之日起 15 日内公告收购要约。

C项错误,当选。根据《证券法》第 71 条第 2、3 款的规定,甲公司在收购协议达成后,应向国务院证券监督管理机构和证券交易所书面报告收购协议,在公告前不得履行收购协议。

D项错误,当选。法条依据为《证券法》第 68 条第 3 项规定。

3.【答案】ABCD

【解析】A项错误,当选。《公司法》第 133 条规定:"公司发行新股,股东大会应当对下列事项作出决议:……(二)新股发行价格;……"本题中,新股发行价格应由马特公司股东大会决议,而非马特公司与证券承销公司共同作出决议。

B项错误,当选。根据《公司法》第 134 条第 1 款规定,马特公司除了需公告新股招股说明书外,还需公告财务会计报告。

C 项错误,当选。根据《证券法》第 69 条第 2 款规定,对于马特公司发行的不同种类股份,收购人萨利公司可以针对不同种类股份提出不同的收购条件,并非均应以同类条件收购。

D 项错误,当选。根据《证券法》第 68 条和第 70 条的规定,萨利公司在收购期限内,不得撤销收购要约,也不能卖出马特公司的股票。

4.【答案】CD

【解析】AB 项正确,不当选。根据《证券法》第 74 条规定,甲公司完成收购后,导致悦达公司股权分布不符合有关上市要求,也不再符合股份有限公司的条件,故应由证券交易所依法终止上市交易,其余仍持有悦达公司股票的股东有权要求甲公司以收购要约的同等条件收购其股票,甲公司应当收购,同时悦达公司因不再符合股份有限公司的条件,应当依法变更企业形式。

C 项错误,当选。《证券法》第 76 条第 1 款规定:"收购行为完成后,收购人与被收购公司合并,并将该公司解散的,被解散公司的原有股票由收购人依法更换。"《公司法》第 183 条规定:"公司因本法第一百八十条第(一)项、第(二)项、第(四)项、第(五)项规定而解散的,应当在解散事由出现之日起十五日内成立清算组,开始清算……"《公司法》第 180 条规定:"公司因下列原因解散:……(三)因公司合并或者分立需要解散……"因此,甲公司收购完成悦达公司后,可以将悦达公司解散,C 项前半段表述正确。而悦达公司属于因公司合并要解散的情形,因此不适用《公司法》第 183 条规定,无须成立清算组。

D 项错误,当选。法条依据为《证券法》第 75 条。

5.【答案】ABC

【解析】AB 项正确。法条依据为《证券投资基金法》第 39 条第 1 款。

C 项正确。法条依据为《证券投资基金法》第 40 条。

D 项错误。根据《证券投资基金法》第 42 条第 1 款的规定,基金托管人职责终止的,新基金托管人产生前,由国务院证券监督管理机构指定临时基金托管人,而并非由国务院银行业监督管理机构指定临时基金托管人。

6.【答案】BCD

【解析】A 项错误,B 项正确。根据《证券投资基金法》第 83 条的规定,基金份额持有人大会由基金管理人召集。代表基金份额 10% 以上的基金份额持有人就同一事项要求召开基金份额持有人大会,而基金份额持有人大会的日常机构、基金管理人、基金托管人都不召集的,代表基金份额 10% 以上的基金份额持有人有权自行召集。

C 项正确。法条依据为《证券投资基金法》第 85 条第 1 款。

D 项正确。法条依据为《证券投资基金法》第 86 条第 1 款。

7.【答案】ABCD

【解析】A 项正确。法条依据为《证券投资基金法》第 87 条第 1 款。

B 项正确。法条依据为《证券投资基金法》第 88 条。

C 项正确。法条依据为《证券投资基金法》第 91 条。

D 项正确。法条依据为《证券投资基金法》第 93 条第 1 款。

8.【答案】BD

【解析】A 项错误。根据《证券法》第 80 条第 2 款第 7 项的规定,必须 1/3 以上监事发生变动才属于内幕信息,A 项中并未说明监事的总人数,因此,无法确定 1 位监事变动是否达到 1/3 的比例。

B 项正确。B 项符合《证券法》第 80 条第 2 款第 3 项的规定,属于内幕信息。

C 项错误。C 项不符合《证券法》第 52 条的规定,因为公司还未形成上市公司收购的有关方案,不属于内幕信息。

D 项正确。公司出售一栋 1 000 万元的旧办公楼中的一部分,售价 350 万元,超过该资产的 30%,符合《证券法》第 52 条第 2 款的规定,即“本法第八十条第二款、第八十一条第二款所列重大事件属于内幕信息”。《证券法》第 81 条第 2 款第 3 项规定,重大事件包括公司重大资产抵押、质押、出售、转让、报废,故 D 项属于内幕信息。

9.【答案】AD

【解析】A 项正确。法条依据为《证券法》第 123 条第 2 款。

B 项错误。根据《证券法》第 41 条第 1 款的规定,B 项中的行为违反了保密义务。

C 项错误。法条依据为《证券法》第 134 条第 1 款。

D 项正确。《证券法》第 43 条规定,证券公司与客户是委托关系,证券公司及其从业人员在其依法设立的营业场所接受客户委托买卖证券,并且收取代理费是正当合法的。

10.【答案】ABD

【解析】AD 项正确,C 项错误。依据《证券法》第 63 条前 3 款规定,五湖公司增持 5% 的股份,应该依法进行“预警”,于 3 日内向证券监督管理机构报告,通知四海公司,并予公告,同时在此期间不得再行买卖四海公司的股票。五湖公司的减持比例并没有达到 5% 的预警界限,只需在次日通知该上市公司,并予以公告,不需要书面报告。

B 项正确。依据《证券法》第 80 条规定,持股 7% 的大股东减持股份,四海公司应依法作出临时报告并予公告。

11.【答案】ABCD

【解析】ABCD 项正确。法条依据为《证券法》第 120 条。

12.【答案】ABCD

【解析】ABCD 项正确。法条依据为《证券法》第 55 条第 1 款。

13.【答案】BD

【解析】A 项正确,不当选。法条依据为《证券法》第 53 条第 1 款。

BD 项错误,当选。根据《证券法》第 44 条第 1、2 款规定,不仅高天阔不得买入卖出公司股票,其妻子也不得购买。

C 项正确,不当选。法条依据为《证券法》第 42 条第 2 款。

14.【答案】ABD

【解析】A 项错误,当选。根据《证券法》第 26 条第 2、3 款规定,证券承销方式包括包销与代销,证券代销双方系委托代理关系,证券包销双方系买卖合同关系。本题中,甲乙双方签订的是证券代销合同,因而属于委托代理关系。

B 项错误,当选。根据《证券法》第 19 条规定,本题中,尽管甲、乙公司有约定,但发行人甲公司不能因与他人的约定而免除自己的法定义务和责任。所以,对于甲公司资产负债表中有重大遗漏造成 49 万余元的损失,应当由甲公司负主要责任。乙证券公司在销售股票前并未发现甲公司资产负债表中有重大遗漏,而是在销售过程中才发现,属于对文件的真实性、准确性、完整性未尽核查义务,故应当负担次要责任。因此,该49万余元的损失,应当由甲、乙共同承担。

C项正确,不当选。根据《证券法》第33条规定,本题中,代销期满出售的股票为拟发行股票的60%,不足70%,故发行失败。

D项错误,当选。根据《证券法》第42条第1款规定,本题中,因小李为甲公司股票的发行出具了审计意见,其不能购买甲公司的股票。

15.【答案】BC

【解析】A项错误。依据《证券法》第74条规定,收购之后,吉达公司并不一定丧失上市资格,只有当吉达公司被收购后,股份分布不再符合上市条件的,应当由证券交易所依法终止上市交易,如果被收购后仍符合上市条件,并不发生退市后果。

B项正确。由《股票发行与交易管理暂行条例》第51条第1款规定可知,在收购失败的情形下,收购人对被收购公司有购买比例限制,但是仍然可以继续收购。

C项正确。依据《证券法》第70条规定,嘉豪公司若采用要约收购,则不得采取要约规定以外的形式买入股票。

D项错误。依据《证券法》第65条第1款和第68条规定,嘉豪公司持有吉达公司已发行股份30%时,继续收购应当向所有股东发出要约,在收购要约确定的承诺期限内不得撤销,若要变更收购要约,应当及时公告。

(三) 不定项选择题

1.【答案】AB

【解析】AB项正确。公开发行公司债券的审核机构是国务院授权的部门或者国务院证券监督管理机构。法条依据为《证券法》第16条。

2.【答案】ABCD

【解析】ABCD项正确。非法获取内幕信息的人在内幕信息公开前,不得买卖该公司的证券,或者泄露该信息,或者建议他人买卖该证券。法条依据为《证券法》第53条。

3.【答案】AB

【解析】AB项正确。发行信息披露中的披露文件主要是公开发行募集文件,包括招股说明书、公司债券募集办法,上市公告书是上市时的信息披露文件,定期报告是持续信息披露中的披露文件。

4.【答案】AB

【解析】AB项正确。A项和B项中的行为属于禁止的行为。法条依据为《证券法》第58条、第59条。

5.【答案】BCD

【解析】A项错误。郑某在3月28日买进该上市公司股票时,所持股份不及5%,无须进行权益预先披露,郑某在3月28日买进该公司股票10%,应当在权益发生变动之日起3日内披露,并且不能在此期间买卖该上市公司股票,其在30日向国务院证券监督管理机构和证券交易所报告,符合法律规定。

BCD项正确。郑某于3月31日卖出证券的行为违法,故严某于3月28日买进该上市公司发行在外股票后,没有对外披露,违反了证券法规定。法条依据为《证券法》第 63 条、《上市公司收购管理办法》第 13 条。

6.【答案】ACD

【解析】ACD 项正确。法条依据为《上市公司收购管理办法》第 37 条、第 39 条。

7.【答案】ABCD

【解析】ABCD 项正确。法条依据为《证券法》第 120 条。

8.【答案】A

【解析】A 项错误,当选。法条依据为《证券法》第 147 条。

9.【答案】C

【解析】C 项正确。根据证券交易基本原则和《证券法》第 57 条。

10.【答案】AD

【解析】A 项正确,B 项错误。发行人的董事、监事、高级管理人员和其他直接责任人员在不能证明自己没有过错时,与发行人承担连带赔偿责任;承销商的直接责任人员而非承销商的董事、监事和经理在不能证明自己没有过错时承担责任。法条依据为《证券法》第 85 条。

C 项错误。证券咨询机构的咨询意见仅是一种投资参考,在法律没有明确规定的情况下,证券投资咨询机构不应当承担连带责任。

D 项正确。律师事务所作为证券服务机构,也属于连带赔偿责任主体的范围。法条依据为《证券法》第 163 条。

11.【答案】BC

【解析】BC 项正确。法条依据为《证券法》第 65 条、第 73 条。

12.【答案】AD

【解析】AD 项正确。证券交易所有公司制证券交易所和会员制证券交易所。

13.【答案】BD

【解析】BD 项正确。B 项和 D 项均为证券业协会的职责,而 A 项和 C 项为证券登记结算机构的职能。法条依据为《证券法》第 166 条。

14.【答案】AC

【解析】AC 项正确。我国的发行保荐制度适用于两种情况,即公开发行股票、可转换为股票的公司债券,依法采取承销方式的。也就是说,如果申请发行一般的(非可转换为股票的)公司债券,不需要采用保荐制度。而且,如果公开发行股票、可转换为股票的公司债券,依法不采取承销方式的,也不需要采用保荐制度。

15.【答案】ABCD

【解析】ABCD 项均正确。违法获取不当利益或者转嫁风险的行为手段主要有:(1) 单独或者通过合谋,集中资金优势、持股优势或者利用信息优势联合或者连续买卖;(2) 与他人串通,以事先约定的时间、价格和方式相互进行证券交易;(3) 在自己实际控制的账户之间进行证券交易;(4) 不以成交为目的,频繁或者大量申报并撤销申报;(5) 利用虚假或者不确定的重大信息,诱导投资者进行证券交易;(6) 对证券、发行人公开作出评价、预测或者投资建议,并进行反向证券交易;(7) 利用在其他相关市场的活动操纵证券市场;等等。法条依据为《证券法》第 55 条。

16.【答案】BCD

【解析】BCD 项正确。本题考察虚假陈述的归责原则。对虚假陈述行为人的责任认定,《证券法》采用了无过错责任、过错推定责任原则。其中,发行人是无过错责任;发行人的董事、监事、高级管理人员和其他直接责任人员,证券承销商,保荐人,证券专业中介服务机构是过错推定责任。法条依据为《证券法》第 85 条、第 163 条。

（四）简答题

1. 简述公开、公平、公正原则的具体含义。

【参考答案】

证券法的公开、公平、公正原则是为了实现证券法的任务,要求证券市场的参与者和监督管理者必须遵守的最基本的活动准则,它是证券法的精神所在,贯穿证券法律法规的始终。我国《证券法》第 3 条规定:"证券的发行、交易活动,必须遵循公开、公平、公正的原则。"

（1）公开原则。公开原则亦称为信息公开制度,是指证券发行者在证券发行前或发行后根据法定的要求和程序向证券监督管理机构和证券投资者提供规定的能够影响证券价格的有关信息资料。证券不同于一般的实物商品,购买者在不了解发行者的财务状况、经营状况和信用状况的情况下,是无法判定其价值的。信息公开制度有助于投资者了解证券发行者的经营信息,从而理性投资。确立公开原则的宗旨就是,保护投资者的利益,完善投资环境,维护证券市场的稳定。依据公开原则,发行证券的主体所公开的信息应当做到真实、准确、全面、及时、公平、易得、易解。

（2）公平原则。公平原则是指证券商事关系主体在证券募集、发行、交易、服务活动中应公平合理,照顾各方的权利和利益。其具体含义包括:证券商事关系主体参加证券市场活动的机会均等;证券商事关系主体在商事权利的享有和义务的承担上对等;证券商事关系主体在承担商事责任上要合理;在仲裁、司法工作中,仲裁人员、司法人员应实事求是、秉公办案,合情合理地处理商事纠纷。公平原则要求证券商事关系主体做到平等、自愿、等价有偿、诚实守信。

（3）公正原则。公正原则是指证券监督管理机构及其他组织和人员应充分运用法律,采取有效措施,对证券市场的违法犯罪活动进行制止和查处,以确保投资者得到公正的对待。公正原则要求证券监督管理机构及其他组织和人员做到反欺诈、反操纵、反内幕交易。

2. 简述我国公司首次公开发行新股的条件。

【参考答案】

根据我国《证券法》第 12 条规定,公司首次公开发行新股,应当符合下列条件:(1) 具备健全且运行良好的组织机构;(2) 具有持续经营能力;(3) 最近 3 年财务会计报告被出具无保留意见审计报告;(4) 发行人及其控股股东、实际控制人最近 3 年不存在贪污、贿赂、侵占财产、挪用财产或者破坏社会主义市场经济秩序的刑事犯罪;(5) 经国务院批准的国务院证券监督管理机构规定的其他条件。

3. 简述我国公司公开发行债券的条件。

【参考答案】

我国《证券法》第 15 条规定,公开发行公司债券,应当符合下列条件:(1) 具备健全且运行良好的组织机构;(2) 最近 3 年平均可分配利润足以支付公司债券一年的利息;(3) 国务院规定的其他条件。

公开发行公司债券筹集的资金,必须按照公司债券募集办法所列资金用途使用;改变资金用途,必须经债券持有人会议作出决议。公开发行公司债券筹集的资金,不得用于弥补亏损和非生产性支出。

上市公司发行可转换为股票的公司债券,除应当符合上述规定的条件外,还应当遵守公司首次公开发行新股规定的条件。但是,按照公司债券募集办法,上市公司通过收购本公司股份的方式进行公司债券转换的除外。

4. 简述上市公司收购的一般规则。

【参考答案】

上市公司收购是指投资者(收购人)旨在获得特定上市公司(目标公司)股份控制权或将该公司合并所进行的批量股份购买行为。上市公司收购须遵循如下几项规则:

(1) 权益公开原则。任何人通过证券交易所的证券交易,投资者持有或者通过协议、其他安排与他人共同持有一个上市公司已发行的有表决权股份达到5%时,无论其是否具有收购意图,均需暂停购买且依法定要求公开其持股情况。持股5%或者5%以上的投资者通常被称为"大股东",公开权益则是大股东的主要义务之一。这对于限制大股东以及一致行动人的行为,保护中小股东权益是非常必要的。公开大股东及一致行动人的持股情况,有利于防止操纵市场和内幕交易。

(2) 台阶规则。台阶规则要求投资者通过证券交易所的证券交易持有或者通过协议、其他安排与他人共同持有一上市公司已发行的有表决权股份达到5%以后,每增加或者减少持有一定比例时,须依法定要求公开其持股变化情况,并视增加或减少比例暂停其买卖该公司的股票。我国《证券法》规定增加或减少的"一定比例"包括两种情形:一是每增加或者减少5%,应当依照规定进行报告和公告,在该事实发生之日起至公告后3日内,不得再行买卖该上市公司的股票;二是每增加或者减少1%,应当在该事实发生的次日通知该上市公司,并予公告,但不限制交易。法律设置台阶规则的目的在于,控制大股东买卖股票的节奏,让上市公司及其大股东的有关信息广泛传播、被充分消化,使投资者有时间慎重考虑,作出继续持有或立即售出的选择。

(3) 强制要约规则。强制要约规则要求,投资者通过证券交易所的证券交易,持有或者通过协议、其他安排与他人共同持有一个上市公司已发行的有表决权股份达到30%时,继续进行收购的,应当依法向该上市公司所有股东发出收购上市公司全部或者部分股份的要约。这一规则的理论依据是:在当今上市公司股权日益分散的情况下,持有或者通过协议、其他安排与他人共同持有一个上市公司已发行的有表决权股份达到30%的股东,已基本上取得了该公司的控制权。该股东不但可以依据公司章程选派高级管理人员,对公司的日常经营、管理作出决定,而且在市场上进一步购买该公司的股票以达到绝对控股地位也并不是一件难事,小股东因此被剥夺了应享有的权利,实际上处于任人支配的地位。从公平的角度说,小股东有权享有将其持有的股票以合理的价格强制卖给大股东的权利。

(4) 终止上市规则。终止上市规则要求,收购要约的期限届满,被收购公司股权分布不符合上市条件的,该上市公司的股票就应当由证券交易所依法终止上市。

(5) 强制接受规则。强制接受规则要求,收购要约的期限届满,被收购公司股权分布不符合上市条件的,该上市公司的股票就应当由证券交易所依法终止上市。其余仍持有被收购公司股票的股东,有权向收购人以收购要约的同等条件出售其股票,收购人应当无条件地受让。这是因为,目标公司的股份此时已不能在证券市场上流通,其余持股股东的权利已经受到相当程度的限制。为了保障小股东权益的实现,法律赋予小股东向大股东强制出售所持股份的权利。

(6) 同等条件收购规则。即采取要约收购方式的,收购人在收购期限内,不得卖出被收购公司的股票,也不得采取要约规定以外的形式和超出要约的条件买入被收购公司的股票。

(7) 转让股份限制规则。即在上市公司收购中,收购人持有的被收购的上市公司的股票,在收购行为完成后的 18 个月内不得转让。

5. 简述内幕交易行为的认定及法律责任。

【参考答案】

内幕交易是指内幕信息的知情人和非法获取内幕信息的人利用内幕信息进行证券交易活动的行为。它属于证券交易中的欺诈行为,不利于保护投资者的合法权益和社会公共利益,必须绝对禁止。

知悉内幕信息的人主要分为两类,即证券交易内幕信息的知情人与非法获取内幕信息的人。所谓证券交易内幕信息的知情人,是指知悉证券交易内幕信息的人员。具体包括:(1) 发行人及其董事、监事、高级管理人员;(2) 持有公司 5% 以上股份的股东及其董事、监事、高级管理人员,公司的实际控制人及其董事、监事、高级管理人员;(3) 发行人控股或实际控制的公司及其董事、监事、高级管理人员;(4) 由于所任公司职务或者因与公司业务往来可以获取公司有关内幕信息的人员;(5) 上市公司收购人或者重大资产交易方及其控股股东、实际控制人、董事、监事和高级管理人员;(6) 因职务、工作可以获取内幕信息的证券交易场所、证券公司、证券登记结算机构、证券服务机构的有关人员;(7) 因法定职责对证券的发行、交易或者对上市公司及其收购、重大资产交易进行管理可以获取内幕信息的有关主管部门、监管机构的工作人员;(8) 国务院证券监督管理机构规定的可以获取内幕信息的其他人。此外,实践中还有一些通过非法手段或非法途径获得内幕信息的人,如窃取、骗取内幕信息的人,他们也属于禁止的主体对象。

所谓内幕信息,是指证券交易活动中,涉及证券发行人的经营、财务或者对该发行人证券的市场价格有重大影响的尚未公开的信息。"未公开性"与"重大性"是内幕信息的两个主要特征。从现行《证券法》的规定来看,内幕信息主要包括两大类,即关于股票交易中的内幕信息和关于债券交易中的内幕信息。

关于股票交易中的内幕信息包括:(1) 公司的经营方针和经营范围的重大变化;(2) 公司的重大投资行为,公司在一年内购买、出售重大资产超过公司资产总额 30%,或者公司营业用主要资产的抵押、质押、出售或者报废一次超过该资产的 30%;(3) 公司订立重要合同、提供重大担保或者从事关联交易,可能对公司的资产、负债、权益和经营成果产生重要影响;(4) 公司发生重大债务和未能清偿到期重大债务的违约情况;(5) 公司发生重大亏损或者重大损失;(6) 公司生产经营的外部条件发生的重大变化;(7) 公司的董事、1/3 以上监事或者经理发生变动,董事长或者经理无法履行职责;(8) 持有公司 5% 以上股份的股东或者实际控制人持有股份或者控制公司的情况发生较大变化,公司的实际控制人及其控制的其他企业从事与公司相同或者相似业务的情况发生较大变化;(9) 公司分配股利、增资的计划,公司股权结构的重要变化,公司减资、合并、分立、解散及申请破产的决定,或者依法进入破产程序、被责令关闭;(10) 涉及公司的重大诉讼、仲裁,股东大会、董事会决议被依法撤销或者宣告无效;(11) 公司涉嫌犯罪被依法立案调查,公司的控股股东、实际控制人、董事、监事、高级管理人员涉嫌犯罪被依法采取强制措施;(12) 国务院证券监督管理机构规定的其他事项。

关于债券交易中的内幕信息包括:(1) 公司股权结构或者生产经营状况发生重大变化;(2) 公司债券信用评级发生变化;(3) 公司重大资产抵押、质押、出售、转让、报废;(4) 公司发生未能清偿到期债务的情况;(5) 公司新增借款或者对外提供担保超过上年末净资产的 20%;(6) 公司放弃债权或者财产超过上年末净资产的 10%;(7) 公司发生超过上年末净资产 10% 的重大损失;(8) 公司分配股利,作出减资、合并、分立、解散及申请破产的决定,或者依法进入破产程序、被责令关闭;(9) 涉及公司的重大诉讼、仲裁;(10) 公司涉嫌犯罪被依法立案调查,公司的控股股东、实际控制人、董事、监事、高级管理人员涉嫌犯罪被依法采取强制措施;(11) 国务院证券监督管理机构规定的其他事项。

证券交易内幕信息的知情人和非法获取内幕信息的人,在内幕信息公开前,不得买卖该公司的证券,或者泄露该信息,或者建议他人买卖该证券,否则,须承担相应的法律责任。

证券交易内幕信息的知情人或者非法获取内幕信息的人从事内幕交易的,责令依法处理非法持有的证券,没收违法所得,并处以违法所得 1 倍以上 10 倍以下的罚款;没有违法所得或者违法所得不足 50 万元的,处以 50 万元以上 500 万元以下的罚款。单位从事内幕交易的,还应当对直接负责的主管人员和其他直接责任人员给予警告,并处以 20 万元以上 200 万元以下的罚款。国务院证券监督管理机构工作人员从事内幕交易的,从重处罚。

(五) 论述题

1. 试述证券发行核准制与注册制。

【参考答案】

核准制,又称实质审查制,是指发行人申请发行证券,不仅要公开披露与发行证券有关的信息,还必须符合法律所规定的发行条件,政府有权对证券发行人资格及其所发行证券作出审查和决定,只有符合条件的发行人经证券监督机构的核准方可在证券市场上发行证券。因此,该制度以维护公共利益和社会安全为出发点,发行人必须符合法定条件,否则申请将被否决。在这个意义上,它并不将个人的自主性放在首位,而是更多从社会稳定与福利角度出发进行制度安排,为经济活动提供可预见性的保障措施,排除不良证券的发行,防止投资人蒙受损失。核准制主要具有以下几点特征:体现政府有形之手对证券发行的干预,证券发行权利通过证券审核机构批准获得,发行人的股票发行权是由证券监管机构以法定的形式授予的,充分体现了行政权力对证券发行的监管;重视信息披露在证券发行中的地位,发行人必须提供完整、真实、准确的信息,否则无法获得发行权;强调实质管理原则,通过实质性审查来判断发行人是否符合发行条件,监管机构有权否决不符合条件的股票发行申请。一般来说,实质性审查的内容主要包括以下几个方面:拟发行人的营业性质及其未来是否具有商业成功机会,拟发行人的资本结构是否合理,拟发行人是否规范运行等。新兴市场国家多采取证券发行核准制。

注册制,又称申报制或者登记制,是指证券主管机关对证券发行人发行有价证券事先不作实质条件限制,发行人在发行证券时只需全面、准确地将投资人判断证券性质、投资价值所必需的重要信息和材料充分地公开,经证券主管机关确认公开的信息全面、真实、准确即可发行。证券主管机关不对证券发行行为及证券本身作出价值判断,对公开资料的审查只涉及形式,不涉及任何发行实质条件。发行人只要按规定将有关资料完全公开,主管机关就不得以发行人的财务状况未达到一定标准而拒绝其发行。注册制的代表是美国等资本市场相对发达的市场。注册制主要具有以下特征:(1) 在不需要政府特别授权的情况下发行人可以自然取得发行证券的权利,只要证券发行人在申报后的法定时间内未被证券监管机构拒绝注册,发行注册即为生效,发行证券的权利自动取得。(2) 充分的信息披露是注册制最为核心的特征。监管者的职责就是制定公平公正的法律法规,保证有关证券发行的信息全面、真实、准确、及时公开,市场自身作出选择,淘汰劣质证券。(3) 在注册制下的证券发行审核机构不对拟发行的证券进行实质性的价值判断。监管部门的责任仅仅在于监督证券发行人信息披露真实完备及时,由投资者自行判断证券的实质价值。(4) 强调事后控制。当投资者因证券发行人在注册文件中存在虚假信息或欠缺信息导致投资损失,有权要求证券发行相关责任人赔偿损害,证券监管机构并不承担注册责任。

作为两种不同的证券发行审核制度,注册制与核准制的理念、实施效果皆有所区别,各有利弊。(1) 二者理念不同。在核准制看来,无论是证券发行者还是投资人都是有优劣之分的,不是所有人都有能力作出准确判断,因此需要政府进行裁决;而在注册制看来,在既定的制度下,只要个人和企业都具有完全的信息,也具有完全的理性,个人追求效用最大化,企业追求利润最大化,各种稀缺的资源在竞争中可以达到均衡状态。政府不通过对证券质量的审查来决定是否批准证券发行,而是要求证券发行人提供全面的信息,由投资者自己来判断证券发行人及其发行的证券是否具有投资价值。(2) 二者实施效果不同。注册制的优点在于:对证券发行者而言,所有有发行证券意愿的公司可以公平地获得发行证券的机会;对证券监管部门而言,形式审查缩短了证券审核和发行的时间,提高了监管部门的效率,降低了制度运行成本;对投资者而言,把证券的发行交由市场来选择有助于市场机制的培育和成熟,培养和提高投资者的接受信息能力和理性投资能力。核准制的优点在于:由政府部门对证券市场进行实质性监管,可以在一定程度上克服市场失灵,阻止经营管理不善的垃圾股票发行上市,并可通过发行证券实现产业倾斜,从而实现国家对经济的宏观调控。在市场经济发展初期,这种做法有助于稳定证券市场秩序,保障投资者利益。但是,政府进行实质性审核的缺点在于政府的理性也是有限的,存在监管失灵情形。另外,对投资者而言,政府对证券发行进行实质性审核相当于政府对发行证券的隐形担保和背书,使投资者习惯性地形成投资判断依赖,在投资时容易受政府行为的影响,不进行审慎、独立的判断,难以建立自己的投资判断和风险意识。

我国证券市场建设与发展的历程较短,考虑到投资者的投资判断能力不足、市场发展不健全,采取的是核准制;但是,随着资本市场的日益成熟,对于注册制的呼声越来越高,2019 年修订的《证券法》正式确立了注册制,这是我国资本市场发展的一个重要制度推进。

2. 试述证券市场虚假陈述行为及法律责任。

【参考答案】

信息是证券市场的核心因素之一。要保障证券投资者的合法权益,首要前提就是要保证公众能够及时获得准确无误的信息。实践中,影响投资者准确获取证券市场信息的主要行为就是虚假陈述。所谓虚假陈述,是指证信息披露义务人违反信息披露义务,在证券发行和交易过程中,对证券活动的事实、性质、前景等事项作出不实、误导、遗漏的陈述,致使投资者不明真相而产生投资损失的违法行为。

虚假陈述的具体形态包括:(1)虚假记载,是指信息披露义务人在披露信息时,将不存在的情形在信息披露文件中予以记载的行为。(2)误导性陈述,是指信息披露义务人在信息披露时作出使投资人对其投资行为发生错误判断并产生重大影响的陈述,主要体现为所披露事实的语句表述在理解上存在歧义,且这种歧义理解与事实不符,在此情形下,投资者无法获得完整、清晰、正确的信息,进而难以作出理性的投资判断。(3)重大遗漏,是指信息披露义务人在信息披露文件中,未披露应当披露的信息或者披露得不完全,隐瞒或遗漏了部分重要事项,使投资人难以对所投资企业有完整的判断,造成投资人的判断错误。(4)未按规定披露,是指信息披露义务人未按照法律、行政法规、规章和规范性文件,以及证券交易所业务规则规定的信息披露期限、方式等要求及时、公平披露信息。广义而言,未按照相关规则规定的时限、方式、内容、格式等披露,都属于未按规定披露;狭义而言,未按规定披露主要体现为未在适当期限内或者未以法定方式披露,违反了信息披露的及时性或者公平性要求。

虚假陈述的责任主体主要包括:(1)信息披露义务人。既包括发行证券的公司、上市公司、股票在国务院批准的其他全国性证券交易场所交易的公司等"发行人",也包括其他信息披露义务人。其中,证券发行人本身就是证券市场信息产品的重要生产者,并且是一个不断发布新信息的持续的信息生产者。(2)发行人的控股股东、实际控制人、董事、监事、高级管理人员和其他直接责任人员。由于这些人在公司中处于重要地位,其行为往往对证券的发行、承销、上市和交易起着决定性作用,将其列入责任人范围具有合理性。(3)证券保荐人、承销商及其直接责任人员。保荐人应遵守业务规则和行业规范,勤勉尽责地对发行人的申请文件和信息披露资料进行审慎核查,督导发行人规范运作。因此,保荐人应当对所保荐的信息负责,如违反,同样应承担法律上的不利后果;证券承销商在证券发行中处于指挥者角色,组织和处理证券发行过程中的各项事务,负责发行人的宣传工作、提高发行人所发行的证券在二级市场的流通性,一旦证券公司在承销的证券文件中虚假陈述,应与其直接责任人员负法律责任。(4)证券专业服务机构。在申请证券发行、上市过程中,发行人需要聘请律师事务所、会计师事务所、资产评估机构等专业机构协助制作有关申请文件,并出具有关报告和证明文件。证券专业服务机构既独立于发行人、上市公司,又独立于投资者,它们在提供专业服务的同时也是在履行一种社会监督职能。因此,证券专业服务机构应当保证其所出具文件的真实性、准确性和完整性。一旦其制定、出具的文件有虚假陈述,应当与发行人承担连带责任。

虚假陈述的归责原则。对虚假陈述行为人的责任认定,《证券法》采用了无过错责任和过错责任两种原则,即发行人员无过错责任,其他主体人员过错责任。(1)无过错责任。适用这类归责原则的责任主体是信息披露义务人。一般认为,以证券发行人为主的信息披露义务人是信息的制作者,也是信息的初始来源,负有积极的信息披露义务,理应负有第一位的责任。(2)过错责任。过错责任涉及举证责任分配问题。《证券法》第85条和第163条在规定除发行人之外主体的过错责任时均含有但书条款,即"但是能够证明自己没有过错的除外"。这实际上是将举证责任分配给了被告。尤其值得注意的是,《证券法》于 2019 年修订时将"控股股东、实际控制人"也纳入举证责任倒置范畴中,这无疑是立法的重大突破。

虚假陈述的法律责任承担主要体现在:(1) 民事责任。虚假陈述的民事责任制度旨在补偿因信息披露人违反法律规定,进行虚假陈述,从而给投资者造成的损失。这种责任制度一般不具有惩罚性,仅仅是一种损害赔偿的补偿性救济措施。(2) 行政责任。这里的行政责任的处罚类别主要包括责令改正、罚款、警告、取消其发行、上市资格等。(3) 刑事责任。当虚假陈述行为人有严重违法情节或给投资人造成了严重损害时,其行为已达到了严重的社会危害性,应当承担刑事责任。其中涉及的罪名主要包括欺诈发行证券罪、提供虚假证明文件罪等。

(六) 案例分析题

【参考答案】

1. (1) 2019 年修订的《证券法》取消了对债券发行人净资产的要求,取消了债券发行额度占净资产的比例限制。该公司净资产与发行计划额度不存在问题。但根据《证券法》第 17 条第 1 项的规定,对已公开发行的公司债券或者其他债务有违约或者延迟支付本息的事实,仍处于继续状态,不得再次公开发行公司债券。该公司当前尚存在迟延支付利息情形,故不得公开发行公司债券。

(2) 根据《证券法》第 15 条第 2 款的规定,公开发行公司债券筹集的资金,不得用于弥补亏损和非生产性支出。该公司此次募集的资金将用于扩大生产经营规模、偿还前期债务本息,以及建立职工活动中心。前两项资金用途符合证券法规定,建立职工活动中心非生产性支出,不符合证券法之规定。

(3) 2019 年修订的《证券法》取消了对发行公司债的利率限定,因此,高于国务院规定的利率水平 1 个百分点不构成公司债发行障碍。

(4) 根据《证券法》第 15 条第 1 款第 2 项的规定,公开发行公司债券最近 3 年平均可分配利润足以支付公司债券一年的利息。该公司最近 3 年平均利润为 86.67 万元,公司计划发行额度为 1 800 万元,利率为 5%,一年利息为 90 万元。因此,该公司最近 3 年平均可分配利润不足以支付公司债券一年的利息,不符合公开发行公司债券条件。

2. (1) 属于内幕信息。内幕信息,是指证券交易活动中,涉及公司的经营、财务或者对该公司证券的市场供求有重大影响的尚未公开的信息。本案中,A 公司拟进行资产置换、收购等行为,将对 A 公司证券的市场供求产生巨大的影响,在信息未公告前属于内幕信息。

(2) 黄某的行为不合法。

黄某属于内幕信息知情人。黄某作为 A 公司的董事,提前知晓 A 公司拟进行重大资产置换、收购活动的内幕信息,根据《证券法》第 51 条,证券交易内幕信息的知情人包括"上市公司收购人或者重大资产交易方及其控股股东、实际控制人、董事、监事和高级管理人员"。因此,黄某属于内幕信息知情人。

黄某指示他人进行股票交易,获利数额巨大,行为违法。证券交易内幕信息的知情人和非法获取内幕信息的人,在内幕信息公开前,不得买卖该公司的证券,或者泄露该信息,或者建议他人买卖该证券。本案中,黄某作为内幕信息知情人,违法使用内幕信息,先后数次使用他人账户或者指令他人提前购入 A 公司股票,行为违法。

黄某指令他人借用沈某、王某等人的身份证,开立个人股票账户并由其直接控制,行为违法。根据《证券法》第 58 条,任何单位和个人不得违反规定,出借自己的证券账户或者借用他人的证券账户从事证券交易。

(3) 季某行为违法。

季某也属于内幕信息知情人。其违法地将该内幕信息泄露给他人(何某及其妻子),属于《证券法》所禁止的内幕交易行为。

第九章习题自测参考答案

（一）单项选择题

1.【答案】D

【解析】D项正确,ABC项错误。本题考查期货交易的基本特征。当日无负债结算制度可以有效防范风险,保障期货市场的正常运转。

2.【答案】D

【解析】D项符合题意,当选;ABC项不符合题意,不当选。各期货交易所、中国期货业协会依法制定的交易规则等自律规则,也是期货市场法律法规体系的有机组成部分。一是期货交易所的规则。二是中国期货业协会的规则,中国期货业协会是期货行业自律性组织,其自律规则包括以下几类:一是协会组织运作类,包括《中国期货业协会章程》《中国期货业协会理事会工作办法》等;二是会员管理类,包括《中国期货业协会会员管理办法》《中国期货业协会会员自律公约》等;三是从业人员管理类,包括《期货从业人员执业行为准则(修订)》《期货从业人员后续职业培训规则(试行)》等;四是业务规范类,包括对经纪业务、期货投资咨询业务、资产管理业务、风险管理业务、场外衍生品业务、互联网开户、风险控制与合规管理、投资者教育与适当性管理、信息技术等业务的规则和指引;五是自律监察类,包括《中国期货业协会纪律惩戒程序(修订)》等;六是纠纷调解类,包括《中国期货业协会调解规则》等。

3.【答案】C

【解析】C项符合题意,当选;ABD项不符合题意,不当选。期货公司在从事营业中,须与期货交易者或客户签订《期货经纪合同》《服务合同》《资产管理合同》。

4.【答案】B

【解析】ACD项正确,不符合题意,不当选;B项符合题意,当选。会员制期货交易所会员资格的获得方式有三,即以交易所创办发起人的身份加入、接受发起人的资格转让加入、依据期货交易所的规则加入。

5.【答案】C

【解析】C项正确,ABD项错误。非会员单位只能通过期货公司进行期货交易,体现了期货交易的交易集中化特征。

6.【答案】A

【解析】A项正确。法条依据为2016年修订的《期货投资者保障基金管理办法》第21条。

7.【答案】D

【解析】D项正确。依法对我国商品和金融期货市场实行监督管理的机构是国务院期货监督管理机构。法条依据为《期货交易管理条例》第5条。

8.【答案】C

【解析】C项错误。期货交易所应当在当日及时将结算结果通知会员。期货公司根据期货交易所的结算结果对客户进行结算,并应当将结算结果按照与客户约定的方式及时通知客户。法条依据为《期货交易管理条例》第33条。

9.【答案】B

【解析】B项错误。期货业协会的权力机构为全体会员组成的会员大会。法条依据为《期货交易管理条例》第44条第1款。

10.【答案】C

【解析】C项正确。实行全员结算制度的期货交易,会员在期货交易中违约并出现保证金不足时,应当以期货交易所自有资金、期货交易所风险准备金和违约会员的自有资金的顺序来承担风险。

11.【答案】C

【解析】C项正确,ABD项错误。根据《期货交易管理条例》第12条,当期货市场出现异常情况时,期货交易所可以按照其章程规定的权限和程序,决定采取紧急措施,并应当立即报告国务院期货监督管理机构。

12.【答案】B

【解析】B项正确,ACD项错误。金融期货的出现使期货市场发生了翻天覆地的变化,彻底改变了期货市场的格局。近20年来,金融期货品种的交易量已远超商品期货,上市品种呈现金融化趋势。目前,金融期货已经在国际期货市场上占据了主导地位,对世界经济产生了深远影响。金融期货包括外汇期货、利率期货、股指期货和股票期货等。

13.【答案】B

【解析】B项正确,ACD项错误。根据《期货交易管理条例》第74条,非法设立期货交易场所或者以其他形式组织期货交易活动的,由所在地县级以上地方人民政府予以取缔,没收违法所得,并处以违法所得1倍以上5倍以下的罚款。

14.【答案】B

【解析】B项正确,ACD项错误。根据《期货交易管理条例》第68条,期货公司及其他期货经营机构、非期货公司结算会员、期货保证金存管银行提供虚假申请文件或者采取其他欺诈手段隐瞒重要事实骗取期货业务许可的,撤销其期货业务许可,没收违法所得。

15.【答案】A

【解析】A项正确,BCD项错误。从事期货投资咨询业务的其他期货经营机构应当取得国务院期货监督管理机构批准的业务资格,具体管理办法由国务院期货监督管理机构制定。

16.【答案】C

【解析】C项符合题意,当选;ABD项不符合题意,不当选。期货交易所应当依照《期货交易管理条例》和国务院期货监督管理机构的规定,建立、健全各项规章制度,加强对交易活动的风险控制和对会员以及交易所工作人员的监督管理。期货交易所应当履行下列职责:(1) 提供交易的场所、设施和服务;(2) 设计合约,安排合约上市;(3) 组织并监督交易、结算和交割;(4) 为期货交易提供集中履约担保;(5) 按照章程和交易规则对会员进行监督管理;(6) 国务院期货监督管理机构规定的其他职责。期货交易所不得直接或者间接参与期货交易。未经国务院期货监督管理机构审核并报国务院批准,期货交易所不得从事信托投资、股票投资、非自用不动产投资等与其职责无关的业务。

17.【答案】D

【解析】D 项符合题意,当选;ABC 项不符合题意,不当选。期货公司业务实行许可制度,由国务院期货监督管理机构按照其商品期货、金融期货业务种类颁发许可证。期货公司除申请经营境内期货经纪业务外,还可以申请经营境外期货经纪、期货投资咨询以及国务院期货监督管理机构规定的其他期货业务。

18.【答案】D

【解析】D 项正确,ABC 项错误。国家根据期货市场发展的需要,设立期货投资者保障基金。期货投资者保障基金的募集、管理和使用的具体办法,由国务院期货监督管理机构会同国务院财政部门制定。

19.【答案】D

【解析】D 项正确,ABC 项错误。依据《期货交易管理条例》第 48 条规定,期货交易所、期货公司及其他期货经营机构、期货保证金安全存管监控机构,应当向国务院期货监督管理机构报送财务会计报告、业务资料和其他有关资料。

20.【答案】A

【解析】A 项正确,BCD 项错误。国务院期货监督管理机构应当在受理期货公司设立申请之日起 6 个月内,根据审慎监管原则进行审查,作出批准或者不批准的决定。未经国务院期货监督管理机构批准,任何单位和个人不得委托或者接受他人委托持有或者管理期货公司的股权。

(二) 多项选择题

1.【答案】ACD

【解析】ACD 项正确,B 项错误。期货公司经营期货经纪业务又同时经营其他期货业务的,应当严格执行业务分离和资金分离制度,不得混合操作。法条依据为《期货交易管理条例》第 30 条。

2.【答案】AD

【解析】AD 项正确。本题考查《期货经营机构投资者适当性管理实施指引(试行)》第 1 条的规定。为了指导、督促期货经营机构有效落实适当性管理要求,维护投资者合法权益,根据《期货交易管理条例》《证券期货投资者适当性管理办法》及相关法律法规,制定《期货经营机构投资者适当性管理实施指引(试行)》。

3.【答案】BD

【解析】BD 项正确。经营机构对投资者进行告知、警示,内容应当真实、准确、完整,不存在虚假记载、误导性陈述或者重大遗漏,语言应当通俗易懂;告知、警示应当采用书面形式送达投资者,并由其确认已充分理解和接受。法条依据为《证券期货投资者适当性管理办法》第 24 条。

4.【答案】AD

【解析】AD 项正确。期货交易应当在国务院期货监督管理机构批准的交易场所、依法设立的期货交易所进行。法条依据为《期货交易管理条例》第 84 条。

5.【答案】ABD

【解析】ABD 项正确。期货交易所履行下列职责:(1) 提供交易的场所、设施和服务;(2) 设计合约,安排合约上市;(3)组织并监督交易、结算和交割;(4)为期货交易提供集中履约担保;(5)按照章程和交易规则对会员进行监督管理;(6)国务院期货监督管理机构规定的其他职责。法条依据为《期货交易管理条例》第10条。

6.【答案】AB

【解析】AB项正确。本题考查期货业协会。期货业协会是期货业的自律性组织,是社会团体法人。期货公司以及其他专门从事期货经营的机构应当加入期货业协会,并缴纳会员费。法条依据为《期货交易管理条例》第43条。

7.【答案】ABC

【解析】ABC项正确。法条依据为《期货交易管理条例》第45条。

8.【答案】ABCD

【解析】ABCD项正确。法条依据为《期货交易管理条例》第46条。

9.【答案】ABD

【解析】ABD项正确,C项错误。根据《最高人民法院关于审理期货纠纷案件若干问题的规定》第32条第1款,期货公司的交易保证金不足,期货交易所未按规定通知期货公司追加保证金的,由于行情向持仓不利的方向变化导致期货公司透支发生的扩大损失,期货交易所应当承担主要赔偿责任,赔偿额不超过损失的60%。

10.【答案】ABCD

【解析】ABCD项正确。法条依据为《证券期货违法行为行政处罚办法》第6条。

11.【答案】ABCD

【解析】ABCD项正确。法条依据为《证券期货违法行为行政处罚办法》第18条。

12.【答案】ABCD

【解析】ABCD项正确。法条依据为《证券期货违法行为行政处罚办法》第24条。

13.【答案】ABC

【解析】ABC项正确,D项错误。法条依据为《证券期货违法行为行政处罚办法》第30条。D的说法于法无据,不应选。

14.【答案】ABCD

【解析】ABCD项正确。法条依据为《期货交易管理条例》第12条第1款。

15.【答案】ABD

【解析】C项错误,ABD项正确。在期权交易时,期权的买方享有权利,而期权的卖方则必须履行义务;与此相对应,期权的卖方要得到权利金,期权的买方须付出权利金。

（三）不定项选择题

1.【答案】ABCD

【解析】ABCD项正确。风险准备金是指由交易所设立,用于为维护期货市场正常运转提供财务担保和弥补因交易所不可预见风险带来的亏损的资金。

2.【答案】ABD

【解析】ABD项正确。期货交易采用双向交易方式。交易者既可以买入建仓,即通过买入期货合约开始交易;也可以卖出建仓,即通过卖出期货合约开始交易。前者也称为"买空",后者也称为"卖空"。

3.【答案】ABC

【解析】ABC项正确。法条依据为《期货经营机构投资者适当性管理实施指引(试行)》第28条。

4.【答案】BCD

【解析】BCD项正确。期货公司及其分支机构不符合持续性经营规则或者出现经营风险的,国务院期货监督管理机构可以对期货公司及其董事、监事和高级管理人员采取谈话、提示、记入信用记录等监管措施或者责令期货公司限期整改,并对其整改情况进行检查验收。法条依据为《期货交易管理条例》第55条。

5.【答案】CD

【解析】AB项错误。期货交易所,是买卖期货合约的场所,是期货市场的核心。它是一种非营利机构,但是非营利性仅指期货交易所本身不进行交易活动,不以盈利为目的不等于不讲利益核算。在这个意义上,期货交易所还是一个财务独立的营利组织。

6.【答案】ABCD

【解析】ABCD项正确。法条依据为《期货交易所管理办法》第13条。

7.【答案】AC

【解析】AC项正确,BD项错误。基差的大小主要与持仓费有关。持仓费,又称持仓成本,是指为拥有或保留某种商品、资产等而支付的仓储费、保险费和利息等费用总和。持仓费高低与距期货合约到期时间长短有关,距交割时间越近,持仓费越低。理论上,当期货合约到期时,持仓费会减小到零,基差也将变为零。

8.【答案】AC

【解析】AC项正确,BD项错误。当期货价格高于现货价格或者远期期货合约价格高于近期期货合约价格时,这种市场状态称为正向市场,此时基差为负值。正向市场主要反映了持仓费。

9.【答案】ABCD

【解析】ABCD项正确。企业在套期保值业务上,需要在以下四个方面予以关注。第一,企业在参与期货套期保值之前,需要结合自身情况进行评估,以判断是否有套期保值需求,以及是否具备实施套期保值操作的能力。第二,企业应完善套期保值的机构设置。要保证套期保值效果,规范的组织体系是科学决策、高效执行和风险控制的重要前提和基本保障。第三,企业需要具备健全的内部控制制度和风险管理制度。第四,企业需要加强对套期保值交易中现金流风险、流动性风险和操作风险等的管理。

10.【答案】A

【解析】A项正确,BCD项错误。卖出套期保值基差不变完全套期保值,两个市场盈亏刚好完全相抵;基差走强不完全套期保值,两个市场盈亏相抵后存在净盈利;基差走弱不完全套期保值,两个市场盈亏相抵后存在净亏损。

11.【答案】B

【解析】B项正确,ACD项错误。卖出套期保值的操作主要适用于以下情形:持有某种商品或资产(此时持有现货多头头寸),担心市场价格下跌,使其持有的商品或资产的市场价值下降,或者其销售收益下降。

12.【答案】C

【解析】C项正确,ABD项错误。套期保值规避的是价格波动风险,C项不属于价格波动风险。

13.【答案】C

【解析】C项正确,ABD项错误。按照行权价与标的股价的大小关系,可以把期权分为实值期权、平值期权、虚值期权。

14.【答案】B

【解析】B项正确,ACD项错误。在其他条件不变的情况下,当前利率水平上升,认购期权和认沽期权的权利金分别会上涨和下跌。

15.【答案】C

【解析】C项正确,ABD项错误。认沽期权的卖方在期权到期时,有买入期权标的资产的义务(如果被行权)。

（四）简答题

1. 简述境外期货交易法的立法模式及代表国家。

【参考答案】

期货交易法,是调整期货交易关系及相关活动的法律的总称。期货交易在出现之初,受到商事普通法和合同法的一般调整。在现代社会,伴随世界范围内金融改革发展的步伐,许多国家在总结各自经验的基础上,开始采用不同的法律称谓和规范模式,形成了三种主要的特别立法模式。

（1）期货交易单独立法模式。单独立法模式,即指单独制定的期货法或期货交易法,用以直接调整期货交易关系。对于期货法或期货交易法没有规定的事项,适用民商事一般法的规定。例如,美国国会制定的《期货交易法》以及新加坡制定的《证券期货法》和《商品交易法》。（2）期货与证券交易合并立法模式。合并立法模式,指合并规范证券和期货的交易规则的立法模式。德国即将期货交易纳入证券交易法和证券交易所法,我国香港地区专门制定了《证券与期货条例》。（3）金融商品统一立法模式。统一立法模式,指将金融商品交易有关的规则,纳入统一的法律文件中。日本和韩国均曾采用单独立法模式,现在则将期货交易规则分别纳入《金融商品交易法》或《资本市场统一法》中。各国期货交易发展不均衡,各国期货交易立法模式不尽相同。部分国家未专门制定期货交易法,对于现实中存在的期货交易关系,主要采用民商事一般法予以调整。

2. 简述期货市场的功能和作用。

【参考答案】

（1）期货市场主要有规避风险的功能和价格发现的功能。期货市场规避风险的功能,即借助套期保值交易方式,通过在期货和现货两个市场进行方向相反的交易,从而在期货市场和现货市场之间建立一种盈亏抵充机制,以一个市场的盈亏弥补另一个市场的盈亏,实现锁定成本、稳定收益的目的。同种商品的期货价格和现货价格走势一致,期货价格和现货价格随着期货合约到期日临近所呈现出的趋同性是其通过套期保值规避风险的基本原理。期货市场价格发现的功能。期货市场是一个有组织的规范化市场,公开、公平、高效、竞争的交易运行机制使得它从制度上提供了一个近似完全竞争类型的环境,为市场有效运行提供了制度基础,因此,可以吸引投资者把众多的影响某种商品价格的供求因素集中反映到期货市场内,形成的期货价格包含了预期性、连续性、公开性和权威性的特征,因此能够较准确地反映真实供求状况及价格变动趋势。

(2) 期货市场的作用包括:① 锁定生产成本,实现预期利润;② 利用期货价格信号安排生产经营活动;③ 提供分散、转移价格风险的工具,有助于稳定国民经济;④ 为政府宏观政策的制定提供参考依据;⑤ 有助于现货市场的完善与发展;⑥ 有助于增强国际价格形成中的话语权。

3. 简述期货交易者的消极资格。

【参考答案】

《期货交易管理条例》第 25 条对期货交易者的消极资格作出了规定,即下列单位和个人不得从事期货交易,期货公司不得接受其委托为其进行期货交易:(1) 国家机关和事业单位。(2) 国务院期货监督管理机构、期货交易所、期货保证金安全存管监控机构和期货业协会的工作人员。(3) 证券、期货市场禁止进入者。(4) 未能提供开户证明材料的单位和个人。(5) 国务院期货监督管理机构规定不得从事期货交易的其他单位和个人。

4. 简述期货公司营业禁止的具体情形。

【参考答案】

期货公司在经营活动中,必须遵守以下禁止或限制规则:(1) 不得从事与期货业务无关的活动,法律、行政法规或者国务院期货监督管理机构另有规定的除外。(2) 不得从事或者变相从事期货自营业务。(3) 不得为其股东、实际控制人或者其他关联人提供融资,不得对外担保。(4) 不得接受不具有期货交易者资格的人的委托,为其进行期货交易。

(五) 论述题

1. 试论期权交易的特殊性。

【参考答案】

期权合约在交易方式上与一般的期货交易大致相同,例如,下达交易指令的方式、交易机制、交易效力的确认、错单处理等制度在期权合约和期货合约交易中大致相同。不过,基于期权合约的特殊性以及目前我国股票期权产品的特殊性,期权交易制度也存在一些特殊性。

(1) 期权合约的交易类型比期货合约更为丰富。期货合约的交易有买入和卖出两种,期权合约则因为存在认购期权和认沽期权之分,基本的交易类型扩展到了 4 类,即买入认购期权、卖出认购期权、买入认沽期权、卖出认沽期权。具体到我国目前的制度中,为控制期权交易风险,期权市场委托指令中可以选择的买卖类型除期货合约交易中的买入开仓、买入平仓、卖出开仓、卖出平仓外,还增加了备兑开仓和备兑平仓。备兑开仓是指投资者事先交存足额合约标的作为将来行权结算所应交付的证券,并据此卖出相应数额的认购期权。

(2) 在交易机制上,目前我国期货交易还只有竞价机制,而期权交易中已经在竞价机制的基础上,引入了做市商机制。期权做市商需要得到上海证券交易所的认可,主要对上海证券交易所挂牌交易的期权合约提供双边持续报价、双边回应报价等服务,并享有交易费用减免、激励等权利,具体受《上海证券交易所股票期权试点做市商业务指引(2015 年修订)》的规范。

(3) 因目前期权交易主要在上海证券交易所进行,因证券交易所与期货交易所在开收市时间、交易账户制度、交易指令类型等方面的差别,期权交易在这些方面也与期货交易存在差异。例如,投资者参与期权交易,应当向期权经营机构申请开立衍生品合约账户和保证金账户等。

2. 试论期货自律监管与行政监管的关系。

【参考答案】

在历史上,自律监管是伴随期货交易的产生而出现的监管模式,至今仍是很多国家的基础监管模式,行政监管主要是在自律监管失效的领域发挥作用的监管模式,并与自律监管发挥协同监管的作用。

(1) 自律监管。自律监管是指期货交易所及期货业协会等自律组织实施的监管,有时也包括期货经营机构在内部实施的各项控制措施。自律组织的监管依据,除了法律的授权以外,主要是自律组织制定的组织章程、会员管理规则、风险管理规则、交易规则等。期货经营机构自愿参加自律组织,不仅享受了作为自律组织成员的各项利益,而且承担了遵守自律组织各项规则的义务。期货经营机构若违反自律组织的规则,或者实施有害于自律组织的行为,自律组织即可启动劝诫、警告等纪律处分程序;对于严重违反自律组织规则的期货经营机构,自律组织可以予以除名,剥夺其作为自律组织成员的各项利益,乃至于使其失去从事期货经营业务的资格。就此而言,自律监管成为一项非常有效的监管措施。

我国现有自律组织包括期货交易所和期货业协会。其中,期货交易所既是期货市场的组织者,又是期货市场的一线监管者,能够迅速了解期货市场状况,也有助于实现对期货经营机构及其经营活动的日常监管。期货业协会虽然是全国期货业的自律性组织,却很少为公众所了解,也很少启动纪律处分程序。期货市场情况复杂,立法修改和行政授权滞后,充分发挥自律组织的柔性监管职能,有助于推动期货市场的健康发展。

(2) 行政监管。行政监管通常是指国家授权的机关实施的行政监管。在美国,期货市场监管是由独立于证监会的期货监管委员会承担。在我国,中国证监会同时承担了证券市场和期货市场的监管职能,能够更好地协调证券市场与期货市场监管的关系。期货监督管理机构享有行政立法权。期货监督管理机构制定和发布规章、规则、准入标准和资格标准是为了执行法律、行政法规的有关规定,是法律、行政法规有关规定的细化。

期货监督管理机构负有日常监管和特别监管职责。国务院期货监督管理机构在日常监管活动中有权采取的措施包括现场检查、非现场调查取证、保全措施、限制交易等措施。当期货市场出现异常情况时,国务院期货监督管理机构可以采取必要的特别风险处置措施,以及时纠正相关违规行为(不安全、不稳健的行为),减少或避免风险损失的发生。

(六) 案例分析题

问题:试分析调解在期货纠纷案件解决中的各方功能和制度优势。

【参考答案】

此案系法院委托调解商事纠纷的典型案例。法院、监管部门、行业协会三方合力参与,成功化解投资者 W 与 H 期货有限公司及其营业部的纠纷。最高人民法院运用诉调对接机制化解矛盾,在调解过程中提供法律适用指导和调解场地支持,依据当事人已达成的调解协议快速制作民事调解书,赋予调解协议更高层级的法律保障。辖区监管部门密切关注,主动引导当事人双方采用调解的柔性方式化解纠纷,避免矛盾纠纷升级。期货业协会作为行业调解组织在调解过程中积极发挥桥梁纽带作用,及时缓和当事人双方的对立情绪,促成双方和解。

调解在解决证券期货纠纷中的独特优势体现在:调解以协商对话和相互妥协的方式解决纠纷,程序更为灵活高效,成本更为低廉,符合当事人和社会解决纠纷的需要。对于金融领域的经济纠纷案件,尤其是在案件法律关系相对复杂、质证困难的情况下,采用调解方式解决纠纷,既有利于保护个人隐私和商业秘密,缓和对立情绪,减少对双方关系的破坏,又能合理利用司法资源、节约公共成本,还能在纠纷解决的同时,改善社会关系,促进社会和谐。

第十章习题自测参考答案

（一）单项选择题

1.【答案】C

【解析】C项正确。信托,是指委托人基于对受托人的信任,将其财产权委托给受托人,由受托人按委托人的意愿以自己的名义,为受益人的利益或者特定目的,进行管理或者处分的行为。法条依据为《信托法》第2条。

2.【答案】D

【解析】D项正确。公益信托的设立和确定其受托人,应当经有关公益事业的管理机构批准。未经公益事业管理机构的批准,不得以公益信托的名义进行活动。法条依据为《信托法》第62条。

3.【答案】D

【解析】D项正确。信托受益人是由委托人指定的。

4.【答案】C

【解析】C项正确。受益人自信托生效之日起享有信托受益权。信托文件另有规定的,从其规定。法条依据为《信托法》第44条。

5.【答案】A

【解析】A项正确。受托人在无过失的情况下,不承担无过失的损失风险。

6.【答案】C

【解析】C项正确。在我国,设立信托公司需要经国务院银行业监督管理机构批准,并领取金融许可证。

7.【答案】D

【解析】此时应适用《信托法》第14条第2款的规定,即:"受托人因信托财产的管理运用、处分或者其他情形而取得的财产,也归入信托财产。"

8.【答案】A

【解析】信托财产虽处于受托人的实际支配下,但信托财产是为信托目的而存在的,亦是实现信托目的的基础,故为保障信托目的的完成,应当赋予信托财产"独立"于受托人财产的法律地位。信托财产既不为受托人所有,则在受托人死亡后,当然不能将信托财产作为其遗产,这同样为信托财产独立性的展现。

9.【答案】B

【解析】B项正确,《信托法》第12条第1款明文规定:"委托人设立信托损害其债权人利益的,债权人有权申请人民法院撤销该信托。"

10.【答案】D

【解析】D项正确。选项(1)和(3)的法条依据为《信托法》第25条第1款。选项(2)的法条依据为《信托法》第26条第1款。故(1)(2)(3)均正确。

11.【答案】A

【解析】A项正确,因为《信托法》第37条第1款明文规定,"受托人因处理信托事务所支出的费用、对第三人所负债务,以信托财产承担"。

C项错误,因为违背《信托法》第18条第1款的规定,即:"受托人管理运用、处分信托财产所产生的债权,不得与其固有财产产生的债务相抵销。"

BD项错误,因为没有法律依据。

12.【答案】B

【解析】受托人死亡,是《信托法》第39条第1款第1项规定的"职责终止"事由。该条第2款规定:"受托人职责终止时,其继承人或者遗产管理人、监护人、清算人应当妥善保管信托财产,协助新受托人接管信托事务。"由此可知,受托人的职责终止,并不影响信托关系。

13.【答案】D

【解析】D项错误,原因在于:依据《信托法》第69条规定,在公益信托成立后,如发生设立信托时不能预见的情形,公益事业管理机构才可以根据信托目的,变更信托文件中的有关条款;换言之,权限的行使并非毫无限制。

A项正确,法条依据为《信托法》第64条第2款。

B项正确,法条依据为《信托法》第68条。

C项正确,法条依据为《信托法》第67条第1款。

14.【答案】C

【解析】选项(1)正确,法条依据为《证券投资基金法》第5条第2款。选项(4)正确,法条依据为《证券投资基金法》第7条。选项(2)错误,是因为《证券投资基金法》第6条规定:"基金财产的债权,不得与基金管理人、基金托管人固有财产的债务相抵销;不同基金财产的债权债务,不得相互抵销。"选项(3)错误,是因为《证券投资基金法》第5条第4款规定:"基金管理人、基金托管人因依法解散、被依法撤销或者被依法宣告破产等原因进行清算的,基金财产不属于其清算财产。"

15.【答案】A

【解析】A项错误,《证券投资基金法》第21条第2款规定:"公开募集基金的基金管理人可以实行专业人士持股计划,建立长效激励约束机制。"

B项正确,依据《证券投资基金法》第19条第3项。

CD项正确,分别依据《证券投资基金法》第20条第1项及第4项。

16.【答案】D

【解析】D项正确。法条依据为《证券投资基金法》第76条第10项的明文规定,属于法所允许的披露内容。

ABC项错误。均是《证券投资基金法》第77条所禁止的行为:选项A是第77条第2项规定的情形;选项B和C,则是第77条第3项规定的情形。

17.【答案】C

【解析】C项正确。企业所得税退税属于管理人的财产,不归入基金财产。

18.【答案】D

【解析】D项正确。基金财产不得用于的投资或活动,包括:(1)承销证券;(2)违反规定向他人贷款或者提供担保;(3) 从事承担无限责任的投资;(4) 买卖其他基金份额,但是中国证监会另有规定的除外;(5) 向基金管理人、托管人出资;(6) 从事内幕交易、操纵证券交易价格及其他不正当的证券交易活动;(7) 法律、行政法规和中国证监会规定禁止的其他活动。法条依据为《证券投资基金法》第 73 条。

19.【答案】C

【解析】C 项正确。基金必须在中国证券投资基金业协会登记备案。

20.【答案】D

【解析】D 项错误。司法解释属于基金信息披露制度体系的构成部分。

(二) 多项选择题

1.【答案】BC

【解析】A 项错误。自益信托和他益信托的区分标准为,委托人和受益人是否重合为同一人。受益人中包含委托人以外的人的,为他益信托。

BC 项正确。

D 项错误。民事信托和营业信托的区分标准为受托人是否为营利性机构。现代信托的目的通常是混合的,信托在赋予受益人一定利益的同时,往往也要求受托人对信托财产进行营利性管理。因此,以是否以营利为目的来区分民事信托和营业信托是错误的。

2.【答案】ABD

【解析】A 项正确,公益信托的目的是实现公共利益,因此受益人不能是特定的个人。

B 项正确,公益信托必须设置信托监察人。

C 项错误,无论是公益信托还是私益信托,设立信托均需要将信托财产从委托人名下转移给受托人。

D 项正确,这是公益信托特有的近似原则。

3.【答案】BCD

【解析】A 项错误,宣言信托通过信托宣言的方式设立,其本质为单方法律行为,同样需要意思表示。BCD 项均正确。

4.【答案】ABCD

【解析】ABCD 项均正确。

ACD 项正确。《信托法》第 49 条规定:"受益人可以行使本法第二十条至第二十三条规定的委托人享有的权利。受益人行使上述权利,与委托人意见不一致时,可以申请人民法院作出裁定。受托人有本法第二十二条第一款所列行为,共同受益人之一申请人民法院撤销该处分行为的,人民法院所作出的撤销裁定,对全体共同受益人有效。"而解任权、变更权和撤销权分别规定在《信托法》第 21—23 条。

B 项正确。选任权规定在《信托法》第 40 条。

5.【答案】ABCD

【解析】信托受益权是一种包含财产性权利和非财产性权利的新型民事权利,其特性类似股权,可以被放弃、转让、继承或者用于偿债。

6.【答案】CD

【解析】A 项不选。受托人代表信托进行起诉应诉是其履行自身义务的当然之义。

B 项不选。法条依据为《信托法》第 57 条。

CD 项选。原则上,受托人的自我交易和不同委托人之间的信托财产互相交易是禁止的,因为存在重大的利害关系,存在利益冲突。法条依据为《信托法》第 28 条。

7.【答案】BC

【解析】A 项错误,当信托财产存在委托人的债权人的在先负担时,可以被委托人的该债权人强制执行。

B 项正确,信托财产不是受托人的财产,不得被受托人的债权人强制执行。

C 项正确,信托存续期间,受益人享有信托受益权,而信托财产不是受益人的财产,因此不得被受益人的债权人强制执行。

D 项错误,信托财产会被信托本身的债权人强制执行。

8.【答案】ABCD

【解析】ABCD 项均错误,法条依据为《证券投资基金法》第 13 条。

9.【答案】ABCD

【解析】ABCD 项均正确,法条依据为《证券投资基金法》第 48 条第 1 款。

10.【答案】CD

【解析】CD 项正确。法条依据为《证券投资基金法》第 15 条。

11.【答案】ACD

【解析】A 项错误。林权不属于金融资产,是非金融资产。

B 项正确。证券投资基金运作的主要当事人包括基金投资者、基金管理人和基金托管人。

C 项错误。证券投资基金不可以投资房地产、艺术品等非金融资产。

D 项错误。证券投资基金是间接投资,不是直接投资。

12.【答案】ABC

【解析】ABC 项正确,D 项错误。投资基金按照法律形式,可以分为契约型、公司型、有限合伙型等形式。

13.【答案】ABC

【解析】AB 项错误。未取得销售代销资格的机构及基金从业资格的人员,不得销售基金。

C 项错误。基金管理人可以办理其募集的基金产品的销售业务。

D 项正确。基金公司成立的销售子公司,属于独立的法人,在取得对应的基金销售资格后,可以销售其他基金公司的基金产品。

14.【答案】ACD

【解析】ACD 项正确,B 项错误。私募基金的投资参与门槛较高。

15.【答案】BCD

【解析】BCD 项正确,A 项错误。在指定信息披露媒体上刊发资料属于信息披露,不属于基金宣传推介资料的行为。

(三)不定项选择题

1.【答案】ACD

【解析】ACD 项正确。在我国信托实践中,信托分类主要有民事信托、营业信托与慈善信托三大类。委托人、受托人、受益人在中华人民共和国境内进行民事、营业、公益信托活动,适用《信托法》。法条依据为《信托法》第 3 条。

2.【答案】ABC

【解析】A 项违反《信托法》第 11 条第 2 项规定,因信托财产不能确定而导致信托无效。

B 项为非法财产,因违反《信托法》第 11 条第 3 项规定而导致信托无效。

C 项因违反《信托法》第 11 条第 1 项规定而无效。

D 项虽然没有确定的受益人,但是因可以确定受益人的范围而有效,符合《信托法》第 11 条第 5 项规定。

3.【答案】BD

【解析】AC 项错误。对于信托事务的处理,我国《信托法》第 31 条规定,共同受托人意见不一致时,按信托文件规定处理;信托文件未规定的,由委托人、受益人或者其利害关系人决定。

4.【答案】B

【解析】中国人民银行《整顿信托投资公司方案》规定,"(一) 信托业务为本。坚持把信托投资公司真正办成 '受人之托、代人理财 ' 以手续费、佣金为收入的中介服务组织,严禁办理银行存款、贷款业务"。

5.【答案】ABD

【解析】我国《信托法》第 2 条规定,"信托,是指委托人基于对受托人的信任,将其财产权委托给受托人,由受托人按委托人的意愿以自己的名义,为受益人的利益或者特定目的,进行管理或者处分的行为"。因此,具有确定的信托当事人、信托财产与信托目的应为信托法的三确定原则。

6.【答案】B

【解析】B 项当选。受益人对委托人有重大侵权行为,委托人可以变更受益人或者处分受益人的信托受益权。参照该规则,对委托人有重大侵权行为的受益人应丧失受益权,信托应予终止。法条依据为《信托法》第 51 条。

7.【答案】B

【解析】B 项当选。受托人应当遵守信托文件的规定,为受益人的最大利益处理信托事务。受托人管理信托财产,必须恪尽职守,履行诚实、信用、谨慎、有效管理的义务。法条依据为《信托法》第 26 条。

8.【答案】AC

【解析】AC 项当选。法条依据为《证券投资基金法》第 62 条。

9.【答案】B

【解析】A 项错误。基金信息披露大致可以分为基金募集信息披露、运作信息披露和临时信息披露。

C 项错误。基金信息披露的形式性原则包括规范性原则、易解性原则和易得性原则。

D 项错误。开放式基金放开申购、赎回后,会披露每个开放日的份额净值和份额累计净值。

10.【答案】AC

【解析】A 项正确。与公司制和信托制私募股权基金不同,合伙制普通合伙人有独立的经营管理权利。

B项错误。普通合伙人收入来源是基金管理费和盈利分红。

C项正确。有限合伙人负责监督普通合伙人,不直接干涉或参与私募股权投资项目的经营管理。

D项错误。普通合伙人主要代表整个私募股权基金对外行使各种权利,对私募股权基金承担无限连带责任。

11.【答案】B

【解析】B项正确,ACD项错误。商业银行、证券公司、期货公司、保险公司、保险经纪公司、保险代理公司、证券投资咨询机构、独立基金销售机构从事基金销售业务的,应向住所地中国证监会派出机构申请注册基金销售业务资格,并申领《经营证券期货业务许可证》。

12.【答案】C

【解析】C项正确,ABD项错误。依据组织运作方法的不同,可以将证券投资基金分为开放式基金和封闭式基金。

13.【答案】ABD

【解析】ABD项正确,C项错误。商业秘密是指不为公众所知悉的、能够该来经济利益、具有实用性并被采取保密措施的技术信息和经营信息。具体而言,从机构运营的角度看,商业秘密包括对证券市场的分析报告、对某一行业的研究报告、投资组合、投资计划等;从机构内部治理的角度看,商业秘密可以包括内控制度、防火墙制度、员工激励机制、人事管理制度、工作流程等。

14.【答案】D

【解析】D项正确,ABC项错误。保守秘密,要求基金从业人员不得向第三者透露作为秘密的信息,也不得公开尚处于禁止公开期间的信息。

15.【答案】ABC

【解析】ABC项正确,D项错误。《私募投资基金监督管理暂行办法》规定,同一私募基金管理人管理不同类别私募基金的,应当坚持专业化管理原则;管理可能导致利益输送或者利益冲突的不同私募基金的,应当建立防范利益输送和利益冲突的机制。私募基金管理人、私募基金托管人、私募基金销售机构及其他私募服务机构及其从业人员从事私募基金业务,不得不公平地对待其管理的不同基金财产;不得从事内幕交易、操纵交易价格及其他不正当交易活动等。

（四）简答题

1. 简述我国《信托法》的调整范围。

【参考答案】

《中华人民共和国信托法》(以下称本法)由中华人民共和国第九届全国人民代表大会常务委员会第二十一次会议于2001年4月28日通过,自2001年10月1日起施行。

本法是为了调整信托关系,规范信托行为,保护信托当事人的合法权益,促进信托事业的健康发展所制定。制定本法的指导思想是:根据建立社会主义市场经济体制的要求,结合我国信托业的现状,借鉴国际上通行的做法,用法律的手段规范信托行为,保护信托当事人的合法权益,强化对信托业的监督管理,促进信托业健康、规范发展。

本法共七章七十四条,依次为总则、信托的设立、信托财产、信托当事人、信托的变更与终止、公益信托、附则;本法调整范围限于信托关系,没有对信托公司进行规定。本法适用的信托关系涵盖民事信托、营业信托、公益信托三种。

2. 简述我国《信托法》关于信托无效的规定。

【参考答案】

我国《信托法》第 11 条规定,有下列情形之一的,信托无效:(1) 信托目的违反法律、行政法规或者损害社会公共利益;(2) 信托财产不能确定;(3) 委托人以非法财产或者本法规定不得设立信托的财产设立信托;(4) 专以诉讼或者讨债为目的设立信托;(5) 受益人或者受益人范围不能确定;(6) 法律、行政法规规定的其他情形。

3. 简述委托人的撤销权。

【参考答案】

我国《信托法》第 22 条规定:受托人违反信托目的处分信托财产或者因违背管理职责、处理信托事务不当致使信托财产受到损失的,委托人有权申请人民法院撤销该处分行为,并有权要求受托人恢复信托财产的原状或者予以赔偿;该信托财产的受让人明知是违反信托目的而接受该财产的,应当予以返还或者予以赔偿。前款规定的申请权,自委托人知道或者应当知道撤销原因之日起 1 年内不行使的,归于消灭。

(五) 论述题

试论述民事信托与营业信托不同的法律特征。

【参考答案】

1. 民事信托

民事信托与营业信托、公益信托一同规定在我国《信托法》第 3 条中,这三种类型的信托活动共同构成了我国《信托法》调整的客体(法律关系)范围。从信托目的的性质来看,可将信托分为公益信托和私益信托。按照我国《信托法》立法者的观点,民事信托和营业信托,与公益信托相对,都属于私益信托。民事信托即非营业信托,是个人为抚养、扶养、赡养、处理遗产等目的,委托受托人以非营利业务进行财产管理而设立的信托。

从现代信托制度的起源来看,英国的信托基本是以民事信托、非营利性质的信托为基础发展起来的。在 12—13 世纪,英国的用益制度就是一种典型的民事信托。在用益制度之下,土地所有者(委托人)通过契约或遗嘱的形式,将土地转移给另一个值得信赖的人(受托人)所有,但土地上的收益归第三人(受益人)所有。受托人严格按照委托人的意愿,通常是为了委托人亲属的抚养、教育,在国王法令禁止的情况下向教会捐赠土地等目的,对土地进行管理和处分,并向指定的受益人(教会或亲属)分配利益。其中,以家庭和亲属内部财产管理、分配、转移为目标的信托一般被称为“家事信托”。

在我国信托制度引入与发展的过程中,信托主要作为重要的投融资手段加以利用;然而,其财富管理与传承的功能,尚未得到充分发挥。因此,民事信托与同为私益信托的营业信托相比,在产品类型、资产规模上还有较大差距。

具体而言,我国的民事信托有以下两个特征,以区别于营业信托:

第一,民事信托在目的上有特殊性,设立信托的主要目的并非营利。民事信托的目的集中于抚养、扶养、赡养、处理遗产等方面。受托人的功能主要在于管理、保全信托财产,使信托财产有序传承。但值得注意的是,现代信托的目的通常是混合的,即使是为了前述目的设立信托,也可能会要求受托人对信托财产进行管理,使其增值,扩大受益人的利益。只要信托财产增值并非该信托设立的主要目的,信托财产及增值部分将最终用于家庭内部分配、遗产处理,这样的信托也应视为民事信托。

第二,民事信托受托人不局限于营业性信托机构。营业性信托机构,如信托公司,其设立并获得经营信托业务的资格,需要经过相关金融监管部门的批准。这类主体以信托业务作为经营的常业,具体业务中通常会收取信托报酬。民事信托的受托人可以是信托机构,也可以不采取信托机构的形式。普通自然人、具有专业知识的律师或者会计师、一般的法人和依法成立的其他组织均可以充当民事信托的受托人,这些主体从事信托活动的资格不需要相应金融监管部门许可;其可以根据信托文件取得信托报酬,但不能以获取报酬为目的向不特定委托人承揽信托业务,从而经营信托业务。

2. 营业信托

按照我国《信托法》立法者的观点,营业信托与民事信托同属于私益信托。营业信托是个人或法人以财产增值为目的,委托营业性信托机构进行财产经营而设立的信托。

英国早期的信托以民事信托和公益信托为主要领域,但随着信托制度传播到美国,营业信托的含义、类型和功能得到了极大的丰富。美国的实践和立法中并未刻意强调营业的概念,更加注重信托在商业实践中的应用形式,故而多使用商事信托或商业信托来指称与民事信托相对的私益信托类型。其在英语中有 commercial trust 和 business trust 两种解读:前者包括年金信托、共同基金、地产投资信托、油气特许开采权信托、资产证券化等多种具体信托形式;后者通常特指一类商事组织。美国《统一信托法》(Uniform Trust Code)将 business trust 明确为一类商事组织,具有主体资格,可以作为受托人。日本引入信托制度之初就是将其作为投融资手段加以利用,日本信托法在最初制订时就是以营业信托为中心。

我国的情况和日本相似,营业信托先于民事信托、非营业信托而存在。自 1979 年中国国际信托投资公司成立以来,我国的营业信托在业务类型、资产规模上的发展与金融监管部门对信托业的历次整顿相伴,明确了信托的法律关系、法律地位和业务范围,规范了营业信托行为,为信托业的发展提供了法律保障,成为 2001 年《信托法》颁布的重要背景。之后,《信托公司管理办法》《信托公司集合资金信托计划管理办法》《信托公司净资本管理办法》以及一系列规范性文件的颁布,从营业信托的参与主体资格、各项具体业务行为、受托人内部治理及监督、风险防范等多个方面,对营业信托进行全方位的有效监管。

具体而言,我国的营业信托有以下三个特征:

第一,营业信托在设立的目的上通常具有营利性,以财产增值为目的。受托人的功能主要在于运用财产,使信托财产实现保值增值。但值得注意的是,现代信托的目的通常是混合的,以财富分配、传承为主要目标的信托,以及以公益慈善为目标的信托,也会考虑信托财产的保值增值。因此,在我国现行《信托法》分类模式下,营业信托与民事信托、公益(慈善)信托的边界逐渐模糊。

第二,营业信托的受托人采取信托机构的形式,以经营信托业务为业,其设立并获得经营信托业务的资格,需要经过相关金融监管部门的批准。未经批准,任何自然人和法人不得以任何名义从事各种形式的营业性信托活动。这一点,应当是区分营业信托与非营业信托的核心标准。

第三,营业信托业务需要受到有关金融监管部门的监督管理。《信托法》第4条规定:"受托人采取信托机构形式从事信托活动,其组织和管理由国务院制定具体办法。"目前,在国务院尚未颁布统一的信托机构监管规则之前,由国家金融监督管理总局和中国证监会分别对从事营业性信托的信托公司和基金管理公司进行监督管理。

(六)案例分析题

1.【参考答案】

问题(1):A公司破产不影响原信托的存在。法律依据为《信托法》第52条的相关规定,即信托不因委托人被宣告破产而终止。

B公司被撤销,依据《信托法》第39条,其信托职责终止,会影响原信托,需要依照《信托法》第40条的规定选任新受托人:若信托文件有规定,依此规定;若信托文件没有规定,则由委托人A公司选任,但由于A公司已经破产,无能力指定,且受益人乙为限制民事行为能力人,故应由其监护人甲代行选任。

问题(2):甲的儿子死亡后,信托的效力终止。法律依据为《信托法》第53条第1、3项,即信托文件规定的终止事由发生或者信托目的不能实现,信托终止。

问题(3):甲的儿子死亡后,信托财产作为其遗产,当没有除甲之外的继承人时,应由其继承人甲继承。法律依据为《信托法》第54条。

2.【参考答案】

问题(1):信托协议有效,张克俭亦能作为信托受托人。理由如下:

第一,规避法律强制性规定的问题。即便该协议的目的是规避法律的强制性规定,也不能一律认为规避法律的信托无效,要看被规避的是否是法律、行政法规中的效力性的强制性规定,是否违背公序良俗。在本案中,所涉公司为有限责任公司,非特殊公司(接受严格管制的企业如金融企业等),非公众公司,隐名持股并不侵害公司和股东利益,也不侵害公司债权人利益,也不违反其他公共政策,所以,承认该信托持股的效力不存疑问。

第二,受托人资格问题。被告主张,信托关系中的受托人应当是信托机构,法律依据是《信托法》第4条,这样的理解是错误的。《信托法》第4条规定"受托人采取信托机构形式从事信托活动,其组织和管理由国务院制定具体办法",解释上,该条少了一个"的"字,即该条前半句应为"受托人采取信托机构形式从事信托活动的",否则所有信托都必须采取信托机构作受托人就否定了非营业信托(民事信托)的存在,《信托法》明确规定自然人可以充任受托人的条文(第24条)就失去了意义。

问题(2):原告可以解除信托合同,只是不能基于投资目的未达成这一理由。

信托关系通过合同签订,但并非简单的合同关系,受托人管理信托事务并非必然能给委托人(本案中委托人即为受益人)带来投资收益。原告不能以没有得到投资回报为由解除合同。但是,原告并非不可以解除信托。原告无法根据《民法典》合同编第563条解除合同也不意味着他无权解除合同。本案为自益信托,根据《信托法》第50条,即"委托人是唯一受益人的,委托人或者其继承人可以解除信托。信托文件另有规定的,从其规定"。如果信托文件没有约定原告不可以解除信托,原告即可根据《信托法》第50条行使解除权。

本案中,原告能否解除信托还要受到公司法关于股东人数限制的影响。如果解除信托导致股东人数升至法定人数之上,且受托人管理信托事务并无过错,法院有权决定不解除信托。在受托人管理信托事务存在过错的场合,委托人(也即本案受益人)可以主张损害赔偿,并撤换受托人。

【解析】

(1) 关于信托协议的效力

对于本案中双方签订的信托协议的效力,法院认为,"绿城公司成立时,股东众多,为规避当时我国公司法关于有限公司股东人数的限制性规定,绿城公司的发起人采用了信托协议的形式,把多数股东的出资信托给少数股东。田建翔、田建全与股东张克俭签订《信托协议》,就是为了上述目的。田建翔在绿城公司成立时作为股东,出资 50 000 元,后又增资至 90 000 元;田建全出资 10 000 元,该款已作为出资额投入到绿城公司。田建翔、田建全根据绿城公司经营情况也多次获得分红,应当认定田建翔、田建全是绿城公司的隐名股东"。法院主张采取信托协议的方法,即便是为了"规避"公司法关于股东人数的限制性规定,也不妨碍实际出资人成为目标公司的隐名股东。

法院至少没有明确否定信托协议的效力——即便该协议的目的是规避法律的强制性规定。一般认为,不能一律认为规避法律的信托无效,要看被规避的对象是否是法律、行政法规中的效力性的强制性规定,是否违背公序良俗,虽然这种论证路径基本上也是结果导向的。

在之前最高人民法院的一个裁决中,通过信托代持某金融企业的股权的合同因被认定为违反社会公共利益而被宣告无效。不能说规避或者违反的监管规章等法律效力层级低,法院就一律不能引用公共利益宣告某些规避行为无效,不能把"只有违反法律、行政法规中的效力性的强制性规定才能无效"当作一个铁律。但反过来看,引用公共利益宣告合同无效必须慎重,法院应有严格的论证义务,要看是否只有宣告无效才能尊重监管的权威,要看宣告无效是否为当事人提供了最优的救济。

(2) 关于非信托公司是否可以签订信托合同

被告和第三人都主张,信托关系中的受托人应当是信托机构,法律依据是《信托法》第 4 条。早期的信托法案例中的确有不少法院据此认定凡是非信托机构作为受托人的信托无效。这是基于对《信托法》第 4 条的误解。

目前法理已经十分清楚:信托不仅仅包括营业性信托机构作为受托人的营业信托,还包括非营业性信托机构作为受托人的非营业信托,如民事信托,并不要求受托人一定是信托公司等机构;而法律已经明确规定慈善信托可以由慈善组织充任受托人(《慈善法》第 46 条)。

(3) 关于原告是否具有解除权

原告不能以没有得到投资回报为由解除信托,并非不可以解除信托。值得注意的是,信托解除后,并不会产生撤回投资的效果,公司的股权从作为受托人的被告处原状返还于原告处,原告从隐名股东走向前台。

3.【参考答案】

问题(1):

《证券投资基金法》第 2 条、第 3 条、第十章(第 87—96 条),《信托法》,《私募投资基金监督管理暂行办法》,《证券期货经营机构私募资产管理业务管理办法》,《证券期货经营机构私募资产管理业务运作管理暂行规定》和《关于规范金融机构资产管理业务的指导意见》。

问题(2)：

① 关于设立程序

私募基金管理人应当按照规定向基金行业协会履行登记手续。私募基金募集完毕,基金管理人应当向基金行业协会备案。对募集的资金总额或者基金份额持有人的人数达到规定标准的私募基金,基金行业协会应当向国务院证券监督管理机构报告。

公开募集基金,应当经国务院证券监督管理机构注册。未经注册,不得公开或者变相公开募集基金。

② 关于募集对象

公募基金可以向不特定对象募集、向特定对象累计超过 200 人募集,以及法律、行政法规规定的其他情形。

私募基金应当向合格投资者募集,合格投资者累计不得超过 200 人。合格投资者,是指达到规定资产规模或者收入水平,并且具备相应的风险识别能力和风险承担能力,其基金份额认购金额不低于规定限额的单位和个人。

私募基金的合格投资者是指具备相应风险识别能力和风险承担能力,投资于单只私募基金的金额不低于 100 万元且符合下列相关标准的单位和个人:净资产不低于 1 000 万元的单位;金融资产不低于 300 万元或者最近 3 年个人年均收入不低于 50 万元的个人。

③ 关于投资范围

公募基金财产应当用于下列投资:上市交易的股票、债券;国务院证券监督管理机构规定的其他证券及其衍生品种。

私募基金财产的投资包括买卖股票、股权、债券、期货、期权、基金份额及投资合同约定的其他投资标的。

关键区别在于未上市交易的股权、合同约定的其他投资标的。

④ 关于治理结构

公募基金必须由基金托管人托管,基金托管人与基金管理人不得为同一机构,不得相互出资或者持有股份。

私募基金原则上应当由基金托管人托管,但是合同另有约定的除外。合同约定私募基金不进行托管的,应当在基金合同中明确保障私募基金财产安全的制度措施和纠纷解决机制。

私募基金可以由部分基金份额持有人作为基金管理人负责基金的投资管理活动,并在基金财产不足以清偿其债务时对基金财产的债务承担无限连带责任。

问题(3)：

私募基金管理人应当恪尽职守,履行诚实信用、谨慎勤勉的义务。

本案中,阜兴集团旗下私募基金管理人存在的背信行为有:将基金财产混同于固有财产从事投资活动;未有效分别管理各个基金的财产;将基金财产投向阜兴系控制的公司,涉嫌关联交易;为阜兴系实际控制人牟取利益,进行利益输送;从事损害基金财产和投资者利益的投资活动(用于操纵股价等高风险投机行为)。其他违法行为有操纵证券市场等欺诈行为。

问题(4)：

依据《证券投资基金法》第十二章,中国证券投资基金业协会是基金行业的自律性组织,是社会团体法人。基金管理人、基金托管人应当加入该协会。该协会对会员的管理属于自律监管。

中国证券投资基金业协会履行的职责包括：教育和组织会员遵守有关证券投资的法律、行政法规，维护投资人合法权益；制定和实施行业自律规则，监督、检查会员及其从业人员的执业行为，对违反自律规则和协会章程的，按照规定给予纪律处分；对会员之间、会员与客户之间发生的基金业务纠纷进行调解。

问题(5)：

上海银行等私募基金托管人应当承担相应的法律责任。

责任范围的分析要点如下：

① 基金托管的功能（为什么需要托管，私募基金对合同约定不托管的限制）。

② 基金托管的结构：一元信托（契约），基金份额持有人与基金托管人之间构成直接的信托法律关系。

③ 结合《证券投资基金法》第37条，说明托管银行是否依照法律和基金合同尽到了监督私募基金管理人的义务。

④ 结合《证券投资基金法》第145条，说明基金份额持有人的损失是由基金托管人和基金管理人的共同行为还是单独行为造成的，以及适用的不同的法律责任。

⑤ 分析基金托管人与基金管理人之间的关系，是不是《信托法》第32条规定的共同受托人，以及如何界定共同受托人。分析托管银行是否应当与私募基金管理人负担连带责任。

⑥ 分析基金托管人的归责原则（倾向于采用过错责任原则）。

⑦ 如果明确托管银行应当承担独立责任，在确定损害赔偿时，应考虑基金托管人的主观过错、损失受托管的影响程度、履职的客观条件以及托管费的有限性，体现权责利三者的统一。

第十一章习题自测参考答案

（一）单项选择题

1.【答案】D

【解析】D项正确,ABC项错误。《企业破产法》第69条规定:"管理人实施下列行为,应当及时报告债权人委员会:……（三）全部库存或者营业的转让;……" 本题中,B公司提出要受让A公司的全部业务与资产,属于该条第3项规定的情形,因此,管理人应当作出决定并将该转让事宜报告债权人委员会。

2.【答案】D

【解析】ABC项正确,不符合题意,不当选。债权人会议的职权包括:(1) 核查债权;(2) 申请法院更换管理人,审查管理人的费用和报酬;(3) 监督管理人;(4) 选任和更换债权人委员会成员;(5) 决定继续或者停止债务人的营业;(6) 通过重整计划;(7) 通过和解协议;(8) 通过债务人财产的管理方案;(9) 通过破产财产的变价方案;(10) 通过破产财产的分配方案。债权人会议的决议,由出席会议的有表决权的债权人过半数通过,并且其所代表的债权额占无财产担保债权总额的1/2以上。但是,法律另有规定的除外。债权人会议可以决定设立债权人委员会。债权人委员会由债权人会议选任的债权人代表和一名债务人的职工代表或者工会代表组成。债权人委员会成员不得超过9人。法条依据为《企业破产法》第61条、第64条和第67条。

D项错误,符合题意,当选。债权人会议通过和解协议的决议,由出席会议的有表决权的债权人过半数同意,并且其所代表的债权额占无财产担保债权总额的2/3以上。法条依据为《企业破产法》第97条。

3.【答案】B

【解析】A项正确。B项错误,符合题意,当选。权利人依法行使取回权,应当在破产财产变价方案或者和解协议、重整计划草案提交债权人会议表决前向管理人提出。权利人在上述期限后主张取回相关财产的,应当承担延迟行使取回权增加的相关费用。据此可知,未在规定期限内行使取回权并不会导致取回权的消灭。法条依据为《最高人民法院关于适用〈中华人民共和国企业破产法〉若干问题的规定(二)》(简称《破产法司法解释(二)》)第26条。

C项正确。权利人依法向管理人主张取回相关财产,管理人不予认可,权利人以债务人为被告向法院提起诉讼请求行使取回权的,法院应予受理。法条依据为《破产法司法解释(二)》第27条第1款。

D项正确。权利人行使取回权时未依法向管理人支付相关的加工费、保管费、托运费、委托费、代销费等费用,管理人拒绝其取回相关财产的,法院应予支持。法条依据为《破产法司法解释(二)》第28条。

4.【答案】A

【解析】A项说法错误,当选。破产案件的诉讼费用,应依法从债务人财产中拨付。相关当事人以申请人未预先交纳诉讼费用为由,对破产申请提出异议的,法院不予支持。由此可知,法院不能以申请人未交诉讼费为由裁定不予受理破产申请。法条依据为《最高人民法院关于适用〈中华人民共和国企业破产法〉若干问题的规定(一)》(简称《破产法司法解释(一)》)第 8 条。

B 项说法正确,不当选。破产费用和共益债务由债务人财产随时清偿。法条依据为《企业破产法》第 43 条第 1 款。

C 项说法正确,不当选。债务人财产不足以清偿所有破产费用和共益债务的,先行清偿破产费用。法条依据为《企业破产法》第 43 条第 2 款。

D 项说法正确,不当选。债务人财产不足以清偿破产费用的,管理人应当提请法院终结破产程序。法院应当自收到请求之日起 15 日内裁定终结破产程序,并予以公告。法条依据为《企业破产法》第 43 条第 4 款。

5.【答案】C

【解析】A 项错误。法院受理破产申请前 6 个月内,债务人有破产原因,仍对个别债权人进行清偿的,管理人有权请求法院予以撤销。但是,个别清偿使债务人财产受益的除外。据此可知,就张某对乙公司的支付行为,管理人有权主张撤销。法条依据为《企业破产法》第 32 条。

B 项错误。张某已经为甲公司偿债的方式出资了 100 万元,其尚未缴纳的出资额是 50 万元。

C 项正确,当选。法院受理破产申请后,债务人的出资人尚未完全履行出资义务的,管理人应当要求该出资人缴纳所认缴的出资,而不受出资期限的限制。法条依据为《企业破产法》第 35 条。

D 项错误。依据《最高人民法院关于审理民事案件适用诉讼时效制度若干问题的规定》第 1 条第 3 项,当事人对基于投资关系产生的缴付出资请求权提出诉讼时效抗辩的,法院不予支持。据此可知,基于投资关系产生的缴付出资请求权不受诉讼时效的限制。

6.【答案】B

【解析】欺诈破产行为是基于破产预期而以交易或者其他方式处分财产而使债务人财产受到损害的行为。破产法将欺诈破产行为分为两类:一是可撤销的行为;二是无效行为。

A 项错误。该公司的行为属于典型的关联交易,应当认定为"为逃避债务而隐匿、转移财产"的无效行为,且不受 1 年的时间限制。公司的行为自始无效,因此无须请求法院撤销。法条依据为《企业破产法》第 33 条。

B 项正确。法院受理破产申请前 1 年内,债务人无偿转让财产的,管理人有权请求法院予以撤销。"2014 年 10 月 15 日"在可撤销的时间范围内,"将公司一辆价值 30 万元的汽车赠与甲"为无偿转让财产的行为,因此管理人有权请求法院予以撤销。法条依据为《企业破产法》第 31 条。

CD 项错误。依据《企业破产法》第 32 条规定,法院受理破产申请前 6 个月内,债务人不能清偿到期债务,并且资产不足以清偿全部债务或者明显缺乏清偿能力,仍对个别债权人进行清偿的,管理人有权请求法院予以撤销。但是,个别清偿使债务人财产受益的除外。本题中,C 项和 D 项的个别清偿行为虽然发生在法院受理破产申请前 6 个月内,但是题干中并未给出该公司已经达到破产标准这一条件,因此不能撤销。

7.【答案】A

【解析】A项正确,当选。《企业破产法》第51条第2款规定,债务人的保证人或者其他连带债务人尚未代替债务人清偿债务的,以其对债务人的将来求偿权申报债权。但是,债权人已经向管理人申报全部债权的除外。

BD项错误,不当选。《企业破产法》并没有规定已超过诉讼时效的债权和罚款可以申报债权,因此,债权人乙和某海关不可能得到受偿。

C项错误,不当选。C项中,合同并没有解除,因此不属于可以申报的债权范围,法条依据为《企业破产法》第53条。

8.【答案】C

【解析】A项错误。在运输途中且债务人还没有支付货款的货物属于出卖人的财产,出卖人可以行使取回权,不属于债务人的财产。法条依据为《企业破产法》第39条。

B项错误,C项正确。法条依据为《破产法司法解释(二)》第2条。

D项错误。委托保管合同中,标的物的所有权属于委托人,而非保管人。甲公司根据代管协议合法占有的房产的所有权是委托人丙公司的,而非甲公司的,该房产不属于破产财产。

9.【答案】B

【解析】A项错误。只有债务人有权申请和解,债权人在任何情况下都无权申请和解。法条依据为《企业破产法》第7条。

B项正确。法条依据为《企业破产法》第70条第2款。

CD项错误。法条依据为《企业破产法》第70条第1款,债务人或者债权人可以依法直接向法院申请对债务人进行重整。据此可知,债权人和债务人都有权直接申请重整,如果债权人先申请了重整,债务人是不能再申请破产清算的。因此,如为债权人申请债务人破产清算的案件,债务人的出资人可以申请重整,不能申请和解,只有债务人才能申请和解。

10.【答案】D

【解析】依据《企业破产法》第22条规定,管理人由法院指定,同时法律赋予债权人会议向法院申请更换不能胜任职务的管理人的权利。管理人有取得报酬的权利。

C项表述正确,不当选;D项表述错误,当选。债权人会议有权申请法院更换不能胜任职务的管理人,而不是自己有权直接作出罢免的决定。

B项表述正确,不当选。法条依据为《企业破产法》第25条。

管理人在破产程序中应保持中立地位,A项所表述的行为,看似有违要求,但是就本题所给信息很难判断其违反了破产法的规定。

11.【答案】C

【解析】A项错误。依据《最高人民法院关于适用〈中华人民共和国企业破产法〉若干问题的规定(三)》(简称《破产法司法解释(三)》)第2条第1款规定,破产申请受理后,在第一次债权人会议召开前经法院许可,管理人或者自行管理的债务人可以为债务人继续营业而借款,并非只能经债权人会议决议通过,管理人才可以借款。

B项错误。债权人甲银行可以主张参照共益债务的规定优先于普通破产债权清偿,但不能优先于对债务人特定财产享有担保的债权清偿。法条依据为《破产法司法解释(三)》第2条第1款。

　　C 项正确。管理人或者自行管理的债务人可以为前述借款设定抵押担保,抵押物在破产申请受理前已为其他债权人设定抵押的,债权人主张按照《民法典》第 414 条规定的顺序清偿,法院应予支持。法条依据为《破产法司法解释(三)》第 2 条第 2 款。

　　D 项错误。甲银行、乙公司的抵押权均已登记,但乙公司的抵押权登记在先,因此,乙公司应当优先实现对该房产的抵押权。法条依据为《民法典》物权编第 414 条。

　　12.【答案】C

　　【解析】AB 项错误,C 项正确。债权人未依照规定申报债权的,在重整计划执行期间不得行使权利;在重整计划执行完毕后,可以按照重整计划规定的同类债权的清偿条件行使权利。法条依据为《企业破产法》第 92 条第 2 款。

　　D 项错误。经法院裁定批准的重整计划,对债务人和全体债权人均有约束力。法条依据为《企业破产法》第 92 条第 1 款。

　　13.【答案】B

　　【解析】B 项正确,ACD 项错误。《企业破产法》第 40 条规定:"债权人在破产申请受理前对债务人负有债务的,可以向管理人主张抵销。但是,有下列情形之一的,不得抵销:(一) 债务人的债务人在破产申请受理后取得他人对债务人的债权的;(二) 债权人已知债务人有不能清偿到期债务或者破产申请的事实,对债务人负担债务的;但是,债权人因为法律规定或者有破产申请一年前所发生的原因而负担债务的除外;(三) 债务人的债务人已知债务人有不能清偿到期债务或者破产申请的事实,对债务人取得债权的;但是,债务人的债务人因为法律规定或者有破产申请一年前所发生的原因而取得债权的除外。"

　　债务人被宣告破产后,债务人称为破产人,债务人财产称为破产财产,法院受理破产申请时对债务人享有的债权称为破产债权。法条依据为《企业破产法》第 107 条第 2 款。

　　14.【答案】D

　　【解析】ABC 项错误。破产申请受理时属于债务人的全部财产,以及破产申请受理后至破产程序终结前债务人取得的财产,为债务人财产。法条依据为《企业破产法》第 30 条。

　　D 项正确。法条依据为《企业破产法》第 39 条。

　　15.【答案】B

　　【解析】A 项正确,B 项错误。法院受理破产申请后,债务人占有的不属于债务人的财产,该财产的权利人可以通过管理人取回。但是,法律另有规定的除外。法条依据为《企业破产法》第 38 条。权利人依据《企业破产法》第 38 条的规定行使取回权,应当在破产财产变价方案或者和解协议、重整计划草案提交债权人会议表决前向管理人提出。权利人在上述期限后主张取回相关财产的,应当承担延迟行使取回权增加的相关费用。法条依据为《破产法司法解释(二)》第 26 条。

　　C 项正确。权利人依据《企业破产法》第 38 条的规定向管理人主张取回相关财产,管理人不予认可,权利人以债务人为被告向法院提起诉讼请求行使取回权的,法院应予受理。法条依据为《破产法司法解释(二)》第 27 条第 1 款。

　　D 项正确。权利人行使取回权时未依法向管理人支付相关的加工费、保管费、托运费、委托费、代销费等费用,管理人拒绝其取回相关财产的,法院应予支持。法条依据为《破产法司法解释(二)》第 28 条。

16.【答案】B

【解析】A项错误,B项正确。法条依据为《破产法司法解释(一)》第6条第1款。

C项错误。法条依据为《企业破产法》第10条第1款。

D项错误。法条依据为《破产法司法解释(一)》第4条。

17.【答案】C

【解析】A项错误。依据《企业破产法》第70条,重整程序的启动可以分两种情况:一是债务人申请。当债务人企业符合"不能清偿到期债务,并且资产不足以清偿全部债务或者明显缺乏清偿能力的"或者"有明显丧失清偿能力可能的"等情形时,债务人可以提出重整、和解或者破产清算申请。二是债权人申请。当债务人不能清偿到期债务,债权人可以向法院提出对债务人进行重整或者破产清算的申请。所以,债权人和债务人都可以直接向法院提出重整申请,可以直接启动重整程序,无须"在破产清算申请受理后"转换为重整程序。

B项错误。依据《企业破产法》第72条,重整期间的终点应为重整程序终止之日。

C项正确。法条依据为《企业破产法》第73条。

D项错误。法条依据为《破产法司法解释(二)》第2条第1项和《企业破产法》第76条。

18.【答案】A

【解析】A项错误,当选。依据《最高人民法院关于适用〈中华人民共和国公司法〉若干问题的规定(二)》第8条,清算组成员中不包括债权人。

BCD项正确。法条依据为《公司法》第216条第1项和《最高人民法院关于适用〈中华人民共和国公司法〉若干问题的规定(二)》第8条。财务总监属于高级管理人员,可以担任清算组成员。

19.【答案】D

【解析】A项错误。法条依据为《企业破产法》第95条第1款。

B项错误。法条依据为《企业破产法》第96条第2款。

C项错误。法条依据为《企业破产法》第97条。

D项正确。法条依据为《企业破产法》第100条第1款。

20.【答案】C

【解析】A项正确。法条依据为《企业破产法》第70条第2款。

B项正确。法条依据为《企业破产法》第78条。

C项错误。法条依据为《企业破产法》第95条第1款。

D项正确。法条依据为《企业破产法》第104条第1款。

(二)多项选择题

1.【答案】BC

【解析】A项错误。A公司的某一项债权有房产抵押,可以在破产受理后优先受偿,但是也应当按照破产程序申报债权,在清偿时享有优先受偿权。法条依据为《企业破产法》第49、59条和《破产法司法解释(二)》第14条。

B项正确。法条依据为《企业破产法》第18条第1款。

C项正确。依据《破产法司法解释(二)》第32条规定,A公司租给B公司的一套设备被损毁,侵权人向B公司支付赔偿金的行为发生在B公司破产前,A公司不能行使取回权,该笔赔偿金应作为普通破产债权清偿。

D 项错误。在破产受理后,C 公司受让了 A 公司的债权,不得抵销,仍需要履行等额的债务。法条依据为《企业破产法》第 40 条第 1 项。

2.【答案】CD

【解析】A 项错误。法条依据为《破产法司法解释(二)》第 14 条。

B 项错误。债务人经诉讼、仲裁、执行程序对债权人进行的个别清偿,管理人依据《企业破产法》第 32 条的规定请求撤销的,法院不予支持。但是,债务人与债权人恶意串通损害其他债权人利益的除外。法条依据为《破产法司法解释(二)》第 15 条。

CD 项正确。债务人对债权人进行的以下个别清偿,管理人依据《企业破产法》第 32 条的规定请求撤销的,法院不予支持:(1) 债务人为维系基本生产需要而支付水费、电费等的;(2) 债务人支付劳动报酬、人身损害赔偿金的;(3) 使债务人财产受益的其他个别清偿。法条依据为《破产法司法解释(二)》第 16 条。

3.【答案】AC

【解析】A 项正确,B 项错误。法条依据为《破产法司法解释(一)》第 6 条第 1 款。

C 项正确。法条依据为《企业破产法》第 10 条第 1 款。

D 项错误。债务人是否具备破产原因的认定与连带保证人是否具有清偿能力没有任何关系。

4.【答案】AB

【解析】C 项错误。出席会议的同一表决组的债权人过半数同意重整计划草案,并且其所代表的债权额占该组债权总额的 2/3 以上的,即为该组通过重整计划草案。

D 项错误。各表决组均通过重整计划草案,重整计划即为通过。

5.【答案】BCD

【解析】BCD 项正确,A 项错误。《企业破产法》第 39 条规定,法院受理破产申请时,出卖人已将买卖标的物向作为买受人的债务人发运,债务人尚未收到且未付清全部价款的,出卖人可以取回在运途中的标的物。但是,管理人可以支付全部价款,请求出卖人交付标的物。据此可知,甲公司可以取回在运货物,乙公司破产管理人也可以在支付了全部价款的情况下,请求甲公司交付货物。若甲公司未及时行使取回权,则货物运到后,甲公司对乙公司的价款债权构成破产债权。

6.【答案】AC

【解析】A 项正确。《企业破产法》第 46 条第 1 款规定,未到期的债权,在破产申请受理时视为到期。甲公司的设备余款给付请求权,属于破产债权,虽然该债权未到期,但是在破产申请受理时视为到期,甲公司可以就此向管理人申报债权。

B 项错误。法院在受理 A 服装公司的破产申请后,管理人对破产申请受理前与乙公司成立但目前还未履行完毕的服装加工合同,有权决定解除或继续履行。乙公司无权单方请求 A 公司继续履行,因而该请求权不属于破产债权。法条依据为《企业破产法》第 18 条。

C 项正确。对债务人的特定财产享有担保权的债权,属于破产债权,可以向管理人进行申报。法条依据为《企业破产法》第 49 条和第 59 条第 3 款。

D 项错误。对债务人的罚款等财产性行政处罚,不得申报。在企业破产清算的情况下,债务人财产最终将归属于债权人,此时若执行对债务人的财产性行政处罚,事实上处罚的是债权人,这样既不能达到行政处罚的目的,又损害了债权人的合法权益。但是,在破产程序终结后,如果债务人因重整或和解继续存续,处罚机关可以根据情况,决定是否执行原来的处罚决定。

7.【答案】AB

【解析】A项正确。法条依据为《破产法司法解释(三)》第4条第1款。

B项正确,C项错误。法条依据为《破产法司法解释(三)》第4条第2款。

D项错误。法条依据为《破产法司法解释(三)》第4条第3款。

8.【答案】AD

【解析】A项正确。法院受理破产申请后,债务人占有的不属于债务人的财产,该财产的权利人可以通过管理人取回。依融资租赁合同出租的设备属于出租人所有。法条依据为《企业破产法》第38条。

B项错误。根据担保法基本原理,保证在性质上仍为人的信用担保,而非物的担保,乙不得优先受偿。

C项错误。法院受理破产申请后,管理人对破产申请受理前成立而债务人和对方当事人均未履行完毕的合同有权决定解除或者继续履行。法条依据为《企业破产法》第18条。因此,对于C项中的主张,法院可以支持而不是应当支持。

D项正确。丁与A公司成立保管合同,丁对保管物享有留置权。对破产人的特定财产享有担保权的权利人,对该特定财产享有优先受偿的权利。法条依据为《企业破产法》第109条,因此,丁可以要求以变卖这批货物的价款优先清偿A公司拖欠的保管费。

9.【答案】AD

【解析】A项错误,当选。法院受理破产申请后发生的下列费用,为破产费用:(1) 破产案件的诉讼费用;(2) 管理、变价和分配债务人财产的费用;(3) 管理人执行职务的费用、报酬和聘用工作人员的费用。该公司所欠民工工资不是破产费用。法条依据为《企业破产法》第41条。

B项正确。法条依据为《企业破产法》第30条、第107条第2款、第38条。

C项正确。别除权标的物不计入破产财产。别除权人就别除权标的物优先受偿,则其他破产债权人不能对别除权标的物提出清偿请求,管理人也不得擅自将别除权标的物纳入破产分配。只有当别除权人放弃优先权而自愿加入集体清偿时,其别除权标的物才转变为破产财产。因此,破产申请受理后,别除权标的物虽然也属于债务人财产,并且可能在破产宣告前为管理人接管,但为了实现别除权的优先受偿,管理人需要将别除权标的物与其他债务人财产有所区分,不能用别除权标的物清偿破产费用和共益债务。该公司将脚手架抵押给银行,只要银行没有放弃优先权,则这批脚手架就不能列入破产财产。

D项错误,当选。员工对公司投资后是作为公司股东身份存在的,不是债权人,不能作为债权人受偿;只有在全部债务清算完毕后,若还有剩余资产,则员工可以作为股东参与分配。

10.【答案】CD

【解析】A项错误。法院受理破产申请后,债务人占有的不属于债务人的财产,该财产的权利人可以通过管理人取回。法律依据为《企业破产法》第38条。

B项错误。乙银行因派员参与破产程序花去的差旅费5万元,属于债权人自己参加破产程序的费用,不得作为债权申报。

C 项正确。债务人被宣告破产后,法院受理破产申请时对债务人享有的债权称为破产债权。破产债权申报的一般条件是:(1) 以财产为给付内容的请求权;(2) 是法院受理破产申请前成立的对债务人享有的债权;(3) 是平等民事主体之间的请求权;(4) 是合法有效的债权。未到期的债权,在破产申请受理时视为到期。附利息的债权自破产申请受理时起停止计息。法条依据为《企业破产法》第 46 条。

D 项正确。对破产人的特定财产享有担保权的权利人,对该特定财产享有优先受偿的权利,享有该权利的债权人行使优先受偿权利未能完全受偿的,其未受偿的债权作为普通债权;放弃优先受偿权利的,其债权作为普通债权。法条依据为《企业破产法》第 109 条和第 110 条。

11.【答案】BC

【解析】A 项错误。共益债务的清偿顺序优先于普通破产债权。法条依据为《企业破产法》第 113 条。

B 项正确。依据《企业破产法》第 42 条规定,共益债务是在破产申请受理后,管理人为了全体债权人的共同利益,在管理债务人财产时所负担、产生的债务,以及因债务人财产而产生的债务。《企业破产法》第 43 条规定:破产费用和共益债务由债务人财产随时清偿。

C 项正确,D 项错误。依据《企业破产法》第 46 条规定,附利息的债权自破产申请受理时起停止计息。

12.【答案】BD

【解析】A 项错误。《企业破产法》第 13 条规定:“人民法院裁定受理破产申请的,应当同时指定管理人。”破产管理人由法院在受理破产申请的同时指定,并非由债权人会议选择或聘任。

BD 项正确。法条依据为《破产法司法解释(三)》第 2 条。

C 项错误。李四的借款设定了有效的房产抵押,就抵押房产,李四享有优先受偿权,所以如果甲公司的财产足以清偿共益债务,张三、李四的借款均会被全额清偿。如果甲公司的财产不足以清偿共益债务,李四有优先受偿权的保障,也可以就抵押房产变现财产优先获得清偿,所以张三的债权不能因为发生在前而优先于李四的抵押债权。

13.【答案】CD

【解析】A 项错误。《破产法司法解释(一)》第 1 条第 2 款规定:“相关当事人以对债务人的债务负有连带责任的人未丧失清偿能力为由,主张债务人不具备破产原因的,人民法院应不予支持。”

B 项错误。《企业破产法》第 19 条规定:“人民法院受理破产申请后,有关债务人财产的保全措施应当解除,执行程序应当中止。”

C 项正确。根据《企业破产法》第 12 条第 1 款的规定,在破产程序中,法院作出不予受理破产申请的裁定,申请人有权提出上诉。

D 项正确。《企业破产法》第 7 条第 2 款规定:“债务人不能清偿到期债务,债权人可以向人民法院提出对债务人进行重整或者破产清算的申请。”

14.【答案】AD

【解析】A 项正确。法条依据为《企业破产法》第 41 条。

B项错误。根据《企业破产法》第42条第5项的规定,清算组在执行职务过程中致人损害产生的债务,属于共益债务,共益债务应当由债务人财产随时清偿,而非以清算组的财产清偿。

C项错误。法条依据为《企业破产法》第18条第1款。

D项正确。根据《企业破产法》第18条第2款的规定,本题中,若清算组决定继续履行合同,合同对方有权要求提供担保。

15.【答案】AB

【解析】AB项正确,CD项错误。根据《企业破产法》第67条规定,债权人委员会由债权人会议选任的债权人代表和1名债务人的职工代表或者工会代表组成。债权人委员会成员不得超过9人。

(三) 不定项选择题

1.【答案】ABC

【解析】D项错误。市场信誉差并不必然导致该公司明显缺乏清偿能力。

2.【答案】ABC

【解析】A项中,管理人不如实报告债务人财产接管情况,并拒绝回答部分债权人询问的行为,属于“不能依法、公正执行职务”的情况,债权人可以以此申请更换管理人。

B项中,管理人将债务人的一处房产转让给第三人,未报告债权人委员会的行为违反了法定义务,债权人可申请更换管理人。

C项中,管理人怠于行使追回逃废债务的法定职权,当被撤换。

D项中,律师事务所担任破产企业的管理人,并单独计收代理费的行为是合法的。

3.【答案】ABD

【解析】A项正确。未到期债权,在破产申请受理时视为到期。法条依据为《企业破产法》第46条。

B项正确,C项错误。被担保的债权既有物的担保又有人的担保的,债务人不履行到期债务或者发生当事人约定的实现担保物权的情形,债权人应当按照约定实现债权;没有约定或者约定不明确,债务人自己提供物的担保的,债权人应当先就该物的担保实现债权;第三人提供物的担保的,债权人可以就物的担保实现债权,也可以请求保证人承担保证责任。提供担保的第三人承担担保责任后,有权向债务人追偿。乙作为债务人,以自己的土地使用权提供抵押应当先就该抵押实现债权。法条依据为《民法典》第392条。

D项正确。债务人的保证人或者其他连带债务人尚未代替债务人清偿债务的,以其对债务人的求偿权申报债权。但是,债权人已经向管理人申报全部债权的除外。所以,如甲未申报债权,丙可以参加破产分配,预先行使追偿权。法条依据为《企业破产法》第51条。

4.【答案】BCD

【解析】A项错误。破产案件的诉讼费用,应根据《企业破产法》第43条的规定,从债务人财产中拨付。相关当事人以申请人未预先交纳诉讼费用为由,对破产申请提出异议的,法院不予支持。法条依据为《破产法司法解释(一)》第8条。

BCD项正确。破产费用和共益债务由债务人财产随时清偿。债务人财产不足以清偿所有破产费用和共益债务的,先行清偿破产费用。债务人财产不足以清偿所有破产费用或共益债务的,按照比例清偿。债务人财产不足以清偿破产费用的,管理人应当提请人民法院终结破产程序。法条依据为《企业破产法》第 43 条。

5.【答案】BC

【解析】A 项错误。法院受理破产申请后,债务人对个别债权人的债务清偿无效。法条依据为《企业破产法》第 16 条。

BC 项正确。债务人的保证人或者其他连带债务人已经代替债务人清偿债务的,以其对债务人的求偿权申报债权。债务人的保证人或者其他连带债务人尚未代替债务人清偿债务的,以其对债务人的将来求偿权申报债权。但是,债权人已经向管理人申报全部债权的除外。法条依据为《企业破产法》第 51 条。

D 项错误。破产人的保证人和其他连带债务人,在破产程序终结后,对债权人依照破产清算程序未受清偿的债权,依法继续承担清偿责任。法条依据为《企业破产法》第 124 条。

6.【答案】AB

【解析】A 项正确。《企业破产法》第 49 条规定:"债权人申报债权时,应当书面说明债权的数额和有无财产担保,并提交有关证据。申报的债权是连带债权的,应当说明。"

B 项正确。《企业破产法》第 75 条第 1 款规定:"在重整期间,对债务人的特定财产享有的担保权暂停行使。但是,担保物有损坏或者价值明显减少的可能,足以危害担保权人权利的,担保权人可以向人民法院请求恢复行使担保权。"

CD 项错误。《企业破产法》第 59 条第 3 款规定:"对债务人的特定财产享有担保权的债权人,未放弃优先受偿权利的,对于本法第六十一条第一款第七项、第十项规定的事项不享有表决权。"《企业破产法》第 61 条第 1 款规定:"债权人会议行使下列职权:……(七) 通过和解协议;……" 腾飞公司作为享有担保权的债权人,对破产分配方案不享有表决权,不属于债权人会议的一员,也就不能参与和解协议表决。

7.【答案】AD

【解析】AD 项正确,BC 错误。《破产法司法解释(三)》第 10 条规定:"单个债权人有权查阅债务人财产状况报告、债权人会议决议、债权人委员会决议、管理人监督报告等参与破产程序所必需的债务人财务和经营信息资料。管理人无正当理由不予提供的,债权人可以请求人民法院作出决定;人民法院应当在五日内作出决定。上述信息资料涉及商业秘密的,债权人应当依法承担保密义务或者签署保密协议;涉及国家秘密的应当依照相关法律规定处理。"

8.【答案】ABC

【解析】AC 项错误,当选。《企业破产法》第 40 条第 1、2 项规定:"债权人在破产申请受理前对债务人负有债务的,可以向管理人主张抵销。但是,有下列情形之一的,不得抵销:(一) 债务人的债务人在破产申请受理后取得他人对债务人的债权的;(二) 债权人已知债务人有不能清偿到期债务或者破产申请的事实,对债务人负担债务的……"

B 项错误,当选。《破产法司法解释(二)》第 41 条规定:"债权人依据企业破产法第四十条的规定行使抵销权,应当向管理人提出抵销主张。管理人不得主动抵销债务人与债权人的互负债务,但抵销使债务人财产受益的除外。"

D 项正确。《破产法司法解释(二)》第 42 条第 1 款规定:"管理人收到债权人提出的主张债务抵销的通知后,经审查无异议的,抵销自管理人收到通知之日起生效。"

9.【答案】ABC

【解析】ABC项错误,D项正确。《企业破产法》第70条第2款规定:"债权人申请对债务人进行破产清算的,在人民法院受理破产申请后、宣告债务人破产前,债务人或者出资额占债务人注册资本十分之一以上的出资人,可以向人民法院申请重整。"本题中,债权人申请破产清算,法院受理后、宣告破产前,出资额占债务人注册资本1/10以上的出资人可申请重整,而非和解。

10.【答案】CD

【解析】A项错误。《企业破产法》第97条规定:"债权人会议通过和解协议的决议,由出席会议的有表决权的债权人过半数同意,并且其所代表的债权额占无财产担保债权总额的三分之二以上。"

B项错误。《企业破产法》第95条第1款规定:"债务人可以依照本法规定,直接向人民法院申请和解;也可以在人民法院受理破产申请后、宣告债务人破产前,向人民法院申请和解。"

C项正确。《企业破产法》第99条规定:"和解协议草案经债权人会议表决未获得通过,或者已经债权人会议通过的和解协议未获得人民法院认可的,人民法院应当裁定终止和解程序,并宣告债务人破产。"

D项正确。《企业破产法》第100条第1、2款规定:"经人民法院裁定认可的和解协议,对债务人和全体和解债权人均有约束力。和解债权人是指人民法院受理破产申请时对债务人享有无财产担保债权的人。"

11.【答案】A

【解析】A项正确。《企业破产法》第75条第1款规定:"在重整期间,对债务人的特定财产享有的担保权暂停行使。但是,担保物有损坏或者价值明显减少的可能,足以危害担保权人权利的,担保权人可以向人民法院请求恢复行使担保权。"

B项错误。《企业破产法》第79条第1、2款规定:"债务人或者管理人应当自人民法院裁定债务人重整之日起六个月内,同时向人民法院和债权人会议提交重整计划草案。前款规定的期限届满,经债务人或者管理人请求,有正当理由的,人民法院可以裁定延期三个月。"

C项错误。《企业破产法》第93条第2款规定:"人民法院裁定终止重整计划执行的,债权人在重整计划中作出的债权调整的承诺失去效力。债权人因执行重整计划所受的清偿仍然有效,债权未受清偿的部分作为破产债权。"

D项错误。《企业破产法》第113条第1、2款规定:"破产财产在优先清偿破产费用和共益债务后,依照下列顺序清偿:(一) 破产人所欠职工的工资和医疗、伤残补助、抚恤费用,所欠的应当划入职工个人账户的基本养老保险、基本医疗保险费用,以及法律、行政法规规定应当支付给职工的补偿金;(二) 破产人欠缴的除前项规定以外的社会保险费用和破产人所欠税款;(三) 普通破产债权。破产财产不足以清偿同一顺序的清偿要求的,按照比例分配。"

12.【答案】BCD

【解析】A项错误。《企业破产法》第72条规定:"自人民法院裁定债务人重整之日起至重整程序终止,为重整期间。"

B项正确。《企业破产法》第75条第2款规定:"在重整期间,债务人或者管理人为继续营业而借款的,可以为该借款设定担保。"

C 项正确。《企业破产法》第 77 条规定:"在重整期间,债务人的出资人不得请求投资收益分配。在重整期间,债务人的董事、监事、高级管理人员不得向第三人转让其持有的债务人的股权。但是,经人民法院同意的除外。"

D 项正确。《企业破产法》第 78 条规定:"在重整期间,有下列情形之一的,经管理人或者利害关系人请求,人民法院应当裁定终止重整程序,并宣告债务人破产:……(三)由于债务人的行为致使管理人无法执行职务。"

13.【答案】AB

【解析】A 项正确。《企业破产法》第 47 条规定:"附条件、附期限的债权和诉讼、仲裁未决的债权,债权人可以申报。"

B 项正确。《企业破产法》第 46 条第 1 款规定:"未到期的债权,在破产申请受理时视为到期。"

C 项错误。《企业破产法》第 51 条第 2 款规定:"债务人的保证人或者其他连带债务人尚未代替债务人清偿债务的,以其对债务人的将来求偿权申报债权。但是,债权人已经向管理人申报全部债权的除外。"

D 项错误。《企业破产法》第 48 条第 2 款规定:"债务人所欠职工的工资和医疗、伤残补助、抚恤费用,所欠的应当划入职工个人账户的基本养老保险、基本医疗保险费用,以及法律、行政法规规定应当支付给职工的补偿金,不必申报,由管理人调查后列出清单并予以公示。职工对清单记载有异议的,可以要求管理人更正;管理人不予更正的,职工可以向人民法院提起诉讼。"

14.【答案】D

【解析】AB 项错误。《企业破产法》第 7 条第 1 款规定:"债务人有本法第二条规定的情形,可以向人民法院提出重整、和解或者破产清算申请。"《企业破产法》第 70 条规定:"债务人或者债权人可以依照本法规定,直接向人民法院申请对债务人进行重整。债权人申请对债务人进行破产清算的,在人民法院受理破产申请后、宣告债务人破产前,债务人或者出资额占债务人注册资本十分之一以上的出资人,可以向人民法院申请重整。"《企业破产法》第 71 条规定:"人民法院经审查认为重整申请符合本法规定的,应当裁定债务人重整,并予以公告。"债务人有权直接向法院申请重整,债权人可以向法院提出异议,由法院裁定,法院经审查认为重整申请符合《企业破产法》规定的,应当裁定债务人重整。

C 项错误。《企业破产法》第 22 条规定:"管理人由人民法院指定。债权人会议认为管理人不能依法、公正执行职务或者有其他不能胜任职务情形的,可以申请人民法院予以更换。指定管理人和确定管理人报酬的办法,由最高人民法院规定。"《企业破产法》第 24 条第 3 款规定:"有下列情形之一的,不得担任管理人:(一)因故意犯罪受过刑事处罚;(二)曾被吊销相关专业执业证书;(三)与本案有利害关系;(四)人民法院认为不宜担任管理人的其他情形。"由此可知,债权人会议认为管理人不能依法公正执行职务或者有其他不能胜任职务情形的,可以申请法院予以更换。重整程序开始后,并不会直接导致管理人辞去职务。

D 项正确。《企业破产法》第 86 条第 2 款规定:"自重整计划通过之日起十日内,债务人或者管理人应当向人民法院提出批准重整计划的申请。人民法院经审查认为符合本法规定的,应当自收到申请之日起三十日内裁定批准,终止重整程序,并予以公告。"由此可知,重整计划草案经法院批准后,重整计划进入执行阶段,重整程序终止。

(四)简答题

1. 简述破产重整的概念,试说明其与破产清算、和解程序相比,有哪些显著特征。

【参考答案】

(1)破产重整,是指经利害关系人的申请,在审判机关的主持和利害关系人的参与下,对具有重整原因和重整能力的债务人进行生产经营上的整顿和债权债务关系上的部分清理,以使其摆脱财务困境,重获经营能力的特殊法律程序。(2)与破产清算、和解程序相比,破产重整程序具有以下特征:① 利益关系复杂,成本代价高昂,适用重整程序的一般为大型企业;② 启动破产重整程序的主体广泛;③ 国家干预和私权自治相结合,国家干预力量更强;④ 重整原因、措施的多样性;⑤ 重整程序优先于破产清算和和解程序。

2. 简述破产宣告的形式与效力。

【参考答案】

破产宣告的形式:破产宣告的裁定;送达、通知;公告。

破产宣告的效力:(1)破产宣告对债务人的效力:① 对债务人身份上的效力;② 对债务人财产上的效力;③ 对债务人行为的效力;④ 对破产企业法定代表人的效力;⑤ 对破产企业职工的效力。(2)破产宣告对债权人的效力:① 债权人只能在破产分配程序内行使权利;② 破产宣告对债权人行使代位权的影响。

3. 简述一般取回权的权利基础及其行使规则。

【参考答案】

(1)权利基础:① 所有权保留买卖;② 信托财产的所有权;③ 让与担保;④ 因未登记或第三人为善意,不能对抗第三人情形下的所有权;⑤ 占有及其他物权。(2)行使规则:① 标的物损灭时,取回权人的取回权可转化为破产债权;② 取回权标的物因添附被破产人取得所有权时,取回权转化为一般破产债权;③ 因占有时效期间届满,破产人取得所占有财产的所有权,取回权人丧失取回权。

(五)论述题

1. 试论述破产抵销权的限制。

【参考答案】

破产抵销权的限制是:(1)可进行破产抵销的债务仅以破产申请受理前发生的为限。《企业破产法》第40条第1项规定,债务人的债务人在破产申请受理后取得他人对债务人的债权的,不得抵销。即破产企业债权人用以抵销的债务必须是在破产申请受理前取得的,破产程序进行中发生的新取得的债务不得进行抵销。因为,允许该种情况的抵销,债务人的债务人可能会以极低的价格受让他人对债务人的债权,这既免除了债务人对破产人的负债,又使破产债权人的债权得到全额清偿的不公平的后果,违背破产法设立抵销的宗旨。

(2)破产债权人的恶意负债不能抵销。《企业破产法》第40条第2项规定,债权人已知债务人有不能清偿到期债务或者破产申请的事实,对债务人负担债务的;但是,债权人因为法律规定或者有破产申请1年前所发生的原因而负担债务的除外。由于债权人在破产清算程序中所能受偿的份额一般很低,法律若允许债权人将该负债与其破产债权相抵销,则意味着该债权人的债权得到了优先或全额清偿,违反破产法公平保护债权人利益的原则。但是如果有法律规定比如继承,或者破产申请前 1 年所发生的原因(比如 1 年前双方已订有合同),债权人对债务人负债的,不在此限。

(3) 债务人的债务人恶意取得的债权不能抵销。《企业破产法》第 40 条第 3 项规定,债务人的债务人已知债务人有不能清偿到期债务或者破产申请的事实,对债务人取得债权的;但是,债务人的债务因为法律规定或者有破产申请 1 年前所发生的原因而取得债权的除外。债务人进入破产程序后,管理人有权就第三人(债务人的债务人)对破产企业所负债务进行清收,清收回来的财产用于对所有债权人的清偿。如果允许第三人在明知债务人已发生破产原因或已提出破产申请的情况下,以所取得的对债务人的债权与其所负债务进行抵销,则意味着既免除第三人的偿债义务,又使其债权得到优惠性清偿,从而损害了其他债权人的公平受偿权,因此也在法律禁止之列。

(4) 其他抵销限制。例如,破产债权人的自然债权不得与其所负债务抵销,债权人、债务人互负之债权、债务均应具有强制效力,破产债权人已超过诉讼时效的自然债权,不得与具有强制力的债务相互抵销;破产债权人因侵权对破产人产生的债务不得抵销;破产企业出资人享有的破产债权不得与其未到位的注册资本金相抵销等。

2. 试论述我国《企业破产法》的进步之处。

【参考答案】

(1) 立法目的规定为"规范企业破产行为,公平清理债权债务,保护债权人和债务人的合法权益,维护社会主义市场经济秩序",并将公平清理债权债务、保护债权人和债务人的合法权益置于优先地位。这说明公平是破产应当实现的最为重要的目标,同时也是破产程序始终贯彻的基本原则。而保护债权人和债务人的利益始终是我国破产立法强调的宗旨。

(2) 将适用范围扩大到承担有限责任的各种所有制的企业法人,而不仅仅适用于全民所有制企业。

(3) 将破产原因界定为"不能清偿到期债务,并且资产不足以清偿全部债务或者明显缺乏清偿能力",而不是单纯地以不能清偿到期债务或者资不抵债为标准判断企业是否具备破产原因。

(4) 将破产案件的适用程序扩展到破产清算、重整、和解三种。

(5) 设立重整制度,给有拯救希望的企业法人以再生的机会,并对重整保护期间及其财产和营业管理、重整计划的制定、通过、批准和执行作了详细规定。

(6) 设立破产管理人制度,并规定在人民法院受理破产申请同时指定管理人,即行接管债务人的财产和事务。

(7) 规定了破产程序开始后为全体债权人共同利益以及破产程序顺利进行而负担的共益债务,并规定共益债务由债务人财产随时偿还的原则。

(8) 设立债权人委员会作为破产监督人,监督破产程序的进行,实现债权人的自治需求。

(9) 扩大了追加分配的财产范围,最大限度地保护债权人的利益。

(10) 规定了包括破产欺诈在内的 7 种破产违法行为的法律责任。

(11) 慎重地协调了破产程序中的职工债权和担保权的关系,同时对有限制的职工债权规定了特别保护。

（12）为本法实施前国务院规定的期限和范围内的国有企业实施破产的特殊事宜作了特别规定,为解决国有企业的历史遗留问题留有余地。

（13）对金融机构实施破产进行特殊规定,使金融机构的破产具有一定的独立性。

（六）案例分析题

【参考答案】

1.（1）丙担任债权人会议主席不合法,债权人会议主席由法院从有表决权的债权人中选定,而根据法律规定,有财产担保未放弃优先受偿权利的债权人在债权人会议中是没有表决权的,法院的裁定是不合法的。（2）不应当由上级主管部门进行清算。清算组成员应从公司股东、董事、监事、高级管理人员、律所、会计师事务所、破产清算事务所等社会中介机构及社会中介机构中具备相关专业知识并取得执业资格的人员中产生,法院裁定由上级主管部门进行清算不合法。

2. 破产财产为：100+500−150−100+70+30=450 万元

破产债权为：(130−100)+100+200+300=630 万元

用于偿还破产债权的财产金额为：450−20−50−250=130 万元,比例为：130/630

偿还 B 银行的财产金额为：30×130/630 ≈ 6.2 万元

偿还乙企业的财产金额为：100×130/630 ≈ 20.6 万元

偿还丙企业的财产金额为：200×130/630 ≈ 41.3 万元

偿还丁企业的财产金额为：300×130/630 ≈ 61.9 万元